Michael Karl

Fabrikinspektoren in Preußen

Studien zur Sozialwissenschaft

Band 126

Verwaltung in Deutschland
Historische und sozialwissenschaftliche Untersuchungen
Herausgegeben von Thomas Ellwein

An der Universität Konstanz besteht seit ihrer Errichtung ein verwaltungswissenschaftlicher Schwerpunkt. Er ist 1985 durch einen von der Deutschen Forschungsgemeinschaft und dem Land Baden-Württemberg geförderten Sonderforschungsbereich ‚Verwaltung im Wandel' erweitert worden. Im SFB werden international und national, historisch und systematisch vergleichend oder in begrenzten empirischen Studien anhand einzelner Arbeitsfelder der öffentlichen Verwaltung deren Organisation, Verfahren und Wirkungsweise untersucht. In den Teilprojekten, aus denen die Arbeiten zum Thema ‚Verwaltung in Deutschland' hervorgehen, sind zunächst die Gewerbeaufsicht und die Gewerbeförderung ausgewählt worden; im zweiten Schritt wurde dies auf die Ortspolizei und die Straßenbauverwaltung sowie schließlich auf die Steuerverwaltung ausgedehnt. Solche Verwaltungen lassen sich nur bedingt generell untersuchen; sobald historische Detailforschung oder sozialwissenschaftliche Analysen und Fallstudien ins Spiel kommen, muß eine regionale Begrenzung erfolgen. Für den genannten Arbeitskomplex bildet dafür im Zweifel der heutige Regierungsbezirk Detmold die Untersuchungsregion. Ergänzt werden die Arbeiten durch Untersuchungen über die Entwicklung des Haushaltsrechts, der Haushaltsprinzipien und der tatsächlichen Haushalte von Staat (Reich und Ländern) und Gemeinden im 19. Jahrhundert, denn ohne genauere Kenntnis der Haushaltswirklichkeit kann die Aufgabenteilung zwischen Staat und Gemeinden und überhaupt die Aufgabenentwicklung der öffentlichen Verwaltung nicht zureichend dargestellt und erklärt werden.
Die Arbeiten folgen teils einem genetischen Ansatz und teils der systematischen Frage nach dem Verhältnis zwischen Recht (Rechtsentwicklung) und Verwaltung. Die historischen Beiträge (zusammengefaßt in einer Verwaltungsgeschichte des Regierungsbezirks Detmold) sollen die Faktoren herausarbeiten, welche das Wachstum und die Veränderungsschübe in der öffentlichen Verwaltung (in Deutschland) bedingen. Systematisch richtet sich das Erkenntnisinteresse auf die Position der Verwaltung im demokratischen Prozeß, auf die Wirkungsweise der Führungsinstrumentarien, vor allem des Gesetzes, und auf die Selbststeuerungsmöglichkeiten der Verwaltung.

Michael Karl

Fabrikinspektoren in Preußen

Das Personal der Gewerbeaufsicht 1854–1945. Professionalisierung, Bürokratisierung und Gruppenprofil

Westdeutscher Verlag

Die Deutsche Bibliothek – CIP-Einheitsaufnahme

Karl, Michael:
Fabrikinspektoren in Preussen: das Personal der Gewerbeaufsicht 1854–1945; Professionalisierung, Bürokratisierung und Gruppenprofil / Michael Karl. – Opladen: Westdt. Verl., 1993
(Studien zur Sozialwissenschaft; Bd. 126)
(Verwaltung in Deutschland)
ISBN 3-531-12460-9

NE: 1. GT

Der Westdeutsche Verlag ist ein Unternehmen der Verlagsgruppe Bertelsmann International.

Umschlaggestaltung: Christine Nüsser, Wiesbaden

ISBN 978-3-531-12460-5 ISBN 978-3-322-93599-1 (eBook)
DOI 10.1007/978-3-322-93599-1

Inhaltsverzeichnis

Tabellenübersicht

Tabellen-Anhang :

Auf den angegebenen Seiten werden die Tabellen erörtert. Die Tabellen selbst sind im Anhang abgedruckt und befinden sich auf den Seiten 335-50.

ABKÜRZUNGSVERZEICHNIS:

Abg.	Abgeordneter
Abtlg.	Abteilung
ADB	Allgemeine Deutsche Biographie
ADGB	Allgemeiner Deutscher Gewerkschaftsbund
AfS	Archiv für Sozialgeschichte
AfSG	Archiv für Soziale Gesetzgebung
Allg.	Allgemein
ALR	Allgemeines Landrecht (1794)
Anm.	Anmerkung
BAK	Bergakademie
Bd.(e/n)	Band, Bände(n)
Betr.	betreffend
BG	Berufsgenossenschaft
BPP	British Parliamentary Papers
CV	Curriculum Vitae
Ders.	Derselbe Verfasser
Dies.	Dieselbe Verfasserin
Diss	Dissertation
DVPW	Dt.Vereinigung für Politische Wissenschaft
Dt.	Deutsch
DÜV	Dampfkesselüberwachungsverein
Ed(s).	Editor(s)
EK I/II	Eisernes Kreuz
Engl.	Englisch
F/M	Frauen/Männer
Frz.	Französisch
FI	Fabrikinspektor
GAA(-Ä)	Gewerbeaufsichtsamt, -ämter
GAB	Gewerbeaufsichtsbeamter
GAD	Gewerbeaufsichtsdienst
GAK	Gewerbeakademie
GB	Großbritannien
Geh.(O)RR	Geheimer (Ober-)Regierungsrat
Gen.	Generalia
GewO(NB)	Gewerbeordnung (für den Norddt.Bund)
GR	Gewerberat
GuG	Geschichte und Gesellschaft

GUMMBL	Ministerialblatt der Geistlichen-, Unterrichts- und Medizinalverwaltung
GS	Gesetzessammlung für die Kgl.Preuß.Staaten1810ff
GWU	Geschichte in Wissenschaft und Unterricht
HdM	Handbuch der Militärgeschichte
Hdwb	Handwörterbuch
Hg.	Herausgeber, herausgegeben von
HJB	Historisches Jahrbuch
HM	Handelsminister, -ministerium; Her Majesty
HMBL	Ministerialblatt für Handel und Gewerbe
HMSO	Her Majesty's Stationery Office
HSF	Historisch-sozialwissenschaftliche Forschungen
HSTA	Hauptstaatsarchiv
HZ	Historische Zeitschrift
Ing.	Ingenieur
IVMBL	Ministerialblatt für die Gesamte Innere Verwaltung in den Kgl. Preuß. Staaten 1840ff
JbGMO	Jahrbuch für die Geschichte Mittel- u.Osteuropas
JbW	Jahrbuch für Wirtschaftsgeschichte
JCH	Journal of Contemporary History
Jh.	Jahrhundert
Kap.	Kapitel
Kgl.	Königlich
KZSS	Kölner Zeitschrift für Soziologie und Sozialpsychologie
£	Pfund Sterling
MdL	Mitglied des (preuß.) Landtages
MS	Maschinenschrift
NDB	Neue Deutsche Biographie
NF	Neue Folge
O.J/O/V	Ohne Jahr, ohne Ort, ohne Verfasser
PA	Personalakten
Pag.	Paginiert
PIS	Personalinformationssystem
PolVO	Polizeiverordnung
Preuß.	Preußisch
Prov.	Provinz
RABL	Reichsarbeitsblatt
RAO	Roter Adlerorden

RB	Regierungsbezirk
RdA	*Recht der Arbeit*
Reg.	Regulativ
Regbl	Regierungsblatt
Rep.	Repertorium
RGBL	Reichsgesetzblatt 1871ff
RGR	Regierungs- und Gewerberat
RM	Reichsmark
RP	Regierungspräsident, -präsidium
s./S.	Siehe / Seite
Sekt.	Sektion
Soz.	Sozial
Sp.	Spalte
SP	Soziale Praxis
STA	Staatsarchiv
Sten.Ber.	Stenographische Berichte
Tab.	Tabelle
TG	Technikgeschichte (Zeitschrift)
TH	Technische Hochschule
Tit.	Titel
TOP	Tagesordnungspunkt
Übers.	Übersetzt von
Unpag.	Unpaginiert
u.ö.	und öfter
VDGAB	Verband Dt.Gewerbeaufsichtsbeamter
VDI	Verein Dt.Ingenieure
VfZ	Vierteljahreshefte für Zeitgeschichte
Vgl.	Vergleiche
VO	Verordnung
VSWG	Vierteljahresschrift für Sozial- und Wirtschaftsgeschichte
WAMBL	Ministerialblatt für Wirtschaft und Arbeit
Wiss.	Wissenschaftlich
WRV	Weimarer Reichsverfassung
ZfG	Zeitschrift für Geschichte
ZfU	Zeitschrift für Unternehmensgeschichte
ZG	Zentralblatt für Gewerbehygiene
ZGO	Zeitschrfit für die Geschichte des Oberrheins
ZGS	Zeitschrift für die gesamte Staatswissenschaft

ZKG	Zeitschrift für Kirchengeschichte
ZSTA	Zentrales Staatsarchiv
ZVDI	Zeitschrift des Vereins Dt.Ingenieure

0. Einleitung

0.1 Das Thema

Das Thema "Fabrikinspektoren in Preußen" kennzeichnet die vorliegende Arbeit als historische. Die preußische Geschichte endete 1945, auch wenn sie in beiden deutschen Staaten bis heute nachwirkt; den Fabrikinspektor gab es streng genommen nur 1853-1878, auch wenn etwa Baden erst 1907 von dieser Bezeichnung abrückte. Sie stammt von der Übertragung des engl. '*factory inspector*' (seit 1833) ins Deutsche und darf nicht mit den in der Literatur oft ebenso genannten preußischen *Fabrikkommissaren* verwechselt werden, die Friedrich Wilhelm I. 1722 einführte. Der Fabrikinspektor ist eine Figur des 19.Jahrhunderts, in dessen Verlauf die Fabriken erst aufkamen. Sie deutet auf ein gewandeltes Verhältnis des Staates zur Wirtschaft, der die Kontrolle der zunehmend größer und gefährlicher werdenden industriellen Produktion nach einigem Zögern durch diese Beamten selbst übernahm - im Deutschen Reich obligatorisch seit 1878 und in Preußen ernsthaft erst nach 1891. Dabei ereignete sich verwaltungs- und rechtsgeschichtlich gesehen Paradoxes, denn Gefahr, Gefahr im Verzug und Gefahrenabwehr sind Polizeiaufgaben, die Fabrikinspektoren waren aber seit 1878 -wie die Arbeit zeigen wird: seit 1872- keine Polizisten mehr. Damit ist auch gesagt, daß die wenigen (eine Handvoll) Inspektoren vor 1872 ehemalige Polizisten und in Preußen somit ehemalige Unteroffiziere waren. Diese wenigen Polizisten hatten als Fabrikinspektoren zwischen 1853 und 1872 eine ganz andere Aufgabe als die Gefahrenabwehr. Neben und zusammen mit den Ortspolizeien sollten sie die gewerbliche Fabrikarbeit von Kindern zwischen 9 und 16 Jahren kontrollieren und eindämmen. So wollte es das zweite preußische Kinderschutzgesetz vom 16.5.1853, nachdem das erste vom 9.3.1839 unter anderem wegen der Untätigkeit der Ortsbehörden weitgehend wirkungslos geblieben war.[1] Dieses zweite Kinderschutz-

1) Regulativ über die Beschäftigung jugendlicher Arbeiter in Fabriken vom 9.3.1839, GS 1839, S.156-58; Gesetz, betreffend einige Abänderungen des Regulativs vom 9.3.1839 über die Beschäftigung jugendlicher Arbeiter in Fabriken vom 16.5.1853, GS 1853, S.225-27; s.auch Anton 1953 (1891), S.57-78,197-212; Roscher 1985, S.354ff,464ff,508-15; Luxem 1983, S.96-113,369-73; zur Gesetzgebung in anderen Bundesstaaten auf diesem Gebiet Strobel 1986, S.33-39,42-48; zu Preußen, das 1853 einiges von den anderen übernahm, ebendort S.32f u.39f.
Preußen verbot 1839 die regelmäßige Beschäftigung von Kindern unter 9 Jahren in Fabriken, Berg-, Hütten- und Pochwerken (§1 Reg). Jugendliche bis 15 Jahren mußten einen dreijährigen Schulbesuch oder "geläufiges Lesen" und einen "Anfang im Schreiben" nachweisen, ersatsweise konnte eine genügend geführte und ausgestattete Fabrikschule diesen Nachweis erübrigen (§2). 9-15jährige durften nicht mehr als 10 Stunden am Tag arbeiten; die Ortspolizei konnte ausnahmsweise und nur für ein paar Wochen 11 Stunden gestatten (§3). An Sonn- und Feiertagen und werktags zwischen 21 und 5 Uhr durften Jugendliche überhaupt nicht arbeiten. Der Kommunions- oder Konfirmationsun-

gesetz schuf und benannte den Fabrikinspektor, der eine fakultative Verwaltungsaufgabe der preußischen Regierungspräsidien wahrnehmen sollte. Nur drei der fünfundzwanzig preußischen Regierungen, alle drei im Westen gelegen, stellten je einen Inspektor an. In den wirtschaftsliberalen 1860er Jahren arbeiteten in ganz Preußen sogar nur zwei, während sich im Mutterland der Industrie die dort geschaffene Einrichtung vergrößerte und verzweigte.

Der Untertitel der Arbeit führt über das 19.Jahrhundert hinaus. Er hebt auch hervor, daß nicht die Aufgaben, sondern das Personal der Behörde im Mittelpunkt stehen soll. Freilich bestand durch den Vorgang der Professionalisierung und Bürokratisierung, auf den noch eingegangen wird, bald eine wechselseitige Beziehung zwischen beiden, so daß behördliche Aufgabenstellung und personelle Zusammensetzung sich schließlich gegenseitig bedingten und spiegelten. Die Aufgabenseite wird in dieser Arbeit nur in gebotenem Umfang berücksichtigt und weder systematisch noch umfassend dargestellt.[2]

Die staatliche Gewerbeaufsicht, wie die Fabrikinspektion in Preussen seit 1878 offiziell hieß, ist heute ein bei den obersten Arbeitsbehörden verankerter Behördenzweig der Länder. Meist sind den Regierungspräsidien mehrere -in Nordrhein-Westfalen zum Beispiel 22- Gewerbeaufsichtsämter zugeordnet, die ihrerseits

---

terricht mußte gesichert, "vor- und nachmittags eine Muße von einer Viertelstunde und mittags eine ganze Freistunde und zwar jedesmal ... in freier Luft" gewährleistet sein (§§ 4-6). Der Fabrikant hatte eine Liste der jugendlichen Arbeiter zu führen und diese auf Verlangen den Polizei- oder Schulbehörden vorzulegen. Zuwiderhandlungen kosteten ihn 1-5, wiederholtes Nichtführen der Listen 5-50 Taler Strafe (§§ 7/8). Dieselbe Höchstrafe galt für das Nichtbefolgen "sanitäts-, bau- und sittenpolizeilicher Anordnungen", die zur "Erhaltung der Gesundheit und Moralität der Fabrikarbeiter" getroffen werden konnten (§ 10).

Das Regulativ blieb neben dem Gesetz von 1853 weiter gültig (§ 10 Ges), wurde aber verschärft: zu den Listen trat das vorgedruckte, geheftete und datenreiche Arbeitsbuch, das der Arbeitgeber verwahrte und führte, der Vater oder Vormund verwaltete und Voraussetzung jeder Anstellung sein sollte (§§ 2/3). Das arbeitsfähige Mindestalter wurde 1853-55 sukzessive von 9 auf 12 Jahre heraufgesetzt (§1) und weiter eingeschränkt: dreistündiger Schulbesuch für die bis zu 13jährigen, die nur noch 6 Stunden am Tag arbeiten durften. Die Älteren bis zum 16. Lebensjahr konnten weiterhin 1o Stunden am Tag arbeiten (§4). Das Nachtarbeitsverbot galt jetzt von 20.30 bis 5.30, die Kurzpausen waren jetzt 3o statt 15 Minuten lang (§§ 3/4, beides nach bayerischem Vorbild). Fabrikanten, die das Gesetz wiederholt brachen, konnte (wiederum nach bayerischem Vorbild) die Beschäftigung jugendlicher Arbeiter nun ganz oder auf Zeit verboten werden (§9). Die Durchführung der Bestimmungen sollten jetzt, "wo sich dafür ein Bedürfnis ergiebt", Fabrikinspektoren überwachen (§11).

2) Davon entlastet uns der relativ gute Forschungsstand auf diesem Gebiet, insbesondere die Darstellung der normativen Seite durch Simons 1984 und Buck-Heilig 1988 sowie eine neue Erörterung der politischen und administrativen Hintergründe ("Neuer Kurs") bei v.Berlepsch 1987.

jeweils für einen oder mehrere Aufsichtsbezirke zuständig sind.[3] 1960 gab es im Gebiet der Bundesrepublik etwa 1000 Gewerbeaufsichtsbeamte, zwanzig Jahre später ist diese Zahl auf etwa 3000 angewachsen. Es handelt sich also um eine kleine Beamtengruppe im großen Kreis der staatlichen Beamtenschaft.[4]

Die historische Existenz dieser Behörde nahm nach den liberal gestimmten 1860er Jahren einen neuen Aufschwung, die Behörde selbst erhielt eine andere Ausrichtung. Die Besichtigung von Fabriken durch staatliche Reisebeamte löste sich von ihren Subjekten und ihren Objekten in einem Vorgang und bestätigt die Theorie von der Wandlungs-, d.h.Anpassungsfähigkeit einer einmal etablierten Organisation.[5] Studierte Naturwissenschaftler (Chemiker) und wissenschaftlich ausgebildete Techniker (Maschinenbauingenieure) verdrängten die Polizisten aus der Behörde und überwachten die gewerbliche Kinderarbeit nurmehr nebenbei. Die Gefahrenabwehr wurde zur Hauptaufgabe der neu ausgerichteten Behörde und ihrer "professionalisierten" Kräfte, nachdem die Kompetenz von Polizisten für die Abwehr von technischen Gefahren lange vorher angezweifelt worden war. Wie schon bei der Rezeption der Kinderarbeit als Verwaltungsaufgabe in Großbritannien und Preussen stellt sich für den Forscher die Frage nach den treibenden, nach den anordnenden und nach den ausführenden Kräften, die die Gefahrenabwehr im technischen Bereich zwischen 1870 und 1880 zu einer Aufgabe des Staates machten und zu einem unabweisbaren Bestandteil der staatlichen Vorsorge- und Sozialpolitik. Der relativen Eigenmächtigkeit der Verwaltung, in unserem Beispiel des preußischen Handelsministeriums, kommt dabei besonderes Interesse zu. Die Ministerialbeamten wünschten den Aufsichtsbeamten als Techniker. Allerdings stornierte der späte Bismarck im letzten Jahrzehnt seiner Regierung auf dem Verwaltungswege die ausgearbeiteten Pläne, die erst nach 1890 voll zur Geltung kamen.

0.2 Die vorhandene Literatur zum Thema

Die Geschichte der Gewerbeaufsicht schrieben bis vor kurzem nicht Fachhistoriker, ihre Verfasser hatten vielmehr mit der Behörde direkt oder indirekt beruflich zu tun. Sie beschränkten sich meist auf die Darstellung der chronologischen Entwicklung und betteten diese höchstens in eine der säkularen Entwicklungen des

---

3) Vgl. die Graphik "Organisation der Dienststellen der Staatlichen Gewerbeärzte innerhalb der Staatlichen Gewerbeaufsicht", Die BG, November 1977, S.540; s.auch Alfred Mertens, 125 Jahre Gewerbeaufsicht, ebendort Mai 1978, S.319f.

4) V.Berlepsch 1987, S.290, meint sogar, sie friste heute "nur noch ein Schattendasein."

5) N.Luhmann, Funktion und Folgen formaler Organisation, Berlin 1964. Kritisch Wehler 1973, S.40 (Anm.30) und B.Stretton, The Political Science, London 1969.

19.Jahrhunderts ein, die der Sozialpolitik. Die Geschichte der Gewerbeaufsicht scheint bis in die jüngste Zeit eher ein Gegenstand von Festschriften und Dienstjubiläen zu sein als einer von systematischer wissenschaftlicher Forschung. Dagegen hat die eigentliche Arbeit der Gewerbeaufsicht immer schon großes Interesse beim Publikum beansprucht und wissenschaftliche Bearbeiter gefunden. Die seit 1876 in gedruckter Form vorliegenden Jahresberichte der Beamten waren für die interessierten Zeitgenossen von großem, auch praktischem Wert (Statistik, Sozialpolitik usw).[6] Vor Stephan Poerschkes Arbeit von 1911 gab es zwar bereits eine große Zahl von Zeitungsartikeln zu Tagesfragen und von streitbaren Aufsätzen in Fachzeitschriften, aber keine mit Abstand und klarer Fragestellung geschriebene Monographie, die die Entstehung und Ausgestaltung der Gewerbeaufsicht in den einzelnen Ländern des Reiches ein für allemal dargestellt hätte.[7]

---

6) Auf den Quellenwert der Jahresberichte wiesen zuletzt Broszat 1984, Quataert 1984 und Buck-Heilig 1988 hin.

7) Aufsätze in Fachzeitschriften (Auswahl): In den "Annalen des Deutschen Reiches usw" (seit 1877): Paul Dehn, Die dt. Fabrikinspektoren; idem, Die Berichte der dt. Fabrikinspektoren (1881, 153ff u.441ff); idem, Die Zukunft der dt. Fabrikinspektion (1882, 527-41); Kuno Frankenstein, Die dt. Fabrikinspektion 1890 (1892,399ff). In dem "Archiv für Soziale Gesetzgebung und Statistik" (seit 1888): Fridolin Schuler, Die Fabrikinspektion (1889, 537ff); Martin Jay, Die Fabrikinspektion in Frankreich (1890, 116ff); Heinrich Herkner, Zur Kritik und Reform der dt.Arbeiterschutzgesetzgebung; idem, Der Entwurf eines Gesetzes betr. die Abänderung der Gewerbeordnung (1890, 209-61 u. 567-631); Max Quarck, Die Reorganisation der Gewerbe-Inspektion in Preußen; Frankenstein, Die Tätigkeit der preuß. Ortspolizeibehörden als Organe der Gewerbeaufsicht (1891, 207ff u. 600ff); Herkner, Die Reform der dt. Arbeiterschutzgesetzgebung (1892, 221-47); E.Lange, Ursachen der Betriebsunfälle 1888-95; Schuler, Die Grundsätze für die Ausbildung der preuß. Gewerbeinspektoren (1897, 143-60 u.502-12); idem, Weibliche Fabrikinspektoren in der Schweiz (1902, 384-92). In "Der Arbeiterfreund" (seit 1862): Karl Brämer, Die Beschäftigung jugendlicher Arbeiter in Werkstätten und deren amtliche Regelung (1872, 44-68); Woas, Über den Schutz gewerblicher Arbeiter gegen Gefahren für Leben und Gesundheit (1880, 173-90); Morgenstern, Das Fabrikinspektorat im Königreich Sachsen (1890, 48-70); Elisabeth von Richthofen, Die weibliche Fabrikinspektion (1902, 14-26); Klössel, Die Aufgaben der Fabrikaufsichtsbeamten in Sachsen (1903, 123-28); Arthur Esche, Die Gewerbeaufsicht (1905, 245-84). Im "Jahrbuch für Gesetzgebung, Verwaltung und Volkswirtschaft im Deutschen Reich" (seit 1871, Neue Folge seit 1876): Alphons Thun, Die Fabrikinspektoren in Deutschland (1881, 55ff); Helene Simon, Die Fabrik- und Sanitätsinspektorinnen in England; Weber, Die Entstehung der dt. Arbeiterschutzgesetzgebung seit 1890 (1897, 899ff u. 1145-94); Franz Hitze, Zur Vorgeschichte der dt.Arbeiterschutzgesetzgebung (1898, 725-34, darauf Weber 735f); Rudolf Fuchs, Die Gewerbeinspektion in Deutschland (1901, 113-38). In den "Jahrbüchern für Nationalökonomie und Statistik" (seit 1863, Neue Folge seit 1876): Victor Adler, Die Fabrikinspektion, insbesondere in England und der Schweiz (1884, 193ff); Ludwig Elster, Die Fabrikinspektionsberichte und die Arbeiterschutzgesetzgebung in Deutschland (1885, 393ff). In der "Zeitschrift des Königlich Preußischen Statistischen Bureaus" (seit 1860): Thun, Beiträge zur Geschichte der Gesetzgebung und Verwaltung zu Gunsten der Fabrikarbeiter in Preußen (1877, 59ff); Francke, Die Überwachung der Dampfkraft in Deutschland (1884, 131ff). In der "Zeitschrift für die Gesamte Staatswissenschaft" (seit 1844): Holdheim, Der Arbeitsvertrag in seiner systematischen Stellung (1874, Heft 2); Dehn, Die dt. Fabrikinspektion (1882, 184ff); Wörishoffer, Die Jahresberichte der dt. Fabrikaufsichtsbeamten

Die Verhältnisse in Preußen und Sachsen waren zu dieser Zeit am besten untersucht. In ihnen waren die wesentlichen Aspekte der Aufsicht vorgetragen, die Frage der personellen (d.h. hier fachlichen) und persönlichen (d.h. hier individuellen) Zusammensetzung der Behörden aber meist nicht angesprochen. Auch in der Weimarer Zeit war es noch durchaus unüblich, das Personal des Staates einer genaueren Betrachtung zu unterziehen. Poerschke konnte sich 1911 auf einige Monographien stützen, so die von Pütsch 1883, Weyer 1888, Quarck 1889, La Motte und Anton 1891. Letzterer hatte in seiner herausragenden Studie die Vorgeschichte der preußischen Fabrikinspektion, die gesetzliche Eindämmung gewerblicher Kinderarbeit, aufzuhellen versucht, ohne dabei über die Darstellung der wichtigsten Erlasse und Verordnungen hinausgelangt zu sein. Auch La Motte 1891, von Mayr 1894, Plotke 1899, Hübener 1903, Borchers 1904, Sommerfeld 1905, Bittmann 1905, Schäffer 1906, Stärker 1910 und schließlich Poerschke 1911 waren über die normative Ebene der Gesetze und Verordnungen kaum hinausgekommen.[8]

Das galt im übrigen auch für den Forschungsstand im Ausland in der Zeit vor dem Ersten Weltkrieg, so für die Arbeiten von Susini 1903 und Mahaim 1908 über Belgien, Beretning 1908 und Pynappel 1908 über Dänemark, Janulow 1906 über Bulgarien, Colmart 1889 und Durand 1902 über Frankreich, Dragoni 1905 über

(1894,111-35). In "Soziale Praxis" (seit 1891/92, davor "Sozialpolitisches Centralblatt"): Braun, Die Umgestaltung der Gewerbeaufsicht in Preußen; Jastrow, Gewerbeinspektor und Kesselrevisor (1891/92, 223ff u.259ff); Quarck, Die nächsten Aufgaben der dt.Arbeiterschutzgesetzgebung (1896/97, 1041ff); o.V., Die Ungleichartigkeit der Gewerbebeaufsichtigungen in Deutschland (1898/99, 309f); Lösser, Die Verwendung von Arbeitern im Gewerbeaufsichtsdienst; Taube, Die Beziehungen der preuß. und sächsischen Gewerbeinspektion zur Arbeiterschaft (1902/03, 364f u. 1164f); Hardegg, Vertrauenspersonen der Gewerbeinspektion in Württemberg (1903/04, 858ff, 887ff, 920ff); o.V., Die Gewerbeaufsicht, ihr Zuständigkeitsgebiet und ihr Verhältnis zu den ordentlichen Polizeibehörden (1908/09, 671ff); Kähler, Die Weiterbildung der Gewerbeaufsicht in Deutschland (1909/10, 265ff, 289ff,317ff). In "Die Berufsgenossenschaft" (seit 1886): o.V., Die Gewerbe-Räthe (Fabrik-Inspektoren) als Beauftragte der Berufsgenossenschaften; Schlesinger, Der "Beauftragte" (1886, 251f u. 196f); idem, "Die Überwachung der Unfallverhütung" (1887, 8f); Karl Hilfe, Der Erlaß von Unfall-Verhütungs-Vorschriften als Anlaß zum Ausbruch von Arbeiterbewegungen (1890, 276ff mit Anm.d.Red.). Ferner: Johannes G. Kurz, Über Nutzen und Schaden von Maschinen besonders in Fabriken, Verhandlungen des Vereins zur Beförderung des Gewerbefleißes 3 1824, S.55-81; Karl Braun, Der Normalarbeitstag und die Fabrikinspektoren, Jahrbuch für Volkswirtschaft 1869, S.10-40; o.V., Gutachten über die Reform der Gewerbeordnung in Bezug auf Fabrikinspektion, Hirths Annalen 1874, S.431ff; o.V., Vom Fabrikinspectorat, Christlich-Sociale Blätter 29 1896; van den Boom, 25 Jahre Fabrikinspektion; idem, Weibliche Gewerbeaufsichtsbeamte in Deutschland, Sociale Cultur 1905 u.1906; Helene Simon, Frauen in der Gewerbeaufsicht, Neue Bahnen 1906; Cl. Heiss, Volkswirte als Beamte der Gewerbeinspektion?, Volkswirtschaftliche Blätter 7 1908; F.O. Morgener, Arbeiterbeamte im Gewerbeaufsichtsdienst, ZG 1911.

8) Siehe außerdem Thun 1877 und 1879, Lohren 1877, Lohmann 1878, Platz 1889, Marcinowski 1898, Wenzel 1893, Quarck 1896, Bleicher 1908, v.Weizenbeck 1909 und Frankenstein 1912.

Italien, Lukanic 1908 über Österreich, Brod 1910 über Ungarn, Mikulin 1906 über Rußland und Weidmann 1904 über die Schweiz. Für Holland, Schweden, Portugal oder die USA scheinen zu dieser noch keine Monographien zum Thema vorgelegen zu haben. In den meisten Ländern kursierte aber längst eine Fülle streitbarer Aufsätze, die auch die Organisation und Wirkung der Gewerbeaufsicht streiften. Doch keine der genannten und von Stammheimer erfaßten Arbeiten stellte soweit ersichtlich das Personal der neuen Behörde in den Mittelpunkt der Untersuchung.[9]

In Deutschland blieben die leitenden Beamten des Handelsministeriums lange Zeit im Hintergrund und unbekannt. Lohmanns Mitarbeiter und Nachfolger sind weder in die ADB noch in der NDB aufgenommen worden. Alle Arbeiten, die Lohmann erwähnen, berufen sich auf Hans Rothfels, der seine Darstellung aber nur unzureichend belegte, obwohl er noch die ungeteilten und offenbar vollständigen Quellen einsehen konnte.[10] Die Aufsichtsbeamten der Gewerbeaufsicht selbst blieben auch in der Zwischenkriegszeit weitgehend unbekannt und ungenannt, auch wenn die sozialpolitischen Strömungen der Zeit noch eindringlicher und ausdauernder nach der wünschbaren Entwicklungsrichtung der längst etablierten Behörde fragten. Wenn nicht Prominente wie Max Weber oder Heinrich Herkner Aufhebens davon machten und gelegentlich für einzelne Beamte oder die ganze Gruppe sprachen, mußten jene es wie Elisabeth von Richthofen, Marie Baum und Karl Bittmann selber tun. Gegenüber soviel badischer Mitteilsamkeit, besonders

9) Stammheimer, Bibliographie der Sozialpolitik, Jena 1912; Joseph Susini, L'inspection du travail en Belgique, Paris 1903; E.Mahaim, Inspectiunea muncei in Belgia, Economia nationala 1908; Beretning, Om Arbeids- og Fabriktilsynets Virksomhed 1907-08, Kjöbenhavn 1908; M.W.Pynappel, Arbeidsinspectie en Staatstoezicht op de Volksgezondheid, Tijdschr. voor soc. Hygiene 1908; H.Janulow, Arbeitsinspektion und soziale Gesetzgebung (inspectia na truda i social no zakonselatestwo), Sofia 1906; Colmart, De L'inspection du travail en France, Paris 1899; Emile Durand, L'inspection du travail de 1841 à 1902, Diss Paris 1902; C.Dragoni, L'inspezione del lavoro: studi sull'organizzazione del servizio di vigilanza per l'applicazione delle legge operaie, Roma 1905; M.A.Brod, Ungarische Industrieinspektion (A magyar iparfelügyeletröl), XX. Szazad 1910; Mikulin, Die Fabrikinspektion in Rußland 1882-1906 (russ.), Kiew 1906; A. Weidmann, Die eidgenöss. Fabrikinspektion im Jahrzehnt 1890-1901, Zeitschrift f. schweiz. Statistik 40 1904.

10) Rothfels 1927 gab bekanntlich nur summarische Quellenhinweise (z.B. S.27, Anm.1: "in den Akten des H.M. finden sich...") und verzichtete auf Einzelbelege. Im neuesten (1987), (15.) Band der NDB ist Lohmann aufgenommen; bleibt abzuwarten, ob auch Neuhaus, Simon oder v.Meyeren Aufnahme finden werden. Eine Kollektivbiographie von 390 Beamten des Handelsministeriums (1871-1932) legte Berndt 1981 vor, die zahlreiche Personalakten und biographische Handbücher auswertete (S.117), weil sie der "zweiten und dritten Garnitur des Staatsapparates ...ungleich größere Bedeutung" beimaß als den meisten Ministern und Politikern (S.107). Als guter Kenner der Ministerialbeamten auch des preuß. Handelsministeriums erweist sich v.Berlepsch 1987. Das Register der Arbeit weist den Weg zu Ludwig Brefeld, Friedrich Dönhoff, Karl Gamp, Gustav Königs, Theodor Lohmann, Eduard Magdeburg, Julius Post und Leopold Wilhelmi; v.Meyeren wird nicht im Register, aber im Text (S.152) erwähnt.

ausgeprägt bei dem chemisch wie literarisch noch gleichermaßen gebildeten Bittmann, ist von den preußischen Aufsichtsbeamten öffentlich nur wenig zu erfahren. Umsomehr setzten diese sich nach dem Ersten Weltkrieg für die Entwicklung ihrer Einrichtung zu einer technischen Sonderbehörde ein, was zahlreiche Aufsätze in Fachzeitschriften zur Folge hatte, hinter denen die Person des Autors nicht einmal in Umrissen zum Vorschein kommt.[11]

In der Zwischenkriegszeit schlossen einige Anwärter des Aufsichtsdienstes ihre Ausbildung mit wissenschaftlichen Arbeiten über ihre Behörde ab. Süersen 1918 und Henseleit 1926 erörterten die Entwicklung und Aussichten des "weiblichen Fabrikinspektorats", Neitzel 1929 das Verhältnis zur Polizei, Ammon 1933 und Peters 1935 schließlich die Geschichte und Gestaltung der staatlichen Gewerbeaufsicht in Deutschland. Sie hatten die Reform der Behörde im Auge und streiften die personelle Zusammensetzung nur auf wenigen Seiten. Das gilt auch für die Arbeit der Hochschullehrer Friedrich Raab und Walther Mayer, denen es 1928 auf die Einsparung von Personal, das sie pauschal und als Zahlenwerte behandelten, durch eine Zentralisierung der Behörde ankam. Dieses Ziel stand auch bei Vorbach 1931 im Vordergrund. Die Arbeiten zur bayerischen Gewerbeaufsicht -Weizenbeck 1909, Klebe 1930, Fritz 1931- hatten wie später Gresser 1984 für die personelle Seite der Aufsicht ebenfalls nur Seitenblicke übrig.[12]

Nach 1945 interessierten sich zuerst Jubilare für den neuerlichen Wandel der Behörde und seine Einbindung in die nun hundertjährige Vorgeschichte.[13] Gleichzeitig erwachte das wissenschaftliche Interesse von neuem. Es strebte vorerst keine Gesamtdarstellung an, wie sie zuletzt Poerschke versucht hatte, sondern setzte die Tradition der regionalen Verwaltungsstudien mit deutlichem sozialpolitischem Engagement fort. Deshalb schenkten Bocks 1978, Gresser 1984 und Simons 1984 dem Aufbau der Behörde und ihrer Einbettung in den Behördenorganismus wenig Interesse, noch weniger den einzelnen Beamten. Bocks hat in seine umfangreiche Arbeit auf 650 Seiten weitgespannte, auch soziale und politische Interessen eingebracht. Das ist legitim, hat aber der Kohärenz der Arbeit geschadet. Sie führt auf vielen hundert Seiten die vielfältigen Aufgaben der Behörde vor, widmet dieser

---

11) Zu Webers Kontakt zu den badischen Beamten und zu diesen selbst s.unten S.246f; die Aufsätze in Fachzeitschriften wurden vor allem im 5.Kapitel herangezogen.

12) Die Aussage gilt auch für Jellen 1916, Reuß 1922, Poerschke 1928, Meyer 1929, Bittmann 1933 und andere. Rasch 1924, S.68-76, nannte Namen, Geburts- und Einstellungsdaten sowie Dienstrang und "Lebensgang" aller Beamten und Angestellten der Hamburger Behörde in synoptischer Kürze; unausgearbeitete Ansätze dazu schon bei Weizenbeck 1909, S.52ff; auch bei Meyer 1929, S.32ff.

13) 100 Jahre Gewerbeaufsicht, Bundesarbeitsblatt, hg.v. Bundesministerium für Arbeit, Stuttgart 1954; Alfred Mertens 1978 (wie oben Anm.3); 100 Jahre Bayerische Gewerbeaufsicht 1879-1979, hg. v. Bayerischen Staatministerium für Arbeit u. Sozialordnung, München 1979.

und den Beamten jedoch vergleichsweise wenig Raum. Aber im Gegensatz zu Gressers Arbeit geht Bocks auch auf das Personal der badischen Aufsicht ein und spricht die Direktoren Wörishoffer und Bittmann sowie deren Mitarbeit so ausführlich an, wie es seine Quellen erlaubten.[14]

Simons legte 1984 die nach Poerschke kenntnisreichste Arbeit zur Gewerbeaufsicht in Deutschland vor. Sie besitzt zudem (im Gegensatz zu Bocks etwa) einen zwingenden und geradezu unanfechtbaren Aufbau, indem sie die Aufgabenverteilung zwischen staatlichen und genossenschaftlichen Trägern bis zu den beiden Seitenarmen der historischen Entwicklung, dem Kinderschutz und der Unfallverhütung, zurückverfolgt und ihr Zusammenfließen in ein "duales Aufsichtssystem" sowie ihr Weiterströmen als solches in alternierenden, abwechselnd die staatliche und die genossenschaftliche Aufgabenentwicklung darstellenden Kapiteln bis an das Ende der Weimarer Republik sicher begleitet. Mit dem einen, uns irritierenden Mangel allerdings -das Personal der Gewerbeaufsicht wird fast ganz übergangen.[15] V.Berlepsch 1987 und Buck-Heilig 1988 runden die inzwischen beachtliche Forschungsleistung zur Geschichte der Gewerbeaufsicht ab. Deren personelle Seite konnte v.Berlepsch dem Thema seiner Arbeit gemäß nur streifen, was einige, im ganzen wenig ins Gewicht fallende Detailfehler rechtfertigt.[16] Hierarchie, Personalentwicklung und Ausbildung sind bei Buck-Heilig 1988 in einem eigenen Kapitel und mit Schwerpunkt auf den Regierungsbezirk Minden (später Detmold) gewürdigt. Zuweilen aus der Perspektive von regionalem (Archiv-) Material geschrieben, fast immer erschöpfend Auskunft gebend über Inhalt und Entwicklung von Gesetzen und Verordnungen bis hinein in die 1980er Jahre, ist Buck-Heiligs Arbeit das unverzichtbare Pendant zu unserer eigenen Personaluntersuchung.[17] In seiner Arbeit über die schwedische Sozialpolitik hat schließlich Mensing 1979 ebenfalls einen Akzent auf die personelle Seite der dortigen Aufsicht gelegt. Er ist aber wie Bocks vermutlich aus Quellengründen nur dazu gekommen, Bruchstücke von Vorbildung

14) Bocks 1978, S.66ff.

15) Simons 1984, S.113-22, 222-28, 332-37 mit Hinweisen auf Personal- und Qualifikationsstruktur.

16) V.Berlepsch 1987, bes.S.269-90; die Anstellung von "ausgedienten Offizieren" trieb nicht "Blüten" (S.276, Anm.49). Sie war ein Provisorium der Übergangszeit und eine Tradition der Behörde (einschließlich Ortspolizei). Diese war noch keine "technische Sonderbehörde"(S.270). Im Jahr 1900 gab es nicht eine, sondern vier Frauen in der preuß. Aufsicht, die bis 1914 aufholte (zu S.282,Anm.84). Die auf S.285 mitgeteilten Poerschke-Zahlen sind unzuverlässig. Die Angst der Arbeiter vor Entlassung (S.288) behinderte bereits die britischen Anfänge, vgl. Henriques 1971.

17) Buck-Heilig 1988, hier S.163-215 ("Die personelle Entwicklung"). Aus paralleler Forschungsarbeit erwachsen, ist die Dissertation der Verfasserin so gut es ging mit den Ergebnissen meiner eigenen abgestimmt worden.

und Lebenslauf einiger Beamten als Ergänzung und Bereicherung, nicht als Eigenwerte und bedeutungstragende Teile in seine Darstellung einzubauen.[18]

Will man dennoch, was unter 0.3 zu rechtfertigen ist, dem einzelnen Beamten (z.B. der Gewerbeaufsicht) mehr Aufmerksamkeit entgegenbringen, muß man sich demnach anderen Vorarbeiten zuwenden. Sie stammen aus den Gebieten der Bürokratie- und Beamtenforschung (a), der Untersuchung naturwissenschaftlicher und technischer Intelligenz und der Professionalisierungstheorie (b) sowie einem nur scheinbar abgelegenen Problem der Historiographie - dem Stellenwert, den in ihr die Biographie haben soll (c).

zu a) Im Bereich von Bürokratie und Beamtentum hat zuerst Max Weber seine universalhistorisch-typologischen Grundbegriffe auf die Rolle des Staates, des Rechts und der Rationalisierung von Herrschaft und Verwaltung angewandt.[19] Moderne Arbeiten sind ihm darin gefolgt, allerdings oft ohne eine vergleichbare Rückversicherung in der Geschichte. Wie eine solche aussehen müßte, wird in 0.3 erörtert. An der vorhandenen Literatur zu Bürokratie und Verwaltung fällt hier ein anderer Mangel ins Gewicht, den man auf Max Webers Zeitgenossenschaft und auf seinen Bürokratiebegriff zurückführen kann. Er sah als Zeitgenosse eine Spannung zwischen dem Ideal einer von großen Persönlichkeiten geprägten sublimen Geisteskultur und dem gegenläufigen Prozeß durchgängiger Rationalisierung und Bürokratisierung aller, auch der persönlichsten Lebensbereiche.[20] Webers Bürokratiebegriff kam es deshalb "auf die Formulierung des maximal zweckmäßigen Sollschemas an", sein Idealtypus war eine "gedankliche Steigerung bestimmter Elemente der Wirklichkeit ... zu einem in sich einheitlichen Gedankengebilde" und insofern "eine Utopie."[21] Die mit Taylor beginnende Organisationstheorie vermißte daran "die Berücksichtigung von Zielsetzungsprozessen und von Umweltbeziehungen", die Einordnung der Eigenart und der Inhalte "manifester Verbandsziele" und -für uns am wichtigsten- "die Beachtung informeller Elemente in der Organisation, also jener Abweichungen vom und Hinzufügungen zum formellen Sollschema, die durch die soziale Natur der Mitglieder, ihre persönlichen Wertvorstellungen und Bedürfnisse entstehen."[22] Mit einem Wort: den (analytischen) Eigenwert und

18) Mensing 1979, S.302f, 349-74.

19) Besonders in: Weber 1972 und 1973. Schon Webers Artikel "Agrarverhältnisse im Altertum" brach Anfang der 1890er Jahre "mit der historischen Methode, die verlangte, daß der Historiker vergangene Epochen ausschließlich mit jener Begrifflichkeit schildert, die ihm in den Quellen selbst entgegentritt", vgl. Mommsen 1972, S.68.

20) Löwith 1960, S.1ff; Mommsen 1972, S.84. An Webers eigenem Ausbruchsversuch war eine badische Fabrikinspektorin beteiligt, s.unten S.246f.

21) Mayntz 1965, S.493-502, hier S.495; Weber 1968, S.190f; Wehler 1987, Bd.1, S.558,580 u.ö.

22) Mayntz 1965, S.494f.

die (persönliche oder gruppenbezogene) Eigensinnigkeit von Behörden und Verwaltungen.

Es sind zwei weitere Gründe, die Personaluntersuchungen im Bereich von staatlicher Verwaltung nicht eben erleichtern. Politikwissenschaft stehe immer auf einer "virtuellen Aussterbeliste", weil sich die Herrschenden nicht gern in die Karten schauen ließen. Auch deshalb seien Personaluntersuchungen in diesem Bereich selten und schwer durchzuführen.[23] Dabei kann die Forderung nach Datenschutz auch den Herrschenden nützlich sein. Er wird auf die historische Forschung ausgedehnt und die Sperrfrist für Personalakten weiter verlängert. Demnach können Historiker praktisch keine Personalakten eines im 20.Jahrhundert geborenen Beamten noch in diesem Jahrhundert für ihre Forschung heranziehen.[24]

Es kann aus den drei genannten Gründen -Max Weber, Herrschaft und Datenschutz- nicht wundern, daß eine Sozialgeschichte oder Sozialbiographie des deutschen Beamtentums bis vor kurzem auch nicht in Ansätzen vorbereitet war. Die ältere Verwaltungsgeschichte -Isaacsohn, Hintze, Lotz, Hartung, Huber, Hubatsch- war vor allem Aufgaben-, Organisations- und Normengeschichte, die für die handelnden Beamten wenig mehr als Seitenblicke übrig hatte.[25] Die Vernachläßigung des Beamtentums als geschichtlichem Faktor und politischer Machtgruppe ging von der Annahme aus, daß Beamte als Personen irrelevant und als Gruppe nur Befehlsempfänger und "ausführende Organe" (Exekutive) seien, die Befehlshaber und Normengeber deshalb für die Forschung wichtiger wären. Diese Annahme ist bereits in den historischen Wortfeldern Person, Personal und Persön-

23) Ellwein 1980, S.27; Mayntz/Luhmann 1973; Brinkmann 1973; B.Steinkemper, Klassische und politische Bürokraten in der Ministerialverwaltung der Bundesrepublik Deutschland, Köln 1974; W.Puppke, Karrieredeterminanten in der öffentlichen Verwaltung. Beförderungspraxis im höheren Dienst, Baden-Baden 1975; R.Koch, Die Personalsteuerung in der Ministerialbürokratie, Baden-Baden 1975; E.Nümann, Die Organisation des Personalwesens in der Ministerialverwaltung von Bund und Ländern, Köln 1975; H.Dillkofer, Die Organisation der Innenministerien -eine sozialwissenschaftliche Analyse, München 1977.

24) Dazu ausführlicher unten S.28f. In einer Folge der fiktiven BBC-Serie "Yes Minister" verursacht die drohende Freigabe eines dreißig Jahre unter Verschluß gehaltenen und vergessenen Faszikels Panik bei einem älteren Ministerialbeamten, der das ihn belastende Material vor der Freigabe entfernen läßt.

25) S.Isaacsohn, Geschichte des preuß. Beamtentums vom Anfang des 15.Jh. bis auf die Gegenwart, 3Bde, Berlin 1874/84; Reprint Aalen 1962; Otto Hintze, Gesammelte Abhandlungen, 3Bde, hg. von Gerhard Oestreich. Göttingen 1962-67; Albert Lotz, Geschichte des deutschen Beamtentums, Berlin 1909; Fritz Hartung, Staatsbildende Kräfte der Neuzeit. Gesammelte Aufsätze, Berlin 1961, bes. S.223-344; Ernst Rudolf Huber, Deutsche Verfassungsgeschichte seit 1789, 7 Bde, Stuttgart 1957-82; Walther Hubatsch, Grundriß zur dt. Verwaltungsgeschichte 1815-1945, Reihe A, Preußen, 12 Bde, Marburg 1975-78. Ausnahmen bildeten Ziekursch 1907, Most 1916 und Hermes 1926.

lichkeit angelegt.[26] Sie wird zunehmend falsch, weil in Zeiten des Wirtschaftsliberalismus und einer ungebändigten Marktwirtschaft Persönlichkeit und Lebensform -in Antike und Mittelalter vorwiegend ethische Forderungen- zunehmend als belangloser Zustand erfahren werden. Auch das Beamtentum verteidigte seine im 19.Jahrhundert geschaffenen Vorrechte[27], ohne sich in unseren Tagen noch an die alte Ethik des Berufsbeamtentums gebunden zu fühlen. Hinter dessen Fassaden breiteten sich Individualismus, Hedonismus und Selbstbestimmung aus, so daß sich die Amtsträger auf Kosten der Gemeinschaft ein doppelt sicheres Paradies schufen: Sie genießen die Vorzüge der freien Marktwirtschaft in vollen Zügen und sind doch vor den Risiken der dort Agierenden und Arbeitenden bis in die Versorgung des eigenen Nachwuchses hinein befreit. Trotzdem verlor der Gegensatz zwischen Beamten und Angestellten, was die Tätigkeitsfelder betrifft, immer mehr an Bedeutung.[28] Gleichzeitig wuchs seit 1918 die Chance der Beamten auf Mitbestimmung und auf individuelle wie gruppenbezogene Einflußnahme unaufhörlich. Die Beamten sind deshalb als Handelnde ernster zu nehmen. Aber was weiß man von ihnen?

In den 1950er Jahren erhielt die Beamtenforschung neuen Auftrieb. Es ging zunächst darum, über die Größe von Beamtenkörpern und -gruppen in einzelnen Ländern Rechenschaft abzulegen. Wer dabei auch nach der Personal- und Beamtenpolitik eines Landes fragte, mußte sich aus Quellengründen meist auf den Kreis der höheren und der sog. politischen Beamten beschränken.[29] Zu diesen Arbeiten

26) "Persona" meinte ursprünglich die Maske des Schauspielers. Das Wort meinte auch im Mittelalter nicht den Einzelmensch, sondern den sozialen Rang oder rechtlichen Status eines Menschen. Der Einzelne war nur dort Person, wo er eine Rolle übernahm, die er nicht selbst verfaßt hatte und sich trotzdem aneignete. Im 13.Jh. wurde diese öffentliche Persönlichkeit (persona publica) in die Teile Gemeinschaft und Individuum zerlegt. Zum Vorschein kam der Einzelmensch, aber nur in der Spannung seiner Beziehungen zu Dingen, Regeln und Anderen. "Erst seit dem 16.Jh. begann sich der Einzelmensch von den Normen seiner Gemeinschaft loszusagen und zu seiner Subjektivität zu bekennen."(S.641) Trotzdem wurde Person noch lange nicht "Ich" und "Selbst", sondern bezog sich ichübergreifend auf das ganze Leben eines Individuums, dessen Formung der Bildungsroman verherrlichte und das einst bedeutungsvolle "Beamtenethos" bis 1945 aufbewahrte; vgl. im einzelnen Borst 1973, S.255 u.695, und Borst 1979; Rheinfelder 1928, Pannenberg 1976 und Manfred Frank, Subjekt, Person, Individuum, Frankfurt 1986.

27) Dazu grundlegend Wunder 1978.

28) Vgl. Ellwein/Zoll 1973 sowie Ellwein 1980; C.A.Lückerath (Hg.), Berufsbeamtentum und Beamtenorganisationen. Geschichtliche Wirklichkeit im Widerspruch?, Köln 1987.

29) E.Barker, The Development of Public Services in Western Europe 1660-1870, London 1944 (3.Aufl. Hamden/Conn. 1966); E.Kern, Die Institution des Berufsbeamtentums im kontinentaleuropäischen Staat, Dortmund 1952; Walter Schärl, Die Zusammensetzung der bayerischen Beamtenschaft von 1806 bis 1918, Kallmünz 1955; H.v.Borch, Obrigkeit und Widerstand. Zur politischen Soziologie des deutschen Berufsbeamtentums, Tübingen 1954; H.Fricke, Die Landesdirektoren der Provinz Brandenburg 1876-1945, JbGMO X 1956, S.295-326; H.K.Behrend, Zur Personalpolitik des preuß. Mini-

traten seit der Mitte der 60er Jahre Untersuchungen zur Beamtenschaft einzelner Städte bzw. in einzelnen Städten[30] sowie zum Verwaltungsaufbau und Personalbestand von preußischen Regierungspräsidien in der Tradition von Bär 1919.[31] Während diese sich aber meist mit dem Aufzählen des Personalbestandes zufrieden gaben und Personen als Stellenwerte und nicht als Eigenwerte behandelten, näherten sich jene lokal- und regionalgeschichtlich eingebundenen Untersuchungen dem Sozialprofil einer Beamtengruppe ein ganzes Stück. Daraus scheint sich aber erst dann eine neue Forschungsrichtung ergeben zu haben, als sich sachliche Zweifel an der Berechtigung des Ausschließlichkeitsanspruches der "neuen Orthodoxie" (der von Bielefeld ausgehenden Struktur- und Sozialgeschichte) zu regen

steriums d. Innern. Die Besetzung der Landratsstellen in den östlichen Provinzen 1919-33, ebendort 6 1957, S.173-214; Morsey 1957; E.Pikart, Preußische Beamtenpolitik 1918-33, VfZ 6 1958; S.119-37; H.Branig, Die Oberpräsidenten der Provinz Pommern, Baltische Studien NF 46 1959, S.92-107; Sturm 1961; H.Jacob, German Administration since Bismarck, New Haven 1963; H.Mommsen 1966; Röhl 1967; Cullity 1967.

30) Richard Rive, Kommunalbeamte in Halle, Halle 1933; Prätorius, Beamtenversippung in Darmstadt 1772, Mitteilungen d.hess.Fam.gesch.V 8 1959; Wolfgang Köllmann, Die Sozialgeschichte der Stadt Barmen im 19. Jahrhundert, Tübingen 1960; Friedrich Wilhelm Schaer, Die Stadt Aurich und ihre Beamtenschaft im 19.Jh., Göttingen 1963; Heinz Bühler, Das beamtete Bürgertum in Göppingen und sein soziales Verhalten 1815-48, Göppingen 1976; Henning 1969; Hans-Jürgen Gerhard, Diensteinkommen Göttinger Officianten 1750-1850, Göttingen 1978; Ders., Stadtverwaltung u. städtisches Besoldungswesen von der Frühen Neuzeit bis zum 19.Jh., VSWG 70 1983; Rosenfeld 1984; Bernd Walter 1987.

31) Max Bär, Die Behördenverfassung der Rheinprovinz seit 1815, Stuttgart 1919, Reprint 1965; H.Schubert Die preuß. Regierung in Koblenz. Ihre Entwicklung und ihr Wirken 1816-1918, Bonn 1925; August Klein, Die preuß. Personalpolitik bei der Kölner Regierung, Düsseldorf 1962; Norbert Schindlmayr, Zur preuß. Personalpolitik in der Rheinprovinz. Eine Untersuchung über die Anstellung der höheren Regierungsbeamten und der Landräte in den RB Koblenz und Trier, Diss Köln 1969; Johann Ludwig Dotrans, Die Verwaltung des westpreuß. RB Marienwerder in den Jahren 1815-29; Diss Bonn 1964; Dieter Poestgen, Die preuß. Personalpolitik im RB Aachen 1815-90, Diss.Aachen 1975; Horst Romeyk, Verwaltungs- und Behördengeschichte der Rheinprovinz 1914-45, Düsseldorf 1985; Andreas Anderhub, Die Verwaltung des Regierungsbezirks im RB Wiesbaden 1866-1885, Wiesbaden 1977 sowie die von Walther Hubatsch in der Reihe "Studien zur Geschichte Preußens ab 1960 bei Grote in Köln und Berlin herausgegebenen Dissertationen (=Bde 10-12,17,20,22,27,30/31 u.35) : Irene Berger, Die preuß. Verwaltung des RB Gumbinnen 1815-47 (1966); Klaus Helmut Rehfeld, Die preuß. Verwaltung des RB Bromberg 1848-71 (1968); Walter Gerschler, Das preußische Oberpräsidium der Provinz Jülich-Kleve-Berg in Köln 1816-1822 (1967); Horst Mies, Die preuß. Verwaltung des RB Marienwerder 1830-70 (1972); Rolf Engels, Die preuß. Verwaltung von Kammer und Regierung Gumbinnen 1724-1870 (1974); Albrecht Wien, Die preuß. Verwaltung des RB Danzig 1870-192o (1974); Gisbert Knopp, Die preuß. Verwaltung des RB Düsseldorf 1899-1919 (1974); Hans Jürgen Belke, Die preuß. Regierung in Königsberg 1808-1850 (1976); Thomas Gey, Die preuß. Verwaltung im RB Bromberg 1871-1920 (1976); Dieter Süttgen, Die preuß. Verwaltung des RB Gumbinnen 1871-1920 (1980) Reinhard Hauf, Die preuß. Verwaltung des RB Königsberg 1871-1920 (1980); Ursula Wagner, Die preuß. Verwaltung des RB Marienwerder 1871-192o (1982). (RB=Regierungsbezirk)

begannen. In ihrem Schatten und erst neuerdings von dieser selbst rezipiert und ans Licht geholt entstanden die ersten größeren Arbeiten und Vorarbeiten zu einer Sozialgeschichte des deutschen Berufsbeamtentums. Dabei könnten kollektivbiographische Arbeiten aus dem gewerblich-industriellen Bereich, die aus den Bänden der NDB bzw. dem Reichshandbuch der Deutschen Gesellschaft (Berlin 1930/31) die Sozialprofile von 193 Ingenieuren, 363 Unternehmern und 1300 Generaldirektoren erarbeiteten, immer noch als Vorbild und zum Vergleich herangezogen werden.[32] Auf kleineren Samples als diese beruhten die Pionierarbeiten von Lüdicke 1918 und Berndt 1981, die das Personal zweier preußischer Ministerien untersucht hatten.[33] Witt 1983, der schon einen Aufsatz über preußische Landräte als Steuerbeamte beigetragen hatte (Witt 1973), ergänzte die auf der höchsten Beamtenebene angesiedelten Arbeiten um eine Studie über 67 höhere Beamte der Reichskanzlei. Während Hubatsch 1980 den Karrieren von Regierungspräsidenten auf der Spur war, erfaßte Wegmann 1969 das Personal der leitenden Verwaltungsbeamten in Westfalen und übertraf damit alle bisherigen Arbeiten über Verwaltungsaufbau und -personal der mittleren Ebene. Henning 1972 verarbeitete die bisher größte Menge von sozialbiographischen Daten des höheren preußischen Beamtentums und erfaßte die Ebenen der Ministerien, Präsidien und Landratsämter. Seine Arbeit ist leider eine spröde und wiederholungsreiche Aufzählung von Lebens- und Karrieredaten, die dennoch unverzichtbar bleibt und einen Anfang machte. Die Autoren von Jeserich/Pohl/Unruh 1983 befaßten sich mit Verwaltungsgeschichte als Aufgaben- und Normengeschichte. Sie gingen nur an wenigen Stellen auf das Personal ein und blendeten die Sozialgeschichte -nicht nur die der Beamtenschaft- weitgehend aus[34], obwohl seit den 1970er Jahren weitere Vorarbeiten zu einer Sozialgeschichte des Beamtentums vorgelegt wurden: Amstrong 1973 und Johnson 1975 über den Spätabsolutismus, van den Heuvel 1984 aus territorialstaatlicher Perspektive; zur Ausbildung von Technikern im Staatsdienst Lundgreen 1975, Lundgreen/Fischer 1975, Fischer 1977, Scholl 1978, zu ihrer hierarchischen Einordnung Grünert 1983 und Westphalen 1979; über Personalpolitik vor und nach 1918 Fenske 1973 a/b, nach 1945 Morsey 1977; über Besoldung Kübler 1976, über Versorgung von Witwen und Waisen Jacob 1971 und Wunder

32) Treue 1963 und 1967; W.Stahl, Der Elitekreislauf in der Unternehmerschaft, Frankfurt 1973; H.Sachtler, Wandlungen des industriellen Unternehmers in Deutschland seit Beginn der Industrialisierung, Diss. Halle 1937; s.auch Kocka 1975, S.42ff.

33) Reinhard Lüdicke, Die preuß. Kultusminister und ihre Beamten im ersten Jahrhundert des Ministeriums 1817-1917, Stuttgart- Berlin 1918; Berndt 1981 u.1984.

34) Jeserich/Pohl/Unruh (Hg.), Deutsche Verwaltungsgeschichte, 3Bde, Stuttgart 1983. Ausnahmen im 2.Band: S.37f,164,283f,324f, 352f u.714, aber ohne sozialgeschichtliche Dimension. Eine vergleichbare Ausrichtung forderte H.Mäding, Verwaltungsgeschichte als Aufgabengeschichte, Die Verwaltung 15 1982, S.193-203; zur Normenebene s.auch Bleek 1972.

1985; über Beamtenethos und Treuepflicht Feindt 1981 und Rejewski 1973; über Beamte und Angestellte, die Arbeit von Interessengruppen und den Einfluß von Parteien Mommsen 1966, Jung 1971, Ellwein 1973 und 1980, Dyson 1979, Keller 1983; über Frauen im öffentlichen Dienst Langkau-Hermann 1983 und Habeth 1985; übergreifende Darstellungen schließlich von Hattenhauer 1980, Henning 1984, Fenske 1985 und Wunder 1986.[35] Der Aufschwung der Forschung in den Bereichen Familiengeschichte, Bildungsbürgertum, Schul- und Hochschulwesen sowie Professionalisierung kann in die Vorarbeiten zu einer umfassenden Geschichte des Berufsbeamtentums einbezogen werden.[36]

zu b) Die Forschung über Techniker und "technische Intelligenz" begann mit statistischen Erhebungen zur beruflichen Stellung und schulischen Vorbildung von Technikern.[37] Dieser Ansatz lebt in neueren Arbeiten zum Arbeitsmarkt und den Berufschancen von Technikern fort.[38] Aber an die Stelle der älteren, eher philosophisch orientierten und besorgten Studien über Technik und Techniker, die seit dem Ende des vorigen Jahrhunderts einen Aufschwung nahmen, traten vor über zwanzig Jahren soziologische Arbeiten über das politische Bewußtsein und den kapitalen Einfluß der technischen Intelligenz.[39] Der Amerikaner Talcott Parsons gab 1954 die neue Richtung an: Er hielt die Ingenieure für die auffälligste Erweiterung (obvious extension) der sog. "*professions*". Weil jene die Naturkräfte beherrschten, seien sie, meinte er, die legitimen Erben des Pfarrstandes. Diese Ansicht bestätigte ihm später die Professionalisierungsexpertin Magali Scarfatti

35) Ellwein 1973/80; Peter Jacob, Das Risiko der Witwenschaft, Köln 1971; K.H.Dyson, Die westdeutsche "Parteibuch"-Verwaltung, Verwaltung 12 1979, S.129-60; Erich Feindt, Beamtenethos und Zeitgeist, Die öffentliche Verwaltung 1981, S.568-73; Wunder 1985; M.Langkau-Hermann u.a., Frauen im öffentlichen Dienst, Bonn 1983; S.Habeth, Die Freiberuflerin und Beamtin: Ende 19.Jh. bis 1945, in: Pohl/Treue (Hg.), Die Frau in der dt. Wirtschaft, Stuttgart 1985, S.155-70.

36) W.Hubbard, Familiengeschichte. Materialien sur dt. Familie seit dem Ende des 18.Jh., München 1983; Conze/Kocka 1985; R.Bölling, Sosialgeschichte der dt. Lehrer, Göttingen 1983.

37) Reinhold Jaeckel, Statistik über die technischen Privatbeamten in Großberlin, Jena 1908; Potthoff, Die soziale Lage der Werkmeister (=Schriften des Dt.Werkmeisterverbandes,Hefte IX u.XV); Statistik der in der Industrie beschäftigten Chemiker 1901 und 1910, Zeitschrift für angewandte Chemie 1910; Adolf Günther, Die deutschen Techniker. Ihre Lebens-, Ausbildungs- und Arbeitsverhältnisse, 2 Bde, Leipzig 1912; H.E.Krüger, Die wirtschaftliche und soziale Lage der Privatangestellten (=Schriften d. Gesellschaft für Sosiale Reform, Heft 32), Teil 2: kaufmännische u. technische Angestellte, Jena 1912.

38) Siehe Pierenkemper/Tilly 1982; Pierenkemper 1982 und 1987.

39) Oswald Spengler, Der Untergang des Abendlandes. Umrisse einer Morphologie der Weltgeschichte, 2 Bde, Wien-München 1918/22. Ders., Der Mensch und die Technik, München 1931; Dessauer 1927; Karl Jaspers, Die geistige Situation der Zeit, Berlin 1931; s.auch Wollgast/Banse, Philosophie und Technik, Berlin 1979; W.Siebecke, Technik. Versuch einer Geschichte der Wortfamilie um "techne" in Deutschland vom 16.Jahrhundert bis etwa 1830, Düsseldorf 1968; Ropohl 1985.

Larson : "from the old profession of divinity to the new profession of engineering."[40]

Obwohl diese Forschungsrichtungen nach Berufs- und Einflußchancen fragten, hatten sie zu einzelnen Ingenieurpersönlichkeiten nichts und zu einer kollektiven Biographie der Gruppe wenig beizutragen.[41] Und obwohl sie die Gattung zu einem neuen Priesterstand erhoben, wußten sie wenig von ihrem in der Geschichte verborgenen Zusammenhang mit der *professio* der Mönche und dem Fortschritt der Naturwissenschaften.[42] In der älteren Technikgeschichte bemühte sich dagegen allen voran Conrad Matschoß auch um die personelle und biographische Seite der modernen Technik. Diese kam aber neben der Darstellung von Erfindungen und deren Anwendung und auch wegen des Kampfes der Ingenieure um gesellschaftliche Anerkennung nicht über erste Anfänge hinaus.[43] Wilhelm Treue fand 1978, als er in einem Aufsatz 193 biographische Artikel der NDB auswertete, daß "die mittlere Ebene der leitenden Angestellten" noch wenig bekannt sei. Schon 1967 hatte er die "sehr mühsame umfassende Beschäftigung mit dieser Gesellschaftsgruppe" nahezulegen versucht.[44]

Inzwischen hat der neue Aufschwung der Angestellten- und Technikgeschichte auch das Wissen über die Ingenieure erweitert. In Amerika trugen u.a. Shepard 1957, Calhoun 1960, Calvert 1967, Kemper 1967, Perucci/Gerstl 1969, Layton

40) Talcott Parsons, Professions, Encyclopaedia of Social Sciences 1937, S.537f; Magali Scarfatti Larson, The Rise of Professionalism. A Social Analysis, Berkley 1977, S.122.

41) So schon Hortleder 1970 und 1973.

42) Zu professio als Mönchsgelübde Borst 1973, S.225, mit einer (mir nicht einsichtigen) wortgeschichtlichen Gleichstellung von Profession und Beruf "ohne den Umweg über (die?) neuzeitliche Säkularisation" und der (mir verständlichen, vgl. Kap.3) These von der mönchischen Aufwertung des handwerklichen Banausen. Die Frage, warum gerade "englische Mönche so viel über technische Probleme" nachdachten und schrieben, bleibt, scheint mir, unbeantwortet. Zu professio (canonica et monastica) ferner J.F.Niemeyer, mediae latinitatis lexicon minus, Leiden 1976, S.859; Dulange, glossarium mediae et infirmae latinitatis (1883-87), Reprint Graz 1954, Bd.4, S.525.

43) Conrad Matschoß, Männer der Technik (1925), Reprint Düsseldorf 1985, enthält 850 Kurzbiographien. In der Reprint-Reihe des VDI gibt es neben wenigen (Auto-) Biographien -Eyth 1904/05, Porter 1912, Linde 1916- vor allem Technikdarstellungen; ebenso in der 29bändigen Taschenbuchreihe des Deutschen Museums, die überhaupt keinen biographischen Einzelband einschließt.; s.ferner Klemm 1983 (1961), S.190ff. Auch in England scheint das biographische Gebiet nach Samuel Smiles, Industrial Biography, London 1863, vernachläßigt, so jedenfalls John F. Petree, Some Reflections on Engineering Biography, Transactions of the Newcomen Society 40 1967/68, S.147-57.

44) Treue 1963; 1967, S.476; 1978, S.27.

1971 und 1976 sowie Rae 1975 dazu bei.[45] In Deutschland sammelte sich eine Fülle verstreuter Aufsätze an, die ich hier nicht im einzelnen aufführen will.[46] Bezüglich der Biographien, Autobiographien und Monographien von und über Erfinder, Techniker und Unternehmer muß ebenfalls auf andere Bibliographien verwiesen werden.[47] Von den neueren Monographien und Aufsätzen haben sich Ludwig 1974 und 1981, Torstendahl 1975, Kocka 1975, Lundgreen 1975, Treue 1978, Scholl 1978, Braun 1980, Lintsen 1980 , Behringer 1981, Späth 1985 und Mock 1986 über das sonst übliche Maß hinaus mit dem Gruppenprofil von Ingenieuren beschäftigt.[48] Weber 1978 und Ludwig 1981 gehen dabei auch auf das Modell des Verwaltungsingenieurs in der Nachfolge von Wilhelm Franz ein.[49] Im Gegensatz zu Lundgreen 1975 fragte Scholl 1978 auch nach den Einstellungschancen der Ingenieure im Bereich des Staatsdienstes. Der Schwede Torstendahl zeichnete auf der Grundlage von 3900 Einzelfällen, dem größten mir bekannt gewordenen Sample, ein Bild des schwedischen Ingenieurs zwischen 1850 und 1890, das in Deutschland noch seinesgleichen sucht: Dort war der Ingenieur der Pionier einer neuen Zeit, zuerst im Technischen, dann im Sozialen ein Neuerer. Torstendahl geht zudem ausführlich auf die Intra- und Intergenerationenmobilität seiner Gruppe ein, vorbildlich für unsere eigene Studie. Einige weitere ausländischen Studien konnten Anregungen geben und die deutschen Arbeiten ergänzen, so Ahlström 1978 und 1982 oder Lintsen 1980.[50] Den Lebensläufen u.a. von Ingenieuren hat sich schließlich auch die soziologische Forschung zugewandt. Sie untersuchte den "Lebenslauf als Statusbiographie" (R.Levy), die "kognitive Struktur autobiographischen Ste -

45) H.E.Shepard, Engineers as Marginal Men, Journal of Engineering Eduaction 47 1957, S.536-52; Daniel H. Calhoun, The American Civil Engineer, Cambridge Mass. 196o; M.A.Calvert, The Mechanical Engineers in America 1830-1910. Professional Culture in Conflict, Baltimore 1967; I.D.Kemper, The Engineer and his Profession, New York u.a. 1967; Perucci/Gerstl (eds), The Engineers and the Social System, New York u.a. 1969; John B.Rae, Engineers are People, Technology and Culture 16 1975, S.404-18; E.T.Layton jr., American Ideologies of Science and Engineering, ebendort 17 1976, S.688-71; Ders., Mirror Imaged Twins: Science and Technology in 19th Century America, Ebendort 12 1971, S.562-80.

46) Ersatzweise Wehler 1976, S.109f; Hans Sachsse (Hg.), Technik und Gesellschaft, Bd.1: Literaturführer, München 1974; Berichte zur Wissenschaftsgeschichte, Sonderheft 4, Wiesbaden 1981 sowie Einzelhefte der Zeitschrift "Technikgeschichte".

47) Sachsse 1974 und 1976 (Bd.3); hilfreich M. Westphal, Die besten deutschen Memoiren, Leipzig 1923.

48) Peter Behringer, Ingenieure und Techniker. Technische Angestellte in Großbritannien im späten 19. und frühen 2o. Jh., GuG Sonderheft 7 1981, S.74-93; Manfred Späth, Die Professionalisierung von Ingenieuren in Deutschland und Rußland 1800-1914, in: Conze/Kocka 1985, S.561-88.

49) Ludwig/König 1981, S.266ff; Jakob Weber, Ingenieure im öffentlichen Dienst. Empirische Analyse zur Laufbahnforschung, Düsseldorf 1978.

50) Göran Ahlström, Higher Technical Education and the Engineering Profession during the 19th Century, Economy and History 21 1978, S.51-88; Ders., Engineers and Industrial Growth...: France, Germany, Sweden and England, London 1982.

greiferzählens" (F.Schulze) oder auch den "Berufsverlauf von Ingenieuren in biographischer Perspektive." In seiner beruflichen Laufbahn werde der Ingenieur von identifizierbaren Motiven ("Themen einer Ingenieurkarriere") angetrieben, die aber oft in Widerspruch träten zu seiner abhängigen Stellung als Angestellter in großen Organisationen und Betrieben.[51]

Fabrikinspektoren gehören als Ingenieure im Staatsdienst berufsgeschichtlich gesehen einer jungen Profession, verwaltungsgeschichtlich gesehen dem mit der Leistungsverwaltung erstarkten technischen Beamtentum an. Wenn man über die individuellen Lebensläufe und ein gruppenbezogenes Sozialprofil hinaus nach den Einflußchancen dieses Zwitterwesens auf Selbstbestimmung und seine dienstrechtliche Stellung fragen möchte (vgl **0.3**), bietet die Fachliteratur vorläufig nur den Begriff und das Konzept der **Professionalisierung** an. Diesen Begriff hat Leopold von Wiese 1924 in die deutsche Soziologie eingeführt, ohne ihn durchzusetzen.[52] In Amerika reagierte Carr-Saunders 1933/37/66 mit demselben Begriff auf vergleichbare Phänomene in der Berufswelt.[53] Während aber im englischen Sprachraum ein Unterschied zwischen gewöhnlichen und herausgehobenen Berufen auf der Grundlage des lateinischen Wortes für "Mönchsgelübde" eingespielt war, fehlte eine solche Unterscheidung in der Wortgeschichte des deutschen "Beruf".[54] Trotzdem wollte schon v.Wiese sprachlich auf Veränderungen in der modernen Arbeitswelt reagieren und die offenbar geistlosen Teile der Tätigkeiten in Fabriken und Büros von den kreativen und geistvollen so abgrenzen, wie das zuerst im Neuhumanismus und dann im deutschen Beamtentum seit hundert Jahren üblich war. Die potentiellen Professionen waren zwar bis 1914 durch ihre Nähe zum höheren Beamtentum ausgezeichnet, aber schon im Kaiserreich wegen des Überangebots an Akademikern auf die Vermarktung ihres Wissens in der profanen und laienhaften Geschäftswelt angewiesen. In der Weimarer Republik sahen sie sich zudem einem nüchternen Zeitgeist und einer neuen Sachlichkeit ausgesetzt.[55]

---

51) Harry Hermanns, Ingenieurleben. Der Berufsverlauf von Ingenieuren in biographischer Perspektive (S.164-91); Heinz Bude, Rekonstruktion von Lebenskonstruktionen (7-38); Nicola Hawkins, Die Relevanz der Familie in der biographischen Selbstdarstellung von Männern (217-37); Fritz Schütze, Die kognitiven Figuren des autobiographischen Stehgreiferzählens (79-117), alle in: Kohli /Robert 1984; Levy 1977, S.31, versteht Status als Status-Rollen-Konfiguration: Mädchen, Frau, Beruf, Ehefrau, Mutter, Witwe.

52) Leopold v.Wiese, System der allgemeinen Soziologie, München u. Leipzig 1924, S.332f.

53) Carr-Saunders/Wilson, The Professions, Oxford 1933; A.M.Carr-Saunders, Professions, Encyclopaedia of Social Sciences 1937, S.476; Ders., Professions in Historical Perspective, in: Vollmer/Mills (eds), Professionalization, New Jersey 1966.

54) Karl Holl, Geschichte des Wortes Beruf, in: Ders., Gesammelte Werke. Aufsätze zur Kirchengeschichte, Bd.3, S.189-209; Vaclav Husa 1967; eine andere Auffassung vertritt Borst 1973, S.225 (vgl.oben Anm.42).

55) Siehe neben Fenske 1973b auch Halmen 1982.

Als Hans A. Hesse 1968 und 1972 die in den 50er Jahren wiederaufgekommene Begriffsprägung aufgriff, war sie in Amerika längst ausgeufert. Aus den "three professions of Divinity, Law and Physics" waren hunderte geworden, "professions have multiplied apace", die "professionalization of everyone" war abzusehen.[56] Hesse zählte 90 Berufe auf, die in der englischen Literatur als 'professions' bezeichnet wurden, vom Arzt bis zur Hebamme, vom Ingenieur bis zum Leistungssportler.[57] Auch in der deutschen Forschung herrschte ein Zustand der Begriffsverwirrung. Rüschemeyer übersetzte 1964 mit "akademische Berufe", 1980 mit "Expertenberufe", andere sprachen von "freien Berufen" oder schufen die "Verberuflichung".[58] Eine Begriffsgeschichte blieb aus. Statt der Rückbesinnung auf die ursprüngliche Wortbedeutung bewegte sich die Diskussion immer weiter von jener Bedeutung weg.[59] Es ging jetzt um Wissen als "enorme Machtressource."[60] Bevor es soweit war, definierte Hesse 1968, Professionalisierung heiße jeder Prozeß, "der zur Entstehung eines Berufes führt." Als er aber 1972 sein Buch um- und in Teilen neuschreiben mußte, grenzte er die jetzt sog. *Berufskonstruktion* von der Professionalisierung ab. Die bei der neuen Wortschöpfung wirksame, "berufsfremde" aber einflußreiche Macht, war im englischen Sprachraum weniger dominant: der Staat, die Gesetze (bzw. das Rechtssystem) und die Verwaltung.[61]

Der Staat war damit auch für den deutschen Zusammenhang aus der Professionalisierungsdiskussion ausgeschlossen. Die Unabhängigkeit gegenüber Staat, Laien und Konkurrenten wurde für die historische Professionalisierungsforschung zum wichtigsten unter wenigen Merkmalen von echter Profession: "Die wichtigsten Merkmale des Professionalisierungs-Begriffs und die typischen Elemente der historischen Entwicklung des Arztberufs während der letzten anderthalb Jahrhunderte in Industriegesellschaften erscheinen nahezu identisch: Erlangung berufsspezifischer Autonomie hinsichtlich des Arbeitsinhalts und der Formen der Berufsausübung; Kontrolle des Zugangs zum Beruf sowie der Ausbildungsinhalte und Formen; Do-

56) Carr-Saunders 1937, S.476f; Harold L. Wilkensy, "The Professionalisation of Everyone"?, American Journal of Sociology 70 1964, S.137-58; s.auch Daheim 1967 und Neuloh 1973, S.60ff.

57) Hesse 1968, S.40-44, 46-48, und Ders. 1972, S.39-43, 46ff (blieb unverändert).

58) Rüschemeyer übersetzte 1964 Parsons 'the professions and social structure' mit 'die akademischen Berufe und die Sozialstruktur'; Ders., Professionalisierung. Probleme für die vergleichende Geschichtsforschung GuG 6 1980, S.311ff, spricht von "Expertenberufen"; s.auch Hermann 1968, Kairat 1969 und Wehler 1987, Bd.2, S.488. Croner 1962, S.202, hielt den Begriff für nicht zu übersetzen.

59) Ursprünglich handelte sie nicht von Marktchancen, sondern von einer besonders strengen Abkehr von allen Märkten zum Zwecke der Konzentration auf geistiges Leben, s.oben Anm.42. Zum Wandel dieses Ideals unter Anpassungsdruck oder -bereitschaft schon im Mittelalter Arno Borst, Mönche am Bodensee. 610-1525, Sigmaringen 1978.

60) Wehler 1987, Bd.2, S.222.

61) Hesse 1972, S.131ff; aufgegriffen von Burchardt 1980.

minanz der im Berufsfeld stattfindenden Arbeitsteilung; Erlangung politisch-gesellschaftlicher Handlungsfähigkeit durch verbandsmäßigen Zusammenschluß; Etablierung eines Experten-Status; Propagierung einer besonderen Berufsethik."[62]

Diese "enorme Machtressource" erwarben sich Professionen in Deutschland u.a. durch ihren Sonderstatus in der Gewerbeordnung.[63] Obwohl die Vorbildung, die Examen, die Auslese, die verbandliche Ordnung u.v.a.m. von staatlichen Einrichtungen und dem Rechtssystem bestimmt wurden, könnten approbierte, niedergelassene, berufstätige Experten in ihren Körperschaften eine "potentiell gemeingefährliche Gruppe" bilden, wenn keine "überzeugende soziale Kontrolle" der Fachleute existiere.[64] Sobald sich aber potentielle Experten in den Dienst des Staates stellten, verlören sie an Gefährlichkeit. Der Lehrer zum Beispiel sei "eine neue, unter der paternalistischen Patenschaft des Staates systematisch geschaffene Berufsklasse", ohne Selbstbestimmung und ohne Eigenleben, ein Kastrat. Warum eigentlich?

zu c) Seit Max Weber und, in seinem Gefolge, die "neue Orthodoxie" der Wirtschafts- und Sozialgeschichte sich von der Begrifflichkeit der historischen Quellen lösten und typologische Grundbegriffe anwendeten, traten Ereignisgeschichte und Biographie als historische Methoden in den Hintergrund. An Golo Mann lobte man noch die "biographischen Vignetten", vermißte aber die "fachwissenschaftlich fundierten Erkenntnisziele".[65]

Nun war Biographie (nicht Sozialbiographie oder Prosopographie!) im methodischen Kanon der relativ jungen Wissenschaft von Anfang an umstritten. Dilthey lobte sie hoch, Droysen lehnte sie ab. In Frazer's Magazine erklärte 1830 ihr Be-

62) Spree 1981, S.138.

63) Landmann 1897, Bd.1, S.30,34f.

64) Wehler 1987, Bd.2, S.223

65) Wehler 1987, Bd.1, S.551; Mann erklärte seinerseits, die historische Darstellung sei individuell, exemplarisch und "transparent zum ewig Menschlichen"; die geschichtliche Wirklichkeit sei unerschöpflich, "keine Theorie gibt sie uns ganz in die Hand", in: Kocka/Nipperdey 1969, S.17ff; von den Steinen 1969, S.5, nannte die Historiker "versessen auf ihre Zusammenhänge"; Gardener 1961 (1952), S.95, fand: "The historian tends to assess rather than conclude ... (he) tells a story"; ähnlich Eric Draudel, L'Histoire, Science du concret, Paris 1946.
Die Gegenbewegung fand schon 1923, daß "ein nicht geringer Teil der Reden bei antiken Historikern den Sinn von Generalisierung (hatte)", Eulenburg 1923, S.48; so wieder Moses Finley: "Generalisation is inherent in the work of the historian", in: Gottschalk 1963, S.34.
Die geistige Balance von Allgemeinem und Besonderem sah auch Hofstadter ins Wanken gekommen und begründete: "The use of quantitative methods to test historical generalisation has resulted in the wholesale destruction of categories that previously held sway in the historians vocabulary without supplanting them with new generalisation of comparable significance...", in: Stern 1956, S.415; s.auch Riasanovsky/Riznik 1963, Ruloff 1984 und Meran 1985.

fürworter Carlyle: "History is the essence of innumerable biographies." Ranke sprach ihr zwar keinen historischen Rang zu, bei seinem Wallenstein sei er aber "auf den Versuch einer Biographie geführt worden, die zugleich Geschichte ist."[66] Golo Mann und Christian Meier wägen heute ihr Vorgehen und ihre Ziele ab und ziehen ihre Leser in das Gespräch mit ein, wenn sie noch oder wieder Biographien schreiben. Ähnlich verfahren die nicht mehr auktorialen Erzähler in der Literatur.[67]

Der Glaube an die biographische Methode war unterdessen all jenen abhanden gekommen, für die das Individuum, und sei es noch so groß, als Gewährsmann für die Moderne abgedankt hat. Die "geheime Voraussetzung aller historischen Biographik" (Hamerow), daß das Individuum den Gang der Geschichte lenken oder wenigstens beeinflußen könne, teilen sie nicht mehr. "The biographer is no longer a writer to be envied." (A.J.P.Taylor). Wirtschafts- und Sozialhistorikern schien es von Anfang an suspekt, einem Einzelnen ein ganzes Buch zu widmen. Sie konnten keines ernst nehmen, das einen Einzelnen in den Mittelpunkt stellte. Sie untersuchten namenlose Kräfte und säkulare Strömungen, die man allenfalls mit Personengruppen identifizieren konnte. Alexander Gerschenkron hat kurz vor seinem Tod über diese Vernachläßigung des Biographischen in der Wirtschafts- und Sozialgeschichte nachgedacht: "It is true that so far there has been little room with New Economic History for a study of individuals with their individual pecularities

66) Wilhelm Dilthey, Die Biographie, in: Gesammelte Schriften, Bd.7, 7.Aufl., Göttingen 1979, S.291ff. Der Lebenslauf sei die "Urzelle der Geschichte", die Biographie "für das Verständnis des großen Zusammenhangs der geschichtlichen Welt von einer eminenten Bedeutung"; Johann Gustav Droysen, Historik, S.284,291; Ders., Texte zur Geschichtstheorie, hg.v. Birtsch/Rüsen, Göttingen 1972, S.16, 19,31,35. Die Biographie sei wegen ihres Kunstcharakters keine echte Geschichtsschreibung. In den Briefen an Perthes (1837) und seinen Sohn (31.7.1864) wehrte Droysen auch die Generalisierbarkeit von Geschichte ab: "Unsere Wissenschaft will nicht erklären, sie darf nicht konstruieren, sie muß lernen und verstehen", ebendort S.80-82 u.84.

67) Peter Härtling, Hölderlin, Darmstadt 1976; Golo Mann, Wallenstein, Frankfurt 1961; Christian Meier, Caesar, Berlin 1982; s.auch Ludwig Stein, Zur Methodenlehre der Biographie, Biographische Blätter 1 1895, S.22-39; Romein 1948; W.Hug, Elemente der Biographie im Mittelalter, München 1957; Neale 1958; D.Bertaux, Biography and Society, Beverly Hills 1980, und Fuchs 1984.
Auch in der Wissenschaft von der Literatur, sonst für das Besondere zuständig, und in der Soziologie, schon an der Wiege auf das Allgemeine ausgerichtet, suchte man nach Orientierung: John A. Garraty, The Nature of Biography, New York 1957 (fand auf S.55 "St.Gall in Italy"); Wellek/Warren, Theorie der Literatur, Frankfurt 1972, S.73ff; A. Haslinger, Biographismus in der Gegenwartsliteratur?, Salzburg 1979; Scheuer 1982; Daniel Madelénat, La Biographie, Paris 1984 (Hagiographie sei "genre médievale par excellence", S.43). Matthes u.a (Hg.), Biographie in handlungswissenschaftlicher Perspektive, Nürnberg 1981; Kohli/Robert 1984.

... (but) it is certainly not true that abstract theory is inherently incapable of dealing with individuals."[68]

Er wollte die biographischen Einzelheiten und Eigenheiten eingeordnet wissen, zum Beispiel in die kollektive Biographie von Unternehmern. Das wollte 1975 auch Kocka. Wehler 1987 hat die Anregung ebenfalls aufgegriffen.[69] Die Wirtschaftsgeschichte sei, schrieb Kocka, zunehmend eine Geschichte ohne Menschen geworden, in der sich der "stumme Zwang der ökonomischen Verhältnisse" angeblich durchsetze. Der Unternehmer erscheine nur noch "als bloßer Exekutor ökonomischer Gesetzmäßigkeiten, als 'Charaktermaske' oder bloße Personifikation der ökonomischen Prozesse..." In der Verwaltung gelten die Beamten, die Parallele ist offensichtlich, als Exekutoren von Verordnungen und Gesetzen ohne eigenes Gesicht, ohne eigenen Willen und Macht. Kocka 1980 wünschte für die Erforschung des Zusammenhangs von "Familie und soziale(r) Plazierung" sogar "die Rekonstruktion ganzer Familien und Lebenswege."[70]

Einige Soziologen hielten die wiederentdeckte biographische Methode für ein neues, "noch nicht ausgearbeitetes Gebiet", die "Chiffre für einen glänzenden Neuanfang in der Sozialforschung" und die "umfassendste Thematisierung von Subjektivität."[71] Diese Auffassung teilen wir nicht. Es geht uns auch nicht um ein biographisches Lexikon, das Schröder 1982 und 1985 methodisch vorbereitete und 1986 vorlegte, v.Berlepsch 1987 thematisch vorbereitete und noch vorlegen möchte.[72] Der statistische Ansatz, den Chadeau 1986 auf Beamte der französischen Finanzverwaltung anwendete, war dagegen methodisch anregend, denn auch er zeigte an der Vorbildung und an Karrieren die Professionalisierung dieses Verwaltungspersonals. Allerdings suchte er nicht nach der Rekonstruktion von Lebensläu-

68) Alexander Gerschenkron, Biographical Material in Economic History; A.J.P. Taylor, The Historian as Biographer, beide in: Grete Klingenstein (Hg.), Biographie und Geschichtswissenschaft, München 1979, S.127ff u.254ff.

69) Vgl. das Register von Wehler 1987., Bd.2, in dem viele Namen von Unternehmerfamilien auftauchen; methodisch zur Kollektivbiographie Genet 1977; Schröder 1984/85/86; Helling, The Life-history method, in: Brenner/ Knorr-Cretina 1986.

70) Kocka 1975, S.7; Kocka 1980.

71) Zitate aus Kohli/Robert 1984.

72) Schröder 1984/85/86; v.Berlepsch 1987; in Planung: Ders., Biographisches Lexikon zur Geschichte der dt.Sozialpolitik 1839-1966 (Brief v.5.11.1987). Kühne 1987 stellt ein von Bernhard Mann geleitetes Tübinger Projekt vor, "das inzwischen zur Publikation ansteht." Biographien über Kollektive und Einzelne haben in den 80er Jahren Konjunktur: Ruppel/Groß, Hessische Abgeordnete 1820-1933, Darmstadt 1980; O.Renkhoff, Nassauische Biographien, Wiesbaden 1985; Badische Biographien, 2Bde, 1982/85; Wlaslo 1986 und Wunder 1987. Lebensläufe von Gelehrten scheinen bevorzugt: Weigle 1986; D.Drüll, Heidelberger Gelehrtenleben 1803-1932, Berlin u.a.1986; W.Weber 1987; C. Charle, Les Professeurs de la Faculté des Lettres de Paris, 2Bde, Paris 1985/86.

fen, von Heiratsmustern oder die Einflußnahme auf Dienstherren. Für die Arbeits- und Alltagswelt der Bürokraten ist ferner die Arbeit von Thuillier 1986 anregend, die in Deutschland noch nicht ihresgleichen hat.[73]

Von diesen anregenden Arbeiten abgesehen folgen wir der hergebrachten Methode der Prosopographie. Diese bleibt nicht bei der Thematisierung von Subjektivem und Zufälligem stehen, sondern sucht nach dem rechten Verhältnis von Allgemeinem und Besonderem. Stone 1981 schließt nicht aus, daß die Methode auch auf die unteren Ränge der sozialen Stufenleiter ausgedehnt werden kann, hält deren Erforschung aber für ein ungelöstes Quellenproblem. Es dominiere deshalb vorerst die sog. "Elitenschule der Prosopographie", die zum Beispiel Klientele und Verwandtschaft römischer Senatoren, aber auch die Kollektivbiographien von US-Senatoren oder deutschen Zentrumsabgeordneten untersuchte.[74] "The most popular subject for prosopography has been and still is political elites, but other groups, which lend most readily to such treatment are members of certain high-status categories such as civil-servants, army officers, upper clergy, intellectuals, and educators, lawyers, doctors, members of other professional bodies, and industrial and commercial entrepreneurs." Die kollektivbiographische Methode sei "ideally suited for the requirements of research papers and doctoral dissertations." Das trifft wohl auch dann zu, wenn man die Grenzen dieser Methode erkennt und über sie hinausgelangen möchte. Noch der späte Gerschenkron räumte ein: "Geisteshaltung is an inside matter and must be explored by inside sources."[75] Prosopographie kann diesem Ziel immerhin sehr nahe kommen, weil sie sich ein möglichst umfassendes Bild von einer klar unmrissenen und zahlenmäßig begrenzten Gruppe von Individuen zu machen versucht. "Prosopography is the common background charakteristics of a group of actors in history by means of a collective study of their lives. The method employed is to establish a universe to be studied, and than to ask a set of uniform questions -about birth and death, marriage and family, social origins and inherited economic positions, place of residence, education, amount and source of personal wealth, occupation, religion, experience of office, and so on."[76]

73) Eine Übersicht der Kollektivbiographien jetst bei Alfred Fierro, Bibliographie analytique des biographies collectives imprimées de la France contemporaine (1789-1985), Paris 1986.

74) R. Morsey, Prosopographie dt.Zentrumsabgeordneter, HJB 90 1970.

75) Lawrence Stone, The Past and the Present, Kapitel II "Prosopography", London-Boston 1981, S.58 u.71.

76) Ebendort, S.45.

0.3 Die Präzisierung der Untersuchungsziele

In der Fachliteratur zu Gewerbeaufsicht, Beamtentum, technischer Intelligenz, zu Wirtschafts- und Sozialgeschichte sind Einzelne und Gruppen zu kurz gekommen. Das gilt besonders für die Mehrzahl der Menschen und Gruppen, die nicht in die Schlagzeilen kamen, nicht in Chefetagen saßen oder Ministerränge bekleideten und trotzdem einen Anteil an der Geschichte hatten, nach dem neuerdings wieder gefragt wird. Aus ihrer Perspektive sah die Geschichte anders aus, als sie in den Büchern steht. Die großen Ereignisse tauchten als Schemen am Horizont auf und griffen doch mitten in ihr Leben ein. Ein Hauptziel dieser Arbeit will prüfen, ob die in staatlichen Verwaltungen geführten und in staatlichen Archiven meist unbeachteten Personalakten von großen und kleinen Beamten etwas von dieser Perspektive vermitteln und sie für die Geschichtsschreibung retten und aufbewahren können. Es geht deshalb in dieser Arbeit auch um die Frage der "Archivwürdigkeit"[77] von Personalakten.

Mit diesem Hauptziel verbunden ist die Rückgewinnung des Ereignishaften und des Narrativen in der Geschichtsschreibung[78], allerdings nicht auf der Ebene der Haupt- und Staatsaktionen und gewiß beschränkt durch die mangelhaften diesbezüglichen Fertigkeiten des Verfassers. Noch Arno Borst sieht die Alltagsarbeit des Historikers eher im Konkreten, dem Zusammengewachsenen, als im Abstrakten, dem Losgelösten.[79] Seiner historischen Anthropologie des Mittelalters sollte die der Neuzeit und der neuesten Zeit folgen. In diesem Teilzielgebiet will die Arbeit die von Stone 1981 aufgezählten Fragen der prosopographischen Methode auf eine bestimmte Beamtengruppe anwenden und die von Kocka 1980 gewünschte Nähe zu den wirklichen Lebensläufen herstellen. Sie geht aus und hebt sich zugleich ab von den in komplexen Organisationen von Staat und Wirtschaft und in anonymen Arbeitsbeziehungen üblich gewordenen Statusbiographien, die das Leben der Menschen auf Zeugnisnoten, dienstliche Beurteilungen und Karriereschritte redu-

---

77) Zu diesem Begriff s.unten S.28

78) Michael Tocha, Zur Theorie und Praxis narrativer Darstellungsformen, Geschichtsdidaktik 4 1979, 209-22; Ders., Die Tränen des Prinzen, GWU 27 1976, S.619-24; dazu eine Replik von Michael Jung, Geschichtsdidaktik 5 1980, S.383ff.

79) Arno Borst, Valmy 1792 -ein historisches Ereignis? in: Deutschunterricht 1976, S.88-104, hier S.88 (Alltagsarbeit); wenige Zeilen darüber ein Droysen-Zitat; später fällt das Stichwort "Handlungsverstehen"; selbst die Strukturgeschichte komme nicht ohne Ereignisgeschichte (von: "eräugen") aus, S.98 u.101.

zieren.[80] Die heute so wichtigen 'curricula vitae' geben dem Einzelnen zunehmend die sonst nirgends mehr verbürgte, vielleicht ohnehin utopische persönliche Identität und vermitteln zwischen Individuum und Gesellschaft in der Art, wie es früher nur mündliche und schriftliche Überlieferung, Sitten und Gebräuche, zuletzt der bürgerliche Bildungsroman taten oder zu tun versuchten. Und doch sind auch und gerade die heute so oft wie Röntgenbilder eingeholten Lebensläufe eine Fiktion. Sie reduzieren das wirkliche Leben auf markante Wegkreuze, die mit Herkunft, Geburtstag, Ausbildung und Karriereschritten zu tun haben. Sie unterstellen Periodisierbarkeit von Lebensläufen und bilden das Gerüst der meisten Personalakten -"intimate personal correspondence are a rarity among historical records."[81] Jene legen aber, jedenfalls die älteren, auch Zeugnis ab von individuellen Erfolgen und Mißerfolgen, Hoffnungen und Ängsten, Hochzeiten und Tiefpunkten, Anstellungen und Entlassungen; von Privilegierung und Disziplinierung, Urlaub und Schwerstarbeit, Kindersegen und Einsamkeit, Ehrbarkeit und Kriminalität, Verstand und Leidenschaft, dem wirklichen Leben also, neuerdings Alltag genannt und von der Orthodoxie als "neue Unübersichtlichkeit" gebrandmarkt.[82] In diesem umstrittenen Zielgebiet will die Arbeit eine Vielfalt von Einzelschicksalen und Buntheit von Gruppenbildungen zeigen, die einer (vergangenen?) Realität am besten entsprechen.

In dem anderen Zielgebiet geht es um die Einheit des Mannigfaltigen, die übergreifenden Ordnungssysteme und großen Zusammenhänge, an denen die vergangenen anderthalb Jahrhunderte gewiß nicht ärmer waren als das Mittelalter. Die Arbeit macht mit allen greifbaren preußischen (und einigen britischen) Fabrikinspektoren und Gewerbeaufsichtsbeamten zwischen 1853 und 1945 bekannt, von den ersten Polizisten bis zu den ersten Elektrotechnikern, Frauen und Arbeitern. Von diesen Personen und Gruppen werden individuelle wie kollektive Statusbiographien erstellt und nach der Methode der deskriptiven Statistik ausgewertet[83]. Ihre Eingliederung in das Beamtentum und den horizontalen wie vertikalen Behörden- und Personalaufbau wird ebenso dargestellt wie die von Zeitströmungen

80) Michel Domsch, PIS. Instrumente der Personalführung und -verwaltung, 2.Aufl., Hamburg 1973; A.Frans, PIS und Betriebsverfassung, Köln 1983; Jobs/Samland, PIS in Recht und Praxis, Stuttgart 1984; Reiner Geulen, Die Personalakte in Recht und Praxis, Neuwied 1984. (PIS = Personalinformationssysteme).

81) Stone 1981, S.63.

82) H.U.Wehler, Neoromantik u.Pseudorealismus in der Alltagsgeschichte, in: Ders., Preußen ist wieder chic. Politik und Polemik in 2o Essais, Frankfurt 1983, S.99-106; J.Habermas, Die neue Unübersichtlichkeit, Frankfurt 1985; Gegenkritik übte F.Graus, Die Einheit der Geschichte, HZ 231 1980, S.631ff.

83) Handbuch der empirischen Sozialforschung, hg. v. R.König, 2 Bde, 1969; Brenner/ Knorr-Cetina 1986; Techniken empirischer Sozialforschung, Bde 2,6,7.

und Interessenspolitik beeinflußten Statusveränderungen, -gewinnen und -verlusten. In diesem anderen Zielgebiet greifen die typologischen Begriffe der sozialwissenschaftlichen und theoretischen Literatur ordnend und strukturierend ein. Allerdings stehen sie pluralistisch und ekklektizistisch nebeneinander, weil ich nicht einem, auch keinem "Bündel", dasjenige zu treffen traue, was den Historiker kümmern sollte: vergangene Wirklichkeiten, irdische und auch überirdische.[84]

Der "Strukturwandel der Öffentlichkeit" wurde in Preußen-Deutschland durch die "defensive Modernisierung" der Reformpolitik von höheren, akademisch gebildeten Beamten geführt, bevormundet und retardiert. Deshalb wurde die gewerblich-industrielle Kinderarbeit später als in Großbritannien zu einer Öffentlichen Streitsache, einem Politikum, und danach erst zu einer Verwaltungsaufgabe, sozusagen einem "Bürokratikum". Aber der "demokratische Mechanismus" (Mayer-Maly) wirkte bereits und zeigte den Strukturwandel an.

Die Autonomie der preußischen Verwaltung stieß auf neue gesellschaftliche Kräfte, die sie durch Bildungspolitik und Gewerbefreiheit selber hervorgerufen hatte. Sie behauptete zwischen Gesetzgebern und Interessengruppen dennoch eine "relative Autonomie" und sorgte unaufhörlich für eine personelle Verstärkung der eigenen Reihen. Zwischen dem Wachstum der Staatsaufgaben bzw. des staatlichen Personals und diesem ständigen Balanceakt zum Zwecke der Selbsterhaltung nimmt unsere Untersuchung einen Zusammenhang an und versucht ihn an der Personalentwicklung der preußischen Fabrikinspektion zu exemplifizieren.[85] Indem die Verwaltung sich den neuen Qualifikationsbedingungen und -anforderungen unablässig anpaßte und -jedenfalls im Bildungsbereich- selbst die Maßstäbe setzte und kontrollierte, blieb mindestens die Beamtenelite durch das eingestellte Fachpersonal und die Zellteilung der Fachressorts fähig, sich an die Spitze neuer Entwicklungen zu stellen oder dort zu verbleiben, um den eigenen Machtanspruch und die eigene Handlungsfähigkeit gegen die wirtschaftliche und gesellschaftliche Dynamik immer wieder durchzusetzen.

In diesem Prozeß ohne Ende, dem Kern der modernen, nicht mehr oder höchstens versteckt gewaltförmigen Herrschaft, wurde die einst unangefochtene Stellung der Juristen in den allgemeinen Verwaltungen von den beamteten Fachgruppen der Sonderverwaltungen in Frage gestellt. In unserem Beispiel wurde der in die

84) Wolfram von den Steinen, Homo Caelestis. Das Wort der Kunst im Mittelalter, Bd.1, Bern-München 1965, S.9-12; F.Braudel, Capitalism and Material Life 1400-1800, London 1974 (frz.1967); G.Duby, St.Bernard. L'art cictercien, Paris 1979 (dt.1985).

85) O.MacDonagh, The Nineteenth Century Revolution in Government. A Reappraisal, The Historical Journal 1 1958, S.52-67; Jennifer Hart, Nineteenth-Century Social Reform, Past and Present 31 1965, S.40-61.

Verwaltung gewechselte Ingenieur oder Naturwissenschaftler zum Herausforderer des juristischen Monopols auf Normsetzung und -interpretation. Auf lange Sicht waren diese professionellen Gruppen nicht von der Teilhabe an Macht und Regelsetzung auszuschließen, ganz im Gegensatz zu den höchstens semi-professionellen, vom Staat selbst geschaffenen Philologen und Pädagogen, die heute nicht einmal die Ausbildung ihres eigenen Nachwuchses in sinnvolle Bahnen lenken können.[86]

An dieser Stelle kommt das Teilziel des angeblich beamtenfremden Professionalisierungskonzepts in den Blick, das auch im Bereich des Dienstrechts einen heuristischen Wert zu haben scheint. Es wird zu zeigen versucht, daß die "Lobby" der Fabrikinspektoren innerhalb und außerhalb des Staatsdienstes tätig wurde -von den Beamten des Handelsministeriums über die größte Berufsvereinigung der Ingenieure (VDI) hin zu der Interessenvertretung der höheren Beamtenschaft dieser Behörde (VDGAB), die auf einer Abgrenzung gegenüber den mittleren und unteren Kräften bedacht war. Im Gegensatz zu früheren Studien über die Arbeit von Interessensgruppen, in denen meist anonym bleibende Kräfte ringen, bringen wir aus unserem ersten Hauptzielgebiet genaue, auch persönliche Kenntnisse über die Beteiligten in dieses zweite ein. Hier kämpften (und kämpfen) nicht Systeme, sondern Menschen miteinander. Die Sieger kamen aus der männlichen, die Verlierer aus der weiblichen Population; aber es gab unter diesen auch Aufgestiegene und Aufsteigerinnen, unter jenen zahlreiche Zukurz- und Schlechtweggekommene. Die "Statusinkonsistenz" und "kognitive Dissonanz"[87] der höheren Beamten am Anfang und im Verlauf der Weimarer Republik führte im Fall der Aufsichtsbeamten zur Verbandsbildung, freilich erst, als die dienstrechtlichen Voraussetzungen dafür geschaffen waren. Ein verspätetes Beispiel von "Korporatismus" und "organisiertem Kapitalismus" vielleicht, aber gewiß nicht unbeeinflußt von diesen säkularen politischen und sozialen Strömungen jener Zeit.

Es ist das Ziel dieser Arbeit, durch die Verbindung von professionalisierungstheoretischen Annahmen und einer erweiterten Auffassung von Statusbiographie ("Gruppen"- oder "Sozialprofil") zum besseren Verständnis des deutschen Beamtentums beizutragen.[88]

86) R.Bölling, Sozialgeschichte der dt. Lehrer. Ein Überblick von 1800 bis zur Gegenwart, Göttingen 1983.

87) Leon Festinger, Theorie der kognitiven Dissonanz, Bern u.a. 1978 (engl. 1957); Irle/Krolage, Kognitive Konsequenzen irrtümlicher Fehleinschätzung, Zeitschrift für Sozialpsychologie 49 1973, S.36-50.

88) Dieses "Erkenntnisinteresse" geht auf zwiespältige Erfahrungen zurück, die der Verfasser in den Jahren 1981 bis 1984 zuerst bei geradezu freiberuflichen, materiell ärmeren, dafür initiativereicheren britischen Lehrern und dann mit den beamteten deutschen und ihrer Elite in den Ministerien machte.

0.4 Die Methoden und Quellen

Der methodische Zugang zum Erreichen der Zielgebiete ist bei einer historischen Untersuchung von den Quellen abhängig. Das überlieferte Aktenmaterial von Gewerbeaufsichtsbehörden ist so umfangreich, daß bei einem Fehlen von Zielvorgaben ein Ausufern der Darstellung folgt. Für die Ziele dieser Arbeit schrumpft die vorhandene Aktenmenge jedoch auf einen relativ kleinen Rest, und noch der läßt manche Frage unbeantwortet.

Methodisch kann man diesen Rest, insbesondere die Personalakten, mit den Mitteln der einfachen beschreibenden Statistik, wie sie in den Handbüchern beschrieben wird, bewältigen. Sie passen auch zu unserem Bemühen um eine "Wiedergeburt des Narrativen" (Hobsbawm). Erzählen und Abstrahieren waren zudem die Mittel, mit denen die durchgearbeiteten Quellen und ihre Verfasser zu Werke gingen. Die Verwaltungsjuristen erwiesen sich in ihnen als geschulte Interpreten und Vormünder ihrer Untergebenen sowie der sog. "Verwaltungsklientele". Jene interpretierende Schicht hängt wie eine träge Wolke über der Sozialgeschichte des kontinentalen Europas. Im Gegensatz zu vielen britischen Quellen versperrt sie -u.a. durch die sprachlichen und juristischen Mittel der Subsumtion- die unverstellte Anschauung vergangener Lebensformen. In den deutschen Quellen fehlen oft die "intimate personal correspondence" und auch die unverblümten Sondersprachen der Sozio- und Dialekte der verwalteten Objekte.[89] Das galt für die älteren Personalakten entschieden nicht. In ihnen wurde -handschriftlich!- dutzendemale kopiert, sie enthielten neben den ersten Zahlen, Tabellen, Synopsen, Statistiken und Vordrucken noch zahlreiche persönliche oder auf Personen bezogene Stellungnahmen von Betroffenen und Beteiligten. Mit den narrativen Techniken der Alltagssprache warb man da um Stellen, verfaßte Lebensläufe oder Eingaben aus den verschiedensten Lebensumständen und -zusammenhängen. Beamte bitten, ausführlich begründend, um die Erstattung von Auslagen, Heil- und Plegekosten, Aufwendungen für Kinder und Ehefrauen; um Versetzungen, Beförderungen und andere Hilfen. Witwen berichten von der gefährdeten Versorgung und ungewissen Zukunft der Hinterbliebenen, allen voran der Waisen, denen "der Staat" eine höhere, d.h. längere Ausbildung mitfinanzierte. Witwen schildern auch aktuelle persönliche Lebensumstände und vergangene Benachteiligungen.

Das alles nimmt in dem Maße ab, wie die Bürokratisierung der Verwaltung und der Verwalteten durch Paragraphen, Vordrucke, Schreibkräfte und Schreibmaschi-

89) Vgl. Wesel 1984 und Gessinger 1980. Nach der Stimme des Volkes in mittelalterlichen Texten von Mönchen und Klerikern, einer anderen Interpretenschicht, fragen Michael Richter, Sprache und Gesellschaft im Mittelalter, Stuttgart 1979 und Gurjewitsch 1986.

nen zunimmt.[90] Die Stellungnahmen, Berurteilungen und Gesuche bestehen dann im Einfügen von Stichworten in Leerräume. Auch verstanden es höhere, akademisch gebildete Beamte und ihre Frauen früher als mittlere und untere, die Sprache der Verwaltungsjuristen nachzuahmen und eigenen Bedürfnissen durch Anpassung an die Sprachnormen Nachdruck zu verleihen. Diese Normen muß berücksichtigen, wer sich heute über die philologische Genauigkeit zumal der Juristen und die orthographische und semantische Unbeholfenheit der ersten Ingenieure und Arbeiter in der Aufsichtsverwaltung wundert. Sprache, angemessenes Sprechen- und Schreibenkönnen, bedeuteten Einkommen und Herrschaft. Die Arbeit zitiert aus Briefen von Assessoren und Witwen, die sich in nichts als den mit Devotionalien gespickten Formeln der Kanzleisprache zum Ausdruck bringen, um von der gnädigen oder gestrengen Obrigkeit Zuwendung zu erhalten. Hier verbargen sich die Beteiligten und nahmen an einem behördlich inszenierten Rollenspiel teil.

Wenn ältere Personalakten noch einen solchen Quellenwert besitzen, muß auf die Gefahr hingewiesen werden, daß gerade diese Quellen versiegen und wie eine seltene Spezies aussterben könnten. Die Staatsarchive werden durch die zunehmende Bürokratisierung mit Aktenmaterial überschüttet, das jüngeren Datums ist und durch die in ihm greifende Formalisierung aller Aktenvorgänge als Quelle für den Historiker allenfalls ein laues Wässerchen, jedenfalls keine heiße Therme mehr ist. Gleichwohl müssen jene Archive als sog. "Gedächtnis der Verwaltung" -man denke nur an die langen Laufzeiten der Versorgunganspruche von Beamten und ihren Hinterbliebenen- gerade dieses Aktenmaterial aufbewahren, so daß die regelmäßig stattfindenden Überprüfungen auf "Archivwürdigkeit" dazu geneigt machen, ältere Akten ohne klingende und achtungsgebietende (Rats- oder Doktor-) Titel zu kassieren. Diese Gefahr fällt besonders deshalb ins Gewicht, weil die Akten etwa der preußischen Verwaltung in Bergwerken und unterirdischen Salzlagern gelagert, was man ihnen ansieht: geradezu "eingepökelt" waren, bzw. mit Gebäuden oder Kähnen zusammen teils in die Luft flogen, teils auf den Grund sanken, schließlich von den Siegern zuerst verstreut, dann nur notdürftig und behelfsmäßig gelagert und neu verzeichnet wurden.[91] Was die Fabrikinspektoren anbetrifft, so ist die Verlustrate im Westen enorm. Von den über tausend Personal-

90) Einen vergleichbaren Vorgang findet man bei den Gemeindevisitationen in württembergischen Oberämtern, vgl. STA Ludwigsburg, F 151-214. Zum Ende des 19.Jh. wird in diesen Quellen die Stimme des Volkes zunehmend leiser, die der Bürokraten lauter.

91) Koselleck 1982, S.28-34; Walter Nissen, Das Schicksal der ausgelagerten Bestände des Preuß. Geheimen Staatsarchivs usw., Archivalische Zeitschrift 49 1954, S.139-48; Helmut Lötzke, Die Bedeutung der von der Sowjetunion übergebenen Archivbestände für die dt.Geschichtsforschung, ZfG 3 1955, S.775ff.

akten von Beamten der preußischen Gewerbeaufsicht vor 1933 sind in westdeutschen Archiv nicht einmal zwanzig überliefert. Im HSTA Düsseldorf konnte man mir das Vorhandensein bestimmter Namen im Findbuch nicht erklären, denn die Akten selbst waren nicht aufzufinden. Im Staatsarchiv Osnabrück mußte ich das allzu eilfertige Kassieren von Personalakten höherer Beamten der Gewerbeaufsicht, aber auch von wichtigen Geschäftsakten, feststellen.[92]

Die heutigen Bestimmungen über "die Benutzungserlaubnis von Akten mit personenbezogenem Inhalt" tragen ein weiteres bei. Im Staatsarchiv Münster, wo diese Bestimmungen nach meiner Erfahrung am strengsten und unnachgiebigsten ausgelegt werden, betrifft das sogar fast jede Geschäftsakte. Mindestens wird jede Akte Seite für Seite durchgesehen und vorenthalten, wenn sie Angaben, seien sie noch so banal, von nur einer Person enthält, die um oder nach 1900 geboren wurde. Meine Funde im ZSTA Merseburg ließen mich zu dem Schluß kommen, daß es eine bestimmte Etappe in der deutschen Geschichte sein muß, die in Münster zu solcher Vorsicht mahnt. Ich halte das für eine falsch verstandene Form von Datenschutz.

Wenn zudem die Benutzbarkeit auf die Regel "mindestens hundert Jahre nach Geburt, mindestens dreißig Jahre nach dem Tod" eingeschränkt ist, gleichzeitig aber die Kassation in der Regel "hundert Jahre nach der Geburt" erfolgen kann, wird zugunsten des staatlichen Bedürfnisses nach einem "Gedächtnis der Verwaltung" das ebenso berechtigte gesellschaftliche Anrecht auf Überlieferung, Geschichte und Aufklärung übergangen. Wenn man weitere Arbeiten wie die vorliegende wünscht, muß man an diesem Mechanismus etwas ändern.

Aus mehreren Gründen ist die vorliegende Arbeit doch zustandegekommen. Zuerst ermöglichte das Kultusministerium von Nordrhein-Westfalen, auch solche Akten von Beamten einzusehen, die vor 1965 aus dem Dienst ausgeschieden sind. Das hat dazu beigetragen, die "westlichen" Sample-Anteile zu vergrößern und in anonymisierter Form einzubeziehen. Das Zustandekommen der Arbeit war damit noch nicht gesichert. Das Entgegenkommen der DDR-Behörden schuf eine weitere, die entscheidende Voraussetzung. Das Zentrale Staatsarchiv Abteilung II in Merseburg

92) HSTA Düsseldorf, Findbuch G 211,191, S.21f zu B4, P 40 647, wo außer Hintze zehn weitere Aufsichtsbeamten namentlich genannt sind; diese "fehlen im Bestand" (schriftliche Auskunft vom 15.8. 1986); über Sonderkarteien tauchten dann doch einige auf. STA Osnabrück, Findbuch"blätter" zu Rep.430 Dez 307, acc 13/43 und 15B/65 mit roten Vermerken "K" und "A" versehen. In acc. 13/43 wurden die Gewerberäte Horn, Dittmar, Bark und der -inspektor Dr.Isenbeck kassiert. Die Archivleitung schrieb in ein Findbuch: "...Die Masse (der betreffenden Akten,Verf.) ist unverzeichnet. Die hier unverzeichneten Akten stecken zwischen den nichtverzeichneten. Das Verzeichnis ist unbrauchbar. Die Akten sind unzugänglich."(?)

verfügt über einen im Findbuch gut verzeichneten, allerdings teilweise unpaginierten und unbenutzten Bestand, der ca 350 Personalakten von preußischen Gewerbeaufsichtsbeamten sowie Ministerial- und Geschäftsakten von Regierungen in einem mir bisher nicht bekannt gewordenen Ausmaß umfaßt. Allerdings behindern die relativ hohen Aufenthaltskosten und die Beschränkung der Aktenbenutzung auf 7 Bände pro Benutzer und Tag[93], die zudem vor der Ausgabe genau paginiert sein oder werden sollen, die Auswertung. Unter diesen Umständen war es zum Teil unvermeidlich, daß ich an manchen Tagen zuwenige Akten, an anderen, besonders am Ende einer Auswertungsperiode, zuviele vorgelegt bekam. Dies erforderte eine unter Zeitdruck und gebotener Eile auszuführende Aktenauswertung, die manchen Fehler im Detail nach sich ziehen kann. Ich möchte damit aber nicht eigene Fehler entschuldigen, vielmehr dem fleißigen Archivpersonal und der Leiterin Auswertung, Frau Dr.Kohnke, für das im Rahmen der Bestimmungen und des zu bewältigenden Benutzerandranges gezeigte Entgegenkommen danken.

Die hiermit angesprochene Vorgeschichte der Aktenüberlieferung und -zugänglichkeit führte zu einer geographischen "Ostlastigkeit" der Sample, die aber durch die preußische Versetzungspraxis zum Teil ausgeglichen wird. Sie verhinderte auch eine Vollerhebung der in Merseburg gefundenen Personalakten, von der Vollerhebung aller Stelleninhaber vor 1914 zu schweigen. Selbst eine vollständige Erhebung der ca. 250 Merseburger Personalakten, die nach Umfang und Laufzeit ausreichendes Material für eine Individual- und eine Kollektivbiographie beinhalten dürften, war aus den oben dargestellten Gründen nicht möglich. Noch ein selektives Vorgehen scheiterte an ungenauen Titelaufnahmen und der Überlastung des Archivpersonals, das schon der Amerikaner Garry John Derose 1975 beklagte: "Serveral numbering systems are in use ... The overworked staff ... has begun a general reorganisation of the documents, but for the present this has only added another element of confusion." (Vorwort) Die Überlieferungsgeschichte der Personalakten in westlichen Archiven führte schließlich vollends zu der sogenannten Zufallsstichprobe.

Eine weitere methodische Hürde ergab sich durch die unterschiedliche Informationsdichte einiger Quellentypen. In Kapitel **4.5** bildete ich ein Personalakten (PA)- und ein sog. Vorschlagslisten (VL)-Sample, um nacheinander mit beiden und Zulassen von Überschneidungen das Gruppenprofil zu zeichnen. Eine vergleichbare Quellenlage führte in Kapitel **5.3** zu verwandter Kombinatorik: Ähnlich den Vorschlagslisten in 4.5 umfaßte eine sog. 47er Liste in 5.3 nur grobe

93) Bei mehrbändigen Personalakten wären das nur ein oder zwei Beamte am Tag.

Karrieredaten. Die Personalakten-Samples schlossen hier aber solche mit (Typ B) und ohne (Typ A) sozialbiographische Information ein.

0.5 Der Aufbau der Arbeit

Die deutschen Quellen werden im 2., 4. und 5. Kapitel ausgewertet. Es handelt sich um analytische und auswertende Kapitel. Sie sind chronologisch angeordnet. Das 1.und 3.Kapitel ziehen den Forschungsstand aus der Sekundärliteratur heran. Sie sind synthetische Kapitel und chronologisch aufgebaut. Zur Darstellung der englischen Verhältnisse ist im 1.Kapitel in begrenztem Umfang ausländisches Behörden- und Quellenmaterial einbezogen worden.[94]

Das 1. **Kapitel** geht auf das Aufgabengebiet der ersten Fabrikinspektoren in Preußen und Großbritannien ein. Es versucht, eine "Problemfrage"[95] zu beantworten: Warum übertrug der Staat seiner Verwaltung die Aufgabe dieser Form des Kinderschutzes? Nach einer Darstellung der Ursachen ihrer Verbreitung (1.1) wird die widersprüchliche Haltung von Staat und Gesellschaft dem Problem der gewerblich-industriellen Kinderarbeit gegenüber angesprochen -Kinderarbeit war zugleich Segen und Fluch (1.2-1.3). Die Antwort auf die Problemfrage scheint in einem "demokratischen Mechanismus" von öffentlicher Auseinandersetzung und staatlichem Reagieren zu liegen (1.4-1.5). Diese Hypothese wird in den folgenden Unterkapiteln durch eine Gegenüberstellung überprüft. In der moderneren Gesellschaft wirkte der Mechanismus früher und mitbestimmt von gewählten Repräsentanten. Die öffentliche Streitsache wurde aufgegriffen und zur Verwaltungsaufgabe gemacht (1.6-1.7). Das zu modernisierende Land reagierte erst nach der Revolution ernsthafter, und dann noch halbherzig (1.8-1.9).

Das 2. **Kapitel** setzt die Existenz des demokratischen Mechanismus voraus und in Frage. Offenbar war Sozialpolitik, wie die nächste staatliche Interventionsstufe später genannt wurde, u.a. abhängig von Wirtschaftskraft, Rechtsordnung, traditionellen und politischen Überzeugungen (2.1-2.3). Der Arbeitsschutz wurde durch die Rechtsprechung gestärkt und Vorbereitungen für seine weitere Durchsetzung getroffen (2.4-2.6). Die mangelhafte gesetzliche Abdeckung dieses Vorhabens

94) Ich danke dem 2.Direktor des Health and Safety Executive, Mr. JDG Hammer, sowie Mr.Lewis vom Library Information Service für die Durchführung einer Datenbankrecherche und das Kopieren von maschinenschriftlichen Texten. Die Bundesanstalt für Arbeitsschutz konnte dagegen bezogen auf die dt.Seite nicht behilflich sein. Ihre Gruppe 'Grundsatzfragen' erklärte überdies: "Die Zweckgebundenheit der Mittel läßt keine Veröffentlichung von historischen Arbeiten mehr zu." (Briefe vom 23. und 29.12.1987).

95) Terminus technicus aus der dt.Geschichtsdidaktik.

führte zu Auseinandersetzungen innerhalb der Verwaltung, die den Ausbau der Fabrikinspektion nicht verhinderte, aber verzögerte. Das neue Aufsichtspersonal bestand nun vor allem aus Technikern (2.7-2.9).

Das 3. **Kapitel** verfolgt die Benachteiligung der Techniker im Staatsdienst bis an ihre geschichtlichen Wurzeln zurück und zeichnet kurz die Entstehung der technischen Bildungsstätten nach, die in den Kapiteln davor und danach so zahlreich genannt werden.

Das 4. **Kapitel** nimmt den Faden der Sozialpolitik wieder auf. Im Arbeitsschutz trat der technische neben den sozialen Schutz (4.1-4.2). Die Fabrikinspektion hieß nun Gewerbeaufsicht und wurde zügig ausgebaut (4.3-4.4). Das Personal der Behörde zwischen 1890 und 1914 wird nach professionalisierungsrelevanten und kollektivbiographischen Gesichtspunkten ausgewertet und ein "Gruppenprofil" erstellt (4.5).

Das 5. **Kapitel** verfolgt die weitere Entwicklung. Schon vor den Veränderungen während des Krieges (5.1) waren Frauen eingestellt worden. In Großbritannien und Baden waren es Akademikerinnen (5.2), in Preußen vor 1920 vor allem 'Höhere Töchter' (5.3). Das Eindringen anderer Gesellschaftskreise in der Kriegszeit wird nachvollzogen und die erweiterten Statusbiographien der beiden Gruppen gegenübergestellt. Dasselbe geschieht für die nach 1920 Eingestellten und zusammenfassend für die "soziale Herkunft" (5.3-5.5). Die folgenden Unterkapitel behandeln das männliche Personal. Der VDGAB nahm Einfluß auf die Gestaltung des mittleren Dienstes und die neuen Prüfungsordnungen. Bei der personellen Besetzung der neuen Stellen kommt der Einfluß der Gewerkschaften zum Tragen (5.6-5.8). Auf relativ schmaler Datenbasis wird abschließend versucht, Veränderungen in Personalstruktur und Gruppenprofil der höheren Beamten aufzuzeigen.

KAPITEL 1

Das Entstehen der Fabrikinspektion im Zusammenhang von Kinderarbeit, Staat und Gesellschaft

Die meisten Arbeiten zur Geschichte der Fabrikinspektion begnügten sich damit, die preußischen Gesetze von 1839 und 1853 anzusprechen, ohne die Frage zu stellen, warum der Staat seiner Verwaltung die Aufgabe des Kinderschutzes übertrug.[1] Diese Frage ist unter Historikern noch heute umstritten und eigentlich ungeklärt.[2] Auch auf die britische Vorgeschichte von 1802 bis 1833 ging man meist nicht näher ein, so daß schon für das Mutterland von Industrie und Fabrikinspektion die staatlichen Motive ungeklärt und Vergleiche mit den preußischen Beweggründen

1) So Plotke 1899, Schäffer 1906, Poerschke 1911, Henseleit 1926, Vorbach 1931, Ammon 1933, Bittmann 1933, Peters 1935, die mit der Aufsicht direkt oder indirekt beruflich zu tun hatten; so aber auch Bocks 1978 (der erste Historiker der Reihe), Gresser 1984 und Simons 1984.

2) Viele Arbeiten zur Industriellen Revolution betrachten die Kinderarbeit als quantité négligeable, so Landes 1983 (1968, dt.1969), Hobsbawm 1968 (dt.1969), Treue 1970 (Gebhardt Bd.17, S.104, Literaturhinweis in Fußnote 5), Rürup 1984 (S.60-84); Borchardt, Grundriß der deutschen Wirtschaftsgeschichte, Göttingen 1985 (1.Aufl.1978); Henning, Die Industrialisierung in Deutschland 1800-1914, Paderborn 1973, Anm.8. Die Wörterbücher von Raab /Fuchs (1972) und Geiss (1983) vergassen das Stichwort. Die Geschichten der Kindheit konzentrierten sich auf Adel und Bürgertum, so die Trendsetzer Ariès und de Mause; in ihrem Gefolge u.a. Horst Rabe, Die Entdeckung der Kindheit, Konstanz 1980; James Walvin, A Child's World. Social History of English Childhood 1500-1914, 1982; Closson/Bridon, L 'Enfant à l'Ombre des Cathédrales, Lyon 1985. Nicht so Gestrich 1986 und Hunecke 1987. Arbeiterkindheit bei Thompson 1963, S.366-85, und M.Flecken, Arbeiterkinder im 19.Jh., Weinheim u.a.1981. Allerdings läßt kein deutsches Schulbuch das Stichwort Kinderarbeit aus, vgl. Fragen an die Geschichte 3 (B12,Q26,T33 bzw S.179f u.89, dazu Lehrerband,S.189-216); Geschichtliche Weltkunde 3, S.173f; Zeiten und Menschen B3, S.132; Menschen in ihrer Zeit 3, S.133f; Geschichte und Geschichten 9, S.178f,190f,195.
Die erste Antwort auf die Problemfrage gab 1891 Günther K.Anton: Der "Unterrichtsminister" und der Landtag schützten. Zwanzig Jahre später fand Poerschke, daß Altenstein "als Mensch ein warmes Herz für die Not der Fabrikkinder besaß" (und als Minister den Schulbesuch durchsetzen wollte), und brachte den Landwehrgeschäftsbericht des Generalleutnant von Horn ins Spiel, der "dem Unterrichtsminister von unerwarteter Seite Beistand" leistete (S.2ff). Das blieb, Schüttpelz 1936 eingeschlossen, der Forschungsstand bis zu den Quellenfunden 1957-60 (s.unten Anm.28).
Danach verteilte die Forschung die Gewichte neu, Regionalstudien und die größeren Zusammenhänge kamen dazu, vgl. Friderici 1962, Ludwig 1965, Volkmann 1968, Köllmann 1972, Adolphs 1972, Kermann 1976; Schwall-Düren 1980, Mayer-Maly 1980, Feldenkirchen 1981, Herzig 1981, Göttsch 1981, Bucher 1983, Luxem 1983,Roscher 1985, zuletzt Nils Hansen, Fabrikkinder, Neumünster 1987.
Hentschel 1980, S.27, blieb hinter diesem Forschungsstand zurück, weil er Horns Bericht für ursächlich hielt; ebenso v.Berlepsch 1987, S.127 u.227, der zuerst die Rekruten-, dann die Schulpflichtsthese nennt; Simons 1984, S.12-15, bestritt die Humanitäts- und die Rekrutenthese und sah "vielerlei Ursachen", von denen er den Druck der Öffentlichkeit und das Streben nach politischer wie sozialer Stabilität hervorhob. Eine Monographie zum Thema fehlt. Für ein Nachbarland J.C.Vleggeert, Kinderarbeid in Nederland 1500-1874, Assem 1974.

ausgespart blieben.[3] Da die Berichte der britischen und preußischen Aufsichtsbeamten zudem schon von den Zeitgenossen als Quellenmaterial für sozialpolitische Richtungskämpfe benutzt wurden, konnte der Eindruck entstehen, daß die Fabrikinspektoren von Anfang an in einem umfassenden Sinne für den - technischen wie sozialen - Schutz von Industriearbeitern zuständig waren.[4] Dieser Eindruck ist falsch. Er trifft nur die spätere Form der Inspektion, die sich in Preußen zwischen 1872 und 1891 zur Gewerbeaufsicht weiterentwickelte und damit die Vorgeschichte der Fabrikinspektion von 1833 bis 1872 abschloß. Ich gehe darauf unten ausführlich ein, denn in der Abkehr von der alten Form der Fabrikinspektion kamen neue Motive des Staates und seiner Verwaltung zum Vorschein. Sie hat nicht nur die Aufgabe der Behörde erweitert und verlagert, sondern auch das Personal nach 1891 ausgebaut und umstrukturiert.

Die Abkehr wird von den Anfängen her verständlicher: Die britischen und preußischen Fabrikinspektoren sollten nach 1833 bzw. 1853 nichts weiter tun, als die industrielle Beschäftigung von Kindern im Alter bis zu 16 Jahren zu kontrollieren und einzudämmen. Während dazu in Großbritannien Personen aus den höheren gesellschaftlichen Kreisen ausgewählt wurden, kamen in Preußen zwanzig Jahre später subalterne Beamte zum Einsatz, die als ehemalige Militärs und Zivilversorgungsberechtigte vorher Polizisten oder Bürgermeister kleinerer Städte waren. Schon dies deutet auf eine unterschiedliche Wertschätzung der neuen Verwaltungsaufgabe in den beiden Staaten hin.

Wenn die Erweiterung und Umstrukturierung der Verwaltungsaufgabe nach 1870 auf neue Motive in Staat und Verwaltung deuten, müssen wir klären, welche Einflüsse am Anfang wirkten und wie diese in der Behörde umgesetzt, organisiert und bürokratisiert wurden: Warum wurde die gewerblich-industrielle Kinderarbeit

---

3) Dabei waren Vergleiche gerade mit der britischen Einrichtung seit den 188oer Jahren üblich. Nach Weyers Studie 1888 folgte Bochers 1904. Henseleit referierte 1926 ausführlich. Die Problemfrage wurde nicht gestellt.

4) Karl Marx, Das Kapital. Kritik der Politischen Ökonomie Bd.1 (MEW 23), Berlin 1975 (nach der 4. Aufl. Hamburg 1890), sitierte ausführlich aus den Halbjahresberichten. Satsbau und Semantik sind von Marx' 20jährigem Auslandsaufenthalt verunstaltet, s.B. S.98-101. Friedrich Engels, Die Lage der arbeitenden Klasse in England. Nach eigener Anschauung und authentischen Quellen, Leipsig (Otto Wiegand) 1845. Nach der 2.(1848) erschien die 3.Aufl. erst 1892 (auch GB 1892, vorher USA 1887), als v.Berlepsch übernommen hatte und der Ausbau der preußischen Inspektion rollte. W.O.Henderson, The Life of Friedrich Engels, 2Bde, London 1976, beklagte die "geringe Sorgfalt bei der Auswertung seines Beweismaterials."
Die Aufgabe des Kinderschutzes trat durch das preußische Modell des Aufsichtsbeamten als Techniker bald in den Hintergrund, und die Dissertationen von künftigen Aufsichtsbeamten (s.oben Anm.1) bewahrten den alten Traditionsstrang nicht.

zu einer öffentlichen Streitfrage, und wie organisierte man sie als eine Verwaltungsaufgabe?

1.1 Die Voraussetzungen der Industriellen Kinderarbeit.

Die Forschung über die Entstehung der industriellen Produktionsweise führt in die Tuchmacherwerkstätten spätmittelalterlicher Städte des 14. und 15. Jahrhunderts und auf das Weideland der britischen Schafzüchter. Um den langsamen, über viele Jahrhunderte dauernden Umwandlungsprozeß der alteuropäischen Ökonomik zu begreifen, mußte sich die Forschung auch dem Gebiet der religiösen Vorstellungen und der mentalen Veränderungen nähern, auf dem die zinsfeindlichen Schriften der Kirchenväter und die innovationsfeindliche Haltung der Zünfte den Keim der industriellen Produktionsweise sehr lange an einer Entwicklung hinderten. Die Tuchmachereien in Flandern, Brabant oder Florenz bezogen schon in der Epoche der sog. '*atlantischen Wende*' zünftige und unzünftige Arbeiten in den aufwendigen Produktionsvorgang ein, ohne daß sich die in den Gilden organisierten Kaufleute in Manufaktur oder Stadtregiment von den in den Zünften organisierten Produzenten hätten lossagen können.[5]

Der Keim der neuen Produktions- und Organisationsweisen war schon lange angelegt - in den oberitalienischen und den Schweizer Stadtrepubliken, im niederländischen Flachland an der Küste, in den Grafschaften Kleve und Mark am Rhein oder in Sachsen. Diesen Produktionsenklaven waren in Europa noch lange Zeit die engen Grenzen des alten Rechts gesetzt. Dabei wirkten Zunftverfassung und Kirchenregiment Hand in Hand, was Max Weber zu der These verleitete, daß "das Christentum stets die Religion der städtischen Handwerker war."[6] Dies ist so falsch wie Birnbaums Annahme, der mittelalterliche Katholizismus habe "die Notwendigkeit methodischer Lebensführung" bei den Gläubigen verhindert.[7] Richtig ist, daß die Christianisierung Europas und deren Verteidigung durch die Verwaltungsorganisation der Bistümer, Pfarreien und Klöster zu einer rationalen Lebensweise anhielten, die ein lineares, auf Gott zielendes, universalistisches Zeitverständnis und Weltbild einpflanzten, das zyklische der Heiden und der Natur austrieben oder einbauten, was nicht vollständig gelang. Es lehnten sich im Hochmittelalter, das die Früchte der neuen Rationalität davontrug, die 'texerant' der

5) MEW 23, S.744-80; Thompson 1963, S.207ff; Hobsbawm 1969, S.55ff; Hoskins 1970; Le Goff 1977; Borst 1973, S.385f,392-95; Pirenne 1982, S.191-205; Reinald Ennen, Zünfte und Wettbewerb, Köln 1971; Treue 1970 (Gebhardt Bd.12), Bohnsack 1985, bes. die Tafeln auf S.107,110,156,237-39.

6) Max Weber 1964, S.377f.

7) Norman Birnbaum, Konkurrierende Interpretationen der Genese des Kapitalismus: Marx und Weber, in: Seyfarth/Sprondel 1973, S.62.

oberitalienischen Städte und die Schafhirten der Pyrenäen dagegen auf. Richtig ist ferner, daß die spätmittelalterliche Kirche unter dem Einfluß der städtischen Rationalität anders handelte, als ihre Vertreter predigten, und sich selbst an der Kapitalakkumulation beteiligte. Davon hat die erste Welle der Säkularisierung in der Reformation materiell und ideell profitiert. In der Nachfolge Calvins, der noch gegen Zinswucher predigte und schrieb, bildete sich, auf den neuverteilten Reichtum gestützt, das Arbeitsethos der Puritaner, Quäker, Hugenotten und Pietisten heraus. Es war von alttestamentarischer Strenge, kein Platz mehr für die Überhöhung des Jesuskinds wie bei den Jesuiten; auch nicht für einen Religionsstifter, der die 'Kindlein' zu sich kommen ließ. Für die calvinistischen Sekten begann die Bewährung des Einzelnen im Kindesalter und bei der Kinderarbeit.[8]

Die alteuropäischen Zünfte stemmten sich im 16. und 17.Jahrhundert gegen das Aufkommen eines neuen Wirtschaftsgeists. In Thorn an der Weichsel sollte 1523 "niemand etwas Neues erdenken oder erfinden oder gebrauchen" und in Nürnberg waren 1572 Drehräder bei der Fingerhutherstellung als "gesuchte Neuerungen" verpönt. Einen mit Wasserkraft angetriebenen Bandwebstuhl aus Danzig ließ man in Hamburg von einem städtischen Beamten, dem Henker, vor der Stadt verbrennen. Die Arbeitsmaschine war im 17.Jahrhundert auch in den industriellen Vorreiterländern Schweiz, Niederlande und England verboten, für kurze Zeit nur. Im Heiligen Römischen Reich Deutscher Nationen traf sie 1685 ein kaiserliches Edikt, das die **Moral der alteuropäischen Wirtschaftsweise** zum Ausdruck brachte: Durch den Stuhl würden "gegen Ernährung einer Person wohl sechzehn andere zu Grunde gerichtet und dem gemeinen Wesen und Besten untauglich gemacht".[9]

Im 18.Jahrhundert kam es zu der langsamen und stetigen Auflösung der alten Produktionsweisen durch den libertinären-angelsächsischen und den merkantilistischen-kontinentalen Weg in die Industrialisierung, die in Konkurrenz zueinander traten. Während die adeligen Wirtschaftsförderer in Frankreich zuerst die Luxusindustrien und das Handelskapital förderten, um 'Geld ins Land zu bringen' (d.h. in die Staatskassen), herrschten in England andere Nachfragebedingungen, die die Investitions- und Konsumgüterindustrien -Eisen- und Textilindustrie- förderten und den Briten beim eigentlichen 'take-off' der Industrialisierung den Vorsprung sicherten. Aber in bezug auf die Arbeit hatten beide Wege zur neuen Wirtschafts-

---

8) Max Weber, Gesammelte Aufsätze zur Religionssoziologie, Bd.1., Tübingen 1920, S.207-36; Gurjewitsch 1980 und 1986; Ladurie 1980; zu "texerants" die Grundmann-Werner-Kontroverse; Seyfarth /Sprondel 1973; Borst 1973, S.80; Christopher Hill, The World Turned Upside Down, 1985 (1.ed.1971).

9) Rudolf Braun, Zur Einwirkung soziokultureller Umweltbedingungen auf das Unternehmerpotential, in: Fischer 1968, S.257f.

form eines gemeinsam: Unabhängig davon, ob handwerkliches oder fürstliches Kapital investiert wurde, suchten die Unternehmer durch den Einsatz von Maschinen den Bedarf der neu geschaffenen, überregionalen Märkte zu befriedigen. In der englischen Textilindustrie setzten sich die technischen Erfindungen von Handwerkern und Tüftlern zusammen mit dem Risikokapital investierender Kaufleute gegen die Fronde der Maschinenstürmer in einem langen und zähen Kampf im Laufe des 18. Jahrhundert durch. Es war auch der Durchbruch der industriellen Arbeit von Frauen und Kindern.[10]

1.2 Kinderarbeit als Segen.

Der technische Fortschritt, entfesselt und vor der Gesellschaft gerechtfertigt, führte zu einem Strukturwandel der Arbeit. Im frühen Europa war die Textilproduktion Frauenarbeit und häusliche Arbeit gewesen. "Die Männer übernahmen nur besondere Arbeiten, etwa das Walken, das Stampfen schwerer Wolltuche zur Verdichtung der Gewebe. Wahrscheinlich war auch die Herstellung der Geräte eher Männersache."[11] In den Spinnstuben des Mittelalters sieht man Frauen bei der Arbeit, und einige Kinder verrichten die leichteren Vorarbeiten. Das Weben dagegen, schon im 11.Jahrhundert ein Handwerk und in zünftige- und unzünftige Arbeitsschritte eingeteilt, trennte, verband und privilegierte Lehrlinge, Gesellen und Meister. Das Leistungsvermögen dieser beruflichen und sozialen Gemeinschaften wurde durch die Neuerungen des 18.Jahrhunderts in den Schatten gestellt. Die Maschinen, selbst unermüdlich tag und nacht tätig, brauchten qualifizierte Spezialisten, wieder Männer, die sich bei einem Stillstand der Produktion zu helfen wußten. Der neue "Weber" war von dem Überkreuzen der Fäden freigestellt; er war Maschineneinrichter und -umrüster, Maschinenbediener, Funktionskontrolleur und Instandhalter der Maschinen. Aber neben und unter ihm konnten auch unzünftige Webburschen oder Gesellen zum Einsatz kommen, wenn sie nur diszipliniert und kenntnisreich genug waren, den reibungslosen Lauf der Maschinen nicht zu stören. Sie mußten gerissene Fäden anknoten, Schußspulen im Schützen oder Schützen auswechseln, neue Ketten ins Geschirr einziehen; vielleicht auch Maschinen schmieren, ölen und putzen - Arbeiten, die zum Teil von Kindern geleistet werden konnten.

Auch der Einsatz der Mule- und Self-Aktor-Spinnmaschinen erforderte von den Maschinenführern qualifiziertes Wissen. Aber auch hier wurden die Zuarbeiten -

10) Bert W. Hoselitz, Unternehmertum und Kapitalbildung in Frankreich und England seit 1700, in: Fischer 1968, S.308ff; Landes 1983 (1968/73), S.213fff u.364ff; Crouzet 1972.

11) Bohnsack 1985, S.53.

gerissene Fäden andrehen, Spulen abnehmen, aufstecken und neu anspinnen, die Maschinen putzen und die Räume von Faserflug befreien - mehr und mehr von Frauen und Kindern übernommen. "1795 gab es in Englands Baumwollspinnereien 320'000 Maschinenarbeiter. Davon 130'000 Männer, 90'000 Frauen und 100'000 Kinder. Frauen und Kinder verrichteten die unqualifizierten Hilfsarbeiten ..."[12] Auf dem Kontinent fanden die insularen Veränderungen in Produktion und Arbeit nach langer Unkenntnis Beachtung. Erst in den 1770er Jahren - etwa und nicht von ungefähr zeitgleich mit Thomas Paines "Common Sense" (1776), Adam Smiths "Wealth of Nation" (1776) und Goethes am individuellen und häuslichen Glück interessierten Werther (1774) - besann sich die ökonomische Moral des merkantilistischen Staates auf ein noch umfassenderes Vorgehen gegen die moralische Ökonomie der alten Wirtschaftsweise und bezog auch die Produktions- und die Verbrauchsgüterindustrien in die staatliche Wirtschaftsförderung mit ein. Friedrich von Preußen verstand diese Ausweitung der staatlichen Förderungspolitik in seinem Brief an von Derschau am 14.4.1775 auch als Mittel der 'guten Polizei': Die Untertanen sollten sich an

> "... mehreren Fleiß und Arbeitsamkeit gewöhnen: Hieran fehlet es aber besonders in der Churmark, noch sehr, die Bauern, auf dem Land lassen ihre Kinder müßig umher laufen, und halten sie zu nichts an, Kinder von 8 und 9 Jahren, können zwar bei der Wirtschaft nichts helfen, doch könnten sie, wenn sie aus den Schulen kommen, spinnen, und damit schon ihr Brot verdienen, es würden auch ordentliche Wirte aus ihnen werden, statt daß sie von Jugend auf, zur Faulheit eignen: Ich werde es demnach sehr gerne sehen, wenn ihr Euch angelegen sein laßet, wie die jungen Kinder auf dem Lande, die weiter nichts zu tun im Stande sind, mehr zum Spinnen zu gewöhnen, wie solches in den Schlesischen und Sächsischen Gebirgsgegenden geschieht."[13]

Kinderarbeit, bei den Bauern ohnehin immer schon und in der Hausindustrie des Verlagswesens seit geraumer Zeit Teil der Lebensform, war nun staatlich gefördert und galt als Segen. Der Staat setzte, wie Gerschenkron 1966 bemerkte, seine Machtmittel ein, um die sozial geringgeschätzten Unternehmer vor entgegengesetzten sozialen Mächten zu schützen. Während das zunftmäßig eingebundene städtische Handwerk im Alten Reich Bönhasen, Pfuscher und Landhandwerke an der Entfaltung gehindert hatte, untergrub nun der Staat ihre lokale Machtgrundlage, indem er gerade jene Konkurrenz förderte. Die von zünftigen Fesseln, die auch soziale Rücksichten waren, befreiten Produzenten setzten die im Ausland erfundenen und mit Staatshilfe angeschafften Maschinen vor den Toren der Städte oder auf dem Land ein und rekrutierten zu ihrem Betrieb den unterbäuerlichen

---

12) R.Rübberdt, Die Geschichte der Industrialisierung, 1972, S.22, zit.nach Bohnsack 1985, S.220.

13) Stadelmann 1965 (1882), S.406.

Nachwuchs des Umlandes, der die neuen Arbeiten ohne lange Lehrzeit und Ausbildungsreisen leisten konnte, so daß auch die im wirtschaftlichen Zyklus der Landwirtschaft zum Teil und im Handwerk ganz ausgesparten Frauen und Kinder gewerblich arbeiten konnten. Während sich das Stadthandwerk auf seine lokale Bastion zurückzog, kämpfte die protoindustrielle Konkurrenz bereits auf der nationalen und -wo es die Handelsgesetz zuließen - auf der supranationalen Ebene. Sie setzte die billige Zuarbeit der Frauen und Kinder als kostensparendes Element der Produktion und als preisbrechendes Mittel des Absatzes ein. Dies erreichten die deutschen Unternehmer vorerst nur mit Hilfe der staatlichen Förderungspolitik, auf deren Absichten sie bei ihren Genehmigungsanträgen anzuspielen wußten. Als der Elberfelder Kaufmann Brüggelmann seine von Crompton (1775) inspirierte "Spinnmühle" plante, schrieb er dem Landesherren am 24.11.1783, daß es "nie eine nützlichere Anlage für das ganze Land" gegeben habe und "durch diese Anlage Höchstdero Stadt Ratingen und das ganze Amt die größten Vorteile ziehet, indem eine Menge armer Einwohner und kleiner Kinder von 6 bis 10 Jahre(n), welche nur gar zu häufig dem Müßiggang und Betteln nachgehen, ihren täglichen Unterhalt verdienen und dadurch von Jugend an zu Arbeit und Fleiß angehalten werden ..."[14] Die Obrigkeit erteilte dem Kaufmann das gewünschte Privileg zur Fabrikation von "baumwollenen Mützen, Strümpfen, Manchester, Barchent, Kattun, Zitzenmacherei und Musselin". Ratingens Bürgermeister war dem Unternehmer wirklich dankbar. Im August 1824 beantwortete er eine Anfrage des Landrats von Düsseldorf, der sich auf Veranlassung des preußischen Kultusministers Altenstein nach Lebensart und Gesundheit der Fabrikkinder erkundigt hatte:

> "Sie arbeiten 12 Stunden, die nicht in den Fabriken arbeitenden betteln. Die meist gehend und stehend verrichtete Arbeit in luftigen Gebäuden erhält die Kinder gesund, die nicht darin arbeitenden sind krank von Elend und betteln. (Ihr Gesundheitszustand ist) nicht schlechter, sondern besser (als der anderer Kinder). Die in der Spinnerei in der Kindheit gearbeitet habenden, sind erwachsen meist gesunde, starke Handwerker."[15]

Nach Wolfram Fischer setzte sich das "fast hymnische Lob der Kinderarbeit" in den 30er und 40er Jahren des neuen Jahrhunderts fort. Im August 1833 zum Beispiel sei in der badischen Ersten Kammer von hochkonservativer Seite über den Bergbau des Münstertales geurteilt worden: "Wer dort Arbeit finden und etwas verdienen will, findet reichlich seinen Unterhalt. Ich selbst habe Kinder von 6 bis 8 Jahren auf den Pochwerken arbeiten sehen, wodurch diese schon imstande

---

14) Zit.nach Quandt 1978, S.17; s.auch: Die Macht der Maschine. 200 Jahre Cromford-Ratingen, Ratingen 1985, bes. S.63-77,82-95,150f; S.68-75 u.216-28 (Kinderarbeit).

15) W.Köllmann, Die industrielle Revolution, Stuttgart o.J., S.29, zit.nach Quandt 1978, S.31.

waren, sich frühe ihr Brot zu verdienen".[16] Vierzig Jahre später hob ein Regierungsassessor aus Stuttgart nach einer Revision mittelländischer Fabriken, die von den "Eisenacher Beschlüssen" 1872 motiviert war und auch nach Kirchheim/Teck und Unterlenningen führte, hervor, "daß sich die Kinder für viele Arbeiten ganz besonders gut eignen, so daß sie oft den Erwachsenen vorgezogen werden, daß sie flinker, fingerfertiger, nüchterner sind."[17]

Für das bäuerliche Umland war es Anlaß zum Staunen, wenn junge Arbeitskräfte, die schmächtig waren und trotzdem überlebten, in den Fabriken Arbeit fanden, obwohl sie für schwere Feldarbeit nicht getaugt hätten.[18]

> "Im Mönchengladbacher Industriebezirk waren besonders die Baumwollspinnereien, stärker als die Webereien, auf Kinderarbeit angewiesen. Kinder konnten zum Mischen, Öffnen und Reinigen der Baumwolle sowie beim Krempen und Kratzen angestellt werden. In den Handspinnereien schienen sie unentbehrlich beim Auffrimeln der Baumwollpflöcke auf die Vorspannmaschinen. Die Wolle und Baumwolle, die aus ihnen in langen Wulsten hervorkam, wurde als griffiger bezeichnet, wenn man sie mit der Hand anderen Menschen zuführte. An einer solchen Vorspinnmaschine konnten unter der Aufsicht nur eines Erwachsenen fünf Kinder angestellt werden. Das Verhältnis zwischen jugendlichen und erwachsenen Arbeitern betrug um die Jahrhundertmitte in den Spinnereien 1:1 ... Fast alle Fabrikkinder arbeiteten in den Spinnereibetrieben. Von den 267 Fabrikkindern der Bürgermeisterei zwischen 12 und 16 Jahren wurden 1856 alleine 235, also 88 Prozent, in diesem Produktionszweig gezählt."[19]

Die neue Verwaltungspraxis verkündete, daß "von jetzt an jedem, der darum ansuchen wird, die Fabrikation aller und jeder Sorten Bänder ohne Ausnahme durch unzünftige Arbeiter, Frauenpersonen und Kinder auf besondere Konzession gestattet und dieses Mittel zur Emporbringung der Seiden-Band-Manufaktur hier nach und nach eingeführt werden soll." Diese Anweisung machte die Bandmachergesellen zum Gegenstand staatlichen Polizierens, da sie im Frühjahr 1794 "in ihrer Herberge versammelt sind und frei deklarieren, daß sie nicht arbeiten wollen, wenn nicht den Mägden das Handwerk gelegt wäre." Minister (Streuensee) und Polizeipräsident (v.Eisenhardt!) verständigten sich auf Maßnahmen gegen Exzesse, Schwärmen "und das dasselbst vielleicht stattfindende Saufen". Dem König be-

---

16) Fischer 1962, S.343f.

17) "Bericht des Regierungsassessors Gaerthner, der beauftragt war, in den Spinnereien und mechanischen Webereien verschiedener Bezirke die Ausführung der Vorschriften der §§ 128-132 Gewerbeordnung zu überprüfen" vom 2.12.1873, zit.nach Sieber 1982, S.14.

18) Klaus Baltzer, Probleme bäuerlicher Kinderarbeit, Diss Marburg 1957.

19) Klinkenberg 1982, S.87. Emsbach 1982, S.258, spricht von dem "enormen Anteil der Kinder an den Beschäftigten der Kölner Baumwollverlage 1837-50. Fast durchgängig machten Kinder unter 14 Jahren ein Drittel, in den Jahren 1844-46 sogar deutlich über 40% der Belegschaft aus."

schied man, daß das staatliche Interesse höher wiege als die Empörung der Gesellen:

> "Bei der Aufmunterung der inländischen Industrie müssen bis jetzt immer noch mehrere Sorten leichte seidene Bänder zum inneren Verbrauch und zum Handel aus der Fremde eingelassen werden, weil sie hier nicht so wohlfeil, als in der Schweiz gemacht werden können. Die Ursachen davon sind, daß die Fabrikation der leichten seidenen Bänder, wenig Kunst erfordert, weshalb sie in der Schweiz durch Kinder, durch Mägdens, durch pauvres honteux gewebt ... werden, wogegen das hiesige Posamentiergewerk diese Bänder durch lauter zunftmäßige Meister, Gesellen und Lehr-Burschen verfertigen läßt ... Wir haben schon seit mehreren Jahren angefangen, hier ebenfalls diese nützliche Bandweberei durch Kinder und Mägdens einzuführen .."[20]

Der neue Segen der staatlich geförderten Frauen- und Kinderarbeit war eine Kehrseite des Niedergangs der alten Handwerksproduktion und ihres sozialen Sicherungsnetzes. Zu dieser Seite gehörte das von der Forschung eindringlich beschriebene Elend der Handwerksgesellen und die Krise der Garnnahrung in Gebieten, die sich dem beschleunigten Wandel nicht anpassen konnten.[21] Hatte schon die alte Garnnahrung der vorindustriellen Zeit die demographische Entwicklung vorangetrieben, indem sie Heiratsschranken herabsetzte, so setzte die Pauperisierung von ganzen Landstrichen zahlreiche junge und mobile Arbeitskräfte für die Arbeit in Manufakturen und Fabriken frei. Am Ende des 18.Jahrhunderts erscheint der Staat durch seine Gewerbeförderungspolitik geradezu als "Erzwinger von Kinderarbeit" (Kuczynski), während er in seinen Anfängen, in der Tradition der Peinlichen Halsgerichtsordnung von 1532, Vergehen an Leib und Leben von Kindern strafte und im aufgeklärten Teil seiner Existenz die Alphabetisierung der nachwachsenden Generationen einführen und überwachen ließ.

1.3 Kinderarbeit als Fluch.

Als das preußische Allgemeine Landrecht 1794 die fünfjährige Schulpflicht für Kinder festschrieb und festlegte, wer als Jugendlicher und wer als Kind zu gelten habe, war der Streit um die gewerbliche Kinderarbeit schon entbrannt. Genauso wie es die Handwerker in ihren Hochburgen taten, igelten sich nun die industriellen Interessengemeinschaften aus Unternehmern, Eltern, Bürgermeistern, Pfarrern, Lehrern und Stadtphysici in den Ortschaften ein, die von dem industriellen Aufschwung lebten und an einigen Orten nur ihm ihre Existenz verdankten. Von

20) Zit.nach Kuczynski/Hoppe 1958,Bd.1, S.99. Die Folgen im Allgemeinen Patent vom 29.7.1794 "wegen des tumultuarischen eigenmächtigen Verfahrens bei Beschwerdeführungen", Stürmer 1986, S.222-24; s.auch Reith 1985, S.238-49.

21) Z.B. bei Mooser 1978.

diesen Bastionen aus beteiligten sich die beiden Lager des Modernisierungsprozesses auf dem sich formierenden Markt der bürgerlichen Öffentlichkeit an den Richtungskämpfen im "Überbau", der die Veränderungen durch zunehmende Kommentierung zu begreifen suchte und auch das Problem der industriellen Kinderarbeit streifte. Dabei kamen die direkt Betroffenen, Eltern wie Kinder, am wenigsten zu Wort. Anders als in England, wo die Arbeiter vor Parlamentskommissionen in selbstbewußter, fließender und eigenständiger Rede unbefangen Auskunft gaben, waren sie noch sprachlos oder wurden nicht gefragt. Außerdem kämpften auf dem neuen Markt der bürgerlichen Öffentlichkeit, der auch ein Stellenmarkt und eine Drehscheibe für die Subsistenz von Akademikern war, berufene und unberufene Anwälte des arbeitenden Volkes. Dabei ging es neben der Sache auch um die Anerkennung neuer Professionen, so der wissenschaftlichen Pädagogik, die sich aus der Theologie, der Philologie oder Philosophie rekrutierte; so der höheren Lehrer, die aus der überfüllten Theologie abwanderten und in den expandierenden Arbeitsmarkt der Realschulen und Gymnasien wechselten; so der Mediziner, die sich für körperliche Fehlentwicklungen bei Fabrikkinder sachverständig und zuständig fühlten; so nicht zuletzt der 'freien' Unternehmer, die immer wieder den Ruin ihrer "Etablissements" weissagten, wenn nur eines der Fabrikkinder am Kommen gehindert würde. Selten sprach jemand von der Subsistenzgemeinschaft der Unterschichtsfamilie, die den Zuverdienst brauchte und für die jeder zusätzliche Esser eine Frage des Überlebens war, wenn er nicht früh zur Subsistenz beitrug. Wo konnte er das besser als in den rastlos arbeitenden Fabriken, die zudem fast rund um die Uhr die Nervenstrapazen des Kinderhütens einsparen halfen.

So wurde das Problem der industriellen Kinderarbeit auf zwei verschiedenen Ebenen unterschiedlich angesehen und behandelt. Auf der einen korrespondierten und sprachen sensible Kräfte des Bildungsbürgertums mit karitativ wirkenden adeligen Frauen, die nicht müßig und lustig sein, sondern mitleiden wollten, und bei denen manchmal das besondere Eingehen auf einen grellen Einzelfall Eindruck machte. Auf dieser Ebene bestand die Gefahr, in der gewerblichen Kinderarbeit nichts als einen Fluch zu sehen und ihn mit allen Mitteln der apokalyptischen Phantasie anzuklagen und auszutreiben. Aus solchen Quellen kann man sich schwerlich ein Urteil über die tatsächlichen Auswüchse der industriellen Kinderarbeit machen.[22]

22) Zu den Äußerungen einiger Pädagogen s.unten S.41; zur Nachwirkung in Schulbüchern oben Anm.2. Nüchterner bei Pestalozzi, Owen, Campe, Moriz Mohl, Wagemann und den mit der Realbildung befaßten Aufklärern, vgl u.a. Gernot Koneffke, Menschenbildung und Kinderarbeit bei Pestalozzi und Owen, Diss. Hamburg 1961; Quandt 1978, S.18 u.34; Kuczynski/Hoppe 1958, Bd.1, S.30ff. Zum Arbeitsmarkt Wehler 1987, Bd.2, S.210ff, 482-89, 493f, 506ff, 823f, 856-63; Titze 1985; Lundgreen, Zur

Auf der anderen Ebene war man von der Nützlichkeit der Kinderarbeit überzeugt, sprach nicht oft über die eigenen Interessen daran, mehr von denen der Gemeinschaft und der durch die Arbeit Geförderten und Gezüchtigten. Wo ein christlicher Geist vorherrschte oder ein guter Absatz Sicherheit schuf, erwog man die Einwände der Gegenseite und achtete auf das Alter, die Gesundheit und die Sittlichkeit der jugendlichen Arbeitskräfte, vielleicht finanzierte man zähneknirschend und mit einem Blick auf die öffentliche Wirkung eine Sonntagsschule, während aufgeklärte Stadtväter sich bemühten, das nun halbkriminelle Almosenbitten, Betteln und Streunen in die produktiven Bahnen der Industrieschulen zu lenken. Wo man den Konkurrenzdruck allerdings kräftig spürte, die Modernisierung verpaßte oder einfach aus Profitgier ohne Nachdenken und Mitgefühl handelte, gab es nachgewiesenermassen erbärmliches Ausnützen von kindlicher Lebenskraft, das zu lebenslanger Verkrüppelung, langem Siechtum oder frühem Tod, einem verpfuschten Leben führen konnte. Diese Fälle scheinen in England häufiger vorgekommen zu sein als in Preußen. Wenn sie vor eine Parlamentskommission gebracht wurden, interessierte nüchterne Falluntersuchung mehr als eiferndes Anklagen.

Das war in Preußen zum Teil anders. Die Berichterstatter waren nicht selten Schulmänner oder Beamte, die vielleicht mehr von Wilhelm von Humboldt als von Adam Smith geprägt waren. In Preußen gab es erst seit 1848 ein Parlament, in dem erst nach 1912 zum ersten Mal ein Arbeiter, und nicht der unterste, das Wort ergriff. Die Landtags- oder Parlamentsprotokolle waren nicht so verbreitet wie in England. Wenn Schulmänner oder Beamte über die industrielle Kinderarbeit berichteten, nahmen sie meist moralischen, religiösen oder philosophischen Anstoß, ohne darüber zu einer Analyse der Umstände und Einzelheiten zu gelangen. Sie nahmen deshalb die heute noch gängigen Empfindungen zum Thema vorweg, obwohl sie die Einstellung der meisten Betroffenen verfehlten. Über die "wie die Zähne eines Rades ... eingefügten Kinder" klagte 1815 in einem Reisebericht vom Niederrhein der dortige Direktor des öffentlichen Unterrichtswesens Grashof, der in allen historischen Arbeiten zur Kinderarbeit zitiert wird: "Das herrliche Geschöpf der schaffenden Meisterhand mit allen seinen schönen Anlagen, gewaltigen Kräften, erfreulichen Hoffnungen erstarrt hinter den künstlichen Menschenerfindungen, ehe noch ein Keim seines edleren Seins hervorbrechen kann." Das war von einem Schulmann gut und konsequent gesagt und Humboldt nachempfunden. Diesterweg schrieb 1827, "daß die Kinder in den Fabriken und durch die

Konstituierung des "Bildungsbürgertums": Berufs- und Bildungsauslese der Akademiker in Preußen; Homrichhausen, Evangelische Pfarrer in Deutschland; Christoph Führ, Gelehrter Schulmann - Oberlehrer -Studienrat. Zum sozialen Aufstieg der Philologen, alle in : Conze/Kocke 1985, S.79-109,248-79,417-58.

Fabrikarbeit auf eine himmelschreiende Weise mißhandelt werden ..." Das "Unnatürliche, Verkehrte, Tiefverderbliche der Fabrikarbeit der Kinder" bestand für Diesterweg in den inneren mehr als in den äußeren, den seelischen mehr als den leiblichen Gefahren. Eile und Automation, die dem Kind nicht die von dem Neuhumanismus angemahnte Freiheit zur Selbstbildung ließen, machten die deutschen Intellektuellen industrieskeptisch - "der eisernen Notwendigkeit vergessend, umspielen es, Gott gebe, liebliche Phantasien, die ihm das Land der Jugendfreuden wenigstens im Traume zeigen."[23]

Seit 1789 und 1806 konnten solche Anklagen den Kern der Nation treffen, vorher nicht. Die preußischen Reformer schärften ein Bewußtsein, das den Wert jedes einzelnen Untertanen hervorhob, von deren Gesamtheit die Lebenskraft des Staates abhing. Dieses Programm ging über die merkantilistische Praxis, die Besitzbürger privilegierte, weit hinaus und umfaßte im Prinzip alle im Land Geborenen. Auf der Programmebene hatte Preußen damit mit England, Frankreich und den USA gleichgezogen, die praktische Einlösung des Vorhabens aber, die Modernisierung von Wirtschaft und Gesellschaft, stand erst bevor. Sie konnte nicht, wie es Beamtenart war, mit Denkschriften allein durchgesetzt, mußte erstritten werden. Darauf war Preußen noch am schlechtesten vorbereitet, da es weder Pressefreiheit noch ein Parlament besaß. Für beides versuchte das Beamtentum Ersatz zu leisten:

> "Es muß in einem gut verwalteten Staate eine Tradition der Verwaltungsintelligenz vorhanden sein oder geschaffen werden. Diese kann bei uns, wo die Verwaltungsangelegenheiten nicht, wie in England, öffentlich werden, nur auf den Kollegien der Räte beruhen."[24]

Hardenbergs Behördenaufbau, den Koselleck "eine inneradministrative Verfassungsstiftung" nannte, wollte den Staat in allen Winkeln des Landes zur Geltung bringen, auch wenn die Sprache seiner Gesetze noch lange nicht in allen Nischen der Gesellschaft verständlich war. Dabei wurden die alten Bindekräfte im Volk, Sitte und Religion, nicht immer geschont, weil diese "weniger technisch formuliert" werden konnten und obwohl sie "besser bekannt als die Rechtsregeln" waren.[25] Dieser '**von oben' und von Juristen** organisierte Staatsaufbau machte das Problem der gewerblichen Kinderarbeit zu einer geheimen Verschlußsache unter Beamten, und die Öffentlichkeit blieb, wo sie nicht selbst Erfahrungen sammelte, auf Mutmaßungen angewiesen. Innerhalb der Verwaltung führte jener Aufbau zu einem Konflikt zwischen den Forderungen nach mehr Humanität und denen nach mehr Produktivität. Man muß unterstellen, daß die preußischen Reformer ihrer Vor-

23) Zit.nach Quandt 1978, S.21 u.32.

24) W.v.Humboldt an Th.v.Schön (1824), zit.nach Koselleck 1975 (1967), S.262.

25) Hermann Kantorowicz, Der Begriff des Rechts, Göttingen 1957 (The Definition of Law 1936), S.68.

bildung und dem geistigen Klima der Zeit nach vom einen mehr verstanden als vom anderen. Trotzdem kam es erst spät und dann halbherzig zu gesetzlichen Maßnahmen gegen die importierte gewerbliche Arbeit von Kindern. Auffallend ist, wie wenige oder mindestens welche eigenartigen Kenntnisse der Technik und des Geschäftslebens die preußischen Reformer in Bereichen wie Gewerbeförderung, Bergbau, Militär oder Bankwesen hatten. Diesen Mängeln standen ausgeprägte Kenntnisse auf den Gebieten der Philosophie, der Dialektik, der alten Sprachen, der Botanik oder der Archäologie gegenüber. Unter solchen intellektuellen und mentalen Voraussetzungen war die Förderung der Gewerbe lange Zeit ein von oben empfohlenes (und mitfinanziertes) Nachahmen von Produktionserfolgen des Auslandes. Technologietransfer und Maschinenleihen führten allerdings oft nicht zum gewünschten Erfolg; auch das von Christian Kunth und Peter Beuth angeregte Berliner Gewerbeinstitut schuf nicht von selbst die fehlende Schicht des freien preußischen Unternehmertums. Die Reformbeamten und ihre Nachfolger setzten die von Friedrich II. eingeleitete Freisetzung der unzünftigen gewerblichen Arbeit zwar fort. Ihre Gewerbeförderungspolitik bestand aber zunehmend im Rückzug aus dem gewerblichen Bereich, den man (nicht aus Unverstand, sondern als Freihändler) sich selbst überließ, und im Nichteingehen auf die aus den Landesteilen zahlreich eintreffenden Bitten um Schutzgesetze, zum Beispiel gegen die vom Staatsrat 1815 mit großer Mehrheit beschlossene Freihandelspolitik, die Fabrikanten und Zunftbürger gleichermaßen dem Übergewicht des englischen Handels auslieferten. Beide fühlten sich als Opfer "abstrakter Theorien, die sich in Wirklichkeit nicht bewahrheiten können."[26]

1.4 Kinderarbeit als Verwaltungsaufgabe ?

Durch die neue Wirtschaftspolitik wurde das Dilemma von Produktivität und Humanität zu einem, wenn auch ungeliebten, Dauerzustand. Er war sogar institutionalisiert, denn das Kultus- und das Innenministerium, v.Schuckmann und v.Altenstein, hatten ihn in den 1830er Jahren mitzuverwalten. Die Forschung rätselt noch, welchem von beiden am ungehinderten Aufkommen der industriellen Kinderarbeit der größere Anteil zukommt. Sie hat oft zu wenig berücksichtigt, wie sehr beide, und im Grunde alle Minister, in die Politik des "nationalen" Aufschwungs, der vor allem ein wirtschaftlicher sein sollte, eingebunden waren.[27] Zwar änderte sich die Mentalität der Beamten, ihr in den alten Sprachen und

26) Koselleck 1975 (1967), S.322.

27) Die Literatur der ausgehenden 5oer Jahre sieht Altenstein nicht mehr so industriefeindlich wie noch Anton 1891 und Kuhl 1924. Vor allem Roscher 1985 ging auf die Zeit von 1820 bis 1840 sehr ausführlich ein.

Literaturen aufbewahrter Neuhumanismus, nicht von heute auf morgen, aber sie beteiligten sich selbst an der Entfesselung von wirtschaftlichen Kräften, die den abendländischen Bildungsplan durch das neuweltliche Streben nach Glück ersetzen wollten und materielle Güter an die Stelle von geistigen rückten, um Philosophie und Philologie durch Rechenkünste und Technik zu ersetzen. Bis dahin war in Preußen allerdings noch ein weiter Weg, denn der nationale Aufschwung sollte auch ein kultureller sein. In der 2.Hälfte des 19.Jahrhunderts, als sich das Handelsministerium und daraus später die "Öffentlichen Arbeiten" verselbständigten, mühte sich die Kultusverwaltung, am alten, so es gut war, festzuhalten. Dabei verteidigte sie die Sonderstellung des humanistischen Gymnasiums bis zur Jahrhundertwende gegen das Aufkommen der Realschulen und der Technischen Hochschulen. Erst in dieser Zeitspanne setzten die Bildungsplaner ihre Forderungen weitgehend durch und machten die industrielle Kinderarbeit zu einer Episode in der Geschichte der Industriegesellschaft.

In der 1.Hälfte des Jahrhunderts setzten sich die Impulse noch nicht durch -nicht in Preußen und erst recht nicht in den wirtschaftlich rückständigeren Bundesstaaten. Das war in der preußischen Reformära scheinbar eine kurze Zeitlang noch unentschieden. 1957/58 stießen unabhängig voneinander Wally Schulze, Jürgen Kuczynski bzw. Ruth Hoppe, die für Kuczynski gearbeitet hatte, H.W.Erdbrügger und Reinhart Koselleck auf eine Umfrage des Staatskanzlers von Hardenberg an die königlichen Oberpräsidenten in den fabrikreichen Provinzen vom 5.September 1817. 1960 ermittelte Koselleck an den Originalakten in Merseburg die Autorschaft der Umfrage, "die bis dahin noch gar nicht erkannt worden war."[28] Demnach fragte "ein bedeutendes Mitglied der hohen Ministerialbürokratie und federführend für viele Reformgesetze", der Statistiker Johann Gottlieb Hoffmann, die unteren Verwaltungsbehörden nach den "Mitteln, wodurch es überhaupt zu verhindern ist, daß die Fabrikation, von welcher die Kultur und der Wohlstand der blühendsten Länder ausgeht, nicht eine zahlreiche Menschenklasse erzeuge, die in den besten Jahren dürftig, und bei jeder Mißernte und bei jeder Stockung des Absatzes dem tiefsten Elende preisgegeben ist."[29] Diese klassische Formulierung des Dilemmas von Produktivität und Humanität in einem industriellen Nachfolgeland war nach Kosellecks Deutung von außen angeregt worden: "Der Anlaß war der Besuch des siegreichen Blücher in London, in dessen Gefolge sich der Statistiker Hoffmann befand. Dieser traf Owen, den Frühsozialisten, von dem er über das erschreckende Ausmaß des Elends informiert wurde, in dem die arbeitenden Kinder dahinvegi-

28) Frdl. Auskunft Prof. Kosellecks vom 11.9.1987; vgl. Koselleck 1962, S.105 ff, und 1975 (1967), S.231f, Anm.102 und 103; Erdbrügger 1958; Schulze 1958; Kuczynski/Hoppe 1958, Bd.2, S.70-74.

29) ZSTA Abt.II Merseburg, Rep. 74 K3 VIII Nr.24 Bl.1-4, zit.nach Kuczynski/Hoppe 1958, Bd.2, S.71.

tieren. Aufgrund dieser Fremderfahrung suchte die preußische Verwaltung vorbeugende Maßnahmen zu ergreifen, die dann von den begutachtenden Beamten mehrheitlich abgelehnt wurden: teils aus Geldmangel, teils aus wirtschaftsliberalen Grundsätzen heraus."[30]

Wenn es sich um die Antizipation einer Gefahr durch eine im Übermaß vorsorgliche Beamtenschaft handelte, wird das Schicksal dieser Umfrage im immer noch vorindustriellen Preußen verständlicher. Hoffmann sah das schnelle Wa chstum der Arbeiterklasse voraus, denn die Fabrikarbeiter "heurathen in der Regel früh ... und sie vermehren sich schnell". Zwar wolle man das "Fortschreiten der Fabrikation" "nicht im Entferntesten" behindern, wohl aber, "daß die Erziehung zur Fabrikarbeit auf Kosten der Erziehung zum Menschen und Staatsbürger betrieben werde."[31] Der Dialogversuch der aufgeklärten und humanistisch gesinnten Berliner Beamtenelite wurde von den sechs angeschriebenen Oberpräsidenten an die Regierungspräsidenten weitergeleitet. Der Vorgang scheint sich so abgespielt zu haben: Je weiter hinab die Anfrage gereicht wurde -bis zur Ebene der Bürgermeister und Ortspolizeien- desto mehr Unverständnis schlug der Sorge um das "noch biegsame Alter" von "Jünglingen" im Zusammenhang mit dem "unbedingten Mechanismus der Werkstatt" aus der Wirtschaftsgesellschaft entgegen. Elberfelder und Athener sprachen verschiedene Sprachen, hatten nicht die gleichen Sorgen. Noch den Antworten der Präsidenten merkt man ihre Verlegenheit an. Aus den Wirtschaftsgesellschaften ihrer Sprengel drang die Forderung nach ungehemmter Produktivität, aus der hochgebildeten Berliner Zentrale die Erwartung der schützenswerten Humanität an ihr Ohr. Sie versuchten notdürftig, es beiden Seiten recht zu machen, und suchten gegenüber der vorgesetzten Stelle zu halbherzigen Reformvorschlägen Zuflucht. Am 29.1.1820, nach zweieinhalb Jahren, gab Hardenberg die Akten an den Leiter des Statistischen Amtes, eben Hoffmann, zurück. Dieser habe sie geprüft und resigniert. "Der Siebzigjährige fühlte wohl nicht mehr die Kraft, es mit den ungeheuren Schwierigkeiten aufzunehmen - zwei Jahre später starb er."[32]

Nach Kosellecks Deutung leitete dieser staatliche Verzicht auf die Lenkung der Wirtschaftsgesellschaft "der sich anbahnenden Trennung von Staat und Gesellschaft Vorschub". Nur auf dem Gebiet der Erziehung sei der Staat unmittelbar tätig geblieben. "Der Ausbau der Volks-, Gewerbe- und Realschulen machte ständige Fortschritte, aber der Konflikt mit den Interessen der Fabrikanten und der auf diese angewiesenen Arbeitereltern wurde dadurch nicht behoben, sondern nur

30) Koselleck 1982, S.35.

31) Kuczynski/Hoppe 1958, Bd.2, S.71 u.73.

32) Schulze 1958, S.303.

hinausgeschoben: Der Anspruch des Staates auf eine allgemeine Volkserziehung machte tatsächlich vor den Toren der Fabriken und den Hütten der Heimarbeiter halt."[33]

Das galt offenbar in der ganzen Zeit zwischen 1817 und 1853, auch wenn man heute die Wirtschaftspolitik des preußischen Staates differenzierter betrachten würde. Die seit Anton 1891 gut bekannte Zirkularverfügung Altensteins an zehn industriereiche Bezirksregierungen vom 26.6.1824 schien einen neuen Dialog mit den Provinzen anzustreben. Allerdings klammerte er die Oberpräsidenten diesmal aus und stellte "zehn präzisierte Fragen, welche sich teils auf Alter, Gesundheit, Sittlichkeit und Schulunterricht ..., teils auf die Art und Dauer" der Arbeit von Fabrikkinder bezogen.[34] Diese Sprache verstanden die Regierungen besser, die Antworten trafen diesmal binnen Jahresfrist ein. Trotz des neuen Beweismaterials dauerte es weitere 15 Jahre, bis das erste preußische Jugendschutzgesetz von 1839 erlassen wurde. Seit Anton und Poerschke führt man diese Verzögerung auf den Gegensatz zwischen den Ressortministern v.Altenstein und v.Schuckmann zurück. Demnach hat ein Landwehrgeschäftsbericht von 1828 den Monarchen zu einer Kabinettsordre veranlaßt und dem Kultusminister Schützenhilfe geleistet: "Der Generallieutnant von Horn bemerkt in seinem Landwehrgeschäftsbericht, daß die Fabrikgegenden ihr Kontingent zum Ersatze der Armee nicht vollständig stellen können und daher von den Kreisen, welche Ackerbau treiben, zum Teil übertragen werden, und erwähnt dabei des Übelstandes, daß von den Fabrikunternehmern sogar Kinder in Massen des Nachts zu den Arbeiten herangezogen werden. Ich kann ein solches Verfahren um so weniger billigen, als dadurch die physische Ausbildung der zarten Jugend unterdrückt wird und zu besorgen ist, daß in den Fabrikgegenden die künftige Generation noch schwächer und verkrüppelter werden wird, als es die jetzige schon sein soll."[35] Die folgende Anweisung sei im Behördenlabyrinth versickert und "erst der Selbstmord einer 12jährigen Fabrikarbeiterin aus Barmen" 1837 habe endlich "das öffentliche Gewissen" geweckt.[36]

33) Koselleck 1975 (1967), S.626.

34) G.K.Anton 1956 (1891), S.24 u.189f.

35) ZSTA Abt.II Merseburg Rep.76 VII sect.XXVIa Nr.5,1, zit.nach Roscher 1985, S.254f. Zweifel an der Berechtigung der königlichen Befürchtung bei Feldenkirchen 1983, S.15, weil (allerdings 1851) die agrarisch ausgerichteten Provinzen mehr untauglich und eingeschränkt tauglich gemusterte Rekruten aufwiesen. Außerdem wurden zwischen 1831 und 1854 nur zwischen 39 und 68 % der jeweils Tauglichen ausgehoben; zu den Gründen Wehler 1987, Bd.2, S.384ff.

36) Vgl. den Leserbrief von Johannes Schuchard (1782-1855) vom 29.3.1837 im "Rheinisch-Westfälischen-Anzeiger"(Nr.25) bei Quandt 1978, S.39. Zu Schuchards Rolle auf dem 5.Rheinischen Provinziallandtag vom 7.6.1837 Roscher 1985, S.354-59.

Das Dilemma von Produktivität und Humanität war offenbar in dem Gegensatz der Minister v.Schuckmann und v.Altenstein verkörpert. Der neuhumanistische Bildungsgedanke, der von Humboldts Denkschriften in den Gesetzentwurf Süverns gelangt war und allen Schularten als gemeinsamer Bildungsgedanke zugrundelag, stieß in der Reaktionszeit nach 1820/22 auf Widerstände. Gleichwohl leitete nicht mehr Schuckmann, sondern Altenstein die Kultusverwaltung, für den Kunst, Wissenschaft und Religion die Kräfte waren, die die menschliche Begeisterungsfähigkeit weckten. Dagegen machte Schuckmann "die übertriebenen Anforderungen der Schule namentlich durch die Ansprüche an den häuslichen Fleiß für die alten Sprachen" für den Rückgang der körperlichen Tüchtigkeit verantwortlich. Nach Ella Kuhl versuchten Altenstein und seine Räte "durch eine lange Reihe von Verordnungen den Gymnasialunterricht zu regeln." Durch sie waren Lehrer und Schüler "auf's höchste angespannt". Die anderen Schularten sah Altenstein eher als Anstalten, die für den mittleren und niederen Verwaltungsdienst vorbereiteten. Man brauche aber Volksschullehrer, "die nicht bloß abgerichtet wieder nur abrichten, sondern die die verborgenen Kräfte wecken und sie auf einen, wenn auch nur untergeordneten Standpunkt mit freier Selbsttätigkeit führen". Die vom Ministerium angeordneten Revisionen von 1827, 1828 und 1834 förderten "noch ganz unglaubliche Zustände" in den Fabriken zutage. Die Fabrikkinder seien "ganz leer und entblößt von Vorstellungen und Begriffen", viele Jahre lang seien sie verurteilt, "einen Hebel zu repräsentieren ... oder eine Kurbel zu sein". Statt dessen sollten die Kinder, schrieb Altenstein, "zu Menschen, Christen und Bürgern herangebildet werden."[37]

Auf Altensteins Eingaben reagierte der Innenminister nicht durchweg ablehnend. So kam man am 15.12.1828 überein, "die Fabriken durch die Polizei vierteljährlich überprüfen zu lassen." In den Verhandlungen über ein Fabrikgesetz beschränkte sich Schuckmann aber auf den gesundheitspolizeilichen Aspekt der Kontrolle und blieb "erheblich hinter den Vorstellungen Altensteins zurück".[38] Zwischen 1829 und 1832 versuchte dieser ohne Mitwirkung des Kollegen, die Schulsituation der Kinder zu verbessern. Nach Arno Herzig soll er in seinen letzten Amtsjahren sogar selbst das Zustandekommen eines Fabrikgesetzes blockiert haben, da ein solches "einen tiefgehenden Einfluß auf das Privateigentum" gehabt hätte. Herzig sieht ihn deshalb "eher als Lobbyist der Industrie denn als Vertreter seines Kompetenzbereichs".[39] Heinrich Volkmann urteilte vorsichtiger: "Wie Hardenberg, so wich auch jetzt (jetzt auch?) Altenstein vor dem Konflikt zwischen Staat und Wirtschafts-

37) Kuhl 1924, S.12-25, S.44 (Revisionsberichte von 1834).

38) Roscher 1985, S.259-65.

39) Herzig 1983, S.368.

gesellschaft zurück, ja er legte ausdrücklich fest, daß dort, wo keine sittliche Gefährdung zu befürchten sei und 'wo namentlich keine kleinen Kinder benutzt werden', eine 'billige Rücksicht sowohl auf den Vorteil der Fabrikanten als auf den Verdienst der Eltern als auch auf den Nutzen für die Kinder, indem sie sich frühe an ausdauernde Tätigkeit gewöhnen, genommen werden' dürfe."[40]

1.5 Kinderarbeit als öffentliche Streitsache ?

Wenn die Kinderarbeit als Verwaltungsaufgabe abgewiesen wurde, konnte sie dann im Zuge einer sozialen Bewegung zu einer öffentlichen Streitsache werden? In Großbritannien führte die Wahlrechtsreform von 1832 nicht nur zu einem neuen Kinderschutzgesetz, sondern auch zur Anstellung der ersten vier Fabrikinspektoren (vgl.1.6). In Preußen wurde die gesellschaftliche Mitsprache 1823 in das Korsett der Provinzialstände gezwängt und zuerst das Grundeigentum, später die jährliche Steuerleistung zur Bedingung für die politische Mitsprache von 'Ständen' und 'Klassen' gemacht. "Bankiers, 'Kapitallisten' ohne Grundbesitz, hatten kein Recht zur Standschaft. Der Schnitt von 1823 schloß also die Exponenten der Staatsgläubiger als solche aus ... Ebenso ausgeschlossen wurde die Intelligenz." Trotzdem gelangten im Rheinland in den 1830er Jahren Juristen, Beamte, Großhändler, Fabrikanten oder Bankiers in die Ständekammer, "eine Streuung, die der westlichen Sozialstruktur völlig angemessen war" und die zwischen 1837 und 1841 auf eine qualifizierte Mehrheit von Zweidritteln zusteuerte".[41] Im Zuge dieser Entwicklung spiegelten die Landtagsbeschlüsse die soziale Zusammensetzung der Gremien jeweils wieder. Auf dem 4.Landtag 1833 wurden zwei Initiativen niedergestimmt, weil sie den Städten und Gemeinden neue Steuerlasten gebracht hätten. Der Landtag versagte dem König die Einführung einer Armensteuer, und er stürzte Grashofs Schulprojekt, das die industrielle Kinderarbeit mit der Durchsetzung der allgemeinen Schulpflicht von 1825 austreiben wollte. "Die Gemeinden brauchten auch künftig weder einen kostenlosen Schulbesuch für alle unbemittelten Schüler zu finanzieren noch einen normalen Unterricht speziell für die Fabrikkinder."[42]

Der in Schuchards Leserbrief vom 29.März 1837 beklagte Selbstmordversuch eines Fabrikmädchens, das ein Färbergeselle aus dem "ziemlich angeschwollenen Wupperstrom" zog, konnte in direkter Linie auf diesen Beschluß des 4.Rheinischen Provinziallandtages zurückgeführt werden. Schuchard gelang es auf dem 5.Landtag

40) Köllmann 1972, S.414.

41) Koselleck 1975 (1967), S.350-75, hier S.351; Rosenbaum 1923; G.Croon 1918 und H.Croon 1960, S.61ff; Wehler 1987, Bd.2, S.319f.

42) Roscher 1985, S.280.

vom Juni/Juli 1837, die versammelte bürgerliche Mehrheit für einmal von den Sorgen um ihre Obligationen abzulenken und ihr - wie einst Owen in Großbritannien und jüngst Legrand in Frankreich - ins Gewissen zu reden.[43] Vielleicht erkannten einige Abgeordnete dabei, daß mit schierer Produktivkraft, reinem Geschäftemachen und jedem Verzicht auf Ethik kein Staat zu machen war, vielmehr das Urteil der Beamten und der Adeligen bestätigt wurde, das den Kapitaleignern jedes Verantwortungsgefühl gegenüber dem Gemeinwohl absprach. Schuchard und die Mehrheit des Landtags waren in die Bresche gesprungen und hatten das fast zwei Jahre später in Berlin unterzeichnete Regulativ über die Beschäftigung jugendlicher Arbeiter in den Fabriken vom 9.März/6.April 1839 mit initiiert. In Berlin wehrte sich zunächst Peter Beuth für das nun zuständige Finanzministerium gegen das wiederum durch v.Altenstein vorgelegte Kinderschutzgesetz vom 5.7.1837. Vorher schon war eine rheinische Provinzialverordnung "zur Sicherung des genügenden Schul- und Religionsunterrichts für die in den Fabriken beschäftigten schulpflichtigen Kinder" des Oberpräsidenten Bodelschwingh von 1834 liegengeblieben. Alle drei Initiativen gelangten 1838 zur Entscheidungsreife. Am 21.12.1838 trafen die Referenten der drei Ministerien Kultus, Finanzen und Inneres zusammen, um unter Mitwirkung des Oberpräsidenten Bodelschwingh die Petition des rheinischen Landtags zu beraten. Altenstein sprach sich danach gegen das sich abzeichnende Regulativ für ganz Preußen aus, da ohne geeignete Kontrolle die gute Absicht des Regulativs ohne entsprechende Folgen bleiben werde. Der Kultusminister wollte sich nach Roschers Urteil "einen klar abgesteckten Einfluß auf die Polizeibehörden einräumen lassen. Das wurde ihm in der Staatsratssitzung vom 5.2.1839 nicht zugestanden.[44]

Der am 6.April unterzeichnete Entwurf, der die Fabrikarbeit erst ab dem 10.Lebensjahr zuließ und bis zum 16.Lebensjahr an Bedingungen knüpfte, blieb in der Praxis weitgehend unbeachtet. Darauf wiesen Sozialreformer in den 1840er Jahren immer wieder hin. Gerade in diesem Jahrzehnt wurde der Höhepunkt der industriellen Kinderarbeit in Preußen erreicht. Nach der preußischen Statistik arbeiteten 1840 ca 31'000 Kinder, etwa 6,5 Prozent aller Fabrikarbeiter, in den Fabriken, 1849 waren es 29'000, 1852 noch rund 22'000.[45] Erst nach der Revolu-

43) Daniel Legrand, Sur le Travial des Enfants dans les Manufactures 184o-1855, Paris o.J.

44) Roscher 1985, S.362,367,369.

45) Herzig 1983, S.369; ebenso Wehler 1987, Bd.2, S.255: Der Anteil sei damit 1852 sogar auf 3,3% gesunken. In der Tabakindustrie gab es 1846 ca 12'000 männliche und 11'000 weibliche Arbeiter unter 14 Jahren, nur 6 Jahre später ca 7000 bzw. 6000, vgl. Ludwig 1965, S.70. Variationen bei Volkmann 196o, S.54: "Die Kinderarbeit hat in Preußen immer nur eine begrenzte Bedeutung gehabt. 1850 arbeiteten von 2 500 000 Kindern im Alter von 8-14 Jahren nur 32'000 in Fabriken, also etwa 1,3% (Wehler 1987, Bd.2, S.255: 1,5%) der 9-14jährigen"; Zahlen nach Harkorts Anlage II zum Bericht der Landtagskommission, Drucksachen 2.Kammer, 1852/53, Bd.7, Nr.308, S.46.

tion arbeitete der aus Elberfeld stammende und dort in kirchlichen Ehrenämtern tätig gewesene Handelsminister v.d.Heydt auf einen neuen Gesetzentwurf hin, der die Einstellung der ersten drei Fabrikinspektoren in Preußen bringen sollte.

1.6 Die Fabrikinspektion als Politikum in Grossbritannien.

Rechnet man die Zeit von Hardenbergs Umfrage 1817 bis zu dem zweiten Regulativ von 1853, so dauerte die 'Durchsetzung' der Fabrikinspektion in Preußen rund 37 Jahre. Auch in Großbritannien vergingen seit dem ersten von Robert Peel 1802 angeregten Schutzgesetz über 30 Jahre, bis es zu der Einstellung von Fabrikinspektoren kam.[46] Die Zahl von vier Inspektoren ist mit den preußischen Anfängen durchaus vergleichbar, auch wenn sie sich langsam und stetig vergrößerte, während sie in Preußen zwischen 1854 und 1870 stagnierte und sogar auf zwei Inspektoren in den 1860er Jahren zusammenschrumpfte.

Bei einem Vergleich mit der um zwanzig Jahren späteren Entwicklung im industriellen Nachfolgeland Preußen fällt auf, daß in Großbritannien weder die industrielle Kinderarbeit noch das Erwägen von gesetzlichen Schutzmaßnahmen eine geheime Verschlußsache von Verwaltungen war. Sie erregten öffentliches Aufsehen und die soziale Mitwirkung mindestens des lesekundigen und des politisch, sozial und wirtschaftlich interessierten Publikums. Dafür waren in Großbritannien schon im 17.Jahrhundert die Weichen gestellt worden. Auch wenn das Parlament noch im 19.Jahrhundert nur von einer Minderheit gewählt wurde, so nahm doch, zumindest in der Hauptstadt und vielleicht in anderen Ballungszentren, eine Mehrheit Anteil an den politischen Entscheidungen des Landes. Während man sich im Deutschen Reich erst nach 1910 dazu entschloß, die so zahlreichen Verhandlungen, Verordnungen und Gesetze der verschiedenen Souveräne zentral zu sammeln und bibliothekarisch zu ordnen, waren die englischen Parlamentsprotokolle schon vor der Einrichtung des HMSO[47], erst recht danach, jedem Lesekundigen und jedem Interessierten zugänglich. Darüber hinaus hatten sich die Londoner Gazetten schon im 18.Jahrhundert das Recht erkämpft, protokollarische und kommentierende Berichte aus den Kammern abzudrucken. In der Konstituierung einer bürgerlichen und einer politischen öffentlichkeit hatte das Mutterland der Industrie gegenüber dem Kontinent einen noch größeren Vorsprung als bei der Entfaltung der Produktiv-

Die "begrenste Bedeutung" bezieht sich auf die Größe der Zahlen und Proportionen, nicht auf die öffentliche Wirkung. Zahlen für das Dt.Reich bei Feldenkirchen 1983, S.24ff; Quandt 1978, S.67-110 mit regional unterschiedlichen, zum Teil viel höheren Anteilen als im Landes- und Reichsdurchschnitt.

46) M.W.Thomas 1948, S.6-20.

47) Her Majesty's Stationery Office.

kräfte. Das konnte auf die Erörterung des Problems der industriellen Kinderarbeit nicht ohne Einfluß bleiben, auch wenn das Vertrauen in die ordnende Kraft der 'invisible hand' bis zum Ausgang des 18.Jahrhunderts noch alle Kritik an den sozialen Mißständen, die die Fabrikproduktion begleiteten, überdeckt haben mag.[48]

Im Gegensatz zu den deutschen Wortmeldungen zum Thema fragten die Briten nach den äußeren Gefahren der Kinderarbeit mehr als nach den inneren. Und die Fragen wurden von Experten für das Äußere -für das Wirtschaftliche oder das Technische- gestellt. Das *Manchester Board of Health* untersuchte 1795 die Ursachen von Fieberepidemien in Fabriken und erstattete dem Parlament im Januar 1796 Bericht. Der Fabrikant Peel, der selbst "15 Tausend Hände, die Einwohnerschaft von Bury", beschäftigte, aber kaum selbst dort lebte, soll vom Gesundheitszustand und kümmerlichen Wuchs seiner tausend Lehrlinge selbst so entsetzt gewesen sein, daß er das erste britische Kinderschutzgesetz vom 22.6.1802 mit initiierte. Es galt für alle Betriebe mit drei Lehrlingen oder mehr als zwanzig Beschäftigten. Seine *Implementation* scheiterte ebenso wie die ersten preußischen Anläufe. Im zweiten britischen Gesetz vom 1815 sollte sie dadurch gesichert werden, "that in future Magistrates should appoint the Clerk of the Peace, or his Deputy, or other properly qualified people, who were to receive a full and adequate compensation for their expenses." Im Frühsommer 1816 befragte der erste parlamentarische Untersuchungsausschuß in Sachen Kinderarbeit 64 Zeugen auf den Eid -darunter Baumwollfabrikanten, aber keine Arbeiter. Weitere Gesetze wurden verabschiedet, ihre Durchsetzung gelang meist nicht. Schon in Großbritannien sperrte sich die lokale Interessengemeinschaft aus Fabrikanten, Beamten, Eltern und Honoratioren gegen den staatlichen Eingriff. Daß man in Preußen zwischen 1839 und 1853 trotzdem die englischen Erfahrungen wiederholte, obwohl man an die englischen Mißerfolge zwischen 1815 und 1830 erinnert worden war,

48) Habermas 1976 (1962), S.39f,46-59,76-87 (die englische Entwicklung als Modellfall); S.25ff,92-94, 217-24 (der deutsche Gegensatz). Zur These vom Theater als deutschem "Öffentlichkeitsersatz" wichtig Arno Borst, Barbarossa 1871, in: Borst 1978, S.91-106 ("Die Anwesenden") und S.106-128 ("Die Abwesenden" der Reichsgründungsfeier). Wehler 1987, Bd.2, S.861-63 (Anm.13-16) mit guten Literaturangaben, die Darstellung (S.540-46) sagt aber wenig über "Öffentlichkeit". Zu einer Voraussetzung politischer Öffentlichkeit in Großbritannien u.a. Balott 1933/34, P.D.G.Thomas 1959, Alford 1964/65, Pemberton 1971, Woodall 1973, Lucy Brown, Victorian News and Newspapers, Oxford 1985.
Zum deutschen Gegenstück Schwidetsky 1927, hier S.14-24 (preuß. Erlaß zur Sammlung der Amtsdrucksachen vom 21.7.19o7, 1908-11 dasselbe für Baden, Bayern und Württemberg); erste Sammlung auf Reichsebene: "Monatliches Verzeichnis der reichsdeutschen amtlichen Drucksachen, 1.Jg., Nr.1, Heft 1 (Januar 1928)"; Lorenz 1937, Prinzenhorn 1959, Kaspers 1965; Robert E. Prutz, Geschichte des dt. Jounalismus, Berkeley 1955 sowie die bei Wehler 1987, Bd.2, S.861f aufgeführte Literatur (bes. Engelsing 1964 und 1966, Heenemann 193o, Brunöhler 1933, Drewitz 1965, F.Hertz 1975 und Struckmann 1981). Weitere Literatur bei W.Siemann, Ideenschmuggel, HZ 245 1987, S.76f.

läßt Zweifel am Durchsetzungswillen der preußischen Gesetzgeber aufkommen, der vielleicht die völlige Unvergleichbarkeit der britisch-preußischen Verhältnisse unterstellte.[49]

In Großbritannien vollzog sich nach dem Gewinn neuer Absatzmärkte zwischen 1825 und 1835 in zwei großen Investitionswellen die Mechanisierung der Produktion (Jochen Schmidt-Liebich). In der großen Wahlrechtreform von 1832/33 stieg die Zahl der Wahlberechtigten von 220'000 auf 652'000. Das nun von über einer halben Million Briten gewählte neue Parlament richtete den zweiten Untersuchungsauschuß in Sachen Kinderarbeit ein, das "Committee on the Bill to Regulate the Labour of Children in the Mills and Factories of the United Kingdom", ausgestattet mit der Vollmacht "to send for Persons, Papers and Records".[50] Bis zur Abgabe und Drucklegung (!) ihres Berichts vom 8.August 1832 informierten sich die Kommissionsmitglieder "as to the Employment of Children in the Factories, and as to the Propriety and Means of Curtailing the Hours of their Labour." Für die 'Feldforschung' steckte man vier Gebiete ab und bestimmte zwölf Kommissionsmitglieder, die von Stadt zu Stadt reisten. Ein Arzt und zwei 'Zivile' bildeten eine Reisegruppe: "On arriving in any town or district you will as a general rule obtain an interview with the chief magistrate, the town clerk or any other public officer of the district." Nach einer postalischen Fragebogenaktion mit Fabrikanten war vorher ein Frageraster ausgearbeitet worden, das die Reisenden anleitete. Dazu gehörten "24 Fragen an verheiratete Frauen" ebenso wie 79 Fragen an Arbeiter und Aufseher.[51]

Der spätere Fabrikinspektor Leonhard Horner erreichte die Stadt Coventry am 29.März 1832, also etwa zu der Zeit, als in Berlin die Minister Schuckmann und Altenstein das Projekt eines Fabrikgesetzes für etwa fünf Jahre begruben.[52] Horner vernahm auf der ersten Station seiner Reise zwei bis vier Zeugen am Tag auf den Eid. Er ließ das Mitgeschriebene über Nacht ins reine schreiben und den

49) Bericht des Manchester Board of Health vom 25.1.1796; 22.6. 1802 Health and Morals Apprentices Act (42 Geo III, c 73); vom 24.4.-18.6.1816 vernahm das select committee 64 Zeugen: "There was nobody to present the views of the operatives", "no report was issued"(S.22); die Protokolle von 47 Vernehmungen in BPP Children Bd.1: "Minutes of evidence taken before the select committee on the state of the children employed in the Manufacturies in the United Kingdom." Weitere Initiativen folgten 1818-30, siehe Thomas 1948, S.25ff.

50) BPP Children Bd.2; 16.3.1832 Benennung von 35 Kommissionsmitgliedern, 8.8. Abgabe des Berichts. Das Wahlrecht war an Geburt, Grundbesitz, Ratsfunktion oder Zensus geknüpft. Vor der Reform war die Hälfte der Unterhaussitze in Familienbesitz.

51) BPP Children Bd.3, S.75-93, Instruktion vom 25.4.1833, S.88-91 die 79 Fragen sowie die Namen der 12 Reisenden; "the old procedure of calling witnesses to London was abandoned", erklärt Thomas 1948, S.49.

52) Roscher 1985, S.271.

Zeugen ('witnesses') vorlegen, die es unterzeichneten. Er befragte Arbeiter und Aufseher, aber auch Leute, die mit den Fabriken nicht direkt zu tun hatten. Er notierte das Äußere der Fabrikkinder, achtete auf Haltungs- und Wachstumsschäden. An den Arbeitsräumen interessierten ihn Größe und Belüftung, an den Maschinen und Aparaturen, ob sie Schutzvorrichtungen aufwiesen. Mit Horner konnte jeder sprechen - "we took care, by conversing with the work people, to let it be known, that we were come to hear their story as well as that of their master."[53] Wie unvergleichlich schwerer wäre es einem preußischen Minister, einem Ober- oder Regierungspräsidenten gefallen, die von gleichem sozialen Rang waren wie der Brite, sich bis zu einem Arbeiter durchzufragen, und welcher davon wäre, hätte er dies versucht, überhaupt in der Lage gewesen, die richtige Sprache zu finden, wo er doch von jungen Jahren an auf die Sprache der preußischen Bürokratie eingeschworen war.[54] Als Horner am 8.Juni 1832 seine letzte Eintragung machte -"having visited all the places ..."- hatte er 110 Druckseiten wörtliches Protokoll mitschreiben lassen.[55] Die anderen Fragesteller waren auch fleißig gewesen, so daß jede Dreiergruppe zwischen 200 und 300 Seiten druckreifes Manuskript ablieferte. Später folgten noch der zweite Bericht und der Medical Report, die alle als Parlamentsdrucksachen über HMSO der Öffentlichekeit zugänglich waren.[56]

Das Vorgehen der Kommission bedeutete eine Versachlichung des Themas Kinderarbeit, die in Preußen vielleicht in verschwiegenen Büros, selten in der Öffentlichkeit erreicht wurde. Die Protokolle gaben die Aussagen der Befragten im Originalton wieder, ohne Dazwischentreten von Interpreten, die das Gesprochene ihres erlebten Inhalts entkleideten, um es in einer behördlich verwertbaren, juristischen Begriffssprache weiterzugeben, die alle Betroffenen kalt ließ, weil sie sich darin nicht wiedererkannten. Diese Subsumierung des Einzelnen unter ein (meist abstrakt gefaßtes) Allgemeines stand im Gegensatz zu der situativen und kasuistischen Rechts- und Sprachlehrpraxis der Briten; sie war auch ein nicht unwesentlicher Teil der Bevormundung des deutschen Untertans. Die Direktheit der ersten englischen Sozialreportagen machte die industrielle Kinderarbeit erst zum Politikum, während sie in Preußen unter Beamten ein Gegenstand gelegent-

53) BPP Children Bd.3, S.107f.

54) Vgl. Gessinger 1980; Ansätze zu einer sozialgeschichtlichen und semantischen Analyse der Juristensprache bei Wesel 1984, S.13f,70ff; siehe ferner: H.G.Gadamer, Wahrheit und Methode, Tübingen 1960, S.307ff; W.R.Beyer, Zur Problematik des Rechtsjargons, in: Festschrift E.Rabofsky, Köln 1966, S.15-27; Hein Kötz, Über den Stil höchstrichterlicher Entscheidungen, Konstanz 1973. H.Hattenhauer, Zur Geschichte der dt. Rechts- und Gesetzessprache, Göttingen 1987, S.4, meinte zur Rechtssprachengeschichte: "Weder die Philosophen noch die Juristen wagen sie anzufassen."

55) Wie oben Anm.51, am 8.6.1832.

56) 15.7.1833 Medical Report, 25.3.1854 Supplementary, BPP Children Bde 4/5.

licher Briefwechsel und unter Intellektuellen Anlaß zu moralischer Empörung, sozusagen ein Bürokratikum blieb. Die bürgerliche Öffentlichkeit und die bürokratische Verschwiegenheit behandelten das Thema auf verschiedenen Ebenen, mit unterschiedlichen Sprachen und mit gegensätzlichen Emotionen.[57]

Leonhard Horner, der bekannteste unter den vier frühen britischen Fabrikinspektoren, entstammte einer Unternehmerfamilie, verband aber die wirtschaftsliberalen Ansichten seines Zeitalters mit der beim Studium in Edinburgh mitgehörten schottischen Moralphilosophie. Wie später einige französische und rheinländische Fabrikanten nach ihm proklamierte Horner die Vereinbarkeit des Reichtums der Nation mit dem Schutz der Heranwachsenden in den Fabriken. Dieser aufgeklärte und an der Zukunft des Landes orientierte Standpunkt fand naturgemäß kein Verständnis bei Unternehmern, die sich nur mit Hilfe der billigeren jugendlichen und weiblichen Arbeitskräfte für konkurrenzfähig hielten. Horner hatte gerade sie im Auge, wenn er über die Zwangslagen einzelner Betriebe hinweg auf die Volkswirtschaft und die Zukunft der Nation verwies. In seinem Politik, Ökonomie und Moral verbindenden Denken fand er Rechtfertigungsgründe für den Schutz der Kinder vor Fabrikarbeit und warb dafür vor Fabriktoren, in Zeitungen und in Büchern.[58]

Der zehn Jahre ältere, ebenfalls in Edinburgh geborene **James Stuart of Dunearn** zog aus einem ähnlichen sozialen und bildungsmäßigen Hintergrund andere Schlußfolgerungen.[59] Schon als Mitglied der Fabrikkommission zur Kinderarbeit soll er die Seite der Fabrikanten eingenommen und auch später die Arbeiter

57) Die Untersuchung förderte nicht nur Verkrümmungen und Verkrüppelung (stinted growth) sutage. "The greater part of the work people have seperate small houses, and my impression is that they are generally comfortable"(B1,S.2); "their diet consists chiefly of potatoes and India corn and milk ... somewhat inferior to that ... of the English work people" (E3, über die Ernährung in Feldkirch/Vorarlberg), BPP Children Bd.1; s.auch G.Wanner, Kinderarbeit in Vorarlberger Fabriken im 19.Jahrhundert, Feldkirch/Dornbirn o.J.

58) Nach Martin 1969; su Horners CV: geboren 1875 in Edinburgh, 1799-1803 an der traditionsreichen Universität Mathematik, Chemie und Moralphilosophie studiert; 1803-06 im Londoner Büro der väterlichen Firma; 1806-13 underwriter bei Lloyd's Insurance Office, 1814-27 Baumwollhändler; 1827-31 Sekretär der neugegründeten Londoner Universität; 1831-33 Rheinreise (Bonn "exceeds all my anticipations -what delicious peacefulness, and no university" ?); 1833-64 Fabrikinspektor.

59) Vgl. Henriques 1971; 1775 geboren, Jura-Studium, Leben als Gutsbesitzer und Friedensrichter -"he was soon in the thick of local party politics"; 1822 Mordanklage nach Duell, 1825 finanzieller Bankrott, 1828 Amerika, 1832 Herausgeber des "London Courrier", 1833 Mitglied der Fabrikkommission für Schottland, "job-hunting", lebt von der Drucklegung eines Reiseberichts; 1836 Fabrikinspektor, ersetzt Horner, der nach Lancashire versetzt wird; am 3.11.1849 Tod durch Herzschwäche (S.44). Wenn Henriques 1971, S.29f, Stuarts Handhabung der Fabrikinspektion in Irland und Schottland richtig wiedergibt, kann er als Vorläufer der preuß. Dienstanweisung für Fabrikinspektoren von 1879 gelten.

benachteiligt haben (millowners-mouthpiece-Vorwurf). Seine Anstellung erfolgte wie bei Horner durch Patronage: "... as a friend of Henry Brougham, Stuart was part of a Scottish old-boy network led by Henry Brougham, which probably played almost as influential a part in the development of British administration as the better known Benthamite circle with which it overlapped." Die Schattenseite dieser Form der Rekrutierung: "It was an appointment compounded of personal favour, surrender to importunity, party jobbery, and probably the fear of the power of the press. It was an invitation to trouble -which was not long in coming."[60]

1.7 Die Fabrikinspektion als Verwaltungsaufgabe in Grossbritannien

In der Rekrutierung des staatlichen Personals, der Beamten oder der "civil servants", zeigt sich ein weiterer Unterschied in den preußischen und britischen Verhältnissen, der die Anfänge der Fabrikinspektion mitprägte. Horner und Stuart kamen in der 1.Hälfte des 19.Jahrhunderts nicht anders in ihre Ämter als Samuel Pepys in der 2.Hälfte des 17., durch Patronage.[61] Diese auf die Person des Kandidaten und ihre politische Einstellung mehr als auf seine formale Qualifikation achtende Rekrutierung war in Großbritannien bis in die Mitte des 19.Jahrhunderts in voller Blüte. Erst die "Order in Council" vom 21. Mai 1855 brach zum Teil mit dieser Tradition und richtete eine Beamtenkommission ein "for the purpose of 'testing according to fixed rules the qualifications of the Young Men who might from time to time be proposed to be appointed to junior situations in any of Her Majesty's Civil Establishments'". Diese Verordnung war noch bis 1870 umstritten, denn man hielt Examensnachweise und schriftliche Prüfungen ganz im Gegensatz zu der preußischen Rekrutierungspraxis für sehr fragwürdig. Es galt für schwierig "(to find) a common measure for appointments to the several departments and of reducing them to a uniform rule". Man verteidigte das überkommene System in der Art von Sir George Cornwall Lewis 1854: "One of the first qualities in the clerks of a public office is trustworthiness (Loyalität) ... The honourable secrecy which has distinguished the clerks of our superior offices ... cannot be too highly commended. But this descreet reserve depends on qualities which cannot be made

60) Ebendort, S.21 u.27.

61) Familiäre und universitäre Beziehungen zu Edinburgher Whig Politikern auch bei Horner; der spätere Lord Brougham verschaffte ihm den Posten an der neuen Universität, mit £ 1200 verdiente er dort das Vierfache der Professoren -"and some professors seem to have been struggling to exist as 'gentleman' on as little as £ 100"; Francis Jeffrey, der spätere Lord Advocate of Scotland, brachte ihn zur Fabrikinspektion, vgl. Martin 1969, S.424 und Martin MS, S.24; siehe auch Samuel Pepys, Tagebuch, Stuttgart 1980, S.30 u.472 sowie Radtke 1980.

the subject of examination by a central board, or be expressed by marks upon a paper of written answers."[62]

Der Verteidigung des Patronagesystems entsprach in Großbritannien das Streben nach Bewahrung des gewachsenen Aufgabenbestandes bei den Ministerien. Das Home Office war potentiell für alle sozialpolitischen Neuerungen zuständig, die im Parlament beschlossen wurden. Es nützte aber seine Hausmacht, um neue Aufgaben von sich abzulenken, und trug zur Entstehung neuer Ressorts bei. Die *main revenue departments* beschäftigten um 1830 fast 90 Prozent der etwa 23'000 britischen Zentralbeamten, während die älteren Ressorts Inneres, Auswärtiges und Kolonien mit 30, 47 bzw. 33 Spitzenbeamten auskamen. Durch das Fabrikgesetz von 1833 war der König ermächtigt worden "to appoint at pleasure, four persons to be Inspectors of Factories". Sie waren damit nicht Teil des Home Office, obwohl dieses die Dienst- und Fachaufsicht hatte und die Unterbeamten der Inspektionen selber einstellte und remunerierte. Es ist bemerkenswert, daß auch die preußischen Fabrikinspektoren nach 1854 sowie die Gewerberäte zwischen 1879 und 1891 eine ähnlich intermediäre Stellung zwischen etablierten Behörden und Hierarchien einnahmen, auch wenn der andere Rahmen des preußischen Dienst- und Beamtenrechts den Vergleich durchaus erschwert. Jedenfalls übertrug das britische Fabrikgesetz von 1833 "immense powers on each inspector personally, not as an agent or employee of the Home Secretary".[63]

Die Bürokratisierung und Professionalisierung des Personals der britischen Gewerbeaufsicht zog sich zwischen 1833 und 1878 fast 45 Jahre lang hin. Unter den ersten vier Inspektoren - Horner, Howell, Richards, Saunders, 1836 kam Stuart für Richards-, die mit £1000 im Jahr entlohnt wurden, arbeiteten am Anfang acht Subinspektoren für ein Jahresgehalt von £250, die bis 1847 noch "Superintendents" genannt wurden. Vor seiner Einstellung als Superintendent für Edinburgh brachte John Beal Zeugnisse über seine Tätigkeit als Zahl- und Proviantmeister der königlichen Marine bei, die seine rechtlichen, rechnerischen und geschäftlichen Fähigkeiten unterstrichen:

> "Your rank alone as a purser is a passport for your eligibility, from the complex nature of your accounts; and your experience in legal matters, Acts of Parliament etc. ... will no doubt prove of material assistance in an office of

62) Chester 1981, S.158f, S.307ff; Henriques 1971, S.18f u.27.

63) Ebendort, S.166 (Zahlen), S.228 (Revenue Department), S.256-59 (Home Office, Fabrikinspektion). "More study is needed of those various offices in order to present a clearer picture of their precise relations with the Home Secretary or other Minister."

this sort. (Mr.Beal) was the cause of saving to the government incalcuable thousands of pounds."[64]

Wenn auch die anderen britischen Unterbeamten aus dem Militär- oder dem subalternen Zivildienst rekrutiert wurden, ist die Parallele zu den Anfängen in Preußen offensichtlich. Im Gegensatz zu Preußen stieg ihre Zahl besonders in den 1860er Jahren sogar an. Zu den 15 Stellen von 1845 kamen bis 1864 nur 5 weitere hinzu, 1868 waren aber schon 35 Unterbeamten im Dienst. Ihr Gehalt stieg von £300 (1847) auf durchschnittlich £400 (1871). Um 1864 bildete sich ein Laufbahnmusters heraus. Man teilte die Subinspektoren in 5 Klassen A-E ein, deren unterste (E) aus 6 Beamten bestand, die weniger als 10 Jahre im Dienst waren und mit £300 im Jahr entlohnt wurden. Die mittleren Gruppen (D-B) bestanden aus je 4 Beamten, die 10, 15 bzw. 20 Jahre im Dienst waren und dafür je £50 im Jahr mehr verdienten. Die Spitzengruppe umfaßte zwei Beamte. Sie waren mindestens 30 Jahre im Dienst und verdienten £500.[65]

Wie bei der Arbeitsteilung zwischen preußischen Gewerberäten (seit 1879) bzw. Regierungs- und Gewerberäten (seit 1891) und ihren Inspektoren war die Reise- und Revisionstätigkeit auch in Großbritannien mehr und mehr von den Unterbeamten übernommen worden. Die Vorgesetzten waren für Koordination, Aufsicht und Kontaktpflege mit übergeordneten Dienststellen zuständig. Während diese Gruppe in Preußen nach 1891 -und nochmals in der Zwischenkriegszeit- kräftig wuchs, blieb sie in Großbritannien bis zur Jahrhundertwende klein und überschaubar. Seit dem Ausscheiden Horners gab es bald nur noch zwei dirigierende (Chef-)Inspektoren, unter denen 1871 vier *assistant inspectors* angesiedelt wurden. Sie sollten die in Folge des "Work Shop Regulation Act" von 1867 nahezu verdoppelte Zahl von Subinspektoren überwachen. Letzteren wurde ebenfalls 1871 die neue Gruppe der *junior sub-inspectors* zur Ausbildung und Mitarbeit zugewiesen. Allerdings war es bald üblich, den Junioren eigene Bezirke und Aufgaben zu übertragen, was schon 1875 gerügt werden mußte.[66] In Preußen war es nach Einführung des Referendariats und Assessorats ebenfalls üblich, mindestens die

64) BBP IR Factories Bd.1 (184o/41), S.162 Testimonials of the Services of Mr. John Beal (3.2. und 10.2.1836). Beal war Stuart untergeben. Zusammen mit William John Wood, der Horner zum Vorgesetzten hatte, beklagte er 1840 vor der Ashley-Kommission die angeblich nachläßige Dienstauffassung und Reisetätigkeit der Inspektoren, vgl. Henriques 1971, S.36f. Nach Martin einigten sich die Inspektoren im Dezember 1855 auf eine Annahmeprüfung für Superintendents, zu der auch Latein (bzw. eine moderne Fremdsprache) und "elements of political economy" gehören sollten (MS, S.27).

65) Ebendort S.17-23, S.27ff (zwischen 1847 und 1875 mindestens 80 Inspektoren); Thomas 1948, S.105f, 386/88; Djang 1942, S.35f; BBP IR Factories Bd.6, S.70ff; Bd.20 (1889), S.492ff und 756ff (Bestand 1892).

66) BPP IR Factories Bd.5 (1876), S.10-137, Antworten der Inspektoren vor dem Untersuchungsausschuß.

Assessoren "auftragsweise" mit der Verwaltung von Inspektionen oder kleiner Dienststellen zu betrauen.

Von den ersten fünf britischen (Chef-)Inspektoren starben nach mehr als 15 Dienstjahren zuerst Stuart und Sanders, 1849 bzw.1852, dann nach 25 Dienstjahren Howell, 1858. Horner schied 1859 rüstig aus und lebte im materiell gut abgesicherten Ruhestand.[67] Bei der Neubesetzung verwaister Stellen wurde gezögert. "Not until the mid 1850s did the Home Office fully accept the need not merely to make such replacements but to begin to treat the staff in the Factory Office as a permanent charge on the Exchequer".[68] Immerhin stellte man 1849 Kincaid (bis 1861 tätig), 1852 Alexander Redgrave (bis 1891) und 1858 Dr.Robert Baker (bis 1878) neu ein.

Die Sparsamkeit des Home Office hatte Folgen für die Büromäßigkeit der britischen Fabrikinspektion. Sie erreichte lange Zeit nicht die in Preußen schon 1855, erst recht nach 1870 gesetzten Standards. Aber auch in Preußen wurde es für kleinere Aufsichtsbezirke üblich, daß die Dienststellenleiter größere Privat- bzw. Dienstwohnungen anmieteten, um in ein oder zwei Zimmern die Geschäftsstelle unterzubringen. Das Londoner Zentralbüro wurde 1840 auf Initiative von Fox Maule bereitgestellt -ein Zimmer und: "Provided the Police Magistrate does not require it." Kurz vor seinem Tod 1849 fand es Stuart beschwerlich, die 94 Stufen zum dritten Stock des Home Office hinaufzusteigen. 1845 standen zwei Räume in der Duke Street, Westminster, zur Verfügung. Dazu gab es einen Hilfsbeamten (a clerk) und einen Botengänger (a messenger) für die vier Inspektoren des Landes, also im ganzen acht Bürokräfte. "The inspectors were instructed to prepare draft regulations for the management of the office." Es ist nicht überliefert und auch wenig wahrscheinlich, daß sich die Inspektoren regelmäßige Revisionen ihrer Büroarbeit gefallen lassen mußten, wie sie später in Preußen einmal im Jahr üblich waren. Der 1846 für das Londoner Büro eingestellte Schreiber erhielt einem Tageslohn von ein paar Shillingen und hatte eine tägliche Arbeitszeit von 7 Stunden. Es ist anzunehmen, daß auch die ersten preußischen Fabrikinspektoren Hilfsschreiber im Tagelohn beschäftigten und sie womöglich aus der eigenen Tasche bezahlten.[69]

67) Horner hinterließ ein Anwesen im Wert von £ 18'000, Martin MS, S.17; trotzdem schob er seine Pensionierung hinaus, bis vier der sechs Töchter verheiratet waren; er bat außerdem (erfolglos) um Erhöhung seiner Pension, die £ 550 betrug, Martin 1969, S.415.

68) Martin MS, S.13; "The factory office remained an intermittently embarrassing and troublesome anomally within the Home Office" ; ähnlich Chester 1981, S.257.

69) Martin MS, S.15f; die preußischen Räte bekamen später eine Bürokostenpauschale von 400 M; v. Rüdiger stellte dafür verschiedene Lohnschreiber aus dem militärisch-polizeilichen Bereich an, aus dem er selber stammte; siehe unten S.114, Anm.112; Claussen beschäftigte 2 Schreiber, vgl.unten S.194; siehe ferner Buck-Heilig 1988, S.110.

Alexander Redgrave war der erste und wohl einzige britische Fabrikinspektor, der aus einer solchen subalternen Tätigkeit in die Spitze der Behörde aufstieg. Er begann im Alter von 14 Jahren als "appointed clerk in the Criminal Registry Office". Seit 1834 war er für das Home Office tätig. 1844 wurde er für jährlich £180 Hilfsbeamter im Londoner Büro der Fabrikinspektion. Seit 1847 verwaltete er für weitere £100 zusätzlich einen Londoner Aufsichtsbezirk und wurde 1852 selbst Subinspektor. Als Nachfolger Horners in der Verwaltungsspitze, die er mit Robert Baker teilte, war sein Verhältnis zu dem promovierten und weniger bürokratischen Mediziner von persönlicher Rivalität gekennzeichnet, die auch in mehreren Personalakten der preußischen Inspektoren zum Vorschein kommt. "Until 1878 each inspector remained sole administrative head of his district (wie in Preußen, Verf.), responsible only to the Home Secretary. The 1876 Royal Commission on the Factory Acts was highly critical of this structure which had produced administrative chaos during the 1860s and 70s with the two remaining Inspectors, Baker and Redgrave, engaged in a bitter personal rivalry for ascendency in the Department."[70]

An dem Büropersonal änderte sich bis 1878 nichts mehr. In den 60er Jahren setzte aber der Prozeß der bürokratischen Anerkennung und der Bürokratisierung ein, gefördert von Redgraves Hartnäckigkeit und (nach 1878) von Bakers Ausscheiden. Auch zeigte die Northcote-Trevelyan-Kommission Wirkung. 1867 siedelte das Londoner Büro vom 3.Stock eines Home Office Anbaus ins Regierungsgebäude 10 Downing Street. Man arbeitete jetzt mit "official Treasury forms, on which to return the yearly estimate of salaries and expenses. In June 1861 they were given a special G.P.O. stamp for official letters which greatly simplified the problem of postage expenses..."[71]

Redgrave setzte Horners Linie fort und bildete sich an der sozialwissenschaftlichen Literatur weiter. Sein Augenmerk galt der Hygiene, ohne daß er, wie die meisten seiner Kollegen, die auch "Amateure" waren, eine fachliche Vorbildung gehabt hätte. Man hat hervorgehoben, daß Redgrave dem Arzt Baker dennoch voraus war, der die Diätnahrung der Arbeiter wichtiger genommen haben soll als die Hygiene.[72] Redgrave wollte die Büromäßigkeit der Behörde und die Kompetenz des

70) Martin 1969, S.429; vor der Untersuchungskommission zählte Redgrave ohne langes Besinnen die 12 wichtigsten Fabrikgesetze von 1832-1874 auf, BBP IR Factories Bd.5 (16.4.1875).

71) Martin MS, S.16.

72) Dr.Robert Baker, Sohn eines Apothekers, geboren 1803, Verbandsexamen 1823, town surgeon in Leeds; 2.10.1834 superintendent: "He spent 213 days in the discharge of his duties, travelling 2207 miles and failed to visit only one of his occupied mills. For this he received £ 350 a year."(S.89); 15.5.1858 Inspektor; 1878 Ruhestand, 2.6.1880 gestorben; vgl Lee 1964. Zu den Unkenntnissen bei preußischen Medizinalräten vgl. Bittmann 1924, S.166: der Regierungsmedizinalrat sprach mit Über-

Personals gegen alle Widerstände verbessern. So sprach er sich für die Einführung eines zweiten Examens nach einer Probezeit aus, nachdem man sich im Zuge der Reform von 1855 bereits auf eine Anstellungsprüfung über 8 Sachgebiete geeinigt hatte. Während man aber in Preußen für den höheren Dienst zwei Staatsexamen, für den mittleren eine Anstellungsprüfung und ein Staatsexamen einrichtete, war man in Großbritannien zu einer solchen Formalisierung der Einstellung und Trennung der Laufbahnen nur schwer bereit und hielt am Amateur noch lange fest. Die ersten Inspektoren waren im Vorberuf wohl vor allem Geschäftsleute gewesen.[73] Eine Parlamentsliste von 1864 zählte die Namen von 20 Unterbeamten auf. Die Hälfte davon hatte vor ihrer Rekrutierung im zivilen (7) oder militärischen (3) Staatsdienst gestanden. Von der anderen Hälfte ist nur bekannt, daß sie alle Inspektoren einschließt, die vor 1855 noch unter dem Patronagesystem eingestellt wurden. Demnach hat die Einführung einer Prüfung zur Rekrutierung von ehemaligen Staatsdienern geführt.[74]

Eine Liste von 1880 enthält 41 Namen von Inspektoren und Subinspektoren, die zwischen 1867 und 1880 eintraten. 1868 kam es zu 13, 1872 zu 9, in anderen Jahren nur zu 1-3 Einstellungen. Es ist erstaunlich, daß nur drei Beamte des Samples ein Konkurrenzexamen (mit drei oder vier Wettbewerbern) ablegen mußten. Von der Gesamtgruppe kam wiederum die Hälfte aus dem zivilen oder militärischen Staatsdienst, nur daß diesmal der Anteil der ehemaligen "Militärs" deutlich höher war. Nach meiner Auswertung, die zu anderen Ergebnissen als Bernice Martin[75] kommt, stehen sie zu den "Zivilen" im Verhältnis 2:1. Von den 13 Militärbediensteten waren 4 auf Schreibstuben und 9 als aktive Soldaten tätig gewesen. Die Soldaten scheinen nach 1875 bessere Einstellungschancen gehabt zu haben, denn zwischen dem 17.6.1875 und dem 16.2.1880 traten 5 von den 9 ein, mehr als die Hälfte der in diesem Zeitraum Eingestellten. Ein Soldat mußte sich in einem Konkurrenzexamen gegen zwei andere Bewerber durchsetzen. Die 7 früheren Zivilbediensteten verteilten sich auf die Bereiche Zoll (3x), Steuern, Post, Auswärtiges und Fabrikinspektion (je 1x). Der Übertritt aus dem Bürodienst der eigenen Behörde betraf den Redgrave-Sohn Alexander.

Unter den 21 Eingestellten, die im Vorberuf nicht im Staatsdienst waren, bildeten die Akademiker die größte Gruppe (10), besonders wenn man zwei Privatlehrer

zeugung von "Bakzillen"; ein Baurat stand als Dampfkesselrevisor im Kesselhaus, lobte die "Gasanstalt", wolle aber jetzt ins Kesselhaus geführt werden, in dem er sich längst befand (ebendort S.154).

73) Martin MS, S.24f; nur Horner kannte durch das väterliche Geschäft die Industrie näher; Howell und Kincaid waren vor ihrer Annahme als Inspektoren bereits im Staatsdienst tätig. Stuart war Herausgeber des "London Courrier", Richards wie Horner Kaufmann.

74) House of Commons Return for 1864, zit.nach Martin MS, S.27.

75) Ebendort, S.28.

(privat tutor) und einen Schullehrer (senior assistant classical master) hinzuzählt (13). Von den vier Oxbridge Kandidaten, deren Fachrichtungen unbekannt blieben, waren zwei ohne B.A.-Abschluß schon im Alter von 25 Jahren übernommen worden. Die anderen 6 aus dieser Gruppe waren Juristen -vier 'barrister' und zwei Jurastudenten.

Aus dem Geschäftsleben kamen 7 Kandidaten, davon einer "in the cotton business", ein anderer "managing director" einer Weinagentur. Die übrigen 5 stießen aus verschiedenen Branchen und angestellten Positionen zur Aufsichtsbehörde - Versicherung (1), Transport (2), Bank (1) und Inneneinrichtung (1). Nur diese Gruppe scheint für die Frühzeit Djangs These zu bestätigen, die britischen Fabrikinspektoren hätten sich aus "all walks of life" rekrutiert.[76] Während sich aber in Preußen gerade um diese Zeit und auf Initiative des Handelsministers ein klares Anforderungs- und Rekrutierungsmuster herauszubilden begann, fand sich in Großbritannien dafür kein Ansatz, u.a. weil man das preußische Modell des Fabrikinspektors als Techniker nicht übernehmen wollte. Da es bei der Einstellung in erster Linie um Loyalität (trustworthiness) ging, vertraute man auf die gute Schule des Militärs, die eigenen Schreibstuben oder die weltberühmten Universitäten.

1.8 Die Fabrikinspektion als Verwaltungsaufgabe in Preussen (1855-1870).

Die mehrheitliche Rekrutierung von ehemaligen Militärbediensteten in der britischen Aufsicht zwischen 1875 und 1880 wirft ein bezeichnendes Licht auf die Reformbemühung des preußischen Handelsministeriums, die sich etwa zur selben Zeit durchsetzte und das militärisch-polizeiliche Personal degradierte und verdrängte (vgl. Kap.2).

In Preußen war der Kinderschutz seit dem Regulativ von 1853 in nur drei Provinzen von weniger als einer Handvoll Spezialbeamten kontrolliert worden, auch wenn sie darin nach dem Buchstaben des Gesetzes von einer nicht bekannten Anzahl von Ortspolizisten in allen Bezirken und Provinzen unterstützt werden sollten.[77] Diese Aufsicht und Kontrolle, hauptamtlich durch wenige Inspektoren, im Nebenamt

76) Inspectors of Factories etc.: Return of the Names, Ages, and Previous Occupations or Professions of the Inspectors and Sub-inspectors of Factories appointed since 1 January 1867, House of Commons 1880, Parliamentary Paper 371 -sess.2. Zum Personal von 1907 s.unten Kap.5, Anm.10.

77) §§ 3,8, und 10 des Regulativs von 1839 (GS 156f) nannte die Zuständigkeit der Ortspolizei; § 11 des Regulativs von 1853 (GS 227) übertrug sie auf "Fabrikinspektoren als Organe der Staatsbehörde", aber nur dort, "wo sich dazu ein Bedürfnis ergiebt." (vgl. Einleitung, Anm.1). Siehe auch die Zirkularverfügung der drei Minister vom 18.8.1853, Pkt.IV (Anton, S.209f) sowie A I3, Nr.13a, S.5: Die Regierungen müßten "motivierte Anträge" mit einem Verzeichnis aller Fabrikanlagen von der Anstellung eines Inspektors vorlegen.

durch viele Polizisten, war in Preußen zunächst viel ausschließlicher eine Sache von ehemaligen Militärbediensteten als in Großbritannien. Dazu trug neben den Regulativen von 1839 und 1853 die Tatsache bei, daß die meisten Ortspolizeistellen mit verabschiedeten Militärs besetzt wurden (Zivilversorgung). Es kennzeichnet wohl die meisten Staaten dieser Epoche, daß sie den "Dienst für's Vaterland" mit einer Unterbringung im Zivildienst belohnten, was in dem Maße schwieriger wurde, wie die sozialen und technischen Aufgaben des Leistungsstaates fachspezifische Anforderungen an die Vorbildung der Bewerber stellten. Aber im Gegensatz zu Großbritannien hielt man den ausgeschiedenen Militärs in Preußen nur subalterne Verwaltungsstellen offen. Das lag zum großen Teil an der Selbstbehauptung der höheren preußischen Beamtenschaft, die im Zuge des von ihr vorangetriebenen Wiederaufstiegs des Landes nach 1806/07 die eigene Stellung nach unten absicherte. Als fast unüberwindliches Hindernis erwies sich für Subalterne der Aufstieg auf der Stufenleiter der Bildung. Abitur wurde Voraussetzung für den höheren Dienst und war ohne Kenntnis der alten Sprachen lange Zeit nicht zu erhalten. Der Nachweis des abgeschlossenen Hochschulstudiums und später die ersten und zweiten Staatsexamina waren die letzten Hindernisse vor dem Eintritt in den höheren Dienst. Unter den Höheren galt es als ausgemacht, daß die niederen ("subalternen") Dienste nur mechanischer Art waren und kein eigenes Nachdenken erforderten. Als Alexander Redgrave eine ähnliche Unterscheidung der Dienste forderte, wurde er belehrt, daß eine solche Dissoziierung der Tätigkeiten eine künstliche sei und der Aufsichtspraxis gar nicht entspreche. Das hatte 50 Jahre früher schon die Bezirksregierung in Magdeburg gemeint und geschrieben, daß Polizei-Sergeanten nicht zu den Beamten gehörten, "von denen nur mechanische Dienstleistungen verlangt werden und die verfassungsgemäß (nach § 12 der Instruktion vom 23.10.1817) nur auf Kündigung angestellt werden dürfen". Auch Polizeioffizianten, ob Sergeanten oder Kommissare, müßten schriftliche Aufsätze fertigen und an Ort und Stelle ohne Anleitung entscheiden können.[78]

Das galt auch für die Aufgabe der Fabrikinspektoren, die seit dem Regulativ vom 16.5.1853 nur auf den begründeten Antrag einer Bezirksregierung eingestellt werden konnten.[79] Diesen Antrag stellten nur die Regierungen in Düsseldorf, Aa-

78) Ludwig v. Rönne, Die Verfassung und Verwaltung des preußischen Staates, Teil 6, Das Polizeiwesen, 3Bde, Breslau 1844. Zur Organisation der preußischen Polizei jetzt Funk 1986; zur Polizeidichte aufschlußreich (und Funk 1986 relativierend) Küther 1976/83/84 und Blasius 1978; zuletzt Wehler 1987, Bd.2, S.358f; dort S.842, Anm.19, die berechtigte Kritik an den ebenso zahlreichen wie einseitigen Aufsätzen Alf Lüdtkes zu diesem Thema.

79) A I3, Nr.5, Bd.1, S.53: "Ein solches Bedürfnis ist bereits in mehreren Regierungsbezirken hervorgetreten, und es sind in Folge dessen geeignete Persönlichkeiten kommissarisch mit der Inspektion betraut worden" -Brief des Handelsministeriums an den König vom Dezember 1854.

chen und Arnsberg. Schon am 10.8. meldete Düsseldorf, daß "die Verhältnisse unseres Verwaltungsbezirks vorzugsweise die baldige Anstellung eines solchen Fabriken-Inspektors erheischen". In seiner Begründung, die Lotte Adolphs zurecht "merkwürdig" nannte, streifte der Präsident, als könnte er die Zukunft sehen, das Problem der Kinderarbeit nur noch. Die eigentlichen Aufsichtsfelder seien der Umweltschutz, das Schlichten von Patentschwierigkeiten, eine Arbeitsschutzbestimmung von 1809, die Überwachung der Eichgesetzgebung und die statistische Erfassung der Industrien, allesamt Aufgaben, die mit dem Regulativ von 1853 nicht gemeint waren. Sie könnten nur von einem in den technischen Wissenschaften und den Verwaltungsvorschriften bewanderten Mann erfüllt werden, ausgestattet mit einer "Biegsamkeit des Geistes" zur Aneignung des noch Fehlenden. Der Bezirkspräsident war der tatsächlichen Entwicklung um 20 Jahre voraus. Er sah das offenbar selbst ein: Der Inspektor würde "nur als polizeilicher Kontrollbeamter für die Handhabung der Vorschriften über die Beschäftigung der jugendliche Arbeiter in den Fabriken und für die damit zusammenhängende Kontrolle der Arbeitsbücher usw. angestellt".[80] Für die preußische Übergangszeit war schon seit dem 12.2.1850 vorgesehen, daß auch die Bau- und Sanitätsbeamten der Kreise auf ihren amtlichen Reisen mit der Hilfe der Ortspolizeien "die betreffenden Lokalitäten in Augenschein nehmen".[81] Diese Bestimmung galt in den Bezirken ohne

80) B 1, Nr.13 261; 26.6.1853 Frage des Oberpräsidenten an den Regierungspräsidenten, ob ein Fabrikinspektor gebraucht werde (S.1ff); in zwei langen Schreiben an den Oberpräsidenten und den Handelsminister vom 8.10.1853 bzw. 27.2.1854 (S.14ff u.22ff) legte die Bezirksregierung den umfassenden Aufgabenkatalog vor, auf den sie zwanzig Jahre später wieder zurückkam (s.unten S.106,112). Das Ministerium erklärte bereits am 19.1.1854, daß die Hauptaufgabe der Jugendschutz sei (S.21), und änderte die von der Regierung eingereichte Dienstinstruktion für den Inspektor vom 10.6.1854 entsprechend ab (S.41ff). Dieser sei der Regierung direkt unterstellt und kontrolliere bezogen auf die Kinderarbeit auch die Einhaltung des Gesetzes durch die Ortspolizeien, deren Hilfe er beanspruchen könne (§§ 2,4 u.5). Seine Hauptaufgabe: Sich "mit den gewerblichen Anlagen des Regierungsbezirkes nach den örtlichen und persönlichen Beziehungen genau bekannt zu machen und die Bedürfnisse sowohl der arbeitenden Klasse als auch der Gewerbetreibenden für die dem Gesetz vom 16.5.1853 unterstellten Anstalten in ihrem ganzen Umfang zu erforschen"(§1). Zu diesem Zweck sei er befugt, jederzeit Einlaß in die Fabriken zu verlangen (§6). Dort solle er Anmeldelisten und Arbeitsbücher (§§ 9-11), Gesundheit, Sittlichkeit und die "wirkliche Arbeitszeit" (§§ 14-16) sowie die schulische und religiöse Unterweisung kontrollieren, wenn möglich Haushalts- und Nachhilfeunterricht fördern (§§ 17-20). Verstösse solle er "durch persönliche und mündliche Einwirkung" zu beseitigen suchen und schriftliche Verfügungen zu ihrer Einhaltung an die Ortspolizei melden (§ 23). Die Instruktionen für Aachen und Arnsberg folgten am 25.07. und 14.09.1854, vgl. A I3, Nr.13a, S.24-28 und A I2, Nr.7, Bd.1, S.24-34.

81) GS 1850, S.46; übernommen in die Zirkularverfügung der 3 Minister (wie Anm.77) Pkt.II, S.206; s.auch Amtsblatt der Regierung Magdeburg 1852 ,S.65, und der Regierung Merseburg 1853, S.40, wo in weiteren Pol.VO die Unternehmer für den Schulbesuch jugendlicher Arbeiter verantwortlich erklärt wurden. Noch am 05.12.1874 verwiesen die 3 Minister auf den § 4 des Gesetzes vom 11.3.1850 über die "Herstellung besonderer Einrichtungen für den Zweig der Polizeiverwaltung" und empfahlen

Inspektoren zwischen 1855 und 1870 weiter. Im neupreußischen Gebiet Hessen-Nassau wurde noch am 19.4.1868 bestimmt, daß Amtmänner, Landräte und Polizeien der Stadtkreise Arbeitsbücher verteilen und kontrollieren sollten. "Sämtliche Bauräte, Bauinspektoren und andere Ärzte, insgesamt 43 fachlich qualifizierte Personen, waren ebenfalls angewiesen, die Fabriken ... zu inspizieren. Sie legten Statistiken an und meldeten Überschreitungen der Bestimmungen."[82]

Wer die neuen Inspektoren in seinem Bezirk nicht wollte, verwies darauf, daß die vorhandenen Kräfte ausreichten. Das Ministerium schärfte der Düsseldorfer Regierung am 19.1.1854 ein, daß ein hauptamtlicher Fabrikinspektor sich ausschließlich dem Kinderschutz zu widmen hätte. Die Düsseldorfer Regierung fügte sich und schlug den in Krefeld wohnenden Polizei-Gefreiten **Junkermann** vor. Der Kandidat war als Zivilstellenberechtigter aus dem Heeresdienst ausgeschieden und von 1834 bis 1850 Bürgermeister in Duisburg gewesen.[83] Die Besonderheit einer Inspektorenstelle bestand darin, daß eine Polizeikraft nun hauptamtlich tätig, der Regierung direkt unterstellt und dieser rechenschaftspflichtig war. Junkermann wurde kommissarisch eingestellt, denn "eine sofortige definitive Anstellung ist nicht angemessen erschienen, weil die Stellung eine ganz neue, und in Bezug auf die Besoldungs- und sämtlichen dienstlichen Verhältnisse dieser Beamten erst Erfahrungen gesammelt werden müssen". So übertraf seine Remuneration mit 1000 Talern die von subalternen Kräften, nicht aber seine Reisekostensätze, denn nach den Bestimmungen des §1 der Verordnung vom 28.6.1825 und dem Erlaß vom 10. 6.1848 könne er als Polizei-Gefreiter, der er weiterhin sei, nur die Diäten eines subalternen Beamten beanspruchen. Junkermann ließ sich nicht hindern, schon im ersten Jahr 15 Reisen abzurechnen, für 1854 gehörten zudem die Gravur des Dienstsiegels (4.Juli) und der Druck von 30 Exemplaren seiner Dienstinstruktion (9.August) zu seinem Budget, wichtige Insignien seiner gegenüber den Ortspolizisten hervorgehobenen Stellung. Der Regierungspräsident fragte im Interesse des fleissigen Beamten am 28.9.1855 beim Minister an, "ob Junkermann nunmehr als etatmäßig angestellter Staatsbeamter zu betrachten" sei. Am 28.1.1856 wurde die Bestallungsurkunde ausgestellt.[84]

---

der Regierung in Düsseldorf zu prüfen, "ob von diesem Mittel nicht bei einzelnen leistungsfähigen Gemeinden mit ausgedehnter Industrie Gebrauch zu machen ist", bis für die Anstellung weiterer Fachbeamten Mittel bewilligt seien, A I3, Nr.5, Bd.1, S.191.

82) Andreas Anderhub, Die Verwaltung im Regierungsbezirk Wiesbaden 1866-1885, Wiesbaden 1977, S.105.

83) Günter v.Roden, Geschichte der Stadt Duisburg, Duisburg 1970, S.142. Ludger Heid, Kleine Geschichte der Stadt Duisburg, Duisburg 1983, übergeht den langjährigen Bürgermeister der Stadt.

84) A I3, Nr.5, Bd.1, S.53ff (Brief des Ministeriums vom Dezember 1854). Poerschke 1913, S.28, hielt die 3 Inspektoren, die am 20.04.1855 im Ministerium empfangen wurden, bereits für "fest angestellt".

Junkermann rechnete für 1858 258 Reisetage ab; er betrieb Fabrikinspektion nicht vom Schreibtisch aus. Über seinen Kampf mit den lokalen Mächten ist in den Düsseldorfer Regierungsakten und den Berliner Ministerialakten wenig, in seinen Jahresberichten manches zu finden. Er verstand Fabrikinspektion nicht als Austausch von Briefen, sondern als Präsenz vor Ort, darin war er seinen Kollegen von der Ortspolizei ähnlich.[85] Der Gefahr des Aktionismus, die die subalternen Kräfte in dieser Stellung immer bedrohte, ist auch er nicht entgangen. Bei nächtlichen Revisionen erkältete sich sein Aachener Kollege **Piper**, verschleppte die Grippe, bekam inkurables Rheuma und litt vor seinem frühen Tod an der "ebenso langwierigen wie schrecklichen sogenannten Bright'schen Krankheit."[86] Junkermanns Jahresberichte begründeten den guten Ruf der Aufsicht und trugen

---

Junkermanns "Bestallung" wurde erst am 28.01.1856 ausgestellt, a.a.O. S.70 (Adolphs 1972, S.48, nennt den 30.04.; eine Verzögerung ist denkbar, weil der zweite Jahresbericht noch nicht vorlag).
B1, Nr.13 261, dokumentiert die Hindernisse der Büromäßigkeit und der Revisionsarbeit gleichermassen. Der Instruktion vom 10.06.1854 war das Formular eines Revisionsprotokolls angeheftet (S. 47ff). Der Inspektor hatte Revisions- und Reiseberichte in Journale einzutragen und daraus seinen Jahresbericht zu erstellen (§ 24). Am 04.07.1855 beantragte er Bürokosten- und Schreibhilfe, um mehr Zeit für Besichtigungen zu haben (S.120). Das Ministerium wollte aber nicht mehr als die im Mai bewilligten 2 Taler Spesen pro Reisetag gewähren (S.62/68), weil ein Fabrikinspektor zur Gehaltsgruppe 501-1000 Taler, "letzte Zahl einschließlich", gehöre und für diese "keine derartigen Unterstützungen in Aussicht zu stellen sind" (A I3, Nr.5, Bd.1, Brief vom 10.02.1856 unter Berufung auf eine Verfügung vom 08. des Vormonats).

85) A I3, Nr.5, Bd.1, S.113 (5.1.1859) Reisetage für 1858; die Größe des Bezirks hatte der Oberpräsident in seinem Schreiben vom 26.6.1853 mit 3326 Anlagen und 9447 Arbeitern unter 14 Jahren angegeben (wie oben Anm.80). Junkermann besichtigte 1854 472 Anlagen mit ca 1800 Kindern und 2270 Jugend -lichen (ebendort, S.107 u.137). 1855 war er 221 Tagen unterwegs, besichtigte fast 500 Fabriken mit 4635 Jugendlichen (S.140). Er deckte 894 Verstöße auf und schätzte, daß vielleicht "noch zehn mal mehr vorgekommen sind."
Birgit Luxem, die der Spur des Inspektors noch sorgfältiger folgte als Lotte Adolphs, wies aus Kommunalarchiven die Schwierigkeiten der Revisionen auf Ortsebene nach. So stellten die Polizeigerichte in Ürdingen und Kempen in Abrede, daß die Seidenwirkereien dieser Städte überhaupt unter das Gesetz von 1853 fielen, Luxem 1983, S.287, Anm.41; ebendort S.127 über die vielen Versuche, den Fabrikinspektor zu hintergehen. Kinder wurden versteckt oder verbargen sich, und -"quidquid non est in actis..."- in den ortspolizeilichen Gewerbelisten wurden einzelne Fabrikanlagen vergessen und verschwiegen.
Dasselbe spielte sich in Großbritannien ab, vgl. z.B. K.M.Smith/C.V.Tabb 1982, S.63: In der ganzen Fabrik war kein Kindergesicht zu erblicken. Als der Beamte aber im Weggehen den Deckel einer Tonne hob, tönte sie hell, doch barsch -"put i'doon, silly bugger, Factory Inspector's aboot." Zu den aktiven Polizeikräften vgl. die von Lüdtke 1981 besprochene Mindener "Dienstunterweisung" vom 2. 1.1831.

86) A I3, Nr.13a, S.162; Schreiben des Regierungspräsident an den Handelsminister vom 20.4.1870; s.auch Urlaubsgesuch Pipers vom 23.5.1861 (S.108); er habe in einer kalten Nacht Fabriken in den Bürgermeistereien Bergel und Kreuznach revidiert. Von diesem 11.12.1859 sei er nicht kuriert und bedürfe der Erholung. Die Badekur half gegen das Gelenkrheuma wenig, seit 1868 mußte Piper vertreten werden (s.unten).

ihm königliche Zuwendungen ein. 1873 wurde er mit einer Pension von 900 Talern entlassen, nach Anerkennung seiner Zeit als Bürgermeister waren es 1095.[87]

Bei der Besetzung der Aachener Stelle gab es zunächst Anlaufschwierigkeiten. Der Minister legte die "Fürsorge für diesen wichtigen Gegenstand ... vertrauensvoll in die Hand der königlichen Regierung und erwartete ihre briefliche Anzeige über die in Folge dieser Anweisung getroffenen allgemeinen Anordnungen binnen sechs Monaten ...".[88] In der Übergangszeit sollten zuständige Dezernatsräte "so oft als tunlich selbst Fabriken besuchen", was die Anstellung vielleicht beschleunigte: Im Bericht vom 3.5.1854 hielt die Regierung den "Polizeirat **v.Zirnow**" in jeder Hinsicht für geeignet und qualifiziert, mußte dieses Urteil aber revidieren; "jetzt (d.h. am 7.5.1857) ... (sei er) für eine definitive Anstellung als ungenügend erkannt." An mangelndem Fleiß hatte es auch bei v.Zirnow nicht gelegen, er meldete für 1856 1120 Besuche (Revisionen) in 339 Anlagen und zeigte 161 Verstösse (Kontraventionen) an, brach sich aber beide Beine. Die Behörde warf ihm trotzdem Langsamkeit verbunden mit übergroßer Nachsicht und fehlende Intelligenz vor, zusammen mit den Beinen mithin Tolpatschigkeit; "es liegen sogar Andeutungen vor, daß man ... im Publikum die Revision der hiesigen Fabriken respektive deren Erfolgslosigkeit bespöttelte."[89]

Ob die Erfolglosigkeit oder der Spott die empfindlichen Beamten traf, sei hier nicht entschieden. Zirnow trat in seine Stellung beim Polizeipräsidium zurück, sein Lebenslauf aber blieb für den Rekrutierungskreis der frühen preußischen Fabrikinspektoren typisch. Die Vorschlagsliste für seinen Nachfolger enthielt einen

87) Sein Gehalt war im April 1872 auf 1200 Taler erhöht worden. Im Juli bat Junkermann um Pension. Dem Lebenslauf nach wurde er 1803 geboren, war verheiratet und hatte sechs Söhne und zwei Töchter. Vor seiner Zeit als Bürgermeister stand er 10 Jahre lang im Militärdienst. Die Kinder seien bis auf eine Tochter versorgt, ein Vermögen habe er dabei nicht ansparen können. Ein mitversorgtes Enkelkind besuche in Düsseldorf die höhere Schule. "Das einzige, was ich besitze, ist mein bescheidenes, doch schuldenfreies Haus." Die letztlich bewilligte Pension, die zuerst nur 630, höchstens 885 Taler betragen sollte, enthielt 120 Taler für "einen ihm gebührenden Wohnungsgeldzuschuß" sowie 75 Taler für die Dienstzeit als Bürgermeister, B1, Regierung Düsseldorf, Nr.24 646, referiert nach Adolphs 1972, S.48.

88) A 13, Nr.13a, S.5f.

89) Ebendort, S.60f u.67; der Beinbruch ist oft kolportiert worden. Thun 1877, S.179, bezeichnete einen (ungenannten) Fabrikinspektor als "rheumatisch" und "neuralgisch" (Piper?). "Er (v.Zirnow?) brach sich beide Beine und wurde im folgenden Jahr beseitigt"; übernommen bei Anton 1953 (1891), S.125 (Entlassungsdatum sei 27.12.1857); kritisch kommentiert bei Adolphs 1972, S.43f u. Anm. 44. Poerschke 1913, S.29, beließ es bei "einem anfänglichen Mißgriff in der Person des zum Fabrikinspektor ernannten Beamten." Er übernahm aber Antons Lob für den Nachfolger, der "von anderem Schrot und Korn" gewesen und vom König desöfteren mit einer "besonderen Remuneration von 60 Talern" belohnt worden sei (Anton, S.125). Für Poerschke war Piper "zweifellos der bedeutendste der drei ersten preußischen Fabrikinspektoren und derjenige, dessen Tätigkeit die wirkungsvollste gewesen ist."

Bürgermeister und drei Polizisten, alle frühere Soldaten, von denen "Polizeikommissar Piper aus Köln" das Rennen machte. Der oft gelobte und früh verstorbene **Piper** mußte im ersten Jahr noch in präsidialen Schutz genommen werden, weil sich das Ministerium "ein ungünstiges Urteil über die Leistungen dieses Beamten bedauerlicherweise bereits gebildet zu haben scheint." Das sei aber durch "Verläumdungen" verursacht. Der Polizeiinspektor der Stadt habe ermittelt und nichts Nachteiliges gefunden. Pipers Verdienst sei es, daß "eine Menge von Übelständen und Ungehörigkeiten von ihm aufgedeckt" wurden und er "einem mehrfach verbreiteten Trucksystem auf die Spur gekommen" sei.[90]

Das Ministerium v.d.Heydt hatte noch am 20.April 1855 allen drei rheinisch-westfälischen Fabrikinspektoren eine Audienz in Berlin erteilt und sie zu energischem Vorgehen im Sinne des Düsseldorfer Inspektors ermutigt, der im selben Jahr eine Höchstzahl von 894 Zuwiderhandlungen in seinem Bezirk anzeigte. Am 7. desselben Monats legte der Minister überdies Diätensätze und Remunerationen fest: Bis zum 22.6.1872 waren für Aachen und Düsseldorf je 1000, für Arnsberg 800 Taler vorgesehen. Poerschke hielt das für ihre Festanstellung, was nicht zutrifft. Junkermanns Bestallungsurkunde kam Anfang 1856, noch unter v.d.Heydts Administration. Danach gestalteten sich die Verhandlungen schwieriger. Unter v.Itzenplitz ließ der gesetzliche Durchsetzungswille nach, die Zahl der ermittelten Gesetzesverstöße ging erheblich zurück. Darauf wird im 2.Kapitel einzugehen sein. Schon Poerschke brachte politische und verwaltungsinterne Ursachen zur Sprache.[91] Anton berücksichtigte dagegen die verwaltungsinternen und die dahinter liegenden politischen Gründe zu wenig.

Im Bezirk Arnsberg war der Inspektor für 350 Fabriken mit 2800 jugendlichen Arbeitern zuständig. Er meldete von 1855 bis 1858 aber nur zwischen 13 und 31 Verstöße.[92] Langjährige Kränklichkeit des Inspektors und das Frühwarnsystem der Fabrikanten motivierten die Nachläßigkeit des Beamten aber nicht allein. **Mannstädt** wurde vom Ministerium nur die geringere Remuneration zugebilligt, obwohl er im Gegensatz zu den rekrutierten Polizeikräften "eine mathematische, technologische und bautechnische Ausbildung" besaß, worauf die Regierung bei

90) A I3, Nr.13a, S.89-93; 10-Seiten-Bericht eines Assessors an Pommer-Esche über Pipers dienstliche Leistungen, mit Verweis auf die Ministerialerlasse vom 21.12.1857 (Einstellung) und 25.10.1858 (ungünstige Beurteilung). Piper steigerte seine Reisekostenabrechnung zwar von 381 (1861) auf 494 (1868) Taler, war er deshalb aber fleißiger als Junkermann ? (ebendort, S.115 u.150; zu Pipers Arbeit in den 60er Jahren s.Anton, S.126-33). Am 6.Juni erlaubte das Ministerium, daß Piper im Nebenamt die Schulversäumnisstrafen für die Stadt Aachen festsetzen dürfe, "solange daraus keine Kosten" erwüchsen und er "nur der Königlichen Regierung unterstellt bleibt" (ebendort, S.128).

91) Poerschke 1913 (1911), S.41ff; ebendort, S.28, die Annahme der Festanstellung.

92) Ebendort, S.28; Anton 1953 (1891), S.116.

ihrem Vorschlag vom 10.2.54 glaubte Gewicht legen zu dürfen: "Damit kann er mehr als nur Kinderarbeit kontrollieren."[93] Mannstädt war ursprünglich Hannoveraner Artillerie-Offizier, studierte dann in Göttingen "Mathematik und die allgemeinen Wirtschaften", schließlich Baukunst. An der Gewerbeschule in Bielefeld als Lehrer beschäftigt und 1847 als Zeichenlehrer nach Hagen "berufen", hatte er weitere Qualifikationen vorzuweisen: Er habe eine Prüfung als Maurermeister bestanden und sei als Baumeister bei der Köln-Mindener Eisenbahn beschäftigt gewesen. Damit erfüllte Mannstädt schon fast die Voraussetzungen, die nach 1870 an die Vorbildung der Inspektoren gestellt wurden. Beim Übergang zum Ministerium Itzenplitz mußte er sich aber mit einer niederen Dotierung begnügen, gegen die er, im Januar 1856 zum ersten Mal aktenkundig, opponierte; er habe sich als Fabrikinspektor gegenüber seiner Lehrerstelle in Hagen verschlechtert. Der angeschriebene Minister ließ daraufhin über den Regierungspräsidenten anfragen, ob Mannstädt bei seiner offenbar derangierten Vermögenslage überhaupt die erforderliche Unabhängigkeit, Regsamkeit und Energie besäße, worauf der Präsident vertrauliche Anfragen beim Landrat und dem Bürgermeister der Stadt Hagen lancierte. Dem Bescheid, man halte ihn dort "für einen wohlarrangierten Mann", folgte im April des Jahres eine geringfügige Erhöhung der Remuneration. Aber noch im November 1857 war Mannstädt nicht wie Junkermann fest angestellt, denn er wandte sich mit diesem Anliegen an die Vorgesetzten. Es ist nur noch die Reisekostenregelung vom 27.4. des Jahres überliefert, die eine Pauschsumme von 30 Talern für Dienstreisen festlegte, aus der Mannstädt Vorschüsse entnehmen konnte. Dann schweigt die Akte bis zum Mai 1872, als die Wiederbelebung der Einrichtung mit der Einstellung des Regierungsdiätars **Nitschke** einsetzte.[94] Die Leerstelle ist nicht wie bei Junkermann und Piper nur mit dem Desinteresse des Ministeriums während der liberalen Ära zu erklären; Mannstädt starb schon 1860 und seine Stelle wurde nicht wieder besetzt: Am 7.Januar 1860 fragte der Regierungspräsident beim Handelsminister an, ob die "Beibehaltung eines besonderen Beamten für die sichere Beaufsichtigung der Beschäftigung von jugendlichen Arbeitern" noch ein Bedürfnis sei und gab in einer tabellarischen Übersicht Gründe für eine Beibehaltung der Stelle:

93) A I3, Nr.7, Bd.1, S.8; man bürdete ihm aber neben den Bezirken Arnsberg und Münster "nur" noch den Mindens auf, Poerschke 1913 (1911), S.32, unter Verweis auf einen Ministerialerlaß vom 22.6. 1858; s.auch Buck-Heilig 1988, S.164f.

94) Ebendort (A I3..), S.77; Arnsberger Stelle 200 Taler geringer dotiert, auch weniger Spesen (S.84); Bitte um Erhöhung (S.90f); habe sich verschlechtert (92); ob er derangiert sei (97); Bitte um Festanstellung im November 1857 (141); 1860 gestorben. Brief Nitschkes vom 31.5.1872 (193).

Jahr	Jugendliche in Fabriken	Davon in Berg-, Poch- und Hüttenwerken
1853	2025	401
1855	2148	1132
1858	1739	823

Man konnte den Rückgang zwischen 1855 und 1858 aber, wollte einem die Effizienz des Inspektors nicht einleuchten, auch mit der technischen Entwicklung und der Verwendung von Dampfmaschinen erklären. Das Handelsministerium schwieg sich lange über seine Deutung aus. Erst am 25.4.1862 verlautete aus Berlin, die Stelle könne "ohne eine Beeinträchtigung der betreffenden Industrie in Wegfall kommen", es müsse jedoch erwartet werden, daß die Landräte und Ortspolizeibehörden auf die ganze Beachtung der Regulative von 1839 und 1853 mit aller Sorgfalt achten werden.[95]

In der wirtschaftspolitisch fruchtbaren und sozialpolitisch fruchtlosen Zeit der Liberalen Ära, die in Preußen keine Ära der Liberalen wurde, gab es dort nur die beiden rheinischen Fabrikinspektoren Piper und Junkermann. Zu politischen Grundsätzen und staatlichen Programmen erhoben, konnten die nicht notwendig gegensätzlichen Prinzipien des Wirtschaftlichen und des Sozialen nicht koexistieren; die Anwesenheit des einen bedeutete auf der staatlichen Ebene noch die Abwesenheit des anderen, obwohl sie in früheren Zeiten als praktische Lebensgrundlagen unter dem gemeinsamen Dach des Oikos noch zusammenwohnten. Der Ordnungsstaat des frühen 19.Jahrhunderts setzte die an seinen angestammten Aufgaben geschulten Kräfte ein, um die erste sozialpolitische Aufgabe, die an ihn herangetragen wurde, den Kinderschutz, zu bewältigen. Die im Westen dafür herangezogenen Beamten arbeiteten so gut sie konnten. Die auf der lokalen und Kreisebene dazu im staatlichen Auftrag eingesetzten Sachwalter scheiterten an sozialen Nöten und an wirtschaftlichen Interessen.

1.9. Kinderarbeit als Aufgabe der Ortspolizei in Preussen.

Für die "erledigten" Stellen der Fabrikinspektion bewarben sich bis in die 1880er Jahre hinein Kräfte aus dem subalternen Polizeidienst der Gemeinden und Städte.

95) A I2, Bd.1, S.21 u.28; zwischen S.28 und 29 liegen 10 Jahre; auf S.29 findet man eine am 27.6.1872 abgelegte Seite der Schlesischen Zeitung (Nr.292) mit einem Artikel über Arbeitsschutz und Reichsfabrikinspektoren.

Die Lebensläufe der Bewerber führen in diesen Personenkreis ein, der mit der heutigen Polizei so wenig und so viel gemein hat wie die jetzigen Gewerbeaufsichtsbeamten mit den ersten Fabrikinspektoren.

Von Zirnow, Jahrgang 1801, kam 17jährig als Freiwilliger zu einem Dragonerregiment und wurde 27jährig als Leutnant und Halbinvalide mit einer Militärpension von 120 Talern verabschiedet. Eine Kabinettsordre von 1828 bescheinigte ihm die Anstellungsfähigkeit für den Zivildienst. Durch die Kabinettsordre vom 9.7.1835 wurden ihm die Rechte eines nach neun Jahren aus dem Dienst entlassenen Unteroffiziers und der Zivilversorgungsschein verliehen. Als Inspektor mit 500 Talern und einjähriger Probezeit an der Strafanstalt Sonnenberg eingesetzt, versetzte man ihn als Landpolizeikommissar an den Rhein. Nach Auflösung dieser Form der Polizeibehörde trat er in den allgemeinen Polizeidienst über und wurde bis zum Polizeirat befördert.[96]

Unter den Kandidaten für Zirnows Nachfolge befanden sich 1857 der Gladbacher Bürgermeister Bottlaender und der Posener Polizeirat **Niederstett**. Letzterer bewarb sich Ende 1856 aus Posen für Arnsberg: "Bezüglich der Qualifikation für dieselbe (Stelle) bemerke ich, daß ich früher Appellationsgerichtsauskultator, zwei Jahre Bahnpolizeiinspektor, interimistischer (unleserlich)-sekretär bei der oberschlesischen Eisenbahn, ein Jahr Hilfsarbeiter beim königlichen Oberpräsidium in Posen und acht Jahre Polizeiassessor und -rat beim dortigen königlichen Polizeidirektorium war." Ebendort habe er die Gewerbepolizeisachen bearbeitet. Ein Personalwechsel habe auch ihn getroffen, er sei ohne Stellung, beziehe aber noch sein volles Gehalt.

Bei **Bottlaender** wird aktenkundig, daß er 1827 als Leutnant aus dem stehenden Heer aussgeschieden, zuerst zwei Jahre bei einer königliche Regierung beschäftigt, dann mit der Verwaltung eines Bürgermeisteramtes im Kreis Cleve betraut war. 1833 zum Bürgermeister der Samtgemeinde Kaiserswerth/Angermund ernannt, blieb er dort bis zum März 1852, um dasselbe Amt in Gladbach anzutreten. Als Hauptmann und Kompanieführer sei er 1842 mit dem Roten Adlerorden 4. Klasse ausgezeichnet worden.[97]

Solche und ähnliche Lebensläufe kennzeichnen den Kreis, aus dem sich auch nach 1870 Kandidaten bewarben. Den erkrankten Piper vertrat 1869 ein "Kreissekretär Schul zu Jülich", ein Jahr später der "Polizeikommissar Siebels zu Eupen", der die

96) A I3, Nr.13a, S.62f.

97) Ebendort, S.67-73, Aachener Vorschlagsliste vom 3.11.1857; außer Bottlaender und Piper wurde zwei Polizeibeamte benannt.
A I2,Bd.1,S.9, Brief Niederstetts vom 13.12.1856.

Stelle nach Pipers Tod kommissarisch verwaltete und als Ortspolizist in Eupen "die Fabrikrevisionen mit besonderer Sorgfalt, Umsicht und Vorliebe ausgeführt" habe, vielleicht ein Beispiel dafür, daß der in der Literatur einhellig erhobene Vorwurf, die Ortspolizei sei mit den lokalen Interessengruppen verschworen und untätig gewesen, so pauschal nicht gilt.[98] In einem Dutzend Bewerber für die Stelle in Hannover befanden sich 1876 dann nur noch zwei Kandidaten, die sich durch einen militärischen Rang auswiesen, der Hauptmann a.D Müller sowie der Major a.D. Kritter. Unter den bis dahin in allen Provinzen eingestellten Inspektoren, immerhin dreizehn an der Zahl, hatte nur noch einer eine vergleichbare militärische Laufbahn absolviert und in der Zivildienststelle zuletzt das Amt eines Kalkulaturvorstehers im Polizeipräsidium in Berlin innegehabt.

Die Zivilversorgung von langgedienten Soldaten oberhalb der Mannschaftsgrade prägte das Bild der preußischen Verwaltung bei den Untertanen, denn gerade in diesen Stellen war eine Berührung mit dem Publikum häufiger als auf den esoterischen Rängen der Präsidien und Ministerien. Die Soldaten brachten in diese Stellungen außer den Grundfertigkeiten im Lesen, Schreiben und Rechnen wenig mit. Meist fehlte es ihnen in entlegenen Amtsstuben an Motivation, wo es statt Gelände und frischer Luft nur Möbel und Sauerstoffmangel, statt Reiten nur tagelanges Schemelhocken, fürs Exerzieren nur stundenlanges Federkratzen und zum Kommandieren gar nichts gab, denn ihre Vorbildung hinderte sie am Aufrücken in eine mit bürokratischer Kommandogewalt ausgestattete Amtsstelle. Vielleicht haben sie deshalb "das Publikum" herumkommandiert. Als Polizisten konnten sie wenigstens ihr auf Erfahrung beruhendes und deshalb ausgeprägtes Vertrauen in die Wirkung der eigenen Uniform ausnützen und sich in der Gesellschaft eine, dem Soldatenstand vergleichbare, Geltung verschaffen, vorausgesetzt natürlich, sie dienten nicht in einer der zahlreichen Garnisionsstädte, wo die "richtigen" Soldaten auf die korrekte Rangordnung und Abgrenzung zu den soldatenunwürdigen Tätigkeiten bedacht waren.[99] Auch die ehemaligen Soldaten und zivilversorgten Polizisten fanden es oft unter ihrer Würde, in Fabriken nach der Arbeit von Kindern zu sehen und sich mit Zivilisten, die zufällig Fabrikanten waren, über die Einhaltung von Gesetzen zu streiten, die ohnehin auslegbar waren. Hinzu kam, daß gerade diese Zivilistengruppe und ihre politisch-ideologische Vorhut, die sogenannten Liberalen, Argumente vorbrachten, die den institutionellen Nachlaß des alten Obrigkeitsstaates, die Soldat gewesenen Polizisten, auf das Nachtwächteramt beschränken wollten. Die liberale Forderung des Rechtsstaates und die daran anknüpfende Anklage des Polizeistaates beschränkten die überkommene

98) A I3, Nr.13a, S.150 u.162.

99) Funk 1986, S.66f; Puschnus 1981; Fontane 1979 (1852).

Staatsaufgabe der "Guten Polizey", die noch im Vormärz die meisten Seiten des Ministerialblatts der inneren Verwaltung füllte, mehr und mehr auf die Verfolgung von Verstößen gegen kardinale bürgerliche Guthaben wie Eigentum, Reichtum und Gesundheit. Damit wurde die in die Nachbarschaft integrierte Polizei früherer Tage oder anderer Länder zu der die Staatsmacht vertretenden, in Uniform patroullierenden, erhabenen Strohpuppe, die dem neuen, von den Liberalen mitgeschaffenen Polizeistaat sein militantes Gepräge gab.[100] Am Ende des Jahrhunderts waren diese Beamten zu überspannten Tugendwächtern geworden, die überall die bürgerlichen Sperrbezirke von Recht und Ordnung übertreten fanden und damit die Spottlust zufälliger Ausländer reizten, etwa Jerome Klapkas, der 1900 auf einer Radtour das Land durchquerte.[101]

Das Scheitern der Ortspolizei, als sozialpolitisches Instrument zum Schutz der Kinderarbeit zu wirken, ist von der Literatur bisher zu ausschließlich aus den lokalen Bündnissen wirtschaftlicher Interessen erklärt worden. In der Begegnung von Fabrikant und Polizist, die beide Seiten gerne vermieden, muß aber auch die Entwicklung vom alten Polizeibegriff der *cura promovendae salutis* zur einseitig verstandenen *cura avertendi mala futura* berücksichtigt werden. In diesen Begriffen liegt die Erkenntnis aufgehoben, daß die Entwicklung zum Sozialstaat, die das Rechtsstaatspostulat der Liberalen überströmte und ergänzte, nur die Rückkehr zu einer alten Ordnung war, die Anknüpfung an eine unterbrochene Tradition der fürsorglichen, nicht bloß strafenden Obrigkeit. Daß es bei der Fabrikinspektion durch Ortspolizeibehörden trotzdem vor Ort und abhängig von lokalen Begebenheiten scharfe Kontrollen und nächtliche Besuche gab, ist damit nicht ausgeschlossen und sei mit einem Beispiel belegt. Am 22.7.1872 beschwerte sich die Firma Berger und Co in Witten beim Regierungspräsident, in der Nacht seien der hiesige Polizeiwachtmeister in Begleitung eines Gendarmen "und eines Unbekannten, welcher Inspektor angeredet wurde", an das verschlossene Fabriktor des umfriedeten Geländes gekommen und hätten Einlaß begehrt. Auf den ablehnenden Bescheid des Torhüters habe sich der Wachtmeister mit einem amtlichen "er müsse öffnen" Einlaß verschafft, das Etablissement betreten und die Namen von Arbeitern notiert, bevor er sich wieder entfernte.[102]

100) Bergh 1926, Gransau 1932, Angermann 1955, Bauschinger 1968.

101) "The policeman is to him (= the German) a religion, and, one feels, will always remain so. In England we regard our men in blue as a harmless necessity ..." J.K.Jerome (=J.Klapka 1859-1927), Three Men on the Bummel, Harmondsworth 1983 (1.ed 1900), S.196; Storch 1975.

102) AI4, Nr.7, Bd.1, S.68; vgl. dazu ausführlich Buck-Heilig 1988, S.248ff.

KAPITEL 2

Von der Kinderarbeit zum Arbeitsschutz

Ein gesetzlicher Arbeitsschutz für Kinder war durch Gewerbefreiheit und Industrialisierung notwendig geworden. Er folgte der wirtschaftlichen Entwicklung nicht zwangsläufig, sondern von nationalen Eigenheiten abhängig im einen Land früher, im anderen später. Das Bündnis von aufgebrachter Öffentlichkeit und engagiertem Parlament führte in England schon 1833 zu einem Kinderschutzgesetz, in Belgien reichte beides erst 50 Jahre später zum legislativen Eingreifen. In dem fortschrittsorientierten 19.Jahrhundert blieb es umstritten, ob die gewerbliche Arbeit von Kindern verhindert, geduldet oder sogar gefördert werden sollte. Gesetzlicher Schutz allein reichte zur Verhinderung nicht aus, solange zu seiner Durchsetzung keine Mittel aufgeboten wurden. Nur England und Preußen schufen aus dieser Erkenntnis heraus eine Behörde zur Durchsetzung solcher Gesetze für Kinder, die Fabrikinspektion.[1]

2.1 Der wirtschaftliche Aufschwung der Industriegesellschaften.

Die Zunahme der Fabrikarbeiter stellte alle europäischen Länder vor neue Probleme der sozialen und rechtlichen Integration. Die Forderung nach Arbeitsschutz hatte einen personen- und einen sachbezogenen Aspekt. Für den **sozialen Arbeitsschutz** sollten Bestimmungen des Kinderschutzes auf alle Arbeiter ausgedehnt und Arbeitszeit, Sittlichkeit oder gewerbliche Hygiene kontrolliert werden. Der **technische Arbeitsschutz** zielte dagegen auf Gefahren ab, denen Fabrikarbeiter durch die industrielle Ausbeutung großer und noch kaum gebändigter Kräfte ausgesetzt waren.[2]

Der Eingriff des Gesetzgebers im sozialen und technischen Arbeitsschutz war vermutlich noch umstrittener als der Kinderschutz. Dabei schienen sachbezogene technische Schutzvorschriften plausibler als Eingriffe in das Vertragsverhältnis zwischen Arbeitern und Unternehmern, das bis weit in das 19. Jahrhundert hinein Gegenstand mündlicher Absprache war und keine einklagbaren schriftlichen Ab-

---

1) Mayer-Maly 1980, S.230, sieht das Zusammentreffen von industriellem Fortschritt und demokratischem Mechanismus am frühesten in der Schweiz wirken, bei den Kinderschutzgesetzen von Zürich (7.11.1815) und im Thurgau (22.12.1815). Der Erfolg ihrer Durchsetzung ist noch wenig erforscht und zweifelhaft. In den meisten Ländern führte erst die Erweiterung auf den allgemeinen Arbeitsschutz zur Einrichtung von Fabrikinspektionen.

2) Peter Bopp, Der Arbeitsschutz, Stuttgart 1976 (=Das Recht der Wirtschaft Heft 177), unterscheidet technischen und sozialen Arbeitsschutz sowie Arbeitsvertragsschutz.

machungen über Arbeitszeit oder Wochenlohn enthielt.[3] Aber auch der rechtlich greifbarere technische Arbeitsschutz war in der Aufschwungphase kaum durchsetzbar, weil dafür notwendige Investitionen von Einzelunternehmen meist nicht verkraftet wurden. Die Polizeibehörden begnügten sich deshalb mit Minimalvorschriften, die wenigstens fahrläßige Unfälle verhindern sollten.[4]

Weiterer Eingriffe enthielt man sich. Die Industriestaaten im Aufbruch förderten zwar die Alphabetisierung ihrer Gesellschaften durch Schulzwang, sorgten aber schon hier nicht einheitlich für dessen Durchsetzung. In den national unterschiedlichen Aufschwungphasen enthielten sich Regierungen und Verwaltungen weiterer Eingriffe und adoptierten den Standpunkt des Manchesterliberalismus[5], der den Arbeitsvertag zwischen Unternehmer und Arbeiter als freies Übereinkommen gleicher Partner sah, das zivilrechtlich geregelt sei und keiner öffentlichrechtlichen Stütze bedürfe.[6] In einem von den Manchesterliberalen gewünschten 'Nacht-

3) Die größeren Fabriken besaßen in den 70er Jahren schon Betriebsverordnungen, obwohl diese erst durch GewO §134a vom 1.6. 1891 zwingend vorgeschrieben waren. In Baden lassen sich von Oktober 1862 bis Ende 1871 29 Fabrikordnungen nachweisen (Strobel, S.156), in Düren blieb der Inhalt von Verträgen Gegenstand mündlicher Vereinbarung (Decker, S.61).

4) Sie betrafen Kopftücher, Schürzen, Ventilatoren u.ä. In der Dürener Flachsspinnerei mußten Arbeiterinnen seit den 50er Jahren anliegende Arbeitskleider aus grauem Segelleinen tragen; seit 23.3.54 galt polizeiliches Rauchverbot; eine Pol.VO vom 30.10.62 verbannte fetthaltige wollene Putzlappen aus den Fabrikhallen; das Oberbergamt Bonn schrieb durch Pol.Vo vom 30.12.54 in den Bergämtern Düren und Saarbrücken das Tragen "eng anschließender Kleidung" vor, da wiederholt Arbeiter durch umgehende Maschinenteile zu Tode gekommen seien, vgl. Decker 1965, S.59,67 u.220; siehe auch unten Anm.18 u.52.

5) Manchester war das Zentrum der frühen industriellen Revolution, der englischen Baumwolltextilindustrie, der Repression gegen die Arbeiterbewegung und des Freihandelsliberalismus. Schinkel machte dort Fabrikskizzen und Engels beschrieb die Lage der arbeitenden Klassen.

6) Vertragsfreiheit bedeutet Freiheit der Vertragspartner bei der Gestaltung ihres Vertrages. Das römische Recht kannte einen schuldrechtlichen Mietvertrag über Dienste, locatio conductio operarum. Die Zuordnung zum Mietvertrag erklärt sich daraus, daß ursprünglich Sklaven vermittelt wurden, die als Sachen galten (Strobel). Der am feinsten ausgebildete Teil des römischen Rechts, das Schuldrecht, wirkte auf das deutsche Privatrecht am stärksten ein. Seit dem 1. Weltkrieg verstärkte sich der soziale Einschlag im Privatrecht (Mitteis-Liebrich). Die im Alten Reich ausgebildeten öffentlichrechtlichen Vertragsbeziehungen des Bergrechts, der Dienstboten- und Polizeiordnungen, sowie des Zunftrechts, wirkten sich auf die deutsche Rezeption des römischen Rechts nicht aus (Weidenholzer); vgl. im einzelnen Mitteis-Liebrich, Deutsches Privatrecht, München 1968, 6I2,40III 1; Strobel 1986, S.1-10; Weidenholzer 1985, S.144, sowie die Aufsätze in RdA 67, 281f (röm. Grundlagen); 67, 286f (Geschichte); 75, 59-63 (vorindustrielles Arbeitsrecht); 81, 294f (ältester arbeitsrechtlicher Traktat in Deutschland). Roscher 1985, S.191f, kennt die rechtshistorischen Grundlagen des modernen Arbeitsrechts nicht. ALR § 895 I,11 verpflichtete die Arbeiter, die nach § 417 II,8 zunftfrei waren, auf Vorschriften und Aufsicht der Arbeitgeber. Der freie Lohnvertrag war aber durch §§ 894-919 eingeschränkt; Strobel, S.11-13; anders Koselleck, S.119, Anm.14. Im Gegensatz zur Hochphase der Vertragsfreiheit (s.unten Anm.19) war Schriftlichkeit der Verträge noch vorgeschrieben, ALR §§ 109f, 131,136 I,5. Das Gesetz über die polizeilichen Verhältnisse der Gewerbe ... vom 7.9.1811, 263-80, § 8,

wächterstaat' konnten die Kräfte von Maschinen und Menschen bis an ihre Belastungsgrenze (und darüber hinaus) geführt, das Steueraufkommen und der materielle Wohlstand gesteigert und die internationale Wettbewerbsfähigkeit vor allem der Großindustrie gesichert werden. Diesem volkswirtschaftlichen Heilsplan folgten viele Industriestaaten bis in die 1880er Jahre, ohne sich allzusehr um die Opfer des Fortschritts zu kümmern, deren Zahl und Leiden nicht bekannt waren, solange man keine Erhebungen anstellte und solange die Kranken, Invaliden und Toten von lokalen Gemeinschaften gezählt und versorgt wurden.[7]

2.2 Die Gewerbeordnungen zwischen Vertragsfreiheit und Sozialpolitik

Die Zünfte waren im vorindustriellen Europa mächtige Organisatoren der städtischen Wirtschaftsleistung gewesen. Ihre soziale Leistungen kamen hingegen nur den eigenen Mitgliedern zugute, die sich gegen die aufstrebenden Kräfte in Landhandwerk, Verlag und Manufaktur abschlossen.[8] Die Zunftverfassung war lange Zeit mit der Kommunalverfassung verknüpft.[9] Im 18.Jahrhundert förderte der Merkantilismus die unzünftige gewerbliche Konkurrenz und gestattete die Ansiedlung von Fabriken im zunftfreien Gelände vor den Stadttoren, den Einsatz importierter Maschinen und das Anwerben einer zum Teil unzünftigen Arbeiterschaft, die sich aus dem unterbäuerlichen Nachwuchs des Umlandes oder dem sozialen Bodensatz der Stadtgesellschaft rekrutierte, Existenzen und Familien aufbaute und die demographische Entwicklung beeinflußte. Diese im preußischen Allgemeinen Landrecht '*Fabrikanten*' genannte Schicht war staatsunmittelbar und den Verordnungen staatlicher Verwaltung eher unterworfen als den Kommunal- und Zunftverfassungen.[10] Deren Abschaffung begann im Großherzogtum Toskana (1770), in der österreichischen Lombardei (1771) und im revolutionären Frankreich nach 1789. Während Hannover 1817 zum Zunftzwang zurückkehrte, behielten die

erklärte Vertragszeit, Lohn, Kost, Lehrzeit und Lehrgeld "bloß durch freien Vertrag bestimmt" und hob Zunftansprüche an Fabrikanten auf, §§ 7,14,18. §§ 8-13 schränkten Vertragsfreiheit aber immernoch ein. Die preußische Gewerbeordnung von 1845 führte Vertragsfreiheit fast vollständig ein (mit neuen Einschränkungen 1849). § 134 GewO (1845) ging wörtlich in § 105 GewONB ein: das Vertragsverhältnis sei "Gegenstand freier Übereinkunft", vgl. Strobel S.14-21. Die deutschen Einzelstaaten folgten dem preußischen Beispiel erst in den 60er Jahren, siehe unten Anm.19.

7) Koselleck 1975 (1967), S.129f, spricht von der Staatsunmittelbarkeit der Armut, die aber nur in den Residenzstädten staatlich finanziert war. Sonst war sie eine staatlich angeordnete und überwachte Zwangsfürsorge, deren Träger Städte, Gemeinden, Innungen und Korporationen waren. Vgl.Schieckel 1955, S.177 und Puppke 1966, S.51; Rassem/Stage 1978.

8) Sigrid Fröhlich, Die soziale Sicherung bei Zünften und Gesellenvereinen, Frankfurt 1968; R.S.Elkar (Hg.), Deutsches Handwerk in Spätmittelalter und Früher Neuzeit, Göttingen 1983.

9) Hattenhauer, Die Geistesgeschichte des Deutschen Rechts, Heidelberg 1980 (1971), S.51.

10) Koselleck 1975 (1967), S.117f.

rechtsrheinischen Gebiete des ehemaligen französischen Rechtsbereichs zum Teil ihre vom *'code civil'* herrührende Gewerbefreiheit bei, die in Preußen mit Hardenbergs Gewerbesteueredikt von 1810 und dem Gesetz über die polizeilichen Verhältnisse der Gewerbe vom 7.9.1811 eingeführt wurde. Nach Abschaffung der Zünfte und ihrer sozialen Leistungen lebte der wachsende Handwerkerstand dort großteils an der Grenze des Existenzminimums und darunter, weil der gewerbliche Aufschwung die sozialen Kosten der Reform noch nicht auffangen konnte. 1846 war die soziale Lage der rund 550'000 Fabrikarbeiter in Preußen "etwas besser und sicherer"[11] als die der rund 850'000 Handwerker, was freilich mit der arbeitsrechtlichen Auslieferung an die tag und nacht laufenden Maschinen und ihre Herren einherging. Die preußische Gewerbeordnung von 1845/49 baute die Gewerbe- und Vertragsfreiheit aus und behandelte Gesellen und Fabrikarbeiter nach dem gleichen Recht, das ihnen zum Beispiel Verbindung und Absprache untersagte. Gleichzeitig war sie aber "der erste Schritt zum Mittelstandsschutz" (Koselleck), denn sie dehnte die an zünftigen Arbeitsschutz und Sozialfürsorge angelehnten polizeilichen und sozialen Schutzvorschriften - §§ 134ff- auf die Fabrikarbeiter aus, § 145 GewO.[12] Dabei wollte der Staat nicht als eine Art Groß- oder Überzunft alle Bedürftigen selbst versorgen, sondern die Einrichtung genossenschaftlicher Selbsthilfe fördern, die er im Eisenbahnbau erprobte und im Bergbau bald durchsetzte.[13] Die rechtliche Gleichstellung von Arbeitern und Handwerkern sollte durch die sozialpolitische Verbindung von Vertragsfreiheit und Selbsthilfe ergänzt werden.[14]

---

11) Eberhard Weis, Der Durchbruch des Bürgertums 1776-1847 (Propyläen Geschichte Europas, Bd.4) Frankfurt u.a.1982, S.405.

12) Roscher 1985, S.142. Die Ortspolizei sollte überwachen: die Regelkündigung mit einer Frist von 14 Tagen und das begründete Recht auf außerordentliche Kündigung (§§ 139-41); die Pflicht des Arbeitgebers, Zeugnisse auszustellen (§142) -woran in Düren 1848 das Recht auf Arbeitslosengeld geknüpft war, Decker, S.65; Gesundheit und Sittlichkeit der Arbeiter (§ 136); das Recht der Arbeiter, Unterstützungskassen zu gründen (§ 144).

13) Koselleck 1975 (1967), S.635, erwähnt die staatliche Zwangskrankenkasse für Streckenarbeiter, welche die (private) Köln-Mindener-Gesellschaft bereits handhabte. Knappschaftskassen wurden mit dem Gesetz vom 10.4.1854 eingerichtet und seit 24.6.1865 weitgehend selbst verwaltet. Das Gesetz betreffend die gewerblichen Unterstützungskassen vom 3.4.1854 erlaubte nicht mehr nur Gemeinden, sondern auch Bezirksregierungen das Aufstellen von Ortsstatuten. Dem Widerstand der Betroffenen gegen Gewinn- und Lohnabzug wegen Beitragszahlung begegnete die Verwaltung mit Serien von Verordnungen und Verfügungen, vgl. Puppke 1966, S.53; die Größe und Verbreitung der Kassen bis 1873 in Preußen ebendort, S.55.

14) Die Arbeiter bei öffentlichen Bauten -Eisenbahn, Straße, Kanal- unterlagen seit der VO vom 21.12. 1846 nicht mehr dem freien Arbeitsvertrag. Die VO schloß Sonntags- und Frauenarbeit aus, ebenso die Arbeit männlicher Jugend unter 17 Jahren (§ 2/§ 23); Lohnzahlung und Truckverbot waren geregelt (§ 9ff), ebenso die Kündigungsmodi (§§ 15ff). Die Arbeitskarte (§ 3), Vertrauensmännerwahl (§ 12) und Pflichtkrankenkasse (§ 21) waren eingeführt; vgl. Roscher 1985, S.418.

Diesen logisch richtigen und juristisch konsequenten Plan verfolgte man bis in die 80er Jahre zielstrebig, allerdings nur auf dem Gebiet des Kassenwesens. Staatliche Sozialpolitik war sehr lange Zeit eben nicht identisch mit Arbeitsschutz[15], sondern sie beschränkte sich wegen der geschützten Vertragsfreiheit auf die Durchsetzung des nur Nachsorge bietenden Versicherungsschutzes. Weil der Staat technische Vorsorge auf Kosten der Unternehmer nicht erzwingen wollte und es ohne Schaden für die jungen Industrien auch nicht konnte, förderte er die *versicherungstechnische Nachsorge*, die sozialpolitisch neutral schien und von den Unternehmern selbst angestrebt wurde. In Düren zum Beispiel gründeten 1804 drei Firmen die ersten Betriebskrankenkassen des späteren Regierungsbezirks Aachen, die bei "Erkrankung und Absterben" eines Arbeiters helfen sollte.[16] Solche Einrichtungen blieben bis in die 40er Jahre privaten Initiativen überlassen, die patriarchalisch, human, aber auch geschäftlich motiviert sein konnten: Mit den Veränderungen in Arbeitsorganisation und Fertigungstechnik beim Übergang zur industriellen Betriebsform wuchs mit den Betriebsgrößen die Bereitschaft der Unternehmer, die Betriebe transparenter und sicherer zu machen. Wo die nun drängender werdenden Polizeiverordnungen wegen der zu teueren *technischen Vorsorge* nicht finanzierbar waren, erschien eine Investition in die medizinische Nachsorge als Kompromiß, wenn man sich nicht, was die liberale Vertragstheorie nahelegte, unternehmerseits ganz aus der sozialen Mitverantwortung stahl und verschlissenes *'human capital'* einfach an die überforderten Armenfonds überwies. Gegen dieses Verhalten, das gesellschaftliche Kräfte nutzte, sich den Gewinn aber privat aneignete und soziale Folgekosten sparte, setzte die Politik des Vormärz unter Schonung der von Juristen und Ökonomen verfochtenen Vertrags- und Gewerbefreiheit das versicherungstechnische Nachsorgeprinzip durch, als kleinsten gemeinsamen Nenner der Sozialpartner. Dabei reduzierte sie die Tradition zünftiger Sozialpolitik auf die *'Büchsen'* und *'Laden'*, die sie in den genossenschaftlich getragenen Kassen und Renten fortsetzte, ohne die ebenfalls zünftige Tradition des sozialen Arbeitsschutzes von der Ständegesellschaft in die Industriegesellschaft hinüberzuretten.[17] Die Gewerbeordnung von 1845 /49 proklamierte zwar den Schutz von Gesundheit und Sittlichkeit, § 136, überließ diesen in der Verwaltungs- und Verordnungspraxis aber der regional unterschiedlichen Handhabung durch Ortspolizeibehörden und konzen-

15) Max Weber, Bern, behauptet, Sozialpolitik sei in einer ersten Epoche "sozusagen gleichbedeutend" mit Arbeitsschutz, M.W., Zum Begriff der Sozialpolitik, in: Festschrift Amonn, Berlin 1953, S.170.

16) Decker 1966, S.179 und 161; im Dürener Gebiet gab es Anfang der 50er Jahre in den meisten Fabriken Betriebskrankenkassen.

17) Zum sozialen Netz der Zünfte außer der Literatur in Anm.8 Stürmer 1979, Grießinger 1981 und Reith 1988.

trierte sich auf die andere Seite der Sozialpolitik, das Versicherungswesen.[18] Dabei blieb es im großen und ganzen bis zu Bismarck, der vom versicherungstechnischen Nachsorgezwang der Berufsgenossenschaften Anreize für private technische Vorsorgeleistungen erwartete und eine *professionalisierte Fabrikinspektion* für die Weckung von Eigeninitiative hinderlich fand. Die deutschen Einzelstaaten folgten dem preußischen Vorbild zögernd und kamen über die offen gehaltene Spannung zwischen Gewerbefreiheit und Sozialpolitik nicht hinaus. Die in den 60er Jahren erlassenen Gewerbeordnungen, die alle die Abkehr vom Zunftzwang signalisierten, enthielten zumindest Schutzbestimmungen für Kinder und Jugendliche.[19]

2.3 Sozialpolitik zwischen Versicherungsgedanke und Arbeitsschutz

Das Festhalten Bismarcks an Versicherungsgedanke und Vertragsfreiheit war juristisch konsequent und setzte eine vormärzliche Verwaltungstradition fort, welche die Versicherungsgesetze des Reichs seit 1884 als Fortsetzung des preußischen Gesetzes von 1854 erscheinen läßt. Als Bismarck am 27.11.1871 seinem Handelsminister schrieb, daß er die Forderungen der sozialistischen Internationale mit der "Realisierung dessen" beantworten werde, "was in den sozialistischen Forderungen berechtigt erscheint und im Rahmen der gegenwärtigen Staats- und Gesellschaftsordnung verwirklicht werden kann"[20], wußte er selbst nicht, wie viele seiner sozialpolitischen Ideen aus den 60er Jahren wegfallen würden.[21] Während

18) Die Bezirksregierung in Aachen gelangte über die in Anm.4 genannten Maßnahmen zum Schutz von Leben und Gesundheit der Arbeiter hinaus. Ihre VO vom 22.6.1836, 2.9.1839, 9.4.1853 und 14.08. 1854 wegen Einführung wirksamer Vorrichtungen zur Abführung des Staubes in Nadelschleifereien blieben wirkungslos, so daß diese durch Pol.VO vom 2.2.57 erzwungen werden mußte; Decker, S.55. Ein Hüttenwerk wurde schon 1842 bei der Konzessionierung der 2. Dampfmaschine verpflichtet, für jedes Versehen von Untergebenen und Arbeitern für die Schäden und Nachteile zu haften, eine frühe Form der Gefährdungshaftung (siehe unten S.89f). Die erste bayrische Vorschrift stammt von 1849. Ihr folgte Pol.StGB, Art. 128 von 1861 und eine VO von 1863; Strobel, S.88 (siehe auch Anm.4 und 52).

19) Die deutschen Einzelstaaten lösten sich vor der Hochphase des freien Arbeitsvertrages zwischen 1869 und 1891 nur langsam von zünftigen Bindungen. Die GewO Badens (1810) und Württembergs (1828) oder das Arbeitsvertragsgesetz des Herzogtums Anhalt-Bernburg (1852) sicherten Arbeitsverträge noch öffentlich-rechtlich ab. Die seit 1861 dann dekretierte Vertragsfreiheit blieb u.a. in Sachsen, Braunschweig, Württemberg und Bayern durch zahlreiche Bestimmungen eingeschränkt. Die Gesetze entstanden 1861 in Bremen und Sachsen, 1862 in Baden, Württemberg und Bayern, 1863 in Coburg, 1864 in Braunschweig, Frankfurt und Hamburg, 1866 in Lübeck, Hannover und im Großherzogtum Hessen. Der vollständige Überblick auf der gesetzlich-normativen Ebene bei Strobel 1986, S.64-218.

20) Kohl 1977 (1892), S.27.

21) Noch 1868 empfahl Bismarck den Ausbau der Fabrikinspektion, vgl. Rothfels 1927, S.178. Der von ihm konzipierte Arbeiterschutz umfaßte einmal Mindestlohn, Steuererleichterung, längere Kündigungsfristen, Hilfskassen und Handwerksbanken, sowie Ausbau des Arbeitsschutzes, vgl.Classen 1962, S.88ff.

das Handelsministerium Fachpersonal einstellte (vgl. 2.5), um den technischen Arbeitsschutz auf professioneller Basis durchführen zu können, änderte Bismarck seine Einstellung zur professionellen Fabrikinspektion, deren Entstehen er wenn nicht gefördert, so geduldet hatte, und die ihn dann störte, weil sie der 'nationalen' Wirtschaft mit staatlichem Zwang große Lasten auferlegen und ihre Konkurrenzfähigkeit schwächen konnte. Bismarck war kein grundsätzlicher Gegner des Arbeitsschutzes, wie immer wieder behauptet wird. Da er Parteien und Ressortminister wie Staaten und ihre Vertreter behandelte, mit denen man Bündnisse einging und wieder löste, und da er auf einen über 70jährigen Monarchen, nicht aber auf ein Parteiprogramm festgelegt war, blieb Bismarck bis zur Mitte der 70er Jahre den aus Vernunftsgründen gebotenen Fragen des Arbeitsschutzes gegenüber offen.[22] In der Kanzlerkrisis 1877 bekam dieser aber einen neuen Stellenwert. Nach seinem Rücktrittsgesuch vom 29.3.1877, das ihm der Kaiser mit dem Vermerk "niemals" zurückreichte[23], vertiefte Bismarck sich in der fast dreivierteljährigen Kanzlerkrisis in die Finanz- und Steuerprobleme des Reiches, über die er zu neuen, zum Teil radikal anderen Ansichten gelangte. Ihretwegen schimpfte er aus der ländlichen Abgeschiedenheit über "Ressortminister ohne Blick für die nationale Sache" und fragte im Reichstag, "ob wir genau genommen ein Handelsministerium haben", nachdem er vorher die Kooperationsbereitschaft von Bennigsen und seiner Partei getestet hatte.[24] Bismarck wollte die Reichsfinanzen durch Zölle und Steuern sanieren und auf das Bündnis von Großindustrie und Landwirtschaft stellen. Der auf eine professionelle Inspektion beruhende Arbeitsschutz störte diese neue Strategie ebenso wie die seit Gründung des Vereins für Sozialpolitik nicht mehr verstummten Forderungen nach Kontrolle der Arbeitszeiten und Transparenz von Arbeitsverträgen. Gegen die sozialen Zeichen der Zeit verweigerte sich Bismarck den modernen Ansprüchen und wehrte sich dreifach ab: Er machte sich **erstens** selbst zum Handelsminister, förderte die Gewinne der

22) Kohl 1977 (1892), S.126 und 128 -Bismarck im April 1876 wegen "frivoler Vertragsbrüche" von Landarbeiterverträgen; Oktober 1876 nach Bekanntwerden einer statistischen Erhebung des Handelsministeriums Votum aus Varzin betr. Arbeitszeit junger Mädchen, Schulbesuch jugendlicher Arbeiter und Verbot der Sonntagsarbeit. Der Bismarck-Vertraute Hermann Wagener unterstützte 1872 Lohmanns Pläne, vgl. v.Berlepsch 1987, S.271.

23) Am 7.4.1877, vgl. Kohl 1977 (1892), S.140; Bismarck war dem Kaiser noch unentbehrlicher geworden als im Dezember 1872, als er den Vorsitz des Staatsministeriums nach 10 Jahren niederlegte und der Monarch ihm "die mit so sicherer Hand geführte Verwaltung Preußens" abzulegen gestattete, auf kurze Zeit nur.

24) Die rhetorische Frage in der Rede vom 23.3.1878 (Kohl, S.586). Der Besuch Bennigsens in Varzin datierte vor dem 27.7.77 (Kohl, S.144). Zur Einordnung siehe Gall 1980, S.526ff. Wehler 1973 bemühte sich nicht, "den Erfahrungshorizont des historischen Akteurs" (S.12) in die theoretischen Gesichtspunkte einzubauen. Dafür hat Engelberg 1987 jetzt Voraussetzungen geschaffen. Hentschel 1983, S.9, unterstellt Doppelbödigkeit an falscher Stelle.

Unternehmer und schloß die fiskalischen Interessen der Eisenbahn in einem eigenen Ministerium ab.[25] Die Fabrikinspektion hinderte er an der Entfaltung und daran, daß ihre fachlichen Expertisen zu staatlich erzwungenen Investitionen führten. Er revidierte **zweitens** die 1876 eingeleitete Abkehr vom genossenschaftlichen Versicherungsprinzip, welche die Betriebskrankenkassen zu Gunsten der gemeindlichen Zwangskassen gefährdete, und kehrte zum genossenschaftlichen Versicherungsprinzip zurück.[26] Dabei wollte er das vormärzliche Nachsorgeprogramm ergänzen und den Unternehmern Investitionen in die technische Vorsorge dadurch nahelegen, daß sie im Schadensfall über die von ihnen zum Teil oder ganz finanzierten berufsgenossenschaftlichen Versicherungskassen für Heilkosten oder Renten regreßpflichtig wurden. Investitionen in den technischen Arbeitsschutz konnten für Unternehmen dann in eine Kosten-Nutzen-Analyse aufgenommen werden, denn die Verhütung von Unfällen sparte Ausgaben bei den Versicherungskassen. Bismark schloß schließlich **drittens** die eben geeinten Sozialisten von der politischen Mitverantwortung aus, was deren Verbalradikalismus steigerte und ihrem fundamentalistischen Flügel auch in Fragen des Arbeitsschutzes über den realpolitischen zum Sieg verhalf. Damit trat die "epochale" Leistung der deutschen Sozialversicherung (Zmarzlik) "als wohlfahrtsstaatlicher Kontrapunkt zur polizeilichen Unterdrückung ins Leben" (Volker Hentschel).[27]

2.4 Arbeitsschutz als unabweisbarer Bestandteil der Sozialpolitik.

Das Festhalten an der Vertragsfreiheit ließ die Forderung nicht verstummen, den sozialen Arbeitsschutz von der Stände- in die Industriegesellschaft hinüberzuretten. Das Hin und Her um die Kinderarbeit -zwischen Handels- und Kulturabteilung, zwischen aufgebrachter Öffentlichkeit und engagiertem Parlament- hatte bereits einen festen Bereich des Arbeitsschutzes etabliert. Wo Fabriken nicht auf traditionsloser grüner Wiese, sondern an Stelle alter Stadtmauern erstanden, fanden sich manchmal lokale Institutionen, die ein Minimum an Arbeitsschutz und

25) Ein neuer Handelsminister werde nicht nötig sein, wenn man das Ressort teilt, dachte Bismarck und täuschte sich gründlich. Nach Achenbach nahm auch Camphausen seinen Abschied, so daß der Organisator und der Finansier der neuen Fabrikinspektion ausgeschieden waren.

26) Das Reichsgesetz vom 7. und 8.April 1876 brachte die Unternehmer in Schwierigkeiten, weil sie den Arbeitern den Beitritt sur Betriebskasse nicht mehr vorschreiben konnten. Das Gesetz förderte die 1854 geschaffene Möglichkeit sum Ausbau der Ortskassen. Es wurde am 15.6.1883 wieder aufgehoben.

27) Die Sozialdemokratie war bis su den Parlamentarisierungserlassen (wie die anderen Parteien) an der Regierung nicht beteiligt. Sie wurde aber auch nicht (anders als andere Parteien) su Beratung und Absprache herangezogen. Daraus entwickelte sich gerade nach Bismarck verbaler Radikalismus, der die Partei für das bürgerliche Lager gefährlicher erscheinen ließ als sie eigentlich war; ausführlich bei Groh 1973. Zu den Zitaten Hentschel 1983, S.9f, und Zmarslik 1976, S.119.

Vertragsgerechtigkeit garantierten. Wo solche lokalhistorisch geformten Kräfte fehlten und die Zuwanderer unter Verlust angestammter Sitten in den Schmelztiegeln wachsender Städte zusammenbuken, waren sie Ausbeutung und Auszehrung schutzloser ausgeliefert. Polizeiverordnungen konnten nur helfen, wenn lokale und regionale Kräfte wirklich an ihrer Durchsetzung arbeiteten. Ein Rechtsanspruch auf Arbeitsschutz bestand nicht, solange jene die höheren Beamten schulende Jurisprudenz an der rechtlichen Fiktion der Vertragsfreiheit festhielt.[28] Immerhin bekehrte sich ein Teil des anderen staatswissenschaftlichen Faches, die Nationalökonomie, in den 70er Jahren zur sozialen Mitverantwortung des Kapitals und diskutierte "über Fabrikgesetzgebung, Arbeitsvertrag, Gewerkvereine, Lehrlingswesen, Schiedsgericht, Einigungsämter, Hilfskassenwesen, gerechte Besteuerung, Reform der Gewerbeordnung und anderes".[29] Adolph Wagner forderte in einer Berliner Rede vom 12.10.1871, "daß in der Nationalökonomie wieder sittliche Grundsätze zur Geltung kommen müßten, daß der Staat den sozialen Mißständen gegenüber viel mehr Aufgaben habe als die liberale Schule anerkenne".[30] Das war eine Absage an die Prinzipien des Vereins für Volkswirte, gegen den sich der Verein für Sozialpolitik -"Die Sozialdemokratie vertritt ein mächtiges Klasseninteresse. Wir sind ein Häufchen Gelehrter und sozialer Politiker"[31] - konstituierte. Gustav Schmoller wandte sich in dessen Namen auch gegen Grundanschauungen der Juristen: "Wir verlangen, daß nicht ein sogenannter freier Arbeitsvertrag in Wahrheit zur Ausbeutung des Arbeiters führe, wir verlangen die vollste Freiheit für den Arbeiter, bei der Feststellung des Arbeitsvertrages mitzureden, selbst wenn er Ansprüche haben sollte, die scheinbar mit dem alten Zunftwesen eine gewisse Analogie haben".[32] In den Kampfjahren der staatlichen Sozialpolitik, als das Handelsministerium den professionellen Arbeitsschutz vorbereitete und Bismarck dies mindestens duldete, begleitete der Verein für Sozialpolitik die Hinwendung zur technischen Vorsorge mit wissenschaftlichen Sachverstand. Von diesem und dem kompetenten Initiator Lohmann angeregt, ließ das Handelsministerium selbst wissenschaftliche Untersuchungen durchführen.[33] Schmoller schätzte im Rückblick den Wert des Vereins so ein:

---

28) Was ihre Vertreter bis ins 20.Jh. hinein taten, vgl. Mitteis-Liebrich (wie oben Anm.6), 612; Weidenholser 1984, S.149; Erich Molitor, Zur Geschichte des Arbeitsvertrages, in: Zeitschrift für das gesamte Handels- und Konkursrecht 87 1924, S.391ff.

29) Aus der Eröffnungsrede Schmollers in Frankfurt/M. 1890, sit. nach Boese 1932, S.250. Moderne Bewertungen dieses Vereins und der Gesellschaft für Sosiale Reform bei Plessen 1975 und Rats 1980.

30) Zit.nach Winkel 1979, S.11.

31) Lautete Schmollers Rückblick 1897, sit.nach Boese, S.256.

32) Ebendort S.10.

33) Schuster 1987, S.147-267, behandelt den Einfluß der neuen Fachrichtung auf die staatliche Arbeitsschuts- und Sosialpolitik. Seine Ausführungen sur Fabrikinspektion sind fehlerhaft (s.unten Kap.5, Anm.109).

"Einer Regierung und einer Reichstagsmajorität gegenüber, welche in der Geldflut der Gründerjahre sich nur des ungeheuren Fortschritts der Technik und des Wohlstands freute, die soziale Frage leugnete, jede soziale Reform ablehnte, galt es, auf das Berechtigte in den Forderungen der Arbeiter hinzuweisen, Stimmung überhaupt für soziale Reform zu machen."[34]

Aber auch in den liberalen 60er Jahren war der Arbeitsschutz ein Anliegen von Parteien und Öffentlichkeit gewesen. Nachdem Ketteler noch 1848 dem Staat die Kraft zur Lösung der sozialen Frage ab- und ganz der kirchlichen Caritas und der Armenpflege zugesprochen hatte, erhob er in den 60er Jahren Forderungen nach gesetzlichem Arbeitsschutz, gewerkschaftlicher Organisation und freier Wohlfahrtspflege. In seinem vom Zentrum angeregten Entwurf zu dem politischen Programm "Die Katholiken im Deutschen Reich" (Mainz 1873) verlangte er das Verbot der Sonntagsarbeit, der Arbeit von verheirateten Frauen und von Kindern unter 14 Jahren, den Normalarbeitstag von höchstens 11 Stunden und die obligatorische Fabrikinspektion zur Kontrolle der zum Schutz der Arbeiter erlassenen Gesetze.[35] Mit den Stimmen des Zentrums und gegen Bismarcks Gesetzentwurf wurde die Fabrikinspektion anläßlich der Gewerbegesetznovelle von 1878 in dritter Lesung vom Reichstag für alle Einzelstaaten obligatorisch vorgeschrieben. Während Bismarck Zentrumspolitikern die Fähigkeit rundheraus absprach, Regierungsmitglied zu werden, wurde die im Reichstag konstant starke Fraktion des Zentrums zu einer immer stärkerern Verfechterin staatlicher Sozialpolitik, auf die Bismarcks Versicherungspolitik der 80erJahre Rücksicht zu nehmen hatte.

Graf Galen forderte am 19.3.1877 in einem Zentrumsantrag eine Änderung der Gewerbeordnung im Sinne des wirksamen Arbeitsschutzes, der die obligatorische Einführung der Fabrikinspektion einleitete. Das Gesetz von 1853, das die Fabrikinspektion in Preußen fakultativ einführte, war in den § 132 der Gewerbeordnung von 1869 eingegangen und sollte nach der Regierungsvorlage und nach dem Willen des Bundesrates unverändert in die Gesetzesnovelle von 1878 übernommen werden. Der Zentrumsantrag v.Galens und ein Kommissionsbericht des Reichstages widersetzten sich. Die ohne legislative Abdeckung eingeleitete Professionalisierung der Inspektion sollte nach dem Willen der Volksvertretung und verantwortlicher Kräfte des Handelsministeriums auf den in §132 der Regierungsvorlage eingebrachten

34) Zit.nach Boese 1932, S.250.

35) Emil Ritter, Die katholisch-soziale Bewegung und der Volksverein, Köln 1954, S.107; W.E.v.Ketteler, Die Katholiken im Deutschen Reich. Entwurf zu einem politischen Programm, Mainz 1873, S.79ff, zit.nach Gresser 1984, S.16; Theo Wattler, Die Sozialpolitik der Zentrumsfraktion zwischen 1877 und 1899, Diss. Köln 1978; Johannes Wenzel, Arbeitsschutz und Zentrum mit Berücksichtigung der übrigen Parteien, Berlin 1893; Eric Dorn Brose 1985.

Arbeitsschutz angewendet und dieser in der Praxis umgesetzt werden. Der in 3.Lesung verabschiedete Aufsichtsparagraph 139b schuf dafür die gesetzlichen Voraussetzungen. Bismarck beeilte sich, in den sogenannten Bundesratsnormen die technische Befähigung der Beamten zu empfehlen und ihre Wirksamkeit auf eine beratende Tätigkeit zu beschränken.[36]

Die Liberalen leisteten durch die Fortschrittspartei, die seit 1861 als moderner Parteityp mit eigenem Programm auftrat, keinen direkten Beitrag zur Lösung der sozialen Frage. Noch das Programm von 1878 hielt an Manchesterliberalismus und Vertragsfreiheit fest. Die Nationalliberalen aber, die in den ersten Reichstagen die stärkste Fraktion bildeten, unterstützten Bismarcks Sozialversicherungskonzept, dem auch der evangelische Geistliche Adolf Stöcker und Teile der ihm folgenden evangelischen Kirche zugearbeitet hatten. In der konservativen Reichstagsfraktion teilte man Bismarcks Hoffnung, die Arbeiter durch die Versicherungsgesetze für den Staat zu gewinnen.

Die Sozialisten waren bis 1912 im preußischen Landtag nicht vertreten, aber schon im Norddeutschen Bundestag mit 5 Vertretern und im Reichstag mit einer langsam wachsenden, ihr reales Wählerpotential eher verschleiernden Zahl von Sitzen. Bekanntlich hinderte das Verbot ihrer Partei die Bewegung nicht an der Ausbreitung. August Bebel, der als Drechslermeister in Leipzig noch 1863 hundertundfünfzig Taler zum Erwerb des Bürgerrechts ausgeben und zur Amortisation tag und nacht arbeiten mußte[37], begrüßte die fortschrittliche Gewerbeordnung des Norddeutschen Bundes, die Herschel "die erste umfassende staatliche Regelung des Arbeitsschutzes in den gewerblichen Betrieben" nannte.[38] Nachdem der technische Arbeitsschutz in der GewO Novelle 1878 an den § 120 angehängt worden war, forderte Bebel in der Reichstagsitzung vom 4.1.1881 eine internationale Arbeiterschutzkonferenz, die aber erst 1890 und dann sehr kurzfristig zustande kam (Kap.4). Während Bebel anfangs dem Ausbau des Arbeitsschutzes den Vorrang vor der Sozialversicherung einräumte, bereitete die Parteileitung den verbalen Ausstieg aus der Zusammenarbeit mit dem Staat vor, was die Partei nicht hinderte, bei der Verwaltung der Versicherungskassen immer grösseren Einfluß zu gewinnen.[39] An den Vorbereitungen zur Pariser Arbeiterschutzkonferenz beteiligte sich die SPD nach den Fraktionsbeschlüssen vom 12.4. und 10.5.1899 nicht, weil die Diskussion

---

36) Drucksachen des Reichstages 1878, Nr.177, S.48-51; vgl. Poerschke 1913 (1911), S.44,66,77; Bittmann, 1905, S.96ff; v.Berlepsch 1987, S.130-36, 270-73.

37) Hattenhauer 1980, S.167.

38) W.Herschel, Art. Arbeitsschutz III, in: Hdwb.d.Sozialwiss.(1956).

39) Zur Haltung des "Zentrismus" in der Partei gegenüber Revisionisten und Radikalen -die einen waren für, die anderen gegen eine Zusammenarbeit mit Staat und Verwaltung -siehe Groh 1973, S.60,74-77, 129-33,156-60,185-95,205-08,287f u.ö.

um die Grundanschauungen der Partei noch in vollem Gange waren und das Zusammenwirken mit den "heterogensten bürgerlichen Elementen" als nutzlos eingestuft wurde.[40]

2.5 Die neue Rechtslage im Arbeitsschutz seit 1869/78.

Hoben sich bremsende (2.3) und beschleunigende (2.4) Kräfte in den 1860er Jahren noch gegenseitig auf, so erhielt die Sozialpolitik nach Gründung des Norddeutschen Bundes und der Reichsgründung starken Auftrieb. Das Zusammentreffen von industriellem Fortschritt und demokratischem Mechanismus trieb die Entwicklung voran. Die Zusammensetzung des preußischen Landtages ließ sozial- und wirtschaftspolitische Initiativen noch nicht zur Entfaltung kommen.[41] Die innere Reichsgründung konnte in diesen Bereichen also nicht auf preußische Gesetze zurückgreifen, um sie auf den Bund oder das Reich zu übertragen. Der Reichtag des Norddeutschen Bundes, dem neben Bebel und Liebknecht drei 'Lasalleaner', in der Mehrheit aber Abgeordnete der liberalen Parteien angehörten, nützte deshalb die "in der Verfassung fixierte staatsbürgerliche und wirtschaftspolitische Zuständigkeitsbereiche" für "umfangreiche Gesetzgebung".[42] Die nach dem allgemeinen, gleichen, direkten und geheimen Wahlrecht gewählten Parlamente von Bund und Reich waren auf die Legislative beschränkt und verfassungsrechtlich für weite Gebiete der Zoll-, Handels-, Verkehrs- und Rechtspolitik zuständig. Der Bundesrat wirkte als förderatives Element und Organ der verbündeten Regierungen an der Gesetzgebung zu wenig mit und hatte zum Beispiel bei der Anleitung der Länderverwaltung durch sog. Bundesratsnormen noch zu wenig direkten Anteil an exekutiven Aufgaben.

Die umfassende Gewerbeordnung des Norddeutschen Bundes vom 21.6.1869 krönte neben der Aktiennovelle vom 11.7.1870 auf wirtschafts- und sozialpolitischen Gebiet die Gesetzgebungsarbeit des Bundesparlaments. Die neue Ordnung trat am 1.1.1871 in den südlichen Provinzen des Großherzogtums Hessen, am 1.1.1872 im Königreich Württemberg und dem Großherzogtum Baden, schließlich am 1.1.1873 im Königreich Bayern in Kraft. Sie galt danach reichsweit als 'deutsche Gewerbeordnung'.[43]

---

40) Ratz 1980, S.35ff; Helga Grebing, Geschichte der Arbeiterbewegung, München 1966, S.94-134; Groh 1973, S.64-75. Engelberg 1987, S.697, spricht von den 'illusionären Zügen' bei Bebel und Liebknecht.

41) Rosenbaum 1923, Tödter 1967, Grünthal 1982.

42) Engelberg 1987, S.673.

43) BGBL 1869, 245-82; davor: Gesetz, betreffend den Betrieb der stehenden Gewerbe, vom 8.7.1868, S.406ff (NotGewO), BGBL 1868, S.245-82; die Inkraftsetzung im Reich: BGBL 1870, 627; ebendort 1871, 392; ebendort 1872, 170.

Das Gesetz knüpfte in Wortlaut und Systematik an der preußischen Gewerbeordnung von 1845/49 an.[44] Sein Titel VII (§§ 105-139 Gew ONB) war Gewerbegehilfen, Gesellen, Lehrlingen und Fabrikarbeitern gewidmet.[45] Der Titel behandelte "die Festsetzung der Verhältnisse zwischen selbstständigen Gewerbetreibenden und den gewerblichen Arbeitern" als "Gegenstand freier Übereinkunft" (§ 105 Gew ONB).[46] Er baute aber die überkommenen Jugendschutz- und Truckbestimmungen ein und handelte die Auflösung von Arbeitsverhältnissen ausführlich ab. Die Arbeitsschutzbestimmungen wurden ergänzt durch § 1o7 GewONB, wonach jeder Unternehmer auf seine Kosten Vorkehrungen zum Schutz von Leben und Gesundheit der Arbeiter zu treffen hatte.[47]

Die bei der Beratung des Gesetzes[48] von konservativen und sozialistischen Abgeordneten verfochtene obligatorische Einführung der Fabrikinspektion -die SPD-Vorläufer forderten Bundesinspektoren- scheiterte zunächst an der liberalen Mehrheit. Schulze-Delitzsch sprach sich für genossenschaftliche Selbsthilfe der Arbeiter aus, Hirsch lehnte die Inspektion als eine "bürokratische Institution" ab. Mindestens Itzenplitz und Bismarck teilten in der Regierung solche Ansichten, so daß in § 132 GewONB nur die fakultative Inspektion des preußischen Regulativs von 1853 eingebaut wurde und weiterhin auf den Jugendschutz beschränkt blieb.[49]

Die Gewerbeordnungsnovelle von 1878 änderte auch den Titel VII. Der Eingriff signalisierte eine Wende (die aber administrativ schon vollzogen war). "Gewisse Fabrikationszweige" waren wegen "besonderer Gefahren für Gesundheit und Sittlichkeit" für Frauen und Jugendliche ganz verboten, mindestens die Arbeitszeit pauschal beschränkt (§ 139a GewON). Als Folge des Zentrumsantrags vom 19.3. 1877 und den gegenüber 1869 gewandelten Mehrheitsverhältnissen im Reichstag wurden die Fabrikinspektoren obligatorisch. Sie sollten "die Ausführung der

---

44) Allgemeine Gewerbeordnung vom 17. Januar 1845, GS 41-78; Verordnung betreffend die Errichtung von Gewerberäthen und verschiedenen Abänderungen der allgemeinen Gewerbeordnung vom 9.Februar 1849, GS 93-110.

45) Ursprünglich die §§ 134-45 preuß. GewO von 1845.

46) Wörtliche Übereinstimmung mit § 134 preuß. GewO von 1845.

47) Arbeitsbücher für erwachsene Arbeiter wurden aufgehoben (§113 GewONB), für Kinder unter 16 Jahren aber besonders eingeführt (§131 GewONB); ohne Arbeitsbuch durften sie nicht beschäftigt werden. Die "Verhältnisse der Fabrikarbeiter" enthielten die Kinder- und Jugendschutzbestimmungen von 1839 und 1853 (§§ 128-33 GewONB) und das Truckverbot aus der Reform der Gewerbeordnung von 1849 (§§ 134-39GewONB), s.auch oben S.1f, Anm.1.

48) Vgl. Sten.Berichte d. Ndt.Reichstages, 2.Teil, 30.-56.Sitzung, S.538ff (2.Beratung des Titels VII); S.672,721,747, §§ 134-145; S.1053ff (3.Beratung vom 25.5.1869).

49) Poerschke 1913 (1911), S.44f.

Bestimmungen der §§ 135-139 sowie (!) des § 120, Absatz 3, in seiner Anwendung auf Fabriken" überwachen (§ 139b GewON).[50]

Die preußische GewO 1845 gebot Rücksicht auf Gesundheit und Sittlichkeit von Jugendlichen (§ 137). Diese Rücksichten waren 1869 auch unter liberalen Vorzeichen übernommen worden (§ 107). 1878 wanderten sie in den § 120 als Schlußsätze des Abschnitts "allgemeine Verhältnisse" (§§ 105-20 GewON). Vielleicht war der allgemeine Gefahrenschutz deshalb undiskutiert angenommen worden, denn der § 120 handelte von dem alten § 107, Gesundheit und Sittlichkeit zu schützen, und zwar von Jugendlichen (Absatz 1), und von der unternehmerischen Verpflichtung, Arbeitern unter 18 Jahren für den Besuch von Fortbildungsschulen freizugeben (Absatz 2). An diese Jugendschutzbestimmungen wurden im 3.Absatz die Verpflichtung zum allgemeinen Gefahrenschutz bloß angehängt und trotzdem nicht nur Gerichten eine Handhabe gegeben, sondern auch die ministerielle Auffassung vom Fabrikinspektor als Techniker eingebaut. Bismarck und der Bundesrat beeilten sich, durch Normen und Dienstanweisungen dafür zu sorgen, daß diese Sachverständigen nur Ratgeber ohne Zwangsmittel waren.[51]

Der unscheinbare Absatz entsprach auch den Anforderungen der Rechtsprechung und der Verwaltungspraxis, seit die "Verbindlichkeit zum Schadenersatz für die bei dem Betriebe von Eisenbahnen, Bergwerken, Gruben oder Fabriken herbeigeführten Tötungen und Verletzungen" durch das Reichsgesetz vom 7.Juni 1871 zwar geregelt war, in der Folge aber zu einer kontradiktorischen Urteilspraxis führte. Vor dieser versuchten Regelung galten in Preußen nur die Bestimmungen des ALR bzw. das Eisenbahngesetz von 1838, das die pauschale Haftpflicht von damals privaten Eisenbahngesellschaften festlegte. Das Gesetz von 1871 übernahm diese Regelung in seinen § 1 und nannte als weitere gefährliche Unternehmen vor den Fabriken noch Bergwerke, Steinbrüche und Gruben (§ 2). Während es aber dem Eisenbahnunternehmer die Beweislast für seine Unschuld auferlegte, mußte den in § 2 genannten Unternehmen "ein Verschulden in Ausführung der Dienstverrichtungen" nachgewiesen werden.[52]

50) Zit.nach Marcinowski 1898, S.387. Das folgende ebendort, S.325f und 339; s.auch v.Berlepsch 1987, S.181-90.

51) S.oben Anm.36.

52) Gesetz betr. die Verbindlichkeit zum Schadensersatz für die bei dem Betriebe von Eisenbahnen, Bergwerken etc. herbeigeführten Tödtungen und Körperverletzungen vom 7.6.1871, RGBL 1871, S. 207-09; Gesetz über die Eisenbahnunternehmungen und insbesondere über das Verhältnis der Eisenbahngesellschaften zum Staate und zum Publikum vom 3.11.1838, GS 505ff; Vorgeschichte bei Gleim 1893, S.19ff; Hattenhauer 1970; Mitteis-Liebrich, 44 II3, S.116 (Verschuldenshaftung).

Diese dem römischen Recht entlehnte *Verschuldenshaftung* wurde vom Strafrecht ins Privatrecht übernommen "und schuf eine schwere Beweisnot für alle, die sich als Arbeiter, Kunden, Fahrgäste usw. einem Betrieb anvertrauen mußten".[53] Die Regreßforderungen mußten vom geschädigten Arbeiter eingeklagt werden. Diese vorrechtliche Barriere wurde erst in dem Maße abgebaut, wie die sich formierende Arbeiter- und Gewerkschaftsbewegung Prozeßkosten mittrug und dafür sorgte, daß Arbeiter ihre Rechte kennenlernten. Der im Landrecht begründete Anspruch auf Ersatz für Körperbeschädigung blieb vom Haftpflichtgesetz 1871 unberührt, "insbesondere also die Klage gegen den Urheber des Schadens."[54] Dieser konnte sich in einer die Bismarcksche Koppelung von versicherungstechnischer Vorsorge und technischer Nachsorge schon 1871 vorwegnehmenden und jene inspirierenden Rechtslage auch bei Schuldspruch schadlos halten, "wenn die Mitleistung des Betriebsunternehmers nicht unter einem Drittel der Gesamtleitung beträgt" und er sich somit durch eine Betriebskasse gegen Unfälle versichert hatte.[55]

In den 70er Jahren begann sich der Gedanke durchzusetzen, daß der Unternehmer auch das Betriebsrisiko trage und die emphatischere *Gefährdungshaftung* an die Stelle der bloßen Verschuldenshaftung treten sollte.[56] Das preußische Obertribunal nützte das am 15.5.1871 erlassene Strafgesetzbuch, um dem § 120III der neuen Gewerbeordnung Geltung zu verschaffen.[57] Dasselbe Gericht hielt in weiteren Urteilen in den 70er Jahre an seiner Rechtsauffassung fest.[58] Am 17.3.1876 entschied dagegen das Reichs-Oberhandelsgericht, daß dem Unternehmer "nicht die Verpflichtung zur Beseitigung aller Gefahren für seine Arbeiter" obliege.[59] Nach der Gewerbeordnungsnovelle von 1878 verschärfte sich trotzdem die Gefährdungshaftungsproblematik, denn zwei Entscheidungen des Reichsgerichts brachten die so

53) Mitteis-Liebrich, 44 II3, S.116.

54) Rechtsausführungen des Bundesrates, Nr.305, S.76, zit.nach Marcinowski 1898, S.334.

55) § 4 des Haftpflichtgesetzes vom 1871.

56) Die Stufen der Gefährdungshaftung bei Mitteis-Liebrich, 44 II 4, S.117; v.Berlepsch 1987, S.182, bezieht bei seiner Beurteilung des Haftpflichtgesetzes die zum Teil eigenständige und kontradiktorische Urteilspraxis der Gerichte nicht ein.

57) Die strafrechtlichen Folgen der unterlassenen Beobachtung der Vorschrift in Absatz 3 seien in §§ 222,230,232 und 330 RStGB geregelt, Erkenntnis des Obertribunals vom 5.10.1871, nach Oppenhoff, Rechtssprechung des Ober-Tribunals in Strafsachen XII, S.498, zit.nach Marcinowski 1898, S.335.

58) Ein Gewerbetreibender sei unter allen Umständen zu derjenigen Aufmerksamkeit verpflichtet, welche erforderlich sei, um Unglücksfällen vorzubeugen. Fehlen ihm hierzu die Kenntnisse, so habe er diesem Mangel durch Heranziehung Sachverständiger abzuhelfen, Erkenntnis vom 30.5.1876, Oppenhof XVII, S.395. Weitere Erkenntnisse des Ober-Tribunals in den 70er Jahren: Verpflichtung des Gewerbetreibenden zu besonderer Aufmerksamkeit vom 8.9.1873 und 7.2.1874; Fahrlässigkeit durch Unterlassung vom 19.3.1879, zit.nach Marcinowski 1898, S.335f u.333.

59) Erkenntnis des Reichs-Oberlandesgerichts vom 17.3.1876, Entscheidungen XIX, Nr.114, zit.nach Marcinowski, S.338.

verstandene Haftpflicht des Unternehmens unmißverständlich zum Ausdruck.[60] In ihrem Gefolge bereitete die Rechtsprechung der 80er Jahre den exekutiv angefangenen, legislativ eingeleiteten, dann aber blokkierten Ausbau des Gefahrenschutzes durch professionelle Fabrikinspektion und progressive Gesetzgebung judikativ vor, so daß der 'Neue Kurs' 1891 relativ zügig Konsequenzen ziehen konnte (vgl. Kap. 4).

2.6 Das Handelsministerium bereitet eine neue Fabrikinspektion vor (1871-73).

August Freiherr von der Heydt regte als zweiter preußischer Handelsminister (1848-1862) "auf seine eigenste Initiative ... die Wiederaufnahme der ganz ins Stocken geratenen Schutzgesetzgebung für minderjährige Arbeiter" an.[61] Sein Nachfolger Graf Itzenplitz (1862-1873) vertrat Mitte der 60er Jahre in der neu aufgeworfenen 'Arbeiterfrage' den Standpunkt, daß die Förderung des Genossenschaftswesens am besten geeignet sei, die Lage der Arbeiter zu verbessern. Er schlug Bismarck deshalb am 10.8.1868 vor, den freisinnigen Abgeordneten Schulze-Delitzsch zu einer Konferenz über die Arbeiterfrage einzuladen, was Bismarck mit Hinweis auf dessen "agitatorische Wirksamkeit" und die oppositionelle Rolle der Fortschrittspartei ablehnte.[62] Der Kanzler und sein Handelsminister verfolgten die Genossenschaftsidee gleichwohl weiter und verloren das fakultative Institut der Fabrikinspektion immer mehr aus den Augen. Nach dem Aufschwung unter v.d. Heydt melden die Zentralakten im folgenden Jahrzehnt nichts mehr über das Funktionieren der Fabrikinspektion. Berlin überließ sie ganz der Bezirksregierungs- und Landratsebene und zeigte an der Wiederbesetzung erledigter Stellen kein Interesse. Der Inspektor des Regierungsbezirks Arnsberg war 1860 verstorben und v.d.Heydt fragte vor seinem Ausscheiden noch an, ob die "Beibehaltung eines besonderen Beamten für die sichere Befolgung der Beschäftigung jugendlicher Ar-

60) Der Fabrikunternehmer ist nicht nur verpflichtet, diejenigen Schutsvorrichtungen in seiner Fabrik su treffen, welche geeignet sind, einen absolutene Schuts ... su gewähren, sondern auch solche, welche geeignet sind, diese Gefahren in erheblichem Maße su verhindern ... (23.12.1879). Jeder Gewerbetreibende hat dafür aufsukommen ..., daß seine Gewerbsarbeiter thunlichst gegen Gefahr für Leben und Gesundheit geschütst sind. Ob die Gefährdung durch Unterlassung einer bestimmten Schutsvorrichtung oder durch Nichtreparatur eines Werkseuges eintritt ... ist im wesentlichen gleichgültig (21.9. 1881); Erkenntnisse des Reichgerichts, nach Reger, Sammlung der Verordnungen ... I, S.24 und II, S.248, sit.nach Marcinowski, S.330f. Diese Entscheidungen tauchten umgehend in den Verwaltungsakten auf, vgl. s.B. AI4, Nr.5, Bd.1, S.250ff.

61) Alexander Bergengrün, Staatsminister August Freiherr von der Heydt, Leipsig 1908, S.210.

62) Poschinger 1890, S.60f. Zur Vorgeschichte Poerschke 1913 (1911), S.42f: Bismarck sprach am 2.2. 1868 die englische Fabrikinspektion an, die ein wertvolles Organ der Regierung sei. Ein solches fehle im Reich.

beiter ein Bedürfnis sei".[63] Der Regierungspräsident antwortete ihm am 1.7.1860 mit einem summarischen Überblick über die Entwicklung der Fabriken sowie der "Berg-, Poch- und Hüttenwerke", der einen Rückgang der Zahl jugendlicher Arbeiter zwischen 1853 und 1858 aufzeigte. Der Minister, der weder von Geburtsadel war noch eine bürokratische Vergangenheit hatte, reagierte darauf nicht mehr, denn die liberal gewordene 'Landratskammer'[64] verweigerte ihm die Gefolgschaft bei seinen Staatseisenbahnplänen. In der Übergangszeit des Ministerwechsels erhielt der Arnsberger Regierungspräsident am 25.4.1862, fast zwei Jahre später also, eine Antwort, welche die Geschichte der Arnsberger Fabrikinspektion vorläufig beendete: Die Stelle könne "... ohne Beeinträchtigung der betreffenden Industrie (!) in Wegfall kommen". Es müsse jedoch erwartet werden, daß die Landräte und Ortspolizeibehörden auf die ganze Beachtung der Regelungen von 1839 und 1853 mit aller Sorgfalt achten werden. Mit dieser Formel entband sich der neue Minister für zehn Jahre von seiner Verantwortung gegenüber den Fabrikkindern und überließ die Inspektion den nachgeordneten Behörden, ohne selbst je einzugreifen. Dazu fand er erst 1872 wieder Veranlassung, als seine Verwaltung im Sommer und Herbst zwei Zeitungsartikel zu den Akten legte, die den Zustand der Fabrikinspektion beklagten.[65] Der Herausgeber der "Deutschen Gemeindezeitung" informierte in dem eingesandten Artikel, daß das badische Bezirksamt Lörrach nach § 132 der Gewerbeordnung von 1869 als erstes vom Recht auf Einstellung eines Fabrikinspektors Gebrauch gemacht habe.[66] Die Zeitung mahnte "insbesondere die

63) AI2, Nr.1, Bd.1, acta betr. den nach Maßgabe des § 139b der Gewerbeordnung anzustellenden besonderen Aufsichtsbeamten. Gewerberäthen 18.8.1853 bis 29.4.1877, S.21.

64) Bezeichnung für das Abgeordnetenhaus, in dem in den 50er Jahren mehrheitlich Landräte saßen.

65) AI2, Nr.1, Bd.1; S.28/29 setzt zehn Jahre später ein. Nach der Zäsur berichtete Kefken am 27.6.1872 über die bei der Abteilung IV vorgelegte Nr.292 der Schlesischen Zeitung, die einen Kommissionsbericht über die Beschränkung der Frauen- und Kinderarbeit besprach und auf die Forderung nach Reichsinspektoren einging.

66) AI2, Nr.1, Bd.1, S.30-34. Dr.Hermann Stolp, Moritzstr.9 in Berlin, sandte den Artikel der von ihm herausgegebenen Zeitung für deutsches Gemeinde- und Staatsverwaltungswesen, 11.Jahrgang, Nr.33, vom 17.8.1872, S.130f, am 6.9.1872 ein. Der Bericht druckte die vom Bezirksrat des Bezirksamts Lörrach nach § 132 GewO und § 46 der badischen Vollzugsverordnung erlassene Instruktion für die Fabrikinspektoren ab. Diese hatten die Ausführung der §§ 118-133 GewO zu überwachen (§1); die Visitationen einzeln oder gemeinschaftlich, mindestens aber einmal wöchentlich durchzuführen (§2); darauf zu achten-, daß Fabrikanten ihre Arbeiter auf eigene Kosten vor Gefahren für Leben und Gesundheit schützten (§3) und schließlich pro Jahr einen Gesamtbericht erstellten (§9).
Strobel 1986, S.101ff, verfolgt das traditionsreiche Nebeneinander von Vertragsfreiheit und Arbeitsschutz in Baden bis ins 18. Jh. Gerade im Jahr der liberalen badischen GewO 1862 druckte das Bezirksamt Lörrach in seinem Amtsblatt eine Musterdienstordnung ab. Das Amt prüfte eingesandte Ordnungen und milderte Härten gegen Arbeiter ab. Das badische Kinderschutzgesetz vom 16.4.1870 gab dem Amt neue Handhaben, ebenso die Einführung der preußischen GewO zum 1.1.1872, die es ohne Verzug beim Wort nahm, vgl. Strobel, S.155-180. Wolfgang Bocks, der den Akzent nicht auf die Organisationsentwicklung, sondern "Zusammenhänge" -Frauen, Ärzte, Gewerkschaft, Berufsge-

preußischen Staatsbehörden ... mit der Bestellung von Kreis(!)-Fabrikinspektoren ähnlich den Bezirksfabrikinspektoren ungesäumt vorzugehen". Der Staat dürfe nicht mehr mit den "elendsten Polizeimaßregelungen" vorlieb nehmen, sonst wüchsen ihm die Zustände des gesellschaftlichen Lebens über den Kopf.[67]

Auf diese kommunalpolitisch motivierte Forderung reagierte das Ministerium nach sechs Wochen mit einer Gesetzesauslegung. Der § 132 GewO beschränke sich darauf, bestehenden Fabrikinspektionen die Befugnisse von Ortspolizeibehörden zu übertragen; "ob und in welcher Weise Fabrikinspektoren angestellt werden können", hänge von der Gesetzgebung der einzelnen Bundesstaaten ab. In Preußen könne mit Rücksicht auf den § 11 des Regulatives vom 16.5.1853 "eine Einrichtung wie in Lörrach nicht ausgeführt werden, da es sich hier offenbar um ein Organ der Selbstverwaltung handelt, während die angesprochene Gesetzesstelle Fabrikinspektoren nur als Staatsbehörden kennt". Ob demnächst eine Vermehrung der auf Grund des Gesetzes vom 16.5.1853 angestellten Fabrikinspektoren herbeizuführen sei, unterliege noch der Erwägung.[68]

Zu erwägen waren die Folgen einer auf das Reich übertragenen, erst preußischen, dann norddeutschen Gewerbeordnung und deren Ansprüche an Arbeitsschutz und Fabrikinspektion. Das preußische Regulativ von 1853 war schon für Preußen kaum wirksam geworden und für andere Landesverwaltungen nicht vorbildlich. Das machte die Nachricht über den Lörracher Bezirksinspektor, der für preußische Verhältnisse auf der Kreisebene angesiedelt wäre, den Berlinern deutlich. Gerade auf dieser Ebene hatten sie ihren Staat noch gar nicht durchgesetzt. Erst die neue Kreisordnung vom 13.12.1872, die Bismarck von den Konservativen entfremdete, beseitigte die gutsherrliche Polizeigewalt und Gemeindeverwaltung in fünf Ortsprovinzen, ohne den Staatseinfluß endgültig durchzusetzen.[69] Darüber hinaus war es -mit der oben erwähnten Einschränkung- in der Geschichte des preußischen Jugendschutzes die Ebene der Ortspolizei, die eine wirksame Durchsetzung der Regulative nur in Ausnahmefällen erreichte. Andererseits führte die Forderung nach Reichsinspektoren zu weit, obwohl nach Verteilung der französischen Kriegsentschädigung ein Wachstum der Reichs- wie der preußischen Staatsverwaltung finanzierbar schien. Zur Bewilligung des Haushalts bedurfte es aber der Abstimmung mit Parlamentmehrheiten. Solange die Regierung in beiden Parlamenten mit

nossenschaft und Arbeiterbewegung - legte, kümmerte sich nicht um die Lörracher Anfänge und ließ auch die badischen Tradition in Arbeitsschutz und Vertragsfreiheit außer acht.

67) Deutsche Gemeindezeitung XI,34, 24.8.1871, S.134f, ebenfalls in dem Faszikel abgeheftet.

68) Schreiben des Handelsministeriums vom 30.9.1872 an Dr.Stolp, AI2, Nr.1, Bd.1, S.35.

69) Kreisordnung für die Provinzen Ost-u.Westpreußen, Brandenburg, Pommern, Schlesien und Sachsen vom 13.12.1872, in der Fassung vom 1.3.1881 (GS 180), zit.nach Reichelt, Verwaltungsgesetzbuch für Preußen, Berlin 1914, S.313-37; zur Entfremdung von den Konservativen Gall 1980, S.529f.

liberalen Mehrheiten operierte, war zunächst eine Verwirklichung des § 107 GewONB erschwert. Danach ließ die zügige Unschärfebereinigung des dem § 120 GewO nur angehängten Arbeitsschutzes auf sich warten.Ohne gesetzliche Basis war der unheitlichen, einzelstaatlichen Regelung nach Lörracher Beispiel Tür und Tor geöffnet, so daß die 1862 von Bismarck aufgegriffene und ihn 1871 wieder bedrängende Arbeiterfrage nur einen unkoordnierten Beitrag zur inneren Reichsgründung zu leisten versprach.

Wie in der Wirtschaftspolitik so war Bismarck in der Sozialpolitik noch ohne eigenständiges Konzept. Während er sich in wirtschaftlichen Fragen erst nach Delbrücks Abschied einarbeitete, war er 1871 bei der in Gastein mit Graf Beust vereinbarten deutsch-österreichischen Konferenz zur Arbeiterfrage auf die informationelle Vorbereitung durch das Handelsministerium angewiesen, das aber auf Bismarcks Ansinnen ebenfalls schlecht vorbereitet war. Bismarck hatte ein Ineinander von militärischer Schwäche und Kommuneaufstand in Frankreich beobachtet. Die Verherrlichung des Aufstandes durch Bebels SDAP, die sich zur 1862/64 entstanden 1.Internationale bekannte und ihr 1869 beigetreten war, hatte ihm den "Ernst der Gefahr" vor Augen geführt, "welche die sozialistische Agitation den bestehenden Staatsorganen bereitete". Er versuchte, dem liberalen und widerwilligen Handelsminister Itzenplitz zu erklären, daß eine nicht integrierte Arbeiterschaft die Monarchie und den sie tragenden Verfassungskompromiß zwischen Adel und Bürgertum sowie den zwischen Einzelstaaten und Reich (Preußen) bedrohte. Es gelinge nur "beim rechten Eingreifen des Staates zur Zeit ..., die Mehrzahl der Arbeiter mit der bestehenden Staatsordnung auszusöhnen und die Interessen von Arbeitern und Arbeitgebern wiederum (!) in Harmonie zu bringen". Bismarck war deshalb entschlossen, "daß man realisiert, was in den sozialistischen Forderungen als berechtig erscheint", mußte es aber einem widerwilligen Handelsminister und einem unvorbereiteten Handelsministerium überlassen, welche '*policy*' daraus folgen sollte.[70] Zur Vorbereitung des mit Beust verabredeten 'großdeutschen' Herangehens an die soziale Frage, die für das Reich eine nationale war, bat Bismarck den Handelsminister, "um einen geeigneten Beamten aus Hochdero Ressort einige Männer zu versammeln, welche mit den Verhältnissen der Arbeiter ... vertraut sind", und empfahl Grundbesitzer, Fabrikanten, Schriftsteller sowie "Personen, die sich mit werktätiger Fürsorge für Ernährung, Gesundheit, Bildung

70) Brief an Itzenplitz vom 17.11.1871, Kohl 1977 (1892), S.27; Poschinger 1890, S.165-67; Gall 1980, S.496f. Zu Bismarcks früherem Interesse an der Arbeiterfrage Poschinger 1889, S.26-31, dort S.37 über die Folgen von Delbrücks Rücktritt. Zur Vorgeschichte der Berliner Konferenz im Handelsministerium Rothfels 1927, S.27f; Vorgeschichte und Verlauf bei Brügel 1922 (ab S.154 Verlauf der 12 Verhandlungstage).

der Arbeiter beschäftigen".[71] Nachdem Itzenplitz am 3.11. seine Einwände gegen "staatssozialistische Mittel" formuliert hatte, erneuerte Bismarck am 17.11. sein Anliegen und bat den Minister, "Ihre Mitwirkung nicht zu versagen". Am 26.11. stellt Itzenplitz die von Bismarck gewünschte Expertengruppe vor, die neben Verwaltungsbeamten "sozial-politische Experten aus allen Berufskreisen" umfaßte.[72] Der erst am 1.10.1871 ins Handelsministerium gewechselte Theodor Lohmann gehörte bereits dazu. Er führte Protokoll und verhielt sich auch bei der Sonderbesprechung mit Lasker und Schulze-Delitzsch "meistens passiv", weil die Gesprächspartner ohne statistisches oder wissenschaftliches Material nur einen Prinzipienstreit austrugen, während Bismarck "die brennendsten Fragen von Arbeitszeit und Arbeitslohn, Wohnungsnoth u.dgl." konkret behandelt wissen wollte. Dafür waren im Handelsministerium nach Lohmanns Einschätzung durchaus fähige Leute vorhanden. In der Gewerbeabteilung des Ministeriums habe er "die mit Sarkasmus gewürzte Frivolität, welche man sonst dem Berliner Geheimratswesen nachsagt", nicht gefunden, vielmehr berufliche Tüchtigkeit, sittlichen Ernst und das Bewußtsein, "etwas für die Arbeiter tun zu müssen, und offenbar auch den Willen dazu".[73]

Als Sachbearbeiter des Referats für gewerbliche Arbeiterfragen im Handelsministerium trat Lohmann "für neue, bisher für ungewöhnlich geltende Maßnahmen" ein, die er dem Handelsminister am 21.4.1872 vortrug. Auch die Errichtung der Fabrikinspektion gehöre dazu, die nicht mehr von subalteren Polizisten, sondern von spezialistisch geschulten, höheren Beamten wahrgenommen werde. Lohmann drängte auf Informations- und Materialbeschaffung, um die bilaterale Konferenz vorzubereiten und seinen bei Itzenplitz und Ministerialdirektor Moser auf Skepsis gestossenen Forderungen Nachdruck zu verleihen. Am 2.5.1872 meldete v.Itzenplitz Bismarck die im Gang befindlichen Vorbereitungen, zu denen im August 1872 auch eine außerordentliche und unerwartete Revision der Fabriken in Schlesien, Brandenburg und Sachsen gehörte.[74] In diese Vorbereitungen fiel die Eingabe des Herausgebers Dr.Stolp, die der Handelsminister am 30.9 mit dem Hinweis beantwortete, daß der mögliche Ausbau der Fabrikinspektion noch der Beratung unterliege, zum Beispiel auf der deutsch-österreichischen Konferenz, die vom 7.-29. November 1872 in Berlin stattfand, unter Vorsitz des Geh.ORR Hermann Wagner, aber ohne Lohmann oder Bismarck. Die Konferenz verlief nicht, wie Poschinger

71) Bismarck an Itzenplitz am 21.10.1871, dessen Antwort vom 03.11. bei Poschinger 1890, S.161f.

72) Ebendort, S.167f, die Namen der vorgeschlagenen Teilnehmer, das genaue Datum bei Rothfels 1927, S.27.

73) Ebendort, S.26; S.27f zu Lohmanns Verhalten auf der Konferenz.

74) Ebendort, S.28-30.

schrieb, "im Sande".[75] Sie empfahl u.v.a. die obligatorische Einführung der Fabrikinspektion, auf die sich Itzenplitz im März 1873 berufen sollte (s.unten). Während Sachsen noch im Jahr 1872 seine Dampfkesselrevisoren zu Fabrikinspektoren machte und Lörrach einen Bezirksinspektor anstellte, mußte die Präsidialmacht Preußen vorsichtiger agieren und die unvollständige gesetzliche Verankerung der Inspektion berücksichtigen. Auf die am 1.1.1873 reichsweit geltende GewO reagierte Lohmann schon am 2.1.1873 mit seiner alten Forderung nach quantitativem und qualitativem Ausbau der Fabrikinspektion, "der ein wichtiger Bestandteil seiner Lebensarbeit werden sollte".[76] Im März 1873 ging Itzenplitz überraschend auf Lohmanns Kurs ein. Er berichtete am 7.3. zuerst dem Innenminister von neuen Erkenntnissen und wandte sich dann in einem langen Schreiben vom 12.3 an sämtliche Staatsminister, offenbar um auf diesem Weg einen Vorstoß im Staatsministerium zugunsten der neuen Fabrikinspektion vorzubereiten. Dieser Strategie begegnete Camphausen mit seinem Votum an das Staatsministerium vom 9.4.1873.[77] Itzenplitz hatte nun offenbar Bismarcks Bitte vom Oktober 1871 und Lohmanns Vortrag vom April 1872 (bezogen auf die Fabrikinspektion) vollkommen adoptiert und arbeitete vor seiner Ablösung durch Achenbach, die im Juni erfolgte, an einer Strategie, die den Ausbau des Instituts im Kräftefeld der Stimmungen bei Hof und Monarch, den Spannungen unter Ressortministern und den Meinungsverschiedenheiten in Parlamenten ohne Interferenzen durchsetzbar machen sollte. Eulenburg schrieb er, daß die in seinem Auftrag vorgenommene Revision von Fabriken mit jugendlichen Arbeitern durch Polizeihauptmann v. Wolffburg ihn überzeugt hätten, "daß eine energische Durchführung der Bestimmungen der §§ 128-131 GewO nur durch Anstellung eines Fabrikinspektors für den Polizeibezirk Berlin gesichert werden kann". Im Schreiben an die Staatsminister berief er sich auf die "Ergebnisse, welche die für die sociale Frage abgehaltene Conferenz hinsichtlich der verschiedenen Zweige der sogenannten Fabrikgesetzgebung (gezeitigt hätten)". Sie hätten ihn in der Ansicht bestärkt, "daß die Bestimmungen der Gewerbeordnung einer Abänderung und Erweiterung bedürftig sind". Er teile die Auffassung der Konferenz, daß die Zuständigkeit der Fabrikinspektion auf das ganze Gebiet der Fabrikgesetzgebung ausgedehnt werden müsse, besonders auf den § 107. Außerdem seien die Vorschläge der Konferenz über die

75) Poschinger 1890, S.168.

76) Rothfels 1927, S.30; dort auch das "umfangreiche Promemoria (2. Januar 1873) ... "; in einem Brief an Friedrichs vom 06.04.1874 beklagte Lohmann, "daß Preußen als Präsidialmacht mehr Rücksicht ... nehmen müsse als beispielsweise Sachsen, das unbekümmerter mit der Fabrikinspektion vorangehe" (S.31).

77) A I2, Nr.1, Bd.1, S.36f (an Eulenburg), S.38-46 (an sämtliche Staatsminister), S.46f (Camphausen-Votum).

Qualifikation der auszusuchenden Beamten und die Dotierung der Stellen "allerdings der Beachtung wert".

Der Ausbau der Fabrikinspektion im Zusammenhang mit einer Änderung der GewO war offenbar für Verwaltungsjuristen und Sozialpolitiker eine akzeptable Linie. Die einen berücksichtigten die besondere Rolle Preußens im Reich und wünschten auch im Interesse der Haftpflichtproblematik einen den anderen Ländern nicht nachstehenden, rechtlich abgesicherten Ausbau der Inspektion. Die anderen wollten in Anlehnung an den progressiven Teil der Staatswissenschaft mit diesem Ausbau der nationalen Integration der Arbeiterschaft ein Stück näherkommen. Während man diese Politik bisher zu ausschließlich mit der Person Lohmanns identifizierte, wurde Bismarcks Interesse daran bisher zu wenig berücksichtigt. Ohne seinen Vorstoß beim Handelsminister und beim österreichischen Reichskanzler wäre der Umschwung im Handelsministerium nicht erfolgt und Lohmann nicht zu einer tragenden Säule geworden. Die Itzenplitz-Nachfolge ist schwerlich ohne Beteiligung Bismarcks entschieden worden, mit Achenbach aber, "dem Lohmann viele treffliche Eigenschaften nachrühmte" (Rothfels), war ein weiterer Stratege des Ausbaus der Fabrikinspektion ins Handelsministerium geholt worden. Offenbar knüpfte Bismarck an die Inspektion ähnlich hohe Erwartungen wie einige Parteien und Teile der in- und ausländischen Öffentlichkeit. Man erhoffte sich tiefe Einblicke in den unbekannten und von lauter Propaganda verhüllten Subkontinent der Arbeiterklasse.[78] Achenbach trug genau diesen Erwartungen Rechnung, wenn er den Abgeordneten trotz hoher Druckkosten die Jahresberichte der Inspektoren auf den Tisch legte und das für deren Einblicke eingeheimste Lob bei Verhandlungen mit dem sparsamen Finanzminister ausnützte.[79]

Vor diesem Hintergrund stemmte sich Camphausen zäh aber vergeblich gegen die Ausweitung der entsprechenden Titel im Etat des Handelsministerium, die bis 1878 langsam wuchsen, während Aachenbach sich vor jeder Haushalts- oder Nachtragshaushaltsdebatte in geradezu rituellen, immer sehr langen und die schiere Not der Inspektion zum Ausdruck bringenden Schreiben die Bewilligung höherer Mittel erbat.

78) Vgl. F.J.Naumanns 1872 (= Antrittsvorlesung vom November 1871 in Basel).

79) Achenbach an Camphausen am 23.05.1877, A I2, Bd.2; Nitschkes Jahresbericht am 16.06.1873, A I2, Nr.1, Bd.1, S.48; Steinkopfs Bericht stehe im Juli 1875 noch aus, die Berichte von Berlin und Schlesien seien dagegen druckreif, A I3, Nr.5, Bd.1, S.210. Zu ihrer heutigen Einschätsung siehe Quataert 1984, Brossat 1984 und Buck-Heilig 1988.

2.7 Das Handelsministerium strebt nach Ausbau und Professionalisierung der Fabrikinspektion (1874-78)

Lohmanns Promemoria vom 2.1.1873 'verordnete' als direkte Antwort auf die reichsweite Geltung der Gewerbeordnung der Präsidialmacht Preußen eine innere Umgestaltung der Fabrikinspektion. Ihr Personal sollte technisch, juristisch und volkswirtschaftlich geschult sein und in die Regierungskollegien eintreten können. Im Herbst des Jahres beantragte er, für jeden Regierungsbezirk je einen, also 25 Beamte, einzustellen, für die weniger industrialisierten Gebiete aber wenigstens einen je Provinz, also mindestens 12 Beamte. Diese Mindestzahl traf die tatsächliche Entwicklung am besten, denn am Ende der ersten Ausbauphase der Fabrikinspektion gab es in Preußen 16 Fabrikinspektoren. Lohmanns Pläne wurden erst 1891 durchgesetzt. Seine 1873 an die neue Fabrikinspektion gestellte Anforderungen waren vorerst administratives Wunschdenken, vor dem sich Probleme türmten. Sie waren noch lange keine Maxime der Politik. Der Handelsminister Achenbach bemühte sich in Schreiben an den Finanzminister und an Bismarck, die neue Inspektion wenigstens für ein paar Provinzen durchzusetzen, aber er sprach sich gegen die quantitativen und qualitativen Vorstellungen seiner Verwaltungsbeamten aus:

> "Dabei neige ich mich zu der Auffassung, daß es nicht zweckmäßig sein würde, für dieses Gebiet, wenn ich so sagen soll, ein neues Beamtenheer dadurch zu schaffen, daß man überall besondere Fabrikinspektoren förmlich anstellt, sondern ich bin der Meinung, daß es darauf ankommt, nur an einigen Hauptpunkten derartige Stellen zu gründen, sie mit tüchtigen Männern zu besetzen, andererseits aber in kleineren Bezirken die vorhandenen technischen Kräfte zu benutzen. Ich würde zurückgreifen auf Techniker der Staatsverwaltung, ja auch auf solche, welche außerhalb der Staatsverwaltung stehen, wenn sie die nötigen Garantien bieten. Ich glaube, es wird dies richtiger sein, als wenn man wiederum ein neues zahlreiches Beamtenpersonal schafft."[80]

Als der Handelsminister im Juni 1873 sein neues Amt antrat, mußte er zuerst klären, was aus den alten Inspektoren und wie das neue Institut auf das Land verteilt werden sollte. Beides nahm er noch im ersten Monat seiner Arbeit in Angriff. Dem Antrag der Regierung Arnsberg auf definitive Anstellung des Diätars

80) Zit.nach Jahresberichte der Fabriken-Inspektoren für Berlin und die Provinz Schlesien für das Jahr 1874, Berlin 1875, S.VI. Die Sätze stammen aus der "am 26.02.1874 im Haus d.Abg. abgegebenen Erklärung der Staatsregierung bezüglich der Erweiterung des Geschäftskreises der Fabrikinspektion", A I3, Nr.5, S.212. In dem Schreiben an Bismarck vom 30.04.1874 (10 S.!) und vom 04.05. an Camphausen forderte der Minister neue und bessere Stellen für die Inspektion "im Wege der Gesetzgebung", A I2, Nr.1, S.56-70. Bis zu dem Schreiben des Reichskanzleramts vom 26.05. ist die Zustimmung Bismarcks zu den Plänen nachweisbar. Am 30.09.1876 erklärte er sich aber "aus Gründen der wirtschaftlichen Lage gegen einen weiteren Ausbau", Rothfels 1927, S.33.

Nitschke könne, schrieb Lohmann, "mit Rücksicht auf die Verhandlungen, welche gegenwärtig um die künftige Stellung der Fabrikinspektoren schweben, z.Zt. nicht entsprochen werden." Er müsse dem Inspektor aber das Tragen einer Uniform im Dienst verbieten, "weil dadurch die polizeiliche Seite seiner Stellung mehr als erwünscht in den Vordergrund treten würde, während wir Gewicht darauf legen müssen, daß derselbe mehr und mehr zu der Stellung einer Vertrauensperson gelange, deren Weisungen und Ratschläge von Arbeitgebern und Arbeitnehmern auch ohne polizeilichen Zwang befolgt werden."[81]

Achenbach selbst erbat beim Finanzminister fünf Tage später die Erhöhung des Kapitels 69, Titel 3, seines Etats für das Jahr 1873/74 um 2200 Taler plus 1900 Taler Reisekosten in Aussicht zu stellen, um "einem dringenden Bedürfnis abzuhelfen" und für die Provinzen Schlesien und Sachsen je einen Inspektor neuen Typs anzustellen.[82] Nachdem dies konzediert war, gab es neben den drei alten Inspektoren drei weitere, die ihre Stellen kommissarisch verwalteten: Am 1.1.1874 trat Major a.D. Adalbert **v.Stülpnagel** die mit 1500 Talern am höchsten dotierte Stelle in Berlin an, Bergassessor Alfred **Frief** folgte am 1.Juni für Breslau und der Chemiker Dr.Otto **Süssenguth** am 15.September für Magdeburg, beide mit 1100 Talern remuneriert.[83] Mit dem Diätar Nitschke in Arnsberg, der im Mai 1872 in sein Amt gekommen war, dem in Aachen als Nachfolger Pipers am 28.3.1871 eingestellten Gustav **Bielinski** und dem im Juni 1873 als Nachfolger Junkermanns für Düsseldorf angenommenen Kreissekretär aus Moers, **Steinkopf**, gab es im Herbst 1874 in Preußen also sechs Fabrikinspektoren.[84]

---

81) A I2, Nr.1, S.48 (16.06.1873).

82) Ebendort S.51 (21.06.1873).

83) Zu v.Stülpnagel: H I, S 10 u. A I3, Nr.2; geboren 1822 in Erfurt, Gymnasium in Gotha bis Prima; in Artillerie auf Offiziersbeförderung eingetreten; Abschied als Major 1854; Kalkulaturvorsteher im Polizeipräsidium Berlin (S.10); v.Wolffsburgs Bericht über Itzenplitz an Camphausen am 20.09.1872 (S. 24); 02.04.1873 wird für Berlin vorgeschlagen (S.29); 06.05. Potsdam hat keinen anderen Kandidaten (S.43); 05.07. Achenbach an Eulenburg, v.Wolffsburg habe sich bei Erstellung seines Berichtes als unfähig erwiesen, das Präsidium v. Stülpnagel vorgeschlagen (A I3, Nr.2, S.31, der Vorschlag vom 28. 05. auf S.43).
Zu Frief: H I, F1 (42 S.) und A I, Nr.3; geboren 1836 in Breslau, seit 1870 verheiratet, mind. 3 Kinder; 1863 Bergreferendar, 1867 Assessor, bis 1870 bei Bergverwaltung; Provinzialeichungsinspektor, seit März 1874 etatmäßig (F1); ab 1.Mai auch in Gewerbeaufsicht; 10.05.1874 Konferenz in Breslau, u.a. Lohmann und Frief (S.21); 06.05.1876 Inspektoren reisten im Vorjahr nur an 51 Tagen, das sei zu wenig (S.64); 16.04.1878 Frief könne das Nebenamt etatmäßig bekommen (A I, Nr.3, S.85, 3000 M Nebeneinnahmen).
Zu Süssenguth unten S.118.

84) A I3, Nr.7, Bd.2, S.180; A I3, Nr.13a; A I3, Nr.5 Bd.2, S.182 sowie H I, B3. "Außerdem wurde durch die Errichtung eines Remunerationsfonds von 30'000 M. die Anstellung von kommissarischen Fabrikinspektoren ermöglicht", Rothfels 1927, S.32; siehe auch: Jahresberichte 1875 (wie Anm.80), S.v; Staatshaushaltsetat pro 1876 Anlagen Bd.1, S.44ff (Kap.69,Tit.11); die Besoldung für 6 Fabrik- und

Damit war aber am Ende des Etatjahr 1873/74 aus dem Wunsch der Verwaltung nach einer professionellen Fabrikinspektion noch wenig geworden, denn nur der Bergassessor und der Chemiker entsprachen in etwa dem Wunschbild.[85] Seit der Minister im März 1872 auf die Linie seiner Beamten eingeschwenkt war, hielten diese die untergebenen Regierungen in jährlichen Runderlassen an, höhere Anforderungen an die Inspektoren zu stellen:

> "Die Durchführung eines wirksamen Schutzes gegen Unfälle und Krankheitsgefahren in Fabriken erfordert eingehende Kenntnisse in der mechanischen und chemischen Technologie und Bekanntschaft mit denjenigen (technischen) Maßnahmen, welche zum Schutze gegen die schädigenden Einwirkungen der Fabrikationsprozesse angewendet werden können."[86]

Die Geltung des §107 GewO und die Rechtsunsicherheit bei der Haftpflicht sollten durch die professionelle Fabrikinspektion gelöst werden. Aber vorerst stammten noch die meisten Inspektoren aus dem militärisch-polizeilichen Milieu, aus dem sich auch fast alle Kandidaten meldeten, weil die Inspektion für eine Polizeiaufgabe galt.[87]

Daraus ergab sich für das Ministerium eine Doppelstrategie, die auch einer Arbeitsteilung entsprach. Der Minister warb bei Kollegen und Parlamentariern für das Konzept. Die Ministerialbeamten korrespondierten mit den Ober- und Regierungspräsidien und nahmen immer neue Anläufe, ihr Konzept bekanntzumachen. An beiden Fronten kam das Umdenken nur langsam in Gang:

a) Der Briefwechsel zwischen Achenbach und Camphausen um den Ausbau und die Aufwertung der Fabrikinspektion.

Nach der preußischen Verfassung von 1850 mußten alle Ausgaben und Einnahmen des Staates jährlich im voraus veranschlagt und von König und Kammern verabschiedet werden (§§ 35,70). Die Höhe der Etatposten war in der Gesetzessammlung nachzulesen. Das Handelsministerium folgte als Nr.IV nach Staatsministerium, Auswärtigem und Finanzen. Kapitel 69 betraf die Gewerbeverwaltung und betrug

---

5 Eichinspektoren (Titel 3: 35'400 M) war noch 1878/79 unverändert, ebendort 1879/80 Anlagen Bd.2 Nr.5 Anlage A, S.5, Spalte 1 ("Der vorige Etat setzte aus"); Lohmann an Camphausen vom 21. 6.1876 (unten Anm.94).

85) Dagegen erklärten die Jahresberichte 1875, S.iv, es seien "Beamte ausgewählt (worden), welche hinreichende technische Kenntnisse besäßen."

86) Achenbach an Camphausen vom 23.5.1877 (wie Anm.79).

87) Vgl. die Bitte Steinkopfs, seine Polizeiuniform tragen zu dürfen, oder die Bewerber für die Stelle in Düsseldorf, "welche sämtlich nur für die Assistentenstelle in Betracht kommen", A I3, Nr.5, Bd.2, S.227.

1873 181'837 Taler, aufgeteilt auf Besoldungen (Titel 1-4), andere persönliche (5-10) sowie sächliche Ausgaben (11-13). *Kapitel* und *Titel* entschieden, wieviele etat- und außeretatmäßige Inspektoren angestellt und wie hoch sie besoldet, remuneriert, vergütet und entschädigt werden konnten. Das war die Front, an der der Handelsminister zu kämpfen hatte, sollte aus den Plänen seiner Beamten etwas werden.

Am 26.2.1874 informierte er das Abgeordnetenhaus über die Absicht der Staatsregierung, den Geschäftskreis der Fabrikinspektoren auszudehnen und legte dazu eine Denkschrift über die Reorganisation der allgemeinen Landesverwaltung vor, die die etat- und beamtenrechtliche Integration der neuen technischen Beamten einleiten sollte.

Neben dem zuständigen Finanzminister mußten die Regierung in der Person des Ministerpräsidenten und der Korporation des Staatsministeriums sowie nicht zuletzt die legislativen Gewalten ihr Einverständnis erklären. Solange sich Bismarck als verlängerter, aber selbständiger Arm des Monarchen auf die Etatübersicht des Finanzministers verließ, war dessen Zustimmung für den geplanten Ausbau der Inspektion entscheidend, jener aber skeptisch, solange die von den Gewerbeverwaltungsbeamten vorweggenommene Novelle der Gewerbeordnung zugunsten von Ausbau und Aufwertung der Fabrikinspektion nicht gesetzlich abgesichert war. Bis zu dieser vom Reichstag gegen den Willen der Regierung durchgeboxten Regelung vom Juli 1878 gelang es dem Handelsminister immerhin, für seine Verwaltung **6 etatmäßige** und **10 außerordentliche** Fabrikinspektoren finanziert zu bekommen, wenn auch zu wenig günstigen Besoldungssätzen. Trotzdem waren die 6 etatsmäßigen Fabrikinspektoren pro Kopf gerechnet 1875 unter den 295 Beamten der Gewerbeverwaltung schon durchaus überdurchschnittlich besoldet.[88]

Er werde, schrieb Achenbach am 15.11.1873 an Camphausen, bei den vorhandenen und den neu zu besetzenden Stellen sein "Augenmerk nur auf wissenschaftlich und technisch ausgebildete Beamte richten", könne auf solche aber nur hoffen, wenn

---

88) Möller 1928, Anlage I. Am 2o.9.1872 beantragte noch Itsenplits eine Erhöhung des Kap.67,Tit.3, von 3300 auf 4800 Taler, um neben den mit 1000-12oo Talern bewerteten drei Stellen eine vierte für Berlin su schaffen. Der dafür vorgesehene Polisist v.Wolffsburg habe s.Zt. ein Grundgehalt von 1300 Talern (sowie 700 für Wohngeld u.a.), A T3, Nr.2, S.24 u.29. Oberpräsidenten erhielten in dieser Zeit 7000 Taler (außerdem freie Wohnung), Regierungspräsidenten 2500-3500 (sowie 6oo "Mietentschädigung"), Regierungsräte 1200-1800, Rendanten 1200-1400, Bürobeamte 500-1000, Kanslisten 450-650 (alle Beträge in Taler und für das Personal der allgemeinen Präsidialverwaltung). Im Handelsministerium erhielten Bürobeamte 12oo, Räte 2600, Direktoren 4500; in der Bauabteilung Bauräte 1500, -inspektoren 1000 (!), Kreisbaumeister 700 (Durchnittsbeträge in Taler), vgl. Staatshaushaltetat pro 1872 Anlagen Bd.2, Nr.5, Beilage L, S.36 u.108. Zu den Stellen der Fabrikinspektoren ebendort 1873/74 Nr.4 Beilage A, S.42 (Kap.69,Tit.3).

die Stellen in Dotierung, Reise- und Wohngeldvergütung den erhöhten Ansprüchen genügten. Da die Verwaltung "die Pflicht nicht abweisen kann, einstweilen eine Besserung" der Fabrikzustände herbeizuführen, ohne dazu gesetzlich angewiesen zu sein, bat Achenbach in einem *zehnseitigen* Brief Bismarck, dem "Bedürfnis der Verwaltung" durch den Gesetzgeber entgegenzukommen. Camphausen ließ er aber 5 Tage später wissen, es werde noch "länger als Jahr und Tag dauern, bis auf diesem Wege die gesetzliche Grundlage für eine befriedigende Regelung getroffen sein wird".

Deshalb beantragte Achenbach beim Finanzminister, "in den Etat pro 1875 die Position von 10'000 Mark" einzubringen, was dieser ihm mit Schreiben vom 7.7.1874 bewilligte, ohne daß deutlich würde, ob er aus freiem Entschluß oder auf Druck von oben handelte.[89] In den folgenden Jahren jedenfalls mußte Camphausen weiteres Geld bewilligen für Beamte, die nach seiner Einschätzung "einen bestimmten Dienstrang nicht haben". Wegen ihres noch unbestimmten Ranges könne er ihnen bei Reisekostenabrechnungen nur die Tarifklasse IV zubilligen, was sie aber nicht zu subalternen Beamten stempele; noch die 5.Tarifklasse läge darüber und schließe Oberförster, Baubeamte und Gymnasiallehrer ein.[90]

Achenbach verteidigte die "von meinem Amtsvorgänger am 13.3.1873 vorgeschlagenen Ausdehnung der Zuständigkeit der Fabrikinspektion" mit den Worten seiner Ministerialbeamten. Die Inspektoren sollten als wissenschaftlich geschulte höhere Beamte den Fabrikanten "in Bildung und gesellschaftlicher Stellung ebenbürtig sein". Er suchte, "den Fabrikinspektoren einen bestimmten Dienstrang zu verschaffen, welcher sie über die Stellung der Subalternbeamten erhebt", weil die "Hebung ihrer persönlichen Dienststellung ihre Wirksamkeit verbessere". Er wies Bismarck auf das sächsische Beispiel hin, wo die Regierung den Inspektoren "eine sehr selbständige, derjenigen der Bezirksämter coordinierten Stellung" gegeben hätten. Zur Vorbildung der Beamten bemerkte er am 23.5.1875, "die bei den Technischen Hochschulen eingeführten Diplomprüfungen seien im wesentlichen geeignet, die Zwecke zu erfüllen".[91]

Zwischen September 1874 und September 1875 wurden keine neuen Inspektoren eingestellt, obwohl einige Bezirksregierungen weiter in Verhandlungen mit Bewerbern standen. Erst die für das Etatjahr 1875/76 bewilligten 30'000 Mark führten zu neuen Einstellungen. Am 9.September 1875 wurden die Apotheker **Dr.Drohnke** und **Dr.Kind** für den Regierungsbezirk Kassel, am 21.1.1876 der Apotheker **Dr.**

89) A I2, Bd.1, S.55 u.71.

90) Ebendort, S.56, Camphausen vom 27.1.1874.

91) Ebendort, S.61ff, Achenbach an Bismarck vom 3o.4.1874.

Schreiber für Wiesbaden, alle im Nebenamt, angestellt. Die Bezirke Stettin und Aachen erhielten im Oktober 1875 zwei Ingenieure als Fabrikinspektoren, die wiederum aus dem militärisch-technischen Bereich stammten; am 1.10. trat der ehemaliger Deckoffizier, Schiffsmaschinenmeister und Dampfkesselrevisor Robert **Hertel** seine Stelle in Stettin an, am 6.10. besetzte der ehemaliger Premierleutnant der Artellerie Franz **Reichel** die vakante Stelle in Aachen, dem sich Gustav Bielinski als Inspektor 'alter Art' unterordnen mußte. Die Etatmittel reichten aus, um bis zur Mitte des folgenden Jahres weitere vier Stellen 'commissarisch' zu besetzen; im März 1876 mußte sich der Diätar Nitschke in Arnsberg dem neuen Fabrikinspektor für die Provinz Westfalen unterordnen, Bernard **Osthues**, der zuvor Eichinspektor im neuen Eichamt Dortmund gewesen war und der diesen Dienstort wie jenes Amt beibehielt. Im Juni 1876 besetzte der Apotheker **Dr.Gustav Wolff** die Stelle für Düsseldorf, die vakant war, weil Steinkopf seine etatmäßige Anstellung nicht erreicht hatte und als Bürgermeister nach Cleve gewechselt war. Im Juli folgten noch der ehemalige Hauptmann, Natur- und Kriegswissenschaftler **Dr.Wilhelm v.Rüdiger** für den Bezirk Frankfurt/Oder sowie der ehemalige Betriebschemiker Rudolf **Sack** für Ost- und Westpreußen mit Dienstort Königsberg.[92]

---

92) Zu v.Rüdiger, Kind, Schreiber, Sack und Hertel s.unten Anm.112,115,119,122; zu Reichel A I3, Nr. 10, Bd.1; geboren 1847 in Wormditt; 1868 Abitur in Königsberg; in Pionier-Bataillon eingetreten, sur Artillerie versetst, Kriegsschule in Neisse, Offisiersexamen, 17.2.1872 Abschied mit Versorgungsschein; vier Jahre Polytechnikum Aachen (S.33); 30.11.1875 kurs nach Einstellung Bitte um Erhöhung der Remuneration, die nur 600 T. betrage (S.70); 31.10.76 Erhöhung von 32oo auf 3900 M; 23. 2.1879 hält Vorträge am Polytechnikum (147); Programm der Vorlesungen (S.251 Plakat); 1.4.1884 kalligraphische Aufstellung über Büroarbeit, Sitsungen und Bürokostenetate (S.248-51). Bd.2: Übertritt sum Reichsversicherungsamt, Remuneration dort 7560 M (S.5/8); Bernouilli übernimmt (S.17). Zu diesem unten S.118.

Zu Osthues A I3, Nr.7 Bd.3; H I, 03 und C IV A720; geboren 1835 in Münster, seit 1866 verheiratet, 4 Kinder; 1856 Abitur, Bergbaubeflissener, 1865 Referendar, 1868 Assessor; 1859 einjährig-freiwillig, Feldsüge 1866/70 als Offisier; 14.4.1871 Eichungsinspektor für Westfalen mit Sits in Dortmund (Remuneration 500 Taler); 4.3.1876 Fabrikinspektor im Nebenamt (2100 M, "Bürokosten selbst su bestreiten"); 1879 Gewerberat, 1891 RGR für Arnsberg; 15.6.1893 in Tarasp an Hersleiden gestorben.

Zu Dr.Wolff A I3, Nr.5 Bd.2 und B1, Nr.1362; geboren 1842 in Ziegenhain bei Kassel; Realschule in Marburg, Apothekerlehre, 1866-69 Chemiestudium; im 2.Semester pharmaseutisches Examen, im 4. wegen sehr guter Fakultätsprüfung sum Dr.phil promoviert, im 5. Assistent; Hütteningenieur und Betriebsleiter; 1871-74 in Australien, dann Breslau; 18.4.1876 Brief aus Niederlahnstein; 7.6. Nachfolger Steinkopfs in Düsseldorf, 14.6. Dienstanweisung für Düsseldorf; 1.6.1877 möchte wie sein Kollege in Köln eine "Legitimationskarte", um sich als höherer Beamter ausweisen su können; 18.11. beklagt, nicht su "Sitsungen der Gewerbeabteilung" sugesogen su werden; 1879 Assistent Bielinski; 1.11.1888 nach Straßburg; siehe auch Adolphs 1972, S.49f u.69; Luxem 1983, S.131f ("Bei einem Vergleich von Ausbildung und Aufgaben von Junkermann und Dr.Wolff wird eine allgemeine Aufwertung des Amtes deutlich"); v.Berlepsch 1987, S.42.136,162 u.183, kannte diese Literatur nicht und nannte den Düsseldorfer Gewerberat (titellos) Georg Wolff.

Im Etatjahr 1876/77 kamen schließlich der Laborchemiker und studierte Maschinenbauer Karl **Ecker** für Hannover -Erlaß vom 4.12. und Eintritt am 4.1.77- und der promovierte, also an einer Universität absolvierte Chemiker **Dr.**Adolph **Bernouilli** am 21.12.1876 für den Regierungsbezirk Oppeln hinzu, so daß 1877 neben den beiden Inspektoren alter Art (Nitschke und Bielinski) sowie den drei hessisch-preußischen Apothekern als Inspektoren im Nebenamt vier etatmäßige und sieben remunerierte, zusammen also sechzehn preußische Inspektoren im Dienst waren[93] **(siehe Tabellen-Anhang 1).**

Da Camphausen am 16.3.1876 für jede Stelle durchschnittlich 3000 M Reisekosten pro 1876 bewilligt hatte, konnte Lohmann bereits am 21.6.d.J. absehen, daß der Etatansatz des Kap. 69, Titel 11 mit 30'000 M zu knapp bemessen und im kommenden Jahr zu erhöhen war. Aber der Finanzminister konzedierte nur die Hälfte der beantragten Erhöhung und beschied, die Inspektoren hätten sich bei ihren Reisen und Revisionen auf den Betrag von 42'000 M einzustellen, worauf der Handelsminister Pauschsummen für jeden Bezirk vorschrieb.[94]

Am 23.5.1877 informierte er Camphausen in einem immerhin 15 Seiten langen Schreiben über den Ausbau der Inspektion auf 16 Beamte. Er sei von dem Plan abgekommen, geeignete Privatpersonen oder bereits etatisierte technische Beamte anderer Abteilungen im Nebenamt zu beschäftigen und habe "ohne die Verwendung von Nebenfunktionen für die Zukunft unbedingt aufgeben zu wollen, die mir zur Verfügung gestellten Mittel bis jetzt fast ausschließlich dazu benutzt, um für solche Bezirke, für welche etatmäßige Stellen nicht bestehen, kommissarische Fabrikinspektoren zu berufen...". Die Schwierigkeiten bei der Gewinnung von *qualifizierten Personen* seien inzwischen überwunden, teils durch die Erhöhung von Diäten und Reisekosten, "teils mit Hilfe der augenblicklichen Konjunktur, wodurch manche tüchtigen technischen Kräfte zeitweilig brach gelegt wurden ...".

Die meisten neuen Fabrikinspektoren seien Absolventen eines Gymnasiums oder einer Realschule 1.Ordnung und hätten auf einem Polytechnikum oder einer

93) A I2, Bd.1, S.186, zählte Lohmann in einem Briefentwurf an Camphausen vom 24.11.1876 (S.180-186) 6 etatmäßige und 10 kommissarische Inspektoren auf. Das Schreiben blieb liegen. Der Finanzminister wurde erst in Achenbachs Brief vom 13.5.1877 (wie Anm.79), aber dann gründlich unterrichtet. Wenn der Minister "die Mittel zur Dotierung einer größeren Anzahl höherer Beamtenstellen (verweigerte)" (Rothfels 1927, S.31), dann gab es doch Wege, die Institution auszubauen. Nicht berücksichtigt bei Rothfels 1927, S.32f. Zu Ecker und Bernouilli unten Anm.113 u.116.

94) A I2, Bd.1, Lohmann am 21.6.1876 an Camphausen. Kap.69,Tit.11 soll nur um 12'889 M (statt 24' 000 M) erhöht werden (Camphausen am 6.11. und 12.12.1877). Die Pauschsummen ebendort, S.233: 4000 M. für Königsberg und Stettin, 3600 M für Magdeburg, 3000 M für Breslau, Hannover, Münster, Koblenz und Düsseldorf, 2700 für Arnsberg, Aachen und Frankfurt/O., 2400 für Oppeln und 1500 für Wiesbaden.

Technischen Hochschule studiert und auch praktische Erfahrungen vorzuweisen. Sie seien "geeignete Organe, um der Staatsregierung die für ihre gesetzgeberische Arbeiten auf gewerblichen Gebiete erforderliche Kenntnis der Verhältnisse zu vermitteln", könnten aber vor der Öffentlichkeit ("Publikum") wie gegenüber Kreis- und Lokalbehörden nur wirken, wenn sie das "Ansehen höherer Beamten" genössen, was sie entbehren müßten, "solange ihre Einnahmen denjenigen anderer höherer Beamter nicht entspricht". Deshalb beantrage er, statt der sechs Beamten, die etatmäßig mit 4500 (Berlin) bzw. im Durchschnitt mit 3300 M besoldet würden, dreizehn zu etatisieren und elfen davon im Durchschnitt 5100 M zu geben.[95]

Camphausen sperrte sich gegen diesen Antrag ganz. Er erinnerte in seinem wie immer kurzen Brief, der wie selten völlig ablehnend war, an sein Schreiben vom 4.5.1874, an dem er festhalte. Solange die Gesetzgebung zum Thema schwebe, gäbe es keine neuen Stellen. Auch habe der Minister am 26.2.1875 selbst im Abgeordnetenhaus gesagt, "daß es nicht zweckmäßig sei, überall besondere Fabrikinspektoren förmlich anzustellen".[96]

Wenig später schrieb Bismarck aus Varzin, mitten in der Kanzlerkrisis und zwischen den Gesprächen mit Bennigsen, einen seiner wenigen Briefe an den Handelsminister. Ein Besuch in Hertels Stettiner Bezirk und ein Gespräch mit jenem Inspektor neuen Typs hätten ihn überzeugt, daß die Fabrikinspektion in der jetzigen Form in ihrer gesetzlichen Berechtigung zweifelhaft, in ihrer praktischen Wirksamkeit aber nachteilig für die Industrie sei. Er erinnere an sein Votum vom 30.9.1876, wonach "die Schwierigkeit, welche das Verhältnis von Arbeitgeber und Arbeiter mit sich bringt", nicht durch Schöpfung einer Beamtenklasse zu lösen sei.[97]

Gegen solche Widerstände konnte Achenbach seinen Antrag auf Etatmäßigkeit der meisten neuen Fabrikinspektoren nicht mehr selbst durchsetzen. Aber obwohl Bismarck selbst das Handelsministerium übernahm und es von den Maschinenmeistern der Eisenbahnverwaltung und den Baumeistern der Bauverwaltung abtrennte,

95) Wie Anm.79; auch im Original ohne den Plural "entsprechen".

96) Schreiben vom 30.6.1877, ebendort S.19f; 6 Wochen vor Bismarcks bekanntem Schreiben aus Varzin vom 10.8.1877, ebendort, S.52-66; siehe auch bei Poschinger 1890, S.258ff und Bittmann 1924, S. 150-59. Ein anderer Quellenhinweis bei Lothar Machtan: "Der Kanzler erklärte sich nunmehr definitiv -und wie er in einer Aktenrandbemerkung notierte- "principaliter gegen Gesetzesarbeit auf diesem Gebiet" (= Arbeitsschutz, Verf.) (ZSTA Potsdam 07.01 Nr.356)", in: Milles /Müller (Hg.) 1985, S.58.

97) A I2, Bd.2, S.60. Einem Brief Brentanos an Schmoller zufolge, habe Hertel u.a. Varziner Kreissägen beanstandet, vgl.v.Berlepsch 1987, S.272.

wurde dieser Antrag schon im übernächsten Etatansatz verwirklicht (**siehe Tabellen-Anhang 2**).

Während die Bauverwaltung im Handelsministerium 1876 einen Etat von 16 Millionen hatte, stieg der Etat der Gewerbeverwaltung im selben Jahr von 0,731 auf 0,771 Millionen, 1878/78 waren für das Ministerium (Kap.65) 1 Million, für die Bauverwaltung (Kap.66) 15 Millionen und für die Gewerbeverwaltung (Kap.69) 0,852 Millionen vorgesehen, davon **ca 92'000,- für Fabrikinspektion**. Dieser Anteil von nicht ganz 11 Prozent stieg im nächsten Etatansatz auf ca 11,6 Prozent, nämlich **105'350,-** von nunmehr 0,892 Millionen des Kapitels 69.[98]

Tabelle 1: Der Etat des Handelsministeriums im Vergleich zweier Etatansätze.[99]

		1878/79	1879/80
Kapitel 68	Ministerium	216'000	201'000
Kapitel 69	Handel und Gewerbe	852'397	892'674
Kapitel 70	Technische Lehranstalten	323'001	324'281
Kapitel 71	Vermischte Ausgaben	18'800	18'800

b) Der Schriftwechsel zwischen Ministerialbeamten und Regierungen/ Oberpräsidien um die Anwerbung und Anstellung der neuen Inspektoren.

Mit **Nitschke**, **Bielinski** und **Steinkopf** waren bis zum Amtsantritt Achenbachs drei neue Inspektoren ins Amt gekommen, die dem Bild der Reformbeamten nicht entsprachen. Deshalb wurden diese Aufsteiger zu Opfern der Reformpolitik. Sie mußten vor den zunehmend akademisch gebildeten neuen Beamten auf untergeordnete Tätigkeiten oder nachgeordnete Dienststellen ausweichen. Die Witwe des Regierungsdiätars **Nitschke** wandte sich am 8.5.1896 an den Arnsberger Regierungspräsident und beklagte die "schweren Opfer an Geld", welche die "zahllose(n) Wohnorte und Wohnungswechsel während unserer Ehe" erfordert hätten. "Der ungewöhnlich aufreibende Dienst" in seiner letzten Stellung als Fabrikeninspektor eines industriereichen Bezirks (Arnsberg) und das Streben, sich durch rastlose Tätigkeit an so hervorragender Stelle zu bewähren, hätten "zweifellos die Unterlagen zu seinem Krankwerden gebildet", das ihren Mann zwang, "von einer weiteren Tätigkeit im Staatsdienst absehen zu müssen". Nach Waisenhaus-, Büro- und Militärjahren trat der Vizefeldwebel und Militäranwärter am 6.1.1868 als Super-

98) Staatshaushaltsetat pro 1876, Anlagen Bd.1, S.44f; dass. für 1879/80, Anlagen Bd.2 Nr.5 Beilage A, Kap.65/66 und 69. Der Etatansatz für Besoldung (Titel 3) stieg von 35'400 auf 61'200 M (S.12, jeweils abzüglich 14'400 für die Eichinspektoren), der für Remunerationen (Titel 5/10) sank von 30'000 auf 18'000 M. Die Sachkosten blieben konstant.

99) Ebendort für 1879/80, S.2-4 (in RM).

numerar in den Bürodienst der Regierung Frankfurt/O. Dort war er im Sekretariat der Gewerbe- und Handelsabteilung, in der Kalkulatur, in Forst- und Domänensachen sowie als interimistischer Bürgermeister der Ortschaft Liebenau tätig. Am 30.10.1868 belobigte ihn der Regierungspräsident, denn er habe "mit großer Befriedigung von dem ausgezeichneten Erfolg act genommen, auf dem Gebiete der Wegeverbesserung im Gemeindebezirk Liebenau". Ein Landrat empfahl ihn höheren Ortes, so daß Nitschke auf sein Bewerbungsschreiben vom 20.9.1869 durch v.Itzenplitz "zum 1.11. in der Geheimen Registratur meines Ministeriums gegen eine pränumerativ zahlbare diätärische Remuneration von monatlich 35 Talern" nach Berlin geholt wurde. Dort erreichte Nitschke durch mehrere Eingaben an und ein persönliches Gespräch mit dem Minister eine Besserstellung auf zuletzt 60 Mark, nicht aber den "seit 1854 sehnlichsten Wunsch, eine etatmäßige Stellung zu erhalten". So waren hohe Erwartungen berechtigt, als ein von Handels-, Innen- und Justizminister unterzeichnetes Schreiben ihm am 8.5.1872 "unter Vorbehalt des Widerrufes" die kommissarische Verwaltung der Fabrikinspektion des Bezirks Arnsberg anbot und ihn dafür seit 15.8. mit jährlich 1000 Talern remunerierte.[100]

Nitschke verfolgte die Revisionstätigkeit wie schon die Büroarbeit mit Akribie, was die Jahresberichte dokumentieren. Anders als beim Verhältnis von Bielinski und dem Akademiker Dr.Wolff in Düsseldorf (s.unten) führte die Anstellung des in Dortmund residierenden Bergassessors Bernhard **Osthues** im März 1876 nicht zu Standesrivalitäten, sondern zu willkommener Arbeitsteilung in einem industriereichen Bezirk. Es waren die Reformbeamten im Ministerium, die diese partnerschaftliche Aufteilung der Revisionsarbeit, die Nitschke und Osthues zwei Jahre lang praktizierten, für unstatthaft erklärten. Osthues war dem Oberpräsidenten in Münster unterstellt und sollte im Nebenamt die Fabrikinspektion der Provinz Westfalen übernehmen. Er blieb Eichinspektor in Dortmund, rechnete die Reisekosten beim Oberpräsidium, die Bürokosten und seine Remuneration von 2100 M bei der Regierung in Arnsberg ab. Er schrieb dem Handelsminister, daß er mit Nitschkes Hilfe die ganze Provinz beaufsichtigen könne, wurde aber korrigiert:

> "Die Darlegungen des p. Fabriken-Inspektors Osthues, wonach die Regierungsbezirke Minden und Münster keine ausreichende Beschäftigung für einen besonderen Aufsichtsbeamten bieten würden und der p.Osthues mit Hülfe des Fabriken-Inspektors Nitschke im Stande sein würde, die fraglichen Geschäfte

100) Zu Nitschke HI, N 26 (57 S.); geboren 1836 in Schlesien, verheiratet seit 1859 mit der Tochter eines Schweidnitzer "Aufsehers", 2 Kinder (gestorben); Bewerbung und Lebenslauf vom 20.10.1869 (S.1ff); probeweise Anstellung vom 1.11.(S.3); Lob aus Frankfurt vom 30.10.1868 (S.33); 1.3.70 und 4.10.71 Diätenerhöhung (S.25/27); Brief an Minister vom 7.10., Audienz am 17.10.1870 (S.15-19); Bewerbung vom 8.3. und Erhöhung vom 29.3.1872 (S.28f); Verpflichtung als kommissarischer Fabrikinspektor vom 9.5.1872 (S.35).

für die ganze Provinz in ausreichender Weise wahrzunehmen, beruhen auf einer nicht ganz zutreffenden Auffassung von den Aufgaben und dem Umfange der Tätigkeit des Aufsichtsbeamten. Namentlich ist es irrig, wenn der p.Osthues annimmt, daß nach den in den mitgeteilten Normen enthaltenen Grundsätzen die Tätigkeit des Aufsichtsbeamten hinsichtlich der Arbeiterinnen und jugendlichen Arbeiter sich künftig im wesentlichen darauf zu beschränken habe, zu konstatieren, ob die Ortspolizeibehörde ihre Pflicht erfüllen oder nicht. Die Tätigkeit der Ortspolizeibehörde, wie auch diejenige des Fabrik-Inspektors Nitschke wird sich immer auf eine formelle Überwachung der Innehaltung der gesetzlichen Vorschriften beschränken und nicht geeignet sein, das Urteil darüber festzuhalten, wie die gesetzlichen Vorschriften wirken, welche Abänderungen derselben ins Auge zu fassen seien und welche Ausnahmen und Modifikationen ... einzuführen sind."[101]

In breiter und umständlicher Verordnungsprosa sprach der neue Handelsminister die Skepsis seiner Beamten subalternen Kräften gegenüber aus. Er pflichte im übrigen dem Oberpräsidenten "dahin bei, daß dem p.Nitschke, abgesehen von den in seiner Persönlichkeit liegenden Rücksichten, schon um der Einheitlichkeit des Aufsichtsdienstes willen, in Zukunft eine Stellung angewiesen werden muß, nach welcher er nur einen Teil der in § 139b der Gewerbe-Ordnung bezeichneten Aufsicht und diesen unter Leitung der mit der Gesamtheit dieser Aufsicht zu betrauenden, der königlichen Regierung zuzuordnenden Aufsichtsbeamten wahrzunehmen hat."[102]

Der Oberpräsident der Provinz Westfalen hatte schon am 9.2.1875 auf einen Erlaß vom 5.12.1874 - ob auch für die Regierungsbezirke Münster und Minden Fabrikinspektoren nötig seien - "ein als dringend zu bezeichnendes Bedürfnis nicht vorhanden" gesehen, andererseits gemeint, Ortspolizeien, Kreisphysici oder Lokalbaubeamte übten "erfahrungsgemäß nicht die nötige Sorgfalt aus". Unpraktisch finde er den Vorschlag der Regierung in Münster, "einem besonders für Münster und Minden anzustellenden Fabriken-Inspektor dadurch ein ausgiebiges Gebiet der Tätigkeit zu verschaffen, daß zugleich die Aufsicht der Ausführung und des Betriebs der consessionspflichtigen Anlagen in den Kreis seiner Wirksamkeit gezogen werde." Zu einer solchen Aufsicht gehörten technische Kenntnisse, "welche von den Fabriken-Inspektoren nicht zu verlangen sind". Noch unzuläßiger sei deshalb der Vorschlag, diese ehemaligen Polizisten mit der Dampfkesselrevision zu betrauen. Der Oberpräsident war demnach zu dieser Zeit über die Reformpläne des Ministeriums noch nicht unterrichtet.[103]

101) B4, Präs 1695/1695a unpag, Bd.2, Brief des Ministers vom 10.4.1879 (S.1).

102) Ebendort, S.5.

103) A I3, Nr.7, Bd.2, S.216.

Mit einem Einkommen von zuletzt 3900 Mark (inkl.Wohngeld) wurde **Nitschke** zum 1.8.1880 in den Ruhestand versetzt. Er bewohnte in seiner Münsteraner Zeit bescheidene Mietwohnungen in der Gartenstraße, im ersten oder zweiten Stockwerk, zuletzt für etwa 250 Mark Miete. Das kinderlose Ehepaar zog nach Nitschkes Pensionierung für einige Jahre in die schlesische Heimat, kehrte aber 1892 wieder nach Münster zurück. Es soll dann noch ein Kapitalvermögen von 12'000 Mark vorhanden gewesen sein. Frau Nitschke bekam nach dem Tod ihres Mannes (20.9.1895) 525,75 Witwengeld sowie eine jährliche "Unterstützung" von 315 Mark. Am 21.3.1911 meldete der Arnsberger Regierungspräsident, daß die alte und einsame Frau "in ärmlichen Verhältnissen" lebe.[104]

Auch **Bielinski** und **Steinkopf** wurden durch den Reformkurs aus ihren zunächst aussichtsreichen Stellen verdrängt. Nachdem der verdienstvolle Düsseldorfer Inspektor Junkermann zum 1.4.1873 pensioniert worden war, hatten sich zahlreiche Militäranwärter und Subalternbeamte auf die erledigte Stelle beworben. Steinkopf hatte man im Juli 1873 eingestellt, offenbar ohne Abstimmung mit Berlin: "Wie der königlichen Regierung aus früheren Erlassen bekannt, bin ich, der Handelsminister, mit einem weiteren Vorgehen in dieser Richtung völlig einverstanden". Der betretene Weg sei aber bedenklich, denn die aus Schlesien übernommene Dienstanweisung für den Fabrikinspektor gehe von der Voraussetzung aus, "daß der letztere ein wissenschaftlich, geschäftlich und technisch gebildeter, für den höheren Staatsdienst qualifizierter Beamter sein würde." Daß dem Düsseldorfer Fabrikinspektor, über dessen Arbeit im Handelsministerium noch kein Bericht vorliege, "eine derartige Vorbildung beiwohne, ist schon mit Rücksicht auf seine Vorbildung und bisherige Dienstlaufbahn kaum anzunehmen; namentlich wird ihm die erforderliche technische Ausbildung voraussichtlich abgehen." Sollte die Befugnis des Inspektors durch Reichsgesetz auf das ganze Gebiet der Fabrikgesetzgebung ausgedehnt werden, sei es nicht tunlich, die wegen 1853 angestellten Beamten ohne weiteres in ihrer Stellung zu belassen. Soweit sie den neuen Anforderungen nicht genügten oder keine anderweitige Anstellung fänden, würden sie in ihrem beschränkten (auf Jugendschutz bezogenen) Wirkungskreis verbleiben. Auftragsweise Betrauung mit neuen Aufgaben sei nicht ratsam, weil sie falsche Hoffnungen wecke. Auch die Tätigkeit des Medizinalrats im Regierungskollegium könne "wegen der übrigen Obliegenheiten dieser Beamten ... (nicht) so umfassend und systematisch sein, wie sie erforderlich ist,um den gegenwärtig an die Inspektion zu stellenden Anforderungen im dortigen Bezirke zu genügen". Gerade

---

104) H I, N 26 (57 S); Entlassung zum 6.8.1880 (S.37); keine Zeile aus der achtjährigen Dienstzeit als Fabrikinspektor; Brief der Witwe vom 8.5.1896 (S.38f); am 5.6.1896 wird ein Kapitalvermögen von 12'000 M (Einkommensteuer 6 M) festgestellt; später "ärmliche Verhältnisse" (S.53).

im Vorhandensein einer besonders tüchtigen Medizinalkraft liege "eine Aufforderung, für die Lösung der erst neuerdings erkannten Aufgaben der Gewerbepolizei auch technische Kräfte in Tätigkeit zu setzen." Die Festanstellung Steinkopfs sei jedenfalls abzuwarten und hänge von dem noch zu erstattenden Jahresbericht ab.[105]

Steinkopf reagierte schnell und wechselte auf die Bürgermeisterstelle der Stadt Cleve. Das biete, schrieb das Ministerium, "eine erwünschte Gelegenheit", die Inspektion nach den neuen Richtlinien zu regeln und "nur solche Bewerber zu berücksichtigen ..., welche in jeder Beziehung den durch die Instruktion für den schlesischen Fabrikinspektor diesen Beamten gestellten Aufgaben gewachsen erscheinen". Damit schien auch die "gehorsame Anfrage" des Präsidenten erledigt, ob denn "die Wiederbesetzung der erledigten Stelle für den bisherigen Geschäftskreis erfolgen soll, oder ob etwa Aussicht vorhanden sein möchte, für jede der beiden Richtungen (Jugend- und Unfallschutz, Verf.) einen besonderen Beamten zu erlangen, was wir bereits in unserem Bericht vom 14.2.d.J. als erwünscht zu bezeichnen uns erlaubten". Der Minister beschied: "Daß der königliche Fabrikinspektor der Kontrolle der Beschäftigung jugendlicher Arbeiter überhaupt enthoben sein werde, ist nicht in Aussicht zu nehmen". Neben einer "tätigeren Mitwirkung der Ortspolizeibehörden" erwäge man, "noch eine weitere Unterstützung durch besonders beauftragte Assistenten zu gewähren" und vor allem diesen den Jugendschutz zu übertragen.

Nachdem sich der Oberpräsident gegen ein vollständiges Auseinanderhalten der Geschäfte des technisch vorgebildeten Fabrikinspektors von denen der Kinderaufsicht und für "die Unterordnung des Assistenten unter den technischen Inspektor" ausgesprochen hatte, glaubte der Regierungspräsident, daß zwei Stellen geschaffen werden müßten. Unter den vielen Bewerbern, berichtete er nach Berlin, seien "einige wenige vielleicht bereit und geeignet ... beide Funktionen zu übernehmen", er erlaube sich aber die Frage, "ob ein oder zwei Stellen besetzt werden sollen und eventuell welches Gehalt annähernd dem höheren Beamten in Aussicht gestellt werden könne." Noch bevor das Ministerium seine Antwort wiederholte, empfahl Steinkopf am 7.1.1876 dem Regierungspräsidenten "in alter Freundschaft" den Hauptmann a.D. v.Rüdiger, "einen Schwager meines Schwiegersohns", der auch sofort eingestellt wurde, allerdings für einen anderen Regierungsbezirk.[106]

105) A I3, Nr.5, Bd.2, S.190f, Schreiben von 3 Ministern vom 5.12. 1874, Lohmann am 19.4.1875 in gleicher Sache (S.202); ebendort S.146 Junkermanns Pensionierung; S.170 Bewerberliste, S.180-82 Steinkopfs Einstellung.

106) Ebendort, S.204-34; 5.4.1875 Steinkopf mit Diäten unzufrieden (2o4); Festanstellung hänge von Abgabe des Jahresberichtes ab (210); 16.9.1875 er sei abgesprungen (212); Akademiker wollen den Ju-

Bei Gustav **Bielinski** erfolgte die Zurücksetzung gleichzeitig mit der des vier Jahre älteren Nitschke. Der für Tapferkeit mehrfach ausgezeichnete Unteroffizier war im Juni 1866 mit Zivilversorgungsschein aus der Armee ausgeschieden und vom Januar 1867 bis zu seiner Anstellung als kommissarischer Fabrikinspektor für Aachen Polizeikommissar in Burtscheid, zugleich "Polizeianwalt" beim dortigen Friedensgericht gewesen. In Aachen ersetzte er den am 13.7.1870 verstorbenen, längjährigen Inspektor Piper und übernahm im Gegensatz zu Nitschke, dessen Stelle zehn Jahre lang verwaist war, einen besser kontrollierten Bezirk[107]:

Tabelle 2: Übertretungen der Gewerbeordnung in den Regierungsbezirken Arnsberg und Aachen.

	RB Aachen		RB Arnsberg		
	(Bielinski/ Piper)		(Verwaist/ Nitschke)		
	- 1874	1875	1874	1875	6.1872-11.1874
-Annahme von Kindern unter 18 Jahren	4	1	19	17	87
-Überschreitung der 6stündigen Arbeitszeit	70	35	60	57	248
-Überschreitung der 10stündigen Arbeitszeit	46	61	173	92	338
-Nichtgewährung oder verkürzte Pausen	26	33	101	31	130
-Nachtarbeit	34	12	130	96	454
Sonntagsarbeit	33	7	10	19	46

Daß Bielinski nicht so erfolgreich wie Nitschke revidierte, hatte auch psychologische Gründe. Den neuen Vorschriften zufolge mußte er -anders als sein Vorgänger- in Zivil revidieren, was sein Selbstvertrauen untergrub. Er war von vier Arbeitern "verhöhnt worden" und bat die Regierung, beim Besuch von Fabriken seine gleichermaßen respektgebietende wie gewohnte Polizeiuniform tragen zu dürfen. Genau das aber wollten die Ministerialbeamten nicht zulassen. Auf den Antrag der Aachener Regierung beim zuständigen Innenminister vom 22.8.1873 wandte sich dieser an den Handelsminister und bot Zeichnungen von Polizeiuni-

gendschutz, Polizisten können den technischen Arbeitsschutz nicht bewältigen -"für jede der beiden Richtungen einen besonderen Beamten"? (213); 25.9.1875 "erwünschte Gelegenheit" (214); Bewerberliste (225-30); keine 2 Beamten (232); 7.1. Steinkopfs Empfehlung (234); zu v.Rüdiger unten Anm.112.

107) Nach Thun 1877, S.62.

formen an, nicht ohne Zweifel über deren Legitimität bei Fabrikinspektoren anzusprechen. Am 10.10. erließ Achenbach das Uniformverbot. Der Inspektor neuen Typs sollte sich nicht mehr auf die auratische Wirkung der Uniform beim Untertan verlassen und sprachlose Autorität verkörpern, er sollte vielmehr technische Verbesserungen schnell erkennen und geschickt vorschlagen können, durch rhetorische Mittel und technischen Sachverstand zu deren (freiwilligen) Ausführung beitragen.[108]

Vor Bielinskis Festanstellung (März 1873) stellten ihm Regierungs- und Oberpräsident ein Zeugnis aus, das ihm diese Fähigkeiten absprach. Er sei ein "sehr verständiger und pflichttreuer Beamter", aber schon die "ungewöhnliche Qualifikation des verstorbenen Polizeirats Piper", womit der Oberpräsident dessen Befähigung, nicht dessen Vorbildung meinte, besitze Bielinski nicht. Deshalb wollte ihn Achenbach drei Jahre später an den Innenminister 'loswerden' und schrieb Eulenberg, "daß er sich nach seiner Befähigung zu einer selbständigen Tätigkeit in der Polizeiverwaltung sehr wohl qualifiziert". Achenbach wollte gleich beide unterqualifizierten Beamten aus seinem Etat eleminieren:

> "Gegenwärtig sind nur noch die beiden Stellen in Arnsberg und Aachen mit Beamten besetzt, welche den jetzigen Anforderungen nicht entsprechen und für welche deshalb auch die im übrigen durchgeführte Erweiterung des Wirkungskreises nicht hat eintreten können. Es liegt auf der Hand, daß es im Interesse des Dienstes sehr förderlich sein würde, wenn auch diese beiden Stellen mit Beamten von gleicher Qualifikation wie die übrigen Fabrikinspektoren besetzt werden könnten."

Nachdem sich Bielinski erfolglos um die Stelle eines Polizeiinspektors bemüht hatte, wurde er zum 1.4.1879 dem Düssseldorfer Gewerberat und standesbewußten Akademiker Dr.Wolff unterstellt. Die spannungsreiche Zusammenarbeit der beiden ist in der Literatur schon ausreichend gewürdigt. Sie wurde nach zehn Jahren von dem Akademiker beendet, der auf die neu geschaffene, nichtpreußische Stelle für Elsaß-Lothringen nach Straßburg wechselte. Bielinski harrte bis zu seiner Pensionierung am 1.10.1905 aus und hatte nicht nur Kämpfe mit seinem direkten Vorgesetzten, der ihn für unfähig hielt, zu bestehen, sondern auch mit den vorgesetzten Behörden. Er beklagte sich über das Ausmaß an Schreibarbeit, da er neben den Korrespondenz- und Revisionjournalen noch Monatsberichte zu schreiben habe: "Kurz, die schriflichen Arbeiten nehmen meine Zeit, die ich nicht zu Dienstreisen verwende, in der angestrengtesten Weise in Anspruch. Sehr häufig kommt es vor,

108) A I2, Bd.1, S.48, Brief vom 16.6.1873.

daß ich von morgens 6 bis abends 11 Uhr, ohne wesentliche Unterbrechung, schriftliche Arbeiten erledigen muß, um nur keine Reste zu bekommen."[109]

In den Bezirken von Bielinski, Nitschke und Steinkopf waren von Oktober 1875 bis Juni 1876 Franz Reichel, Bernhard Osthues und Dr.Gustav Wolff eingestellt worden. Achenbachs Vorstoß bei Eulenburg vom 27.12.1876 ist aber nur dann verständlich, wenn die ehemaligen Polizisten auch für die vorgesehenen Assistentenstellen nicht in Frage kamen, weil auch in diese Stellen Techniker einrücken sollten. Die Anwerbung, Auswahl und Anstellung der neuen Inspektoren erfolgte nun im ständigen Austausch zwischen Provinzbehörden und Ministerium. Jene versuchten -zunächst ohne Stellenausschreibungen, etwa in den Amtsblättern-, den Bedarf zu decken und erhielten offenbar vor allem unqualifizierte Bewerbungen. Düsseldorfs Kandidatenliste vom 20.3.1873 nannte neben einem Arzt und einem Kaufmann, die beide in beruflichen Schwierigkeiten steckten, neun Beamte aus subalternen Stellungen, aus denen die Nr.3 der Liste, "der Kreissekretär Steinkopf aus Moers", ausgewählt wurde.[110] Ende 1875 hatte die Regierung zwar den Standpunkt des Ministeriums verstanden und adoptiert, mußte gleichwohl wieder eine Liste von unqualifizierten Kandidaten absenden und zensierte diese gleich selber: Die beiden (adeligen) Offiziere müßten wohl abgelehnt werden, weil der eine zu alt, nämlich 56 Jahre alt war, für den anderen aber "überhaupt kein dafür sprechendes Moment vorgebracht sei." Vier ehemalige Polizisten und Verwaltungssekretäre seien wohl "von vornherein auszuschließen, da dieselben aus ihrer bisherigen Wirksamkeit bei uns bekannt sind, und zwar nichts Nachteiliges, aber andererseits auch nichts besonders Günstiges über sie zu berichten ist." Ob die Bewerber aus Aachen, "die allerdings beide recht günstige Zeugnisse beigebracht haben", geeignet seien, müsse man mangels weiterer Nachrichten dahingestellt sein lassen.

> "Auch dürfte fraglich erscheinen, ob dieselben ihre Meldung erfüllen würden, wenn ihnen bekannt wird, daß vielleicht ein hoher Inspektionsbeamter ihnen vorgesetzt werden soll und daß es sich zunächst doch immerhin nur um eine kommissarische Anstellung handeln könnte. Der letztere Umstand ... erscheint

---

109) Zu Bielinski H I, B3 (193 S); geboren 184o im Regierungsbsirk Posen; in erster Ehe mit der Tochter eines Kreisgerichtsexekutors verheiratet, seit 1898 sweite Ehe. Der spätgeborene Sohn wurde Kaufmann, die ältere Tochter führte dem Witwer nach 1894 den Haushalt. 28.3.1871 Anstellung (S.16); 24.1.1873 Antrag auf Festanstellung mit Urteil des Präsidenten (S.23); 31.3. (S.26) gewährt; 22.8. Antrag wegen Uniform, 10.10. abgelehnt; 27.12. Abtretungsvorschlag an Eulenburg, 28.1.1877 abgelehnt (S.36); 30.10.1878 Versetsung an eine Poliseibehörde erbeten (S.49f); 17.1.1879 Versetzung angekündigt (S.59); 4.10.1882 in Düsseldorf Antrag auf Schreibhilfe wegen Überlastung (S.97f). Zu Dr. Wolff oben Anm.92. Zum Spannungsverhältnis s.B. Adolphs 1972, S.50ff u.69, Luxem 1983, S.132.

110) Bewerberliste S.170 (wie Anm.105).

auch geeignet, manche sonst wohl qualifizierte, in einer sicheren, wenngleich geringeren Stelle befindliche Beamten von der Bewerbung abzuhalten."

Ein Bewerber, der "lediglich Eisenbahningenieur und ... auf einem Gebiete ausgebildet ist, welches der in Betracht kommenden Funktion ziemlich fernliegt", komme auch nicht in Frage, so daß man letztlich "keinen der Bewerber in Vorschlag bringen" möchte.

"Nach unserem Dafürhalten müßte der höhere Beamte vorzugsweise chemische, technische und allgemein hygienische Kenntnisse haben, da die überwiegenden Nachteile der gewerblichen Anlagen in der mangelhaften Beschaffenheit der Fabriken und der Arbeitsräume in denselben, in Luft- und Wasserverunreinigungen und in der Gefahr der Beschädigung durch Maschinen bestehen, wobei wir allerdings zugeben, daß namentlich mit Erlaß des Haftpflichtgesetzes die Fabrikbesitzer, sofern sie Arbeiter nicht versichert haben, schon aus eigenem Antrieb für möglichste Ungefährlichkeit des maschinellen Betriebes besorgt sind."

Die Regierung erbitte die "Ermächtigung zur öffentlichen Ausschreibung der beiden Stellen mit Angabe dessen, was gefordert wird." Nach einer Audienz mit Achenbach im März 1876, in der sich Dr.Gustav Wolff aus Niederlahnstein noch Bedenkzeit ausbat, erklärte dieser schließlich am 18.4.1876, daß er sich für jede der beiden Stellen als passend erachte.[111]

Auch in den anderen Regierungsbezirken zogen sich die Anwerbungsverhandlungen und Auswahlverfahren oft lange hin. Wollte der Minister nur die besten Kräfte und die damalige Verwaltung ohnehin nur gut beleumundete Personen annehmen, die möglichst Techniker, Chemiker und Hygieniker in einer Person waren, so konnten die Provinzbehörden oft nur wenige Ingenieure überhaupt für die unsichere und beamtenrechtliche unklare Stelle interessieren. Der von Steinkopf empfohlene Hauptmann a.D. Dr.v.Rüdiger, der dem Namen nach alles aufwies, was nach Thomas Mann einen höheren preußischen Beamten ausmacht, war bei seiner Anstellung für den Bezirk Frankfurt/O am 7.6.1876 bereits 50 Jahre alt. Sein 1845 an der Universität Berlin begonnenes Studium der Mathematik, Naturwissenschaft und Volkswirtschaft gab v.Rüdiger" in Folge seiner Versetzung als Landwehroffizier nach Stettin auf und gehörte dann dem stehenden Heere bis 1864 an, in welcher Zeit er von 1855-58 die Kriegsakademie besuchte". Im April 1861 zum Hauptmann befördert, schied er im Mai 1864 als Halbinvalide aus und "er-

111) Bewerberliste S.225-30 (wie Anm.106).

warb mit nicht unbedeutenden Mitteln ein Eisenhüttenwerk im Nassauischen, das er 1874 wegen schlechter Eisenkonjunktur verkaufte".[112]

In der Provinz Hannover eröffnete der Handelsminister am 5.12.1874 die Anwerbungskampagne. Er übersandte dem Oberpräsident die Dienstinstruktion für den schlesischen Fabrikinspektor, den bereits im Mai des Jahres eingestellten Bergassessor Alfred Frief. Zwar stünden für das ganze Staatsgebiet nur 10'000 M an Remuneration zur Verfügung, aber der Präsident solle doch prüfen und bis 15.2. berichten, ob in seiner Provinz ein Bedarf vorliege. Bei Bedarf müsse eine Person angeworben werden, die "neben allgemein wissenschaftlicher und hinreichend geschäftlicher Ausbildung namentlich auch gründliche technische Kenntnisse besitze und dem ganzen Bildungsstande nach geeignet sei, eventuell in die Reihe der höheren Beamten einzutreten." Mit Schreiben vom 23.12. forderte daraufhin der Präsident alle Landdrosten auf, bis 20.1. Verzeichnisse aller gewerblichen Anlagen abzuliefern und sich zu äußern, ob man in der Lage sei, "mir eine Person zu bezeichnen, welche die fraglichen Geschäfte wenn auch nicht als ausschließliche, so doch als Hauptfunktion übertragen werden könne." Am 9.2.1875 stellte der Landdrost von Osnabrück den ersten Kandidaten vor:

> "Der **Ingenieur Lürmann**, welcher jetzt 40 Jahre alt sein mag, ist nach Geburt Westfale. Er hat die Realschule zu Iserlohn, darauf die Gewerbeschule in Halberstadt besucht, später sich auf der königlichen Gewerbeakademie zu Berlin

112) Zu v.Rüdiger HI, R4 (105 S); geboren 1826 in Potsdam; Bericht des Präsidiums in Frankfurt/0 vom 18.2.1891; Pensionierung zum 1.10.1901. A I3, Nr.6 (172 S) mit anderem Geburtsjahr (1827); Anstellungsverhandlungen begannen im Dezember 1874; 17.8.1875 über die gewerblichen Verhältnisse des Bezirks (S.11); 21.1.1876 Gesuch v.Rüdigers -ein Regierungs- und Baurat, ein Zivilingenieur, zwei Professoren und ein Regierungspräsident geben Referenzen ab: Er habe ein "großartig an der Lahn gelegenes Werk errichtet"; "vom Fiskus ein Bahngefälle bei Nassau, fiskalische Ländereien und Steinbrüche" erworben, eine große Phosphorit-Mühle und eine Röhren-Ziegelei etabliert; englische Arbeitskräfte und ungünstige Konjunktur hätten ihn ruiniert, 300'000 M seien verloren (S.15-17). Andere Bewerber für Potsdam : ein Absovent der TH Karlsruhe (S.21), ein promovierter Kreisphysikus (S.25); 6.5. und 2o.5.1876 Berlin wünscht v.Rüdiger (S.12/27); 7.7. Anstellung; 31.10. Remuneration auf 3900 M. angehoben, 1.4.1879 etatmäßig; 26.5 "Allerhöchste Bestallung"(S.74, =Gewerberat); 23. 4.1888 Anstellung eines ständigen Bürogehilfen, nachdem er vorher mit dem Bürogeld (400 M) "zeitweise Hilfsschreiber aus hiesigen Militärbüros herangezogen" habe (S.144).
Bittmann 1924, S.127ff, kam am 1.4.1894 zur Ausbildung nach Potsdam. Er fand einen "wohlkonservierten, feudal aussehende(n) Herr(n)", der sein Amt "mit dem Gehabe eines Grandseigneurs" vertrat. "In Berlin wohnend, erschien er nur einige Male wöchentlich, und stets nur für kurze Zeit, auf dem Büro in Potsdam. Sein wissenschaftliches Rüstzeug bestand aus einer Gewerbeordnung aus dem Jahre 1869 (!) und einem Werkchen über Textilindustrie, das er mir nach eingen Tagen abtrat." Unbeschadet dessen schickte die Behörde in den ausgehenden 80er Jahren die meisten Anwärter zu v.Rüdiger nach Potsdam (bzw. zu v.Stülpnagel nach Berlin). "Rüdiger sparte als guter Familienvater für seine Söhne, die als Offiziere Zuschuß brauchten" (a.a.O, S.129). Sie waren Rittmeister und Leutnant in Dragonerregimentern (H I, R4).

im Genusse der Seydlitzschen Studien befunden und ist nach beendetem Studium zunächst als Chemiker bei einem Etablissement in der Nähe von Schwelm und sodann bei der Georgs-Marienhütte eingetreten, wo er eine Reihe von Jahren hindurch (so viel bekannt nach 10-12 Jahren) als Ingenieur bzw. als technischer Mitdirektor fungiert hat."

Etwas weiteres habe man über den Lebensgang des p.Lürmann in unauffälliger Weise nicht in Erfahrung bringen können. Jener gelte in Osnabrück als tüchtig und werde dort allgemein geachtet. Er sei finanziell unzweifelhaft in einer sehr guten Lage und an einigen industriellen Unternehmen beteiligt, "so daß er der Geld-Einnahme wegen auf die fragliche Stelle nicht zu reflektieren hat". Trotzdem werde er diese "aus Interesse an der Sache" kaum ausschlagen.

Der Landdrost von Lüneburg konnte in seinem Bericht keinen Kandidaten vorschlagen, denn ein solcher müsse Chemie- und chemische Technologie, Mechanik und Maschinenkunde beherrschen und "umfassende Kenntnisse auf diesen beiden Hauptgebieten der Technik finden sich selten in einer Person vereinigt." Jüngere Dozenten für Technologie und praktische Chemie an der polytechnischen Schule Hannover kämen vielleicht in Frage, auch habe er "auf vertraulichem Wege an das Direktorium der Göttinger Universität eine Anfrage gerichtet ..., ob von den Assistenten des chemischen Laboratoriums der eine oder andere bereit sei, sich zu den Funktionen eines Fabrikinspektors für chemisch-technische Gewerbe verwenden zu lassen". Zwischenzeitlich könnten Bergmeister, ein Bergrat, ein Gewerbeschuldirektor, ein Dozent der Berakademie Clausthal sowie ein Leggeinspektor die Aufsicht provisorisch durchführen.

Unterdessen präsentierte Osnabrück einen neuen Kandidaten, den Salineinspektor Julius Zabel, und das Handelsministerium fragte "für den Fall, daß die Beauftragung des Ing. Lürmann ... sich als untunlich herausstellen sollte", beim Oberpräsidenten an, ob der Stadtphysikus aus Celle, Dr.Barig, für die Stelle geeignet sei. Im Schreiben vom 3.7.1875 sprach sich das Ministerium zwar für den Celler Arzt aus, unterrichtete den Präsidenten aber drei Monate später von dem Beschluß, "den Ing. Lürmann widerruflich mit der Versehung der Geschäfte eines Fabrik-Inspektors für die Provinz Hannover unter vorläufiger Anweisung seines Dienstsitzes zu Lüneburg zu beauftragen". Es stünden 3000 Mark, also eine Remuneration in Höhe des etatmäßigen Gehalts, in Aussicht, zum 1.Januar 1877 erwarte man den ersten Jahresbericht. Lürmanns Abspringen im Spätherbst kam überraschend und wurde nicht kommentiert. Nur der Landdrost kolportierte die Rücktrittsgründe, die darin lägen, "daß der Herr Handelsminister diese Beamten hinsichtlich der Diäten etc. in die Klasse der Unterbeamten gesetzt hat".

Im Dezember trafen bei dem Präsidium neue Bewerbungen ein: Drei Zivilingenieure, ein Major a.D. und ein Hüttenverwalter meldeten sich. Im Februar 1876 bezeichnete der Präsident den "Civil-Ingenieur Hermann Fischer von hier" als "eine sehr geeignete Persönlichkeit", doch im März und April wurden weitere Bewerbungen gesammelt. Ein Ingenieur meldete sich aus Moskau, ein anderer aus Stuttgart. Am 7.Mai wurde der Major a.D. ausgesondert; dem 62jährigen mangele es "an praktischer Begabung, bei beachtentswerten Kenntnissen". Am 13.5. entschied sich das Ministerium ein zweites Mal, diesmal für den Ing. Friedrich **Bode**. Aber auch er sprang wieder ab. Fast zwei Jahre nach Eröffnung der Anwerbungskampagne stand die Provinz wieder ohne Inspektor da, denn Bode, der als Dampfkesselrevisor von Duisburg auch für die Düsseldorfer Stelle im Gespräch war, erklärte seinen Stimmungswandel damit, daß "...ich mir nicht denken konnte, daß die Tätigkeit eines ausführenden und konstruierenden Ingenieurs mir so zum unabänderlichen Bedürfnis geworden sei." Sechs Tage nach seinem Rücktritt meldete sich am 1.9.1876 endlich der künftige Inspektor der Provinz Hannover, Karl Ecker.[113]

---

113) E Ia, Nr.607; Schreiben vom 5.12.1874 (S.5-7, hier S.6); 23.12 Weitergabe des Auftrags (S.12-14); 9.2.1875 "Lürmann" (S.83f); Schreiben aus Lüneburg mit sahlreichen Ersatsvorschlägen (124-33); 2.5. "Dr.Baring" (S.205); 29.10. Auftrag für Lürmann (S.240); Desember neue Bewerber (S.262-71); 17.1.76 Gründe für Lürmanns Absage (S.318); 24.2. "Fischer" (S.276); 13.und 27.3. sowie 7.5. aus Moskau und Stuttgart (S.294); 13.5.1876 Entscheidung für Friedrich Bode (S.305); 3.8. Bodes erstes abgeheftetes Schreiben als Fabrikinspektor (S.363f); 25.8. Entlassungsgesuch.

1.9.1876 Eckers Bewerbung (S.379). H I, E1 (102 S) und E Vb Nr.69; geboren 1845 im Landkreis Aachen, seit 1877 verheiratet, 2 Söhne; Vater war Grubendirektor; 1866 Abitur in Dortmund (Realgymnasium); 1867-70 Studium in Berlin; Eisenbahndienst; 1868 dauernd untauglich (schwach und kurssichtig); Einstellungserlaß vom 2.12.1876; 1879 GR; 12.5.1888 Strafversetsung nach Pommern, 1905 gestorben. Bittmann 1924, S.72, erhielt 1883 Besuch des Gewerberats, nachdem er in Hildesheim -in Rekordseit und sum Spottpreis- 5 Millionen Backsteine, 26 M für das Tausend (S.70), kaufen und für die Errichtung einer sehr profitablen, von einer Aktiengesellschaft getragenen Fabrik sur Weiterverarbeitung von Zuckermelasse verbauen ließ: "Der Beamte sog einsamen Rundgang..." Die Erfüllung seiner Wünsche habe Bittmann "ohne weiteres sugesagt." Wegen Umweltbelastung nach Berlin sitiert, sei es dort von Ecker "in jeder Besiehung unterstütst (worden)".

Abends 22 Uhr Audiens bei Bismarck: "Über die Tätigkeit des GR Ecker mußte ich noch eingehend berichten, worauf über Gewerbeaufsicht ... sich eine Art Verhör (!) entwickelte, das mir seigte, welches großes Interesse (!) der Fürst dieser damals noch wenig entwickelten Reichseinrichtung schenkte" (a.a.O, S.80). Natürlich war Bismarcks Interesse anders gemeint (siehe oben). Die Beschwerden der Hildesheimer Fischer hatten in den 80er Jahren des vorigen Jahrhunderts keine Chancen (a.a.O, S.81); auch nicht am Basler Rhein, vgl. Markus Hämmerle, Die Anfänge der Basler chemischen Industrie im Lichte der Arbeitsmedisin und des Umweltschutses, Basel-Stuttgart 1979. Am Ausgang der 80er Jahre wurde Eckers Position unhaltbar, vgl. E Ia, Nr.605, S.140 und E Vb, Nr.69, S.72 : Er lasse es "an der erforderlichen Unparteilichkeit und Zuverlässigkeit" fehlen und sei bestrebt, "die Interessen der Fabrikbesitser und Industriellen in offenbar ungerechtfertigter Weise su schütsen und su fördern." Der Thronwechsel drang in diesem Zweig der Verwaltung also sofort durch.

2.8 Das Gruppenprofil der neuen Inspektoren im Etatjahr 1879/80.

Nach Versetzung, Zurücksetzung und Ausscheiden der subalternen Kräfte waren die neuen Stellen im Etatjahr 1879/80 in Preußen mit 18 akademisch bzw. technisch gebildeten Kräften besetzt. Neben den oben vorgestellten Major v.Stülpnagel (Berlin), Bergassessor Alfred Frief (Breslau), Premierleutnant Franz Reichel (Köln/Aachen), Bergassessor Bernhard Osthues (Dortmund/Arnsberg), Dr.phil Gustav Wolff (Düsseldorf), Hauptmann a.D. Dr.phil Wilhelm v.Rüdiger (Frankfurt/O) und dem Ingenieur Karl Ecker (Hannover) arbeiteten die beiden Chemiker und Apotheker in Kassel und Wiesbaden, Dr.Kind und Dr.Schreiber, nebenamtlich als Fabrikinspektoren. Im September 1874 wurde der Chemiker Dr.Süssenguth für Magdeburg, im Oktober 1875 der Leutnant Franz Hertel für Stettin, im Juli 1876 der Ingenieur Rudolf Sack für Königsberg und im Dezember dieses Jahres der Chemiker Adolph Bernoulli für Oppeln eingestellt. Darüber hinaus erhielten aus dem Remunerationsfonds des Titels 5 -18'000 Mark pro 1879/80 - fünf weitere Kräfte eine kommissarische Anstellung; die Bergassessoren **Dr.Franz Neubert** und Otto **Theobald** für Merseburg und Köln sowie die Ingenieure Karl **Müller**, Paul **Hägermann** und Hellmuth **Raether** für Schleswig, Posen und Minden.

Tabelle 3: Remunerative Anstellung von 7 Inspektoren pro 1878/79.[114]

NAMEN (s.Anm.)	BEZIRK	EINTRITTS-DATUM	TITEL 5	1OX	10Y
Dr.Kind (116)	Kassel	1.9.1875	1800	-	1800
Dr.Schreiber	Wiesbaden	21.1.1879	1800	-	1800
K. Müller(122)	Schleswig	1.4.1879	2700	-	2400
Theobald(118)	Köln	2.6.1879	3000	600	2100
Dr.Neubert(118)	Merseburg	16.6.1879	2700	-	2700
Hägermann(120)	Posen	19.6.1879	2700	-	3000
H. Raether(121)	Minden	1.7.1879	2700	-	2700
SUMMEN 1			14400	600	16500
SUMME 2				17100	

5 = Remuneration; 10x = pauschale Reisekostenvergütung;
10y = Reisekostenkredit.

Die Apotheker, Pharmazeuten und Chemiker Dr.Schreiber und Dr.August Kind legten wie Dr.Wolff nach kurzem Studium das pharmazeutische Staatsexamen ab. Während sich **Kind** an einer Universität eingeschrieben hatte - "nach genossenem Gymnasialunterricht widmete er sich dem Apothekerberufe und bezog im Herbst

114) A I2, Bd.3, S.113.

1855 die Universität Marburg" -, wo er bis 1862 Assistent war und promovierte, besuchte Schreiber das Gymnasium nur bis Obersekunda, wechselte auf das Berliner Gewerbeinstitut, dem er nur zwei Jahre angehörte. Beide Chemiker und Apotheker waren in den 60er Jahren als Fabrikleiter tätig. Schreiber führte dann eine eigene Apotheke in Wiesbaden, während Kind bei der Regierung Kassel angestellt war.[115]

Die Chemiker Dr.Otto Süssenguth und Dr.Adolph Bernouilli gelangten ebenfalls über unterschiedliche akademische Einrichtungen zur Promotion. Nach dem Abitur auf der Ritterakademie seiner Heimatstadt Liegnitz besuchte **Süssenguth** wie Schreiber das Berliner Gewerbeinstitut, wo er von April 1858 bis April 1862 die Schwerpunkte chemische Technologie und Naturwissenschaft wählte. Er arbeitete noch zwei Jahre als Assistent und war danach über acht Jahre in verschiedenen chemischen Fabriken tätig. Der aus einer höheren Beamtenfamilie stammende **Bernouilli** absolvierte das Friedrich-Werdersche Gymnasium in Berlin und trat am 1.4.1855 als Bergbaubeflissener beim Kgl.Bergamt Breslau in den praktischen Vorbereitungsdienst ein. Vom April 1857 bis zur Promotion am 30.7.1860 absolvierte er nicht nur das Universitätsstudium, sondern auch den einjährig-freiwilligen Militärdienst. Nach weiterer praktischer Beschäftigung bei den Bergbehörden der Provinzen Sachsen, Westfalen und Rheinland sowie wissenschaftlich-technischen Reisen in Böhmen, Italien und Frankreich war er seit Oktober 1862 nach Transkaukasien beurlaubt. Er habe "daselbst als Berg- und Hüttendirektor größere Werke geschaffen und geleitet". Im April 1866 trat er vorläufig aus dem Staatsdienst aus.[116]

---

115) Zu Dr.Schreiber A I2, Bd.2, S.37; geboren 1833 in Wiesbaden; pharmazeutisches Examen, zwei Jahre Chemiestudium in Berlin; Assistent; seit 1858 Leiter einer Fabrik und Apothekenbesitzer in Bielefeld; Eintritt in Aufsicht am 21.1.1876. Zu Dr.Kind A I3, Nr.20 und H I, K3 (74 S); geboren am 12.5.1830 in Mackenzell; Fabrikleiter; Polizei- und Gerichtschemiker für Oberhessen (1863); Assessor, Mitglied des Medizinalkollegiums der Regierung Kassel; seit 25.8.1875 nebenamtlicher Fabrikinspektor für 750 M; 1.5.1886 GR, 1.11.1897 pensioniert.

116) Zu Süssenguth A I2, Bd.2, S.37 und A I3, Nr.4; geboren 1839 in Liegnitz; 15.9.1874 für Magdeburg angenommen; 1.7.1877 etatmäßig. Zu Bernouilli A I3, Nr.10, Bd.2 und Nr.11; E Vb, Nr.69 und B4, Präs 1695/1695a; geboren 1835 in Berlin; heiratete 1865 die Tochter eines Regierungsassessors a.D., Sohn in Transkaukasien gestorben; Vater Geheimer Kanzleirat; 1856 Bergexpektant, 1858 Pionierbataillon, 1863 RAO 4.Klasse, 1870 Oberleutnant, 1873 Hauptmann, Juli 1876 Abschied; 21.12.1876 Eintritt; Juli 1877 Fabrikinspektor für Oppeln; 1886 an Stelle von Reichel (Anm.92) nach Aachen; zwei Äußerungen zur Kinderarbeit, die öffentliches Aufsehen erregen (18.10.1882 und 5.8.1887). Tritt am 13.10.1887 in Wien als Bismarck-Kritiker auf: "Die amtliche Fabrikaufsicht in Deutschland ist, verglichen mit der englischen, ein reines Zerrbild" (Nr.10, Bd.2, S.38). 1890 Schlaganfall, 19.2.1891 gestorben. Witwe erhält 699 M Pension und hat eine "bescheidene Wohnung mit gleich mir wenig bemittelten Witwe" (Nr.10, Bd.2, S.103).

Die Bergassessoren Dr.Eduard Neubert und Otto Theobald beendeten 1860 bzw. 1863 ihre bergmännische Ausbildung. **Neubert** war vom heimischen Gymnasium Zittau auf die polytechnische Schule Dresden gewechselt, um seit 1854 auf der Bergakademie Freiberg zu studieren. Nach "gut bestandener" Fachprüfung für Eisenhüttenkunde und Chemie hatte er Studienreisen nach Westfalen, Belgien und ins Saarland unternommen. Seit 1860 verwaltete er die Kupferbergwerke eines russischen Fürsten, der ihn 1864 zum Generaldirektor der Gruben ernannte. Von 1870 bis zu seinem Eintritt in den Inspektionsdienst war Neubert Sozius einer Maschinenfabrik in Schmalkalden.

Der Pfarrerssohn **Theobald** aus dem Kreis Wetzlar legte am 31.1.1857 das von zehn Mitgliedern einer "Kgl.Kommission" unterzeichnete Abitur der Realschule 1.Ordnung in Siegen ab. Dem Bergamt Siegen war er vom 18.5.1857 bis zum 2.10.1868 unterstellt. Nach den bergmännischen Prüfungsordnungen vom 3.3.1856 und 21.12. 1863 bildete man ihn auf verschiedenen Hütten, Salinen und Gruben aus und erteilte ihm am 30.9.1861 das erste Gesamtzeugnis. Am 26.12.1864 wurde er zum Bergreferendar ernannt und drei Wochen später vereidigt, verbeamtet und erstmals remuneriert. Vom Februar 1865 bis zum selben Monat 1878 war Theobald -vom Staatsdienst zuerst beurlaubt, dann entlassen- als Grubendirektor und Bauleiter tätig, zuletzt in Griechenland für ein französisches Werk, dann im Kreis Schleiden für ein englisches.

Vom SS 1859 bis SS 1860 studierte Theobald an der Universität Berlin. Pro Semester hatte er 5 bzw. 6 Veranstaltungen belegt. Seit 17.11.1860 war er in Giessen immatrikuliert. Dem "Studiosus der Philosophie" wurde attestiert, "daß nichts Nachteiliges von ihm bekannt geworden ist." Am 22.10.1862 zog es ihn schließlich an die Universität Bonn. Er studierte Mineralogie und "beendete" nach Auskunft der Witwe am 21.12.1863 "sein Universitätsstudium".[117]

---

117) Zu Neubert: A I3, Nr.15 und H I, N1 (57 S); geboren 1835 in Zittau/Sachsen; seit 1864 verheiratet, 3 Kinder; der Sohn 1891 Gerichtsreferendar; 27.1.1879 "Gesuch des Maschinenfabrikbesitzers Eduard Neubert aus Schmalkalden" (Nr.15,S.4); 16.6.1879 kommissarisch für Merseburg und Erfurt; 1.4.1881 Remuneration um 750 auf 3450 M erhöht (S.46); 1.6. "definitive Anstellung nicht tunlich"; Anstellungspatent vom 29.6. 1885 (S.89); 23.8.1887 für Theobald nach Köln (S.127); 16.5. 1889 Hägermann (S.135); seit Juli 1891 RGR in Kassel, Aufsichtsbeamter für Waldeck-Pyrmont; am 04.11.1894 gestorben.

Zu Theobald: A I3, Nr.5, Bd.2; B4, Präs.218 sowie (unvollständig) Luxem 1983, S.290, Anm.80; geboren 1837 im Kreis Wetzlar, heiratete 1876 die Tochter eines Rendanten, eine Witwe; mind. drei Söhne; 1865-75 Grubendirektor; 05.09.1873 Konzession für das Markscheidergewerbe: (Amtsblatt: "Bergreferendar a.D."); als solcher in Eisenstadt und Griechenland tätig; 02.06.1879 für Köln angenommen; 18.04.1887 GR; ersetzte 1889 Dr.Wolff in Düsseldorf; 1897 "einiges Vermögen" und RAO 3. Klasse mit Schleife; 06.08.1898 Geh.RGR; 18.09.1898 gestorben.

Die Ingenieure Karl Müller, Hellmuth Raether und Paul Hägermann gehörten zu den in dieser zweiten Inspektorgeneration schon zahlreichen Absolventen des Berliner Gewerbeinstituts, seit 1866 "Gewerbeakademie". Von Beuth als Mittel der Gewerbeförderung gedacht und geleitet, wurde das Institut später immer mehr zur Ausbildungsstätte von Beamten. Vor seiner Vereinigung mit der Bauakademie konnte es nur den Besuch der Kurse attestieren, nicht aber die für den Staatsdienst so wichtigen Staatsprüfungen abnehmen. Deshalb traf der Handelsminister im April 1875 die vom Staatsministerium erst 1890 anerkannte Bestimmung, daß "gegenwärtig ... geeignete Techniker, auch wenn sie den formalen, an andere Staatsbeamte zu stellenden Anforderungen nicht entsprechen, zu Fabrikinspektoren ernannt werden (können)". Gleichzeitig seien "die bei den Technischen Hochschulen eingerichteten Diplom-Prüfungen ... im wesentlichen geeignet, die Zwecke zu erfüllen."[118] Damit war auch den Absolventen des Berliner Gewerbeinstituts bzw. der -akademie, die noch keine Diplome oder Staatsprüfungen abgelegt hatten, der Eintritt in den höheren Inspektionsdienst möglich. Im Interesse der Anpassungs- und Leistungsfähigkeit einer technischen Sonderverwaltung bewies das preußische Handelsministerium damit auf einem Nebenschauplatz des epochalen Übergangs von der Ordnungs- zur Leistungsverwaltung in einem doppelten Sinne Beweglichkeit; es leitete die Anstellung und Etatisierung höher qualifizierter Fabrikinspektoren ein, noch bevor dies -im §139b GewO 1878- legislativ abgesegnet war, und es führte die verwaltungshierarchische Gleichstellung der Fächer Chemie und Maschinenbau mit den Fächern Jura, Medizin, Hoch- und Bergbau durch, noch bevor die sonst nötigen Staatsprüfungen geschaffen und deren Absolventen als potentielle höhere Beamte anerkannt waren.

Obwohl Hägermann und Raether zu den jüngeren Kräften der zweiten Inspektorengeneration gehörten, durchliefen sie die Kurse der Gewerbeakademie wie Sack, ohne eine Staatsprüfung ablegen zu können. Raether spezialisierte sich auf Chemie und Hüttenkunde, Hägermann und Sack auf Maschinenbau und Chemie. Soweit feststellbar hatte nur Sack kein Abitur abgelegt, was ihn aber nicht hinderte, vor seinem Maschinenbaustudium (1862-65) an den Universitäten Göttingen und Gießen 3 Semester lang Naturwissenschaft und Mathematik zu hören. 1866 ist er "Betriebschemiker" bei der Bergisch-Märkischen Eisenbahn, 1871 "Betriebsingenieur" in Elberfeld. Der hochdekorierte und invalide Kriegsteilnehmer wurde in der Provinz Ostpreußen zum hochgeschätzten Gewerbekontrolleur und -förderer.

118) A I2, Bd.1, S.125f.

Der Vater von vier Kindern, die 1902 bereits alle verheiratet sind, trat im Oktober 1910 vorzeitig in den Ruhestand und starb im Januar 1912.[119]

Hellmuth **Raether** bestand am 11.8.1868 auf der Provinzialgewerbeschule Stettin das Abitur mit "gut". Sein Maschinenbaustudium (1867-70) umrahmte ein industrielles Praxisjahr und der einjährig-freiwillige Militärdienst mit Kriegsteilnahme, Gefangenschaft und Beförderung zum Artillerie-Offizier. Von September 1871 bis zu seiner Anstellung im Aufsichtsdienst (Juni 1879) war er in fünf verschiedenen Maschinenfabriken tätig und verdiente in seiner Gothaer Zeit (Januar 1874 - Juni 1877) 3300 Mark im Jahr. Dem letzten Betriebswechsel folgte im Oktober 1877 die Hochzeit. Raether starb am 18.3.1905 auf eine Dienstreise im westfälischen Bünde an Hirnschlag. Seine einzige Tochter führte ihm seit dem Tod der Mutter 1898 den Haushalt und heiratete einen promovierten Seminaroberlehrer.[120]

Paul **Hägermann** arbeitete nach seinem Studium im chemischen Labor des Vereins für Zuckerindustrie. Er war danach in verschiedenen Zuckerfabriken, Mahl- und Eisenwerken tätig. 1877 wurde er Direktor einer gräflichen Schamottsteine- und Tonwarenfabrik.

Karl **Müller** besuchte als Sohn eines höheren Beamten im Berliner Finanzministerium das Friedrich-Wilhelms-Gymnasium, das er nach der Reifeprüfung verließ, um der väterlichen Berufsberatung zu folgen:

> "Auf Wunsch meines Vaters, der ein auf seinem Gute in Westfalen befindliches Tonlager für abbauwürdig hielt, widmete ich mich der Technik, trat im Herbst 1854 bei einem Töpfermeister in Berlin in die Lehre und empfing nach beendigter Lehrzeit Ostern 1856 als Geselle einen Gesellenbrief. Während des praktischen Jahres war mir die Zeit freigegeben, um auf der Universität Collegia zu hören, Mathematik bei Ohm, Physik bei Dove, Technologie bei

---

119) Zu Hägermann: A III, Nr.17 u.15; geboren 1846 im Regierungsbezirk Posen; 19.06.1879 für Posen angenommen; 01.04.1887 etatmäßig; 16.05.1889 zu Dr.Neubert nach Merseburg/Erfurt (s.oben Anm. 117). Zu Sack: A I3, Nr.9 (266 S.) und H I, S1 (164 S.); geboren 1841 in Vlotho; seit 1871 verheiratet. Anwerbung: 14.10.1874 Chemiker und Mathematiker E.Keyser bewirbt sich verfrüht (Nr.9,S.8); 11.1. 1876 Fabrikinspektion sei für den Bezirk wünschenswert (S.18, Oberpräsident); 29.02.1876 alle Bewerber nicht geeignet (S.20, Lohmann); 06.05. und 15.05. Verhandlungen mit dem Betriebsingenieur Sack zu Elberfeld, der 2175 M Diäten habe und viele Dienstreisen unternehme (S.25-28); 14.11.1876 Sack wird Generalsekretär des gewerblichen Kontrollvereins in Elberfeld (S.60); 01.07.1876 kommissarisch eingestellt; 09.08. Ministerium fragt nach "Bildungsgang" und Prüfungen Sacks (S.67); 25.08. beantwortet, inkl. Feldzüge 1866/70, Sekunde-Leutnant Infantrie; 23.02.1879 Sack bestellt die Generalstabskarten der Provinz (S.89); 01.04. etatmäßig; 30.12.1882 Oberpräsident bittet Bismarck um Erhöhung von Sacks Spesen; 1886 RAO 4.Klasse; 1891 RGR; 1899 Geh. RGR; 1905 Kronenorden 3.Klasse; 01.10.1910 Ruhestand; 22.01.1912 gestorben.

120) Zu Raether D IIb, Nr.736; Geboren 1847 in Ueckermünde, seit 1877 verheiratet, 2 Kinder; 01.04.1887 etatmäßig; nebenamtliche Aufsicht für Lippe und Schaumburg; 1891 RGR; 1900 RAO 4.Klasse.

Magnus und Nationalökonomie und Geschichte bei Michelet. Vom Herbst 1855 bis dahin 1856 besuchte ich den 1. Kursus des Gewerbeinstituts zu Berlin. Vom Herbst 1856 bis dahin 1858 besuchte ich die Polytechnische Schule hier (= Hannover), um mich unter Leitung des Professor Heeren ganz dem Studium der Chemie und der praktischen und analytischen Arbeit im Laboratorium zu widmen."

Seine von Mobilmachungen unterbrochene Praxiszeit begann Müller als Arbeiter, bevor er 1861 die "erste Stellung als Techniker" erhielt. Zwischen den Kriegen 1864 und '66 arbeitete er als Zivilingenieur an "Ziegelei-Anlagen", "da ich nicht sogleich eine mir zusagende Stellung fand". Seit 1867 leitete er die Tonwarenfabrik seines Vaters. Der wohldekorierte Hauptmann a.D. und Landwehroffizier litt nach seiner Anstellung als Fabrikinspektor für Schleswig-Holstein an der mangelnden Motorisierung des dortigen Gewerbes, am häufigen Personalwechsel in der Regierung der entlegenen Provinz sowie unter dem "stets widrigen Klima", weshalb er am 30.3.1885 um Versetzung nach Stettin bat, was ihm sofort bewilligt wurde.[121] Dort war der letzte in dieser Reihe zu nennende, im Oktober 1875 für die Provinz Pommern angenommene Aufsichtsbeamte gestorben. Der am 7.9.1844 in Görlitz geborene Robert Hertel hatte in seiner Heimatstadt das Gymnasium bis Sekunda besucht, dann eine Schlosserlehre und für zwei Jahre das Gewerbeinstitut absolviert. Nach Eintritt in die Marine avancierte er zum Maschinenmaat und -meister, seit August 1872 war er Deckoffizier. Ein Jahr später überwachte er für den Magdeburger Verein die Vereinskessel[122] **(siehe Tabellen-Anhang 3).**

---

121) Zu K.Müller A III, Nr.12; E Va, Nr.605, S.175; H I, M5 (166 S.); geboren 1836 in Münster; seit 1868 verheiratet (1. Ehe); 1 Sohn später Oberstaatsanwalt; beschäftigte bis 1877 20-40 Arbeiter; im Herbst 1877 "verkauften meine Geschwister und ich das Gut mit den Fabrikanlagen, und ich bewarb mich von Osnabrück aus um eine Staatsanstellung als Fabrikinspektor, in welche ich am 01.04.1879 eintrat" (Nr.605, S.175); am 03.05.1881 GR in Aurich; 30.03.1885 möchte er Hertel (s.nächste Anm.) in Stettin ersetzen (H I, M5, S.33ff); 13.04. bewilligt; 01.10.1888 nach Hannover; 1891 RGR; 10.04. 1896 gestorben.

122) Zu Hertel A I3, Nr.8 (357 S.); verheiratet, 4 Kinder; Besuch des Gymnasiums bis zum Tod des Vaters, eines Oberlehrers; 1867 Maschinenmaat, 1871 -meister; Oktober 1873 "DÜV"; Anwerbung: Regierung in Stralsund schlägt eigenen Beamten vor, "und zwar einen Regierungssekretär Robe"; darauf der Oberpräsident: "Die letztere Anheimgabe scheint mir davon zu zeugen, daß die Regierung die Aufgabe eines Fabrikinspektors nicht richtig erfaßt hat" (S.2); Bestandsaufnahme der Fabriken in Köslin, Stettin und Stralsund (S.5-45); Stettin (146 Fabriken) nennt wünschbare Eigenschaften eines Fabrikinspektors (S.12-14); 19.04.1875 "Augenmerk werde auf den Ingenieur Hertel in Magdeburg gerichtet" (Minister, S.146f); 06.10. angenommen; fleißig revidiert (S.166-88); 23.03.1885 gestorben; 23. 06. Witwenpension 586 M, 117 M Waisengeld für jedes Kind (geb.1876-82); 05.04.1895 Sohn Hans erhält 800 M zum Weiterbesuch einer Maschinistenschule (S.222); Witwe erhält jedes Jahr 400 M zusätzlich (S.223/30/79); Kap.69, Tit.9 enthalte 500'000 M für bedürftige Witwen (29.07.1897); 28. 04.1900 älteste Tochter verheiratet, jüngste möchte in Berlin Handarbeits- und Turnlehrerinnenexamen anstreben (S.262); 1906: 3 Töchter verheiratet, der Sohn Techniker, aber kein Kind könne die

Zur beruflichen Homogenität der Bergassessorengruppe gehörte die Reifeprüfung und das durchschnittlich dreijährige Studium. Der höhere Anteil an humanistischer Schulbildung verweist auf Homogenität auch im Sozialen. Die Ausbildung zum Referendar dauerte im Durchschnitt 7 Jahre, wobei Osthues kein Studium, sondern Auslandsreisen und weitere Praxis absolvierte. Die Assessorprüfung legte nur Frief ab, weil die Chancen auf eine etatmäßige Anstellung gering waren. Die Stellen in der Privatwirtschaft waren aber nicht sicher oder angesehen genug, um den Wechsel in das Amt des "königlichen Fabrikinspektors" zu behindern. Dem hohen Eintrittsalter (D = 40,8 Jahre) folgte eine fast zwangzigjährige Dienstzeit, die in drei von fünf Fällen durch einen frühen Tod beendet wurde.

Die vier promovierten Chemiker arbeiteten nach einem durchschnittlich dreieinhalbjährigen Studium 1-3 Jahre als Assistenten, Kind noch 12 Jahre im Staatsdienst, die anderen 6-13 Jahre in der Wirtschaft. Während Kind (deshalb) nach der (relativ) längsten Dienstzeit pensioniert wurde, schieden Wolff und Schreiber vorzeitig aus. Die archivalisch schlecht überlieferte Gruppe weist wie die Gruppe der Bergassessoren ein spätes Eintrittsalter auf.

Die Gruppe der Polytechniker zeigt die Verstetigung des Berufswegs bei den 1866 maturierten Absolventen der Gewerbeakademie, die 3 Jahre lang studierten und 7-8 Jahre in der Wirtschaft oder Eisenbahn-Verwaltung praktizierten. Die beiden älteren Ingenieure studierten länger und besuchten drei Institute, die jüngeren hatten schon Laufbahnen vor sich und schafften den Eintritt im 32. Lebensjahr.

Auch in der letzten Gruppe kamen die Jüngeren direkter in den Aufsichtsdienst. Die adeligen Militärs unterschieden sich in ihrer formalen Ausbildung extrem voneinander und erreichten nach einer langen militärischen und zivilen Vorkarriere noch eine durchschnittliche Dienstzeit. Die Vitalität Rüdigers steht im Kontrast zu den frühen Todesfällen unter Bergassessoren und Polytechnikern. Reichel und der früh verstorbene Hertel traten dagegen wie die Polytechniker früh in den Aufsichtsdienst ein (**siehe Tabellen-Anhang 4**).

Die lückenhafte Überlieferung läßt vorerst nur wenige Aussagen zu. Die Personalakten ("Nationale") der älteren Bergassessoren und der adeligen Militärs sind in den Staatsarchiven besser tradiert, was auf ihr Ansehen in der Beamtenhierarchie schließen läßt.

Witwe unterstützen (S.279); 27.02.1916 Schwiegersöhne Oberlehrer und Pastor, beide kriegsfreiwillig, einer fällt (S.309f); seine Witwe, die jüngste Tochter, arbeitet wieder als Lehrerin.

Außer Neubert und v.Rüdiger heirateten die Aufsichtbeamten als über 30jährige, was auch bei anderen höheren Beamtengruppen und freiberuflichen Akademikern der Fall war. Dabei ist, wie bei anderen höheren Beamten und freien Akademikern?, die Verehelichungsquote ganz im Gegensatz zur Gesamtbevölkerung vermutlich extrem hoch. Das Heiratsalter ist bei den ersten beiden Gruppen völlig unabhängig vom Eintrittsalter in den Inspektionsdienst. Im Zusammenhang mit dem niedrigeren Eintrittsalter der Polytechniker gleicht sich in dieser Gruppe das Heiratsalter jedoch immer mehr an, bis es bei den Laufbahnmaschinenbauern der 90er Jahre ganz vom Eintrittsalter in den Staatsdienst abhängig wird (vgl. Kapitel 4). Ecker ist in diesem Sample der erste, der 6 Wochen nach seiner Anstellung als Fabrikinspektor heiratet. Die Regelung der privaten Verhältnisse wird später - direkt und indirekt - ganz vom Staat bzw. von den Einstellungschancen diktiert; letztere fördern, verzögern oder verhindern das Gattungsverhalten dieser dann extrinsisch gelenkten Beamtenpopulation.

Während Fertilität bei Unterschichten nicht streng an Subsistenz gekoppelt war, ist sie bei den evangelischen preußischen Beamtengruppen vom Beamtenstatus und von mehr als der bloßen Subsistenz abhängig. Der Versorgungsanspruch an den Staat reichte bis in die Kinder- und Kindeskindergeneration hinein, was von den Gerichten in den 70er Jahren bereits so anerkannt war, daß sie dieses Denken auch auf die Verschuldenshaftung von Unternehmern übertrugen.[123] Trotz der auch in diesen Kreisen noch vorhandenen Kindersterblichkeit lag die Kinderzahl bei den Aufsichtsbeamten vermutlich bei 2-3 Kindern pro Familie und ging trotz der verbesserten hygienischen Verhältnissen bei den Laufbahnbeamten der 90er Jahre sogar eher zurück (Kapitel 4). Dabei spielte die Vorsorge für die Zukunft der Kinder über die eigene Lebenszeit des Beamten hinaus eine wichtige Rolle. Schon die frühen Inspektoren strebten in den auswertbaren 5 von allerdings 18 Fällen danach, die Söhne als höhere Beamte und die Töchter als Frauen von höheren Beamten zu sehen. Dabei stammten die auswertbaren Inspektoren zwar in der Tendenz, aber nicht durchwegs aus Beamtenfamilien; immerhin zwei von fünf waren Söhne von Berliner Ministerialbeamten. Das Konnubium ist vorerst nur in drei Fällen belegt, deutet aber auch auf einen Statuserhalt bzw. auf eine Statussicherung hin. Im späteren und größeren Sample (Kapitel 4) scheint der Statuserhalt eher aufgebrochen, mindestens gefährdet.[124]

123) Grundlage §3 Pkt.1 des Reichsgesetses vom 17.06.1871 (RGBL, S.207); Auslegung: Rechtsausführungen des Bundesrats Nr.304, S.76 (nach Marcinowski 1898, S.334). Kinder von verunglückten Vätern müssen versorgt werden.

124) Zu Konnubium und Berufswahl der Kinder s.auch die vorigen Anmerkungen.

2.9 Bismarck verordnet ein neues Handelsministerium 1880-90.

Bismarck hatte am Ende seines langen Schreibens an Achenbach vom 10.8.1877 statt bürokratischer Eingriffe in die Arbeitswelt durch Fabrikinspektoren die "Haftpflicht für Unfälle" gesetzt. Die versicherungstechnische Nachsorge- Unfall, Alter, Invalidität und Krankheit- bremste in den 80er Jahren den eben begonnen Ausbau der professionellen technischen Vorsorge. Während einige europäische Staaten ihren Rückstand auf dem Gebiet des sozialen und des technischen Arbeitsschutzes aufzuholen begannen, schienen die Länder des Deutschen Reiches, allen voran Preußen, auf der Stelle zu treten.

Tabelle 4: Anstellung von Fabrikinspektoren im Deutschen Reich 1875-1887.

	1875	1876	1880	1882	1884	1885	1887
PREUSSEN[a)]	10	16	19	18	18	18/3	18/5
SACHSEN	4	4	5/?	5/?	7/12	7/12	7/14
WÜRTTEMBURG	-	-	2	2	2	2	1
BAYERN	-	-	3	3	3	4	4
ÜBRIGE[b)]	-	-	17	18	18	19/2	18/3
SUMMEN[c)]	14	20	46	46	60	67	71

a) Nach den Schrägstrichen folgt die Zahl der Assistenten.

b) Die Ehrenamtlichen in Baden sind nicht erfaßt.

c) Erhöhung in der 3.Spalte wg. § 139b GewO 1878; die Zahl erhöht sich durch die unbekannte Anzahl der sächsische Inspektoren. Der Anstieg 1884 fällt deshalb moderater aus.

Das vom Reichstag in dritter Lesung verabschiedete Obligatorium war durch die Bundesratsnormen und die Dienstanweisung entschärft, andererseits nicht durch Normen zur Unfallverhütung ergänzt worden. Es war nun am Reichstag, für die Wirksamkeit des von den meisten Parteien gewünschten Instituts zu kämpfen. Dies tat der Reichstag offensichtlich in dem Maße, wie der Einfluß liberaler Kräfte zurückging und einflußreiche Presse- und wissenschaftliche Publikationsorgane den Stillstand und einen Rückstand gegenüber dem europäischen Ausland zu beklagen begannen.[125]

Für die Vermehrung des Inspektorenpersonals konnte der Reichstag wenig tun, sie war Ländersache. Trotzdem stellte die Arbeiterschutz-Kommission dieses Parlaments am 18.3.1886 den Antrag auf Vermehrung des Personals "unter tunlicher

125) Vgl. die Entwicklung der Mandatsverteilung im Reichstag 1874-90, Gerhard A.Ritter, Wahlgeschichtliches Arbeitsbuch, München 1980, S.55.

Verkleinerung der Aufsichtsbezirke". Nur die SPD-Mitglieder der Kommission hatten dagegen gestimmt, nachdem der Antrag "Grillenberger, Bebel und Genossen" vom 29.1. und 19.11.1885 auf selbstverwalteten Arbeitsschutz ein "Begräbnis in einer Kommission" (M.Quarck) erhalten hatte. Die neue Kreuzzeitung lobte das "Eintreten sämtlicher anderer Parteien für die Vermehrung der Fabrikinspektion" und urteilte, "daß es der jetzigen Leitung der Sozialdemokratie bei ihren legislatorischen Versuchen weniger auf den Schutz der Arbeiter als auf die Kampfesorganisation derselben ankommt".[126] Gleichwohl mehrten sich in der 2.Hälfte des Jahrzehnts in den Parlamenten die Debatten um die weitere Ausgestaltung der Inspektion:

Tabelle 5: Diskussion um den Fortschritt der Inspektion im Reichstag und im preußischen Landtag 1880-1890

	1881	1883	1885	1886	1887	1888	1889
REICHSTAG a)	23.3.	14.2.	8.1.	15.3.	28.3.	17.1.	19.1.
	1.12.	-	5.3.	6.12.	-	20.1.	
LANDTAG b)	8.1.	19.12.	-	23.3.	19.1.	7.2.	9.2.
	-	-	-	26.3.	26.3.	23.2.	

a) Auch am 2.-4. und 11./12. Dezember 1885 sowie am 17.3.1886.
b) Zwischen 8.1.81 und 19.12.83 nur am 10.3.82 auf der Tagesordnung, dann erst wieder im März '86 im Gefolge der zahlreichen Debatten im anders zusammengesetzten Reichstag.

Theodor Lohmann mag im veränderten Handelsministerium "Tantalusqualen" (Rothfels) wegen Bismarcks Staatssozialismus und der Zwangsversicherungen ausgestanden haben, bei der Fabrikinspektion verbrachte er, wie noch zu zeigen sein wird, auch 1884-90 keine "unerquicklichen Jahre". Die Beamten des um die Eisenbahn- und Bauverwaltung verminderten Ministeriums verfolgten einige Aspekte der öffentlichen Debatten sehr aufmerksam und informierten sich gleichzeitig ständig über die Arbeit der Inspektionen im europäischen Ausland. Die britische schien wieder besonders wichtig, sie wurde aber 1880 von einem Referenten der königlichen technischen Deputation im preußischen Sinn mißverstanden:

> "Man ersieht aus den Berichten, daß der Generalinspektor ein sachverständiger Techniker ist, welcher durch persönlichen Verkehr mit seinen Untergebenen und Bereisung wichtiger Gebiete sich ein eigenes Urteil gebildet hat ..."[127]

126) Neue Preußische (Kreuz-) Zeitung, Nr.66, vom 19.3.1886, zit. nach A I 2, Bd.4, S.68.
127) AI2, Bd.3, S.74-82, Bericht des Referenten Dr.Wedding vom 8.10.1880.

Das preußische Bild vom Inspektor als Techniker wurde Mitte der 80er Jahre von Vertretern des Vereins für Sozialpolitik angegriffen, obwohl zu dieser Zeit die Einstellung neuer Techniker stagnierte und das Abgeordnetenhaus schon am 20.3. 1882 den Rückgang der Studentenzahlen an polytechnischen Schulen, der 60 Prozent betrug, diskutierte.[128] Die Vorschläge des Volkswirtschaftlers Brentano, die auch im Verbandsorgan der Baubeamten diskutiert wurden, sind im Handelsministerium archiviert worden und bestimmten die Ausbildungsverordnung vom 7.9. 1897 (siehe Kap. 4.4). Ein ebenfalls im Ministerium aufbewahrter Artikel des Berliner Tageblatts vom 6.5.1884 sah die "Mängel in der Fabrikinspektion" durch die Vorbildung verursacht: Da unsere Fabrikinspektoren Techniker seien, erfänden sie nur immer neue Schutzvorrichtungen, während die aus dem Militär oder anderen Verwaltungszweigen kommenden Beamten (ersatzweise?) vor allem humanitäre Verbesserungen anstrebten.[129]

Für beide Ziele besaßen die Fabrikinspektoren in Preußen keine Druckmittel, sie konnten nur Empfehlungen aussprechen. Nachdem Gustav Bielinski am 29.9.1885 "abends 9 1/2 Uhr in Begleitung des Polizei-Beamten Schwarz aus Barmen" eine Revision durchgeführt und der Revidierte sich beschwert hatte, mußte Bielinski sich auf dem Dienstweg über Dr.Wolff bei der Regierung, Abteilung des Innern, rechtfertigen:

> "Da auf Grund des § 139b Abs.5 der Reichsgewerbeordnung die Arbeitgeber ... Revisionen zu jeder Zeit, namentlich auch in der Nacht ... gestatten müssen, so glaube ich, ... mich einer ungesetzlichen Handlung nicht schuldig gemacht zu haben ... ."[130]

Ecker wurde andererseits zu große Rücksichtnahme vorgeworfen, weil er bei den Revisionen "die Interessen der Fabrikbesitzer und Industriellen in offenbar ungerechtfertigter Weise zu schützen und zu fördern sucht."[131]

Die Problematik der preußischen Dienstanweisung für Fabrikinspektoren hatte der erste badische Inspektor Friedrich Woerishoffer schon im September 1879 bei v.Stülpnagel studieren können. Leben und Gesundheit der Arbeiter vermöge der

128) Haus d.Abg., Sitzung vom 20.3.1882, Sp.1039-43 u.1269f, zit.nach A II 1, S.99; seit WS 1877/78 seien die Studentenzahlen von 6433 auf 3900 zurückgegangen; ebendort S.88 eine Frequenzliste pro 1878 der technischen Akademien (2xBerlin), der Polytechnika (Hannover u.Aachen), für 2o Gewerbe- und 3 Provinzialgewerbeschulen; ebendort S.106 die selbstverlegte Broschüre eines Carl Verwiebe, Eine Anregung zur Abhilfe des Notstandes unter den Technikern Deutschlands, Lübeck 1882.

129) Berliner Tageblatt vom 6.5.1884 und Weser Zeitung, Nr 14557 vom 30.6.1887 (Brentano), zit.nach A I 2, Bd.4, S.53 u.196.

130) B 1, Nr.13262 unpag., dreiseitiges handschriftliches Rechtfertigungsschreiben Bielinskis vom 28.10.1885.

131) E Vb, Nr.69a, S.72.

Berliner Gewerberat, berichtete der Badener Bahningenieur seiner Regierung, nur "durch wiederholten gütlichen Zuspruch" und Mithilfe bei der Aufklärung von Unfallursachen zu schützen. Lohmann habe ihm gegenüber von den §§ 4 und 9 der Dienstanweisung für Baden abgeraten; auch in Preußen seien diese nur "gegen die Ansichten des Handelsministeriums" aufgenommen worden.[132]

Solange Bismarck als Handelsminister fungierte, mußten die Beamten des Ministeriums für die Einhaltung der Anweisungen sorgen. Bismarcks Ministerium war wie geplant von den "fiskalischen Interessen" des Staates befreit worden und sollte die Gewerbe fördern, nicht beaufsichtigen. Während für den persönlichen Arbeitsschutz vorerst kein politischer und wohl auch kein Verwaltungspielraum bestand, hielten die Reformbeamten an der eingeschlagenen Linie des technischen Arbeitsschutzes fest und stellten neben einigen Chemikern nur noch Maschinenbauingenieure ein. Auch in der zweiten Dekade der neuen Fabrikinspektion gab es keinen Stillstand (**siehe Tabellen-Anhang 5**).

Waren bis 1885 nur der verstorbene Hertel, nicht aber die beiden anderen Ausgeschiedenen ersetzt und nur Trilling zusätzlich eingestellt worden, wurden nach Dr.Sprengers Eintritt 1886 jährlich drei bis vier Inspektoren angenommen (**siehe Tabellen-Anhang 6**).

Die Gruppe der Militärs und der Bergassessoren fallen heraus. Chemiker und Techniker stehen sich nicht mehr im Verhältnis 1:1, sondern wie 1:2 gegenüber; das Handelsministerium stellte also zu Zweidritteln Maschinenbauer ein. Unter den Chemikern sind im Vergleich mit der Vorgruppe (3:1) weniger Promovierte (3:2).

Die Homogenität der Gruppen hat weiter zugenommen, augenfällig bei den Maschinenbauern, die seit den achtziger Jahren vorgezeichneten Laufbahnen folgen konnten. Bei den Chemikern gehören Schmidt und Rube einer älteren Generation an. **Dr.Karl Schmidt** zählt mit August Kind und v.Rüdiger zu den ältesten der 33 akademisch vorgebildeten Inspektoren dieser Zeit, von denen er die meisten klassischen Universitäten besuchte. Der in Laasphe geborene Westfale absolvierte das Gymnasium in Arnsberg und beendete das Studium der Fächer Physik, Chemie und Naturwissenschaft im damals üblichen Trienium mit der Promotion in Bonn (1855). Er war lange Zeit als Ingenieur, Inspektor und Direktor auf Eisenhütten und Mahlwerken tätig gewesen, als er im April 1879 kommissarisch, im Juli 1881 definitiv großherzoglich-hessischer Fabrikinspektor wurde.[133]

---

132) Bocks 1978, S.18-24 nach Akten des GLA Karlsruhe; Wörishoffer war im Sommer 1879 für drei Wochen bei v.Stülpnagel in Berlin.

133) Zu Dr.Schmidt H I, S3 (149 S) und A I3, Nr.17; verheiratet, swei Töchter (s.unten S.132); 1.8.1883 auf eigenen Antrag in Darmstadt ausgeschieden; 1.11.1985 Assistent von Osthues in Arnsberg; Mai

Als Sohn eines Waldecker Kreisphysikus' nahm **Waldemar Rube** zwei Anläufe an polytechnischen Schulen, die er beide abbrach, mindestens einmal kriegsbedingt. In den 70er Jahren war der Leutnant der Reserve "auf verschiedenen Gebieten der chemischen Industrie auch in selbständiger Stellung mit gutem Erfolg praktisch tätig". Ein Sprachaufenthalt in Rußland 1881/82 und ein anschließender Studienversuch an der TH Berlin im WS 82/83, der abgebrochen wird, deuten an, daß es um die Alternativen höherer Staatsdienst oder berufliches Fortkommen im Ausland ging. Er trifft schließlich in der Fabrikinspektion doch wieder auf die jüngere und examinierte Generation der Bauführer und Baumeister, der er an der TH nach einem Semester ausgewichen war, um trotz unsicherer Geschäfte und schwieriger politischer Lage eine Blutlaugensalzfabrik in Rußland zu leiten.[134]

Auch **Max Beckmann** kam ohne formale Qualifikation in den Aufsichtsdienst, obwohl er sie als Angehöriger der jüngeren Generation hatte anstreben können. Der Sohn eines Band- und Litzenfabrikanten in Barmen legte kein Abitur und nach fünfjährigem Hochschulstudium keine Prüfung ab. Als lediger Inspektor mußte er sich die höchste Zahl von Versetzungen gefallen lassen und wurde für vier Jahre als Sachverständiger für Handelsangelegenheiten an das Generalkonsulat in Buenos-Aires beurlaubt. "Den sozialdemokratischen Bestrebungen in der Arbeiterschaft ist er dadurch auf das nachdrücklichste entgegentreten, daß er die national gesinnten Arbeiter in evangelischen Arbeitervereinen gesammelt hat. Er hat sich hiermit um die Bekämpfung der Sozialdemokratie hervorragende Verdienste erworben", meinte ein Regierungspräsident, was im Handelsministerium kühl registriert wurde: "...vielleicht mehr als für einen Gewerbeaufsichtsbeamten ratsam ist".[135]

1889 Gewerberat in Posen für den nach Merseburg versetzten Hägermann; 1.7.1896 dort pensioniert (siehe auch unten Anm.139).

134) Zu Rube H I, R3 (198 S); geboren 1848 in Corbach; heiratete 1908 die Tochter eines in Estland lebenden Kaufmanns; 1866-68 in Karlsruhe, 1871/72 Aachen; im Feldzug 1870/71 an 12 Schlachtorten (S. 227); Leutnant d.R. (1876), Oberleutnant (1882), Rittmeister (1889); ohne Hochschulabschluß Laborvorsteher in Gelsenkirchen, Assistent eines technischen Direktors (1872-79); in Halle, dann in Rußland (1883-87); im Sommer 1887 gegen Rebläuse in hessischen Weinbergen und zu "Vernichtungsarbeiten"(!) am Rhein (!) eingesetzt; 1.6.1888 Assistent Friefs in Breslau ("sehr gut bewährt"); Juli 1891 nach Liegnitz, ein Jahr später an der dortigen Regierung; mit Wilhelmi und Grünewald am 9.6.1892 RGR; 30.6.1914 pensioniert; RAO 3. Klasse; Pension 5784 M; nur vier statt acht Jahre zivile Tätigkeit angerechnet, weil er aus 35 000 M Vermögen 1250 M Zinsen beziehe und 5000 M auskömmlich seien.

135) Zu Beckmann HI, B2 (205 S); Regierungspräsident am 8.7.1917, vermutlich im Ministerium glossiert (S.202); 1875-80 Studium in Leipzig, Straßburg und Marburg; 26.6.1885 Lohmann fordert "ihre Schul- und Universitätszeugnisse" an (S.11); 14.7. "ganz der Mann, aus dem ein tüchtiger Gewerbeaufsichtsbeamter wird" (Regierungspräsidium Mgadeburg); 2.5.1887 zu Bernouilli nach Aachen; dort

Dr.Richard Kraaz war zuerst Betriebschemiker in Zuckerfabriken, dann ein Jahr lang Hilfsarbeiter im kaiserlichen Gesundheitsamt, schließlich Assistent am hygienischen Institut an der Universität Göttingen. Daß die Wahl 1889 auch auf einen Hygieniker fiel, deutet an, daß die Ministerialbeamten die Erfahrungen des Auslands und die Forderungen im Innern einbauen wollten, ohne von der alten Linie des Gewerberats als Techniker abzukommen.

Dr.Max Sprenger konnte nach seiner Promotion 11 Jahre lang "die Geschäfte eines Assistenten des Professors Finkener im Laboratorium für Mineralanalyse" an der Berliner Bergakademie übernehmen, was ein gerichtliches Nachspiel hatte, als seine Witwe die Anrechnungsfähigkeit dieser Jahre einklagte. Im Urteil wurde "die mit der geologischen Landesanstalt verbundene Bergakademie" den Universitäten gleichgestellt und Sprengers Arbeit als Institutassistent (im Gegensatz zu den Privatassistenten) als unmittelbarer Staatsdienst bewertet.[136]

Die sich abzeichnende Homogenität der Ingenieurgruppe, die erst in den 90er Jahre voll zum tragen kam (Kapitel 4), zeigt erst bei den im Juni 1888 Eingestellten routiniertes Anpeilen von Laufbahnprüfungen. Jetzt konnte Praxis eingespart, auf das vorgeschriebene Minimum beschränkt und fast direkt vom Hörsaal oder Labor ins höhere Beamtentum gewechselt werden. Die langen Bewährungszeiten in der Industrie gehörten bald der Vergangenheit an.

Der Traum vom nahtlosen Übergang in den Staatsdienst war für preußische Maschinenbauer erst spät, und nicht für alle wahr geworden. Für diese war, im Zuge der Verstaatlichungen vermehrt, der Eisenbahndienst von entscheidender Bedeutung, in dem auch alle bekannten Ingenieure des Samples ihre erste Anstellung und praktische Ausbildung erfuhren. Aber die Fabrikinspektion blieb trotz des explosiven Wachstums nach 1890 ein kleinerer Arbeitsmarkt.

---

am 30.12.1896 RGR; 1.4.1903 nach Bromberg, 1913 Kronenorden 3.Klasse; 1.4.1914 bittet um Pension; 1.7.1917 Ruhestand, RAO 3.Klasse.

136) Zu Dr.Kraaz HI, K6 (93 S); geboren 1857 in Anhalt; seit 1887 kinderlos verheiratet; Studium in Straßburg, Heidelberg, Berlin (Dr.phil 1882); 20.3.1889 Assistent v.Stülpnagels in Berlin; 1896 nach Bonn; 1905 RAO 4.Klasse; 1910 nach Berlin; 1917 Verdienstkreuz Kriegshilfe.

Zu Dr.Sprenger HI, S7 (23 S); geboren 1852; 1.5.1875 Dienstvertrag bei Finkener, lehrte 1876 chemische Technologie in Vertretung Prof. Kerls; 17.3.1880 Vertrag verlängert; 18.9.1886 Assistent v.Stülp-nagels; 1.4.1889 für Süssenguth nach Magdeburg; 1.4.1894 RGR in Berlin; im Juli 1899 ans Reichsamt des Innern versetzt; letzte Dienstbezüge 13'134 M; im September 1910; Februar 1911 gestorben. Klage auf Anrechnung der Assistentzeit 1875-1886 als ruhestandsfähige Dienstzeit, vom Landgericht abgewiesen (1.3.1912); Revision beim Oberlandesgericht erfolgreich (18.1.1913); Geh. Oberbergrat und Geh.Bergrat Pufahl sagen als ehemalige Universitätskollegen Sprengers für ihn aus; Urteil (S. 18ff) : chemische Assistenten seien "Glieder des Organismus der Bergakademie" und im Gegensatz zu den privaten Assistenten wirkliche Beamte. Zum Hintergrund Klaus Dieter Bock, Strukturgeschichte der Assistentur, Düsseldorf 1972.

Daß ein Baurat das Sample anführt, scheint für Preußen ungewöhnlich, weil Baubeamte in der professionellen Inspektion des Landes im Gegensatz zu den Kleinstaaten keine Rolle spielten. Als berufliche und soziale Referenzgruppe aber waren die seit 1817 im höheren preußischen Beamtentum angesiedelten Baubeamten von entscheidender Bedeutung. Sie bildeten mit den Berg-, Schul- und Medizinalräten im Gegensatz zu den juristischen die Gruppe der "technischen" Beamten, ohne daß sie alle 'Techniker' gewesen wären. Beuths Gewerbeinstitut war als Mittel der Gewerbeförderung geplant und zwanzig Jahre lang von Beuth geleitet worden. Die Absolventen bildeten nicht das erhoffte freie Unternehmertum, ins Beamtentum aber gelangten sie vorerst auch nicht. Zeitgleich mit der Gründung des VdI aus Absolventen des Instituts vollzog sich die auch an anderen Polytechnika meßbare Mathematisierung, Akademisierung und Angleichung an die Hochschule der Baubeamten, die an Wissenschaftlichkeit sogar übertrumpft zu werden schien. Dort war zwar 1831 der Studiengang des Privatbaumeisters und eine "stufenweise Ausbildung für das Baufach" eingerichtet worden, denn "ohne eine solche Maßregel würde ein jeder den Versuch machen, die Prüfung als Bauinspektor zu bestehen", und "niemand ist gezwungen, sich durch die Allgemeine Bauschule für den Staatsdienst zu befähigen"[137], aber nur wenige machten von dem alternativen Angebot Gebrauch. Man studierte nämlich nicht nur die mit viel klassischer Ästhetik verbundene Baukunst, man strebte damit auch nach den materiellen und ideellen, nicht zuletzt den sozialen Annehmlichkeiten, die eine Ratsstelle mit sich brachte.

1849 wurde die Ausbildung der Baubeamten formal an die der Juristen angeglichen und zwei Staatsexamen eingeführt; das erste zum Regierungsbauführer (Referendariat), das zweite zum Regierungsbaumeister (Assessorat). Erst über 40 Jahre später konnten Petersen, Lühl u.a. als Maschinenbauer diesselben Titel erreichen und Anspruch auf Anstellung im höheren Dienst erheben (Berechtigungswesen).

Trilling, Goebel und Grünewald hatten noch in der Zeit des Umbruchs studiert, als die preußischen hohen Technikerschulen Hannover, Aachen und Berlin Staatsprüfungen forderten und zuerst Diplome bewilligt bekamen. **Grünewald** gehörte zu den ersten preußischen Diplomingenieuren, wollte aber später wie die noch nicht diplomierten Goebel und Trilling um den Preis längerer Studienzeiten beide Staatsexamen nachholen[138] **(siehe Tabellen-Anhang 7).**

137) A II 6, S.4f, Brief Schuckmanns an sämtliche Regierungen vom 8.9.1831.

138) Zu Grünewald HI, G2; geboren 1854 in Berlin; 1887 erste, 1894 zweite Ehe, 6 Kinder; Privatschule, Gewerbeschule, Reife; 1877 Diplom, Eisenbahndienst, 1880 Bauführer, 1885 Baumeister mit Auszeichnung; 16.5.1887 Assistent bei Dr.Wolff (später Theobald) in Düsseldorf (S.16); 1891-94 im Reichsamt des Innern : "bei Ausführung der Gewerbeordnungsnovelle beschäftigt" (S.59); nach Hildesheim versetzt; 1901 Schleswig, 1903 Danzig (Geh.RGR); 1906 RAO 4.Klasse, 1903 Kronenorden

Das Anstellungsalter sinkt den Laufbahnen gemäß ab. Das Heiratsalter gleicht sich dem Eintrittsalter zunehmend an, weil keine längere Praxis mehr für eine sichere Stellung und ausreichende Subsistenz sorgt. Nur Goebel heiratete deutlich früher, während Grünewald wie schon Ecker wenige Wochen nach seinem Eintritt auf das nach 1870 obligatorisch gewordene Standesamt ging. Die Dienstzeiten nahmen reziprok zu den abgesunkenen Eintrittsaltern zu, die verheirateten Beamten wurden vorerst nicht mehr als 2 bis 3 mal in ihrer Laufbahn versetzt. Der Inspektionsdienst schien nun weniger an den Kräften zu zehren, immerhin erreichten 5 von 9 bekannten Fällen die Altersgrenze, drei gingen (aus gesundheitlichen Gründen vermutlich) in den Vorruhestand und nur einer starb vor der Zeit. In der Gruppe pro 1879/80 starben noch 6 von 10 bekannten Fällen vor Erreichen des 60. Lebensjahrs.

Der Verehelichungsgrad bleibt hoch, die Kinderzahl scheint zuzunehmen. Es fällt auf, daß von den drei Chemikern aus 'gutem Haus' einer unverheiratet ist und die anderen kinderlos bleiben. Die Öffnung des höheren Staatsdienstes für Maschinenbauer läßt bei wachsender beruflicher Homogenität zunehmende soziale Heterogenität des Personals erwarten, bildeten doch die ebenfalls von Beuth initiierten, anfangs 22 preußischen Provinzialgewerbeschulen, die den Weg zum 'nichthumanistischen' Abitur in den Realienfächern bahnten, als Vorschulen des Gewerbe-Instituts ein Rekrutierungsfeld auch für die unteren Mittelschichten. Zwar entledigten sich die preußischen Polytechnika, was auch Wilhelm Busch zu spüren bekam, zuerst von den politisch Wilden, dann von den akademisch Trägen, aber obwohl beides die soziale Brennweite wieder verkleinerte, blieben die Hochschulen für Techniker auch als Technische Hochschulen Mittel des sozialen Aufstiegs. Es würde deshalb nicht wundern, wenn nach Auswertung weiterer Quellen die Chemiker noch einhelliger aus den 'besseren Kreisen', die Maschinenbauer noch eindeutiger von den sog. einfachen Leuten abstammen würden.

Milieu und Mentalität der beteiligten Gruppen scheinen durch die vorhandenen Quellen ausreichend beleuchtet. **Dr.Schmidt** wünschte sich nach "fünfeinhalbjährigem Aufenthalt in der gottverlassenen, ungesunden Provinz Posen" nach Kassel zurück; bis auf den heutigen Tag habe man keine "gesunde Stunde gehabt, weil wir alle das Klima nicht ertragen, sondern stets von Malaria, schweren Erkältungen, Influenzia, Rheumatismus etc heimgesucht werden!" Der brüderliche Konsistorialrat in Berlin konnte Einfluß geltend machen, nicht aber die vorzeitige Pensionierung erreichen.[139] Die Schmidts mußten wegen der kurzen Dienstzeit des

3.Klasse; seit 6.4.1912 Dozent an TH (Hygiene und Arbeitsschutz). Zu Trilling und Goebel unten Anm.140/41.

139) HI, 83 (9.11.1894); 20.11.1895 Bruder (oben Anm.133).

Ernähreres mit einer knappen Pension haushalten, die beiden ledig bleibenden Töchter wurden noch 1926 vom Präsidium Kassel mit monatlich 30 Mark unterstützt.

Der in Iserlohn geborene und -als eine Ausnahme unter den preußischen Beamten- katholisch getaufte **Heinrich Trilling** sei aus kleinen Verhältnissen hervorgegangen und verhalte sich oft taktlos. Es fehle ihm an der "inneren Durchbildung", wie sie nur gute Erziehung geben könne. Vor seiner Strafversetzung nach Danzig absolvierte Trilling einen (unblutigen) Zweikampf auf Pistolen mit einem wenige Tage zuvor im Faust- und Fußkampf lädierten, weil betrunkenen Regierungsassessor von K., der ihn "im Diskauschen Restaurationslokale (zu Oppeln), wo in einem reservierten Zimmer höhere Beamte, Offiziere und Gymnasiallehrer zu verkehren pflegten", unter Gebrauch starker Schimpfworte noch einen Schwächling genannt habe ...[140]

Johannes Goebel konnte nach 21 Dienstjahren bis zum Geheimrat aufsteigen, habe bei seinem frühen Tod aber außer einer "ziemlich umfangreichen Büchersammlung", die beim Verkauf nicht viel einbrachte, einer Lebensversicherung über 20'000 Mark und einigen Wertpapieren "kein nennenwertes Vermögen hinterlassen". Die Witwe lebe mit einer Pension von 600 Mark bei einer Schwiegertochter. Die Söhne besuchten zwar das Gymnasium, die Töchter die Höhere Mädchenschule, aber der ältere sei ohne Abitur abgegangen, "um sich der Musik zu widmen" und auf Kosten der Mutter zu leben. Der jüngere sei begabt, habe Abitur gemacht und sich mit einem Stipendium von 400 Mark dem Baufach gewidmet, dann aber abgebrochen, wegen der Musik. Trotzdem habe Frau G. "ein unerschütterliches Vertrauen in das Talent ihrer Kinder." Wenigstens nähre sich eine Tochter redlich und die andere sei mit einem Ersten Geiger verlobt. Der Regierungspräsident plädiere für eine Unterstützung der Witwe in Höhe von 600 Mark.[141]

140) Zu Trilling HI, T2 (275 S, falsch datiert); geboren 1852 in Iserlohn; seit 1891 verheiratet, 2 Kinder; Vater Handwerker; seit 1874 Gewerbeakademie, 1.4.1881 Bauführer, 1.9.1881 Assistent von Osthues in Arnsberg; Mai 1885 nach Aachen versetzt; Juli 1886 Gewerberat in Oppeln, 1891 RGR; Bericht aus Oppeln vom 12.9.1893 (S.55f); 1.5.1893 nach Danzig strafversetzt; wegen Duell 6 Monate Festungshaft; siehe auch Ute Frevert über den Zusammenhang von Soldaten- und Beamtenehre und Duellen (FAZ 24.9.1986).

141) Zu Goebel HI, G1 (141 S, falsch datiert); geboren 1852 in Derschau; 1884/87 erste u. zweite Ehe: Töchter eines Rentiers und eines praktischen Arztes aus den jeweiligen Dienstorten; 4 Kinder; Sohn eines Bahnmeisters; 1871-74 und 1876-78 Gewerbeakademie; 1882/86 Bauführer und -meister (mit Auszeichnung: USA-Reise); 1.2.1887 kommissarischer Inspektor für Schlesien; 16.5.1888 Gewerberat, 1891 RGR; 19o1 RAO 4.Klasse; 1903 Geh. RGR; 16.5.1908 gestorben. Bericht des RP vom 8.4.1915 (S.135ff) : "Die bedrohte Lage der Frau ist hauptsächlich auf das unverantwortliche Verhalten der beiden Söhne zurückzuführen." Seit 1908 seien 21'000 M Vermögen für sie aufgewendet worden.

KAPITEL 3

Die Emanzipation der Techniker in Gesellschaft und Staatsdienst bis ins 20. Jahrhundert.

Die Einstellung von Technikern in den höheren Staatsdienst stieß -nicht nur in Preußen- noch auf andere als die oben dargestellten, eher zeitgenössischen Widerstände. Bevor wir ihren endgültigen Durchbruch am Beispiel der preußischen Gewerbeaufsicht nachzeichnen, wollen wir -an der Mitte des Buches angekommen- an einige tieferliegende Voraussetzungen des Widerstandes erinnern. Und da in den folgenden beiden Kapiteln noch mehr als in den beiden zurückliegenden ständig die reichsdeutschen Bildungsstätten jener modernen Techniker erwähnt werden, dient das eingeschobene und retardierende Kurzkapitel der verkürzten Darstellung der Geschichte jener Bildungsstätten, die in ihrer Gesamtheit noch nicht monographisch dargestellt sind, so daß sich ein unkundiger Leser auf ausgedehnte Lektüren gefaßt machen müßte. Wer mit der Vorgeschichte wie den Bildungsstätten schon vertraut ist, kann dieses synthetische Kapitel, das auch in Siebenmeilenstiefeln durch die Epochen schreitet, ohne Verzug überschlagen.

3.1 Antike, Mittelalter, Neuzeit.

Jene tieferliegenden Widerstände reichen nach unserer Auffassung sozial- und philosophiegeschichtlich sehr weit zurück. Bei den **Griechen** waren Arbeit und Technik die Sache von Sklaven und Handwerkern, von 'Banausen'. Die mechanischen Künste trugen nach Xenophons Auskunft ein gesellschaftliches Brandmal und waren "in unseren Städten gänzlich mißachtet." Die Handwerker sah man, nach Aristoteles Auskunft, "wie gewisse unbeseelte Objekte an, die zwar Dinge ausführten, aber ohne zu wissen, was sie tun." Archimedes habe, sagte Plutarch von ihm, jede Kunst, die man für den Lebensunterhalt trieb, für niedrig und handwerksmäßig gehalten.[1] Den Griechen fehlte, sagt heute M.I.Finley, "the mentality and the motivation to strive systematically for greater efficiency and greater productivity". Ihre Haltung habe neben dem wissenschaftsimmanenten (dem 'epistemologischen') einen sozialen Grund: "Greek science and philosophy were 'aristocratic' in the sense, that they developed among the leisure class for whom the only acceptable practical pursuits were war and statecraft, poetry and oratory."[2] Nach dem "plötzlichen Übergang vom Mythos zum Logos" sei es in der "Pionierepoche der griechischen Antike" (6.-3.Jh.) zum Aufstieg der Naturwissen-

---

1) Günther Ropohl, Die unvollkommene Technik, Frankfurt 1985, S.36f.

2) M.I.Finley, The Ancient Greeks, Harmondsworth 1963, S.126 u. 128.

schaften gekommen, ohne daß diese praktisch wurden.[3] Der Mangel an Initiative auf technologischem Gebiet habe zu einer völligen Inkongruenz der wissenschaftlichen und der technischen Entwicklung und dazu geführt, "(that) the list of Greek inventions is a very short one indeed" (Finley). Die griechische Auffassung von Bildung zielte nach Henri Irène Marrou auf den Menschen an sich ab, nicht auf den Fachmann; auch auf umfassende Allgemeinbildung, deren bevorzugtes Werkzeug Sprache war.[4] Die Praxis der Geräteherstellung und ihrer Verwendung, "techne", trug deshalb eher den Makel der Blaphemie - Prometheus angeschmiedet, Ikaros abgestürzt, Hephäst und Wieland lahm. "What was missing is an intangible factor, a Baconian spirit, which regularly und persistently turns speculation into empirical research, empirical research into practical application. Aristotle und Theophrastus had a vast knowledge of animal breeding and plant yields, but neither they nor their readers drew the conclusions which would lead to selective breeding in agriculture and sheep-farming. Their interest was satisfied when they understood purpose, function, final causes in nature."[5] Der Weg ihrer Naturwissenschaft führte von den Phänomenen weg (Abstraktion) wieder zu diesen hin (Induktion). Die fünf Kreissätze des Thales waren Sätze über unpraktische, ideale Gegenstände in der Geometrie und vielleicht die ersten theoretischen Sätze der Griechen.[6] Die Vorsokratiker wandten dann diese erst entdeckte Vernunft auf das Seiende an: Alles sei Wasser (Thales), alles Luft (Anaxagoras). Doch Aristoteles schaute genauer hin. Seine beweisende Wissenschaft benutzte den Syllogismus als formales Beweismittel und nannte Platon abschätzig "den Leser".

Die Mechanik war für die Griechen "eine Theorie der Wirkungsweise zusammengesetzter Werkzeuge. Ihr werden unter anderem die Baukunst, die Kunst des Geschützbaues, des Baues von Hebewerkzeugen, Be- und Entwässerungsmaschinen, Wasser- und Sonnenuhren sowie Planetarien zugeordnet".[7] Damit traten Technik und Mechanik in einen Gegensatz zu der wissenschaftlichen Physik, jene beschäf-

---

3) Samuel Shambursky, Der Weg der Physik. Texte von Anaximanas bis Pauli, München-Zürich 1975, S.13; Ders., Das physikalische Welt der Antike, München-Zürich 1965 (engl.1956); Ders., Naturerkenntnis und Weltbild. Zehn Vorträge zur Wissenschaftsgeschichte, München-Zürich 1977

4) Henri-Irénée Marrou, Die Geschichte der Erziehung im klassischen Altertum, Freiburg 1957 (frz. 1948, 6.Aufl. 1965).

5) Finley 1963 (wie Anm.2), S.125; s.auch Ivan D. Rosanskij, Geschichte der antiken Wissenschaft, Zürich 1984; Alistair C. Crombie, Augustine to Galileo. The History of Science A.D. 400-1650, London 1952 (dt. 1964).

6) Jürgen Mittelstraß, Neuzeit und Aufklärung. Studien zur Entstehung der neuzeitlichen Wissenschaft und Philosophie, Berlin 1970, S.21ff: "Die Entdeckung der Möglichkeit theoretischer Sätze könnte hervorgegangen sein aus einer Reflexion auf das Funktionieren jener 'Rezepte', nach denen innerhalb der baylonischen Geometrie spezielle Aufgaben gelöst wurden." (S.26)

7) Ders., Technik und Vernunft. Orientierungsprobleme in der Industriegesellschaft, in: Ders., Wissenschaft als Lebensform, Frankfurt 1982, S. 46; s.auch Neuzeit und Aufklärung (vorige Anm.), S.167ff.

tigte Sklaven und Handwerker, diese die aristokratische 'leisure class'. Deshalb fand Hans Schimank nur wenige Quellen über die Männer, welche technische Werke planten und ausführten. In den '*laterculi Alexandrini*' habe er unter den sieben Namen von *mechanikoi* und *architectones* den Erbauer von Belagerungsmaschinen (Polyeidos) und den Überdrücker des Hellespont (Harpalos) gefunden.[8]

Aristoteles' Physik wollte zur Klärung der Phänomene beitragen: "Warum vergeht das Fett bei der Arbeit"; "warum hört man nachts besser?"; "wodurch entsteht Stottern?"; warum kocht siedendes Wasser nicht über?"; warum trocknen Winde, obwohl sie kalt sind ...?"[9] Dem Mittelalter wurden solche Fragen offenbar erst spät vorgelegt, weil Boethius als einer der letzten Vermittler des antiken Erbes nicht mehr zur Übersetzung der naturwissenschaftlichen Schriften des Aristoteles kam. "He was one of the last people in western Europe who knew Greek and had resolved to translate the whole of Plato und Aristotle into Latin. Had his plans been realized the Middle Ages would have been quite different ..."[10] Boethius riet im 7.Jahrhundert, den Blick von der törichten Erde abzuwenden:

> "Alles hat er erforscht, bis zur verborgenen / wechselreichen Natur Gründe gelangte er! / Und nun ist ihm des Geistes Leuchte ermattet, / Und den Nacken im Druck engender Ketten / zwingt die wuchtende Last nieder den Blick ihm, / wehe, nur dich zu schaun, törichte Erde."[11]

Noch im 12.Jahrhundert wandte sich Bernhard von Clairvaux gegen menschlichen Forscherdrang -Abälards zum 5.Mal überarbeitete 'stultologia'. Er "konnte und wollte der gelehrten Forschung das Experiment nicht verbieten", aber Sorge tragen, "daß sich nicht die Halbgebildeten der Formeln aus dem Labor bemächtigten und damit die Grundlage des Glaubens zerrütteten".[12] Wenn Abälard der Logik vertraute und Bernhard den Kirchenvätern, versäumten beide, ihre Einsichten an der äußeren Natur oder am Ablauf der Geschichte zu überprüfen. Weder Geschichte noch Natur waren für sie im aristotelischen Sinn '*poiesis*', sie waren vielmehr von Zitaten, Weissagungen und logischen Distinktionen überlagert. Dem wirklichen

8) Hans Schimank, Der Ingenieur. Entwicklungsweg eines Berufes bis zum Ende des 19. Jahrhundert, Köln 1961, S.11; s.auch Ders., Das Wort "Ingenieur", Abkunft und Begriffswandel, ZVDI 83 1939, S.325-31.

9) Aristoteles, Problemata Physica, übers.v. H.Flashar, Ost-Berlin 1953; Ders., Probleme, hg.v. P.Gohlke, Paderborn 1961.

10) Anders Piltz 1981 (schwed. 1978), S.7.

11) Boethius, Trost der Philosophie, hg. und übers.v. E.Gegenschatz, München-Zürich 1981, S.8f (rimari solitus atque latentis / naturae varias reddere causas: / nunc iacet effeto lumine mentis / et pressus gravibus colla catenis / declivemque gerens pondere vultum / cogitur heu stolidam cernere terram).

12) Arno Borst, Abälard und Bernhard, HZ 186 1958, S.508.

Leben war nicht mit Technik und Wissenschaft beizukommen, sondern mit der Sprache, am besten schützte man sich durch Klostermauern vor ihm.[13]

Dieser Mentalität ist schon oft der Prozeß gemacht worden. Für M. Postan kam sie aus einem Zeitalter des Glaubens (age of faith), das keine Zeit für Wissenschaft hatte (they had no time for occupations like science).[14] Für Dampier war diese Zeit einfach "completely hostile to originale experimentale investigation".[15] Dagegen wies Grundmann darauf hin, "daß diese Jahrhunderte nicht ganz so gleichgültig und blind für naturwissenschaftliche Fragen gewesen sein können, wie man es ihnen später nachsagte".[16] Schon zur Zeit dieser Aussage gab es drei voluminöse Enzyklopädien über die mittelalterliche Gelehrsamkeit, die auch die Naturwissenschaften mit einschlossen.[17] Crombie verwies auf Grossetest und Grundmann auf dessen Schüler Roger Bacon.[18] Die Gegenstände der mittelalterlichen Technik - Steigbügel, Pflug, Sichel, Kumet, Hufeisen, Wasserrad, Lesebrille, Pulver oder Astrolab - müssen nicht alle aus wissenschaftlichem Nachdenken entstanden sein.[19] Aber es war nicht ausgeschlossen. Allein die Orientierung im Alltag der Klöster brauchte mehr als die frommen Maximen des Gehorsams, der Ortsbeständigkeit und des sittlichen Lebenswandels: "Am Weihnachtstag bereite dich vor, die Glocken zu läuten, wenn du die Zwillinge auf dem Schlafsaal gleichsam liegen und den Orion über der Allerheiligenkapelle stehen siehst. Und wenn am 1. Januar der helle Stern im Knie des Arktophylax (im Sternbild des Bootes) den Zwischenraum zwischen den ersten und zweiten Schlafsaalfenster erreicht hat ... dann gehe und zünde die Lampen an."[20] Hermann der Lahme war schon im 11.Jahrhundert in seiner Denkzelle von dem Problem umgetrieben, "daß

13) Mittelstraß 1982 (wie Anm.7), S.47f, 71-82; H.Kämpff, "ars imitatio naturae", GWU 20 1959, S.84ff.

14) M.Postan, A Short History of Science, New York 1953, sit.nach Robert C.Dales, Scientific Achievement of the Middle Ages, USA 1972, S.170.

15) William C. Dampier, A History of Science and its Relations with Philosophy and Religion, Cambridge 1929 (dt.1952).

16) Herbert Grundmann, Naturwissenschaft und Medizin in mittelalterlichen Schulen und Universitäten, München 1960 (= Dt. Museum, Abhandlungen und Berichte 28, Heft 2), S.16.

17) Ebendort, S.12, nannte u.a. Pierre Duhem (1o Bde), Lynn Thorndike (8 Bde) George Sarton und Anneliese Maier (je 5 Bde). Eine ausführlichere und kommentierte Bibliographie bei Edward Grant, Physical Science in the Middle Ages, Cambridge (New York) 1977 (1.ed 1971), S.91-115.

18) Dasu neuerdings R.W.Southern, Robert Grosseteste. The Growth of an English Mind in Medieval Europe, Oxford 1986.

19) Lynn White jr., Medieval Technology and Social Change, Oxford 1962; Charles Singer u.a., History of Technology, 5 vols., New York and London 1954-58; Silvio A. Bedini/Francis R. Maddison, Mechanical Universe. The Astrarium of Giovanni di Dondi, Transactions of the American Philosophical Society, new series, vol.56, part 5 (Philadelphia 1966); Borst 1973 S.214-28; s.auch unten Anm.21.

20) R.W.Southern, Geistes- und Sozialgeschichte des Mittelalters. Das Abendland im 11. und 12.Jahrhundert, Stuttgart u.a. 1980 (dt.1960, engl.1952), S.106.

die Zeitspanne des Mondmonats noch von keinem Zeitrechner genau festgestellt worden ist." Seine Forschung erreichte eine dem ptölemäischen Wert vergleichbare und den modernen Wert nur um 0,4 Sekunden verfehlende Genauigkeit, "ohne Kenntnis der antiken Tradition, ohne Messung mit modernen Instrumentalien, allein durch arithmetische Operationen am Rechenbrett."[21] Während die Wissenschaftsgeschichte den Reichenauer Mönch nur als Techniker sah, der Instrumente baute, ohne ihre Grundlagen zu verstehen, zeigen die Hermann-Verteidiger dessen praktische Betätigung beim Instrumentenbau als Umsetzung von theoretischen Einsichten in Fortführung der '*artes liberales*'. Für die "Intellektuellen im Mittelalter" brach dann auf den neu gegründeten Universitäten "das aristotelische Abenteuer des 13. Jahrhunderts" an.[22] Diese Zeit des Experimentierens, von den Verboten 1210 (Paris) und 1225 (Rom) nicht gebremst, wurde von der Amtskirche um 1300 jäh unterbrochen, Thron und Altar arbeiteten jetzt Hand in Hand. Eine rigidere Scholastik definierte das erlaubte, eine martialische Inquisition verfolgte das verbotene Denken mit Gewalt. Naturwissenschaften und Technik durften danach aus mittelalterlicher Gelehrsamkeit keine Impulse mehr erwarten.[23] Technik war wieder eine Frucht von '*ingenium*' im Sinne von 'Kriegsgerät' und stellte Folterwerkzeuge zur Verfügung: "Mit der Zeit der Kreuzüge ... wurde ingenium im Sinne von Kriegsgerät immer mehr gebräuchlich, und etwa zur selben Zeit tritt auch ein dem heutigen Ausdruck Ingenieur verwandtes, selbständiges Wort auf, mag es nun ingeniarius, ingeniosus, ingeniator oder ähnlich lauten."[24]

Was brachten **Renaissance** und **Frühe Neuzeit**? Im 17.Jahrhundert kann man mühelos auf Fragen stoßen, die von Aristoteles Physik angeleitet scheinen und deren Exempla aus einer bürgerlichen Umwelt genommen sind: "Warum wackeln die Spinnweben beim warmen Ofen?"; warum macht die Sonne die Leinwand weiß, den Menschen schwarz?"; warum weinen die Weiber so bald, warum haben sie kei-

21) Arno Borst, Ein Forschungsbericht Hermanns des Lahmen, Dt. Archiv f.d. Erforschung d. Mittelalters 40 (2) 1984, S.379-477; zum mittelalterlichen Verständnis von Zahlen, Massen und Werten jetzt Ders., Das mittelalterliche Zahlenkampfspiel, Heidelberg 1986 (Supplements zu den Sitzungsberichten der Heidelberger Akademie der Wissenschaften, Philosophisch-historische Klasse, Jg. 1986, Bd.5); Ders., Die Naturwissenschaften in einer Bilderhandschrift des 13.Jahrhunderts, Jahrbuch der Braunschweigischen Wissenschaftlichen Gesellschaft für 1986, S.205-25, zuletzt Ders., Wie kam die arabische Sternkunde ins Kloster Reichenau? (=Konstanzer Universitätsreden 169), Konstanz 1989.

22) Jacques Le Goff, Die Intellektuellen im Mittelalter, Stuttgart 1986 (frz.1957).

23) Arno Borst, Krise und Reform der Universitäten im frühen 14.Jahrhundert, Mediaevalia Bohemica 3 1971, S.123-147.

24) Schimank 1939 (wie Anm.8), S.327; s. auch Lars U. Scholl, Baumeister, Genie-Offiziere, Zivil-Ingenieure. Berufliche Vorläufer des modernen Bauingenieurs, in: Hanns-Peter Ekardt (Hg.), Der Bauingenieur in Geschichte und Gegenwart des Bauwesens, Kassel 1981, S.34ff.

nen Bart?"; warum haben die Männer das Knäuflein am Halse und nicht die Weiber?" woher kommt das Echo, woher die Wasserblasen...?"[25]

Machte Galilei, was Brecht zeigen wollte, vor den Werkzeugen der Inquisition einen Rückzieher[26], so blieben seine von Experimenten untermauerten Zweifel an Aristoteles Hypothesen folgenreich, "weil für die Entwicklung der Industriegesellschaft Technik in Wissenschaftsform, d.h. die Verbindung von Naturwissenschaft und Technik, das Entscheidende ist."[27] Jetzt erst konnte die von den Griechen eingeleitete Trennung von Physik und Mechanik nach und nach überwunden werden: "Mechanik als Theorie der Bewegung von Körpern unter dem Einfluß äußerer oder gegenseitiger Wechselwirkungskräfte wird zur Naturwissenschaft".[28] Leonardo mangelte es noch an "der theoretischen Architektonik in seinem vielschichtigen Werk"[29], und Deutschlands Wirtschaft, seit der Atlantischen Wende in seewirtschaftlicher Randlage, "bot ... technisch im 16.Jahrhundert eher den Anblick des Traditionalismus."[30] Aber in den Hauptstädten Paris, Prag und Wien, wo bedeutende Lehrbücher des Maschinenbaus entstanden, in Sachsen und anderen Territorien, wo politische Fürstenmacht u.a. auf bergbaulichen Rechten beruhte, war die Staatsmacht an den Ingenieurleistungen interessiert und förderte die Lösung der Zivil- von den Militärbaumeistern.[31] Im Dekret Lodovico Moros, des Herzogs von Mailand, vom 22.12.1497 sei erstmals von ihnen die Rede: "Baumeister oder Landmesser und Wasserwäger, d.h. Wasserbaumeister, die allesamt üblicherweise als Ingenieure bezeichnet werden".[32] Gerade in Paris, Prag und Wien entstanden dann am Ende des 18. Jahrhundert die ersten drei **Technischen Hochschulen** Europas, die für die deutschen Hochschulgründungen von Karlsruhe bis Berlin zum Vorbild dienen sollten. Die Bezeichnung Ingenieur soll 1571 in einer Flugschrift "aus welscher Sprache transferiert" erst im 17. Jahrhundert im deutschen Sprachraum heimisch geworden sein. "Für Deutschland lag zunächst wenig Veranlassung vor, ein Wort, das erst spät in die Kriegssprache übergegangen war, nun auch zur Bezeichnung einer bürgerlichen Tätigkeit zu übernehmen." Auch an der Wende

---

25) M.G.Voigt, Physikalischer Zeit-Vertreib. 200 auserlesene, lustige, anmutige Fragen aus dem Buch der Natur, Güstrow 1670, Reprint 1980. Voigt sei lycei Gustovici rectoris; s.auch Robert K. Merton, Auf den Schultern der Riesen, Frankfurt 1983 (engl.1965).

26) Brecht, Leben des Galilei, 13. und 14. Bild. Zu den Textvarianten der dänischen (1938), kalifornischen (1945) und Berliner (1954) Fassung bzw. Brechts Absichten Werner Hecht (Hg.), Materialien zu Brechts Leben des Galilei, Frankfurt 1968.

27) Mittelstraß 1982 (wie Anm.7), S.46.

28) Ebendort S.47.

29) Mittelstraß 1970 (wie Anm.6), S.178.

30) W.Treue (Gebhardt Bd.12), S.11.

31) Ebendort S.48ff u. 59ff.

32) Schimank 1939, S.328; Scholl 1981, S.34 (wie Anm.24).

zum 18. Jahrhundert sei man noch mit "Meister" ausgekommen. Neben den Mühlenbau-, Hütten- oder Oberspritzenmeister seien die Bezeichnungen conducteur, maschinist, mechanicus oder mathematicus belegt. In Campes Deutschem Wörterbuch werde als erster Zivilingenieur ein Landmesser genannt, der Begriff sei nicht vor 1840 eingebürgert worden.[33] Wenn man von den Hofbaumeistern absieht, genossen Mechaniker und Techniker in Deutschland kein hohes Ansehen. Es ist anzunehmen, daß die "stickige Arme-Leute-Atmosphäre in der deutschen Ständegesellschaft"[34] und das Regiment der Zünfte das Aufkommen selbständiger Ingenieurleistungen im zivilen Bereich weitgehend verhinderte. Die wissenschaftliche Technik aber erhielt durch die Aufklärung auch an deutschen Hochschulen eine Chance, angefangen mit Johannes Beckmanns Lehrstuhl für "Technologie".[35]

3.2 Preußische Beamten- und Bildungspolitik.

Der Fortschritt wurde noch einmal aufgehalten. In Preußen war die Besinnung auf das geistesgeschichtliche Erbe am Wiederaufstieg des Landes durch seine höhere Beamtenschaft personell und ideell beteiligt. Um 1770 war das Griechische "als Bestandteil der allgemeinen Gelehrtenbildung schon aufgegeben; nur für Theologen und Schulmänner galt es noch als unentbehrlich. Dagegen sei die Naturwissenschaft für die allgemeine Bildung unserer Zeit von so wesentlicher Bedeutung ...".[36] Aber zur gleichen Zeit nannte sich der bald einflußreiche Klopstock in seiner ersten Ode einen "Lehrling der Griechen".[37] Eine im Exil lebende griechische Tempeldienerin gab, umgeben von kriegerischen Sitten, der akademischen Jugend, die sich vom Utilitarismus des aufgeklärten Bürgertums eingeengt fühlte, in Versform die Losung: "Das Land der der Griechen mit der Seele suchend."[38] Wenn Winckelmanns "Leben für Apoll" heute "nichts als Glockenläuten" ist und schon für Diderot "falsch und irreführend" war, so diente es an seinem historischen Ort der geistigen Fluchtbewegung jener "erklärt christlichen, pedantischen, fanatisch hart arbeitenden Männern, die in kleinen Universitätsstädten lebten und

33) Ebendort S.330f bzw. S.39ff.

34) Klaus Deppermann, Der hallische Pietismus und der preußische Staat unter Friedrich III., Göttingen 1961, S.11.

35) W.Treue (wie Anm.30), S.182f; Focko Eulen, Die Technologie als ökonomische und technische Wissenschaft an deutschen Universitäten des 18.Jahrhunderts, TG 36 1969, S.245-56. Wilhelm Franz Exner, Johann Beckmann - Begründer der technologischen Wissenschaft, Wien 1878.

36) Paulsen 1965 (1921), S.310; Jeismann 1974, S.328; s.auch H.W. Brandau, Die mittlere Bildung in Deutschland, Berlin 1959.

37) Richard Benz, Wandel der Bilder der Antike in Deutschland. Ein gattungsgeschichtlicher Überblick, München 1948, S.118.

38) J.W.v. Goethe, Iphigenie auf Tauris, I1,Vers 12.

von pflichtgemäß unterwürfigen Frauen bedient wurden", als Mittel der Arbeit, des Ausdrucks und der Selbstfindung. Ihnen mußte "das Hellenische als etwas Erlösendes im religiösen Sinne erscheinen ... , gerade in der Bedrängnis und Machtlosigkeit einer armen und dunklen Existenz".[39] Um 1820 wurde auf französischen, englischen und deutschen höheren Schulen wieder ein gründliches Wissen in den alten Sprachen verlangt. Der preußische Sonderweg in dieser geistesgeschichtlichen Diastole bestand nun darin, daß die Kenntnis der alten Sprachen, der mühsame, langwierige, Substanz und Subsistenz raubende Weg dorthin, zum einzigen Bildungsmittel für Akademiker und höhere Beamte ernannt wurde.

Im dreigliedrigen Schulsystem Preußens wurde er dann zu einem Mittel der Selektion und verlor dabei an Substanz. Das unselig gewordene Lateinlernen, die "verabsäumte Erwerbung vieler nützlicher Sachkenntnisse", die Hegel bereits in einer Rektoratsrede zitierte, waren wieder an der Tagesordnung. Bildungsplanung und Gewerbeförderung, die eigentlich komplementären Aufgaben des nationalen Aufschwungs, gerieten in Streit. Aus dem Unterricht einer dem Nützlichkeitsdenken entzogenen Stadtschule sollte "alles nur irgend Mechanische entfernt werden." Gleichzeitig war es das Anliegen anderer Reformer, verschlafenen Landstädten Mechanik und Maschine, diese "Unwerte der deutschen Klassik" (Theodor Litt), beizubringen. Während den Schulmännern das mechanische Reproduzieren "das dem Geist Fremde", der "allgemeine oberflächliche Leichtsinn" war, wo "die unreflektierte Gewohnheit die richtige Wortfügung herbeiführt", setzten Gewerbeförderer gerade auf Mechanik, Automation und Reproduktion als Stärkungsmittel für Produktivkräfte.[40]

Um die höheren von den unteren Rängen zu trennen, kam es im 19.Jahrhundert zu einer eigentümlichen Institutionalisierung des geistesgeschichtlichen Erbes in den Staatsdienst, die mit dem Leistungsprinzip gerechtfertigt wurde. Latein und Griechisch ebneten den Weg zum Studium; Philologie und Medizin, Bauwesen, Bergbau und Forstkunde, am allermeisten aber 'Jura', das sich mit dem römischen Privatrecht befaßte, führten in den höheren Dienst bei Landratsämtern, Bergbehörden

---

39) Leonore O'Boyle, Klassische Bildung und soziale Struktur in Deutschland zwischen 1800 und 1848, HZ 207 1968, S.584-608, hier S.589; vorbereitet durch Hajo Holborn, Der deutsche Idealismus in sozialgeschichtlicher Beleuchtung HZ 174 1952, S.359-84, und Egon Friedell, Das Altertum war nicht antik, Wien 1950, S.158f; Bens 1948 (wie Anm.37), S.125; J.J.Winckelmann, Gedanken über die Nachahmung der Griechischen Werke in der Malerey und Bildhauerkunst, Dresden 1755, 2.Aufl. 1756, Reprint Baden-Baden 1962; Martin Walser, Hölderlin auf dem Dachboden, in: Ders., Versuch, ein Gefühl zu verstehen, und andere Versuche, Stuttgart 1982, S.10.

40) G.W.F.Hegel, Rede zum Schuljahresabschluß am 29.9.1809, Werke in 2o Bden., Bd.4 Nürnberger und Heidelberger Schriften 1808-1817, S.312-26.

und Bezirksregierungen, für Juristen auch bei den Ministerien. Die Versorgung auf Lebenszeit wurde schließlich an ein dreistufiges Prüfungssystem gekoppelt und den Juristen seit 1817/18 ein Monopol für den höheren Dienst gewährt. Aus diesem waren nach und nach die sog. 'Außenseiter' verdrängt worden. Aus privater Berufstätigkeit in Handel, Gewerbe oder Landwirtschaft kommende, praktische Kenntnisse waren dann im höheren Dienst kaum mehr vorhanden, zumal das 1727 an den Universitäten Halle und Frankfurt eingeführte Kameralistikstudium "in eine staatsferne Ökonomie und praktische Fertigkeiten der Agronomie und Buchhaltung zerfiel und damit aus der höheren Beamtenausbildung auschied".[41] Einen Rest von Praxisnähe bewahrte die anfangs kleine, später expandierende Gruppe der sog. "technischen Beamten", die aber zum geringsten Teil Techniker (Ingenieure) waren, sondern, die Bezeichnung war pejorativ gemeint, alle Nichtjuristen umfaßte. Rinne zählte 1834 immerhin acht solcher technischen Dienste auf - Schule und Unterricht, Medizinalfach, Baufach, Ökonomie, Post, Bergbau, Militärfach und eine Art Domänenverwalter.[42]

Die so umgrenzbare, mehrfach geprüfte, klassisch gebildete und 'juristisch' vorgebildete höhere preußische Beamtenschaft war durch Dienststellung und Privilegierung von den seit der Verordnung vom 07.2.1817 sogenannten Subalternen Beamtenschaft getrennt. Friedrich von Schulte versuchte 1880, die auf dieser Trennung beruhende preußische Titelhierarchie der angelsächsischen Welt beizubringen, die sich selbst mit dem, allerdings unbritischen, Gedanken befaßte, eine solche einzuführen.[43] "Technisch" und "mechanisch" bedeuteten in der Nomenklatur der Beamtenschaft anderes als in der aufstrebenden Marktwirtschaft. Das Mechanische, neuhumanistisch betrachtet das Nicht-Menschliche!, kennzeichne die Tätigkeit der Subalternen, deren Stellung wenig Schulbildung verlange und ausgeschiedenen Militärs offenstehe. Der §6 der Verordnung von 1817 teilte sie in vier Klassen, seit der Kabinettsordre vom 31.10.1825 waren es zwei. Die "Instruktion für die an höheren Bürger- und Realschulen anzuordnenden Entlassungsprüfungen" dehnte 1832 das Berechtigungswesen auf den mittleren Dienst und die mittleren Schulen aus. Den Absolventen stand der Eintritt in den staatlichen Post-, Forst-, Bau- und Subalterdienst (Schreiber und Sekretäre) bei den Provinzialbe-

41) Wunder 1986, S.27 u. S.39.

42) Johann Christoph Rinne, Anleitung bei der Vorbereitung auf den höheren Staatsdienst, insbesondere den preußischen, sowohl in Hinblick auf das Universitäts-Studium, als auf die Staatsprüfungen und auf das Verhalten in der Auscultatur, dem Referendariate und Assessorate, Leipzig 1834, S.12 ("technische Parthien").

43) Johann Friedrich von Schulte, Bureaucracy and its Operation in Germany and Austria-Hungary, Contemporary Review 1880, S.423-58.

hörden offen. Sie wurden dafür, wieder wurde geistesgeschichtliches Erbe eigentümlich institutionalisiert, neben den Realien auch im Lateinischen unterrichtet.[44]

3.3 Gewerbeschulen, Gewerbeinstitut, Technische Hochschulen.

Die Industrialisierung bedeutete eine Hinwendung zu den Realien und zur Produktion materieller Güter. Die Bürokratisierung beharrte nicht nur in Preußen lange Zeit auf der Ausgrenzung der Realien in Kultur und Verwaltung. Dieser Zwiespalt scheint den Modernisierungsprozeß von Entwicklungsländern notwendig zu begleiten, weil Traditionen, Weltbilder und Lebensformen nicht so schnell fortschreiten wie Produktivkräfte und Technologie, vor allem wenn letztere von Kenntnissen angetrieben werden, die nicht dem eigenen Land und der eigenen Kultur erwachsen sind.[45] Gewerbeförderung als Entwicklungshilfe wird in diesen Fällen im doppelten Sinn Bildungspolitik - sie bildet in den neuen Techniken aus, und sie integriert die neuen Ausbildungsinhalte in das übergreifende und überlieferte Konzept von Bildung, das sie bei diesem Vorgang langsam verändert. Kunth und Beuth haben in Preußen dazu Wichtiges beigetragen. Die Gewerbeförderung Rothers mußte dagegen den Bildungsaspekt fast ganz vernachläßigen bzw. anderen überlassen.

Beuth leitete 1818-45 das 'Department' im Gewerbehaus in der Klosterstraße mit 7 Räten, die die Bereiche Bauwesen, Verkehr, Chausseen, Schiffahrt und Eisenbahn bearbeiteten.[46] Die 'Deputation' in der Breiten Straße war zunächst die "technische Bildungszentrale" (Koselleck), die Gewerbeförderung im Sinne Steins und des

44) Instruktion vom 23.10.1817, GS 1817, Nr.15, S.280f (Ablösung der kameralen durch die juristische Vorbildung). Die älteren Vorschriften bei Rinne (wie Anm.42); Verordnung wegen der den Cicilbeamten beizulegenden Amtstitel und der Rangordnung der verschiedenen Klassen derselben vom 7.2. 1817, GS 1817, Nr.7, S.61-67; KO vom 31.10.1825 bei Grotefend, Preußisch-Deutsche Gesetzsammlung 1806-99, Bd.1, Düsseldorf 1900, S.161f; Instruktion für die an höheren Bürger- und Realschulen anzuordnenden Entlassungsprüfungen, in: Ludwig v. Rönne, Die Verfassung und Verwaltung des Preußischen Staates, Teil 8, Bd.2, Berlin 1855, S.307ff. Die weitere Entwicklung skizziert das Centralblatt für die gesamte Unterrichtsverwaltung in Preußen 1859, S.144-53; s.auch Paulsen 1965 (1921), S.503; Bleek 1972, S.103f,106 u.118ff; Westfalen 1979, S.114f u.122; R.v.Brocke, Preußische Bildungspolitik, DVBL 1./15.8.1981, S.734ff.

45) Beispiele für die Mentalität von einheimischen Unternehmern bei Schumacher 1975, S.221 o. 236; zur Abhilfe W.Weber 1976 (wie Anm.87); Landes 1983 (1968/73), S.124; Sartorius v.Waltershausen, Wirtschaft und Technik als Entwicklung in der Geschichte, Jena 1936, S.17, sah in der ersten Hälfte des Jahrhunderts "kein(en) Mangel an solchen Männern"; Wehler 1987 geht auf zahlreiche Unternehmerpersönlichkeiten ein; s.auch Ilsedore Rarisch, Das Unternehmerbild in der dt. Erzählliteratur der ersten Hälfte des 19.Jahrhunderts, Berlin 1977.

46) Rudolf von Delbrück, Lebenserinnerungen, 2Bde, Leipzig 1905 (2.Aufl.); hier Bd.1, S.137f; Koselleck 1975 (1967), S.443 u.611f.

Beamtenethos treiben wollte, aber mehr und mehr zu einer Verwaltungsbehörde wurde, die Kontaktpersonen der Wirtschaftsgesellschaft nicht mehr zur Mitarbeit heranzog. Als Rudolf von Delbrück zu den Beratungen hingezogen wurde, waren Zollverwaltung, "Erfindungspatente" und "die polizeiliche Zulässigkeit gewerblicher Anlagen"[49] ihre Hauptaufgaben. Schon in den 1830er Jahren wendete sie "3/4 der Arbeitszeit für die Vorprüfungstätigkeit von Patentgesuchen" auf. Darüber hinaus las sie Journale und Schriften und beobachtete, was "auf dem großen Feld der Gewerbesamkeit (?) vorgeht."[50] Von 1840 bis in die 1860er Jahre waren die Mitglieder der Deputation festbesoldete Staatsbeamte. Sie war gleichrangig mit der Oberbaudirektion, deren Mitglieder aber besser besoldet.

Auf der anderen Seite mauserte sich das im gleichen Jahr gegründete und auf einem Nachbargrundstück des Gewerbehauses erbaute Gewerbeinstitut "mit seinen mechanischen Werkstätten und Laboratorien, seiner Kunstgießerei und Ziselierwerkstatt, die technologische Sammlung und die Sammlung der Gipsabgüsse, den Sitzungssaal und Beuths Dienstwohnung" zum eigentlichen Herzstück der preußischen Gewerbeförderung als Bildungspolitik.[51] Hier hörte der junge Delbrück auf Beuths Wunsch Vorlesungen über Maschinenlehre und "lernte dabei die Theorie der Wind- und Wassertriebwerke und der Pumpen kennen", nachdem er in den Sitzungen der Deputation "die Überzeugung von der Dürftigkeit meiner technischen Kenntnisse" gewonnen hatte. In den 1840er Jahren, fand Delbrück später, hätten nur noch vier preußische Verwaltungschefs die Industrie ihrer Provinz gekannt und sich für sie interessiert.[52] Darum mag es in der Berliner Zentrale nicht besser gestanden haben, auch wenn Koselleck dort auf ein weiteres Zentrum von Experten unmißverständlich hinweist: "... Kapital, Erfahrung, technische Kenntnis: über alles drei verfügten Rother und seine Beamten in hervorragendem Maße.[53]

In den Provinzen wurden am Sitz der Regierung und oft gegen deren Wünsche nur einklassige Handwerks- bzw. Gewerbeschulen eingerichtet, die das "geometische Zeichnen, freye Handzeichnung, architektonische und Maschinen Zeichnen", die Kenntnis von ungewöhnlichen Werkzeugen und Maschinen sowie die Grundlagenfächer Mathematik, Physik, Chemie, Mechanik und Maschinenlehre in einer anwendungsbezogenen Form unterrichten sollten.[54] Die besten Schüler aller Provinzschulen konnten ihre Kenntnisse am vorbildlich eingerichteten Berliner Institut

49) Matschoss 1911, S.262.

50) Heggen 1975, S.37.

51) Delbrück 1905, Bd.1, S.138.

52) Ebendort S.143; Koselleck 1975 (1967), S.623.

53) Koselleck 1975 (1967), S.612.

54) Matschoss 1911, S.253.

vertiefen. "Beuth sorgte unter allen wechselnden Ministerien für die Kontinuität der technischen Erziehung. Bis 1835 half er - ungefähr in jedem Regierungsbezirk eine - 20 Gewerbeschulen stiften, die zusammen etwa 1000 Schüler zählten. Die Besten wurden mit Staatsstipendien auf dem Berliner Gewerbeinstitut, der späteren Technischen Hochschule, ausgebildet; und Beuth konnte bald - wie er 1833 schrieb - 'die stetige Nachfrage nach tüchtigen Werkführern nicht (mehr) befriedigen'. Eine bedeutende Reihe führender Industrieller wie Schichau, Egell oder Borsig ging aus seiner Schule hervor; darunter Männer, wie Beuth stolz hinzufügte, die ohne Vermögen anfingen, aber in wenigen Jahren ein Einkommen erzielten, das dem Gehalt eines Regierungspräsidenten gleichkomme."[55]

Der eigentliche Durchbruch zur hochwertigen Technik und ihrer staatlichen Anerkennung gelang weder in den aufgewerteten Realschulen noch den umorganisierten Gewerbeschulen. Sie wurde auf den Polytechnischen Schulen vorbereitet, die sich - wie die meisten preußischen Provinzialgewerbeschulen - an Bürger- oder Realschulen anschlossen. "Technical High Schools ... became the engineering colleges, Darmstadt 1822, Karlsruhe 1825, München 1827, Dresden 1828, Stuttgart 1829, Nürnberg 1829, Cassel 1830, Hannover 1831, Augsburg 1833, Brunswick 1835 and later Aachen, Danzig, Breslau were the forges where the professional inquiries were tempered and tried."[56] Die Gründungswelle zwischen 1822 und 1835, zeitgleich mit dem Aufbau des preußischen Gewerbeschulwesens durch Beuth, brachte außerhalb Preußens Institute hervor, die sich über das Anfangsstadium von (anwendungs- und berufsbezogenen) Gewerbe- und höheren Gewerbeschulen zu polytechnischen Schulen entwickelten. Außer Kassel, Nürnberg und Augsburg schafften diese Neugründungen zwischen 1862 (Braunschweig) und 1878 (Hannover) den Schritt zur Technischen Hochschule, was eine enge Verbindung von Residenzstadt und Streben nach hochwertiger Technik zum Ausdruck bringt (**siehe Tabellen-Anhang 8**).

Die deutschen Polytechnika konnten sich zwischen dem empirischen Weg der Briten und dem mathematisch theoretischen der Franzosen orientieren und folgten letztlich - wohl im Zusammenhang mit der Erstarken der Grundlagenfächer an den Universitäten - dem wissenschaftlich abgesicherten Weg der Franzosen. In Großbritannien gingen die ersten Dampfmaschinenbauer "aus den Reihen der Eisengießer, Mühlenbauer und anderen herkömmlichen Handwerken hervor. Watt selbst war von Hause aus Instrumentenmacher, ebenso Smeaton. Sie konnten ihr

55) Koselleck 1975 (1967), S.443; Lundgreen 1975, S.178ff; ebendort S.227ff weist Lundgreen aber darauf hin, daß die meisten Absolventen des Instituts -mit Unterschieden nach Branchen und Provinzen- eher Angestellte als Selbständige wurden.

56) W.H.G.Armytage 1961, S.189.

praktisches Können auf die Lösung neuer technischer Probleme anwenden." Das schloß ein autodidaktisches Studium der Naturwissenschaften in der Tradition Roger Bacons oder Newtons nicht aus, wie A.E.Musson für Smeaton und den Steinmetz Telford betont. "Ich stecke jetzt tief in der Chemie", schrieb 1796 Telford an einen Freund. Die systematische Ausbildung fehlte allerdings, was deutsche Beobachter die statischen Eigenschaften von Stephensons Brückenkonstruktionen eher skeptisch betrachten ließ.[57]

In Frankreich hatten die Revolutionäre die Naturwissenschaften und ihre Grundlagen zur nationalen (und militärischen) Aufgabe erklärt. Darauf sollte das Bildungswesen ausgerichtet werden: "Tous voulaient créer un enseignement utile à la société; tous étaient plus ou moins intéressés par les progrès sociaux résultant d'une science et d'une technologie améliorées."[58] Carnot übertrug Rüstungsaufgaben an Mathematiker und Naturwissenschaftler, die Handwerker und Arbeiter unterrichteten. Condoceret sagte durch die Anwendung von Mathematik eine "glücksverheißende Revolution in den Gewerben" voraus. Statt des an preußischen Berufsschulen vorherrschenden Zeichenunterrichts sollte Gaspard Monges 'géométrie descriptive' die Gewerbe fördern, "um die französische Nation aus der Abhängigkeit zu befreien".

Die Einführung eines 'research imperative', von Experimentallabors, ein Wandel der Personalstruktur, nicht zuletzt eine Verwissenschaftlichung der Kernfächer Physik, Chemie, Mathematik machte zwar die "gegenseitige Durchdringung von Naturwissenschaft und Technik in Deutschland besonders groß"[59], es bestand aber

57) A.E.Musson, Die Ausbreitung technischer Verfahren in Großbritannien während der industriellen Revolution, in: Ders.(Hg.), Wissenschaft, Technik und Wirtschaftswachstum, Frankfurt 1977 (engl. 1972), S.113-26; s.auch Landes 1983 (1968/73), S.52ff u. 321f; Alter 1982, S.170ff; Hans-Victor von Unruh 1895, S.80f, über Stephensons "ganz leichtsinnig und unwissenschaftlich (!) konstruierte Brücke bei Chester" (über den Dee), die einstürzte.

58) F.B.Arzt, L'Enseignement technique en France pendant L'Epoque révolutionnaire, in: Revue historique 196 1946, S.262, zit.nach Herwig Blankertz, Bildung im Zeitalter der großen Industrie. Pädagogik, Schule und Berufsbildung im 19.Jahrhundert, Hannover 1969, S.63; Renatus Ziegler, Die Geschichte der geometrischen Mechanik im 19.Jahrhundert, Stuttgart 1985; Ecole polytechnique. Livre du Centenaire 1794-1894, 2 Bde, Paris 1894; Max Leclerc, La Formation des Ingénieurs à l'étranger et en France, Paris 1917; Franz Schnabel, Die Anfänge des technischen Hochschulwesens, in: Festschrift zum 100jährigen Bestehen der TH Karlsruhe, Karlsruhe 1925, S.14-20; Karl-Heinz Manegold, Eine Ecole Polytechnique in Berlin, TG 33 1966, S.182-96; Robert R. Locke, Industrialisierung und Erziehungssystem in Frankreich und Deutschland vor dem 1. Weltkrieg, HZ 225 1977, S.265ff; Fox/ Weisz (ed), The Organisation of Science and Technology in France 1808-1914, Cambridge 1980; George Weisz, The Emergence of Modern Universities in France 1863-1914, Princeton 1983.

59) Karl-Heinz Manegold, Zur Emansipation der Technik im 19.Jahrhundert, in: Wissenschaft, Wirtschaft u.Technik. Studien zur Geschichte. Wilhelm Treue zum 60.Geburtstag, München 1970, S.379-402, hier S.381, Ders., Universität, Technische Hochschule und Industrie. Ein Beitrag zur Emanzipa-

im Gegensatz zum Fachschulsystem in Frankreich lange Zeit eine Anwendungslücke, weil die meisten Hochschulabsolventen in den Staatsdienst strebten. Die Lücke sollte in Preußen nach und nach das aufgewertete Gewerbeinstitut füllen, und außerhalb Preußens wurden dazu polytechnische Schulen eingerichtet. Sie gingen auf den Ehrgeiz von Landesfürsten oder ihrer höheren Beamtenschaft und von Teilen des Wirtschaftsbürgertums zurück, was Franz Schnabel zu der Frage veranlaßte, ob "eine Residenzstadt der richtige Ort für eine Universität für den bürgerlichen Stand" sei.[60]

Im Großherzogtum Hessen gründete die Landesregierung (!) in den 1820er Jahren 6 Realschulen, "damit vor allem der künftige Bürger für seine bürgerliche Bestimmung alles das lernen könne, was er auf einer gelehrten Schule nimmermehr lernen kann." Die Schulen umfaßten vier Klassen, die Schüler waren zwischen 10 und 15 Jahren alt. Die Städte mußten einen dem staatlichen Zuschuß gleichwertigen Beitrag leisten, "so daß zur Besoldung des Personals, zur Erhaltung und Ergänzung der Lehrhülfsmitttel und zu kleineren laufenden Auslagen die Summe von 6000 fl nebst dem Ertrage des Schulgeldes verwendet werden kann". Sie stellten auch die Schulräume und das "Lehrzimmergeräth nebst Heizung". Das Realienwesen wurde intensiviert, obwohl die Stadt zu jener Zeit eine reine Garnisons- und Residenzstadt ohne nennenswerte Industrie- und Gewerbebetriebe war. Die 1836 gegründete Höhere Gewerbeschule schloß unmittelbar an die Realschule an und umfaßte zwei, später drei Hauptklassen. Sie sollte für Bau-, Berg- und Kunstakademien, für Ingenieurschulen und Forstinstitute vorbereiten bzw. sogleich zum Betrieb "höherer fabrizierender Gewerbe" überleiten. Das zog Schüler aus dem ganzen Land an, so daß der Einheimischenanteil unter 20 Prozent blieb. Die "außergewöhnliche finanzielle Leistung der Stadt Darmstadt" war offenbar lange kaum aufgefallen: "Mitte der 80er Jahre hatten die Darmstädter erstmals gemerkt, daß eine TH in der Stadt war." Die Stadt bezahlte 1845 130'000 fl für den Bau und die Einrichtung eines neuen Schulgebäudes. In den 1870er Jahren schien das Land mit dem Unterhalt für zwei Hochschulen aber ebenso überfordert wie Baden für drei. Die Stadtväter setzten trotzdem in der 2. Kammer nicht nur den Fortbestand der polytechnischen Schulen, sondern den Ausbau zur TH durch, die man am 10.10.

tion der Technik im 19.Jahrhundert unter besonderer Berücksichtigung der Bestrebungen Felix Kleins, Berlin 1970; Ziegler 1985 (wie Anm.56), S.83-108, 117-25; Mehrtens u.a., Social History of 19th Century Mathematics, Boston u.a. 1981; Steven R. Turner, The Growth of Professoral Research in Prussia, 1816 to 1848 -Causes and Context, Historical Studies in the Physical Sciences 3 1971, S.137-82; Göran Ahlström 1982 (wie 0.Einleitung, Anm.50).

60) Vgl. die Streitfrage, ob die Technischen Hochschulen Gründungen des liberalen Bürgertums sind: Wolfgang König, Stand und Aufgaben der Forschung zur Geschichte der dt. Polytechnischen Schulen und Technischen Hochschulen im 19.Jahrhundert, TG 48 1981, S.47-67, sowie Wehler 1987, Bd.2, S. 499-504.

1877 gründete, um wie Dresden, Stuttgart oder Karlsruhe eine eigene TH zu besitzen.[61]

In **Baden** unterstand dem Direktor des Innenministeriums Carl Friedrich Nebenius das gesamte Schulwesen. Er trat (zeitgemäß) für die Trennung von humanistischer und realer Bildung ein, ohne die eine zum Nachteil der anderen zu bevorzugen. Früher als in Darmstadt nahm in Karlsruhe eine von Tulla geforderte "Bildungsschule für Ingenieure" 1807 ihre Arbeit auf. Ähnlich wie in Darmstadt wollte es die Landesregierung so, "die Stadt wurde gar nicht erst gefragt". Am 7.10.1825 verordnete der König seiner Residenzstadt das ungeliebte Polytechnikum, "bewegt von der Sorge unseres lieben und getreuen Bürgerstandes und überhaupt eines jeden, der sich den höheren Gewerben widmen, dazu die nötigen Vorkenntnisse, vorzüglich aus der Mathematik und aus den Naturwissenschaften sich erwerben und deren unmittelbare, in das einzelne gehende Anwendung auf die bürgerlichen Beschäftigungen des Lebens kennenlernen will." Nebenius baute die Schule zu einem achtklassigen Technikum aus. Er formulierte in seiner Arbeit "über technische Lehranstalten in ihrem Zusammenhange mit dem gesamten Unterrichtswesen" (Karlsruhe 1833), zeitgleich mit dem bayerischen, einen umfassenden Plan der technischen Bildung und Ausbildung.[62]

In **Stuttgart** mußte das Wirtschaftsbürgertum selber für die Anfänge der Real- und Gewerbeschulbildung sorgen. Die Regierung bewilligte die Abspaltung einiger Klassen vom Gymnasium zu einer siebenklassigen Realschule, die erst nach 11 Jahren und nur durch Erweiterung um eine Klasse zur Kunst-, Real- und Gewerbeschule ausgebaut wurde. Das 1840 daraus hervorgegangene Polytechnikum umfaßte bei 30-36 Wochenstunden u.a. die Fächer Mechanik, Technologie, Produktenkunde oder technisches Zeichnen. 1846 hatte die Anstalt 100 Schüler, 70 Hospi-

---

61) Helmut Böhme, Anmerkung zum Problem der Technischen Hochschulen, in: Maschke/Sydow (Hg.), Stadt und Hochschule im 19.u.20. Jahrhundert, Sigmaringen 1979, S.112-16; s.auch Schoedler 1847, S.55ff u.122f; Grüner 1967, S.18f; Wehler 1987, Bd.2, S.503; H.Pingel, 100 Jahre TH Darmstadt, Darmstadt 1977.

62) Schnabel 1925 (wie Anm.58), S.21ff; Schoedler 1847, S.45ff; Paul Wentscke, Franz Grashof. Ein Führer der dt. Industrie, Berlin 1926; W.P.Fuchs, Die geschichtliche Gestalt F. Redtenbachers, ZGO 107 1959, S.205-222; Grüner 1967, S.18f; Treue 1970 (Gebhardt Bd.12), S.112; J.Hotz, Kleine Geschichte der Universität Fridericiana Karlsruhe (Technische Universität), Karlsruhe 1975; Scholl 1978, S.243-47; Böhme 1979, S.116ff; Haverkamp 1979, S.31ff; Gispen 1981, S.190-97; Ernst Boltz, Der Maschinenbauer (1900), Reprint 1984, VI-IX (Einführung O. Mahrenholtz); Ellwein 1985, S.122f; Wehler 1987, Bd.2, S.501.

tanten und 20 Lehrer. "Erst um die Mitte des Jahrhunderts trat unter der Ägide von Steinbeis eine aufmerksame Förderung der Gewerbeschulpolitik ein".[63]

Im Königreich **Hannover** verordnete wiederum die Regierung, angetrieben von den Fortschritten in sieben anderen Residenzstädten, dem noch weitgehend agrarischen Land eine polytechnische Schule, die man als Gewerbeschule tarnte, weil französische Polytechniker als Artillerieoffiziere Napoleons und als Revolutionäre von 1830 den Namen diskreditiert hätten. Die staatliche Modernisierungsstrategie zielte auch hier auf Gewerbeförderung und noch nicht, wie zu Buschs und Lenbachs Zeit, auf den Staatsdienst. Da die Gewerbefreiheit in Hannover politisch nicht durchzusetzen war und bis zum Ende des Königreichs 1866 Zunftzwang herrschte, sollten wenigstens die Absolventen des Polytechnikums kraft ihrer Zeugnisse freigesetzt werden - "die praktische Mechanik und den Maschinenbau als Gewerbe zu betreiben und alle dazu nötigen Handwerksarbeiten vorzunehmen oder in ihren Werkstätten ausführen zu lassen, ohne dem Zunftzwang unterworfen zu sein. Wollen sie sich für ein bestimmtes zünftiges Gewerbe niederlassen, so vertritt dieses Zeugnis die Stelle des Lehrbriefs und der Wanderung. Wenn das Zeugnis nicht so günstig ausfällt, so sollen ihnen die Zeit, welche sie auf der polytechnischen Anstalt fleißig zugebracht haben, als Lehrzeit angerechnet werden können." In den beiden Ständekammern kämpften die Regierungsvertreter listenreich gegen die Meinung vom "polytechnischen Luxusartikel", das den einfachen Gewerben gar keine Impulse geben könne; das Institut, versprachen sie, bändige nicht nur den Andrang zum akademischen Studium, es helfe auch die Grundsteuer senken, indem es das Aufkommen der Gewerbesteuer langfristig anhebe.[64]

Als Wilhelm Busch, der späterer Zeichner, aus der Provinz kommend 1847 in der Residenzstadt eintraf, um Maschinenbau zu studieren, konnte er die Aufnahmeprüfung bei einem kulanten Karmarsch noch leicht bestehen. Sicher hatte Busch ebenso wie sein Freund Lenbach am Polytechnikum Augsburg im einst zentralen Fach des freien Handzeichnens noch die wenigsten Schwierigkeiten, aber er bewegte sich in reiner und angewandter Mathematik, wo die neuen Anforderung

63) Böhme 1979, S.118-21; Schoedler 1847, S.83ff; Festschrift der TH Stuttgart. Zur Vollendung ihres ersten Jahrhunderts 1829-1929, Berlin 1929; Gispen 1981, S.500; Johannes H. Voigt, Die Universität Stuttgart. Phasen ihrer Geschichte, Stuttgart 1981; suletst Zweckbronner 1988 (wie Anm.68).

64) Jeschke 1977; Nebenius 1833, S.28-32; Schoedler 1847 übersah Hannover; Wilhelm Launhardt, Die Königliche Technische Hochschule su Hannover von 1831 bis 1881, Hannover 1881; Scholl 1978, S.62-64; Festschrift sur 125-Jahrfeier der Technischen Hochschule Hannover 1831-1956, Hannover 1956; R.Seidel u.a.(Hg.), Universität Hannover. Festschrift sum 150jährigen Bestehen 1831-1981, Stuttgart 1981; K.H.Manegold, Die Entwicklung der TH Hannover sur wiss. Hochschule, in: Mauel/Treue 1976, S.284-304.

griffen, "mit immer matterem Flügelschlag"[65]. Karl Karmarsch propagierte in 50 selbständigen Schriften und 600 Aufsätzen die Ausrichtung der Schule und sah schon 1851 ihren Rang neben den Akademien und Universitäten. Jetzt sollte seine Schule - wie diese - "zu den höheren Berufszweigen der Staatsgesellschaft (!)" führen, zu Stellungen in der staatlichen Verwaltung, "die mit Theologen, Juristen und Medizinern in gleicher Linie stehen."[66]

In Hannover fand der Umbau zwischen 1845 und 1853 statt, als sich die Fächerzahl, bis dahin stagnierend, verdreifachte. Einen ähnlichen Vorgang kann man am Berliner Gewerbeinstitut verfolgen. Man sollte nicht mehr wie ein Maler Nolten an der Kunstakademie oder ein Wilhelm Busch nach der Natur zeichnen, ars imitatio naturae, sondern wie Liebig in Gießen ihre Zusammensetzung ergründen, ars naturae dominatio. Am Beispiel Hannover wird, exemplarisch für andere, der Zusammenhang von technischer und administrativer Entwicklung deutlich. Scholl nennt den Staatsdienst "die beste Ausgangsbasis für eine angemessene Behandlung dieses Themas". 1731/32 wurde in Hannover eine Ingenieurkorps von 20 Offizieren aus der Artillerie ausgegliedert und zuerst an der Universität Göttingen, seit 1786 auch an einer Militärschule ausgebildet. 1834 übernahm Karmarsch' Schule diese Aufgabe mit, was in der gewerbefördernden Programmatik verschwiegen wurde. "Danach studierte kein Offizier mehr in Göttingen." Das Korps "rekrutierte seinen Offiziersbedarf zu 76 Prozent aus den höheren Schichten, und zwar ausschließlich aus dem Bildungsbürgertum". Das war nach Günter Martin auch in Preußen so und stand natürlich im krassen Gegensatz zu anderen Waffengattungen. Es zeigte im übrigen, wie früh Nicht-Wirtschaftsbürger ein berufliches Interesse an technischer Bildung entwickeln konnten. Das (bürgerliche) Ingenieurkorps führte in Hannover etwa hundert Jahre lang die Bau- und Vermessungsarbeiten im Straßen- und Wasserbau durch, zuletzt im Eisenbahnbau, immer unterstützt von Zivilingenieuren, unter denen sich seit der Mitte der 1830er Jahre auch Absolventen der Höheren Gewerbeschule befanden. Sie verdrängten langsam die Empiriker aus der Behörde. Mit der Einrichtung der Wegebauabteilung im Innenministerium und dem Beginn des Eisenbahnbaus übernahmen sie selbst die Bauleitung und lösten die Militäringenieure ab.

Die 'Entmilitarisierung' der Bauverwaltung wurde begleitet von dem Erlaß von Prüfungsordnungen - 1845 für den Eisenbahnbau, 1847 für den Wasserbau, 1848 für den Straßenbau - und dem Ausbau der Polytechnikums, der 1853 vorläufig abgeschlossen war. Die Straßenbaubehörde erhielt als letzte der zentralen Verwal-

65) Friedrich Bohne, Wilhelm Busch, Stuttgart 1958, S.29; Seidel 1981, S.56; s.auch Jörg Sellenriek, Mit Zirkel und Lineal. Entwicklung des konstruktiven Zeichnens, Reinbek 1987

66) Seidel 1981, S.41-60; Launhardt 1981, S.22-33.

tungen eine Prüfungs- und Zulassungsordnung. Die Baubeamten mußten wie in Preußen zwei Staatsexamen ablegen und vor dem zweiten mindestens vier, höchstens sechs Jahre praktisch als Baukondukteure gearbeitet haben. Im Straßenbau kamen sie zwischen 1844 und 1866 zu fast 80 Prozent von der Polytechnischen Schule des Königreichs. Der Eisenbahnbau förderte die Entwicklung weiter: In Hannover waren 96 Prozent der von Scholl untersuchten Eisenbahningenieure Absolventen der einheimischen Technikerschule. Der staatliche Eisenbahnbau begann in Hannover 1842 und kam "mit der Eröffnung der Bremer Bahn im Dezember 1847 zu einem Abschluß." Zwischen 1850-60 verselbständigte sich das Maschinenbaufach. Zu dieser Zeit kamen die Absolventen vermehrt im Eisenbahndienst unter. "Von 145 Ingenieuren konnte bei 121 (84%) der Besuch einer technischen Schule oder Universität nachgewiesen werden." 116 (96%) brachten vom Polytechnikum eine wissenschaftlich-technische Ausbilung mit, "noch bevor diese ausdrücklich gefordert wurde."[67]

Nimmt man diese wenigen Beispiele für alle[68], so schlossen die staatlichen Modernisierungsstrategen die Anwendungslücke zwischen Hochschulforschung und Einzelgewerbe als Teil einer Gewerbeförderungspolitik. Wenn man das Hannoveraner Beispiel weiterfolgt und die Parallelen etwa zum Berliner Gewerbeinstitut nicht aus den Augen verliert, wird deutlich, daß die beamteten Strategen der Modernisierung je länger je mehr auch ein staatliches Eigeninteresse an technisch hochqualifizierten Beamten zu befriedigen suchten, und zwar in dem Maße verstärkt, wie z.B. die Infrastrukturmaßnahmen im Bereich des Verkehrs - bei Strassen-, Brücken-, Kanal- oder Eisenbahnbauvorhaben - nicht mehr mit den Über-

67) Scholl 1978, S.195ff; s.auch F.Rieckenberg, Ingenieur-Offiziere als Leiter des Chausseebaus im Kurfürstentum und Königreich Hannover, Hannover 1964; Ders., Die Ingenieurausbildung in Niedersachsen zu Beginn des Kunststraßenbaues und in dem darauf folgenden Jahrhundert, Neues Archiv für Niedersachsen 18 1969, S.155-63.

68) Wehler 1987, Bd.2, S.858, Anm. 1o: "Eine moderne Gesamtdarstellung der dt. Polytechnischen Schulen und Technischen Hochschulen fehlt noch immer"; weitere Einzelstudien und Bruchstücke (ausser den ebendort S.858 genannten zu Wien, Prag, Graz, München, Dresden u. Braunschweig): Wilhelm Öchsli, Geschichte der Gründung des Eidgenössischen Polytechnikums mit einer Übersicht seiner Entwicklung 1855-1905, Zürich 1905; Kurt Düwell, Gründung und Entwicklung der Rhein.-Westf. TH Aachen, in: H.M.Klinkenberg (Hg.), Die Rhein.-Westf. TH Aachen 1870-1970, Bd.1, Stuttgart 1970, S.9-175; G.Zweckbronner, Ingenieurausbildung im Königreich Württemberg, Stuttgart 1988; B.Bretholz, Die Dt.TH Brünn, in: Das Akademische Deutschland, Bd.1, Berlin 1930, S.491-98; Ludloff u.a., Vorgeschichte und Anfänge der TH Karl-Marx-Stadt (Chemnitz), Karl-Marx-Stadt 1963; Die preuß. Bergakademie Clausthal 1775-1925, Leipzig 1925; Festschrift zur 175-Jahr-Feier, Clausthal 1950; TH Danzig 1904-54, Wuppertal 1954; Manegold, Die TH Danzig im Rahmen der dt. Hochschulgeschichte, in: Beiträge u. Dokumente zur Geschichte der TH Danzig, 1979; Autorenkollektiv, Geschichte der TH Dresden 1928-1978, Berlin 1978; Bergakademie Freiberg. Festschrift zu ihrer 200-Jahrfeier,2Bde,Leipzig 1965; G. Kaufmann, Die Geschichte der Bergschule zu Freiberg, Freiberg 1924.

kommenen Fachschulen oder den militärischen Ingenieurkorps bewältigt werden konnten.

3.4 Maschinenbauer und Chemiker für den Staatsdienst.

In Preußen waren die Militäringenieure früher als in Hannover oder Holland, wo sie den Straßen- und Wasserbau (waterstaatszorg) beherrschten und erst lange nach Gründung des Polytechnikums in Delft (1846) und parallel zum Eisenbahnbau (aanleg von spoorwegen; toezicht op de spoorwegdiensten) ausschieden, aus der zivilen Bauleitung verdrängt worden.[69] Nach v.Bonin gab es am Ende des 18. Jh. in Preußen ca. 200 Ingenieuroffiziere. Die 7 Pionierkorps waren auf Mineur- und Pionierarbeiten, Feld- und Festungsbau beschränkt. Ihre Zahl wuchs bis 1815 kriegsbedingt auf 21 Kompanien an, war bis 1820 aber wieder auf 8 reduziert. Die in den letzten beiden Kriegsjahren von 66 auf 175 angestiegene Zahl der Ingenieuroffiziere wurde bis 1827 um 86 Stellen vermindert, denn im Frieden wurden sie nicht gebraucht.[70]

Mit der Einrichtung einer Prüfungskommission des Oberbaudepartements, das 1770 als Teil des Ober-, Finanz-, Kriegs- und Domänendirektoriums geschaffen worden war, begann in Preußen die Trennung von ziviler und militärischer Ausbildung. Am 1.10.1770 nahm das erste berg- und hüttenmännische Lehrinstitut den Unterrichtsbetrieb auf. An den von vier Professoren und einem Apotheker gehaltenen Vorlesungen beteiligten sich anfangs u.a. Ärzte, Medizinstudenten, Apothker, Kriegsräte und Juristen, am wenigstens noch Bergeleven.[71]

Das Interesse von Beamten und Studenten an der neuen Akademie verdeutlichte einen Mangel an zivilen Bildungsstätten. Seit 1773 forderte der preußische Staat überdies, "daß beamtete Architekten (und Feldmesser) das Rechnen, die theoretische Chemie und Planimetrie, die Lehre vom Wasserwägen, die Mechanik, die Hydrostatik, Hydraulik, Aerometrie, Zivil- und Wasserbaukunst beherrschten, außerdem im Zeichnen und im schriftlichen Vortrage geübt wären und leserlich schrieben." 1776 bot er selbst Abhilfe mit einer "Ecole des Génie et d'Architecture", die zivile und miltärische Ausbildung noch einmal mischte und (wohl deshalb) im Ele-

69) Harry W. Lintsen, Ingenieurs in Nederland in de negentiende eeuw. Een streven naar erkenning en macht, Den Haag 1980.

70) v.Bonin, 1877/78, Bd.1, S.144, 169 u. 320, Bd.2, S.10ff, 90ff; Sigurd Hufnagel, Der Technische Offizier und seine Bildungsstätte in historischer Sicht, in: Soldat und Technik 10 1967, S.392-94.

71) P.Krusch, Die Geschichte der Bergakademie zu Berlin von ihrer Gründung im Jahre 1770 bis zur Neueinrichtung im Jahre 1860, Berlin 1904, S.21; Hugo Struns, Von der Bergakademie zur Technischen Universität Berlin 1799-1924, Berlin 1924, S.96ff; Rürup 1979, Bd.2, S.40ff.

mentaren steckenblieb. Ende der 80er Jahre folgte die Trennung. Auf der militärischen Seite richtete man 1788 und 1791 für das Ingenieurkorps und die Artillerie zwei getrennte, später vereingte Schulen ein. Die Prüfung an dieser Vereinigten Ingenieur- und Artillerieschule betsanden bis 1824 nur 35 von 92 Aspiranten. Der "Lehrlauf" von 1832 trug dieser soldatischen Schwerfälligkeit im Theoretischen Rechnung.[72]

Das Promemoria des Generals von Rauch vom 10.5.1827 sprach den Einsatz des so ausgebildete Ingenieurkorps in Friedenszeiten an und erwähnte keine zivilen Aufgaben. Während in Holland die Ingenieuroffiziere die ganze Berufsgruppe prägten und diese sich in Hannover erst mit Einführung von Feldmesser- und Baukondukteursprüfungen für den Straßen- und Eisenbahnbau von jenen löste, schuf Preußen bereits 1790 dafür die Grundlage. Auf die Architektonische Lehranstalt, die zu diesem Zeitpunkt als Teil der reorganisierten Akademie der bildenden Künste für zivile Bauaufgaben gegründet wurde, folgte 1799 die Bauakademie für die Ausbildung der Baubeamten, unter Einschluß der von den Künsten entliehenen "ästhetischen Fächern".[73]

Mit der VO wegen verbesserter Einrichtung der Provinzialbehörden und den folgenden Ausführungsbestimmungen erhielten die Regierungs- und Bauräte in der neuen preußischen Verwaltungsgeometrie bei den Regierungen einen festen Platz. Die Westverlagerung Preußens nach dem Wiener Kongreß, die prekäre Ausdehnung zwischen Rhein und Weichsel und der territorial- wie sozialgeschichtlich gleichermaßen strapaziöse Spagat zwischen dem agrarischen Osten und dem gewerbeorientierten Westen machte die Integration der Landesteile zu einer Hauptaufgabe preußischer Politik und wies den Baubeamten im Kommunikativen (Straße, Wasser, Eisenbahn) und im Repräsentativen (Amtsgebäude, Denkmäler, Bahnhöfe) einen wichtigen Beitrag zu. Dieser Rolle entsprach die Stellung der technischen Beamten bei den Regierungskollegien wie überhaupt im höheren Beamtenkörper nicht, weil "deren Berufswahl und Tätigkeit auf anderen Grundlagen beruht, und bei denen, abgesehen von Ministerialstellen, die Posten in den Provinzialbehörden die höchsterreichbaren sind." Es könne darin aber "eine Zurücksetzung der Techniker nicht gefunden werden".[74]

In Preußen ließ die staatliche Anerkennung des Maschinenbaus als 'beamtenfähig' noch lange auf sich warten. Seit der Gründungswelle in der Maschinenbauindustrie

---

72) v.Bonin 1878, S.111f u.165f; Schnabel 1925, S.20; Kocka 1969, S.175-80; Scholl 1978, S.54.

73) v.Bonin 1878, S.171; Schnabel 1925, S.21f; A.Hermann, Technische Universität Berlin-Charlottenburg, Basel-Brilon o.J.; Lundgreen 1973, S.136f; Scholl 1978, S.50 u.86; Rürup 1979, S.7ff; Lintsen 1980, S.17-137, 253, 388; Wehler 1987, S.502.

74) A.Lotz, Geschichte des dt. Beamtentums, 2.Aufl., Berlin 1914, S.615.

in den 1840er Jahren und dem Siegeszug der Dampfmaschinen auf Schienen, Wasserstraßen und in Fabriken war das Fach in den meisten Bundesstaaten gefördert und anerkannt worden. Karlsruhe nahm seit 1867 Diplom-Prüfungen im Maschinenbau ab. Redtenbacher nannte den mechanisch-technischen Kurs seiner Schule seit 1860 Maschinenbauschule und schrieb im Vorwort von "Wissenschaft des Maschinenbaus": "eine Schule, welche in der mechanisch-technischen Richtung wirken will, kann keine Arbeiter und Werkmeister, sondern sie muß Zeichner, Constructeurs, Ingenieurs und Fabrikanten zu bilden suchen."[75] Dem Lehrplan des Berliner Gewerbeinstituts wurden in den 1850er Jahren "viele Lehrgegenstände wie der Unterricht für Schiffbauer, Färber, Drucker, in Nationalökonomie, in Kunst- und Literaturgeschichte, kaufmännischer Arithmetik und Handelswissenschaften hinzugefügt ..." Im August 1860 schieden die Bauhandwerker zugunsten der Schiffbauer aus. "Gegenstände der Fachabteilung wurden daher: die Mechanik, die Chemie und der Seeschiffbau." Diese Richtungen sind auch bei den ersten Gewerbeaufsichtsbeamten vertreten, besonders die Mechanik, der spätere Maschinenbau.[76]

Das Vor und Zurück in der staatlichen Eisenbahnpolitik[77] beeinflußte die Anerkennung und die Einstellungschance von Maschinenbauern . Richard Peters beklagte für den VDI, "daß die Maschinenbauingenieure bei den staatlich betriebenen Eisenbahnen, Berg- und Hüttenwerken und bei der Marine schlechter dastünden als die Baubeamten, für die eine hierarchische Gliederung 'mit bestimmt normierter staatlicher Laufbahn' vorhanden sei."[78] Juristen und zum kleineren Teil Baubeamte besetzten die oberen Stellen, "während den Maschineningenieuren

75) 6. erw. Auflage 1875, zit.nach Boltz 1900/1984 (wie Anm.62), VII

76) R.v.Delbrück 1905, Bd.2 (wie oben Anm.46), S.170; s.auch Wentzcke 1926 (wie Anm.60), S.44; Nottebohm 1871, S.15-46 u.ö.; Festschrift 1924, S.33 u.48ff; die Anforderungen an der Bauakademie fand Hans-Viktor v.Unruh 1895, S.31, schon in den 182oer Jahren hochgeschraubt; an der ETH Zürich waren von Anfang an die "humanistischen und politischen Fächer" stark ausgebaut, vgl. Manegold 1970 (wie Anm.59), S.55.

77) Frank Perrot, Die dt. Eisenbahnen. Beiträge zur Kenntnis und zur Reform des dt.Eisenbahnwesens, Rostock 1870; Friedrich Jungnickel, Albert v.Maybach. Ein Beitrag zur Geschichte des preuß. u. des dt.Eisenbahnwesens, Stuttgart-Berlin 1910; Edwin Keck, Geschichte der dt. Eisenbahnpolitik, Leipzig 1911; Theodor Renaud, Die Entwicklung des Eisenbahnwesens in Preußen seit dem Jahre 1888, Berlin 1914; Dietrich Eichholtz, Junker und Bourgeoisie vor 1848 in der preußischen Eisenbahngeschichte, Berlin 1962; Wolfgang Klee, Preußische Eisenbahngeschichte, Stuttgart 1982.

78) Ludwig/König 1981, S.60; s.auch Perrot 1870, S.9ff, über die Arbeitsteilung zwischen Bau- und Maschinentechnikern; seit 1883 gab es in der Eisenbahnverwaltung Aufrücken nach Dienstalter (seit 01.04.1894 allgemein gültig); seit 1900 war der Aufstieg von "befähigten Unterbeamten in den mittleren Dienst" möglich, vgl. Renaud 1914, S. 21ff; zur Ausbildung der Marineningenieure Herbert Graubohm, Die Ausbildung in der dt. Marine von ihrer Gründung bis zum Jahre 1914, Düsseldorf 1977, S. 172-203, 231-86, 304-07; Holger H. Herwig, Das Elitekorps des Kaisers. Die Marineoffiziere im Wilhelminischen Deutschland, Hamburg 1977 (engl. 1973), S. 85-110.

nur untergeordnete Positionen zugewiesen wurden." Um den Ingenieuren im Fahr- und Werkstaatsdienst der staatlichen Eisenbahn Laufbahnen zu ebnen, mußte das Gewerbeinstitut an die Bauakademie angeschlossen und in das Berechtigungswesen aufgenommen werden. Für eine wirkliche Gleichstellung mit den Baubeamten mußten die preußischen THs die beiden Staatsexamen, Bauführer- und Baumeisterprüfungen, gewährt bekommen. Das geschah durch den Ministerialerlaß vom 27.6.1876, der Staatsprüfungen für das Maschinenbaufach anordnete, die denen des Baufaches entsprachen.[79] Bis zu diesem Zeitpunkt unterschieden sich die Studenten der Gewerbeakademie durch ihre Schulbildung und vermutlich auch durch ihre soziale Herkunft von den anderen beiden preußischen TH-Anwärtern.

Tabelle 1: Schuldbildung der Studenten von drei preußischen Technischen Hochschulen 1876.[80]

ÜBERTRITT/ ZEUGNIS VON:	BERLIN N	%	HANNOVER N	%	AACHEN N	%	GESAMT N	%
Gymnasium	27	5	120	28	85	21	232	14
Realschule 1.0	71	13	146	22	50	12	267	16
Realschule 2.0	6	1	16	3	-	-	22	1
PGS von 1850 a)	330	58	18	3	35	8	383	24
PGS von 1870 a)	68	12	42	6	54	13	164	10
Übrige b)	65	11	313	48	189	46	567	35
eingeschr. Studium	567	100	665	100	443	100	1635	100
Hospitanten	146	20	190	26	110	21	446	23
Gesamt	713	-	745	-	525	-	1981	-

a) Provinzialgewerbeschulen, die 1850 oder 1870 umorganisiert worden waren.
b) Darunter Primaner ohne Abschlusszeugnisse, Schüler aus Vorbereitungskursen (Aufnahmeprüfung?) usw.

In Hannover und Aachen überwogen die Übertritte von Gymnasien und anderen höheren Schulen, während Berlin die von Beuth geschaffen Bindung an die Gewerbeschulen beibehielt, indem sie diese zuletzt 1870 umorganisierte. Nach Lundgreen kamen zwischen 1849 und 1867 von 1131 Zöglingen des Gewerbeinstituts nur 5 bis 10 Prozent von Gymnasien, immerhin 15-20, 1855 auch einmal 33 Prozent von Realschulen. Ihrer sozialen Zusammensetzung nach, die sich auf 1008 Schüler zwischen 1855 und 1867 bezieht, nahm der Anteil der Handwerker- und

79) Festschrift 1924, S. 50; s.auch K. H. Kaufhold, Fragen der Gewerbepolitik und der Gewerbeförderung, in: E.Mai (Hg.), Kunstpolitik und Kunstförderung im Kaiserreich, Berlin 1982, S.293-97.
80) Deutsche Bauzeitung 1876, S.161, zit.nach Gispen 1981, S.232.

Kaufmannssöhne zu und überwog (60 Prozent); Beamtensöhne und Söhne von Frei-beruflichen gingen leicht zurück und bildeten 1867 2/5 der Schülerschaft.[81]

Die Frequenz des Gewerbeinstituts stieg von 1851 (138 Schüler) bis 1861 (419) stetig an, zuletzt sprunghaft und die Bauakademie (417) übertreffend. Im folgenden Jahrzehnt verlief sie (in beiden Schulen) unruhiger, erreichte 1863 einen Tiefpunkt (377) und 1866 ein Maximum (608). Im Wintersemester 1878/79 waren nach der Zusammenlegung fast 1500 Studenten eingeschrieben, im Verhältnis 3:2 zu ungunsten des Maschinenbaues. 1884/85 war mit 887 Eingeschriebenen ein der wirtschaftlichen Depression entsprechender Tiefstand erreicht.[82]

Tabelle 2: Frequenz an der Technischen Hochschule Berlin 1884-1924.[83]

Jahr	A	B	C	M	Summen
1885	144	113	74	215	546
1890	213	222	142	361	938
1895	320	423	129	770	1642
1899	389	474	215	1062	2140

A = Architektur; B = Bauingenieurwesen; C = Chemie und Hüttenkunde (1891/92 und 1897/98 bis auf 180 angestiegen); M = Maschinen- und Schiffsbau.

Die Tabelle veranschaulicht einen wachsenden Andrang auf das Maschinenfach und die (Hütten-) Chemie. Der Höhepunkt der Entwicklung fiel zeitlich zusammen mit der Verleihung des Promotionsrechts an die THs (1900). Der Zulauf bezog auch die naturwissenschaftlichen Fächer mit ein, auch wenn diese meist noch von den sprachkundigeren Philologen und Philosophen geleitet und beherrscht wurden. Der Chemiker Emil Fischer schätzte am Ende des Jahrhunderts die Lage nüchtern ein: Die Naturwissenschaftler spielten an der Berliner Philosophischen Fakultät nicht die Rolle, die ihnen zustünde. Die Geisteswissenschaftler seien zahlenmäßig überlegen, sie drückten sich besser aus und vielleicht seien sie in der Selbstdarstellung begabter. Sie gingen regelmäßiger zu den Fakultätssitzungen und blieben länger dort, schon dadurch habe ihre Stimme größeres Gewicht. Er habe wiederholt gegen die Mißachtung naturwissenschaftlicher Interessen in solchen Gremien protestieren müssen.[84]

81) Lundgreen 1975, S.120 (Tab.22).

82) Rürup 1979, S.20-39; Nottebohm 1871, Anlage G.

83) Festschrift 1924, S.122-24.

84) Emil Fischer, Aus meinem Leben, Berlin 1922, zit.nach Gerald D. Feldmann, A German Scientist Between Illusion and Reality. Emil Fischer 1909-1919, Festschrift Fritz Fischer 1983, S. 343f; s.auch F.Dessauer, Philosophie der Technik, Bonn 1927, S.16f. Zum Anteil der Naturwissenschaftler an den Fakultäten siehe Lundgreen, A German Perspektive, in: Fox/Weiss 1980 (wie oben Anm.58), S.315.

Die deutschen Reformuniversitäten waren nicht nur dem Programm nach auf zweckfreie Grundlagenforschung und die Lehre ausgerichtet und konnten in wenigen Jahrzehnten auch in den Naturwissenschaften Spitzenleistungen vorweisen.[85] Dies führte zu kontinuierlicher Forschung, nicht automatisch aber zu Arbeitsmärkten, Berufschancen und die Ausbildung von Professionen. Für die preußische Gewerbeaufsicht waren neben den Maschinenbau-Ingenieuren Bergassessoren und Chemiker von Bedeutung.[86] Die Hierarchie der staatlichen preussischen Bergwerksbeamten begann mit den Bergassessoren, von denen in 150 Jahren etwa 2000 ausgebildet wurden.[87] Zwischen 1856 und 1863 wurden die Prüfungsanforderungen für Bergbaubeamte verschärft. 1856 konnten sich die Revier-Bergbeamten mit der ersten von zwei Prüfungen begnügen. Die Vorbereitung darauf dauerte 4 Jahre und war praktisch ausgerichtet.[88] 1863 wurden von allen Beamten dann 3 Prüfungen verlangt, und die "theoretische Ausbildung" durch ein 3-jähriges Universitätsstudium der ersten Prüfung vorgeschaltet. In der mündlichen Eleven-Prüfung erwartete man u.a. "wissenschaftliche Kenntnisse ... in der allgemeinen anorganischen Chemie und der chemischen Analyse."[89] Im Bergbau wurde die Stellen- und Rangbezeichnung "Assessor" nicht nur "erstmals im öffentlichen Dienst verwendet", sondern gelangte durch die mit den Anforderungen und Prüfungshürden verbundene Auslese, die die Aufnahme neuer naturwissenschaftlicher Kenntnisse in den Staatsdienst gewährleistete, zu hohem Ansehen. "Viele von ihnen gingen nach 1850 als 'Bergassessor a.D.' in den Privatbergbau ... bis seit den 90er

---

85) Ellwein 1985, S.112ff; Wehler 1987, Bd.2, S.504ff; Gerlach 1960, S.251, 266ff; W.V.Farrar 1975, S.186-90; Osterroth 1985, S.168-70, 191-95, 228f u.ö.; Stubbe,Stolz,Remane, Geschichte der Chemie, Berlin 1986, S.72-102, 104, 116-29 u.ä.; Thomas Thomson, The History of Chemistry, Reprint New York 1975 (1.ed. 183o/31); Carl Duisburg, The Education of Chemists, Journal of the Society of Chemical Industry 15 1894, S.427-32.

86) Zum Bergbau allgemein: Westhoff/Schlüter, Geschichte des dt. Bergrechts, Zs.f. Bergrecht 50 1909; C.Schiffner, Georg Agricola. 12 Bücher vom Berg- und Hüttenwesen, 3.Aufl.,1961; Erich Steffen, Geschichtliche Entwicklung und Rechtsnatur des Staatsvorbehalts und seine Stellung zum Bergregal, Diss. Bonn 1961; Treue 1975 (Gebhardt Bd.12), S.48ff; Borst 1973, S.214-19,693; Vaclav Husa 1971.

87) Treue 1975 (Gebhardt Bd.12), S.126; Wolfhard Weber, Innovation im frühindustriellen dt. Bergbau und Hüttenwesen. Friedrich Anton von Heinitz, Göttingen 1976.

88) Vorschriften über die Befähigung zu den technischen Ämtern der Berg-, Hütten- und Salinenverwaltung vom 03.03.1856, §§ 2, 3, 11, 12, zit.nach A I 3, Nr.3, S.168-74.

89) Vorschriften usw. vom 21.12.1863, zit.nach ebendort, S.175-81; ich kann nicht einsehen, warum die "Familie des angehenden höheren Beamten" in Großbritannien, für den "eine spezialisierte oder gar technische Ausbildung weder erforderlich noch erwünscht war", trotzdem "mindestens das Fünffache gegenüber derjenigen in Deutschland (50'000 M gegenüber 9000 M) für seine Ausbildung aufzubringen (hatte)", vgl. Werner Berg, Wirtschaft und Gesellschaft in Deutschland und Großbritannien im Übergang zum 'organisierten Kapitalismus', Berlin 1984, S.776f.

Jahren im Bereich der Grundstoffindustrien dieser 'a.D.'-Titel zum gesellschaftlichen Elitesymbol überhaupt wurde."[90]

Als am Berliner Gewerbeinstitut 1860 eine eigenständige Abteilung für Chemiker und Hüttenleute eingerichtet wurde, galt das Fach immer noch als "brotlose Kunst".[91] Dies sollte sich durch die schnelle Abfolge von wissenschaftlichen Entdeckungen und Durchbrüchen bei der Verfahrenstechnologie bald ändern[92] und hatte Rückwirkungen auf die Beliebtheit der Fächer bei den Studenten. Die Naturwissenschaften erreichten 1880 an den Universitäten mit 15 Prozent der Studierenden ihren vorerst höchsten Anteil. Im selben Jahr studierten an den Technischen Hochschulen zehn Prozent der Studenten Chemie, mithin schon halb so viele wie im Maschinenbaufach.

Tabelle 3: Studenten an Technischen Hochschulen in Preußen 1883-1920, Anteil der Fachrichtungen (%).[93]

Jahre	Studierende nach Fachrichtungen				
	A	B	C	M	N (a)
1885	19,9	18,8	16,3	44,3	962
1890	17,2	24,1	17,5	41,0	1619
1895	15,8	21,9	13,2	48,9	2824
1900	13,9	17,9	17,7	50,0	4702
1905	15,6	25,0	16,5	41,9	4737
1910	17,1	30,5	15,7	34,6	4345
1915	13,2	25,2	20,1	39,1	4832
1920	8,0	14,0	25,0	50,0	9781

a) Inkl. allgemeine Wissenschaften. A, B, C, M wie Tabelle 2.

90) Treue 1975 (Gebhardt Bd.12), S.126.

91) Lothar Burchardt, Professionalisierung oder Berufskonstruktion. Das Beispiel des Chemikers im Wilhelminischen Deutschland, GuG 6 1980, S.331; Ders., Die Ausbildung des Chemikers im Kaiserreich, ZfU 23 1978, S.31-53; Cirkular-Verfügung vom 23.10.1860 -betreffend das vom 1.Oktober d.J. ab in kraft tretende Regulativ für die Organisation des Kgl. Gewerbeinstituts, zit.nach A II 7, S.20 (GUMMBL 1860, S.1630ff).

92) Osterroth 1985, S.87-97,107-10,121-27 u.ö.; H.A.Staab, Zur Entstehung des Neuen in den Naturwissenschaften -dargestellt an einem Beispiel der Chemiegeschichte, Sitzungsberichte der Heidelberger Akademie der Wissenschaft, Mathematisch-naturwiss. Klasse 1985, S.5-29; B.Gustin, The Emergence of the Chemical Profession, Diss. Chicago 1975; Georg Meyer-Thurow, Industriechemiker und chemische Industrie. Eine Fallstudie zur Symbiose von Wissenschaft und Industrie 1857-1914, angekündigt in GuG 6 1980, S.586ff; Klemm 1983 (1961), S.183-85; Gerlach 1960, S.274f.

93) Lundgreen in Rürup 1979, S.215; s.auch A. Hertwig, Der geistige Wandel der Technischen Hochschulen in den letzten 100 Jahren und ihre Zukunft, München 1950, S.14f.

Da die Chemiker der preußischen Gewerbeaufsicht nicht aus der industriellen Großchemie kamen, sondern aus kleinen chemischen Fabriken, die sie leiteten oder selber besaßen, kann der Lebensweg des späteren preußischen, dann badischen Fabrikinspektors Karl Bittmann stellvertretend für andere und das folgende Material aus den Personalakten ergänzend für die Darstellung herangezogen werden. Auch in Bittmanns Familie vollzog sich in ein paar Generationen "der Aufstieg vom Landmann zum Handwerker, vom Handwerker zum Beamten." Als Sohn eines Oberzollinspektors 1856 in Kehl geboren, studierte er nach seiner Gymnasialzeit (Basel und Mannheim) und einer Apothekerlehre Pharmazie, Chemie, Physik, Botanik und Volkswirtschaft in Freiburg.[94] Er promovierte 1876 bei Adolf Claus, der zwanzig Jahre später auch die Ausbildung der eben etablierten Lebensmittelchemiker übernahm.[95] Bittmann wählte "etwas aus der mir gänzlich unbekannten Zuckerchemie" als Thema. Obwohl Claus "mit akademischem Stolze es ausdrücklich abgelehnt" habe, "in seinem Laboratorium den Studenten Gewandheit und Routine für die Technik beizubringen", trug Bittmann bald zu den verfahrenstechnologischen Fortschritten in der Zuckerfabrikation bei.[96] Um den einheitlichen Zuckerrübenanbau, der in der Zeit der Kontinentalsperre aufgekommen und danach in der Existenz bedroht war, am Leben zu erhalten, verzichtete der Zollverein 1835-49 auf die Besteuerung der heimisch gewordenen Rübe und auf 20 Millionen Taler Zolleinnahmen. Bis in die 1880er Jahre blieb die Besteuerung gering, so daß sich "die deutsche Rübenzuckerindustrie zu einer riesigen Exportindustrie" entwickeln konnte.[97] Trotz der dabei erzielten Fortschrittein der chemischen Analyse der Saccharide und der chemischen Technologie nahm "das Rohmaterial der Zuckerfabrikation, die Runkelrübe, ... noch immer mehr als je die Aufmerksamkeit und Sorgfalt der Beteiligten in Anspruch."[98] Der Einsatz zahlreicher Maschinen und der Bau großer Fabrikanlagen waren unabdingbar. "So viel Eigenständiges auch (Wortstellung?) die chemische Technik (auch?) schuf und behielt -ohne ihre Durchdringung mit den Möglichkeiten der Machinentechnik ist ihre Entwicklung undenkbar."[99] Bittmann fand in Waghäusl einen großen Stab von

94) Bittmann 1924, S.8f; Bocks 1978, S.70; zum Apothekerberuf Hermann Eulenburg, Das Medisinalwesen in Preußen, 3.umgearb. Aufl., Berlin 1874, S.473ff, sowie die folgende Anmerkung.

95) Helmut Karl Reusch, Zur Geschichte der Lebensmittelüberwachung im Großhersogtum Baden und seinen Nachfolgeterritorien 1869-1954, Karlsruhe 1986, S.286f,308,313,377.

96) Bittmann 1924, S.15-24.

97) Ebendort, S.89f; Deutschland steigerte die Produktion zwischen 1887 und 1897 von einer auf zwei Millionen. Österreich, Frankreich und Rußland produzierten je weniger als die Hälfte dieser Mengen; s.auch die Zahlen bei Wehler 1987, Bd.2, S.44, der aber nicht auf die Ursachen des Booms eingeht.

98) Meyers Konversationslexikon Bd.21, Suppl. 1883/84, S.991; S.992ff Details über die Verfahren; s.auch Bd.15, S.1046-53 und H.Ost 1900, S.393ff.

99) Gerlach 196o, S.275; bestätigt bei Bittmann 1924, S.15ff u.ö.; H.Ost 1900, S.1, verwendete das Beispiel bei der Definition des Begriffs "chemische Technolgie": "Die Gewinnung des Zuckers aus der

"kaufmännischen, technischen und landwirtschaftlichen Beamten", aber auch viel Mangel an Fachwissen. In Dessau war er der einzige Akademiker der Firma. In Hildesheim sei "in meinem Beamtenstab ... Energie nur wenig vertreten.[100] Er baute dort 1882/83 im Auftrag einer Aktiengesellschaft eine Melassezuckerraffinerie und verbrauchte dafür weniger Kapital, als ein zeitgenössisches Lexikon, das auf der Höhe des Fortschritts sein und bleiben wollte, zur selben Zeit schätzte.[101] Bittman lebte nun im Stile eines Fabrikdirektors der gehobenen Klasse. Sein Haus "lag inmitten eines Gartens und umfaßte in drei Stockwerken 15 Zimmer. Der Garten war parkartig angelegt, enthielt Grotte, Pavillon, einen kleinen Teich, Springbrunnen, Abteilungen für Obst- und Gemüsebau und ein Warmhaus... Meine Frau war noch nicht 22, ich noch nicht 32 Jahre alt."[102] Auch die Stadt, seit 1885 am eigenen Telefonnetz, profitierte. Schon die Bauzeit habe viel Geld in die Ackerbürgerstadt gebracht. Vereine und Kammern wurden gegründet, Bittmann übernahm Mitgliedschaften, Vorsitze und Ehrenämter. Er hielt Vorträge "über alle möglichen Dinge, mit denen ich gerade beschäftigt war." Beziehungen zu allen bürgerlichen Kreisen und zu städtischen wie staatlichen Obrigkeiten waren ihm selbstverständlich und erleichterten sein jedenfalls im Materiellen keineswegs dornenreiches bürgerliches Dasein. Er profitierte zuerst geschäftlich, dann bei seinem Berufswechsel von dem bürgerlichen Verbundsystem.[103] Sein 1898 in Trier, der zweiten Station als preußischer Beamter, geborener Sohn kam weder örtlich noch akademisch von der übermächtigen Vaterfigur - "Sohn des Geheimen Oberregierungsrats Dr.Dr. h.c. Karl Bittmann"- los und studierte "nach Kriegsende

---

Rübe ... ist wesentlich eine mechanische Operation, insofern das Endprodukt schon fertig gebildet in der Pflanze enthalten ist; indessen sind zur Reinigung des Saftes so viele chemische Hülfsoperationen erforderlich, daß diese Industrie unter der chemischen Technologie behandelt wird."

100) Bittmann 1924, S.20,28,73; ein Kollege und "Technischer Direktor" firmierte als "Dr. Cunze", was schlicht Dietrich Cunze meinte; in Züttlingen, wo Bittmann startete (und die Tochter des kaufmännischen Direktors heiratete), arbeiteten 16-20 Mädchen am Karussell, aber nur zwei Arbeiter an der Diffusionsbatterie; den Preis für eine Verfahrensverbesserung führte Bittmann darauf zurück, daß er sich eine Runkelrübe nicht wie seine Kollegen als einen Schwamm, sondern durch sein botanisches Studium aus Zellhäuten und Zytoplasma bestehend vorstellte; da es ihm am Arbeitsplatz an gleichgeschulten Gesprächspartnern fehlte, hielt er sich durch Fachzeitschriften auf dem laufenden und trug selbst zahlreiche Artikel bei.

101) Meyers Konversationslexikon Bd.21, 1883/84, S.995, rechnete bei einer Raffinerie mit 200'000 Zentnern Jahresproduktion mit 1,4 Mio Baukosten und 1,4 Mio für Betriebskapital und Patente; Bittmann baute das Hauptgebäude für 0,75 Mio und steigerte die Produktion in 9 Jahren von 200 auf 650 Tausend Zentner Melasseverarbeitung; 1886/87 betrug der Gewinn 1,7 Mio. "oder 121,4% des Aktienkapitals", die Dividende 60%; s.auch G.B.Hagelberg, Kapitalgesellschaften für Anbau und Verarbeitung von Zuckerrüben in Deutschland im 19.Jahrhundert, Jahrbuch für Wirtschaftsgeschichte 1974, IV, S.113-47.

102) Bittmann 1924, S.73.

103) Ebendort S.86-106, 120-27.

... zunächst Zuckerchemie und war in zwei Zuckerfabriken technisch und als Zuckerchemiker tätig." 1921-24 sowie 1932/33 studierte er in Freiburg, Gießen, Frankfurt und Basel Volkswirtschaft, wo er mit einer Arbeit über die badische Gewerbeaufsicht promovierte. Die Widmung dieser Arbeit zeugt davon, daß das bürgerliche Verbundsystem durch ein anderes ersetzt worden war.[104]

104) Karl August Bittmann, Das badische Gewerbeaufsichtsamt, ein Beispiel staatlicher Regelungswirtschaft, Karlsruhe 1933, S.125; die letzten Schuljahre verbrachte er auf Privatschulen; die Dissertation war "dem Volkskanzler Aolf Hitler in tiefer Verehrung gewidmet."

KAPITEL 4

Die Fabrikinspektion als Gewerbeaufsicht 1890-1914

4.1 Die europäische Dimension von Sozialpolitik und Arbeitsschutz.

Die mit Graf Beust in Gastein vereinbarte, im November 1872 abgehaltene, bilaterale Arbeitsschutzkonferenz, die das preußische Handelsministerium vorbereitete, verband den Arbeitsschutz eine Zeitlang mit der inneren Reichsgründung und der außenpolitischen Absicherung der neuen Großmacht. Nur unter diesem doppelten und befristeten Bedeutungsgewinn konnten die Reformbeamten des Ministeriums bis 1876 weitreichende Pläne für den sozialen und technischen Arbeitsschutz vorbereiten und eine überkommene, doch marginale staatliche Aufsichtsfunktion aufwerten und ausbauen. Während die Verwaltungsbeamten (und viele Parlamentarier) durch Enquêten und Statistiken von der Sache immer mehr verstanden und sachbezogen dachten und planten, blieben Arbeiter- und Arbeitsschutz für die Hohe Politik vorerst Bestandteile eines taktischen Spiels, bei dem adelige Militärs und Diplomaten im Stile der Heiligen Allianz um europäischen oder globalen Einfluß rangen. An Unfrieden zwischen Staaten gewöhnt, immer bereit, militärisch einzugreifen, betrachteten die absoluten oder konstitutionellen Monarchien die sozialen Spannungen ihrer industriellen Gesellschaften nur als anderen Krisenherd, immer bereit, polizeistaatlich einzugreifen. In der parlamentarischen Monarchie und der Republik konnte die Gesellschaft staatliches Handeln direkter beeinflußen als in der konstitutionellen Monarchie, in der sich Regierungen immerhin um die Gefolgschaft der Parlamente bemühen mußten. Staatsform und Sozialpolitik korrelierten also hoch, aber *Plebiszite* konnten widersprüchlich und rückschrittlich, *Oktrois* eindeutig und fortschrittlich ausfallen.[1] Die Abkehr der konstitutionellen Monarchien von der reinen Ordnungsstaatlichkeit wurde vom Deutschen Reich vorgezeichnet. Es interpretierte den Versicherungsschutz als den staatlich machbaren Teil der mannigfaltigen sozialpolitischen Forderungen. Durch eine begleitende Rahmengesetzgebung stützte es die gesellschaftliche Eigeninitiative. Das führte auf der kommunalen Ebene zu den infrastrukturellen und auch sozialpolitischen Eigenleistungen des sog. *Munizipialsozialismus*[2], der dem monarchisch-konstitutionellen *Staatssozialismus* folgte und ihn ergänzte.

1) Zu den Plebissiten unten S.164; als ein folgenreiches Mittel "defensiver Modernisierung" erwies sich das Reichstagswahlrecht.

2) Sozialpolitik, die von den Etats der Städte und Gemeinden getragen wird, s.zum Beispiel Krabbe 1969 oder Reulecke 1985, S.118ff.

Die staatssozialistische und versicherungstechnische Spielart der Sozialpolitik wurde besonders von den nordeuropäischen Ländern Dänemark, Schweden und Großbritannien, aber auch von Holland oder Österreich ausgebaut, während Irland, die Schweiz und Frankreich den staatlichen Zweig erst später entfalteten und sich zum Teil auf subventionierte, freiwillige Versicherungen verließen (**siehe Tabellen-Anhang 9**).[3]

Auch der soziale und der technische Arbeitsschutz und mit ihm die Fabrikinspektion wurden ein Teil dieser staatlichen Sozialpolitik und von politischen Kräfteverhältnissen abhängig früher oder später eingeführt. Sogar in den USA wogen die Opfer von Schiffskesselexplosionen letztlich schwerer als liberale Doktrin.[4] Schweden führte 1865 das Zweikammersystem und das Wahlrecht ein und erlebte unter Oscar II 1872-1907 seine Kampfjahre der staatlichen Sozialpolitik. Auch hier gingen Jugendschutz und Schulpolitik Hand in Hand und waren 1875-77 Gegenstand einer staatlichen Enquête. Eine seit 1884 arbeitende Arbeiterversicherungskommission wandte sich dem technischen Arbeitsschutz zu. Ihr Gesetzentwurf sowie Adolph Hedins Kritik an der fehlenden Implementation der Schutzgesetze mündeten am 10. Mai 1889 in das "Gesetz betreffend die Gefahren in den Betrieben", das vom König zu ernennende Fabrikinspektoren vorsah, die nach preußische-deutschem Vorbild beratend tätig sein -

> "Sachverständige Personen sollen in gehöriger Anzahl bestellt werden, um den Betriebsunternehmen mit Auskünften und Ratschlägen (!) in betreff des Arbeiterschutzes gegen die Gefahren im Betriebe behilflich (!) zu sein ..."[5]

und die Entwicklungen im Ausland verfolgen sollten -

> "Die Fabrikinspektoren ... haben mit Aufmerksamkeit die Maßnahmen zu verfolgen, die in fremden Ländern zur Förderung des Schutzes der Arbeiter ... ergriffen werden."[6]

Vor Schweden hatten seit 1874 Dänemark, Frankreich, die Schweiz, Rußland, Österreich und Holland, nach Schweden (1889) Norwegen (1892), Belgien (1895) sowie bis 1894 vierzehn Staaten der USA Fabrikinspektionen eingerichtet. Die südeuropäischen Staaten vermißt man in dieser Aufzählung. Das Fehlen kann mit

3) Nach Alber 1982, Tabellen 1 und 19 sowie A 3-A6.

4) Burke 1975.

5) § 5 des Gesetzes von 1889, Mensing 1979, S.344. Seit dem 12.10. 1889 waren die aus 36 Bewerbern ausgewählten Henrik Larsson, Ake Nordenfelt und Gustav Uhr in Anstellung. Der Maschinenbauer Angström und der Chemiker Cronquist stärkten als außerplanmäßige Inspektoren den Ruf der neuen Institution.

6) Erster Satz des § 1 der Instruktion für die schwedischen Fabrikinspektoren vom 20.06.1890, zit.nach Mensing 1979, S.349.

Blick auf Norditalien oder -spanien, aber auch wegen des die Inspektion einführenden 'agrarischen' Rußland auf sozio-ökonomische Gründe allein nicht zurückgeführt werden. In der ebenfalls *verspäteten Nation* Italien kam es nach einem lombardisch-venetischen Vorläufer von 1843 und nach "jahrzehntelangen Diskussionen" (Volker Sellin) 1886 zum ersten und einzigen Kinderarbeitsschutzgesetz - "legge sul lavoro dei fanciulli." Aus fiskalischen Gründen wurden, sagt Sellin, neben den "Ingenieuren der Bergwerke" und den "Inspektoren der Industrie" keine neuen Beamten eingestellt, nach 1896 war die Fabrikinspektion wieder Polizeiaufgabe.[7]

4.2 Die erweiterte Zuständigkeit der Inspektion in Preußen.

Vor diesem europäischen Hintergrund forderte August Bebel schon am 4. Januar 1881 im Reichstag eine internationale Arbeiterschutzkonferenz und die republikanische Schweiz nahm nach einem Postulat des Nationalrats vom 30.4.1881 "behufs Anbahnung einer internationalen Fabrikgesetzgebung" Kontakt mit den Industriestaaten auf.[8] In der Schweiz hatten kantonale Jugenschutzgesetze bei Volksabstimmungen unterschiedliche Mehrheiten oder Ablehnung erfahren, und auch das eidgenössische Fabrikgesetz vom 21.10.1877, das den Fabrikinspektor einführte, war bei ca 350'000 abgegebenen Stimmen nur durch eine Mehrheit von 10'000 angenommen worden.[9] Der europäische Vorstoß von 1881 kam auch deshalb zur Unzeit, weil den unterschiedlichen Regierungsformen des Kontinents durchaus unterschiedlich ausgeprägte, wenn überhaupt getrennte Systeme des öffentlichen und des privaten Rechts korrespondierten. War eine solche Trennung eingespielt, so machte die "Doppelnatur des Arbeitsrechts" (Franz Führich) eine Einordnung schwierig. Gerade weil in den "maßgeblichen Ländern Westeuropas das Arbeitsrecht Normen des privaten und öffentlichen Rechts" umfaßte, durfte - abgesehen von sich zuspitzender wirtschaftlicher Konkurrenz im beginnenden Imperialismus - von einer internationalen Arbeitsschutzkonferenz nicht zuviel erwartet werden. Gleichwohl richtete wieder die Schweiz am 15.3.1889 ein "Rundschreiben an sämtliche europäischen Industriestaaten betreffend Arbeiterschutz", verwies auf die Behandlung der Frage in Regierung, Öffentlichkeit und Fachliteratur und erwähn-

7) Sellin 1971, S.87-106.

8) Sten.Ber.d.Reichstags 1881 Bd.1, S.749. Zur Schweiz siehe Braun 1889.

9) Gruner 1968, S.234, Anm.41. Gruner spricht von der "auffallenden Diskrepanz in der Stellungnahme des Souveräns in sozial-politischen Fragen." (S.231). Im Kanton Zürich wurde das Fabrikpolizeigesetz am 14.04.1870 gerade in einigen "vorwiegend fabrikindustrielle(n) Bezirke(n)" verworfen, "während die rein agrarischen Bezirke nur schwache verneinende Mehrheiten aufweisen." Im Kanton St. Gallen gab es 1872/73 "eine wuchtige Verwerfung des Gesetzes mit 20'437 Nein- gegen 3665 Ja-Stimmen."

te "Beschlüsse des VI. Internationalen Kongresses für Hygiene und Demographie zu Wien im Jahre 1887". Nach diesmal positiven Reaktionen einiger Industriestaaten lud die Berner Regierung zu einer "in Bern abzuhaltenden Konferenz für die internationale Regelung der Fabrikarbeit" ein.[10]

Zu den Ländern, die auf die Berner Initiative nicht sofort antworteten, gehörte auch das Deutsche Reich. Dort entschied die Frage des Arbeitsschutzes gerade den Machtkampf an der Staatsspitze. Bismarck hatte zehn Jahre lang "diese mir Opposition machenden Vorlagen, die Arbeiten betriebsamer, dem Minister auf diesem Gebiete überlegener Räte des Handelsministeriums"[11] mit denselben Argumenten unterdrückt, mit denen er in der Kronratssitzung vom 24. Januar 1890 die "Grenze des Arbeitsschutzes" zog; diese verlaufe dort, wo dem Arbeiter dessen Verfügungsgewalt über "seine und seiner Familienglieder Arbeitskraft" durch Frauen-, Kinder- und Arbeitszeitschutz sowie durch Einführung der Sonntagsruhe genommen würde und "Belastungen der Industrie" entstünden.[12] Erwies sich, in Bismarcks Deutung, der eine Handelsminister (v.Hofmann) als zu weich gegenüber den reformwilligen Ministerialbeamten, so nützte dessen Nachfolger v.Bötticher ("breiweich veranlagt"), der "für Rang- und Ordensfragen eine krankhafte Empfindlichkeit" habe, "die bei getäuschter Erwartung in Tränen ausbrach", nach immerhin langer Bismarcktreue die Avancen des neuen Kaisers, der mit Hilfe höherer Beamter und von Privatpersonen eine neue Interpretation der Kaiserrolle suchte. Während der alte Bismarck in Abkehr von seiner früheren Linie Arbeiterpartei und Arbeitsschutz aus der Welt schaffen wollte, knüpften die unter dem neuen Kaiser erstarkten Reformkräfte an der alten Strategie an, die Arbeiterpartei zu dulden, ihr aber durch Sozialpolitik die Grundlage zu entziehen.[13] Während sich Bismarck wegen der einseitigen militärischen Ausbildung des Kronprinzen noch Sorgen machte, erhielt dieser vom ehemaligen Reformminister v.Achenbach in dessen Eigenschaft als neuem Regierungspräsidenten von Potsdam Vorträge gehalten, begeisterte sich an den Hofpredigten Stöckers und ersann das durchaus nicht neue Konzept, Armenpflege aus christlicher Nächstenliebe zur "nachhaltigen Bekämpfung der Sozialdemokratie und des Anarchismus" einzusetzen. 1886 konnte Bismarck Resolutionen von Reichstag (17.3.) und preußichem Abgeordnetenhaus

---

10) Rundschreiben vom 15.03. und Einladungsschreiben an die Auswärtigen Ämter vom 12.07.1889 abgedruckt bei Braun 1889. Rußland habe "aus Opportunitätsgründen abgelehnt"; Dänemark, Schweden, Norwegen, Spanien und das Deutsche Reich hätten am 12.07. noch nicht geantwortet.

11) Bismarck 1962, S.529 (3.Buch, 3.Kap., "Boetticher").

12) ebendort, S.532, s.auch S.540,552. Zur Kronratssitzung vom 24.01.1890 ebendort, S.535-45; Gall 1980, S.695f, Gladen 1964, S.79f, Maute 1984, S.9-23. Das Folgende mit Zitaten aus dem 3.Buch der Gedanken und Erinnerungen.

13) Eine neue Darstellung der "Operation Bismarck", des "Dreimännerbundes" und der Sozialpolitiker des Neuen Kurs jetzt bei v.Berlepsch 1987.

(26.3), die Vermehrung der Fabrikinspektoren und Verkleinerung der Aufsichtsbezirke forderten, übergehen, 1890 entzog ihm zuerst das Parlament das Verbot der Arbeiterpartei (25.1), dann die Wähler den Rückhalt durch eine Reichstagsmehrheit (20.2.). Die kaiserlichen Erlasse vom 4.2., die sich als "hochbedeutend, neu und historisch" verstanden und deshalb an Kaisers Geburtstag ausgegeben werden sollten, waren von der Gesprächsgeste gegenüber den streikenden Bergarbeitern vom 14.5.89, von einigen mit dem Streik befaßten bzw.im Bergbau erfahrenen Ratgebern, nicht zuletzt von dem wilhelminischen Gedanken einer sozialstaatlich und populistisch abgesicherten, monarchischen Prärogative getragen. Bismarck dagegen sah "die festeste Stütze der Monarchie" in nationalen, nicht in sozialen oder christlichen Gedanken (die Wilhelm aber nur im machtpolitischen Interesse vorgab) und empfahl dem Thronerben rücksichtslos gegen "Reden und Vereine" mit dem "Degen in der Faust" für die monarchischen Rechte zu kämpfen. Als die tragenden Säulen dieser Politik, Freikonservative und Nationalliberale, bei den Februarwahlen 1890 mehr als die Hälfte ihrer Reichstagssitze verloren und die Sozialdemokraten mit 35 Mandaten und fast zwanzig Prozent der Stimmen zur wählerstärksten Partei wurden, bestand der alte Kanzler auf einer von Reichstag und Parteien weitgehend unabhängige Machtpolitik. Ein wilhelminisches Kaisertum der mittleren Generationen, das von Wählerbewegungen und Sozialreformbestrebungen, von der Gesellschaft also auch getragen sein wollte, um den Obrigkeitsstaat regierbar zu erhalten, konnte die alte obrigkeitsstaatliche Trennung von Staat und Gesellschaft in dieser Form nicht in die 90er Jahre übernehmen. Deshalb ordnete Wilhelm an -"will ich"-, daß vier Industriestaaten "mit uns" in Verhandlungen treten, obwohl er die Schweizer Initiative vom Vorjahr durch v.Bötticher kennen mußte. In seinem Erlaß an den Handelsminister kündigte er den "weiteren Ausbau der Arbeiterversicherungsgesetzgebung" und die Prüfung der "bestehenden Vorschriften der Gewerbeordnung über die Verhältnisse der Fabrikarbeiter", des Titels VII also, an.[14]

Auf der vierzehntägigen internationalen Arbeiterschutzkonferenz, an deren drittem Tag Bismarck sein Abschiedsgesuch einreichte, diskutierten 13 Staaten unter deutscher Leitung in höflichem Zeremoniell über das "bescheidene Reformpro-

14) Konferenz vom 15.-29.3.1890. Die Erlasse abgedruckt bei Poschinger 1889, Bd.2, S.235f; Eppstein 1920, S.168f; Maute 1984, S.234ff. Bismarck versuchte seit 1884 in Briefen, den Kronprinzen von sozialen und christlichen Strömungen der Zeit abzubringen und für nationale und verfassungsrechtliche Fragen zu gewinnen. Das war ihm besser gelungen, als er selber glauben wollte. Dem Kaiser waren nationale (d.h. damals internationale) Ziele bald wichtiger als das ohnehin bescheidene soziale Reformprogramm. Er verteidigte später Bismarck gegen den Vorwurf der Arbeiterfeindlichkeit. Die Februar-Erlasse gingen auf Mitarbeiter Bismarcks im Auswärtigen Amt zurück, die mehr den Sturz des mächtigen Fossils als den Schutz der Arbeiter im Kopf hatten. Der neue Kaiser brauchte sich nur anzuschliessen.

gramm" des Kaisers (Maute), kamen aber wegen der "zwingenden Kraft der materiellen Interessen", die Bismarck klug vorausgesehen haben will, aber auch wegen unterschiedlicher Rechtstraditionen, nicht zuletzt wegen der bevorstehenden Verwandlung fast aller Industriestaaten in nationalistische und imperialistische Freibeuter über eine magere Empfehlung des in einigen Ländern schon Erreichten nicht hinaus. Der technische Arbeitsschutz stand gar nicht auf der Tagesordnung, obwohl gerade er geeignet gewesen wäre, der sozialistischen Internationalität der Arbeiterführer eine gouvernementale Internationale der technischen Experten und der sich anbahnenden Leistungsverwaltungen entgegenzusetzen.[15]

Der von dem Konferenz-Gipfel enttäuschte Handelsminister, für Bismarck nur ein 'Beamter zweiten Ranges', und die Politiker des Neuen Kurses erweiterten im Einklang mit dem Reichstag in der Folge die Arbeiterschutzgesetzgebung des Reiches. Der Titel VII der Gewerbeordnung wuchs auf 70 Paragraphen an. Dem Schutz der Frauen- und Kinderarbeit verschaffte man eine breitere gesetzliche Grundlage, aber schon das allgemeine Verbot der Sonntagsarbeit (§ 105a) war durch zahlreiche Ausnahmen eingeschränkt und trat erst am 1.4.1895 in Kraft. Die Ausdehnung der Schutzbestimmungen auf Werkstätten der Konfektionsindustrie, auf Werkstätten mit Motorbetrieb und auf die Tabakindustrie folgten erst 1897, 1901 bzw. 1907. Der im Reichstag geforderte Maximalarbeitstag wurde durch v.Berlepsch bekämpft, der "hygienische Arbeitstag", der für gesundheitsschädliche Gewerbe auf dem Verwaltungswege vorgeschrieben werden konnte, wurde dagegen angenommen.

Die dem § 120 GewO 1869 im 3.Absatz nur angehängte Verpflichtung zum Gefahrenschutz war 1878 in einem besonderen § 120a herausgestellt und dieser Paragraph 1891 mit der Verpflichtung zu baulichen und präventiven maschinellen Schutzvorrichtungen verbunden worden, allerdings nur, wenn diese unbedingt "erforderlich oder ohne unverhältnismäßige Aufwendungen ausführbar erscheinen" (§ 120 d). Zusammen mit der Überwachung der neuen Arbeitsordnungen (§ 134) blieb "der Wirkungskreis" der Fabrikinspektoren nach Kuno Frankenstein "im wesentlichen ein doppelter": sozialer und technischer Arbeitsschutz, nunmehr auf der Grundlage ausführlicher gesetzlicher Bestimmungen. Nicht die Neufassung des Aufsichtsparagraphen 139b allein machte, wie Albert Gresser schreibt, die Fabrikinspektoren zu Gewerbeaufsichtsbeamten.[16] Dies geschah mehr durch die Ver-

15) Die Protokolle der Internat. Arbeiterkonferenz, Leipzig 1890; Born 1957, S.84-90; Simons 1984, S.98, Gresser 1984, S.111. Für die internat. Entwicklung Ritzmann 1925 und Heyde 1960, S.19f; für die nationale, auf die Poerschke fixiert blieb, Herkner 1890.

16) Rothfels 1927, S.108-113; Poerschke 1913, S.133-140; Simons 1984, S.96-105; Gresser 1984, S.113-118.

bindung des Aufsichtsparagraphen mit dem im Zuge der Reichsgesetzgebung erweiterten § 154: Die Inspektoren und Räte waren nicht mehr für 'Fabriken', sondern für "Gewerbe" zuständig[17]

a) Für Hüttenwerke,Zimmerplätzeu.a., Bauhöfe, Werften, Ziegeleien, über Tage betriebene Brüche und Gruben ... § 154, Abs.2.
b) Werkstätten mit durch elementare Kraft über längere Zeiträume bewegten Triebwerken § 154, Abs.3.
c) Werkstätten und Bauten, auf die durch Bundesratsbeschluß die §§ 135-139b ausgedehnt wurden, § 154, Abs.4.

Tabelle 1: Die Entwicklung des Titels VII GewO 1869 - 1891[18]

	1869	1878	1891
§§	105-139	105-139	105-139
	-	-	105a-i; 119a/b;
ergänzende §§	-	120a;	120b-e; 124a/b;
des Titels VII	-	139 a/b	133a-e; 134a-h;
	-	-	138a
Gesamtzahl der §§	35	35	70

4.3 Der personelle Ausbau der Gewerbeaufsicht 1891-1894.

Wenn also 1890/91 "die Stunde des Arbeiterschutzes schlug" (Hans Rothfels), so war es zuerst die Stunde des technischen Arbeitsschutzes. Wurde Theodor Lohmann 1872/73 von wechselnden Ministern zur Vorbereitung einer bilateralen Arbeiterschutzkonferenz ins Vertrauen gezogen, so ermutigten ihn Kaiser und Handelsminister im Februar 1890, mit dem 14 Jahre zuvor geplanten Arbeitsschutz energisch fortzufahren. Zu Beginn der 8. Legislaturperiode brachten Lohmann,

17) Die GewO-Novellen vom 30.6.1900 (RGBL 321ff) und vom 28.2.1908 (RGBL 667ff) verstärkten die Aufgaben im Bereich Arbeitsvertrags- und Arbeitszeitschutz in Fabriken mit zehn und mehr Arbeitern. Die Kleinbetriebe wurden aber durch eine Vielzahl von Verordnungen einbezogen (vgl.Peters 1935, S.116f), am wichtigsten die Kleider- u. WäschekonfektionsstättenVO (RGBL 1900, S.565ff) und die MotorwerkstättenVO (RGBL 1900, S.499). Der Kinderschutz wurde auf alle Betriebe ausgedehnt (RGBL 1903, S.113ff). Das Hausarbeitsgesetz vom 20.12.1911 erfaßte auch die Heimarbeiter (RGBL 976ff).

18) Nach Ellwein/Wollscheid 1986, S.322f; s.auch v.Berlepsch 1987, S.130,136 und zur Normenentwicklung bis heute Buck-Heilig 1988, S.28-65.

Dönhoff und v.Meyeren bereits am 6.5.1890 ihre Vorlage zum Titel VII der Gewerbeordnung im Reichstag ein, die auch die früher schon so wichtig genommene, christlich-ethisch motivierte Sittlichkeit der Arbeiter betraf, aber kaum, wie Hans Rothfels meinte, die Gewerbeaufsicht "vollkommen neu" organisieren wollte. Die preußischen Reformpolitiker konnten diese Organisation in ihrer Denkschrift zum Staaatshaushaltsgesetz pro 1890/91 vielmehr nach den Plänen von 1876 vervollkommnen, die bisher nur nominellen 'Gewerberäte' in das Kollegium der Provinzialregierungen einbauen und "ihnen die gleiche amtliche Stellung ... geben wie den übrigen bei den Regierungen angestellten Räten."[19] Die bei 17 Regierungen vorhandenen 17 Gewerberäte (unten Tabelle 2) sollten als Regierungs- und Gewerberäte (RGR) in Planstellen bei den Regierungen einrücken und für 9 weitere Bezirke nach und nach RGR und Hilfsarbeiter ernannt werden. Die RGR sollten neben ihrer Dezernentenfunktion bei der Regierung den Aufsichtsdienst "auch noch fortdauernd in möglichst weitem Umfange wahrnehmen." Da sie dies für ihren ganzen Bezirk nicht in vollem Umfang tun konnten, sei es notwendig, "eine zweite Klasse von Beamten zu schaffen, welche für bestimmte Bezirke den Aufsichtsdienst unter ihnen wahrzunehmen haben". Diese Beamten "würden als 'Gewerbe-Inspektoren' anzustellen sein; ihre amtliche Stellung und ihre Dienstbezüge würden gleich denjenigen der Kreisbau-Inspektoren zu regeln sein." Jeder Regierungsbezirk mit "dichtgesäeten gewerblichen Anlagen" sollte in Inspektionsbezirke eingeteilt "und für jeden der letzteren ein Gewerbe-Inspektor angestellt" werden. Im ersten Jahr der Reform seien deshalb 17 RGR, 24 Inspektoren und 23 Assistenten anzustellen.

Beim weiteren Ausbau im zweiten bis vierten Planjahr (1892-94) gäbe es in Bezirken mit "besonders hoch entwickelter Industrie" neben mehreren Hilfsarbeitern des RGR zahlreiche auf die Inspektionen zu verteilende Inspektoren und Assistenten, umgekehrt in industriearmen Regionen nur einen oder sehr wenige Beamten.

Aufgrund der Zahl gewerblicher Anlagen in den 36 Regierungsbezirken müßten 26 RGR und 17 ihnen aus dem Kreis von letztlich 97 Inspektoren zugeordnete Hilfsarbeiter sowie 40 Assistenten, bis 1894 im ganzen also 163 Stellen geschaffen werden. Die voraussichtlichen Kosten der Reform in Höhe von ca 1,2 Mio. würden auf vier Jahre verteilt, durch die Übernahme der Dampfkesselrevisionseinnahmen aus der Bauverwaltung aber um 0,45 Mio vermindert und durch die remunerative und probeweise Anstellung der Assistenten weiter gedämpft. Den Aufwand der Reisekosten, Diäten, Tagegelder, Entschädigungen für Dienstaufwand und Büro-

---

19) Quarck 1891, S.207-27; darin: Denkschrift betr. die künftige Regelung der Gewerbe-Inspektion (214-27).

kosten eingerechnet, beliefen sich die Gesamtkosten dann noch auf 758'720,--[20] (siehe Tabellen-Anhang 10).

Die Besoldung der Gewerberäte und -inspektoren im zukünftigen Haushaltskapital 68, Titel 3 war durch die Denkschrift den Bezügen der rd 70 Bauräten und ca 500 Bauinspektoren des Ministeriums für öffentliche Arbeiten (Kap.65) angeglichen und damit die administrative Gleichstellung von Maschinenbauern und Chemikern mit den übrigen Baubeamten durchgesetzt. Die Durchsetzung des Organisationsplans bestätigte Herkners Meinung, daß "das Beamtentum eine Macht für sich (sei) ..., die besonders in den Fragen der gesellschaftlichen Reform eine fast überwältigende Bedeutung zu entwickeln versteht."[21] Nachdem Quarck der preußischen Inspektion 1889 noch ihren Rückstand gegenüber Sachsen vorrechnen konnte, konstatierte er nur zwei Jahre später ihren Vorsprung:

> "Preußen wird dadurch in Summa das größte Inspektionspersonal der Welt haben. Denn ganz Frankreich besitzt nur einige 90 Aufsichtsbeamte, England deren 66, österreich 24 und die Schweiz 5."[22]

Die Reorganisation der Gewerbeaufsicht durch die Denkschrift des Handelsministeriums wurde im preußischen Abgeordnetenhaus anläßlich der 2.Lesung des Staatshaushaltes pro 1891/92 in der Sitzung vom 13.3.1891 verabschiedet, nicht ohne eine "ziemlich umfangreiche Debatte" (Quarck). Sowohl die neue Verbindung mit der Dampfkesselrevision, die eher kostendämpfend als sachlich begründet war, als auch die einseitige Ausrichtung des Personals als "*Technikerkollegium*" wurden angegriffen und vom Handelsminister als vorläufig und durchaus veränderbar bezeichnet. Vorerst aber gehe die Absicht der Staatsregierung dahin, "vorwiegend geprüfte Baumeister des Maschinen- und Ingenieurfachs anzustellen und Bergassessoren." Die Prüfung der Aspiranten über ihre Kenntnisse des Gewerbegesetzes, der Fabrikhygiene, der Wohlfahrtseinrichtungen und einiger Zweige der Volkswirtschaft unterläge noch der Erwägung.Bei der Durchführung der Reform hielt man sich genau an den verabschiedeten Organisationsplan.[23] Im ersten Jahr wurden

---

20) Ebendort S.226. Max Quarck 1889, S.412ff, erinnert an den Vorläufer des Organisationsplans "aus der Mitte der 70er Jahre" (dort § 132 a-d). Darauf reagiert A.Lohren für die dt.Kammgarnspinner 1877, als "die wilde Zeit der Milliarden" vorbei war, mit einem Gegenentwurf "vom Standpunkt der ausländischen Konkurrenz und deren Bekämpfung": in England sei die Fabrikinspektion "zu einer Polizeidespotie gereift".

21) Herkner 1890, S.568.

22) Quarck 1891, S.208; zwei Jahre davor Ders., Die Fabrikinspektion 1887, in: AfSG 2 1889, S.350: Bayern und Preußen seien "am wenigsten bestrebt," ihre Inspektionen zu vervollkommnen.

23) Quarck 1889, S.221f.

41 etatmäßige und 23 nichtetatmäßige Stellen[24] geschaffen, wegen des bereits vorhandenen Personals aus zwei Jahrzehnten der Fabrikinspektion waren 33 **Neueinstellungen** nötig, die Mehrzahl als probeweise angestellte Assistenten. Die Zahl von 17 RGR erreichte man im ersten Jahr durch Übernahme der ehemaligen Gewerberäte und stockte sie in den folgenden um jährlich 3 RGR auf. Für die neuen Gewerbeinspektorenstellen kamen zuerst die 14 seit 1880 übernommenen 'Fabrikinspektoren' oder 'Assistenten' zum Zuge, danach jährlich je über zwanzig neue Bewerber. Das Kontingent von 40 Assistenten war nach der ersten großen Einstellung durch Annahme von 8 und 9 weiteren Assistenten erfüllt.

Tabelle 2: **Neuanstellungen in der Gewerbeaufsicht und hierarchischer Aufbau 1890-1894.**[25]

dienstliche Stellung	Stand 1890	Zuwächse - 1891	- 1892	- 1893	- 1894	Stand 1894
Assistent	(14)	23	8	9	-	40
Inspektor	-	(24)	21	25	27	97
GR	(17)	-	-	-	-	
RGR	-	(17)	3	3	3	26
Summe	31	64	32	37	30	163

4.4 Die Kritik an der Vorbildung der Aufsichtsbeamten.

Eine jährlich wachsende Menge von Schutzvorrichtungen verdanke ihre Erfindung deutschen Fabrikinspektoren, und die "deutsche Ausstellung auf dem Gebiete der Hygiene" habe unter der Mitwirkung der Gewerberäte **v.Stülpnagel** und **Reichel** "eine Menge Dinge ausgestellt, die mehr durch den Scharfsinn des Erfinders als durch praktische Brauchbarkeit bemerkenswert sind", beschrieb Victor Adler 1884 das inländlische Unbehagen an dem Aufsichtsbeamten als Techniker, der für Baden, Sachsen oder Hamburg, aber auch für Frankreich (bis 1892) noch längere Zeit maßgeblich sein sollte. Max Quarck malte 1890 ein "reines, so einseitig wie möglich disponiertes Technikerkollegium" an die Wand, "eine lebendige Eisenkonstruktion ohne Anpassungsfähigkeit an die sozialen Aufgaben der Inspektion." Und Kuno Frankenstein mahnte 1890: "Allein die Ausbildung als Techniker befähigt

24) Vgl.Tabellenanhang 10, Titel 3 bzw. 4.

25) Der Zuwachs "RGR" 1891 kommt aus "GR" 1890. Die seit 1878 eingestellten Assistenten wurden nach Dienstalter 1892-94 zu RGR, und zwar 3 pro Jahr.

eine Person an sich noch keineswegs, daß sie alle oder die wichtigen Aufgaben eines Fabrik- oder Gewerbeinspektors zu erfüllen im Stande ist."[26]

Die ausländische Kritik wurde von dem Schweizer Arzt und eidgenössischen Fabrikinspektor Fridolin Schuler mit Hinweisen auf England vorgetragen, wo man "mit Vorliebe Beamte, Offiziere und namentlich auch Ärzte" auswähle, die Herren Horner und Baker zum Beispiel.[27] "Verhältnismäßig wenig zahlreich waren die Techniker vertreten. Auch fordert die englische Inspektorenprüfung nur eine tüchtige allgemeine Bildung nebst Kenntnis von Mathematik und Physik, gar keine speziellen technischen Kenntnisse." In Österreich lege man auf Sprachgewandheit und dann erst auf technischen Sachverstand wert, dort seien zwar keine Ärzte, aber Juristen in der Inspektion angestellt. In der Schweiz bildeten Chemiker, Mechaniker und Hygieniker ein Team, nur Frankreich beharre noch auf dem Staats- oder diplomierten Zivilingenieur, der aber "genügende allgemeine Bildung" besitze. Ideal sei eine gemischte Zusammensetzung des Korps der Inspektoren "aus Leuten jeder gebildeten Berufsart".

Neben solchen in- und ausländischen Stimmen zur Vorbildung der Fabrikinspektoren hatte sich die Verwaltung mit Anträgen auf Anstellung von Frauen und Arbeitern zu befassen und sammelte seit Mitte der 80er Jahre entsprechende Presseartikel.[28] Aber sowohl in der Techniker- als auch in der Arbeiter- und Frauenfrage war das Ministerium aus mehr als einem Grund vorerst auf den eingeschlagenen Weg festgelegt. Die Durchsetzung des Aufsichtsbeamten als Techniker entsprach der ministeriellen Interpretation seiner *Doppelrolle* im sozialen und technischen Arbeitsschutz. Die Präferenz der preussischen Gewerbeverwaltung für Techniker war einerseits sachlich begründet, sie hatte andererseits einen verwaltungsgeschichtlichen und im Rahmen der Technikerbewegung einen hochschulpolitischen Aspekt. Der Einfluß von *Interessengruppen*, des VDI für die Maschinenbauingenieure oder des VDAI für die Baubeamten, der gebremst (VDAI) oder gefördert (VDI) haben mag, aber auch der Einfluß des Gegensatzes von Kapital und Arbeit und ihren Vertretungen hat die Präferenz eher indirekt und 'strukturell' mitgeprägt.[29]

26) Victor Adler, Die Fabrikinspektoren, insbesondere in England und der Schweiz, in: Jahrbücher für Nationalökonomie NF 8 1884, S.202f; Kuno Frankenstein, Die dt. Fabrikinspektion im Jahre 1890, in: Annalen d.Dt.Reiches 1892, S.414f.

27) (Dr.med.) Fridolin Schuler, Die Fabrikinspektion, AfSG 2 1889, S.249; die falsche Zuordnung Horners auch 9 Jahre später in Ders., Die Grundsätze für die Ausbildung der preußischen Gewerbeinspektoren, AfSG 11 1897, S.507.

28) AI 2, Bd.4, 1883-88 mit zahlreich abgehefteten Zeitungsartikeln.

29) Zur Beamtenpolitik dieser Verbände s.oben S.154. Nach dem Krieg war der Einfluß des VDGAB entscheidend, vgl.unten S.289ff.

Die sachliche Begründung und die administrative Vorgeschichte waren eng verbunden und mit der sich wandelnden Einstellung des Staates zum Gegensatz von Kapital und Arbeit verknüpft. Sollte der Fabrikinspektor in das höhere Beamtentum eingegliedert werden, mußte er Fachstudium, Staatsexamen oder Diplom vorweisen. Gemäß den zwischen 1869 und 1902 vielfach umstrittenen und abgeänderten Regulativen "betr. die Befähigung für den höheren Verwaltungsdienst" mußte die Gewerbeverwaltung zur Ergänzung des theoretischen Fachstudiums eine praktische Vorbereitung im Staatsdienst anstreben, die zu einem Assessorexamen führte. Die in den 70er Jahren eingestellten Bergassessoren erfüllten diese Anforderungen bereits, die promovierten Chemiker zum Teil, die Polytechniker und Militärs gar nicht. Den medizinisch-hygienischen Bereich glaubte die Verwaltung durch die Medizinalbeamten der Regierungen abgedeckt. Das war aber, u.a. wegen der "Verhinderung einer Gewerbemedizinalstatistik in Deutschland"[30], zweifelhaft und führte zu einer verzögerten und verspäteten Einstellung von Gewerbemedizinalräten.[31]

In den 80er Jahren zog das Handelsministerium, der Baubeamten der Eisenbahnverwaltung eben erst ledig, Nutzen aus Aufwertung und Gleichstellung der Technischen Hochschulen in Berlin, Aachen und Hannover, die nun Diplome und Staatsexamen abnehmen konnten. Für den Wirkungskreis des seit 1878 explizit gewordenen technischen Arbeitsschutzes, § 120 a, schienen diese prädestiniert, denn unter den Bedingungen der preußischen Dienstanweisung von 1879 hing eine *zwanglose Implementation* von der sachlichen überzeugungskraft der technischen Verbesserungsvorschläge ab. Als bloße Ergänzung zu den Sozialversicherungsgesetzen der 80er Jahre lag die Hauptaufgabe der Inspektion ohnehin in der technischen Vorsorge gegen Krankheiten, Unfälle und Invalidität.

Den sozialen Arbeitsschutz verwaltete man ohne professionelle Zusatzanstrengung mit. Er bot in den 70er Jahren keinen Ansatzpunkt zur Eingliederung in das höhere Beamtentum. Ganz im Gegensatz zu den englischen Bemühungen seit 1833 blieb er in Preußen eine subalterne Polizeiaufgabe. Einer professionellen Aufwertung fehlten nach 1870 die Voraussetzungen, weil es an den Universitäten bis in die 90er Jahre kaum Vorlesungen zu volkswirschaftlichen, staatswis-

30) Vgl. die bei Poerschke 1913, S.208, zitierten Aussagen Delbrücks von 1906 u.1909. Zur Statistik Rainer Müller, Die Verhinderung einer Gewerbemedizinalstatistik in Deutschland, in: Müller/Milles 1985, S.50ff; Spree 1981, S.25-30.

31) In Preußen erst nach dem 1.Weltkrieg, vgl. H.Rasch 1921, Holtsmann 1921 und 1931, Sommerfeld 1905, Teleky 1927, Bocks 1978, Gresser 1984, S.140; Simons 1984, S.205: "Der VDGAB sprach sich eindeutig gegen die Einstellung von Ärzten als normale, vollwertige Gewerbeaufsichtsbeamte aus".

senschaftlichen oder medizinisch-hygienischen Aspekten des sozialen Arbeitsschutzes gab, von Studiengängen und Abschlüssen zu schweigen.

Wenn man die wenigen Nichtakademiker oder die neu eingestellten Assistenten (zur Einarbeitung) mit jener Seite des Arbeitsschutzes betraute, hielt man an einer verwaltungsgeschichtlich vorgezeichneten, pejorativen Einstellung fest. Obwohl die Reformbeamten jenen Aspekt seit Mitte der 80er Jahre wichtiger nahmen und obwohl die revidierte Gewerbeordnung von 1891 ihn, im Fall der Sonntagsarbeit zum Beispiel durch eine Vielzahl von Ausnahmen höchst kompliziert, ausbaute, änderte sich an der Präferenz für Techniker nichts. Durch die kostendämpfende Übertragung der Dampfkesselrevision zwischen 1890 und 1900 lag die Einstellung von Maschinenbauern oder die Übernahme von Ingenieuren der Revisionsvereine sogar näher. Dies galt auch für die Ausdehnung des Tätigkeitsfelds auf "Gewerbe", denn das Gesetz verstand darunter vorläufig nur Arbeitsplätze mit Motoren und Triebwerken oder anderen Gefahrenquellen, die nur durch Technik beherrscht werden konnten. Die arbeitsintensiven Tabak-, Textil- und Heimindustrien mit ihrem hohen Anteil an Arbeiterinnen wurden der aufs Technische spezialisierten Aufsicht erst später unterstellt[32] und rechtfertigten dann Forderungen nach sozialpolitisch vorgebildeten oder in der industriellen Arbeitswelt aufgewachsenen Arbeitskräften.

Die Gewerbeverwaltung folgte dem eingeschlagenen Weg und stellte auch in den 90er Jahren wie durch v.Berlepsch angekündigt in erster Linie Maschinenbauingenieure, eine deutlich geringere Zahl Chemiker und nur wenige der zuletzt genannten Bergassessoren an. Der Kritik an dieser einseitigen Ausrichtung begegnete die Verwaltung mit der Organisation einer Zusatzbildung im Rahmen des Vorbereitungsdienstes, die im Vorbildungsgesetz von 1897 vorgeschrieben wurde.

4.5 Das Gruppenprofil der neuen Gewerbeaufsichtsbeamten 1890-1914.

Nach dem starken, aber linearen Personalanstieg des Vierjahresplans mit einem durchschnittlichen jährlichen Zuwachs von 33 neuen Stellen flachte die Entwicklung zu Jahrhundertwende hin ab. Der hierarchische Aufbau erlaubte ein Weiterrücken auf den Positionen. Das war aber nur im dem Maße möglich, wie in den Etatansätzen neue Stellen für etatmäßige Inspektoren geschaffen und für deren "Charakterisierung" und Beförderung zum Gewerberat seit dem Erlaß vom 27.1. 1898 durch Beschlüsse des Staatsministeriums neue Aufrückstellen bereitgestellt

---

32) S.oben Anm.17.

wurden.[33] Diesem Erlaß zufolge konnte "die Hälfte aller Gewerbeinspektoren nach mindestens zwölfjähriger Dienstzeit, welche von der Ernennung zum Regierungsbaumeister oder Assessor und bei den nicht aus diesen Dienststellungen hervorgegangenen Gewerbeinspektoren von der Ernennung zum Gewerbeinspektions-Assistent ab zu rechnen ist, zur Verleihung des Charakters als Gewerberat (4.Rangklasse)" vorgeschlagen werden. Diesem Erlaß folgend schlug der Handelsminister am 24.5.1898 erstmals vor, "von den 94 zur Zeit etatmäßig angestellten Gewerbeinspektoren 13 zum Gewerberat" zu ernennen, auch wenn 9 keine staatliche Prüfung abgelegt hätten und auch noch nicht 12 Jahre im Dienst wären. Die meisten seien nach dem Reorganisationserlaß vom 24.4.1891 eingetreten. Weil für diesen Dienstzweig noch kein "eigens vorgebildetes Personal" vorhanden gewesen sei,habe man damals "Baubeamte, Bergassessoren, Ingenieure, Chemiker und Techniker aller Art" angenommen. Diese hätten sich auch ohne Staatsprüfungen bewährt. Man habe den Baumeistern und Assessoren "die Wahrung ihrer durch das Staatsexamen erfolgten Dienstalters", das auf die im durchschnittlich 32.Lebensjahr abgelegte große Staatsprüfung zurückrechne, versprochen. Aus Billigkeitsgründen solle man bei den Nichtexaminierten dasselbe Dienstalter annehmen, damit keine zu große Kluft zwischen Beamten mit und ohne Examen entstehe. Bis 1903 träfe dies ohnehin nur noch auf 5 weitere Beamte zu.

Tabelle 3: Die Beförderungen zum etatmäßigen Gewerbeinspektor und die Charakterisierung von GR 1898-1914[34]

Jahre	Zahl der etatmäßigen GI -	x)	Zahl der charakterisierten GR	Zur Charakterisierung vorgeschlagene GI	Tatsächlich charakterisierte GI
1898	94	-	3	13	13
1899	101	7	16	10	7
1900	103	2	23	18	17
1901	107	4	40	14	14
1902	113	6	54	8	1
1903	120	7	55	5	5
1904	131	11	60	5	1
1905	137	6	61	7	2
1906	142	5	64	7	3
1907	152	10	67	11	8

33) A III Nr.27798. Der Erlaß stand zwischen der Einführung des Dienstalterstufensystems (1891-97) und der Reduktion der Gehaltsklassen von 150 auf 51 (1897-1909), vgl.Wunder 1986, S.103, Henning 1984, S.22; Linck 1928, S.40, zählte für 1909 70 Gehaltsklassen und 124 Dienstaltersstufen; Wunder 1986, S.114, gab für 1909 irrtümlich 180 Klassen an.

34) Ebendort Nr.27798/99.

Jahre	Zahl der etatmäßigen GI	- x)	Zahl der charakterisierten GR	Zur Charakterisierung vorgeschlagene GI	Tatsächlich charakterisierte GI
1908	157	5	75	5	2
1909	163	7	77	5	3
1910	171	8	80	8	3
1911	180	9	83	7	3
1912	187	7	86	7	4
1913	194	7	90	7	3
1914	199	5	93	10	?
Summen	-	106	-	147	89
Pro Jahr	-	7	-	9	6

x) Jährlicher Zuwachs der Gewerbeinspektoren (GI).

Die Zahl der etatmäßigen Inspektoren hatte sich in eineinhalb Dekaden noch einmal mehr als verdoppelt. Die Zahl des gesamten Aufsichtspersonals kann vorerst nur geschätzt werden, denn die Assessoren und Referendare, wie die ehemaligen Aspiranten oder Assistenten seit dem Gesetz vom 1904 hießen[35], sind in summarischen Etattiteln des Kap.68 verborgen. Diese unbesoldeten Hilfskräfte, die seit der Jahrhundertwende einen streng eingehaltenen Ausbildungsgang absolvierten, wurden zu einem bedeutenden und kostensparenden Faktor der Inspektion. 1908/09 gab es neben den 163 Inspektoren, von denen 75 als GR ausgezeichnet ("charakterisiert") waren, und neben den 32 RGR mit immerhin **67 Assessoren** und **85 Referendaren** sowie **6 Assistentinnen** fast so viele unbesoldete Hilfskräfte (158) wie etatmäßige Inspektoren (163), zusammen aber schon 353 Aufsichtspersonen.[36]

Die Zahlenangaben der Zeitschrift "Soziale Praxis" erweisen sich bei den Inspektoren als ungenau, geben aber weitere Hinweise auf den tatsächlichen Personalbestand vor dem 1.Weltkrieg.

35) 20.01.1904 Allerhöchster Erlaß, betr. Einführung der Titel "Gewerbereferendar" und "Gewerbeassessor", HMBL 1904, S.23.

36) Geschäftliche Nachrichten für die preuß. Handels- und Gewerbeverwaltung, Berlin 1908; Poerschke S.214 bringt nur das etatmäßige Personal ("276"); ähnlich (für 1913!) Sturm in Carl H. Ulé (Hg), Die Entwicklung des öffentlichen Dienstes, Köln 1961, S.71 ("355 Bedienstete"). Möller 1928 blendete Assessoren, Referendare und Assistentinnen aus und kam nur auf 140 und 237 Beamte für 1900 bzw. 1913.

Tabelle 4: Personalentwicklung 1894-1914 im Überblick.[37]

Jahre	RGR	GI	Assistenten[a)]	Frauen	Summen[b)]
1894	26 (31)	100 (87)	40 (52)	-	166 (170)
1895	-	-	48 (60)	-	174 (179)
1896	-	-	54 (63)	-	180 (182)
1897	-	-	57 (65)	-	183 (189)
1898	-	100 (97)	68 (70)	-	194 (197)
1899	-	112 (106)	74 (77)	-	212 (215)
1900	27 (33)	112 (107)	74 (76)	2 (2)	215 (218)
1901	-	119 (114)	76 (76)	2 (3)	224 (226)
1902	-	122 (117)	76 (78)	4 (4)	229 (232)
1903	28 (35)	125 (119)	77 (79)	4 (4)	234 (237)
1904	-	131 (125)	80 (79)	-	243 (243)
1905	29 (37)	137 (132)	79 (79)	-	249 (252)
1906	30 (38)	143 (138)	77 (77)	-	254 (257)
1907	31 (39)	152 (116)	78 (78)	-	265 (267)
1908	32 (40)	157 (151)	79 (80)	5 (1)	273 (276)
1909	-	163 (157)	81 (82)	6 (6)	282 (285)
1910	-	171 (165)	80 (94)	8 (8)	291 (307)
1911	33 (41)	180 (173)	81 (96)	12 (12)	306 (322)
(...)					
1914	33 (-)	199 (-)	86 (-)	22	340 (-)

a) Bis 1899 "Assistenten", danach etatmäßige, in der Mehrzahl außeretatmäßige "Assessoren".

b) Überzählige Assessoren, Hilfsarbeiter bei den Regierungen, nicht zuletzt die teilweise erhebliche Anzahl Referendare sind in diesen Summen nicht enthalten.

4.5.1 Eine Profilskizze aus den Vorschlagslisten.

Am Ende des Jahres 1910 gab es über die angegebene Zahl hinaus 14 überzählige Assessoren und 49 Referendare, zusammen 345 nachweisbare Bedienstete. In dieser Zahl sind die Hilfsarbeiter bei den Regierungen vermutlich nicht enthalten; 1906 zählte man neben den 30 angegebenen RGR acht jener zusätzlichen Kräfte, zusammen 38 (statt 30) gewerbetechnische Sachbearbeiter bei den Regierungen.[38]

37) Nach SP 20 1910/11, Sp.499; die letzte Zeile wurde ergänzt aus SP 23 1914, Sp.481. Der Etat der Aufsicht betrug dann fast 3 Mio.M. Die Abweichungen zu Poerschkes Zahlen (stehen in Klammern) sind bei den Summen bis 1909 geringfügig. Sie weichen bis zur Einführung des Referendariats und der Assessorprüfung in den Spalten 2 und 3 stark ab. Die Zahl der etatmäßigen GI (Tabelle 3) verfehlte Poerschke durchgängig, die Soziale Praxis nur bis 1903. Die Zahl der etatmäßigen Assistenten/ Assessoren betrug 1898-1912 12, dann 9, nach Festanstellung der ersten 4 Assistentinnen 6; vgl. Staatshaushaltsetats 1898-1914.

38) Diese Kräfte werden bei Poerschke berücksichtigt; s.Tabelle 4, Spalte 1.

Wenn es 1914 41 RGR und 199 Inspektoren gab, so kamen als Festangestellte sechs etatmäßige Assessoren und die vier zuerst eingestellten Assistentinnen hinzu, zusammen 250 Beamte. Mit den kündbar angestellten 80 Assessoren und 18 Assistentinnen waren es schon 348 Bedienstete. Besaß man noch annähernd soviele Referendare wie 1910 und noch mehr Hilfsarbeiter bei den Regierungen wie 1906, so hatte die preußische Gewerbeaufsicht am Vorabend des 1. Weltkrieges **über 400 Beamte und Angestellte** im Dienst.

Bei der durchschnittlichen Beförderung von jährlich 6,6 Assessoren zum Gewerbeinspektor -mit Höhepunkten 1904 und 1907- hatten die Assessoren eine lange, bis zu zehnjährige *Wartezeit* einzukalkulieren. Die Nachholphase bei der Beförderung zum Gewerberat abgerechnet (1898-1901) lag die jährliche Auszeichnung der etatmäßigen Gewerbeinspektoren eher bei 3 als bei dem Durchschnittswert 5,5, so daß auch hier Wartezeiten zunahmen.

Die Differenzen zwischen vorgeschlagenen und durchgeführten *Charakterisierungen* betrug ein Drittel (3:2). Der Handelsminister orientierte sich bis 1906 und wieder 1911-1913 bei seinen Vorschlägen genau an der im Erlaß ermöglichten Auszeichnung des halben etatmäßigen Personals. Wenn er zwischen 1907 und 1910 von diesem Mittelwert abwich und ihn um 4,3,1 und 5 (1910) übertraf, so könnte das mit der mir unbekannten Zahl von Pensionierungen zusammenhängen, die gerade zu diesem Zeitpunkt wahrscheinlich sein und eine Größenordnung von 13-15 haben dürfte. Das Staatsministerium folgte dieser Strategie nicht und blieb immer unter der im Erlaß vorgesehenen Beförderungsquote.

Zu den 147 nach 1898 zur Beförderung Vorgeschlagenen (Tabelle 3) zählen weitere 40, die zwischen 1891 und 1897 zum Vorschlag kamen.[39] Aus den diesen **Vorschlaglisten** beigegebenen Kurzbiographien konnten 122 ausgewertet und ein Bild der Einstellungspraxis 1891 bis 1899 gewonnen werden.[40]

Tabelle 5: Die auswertbaren Kurzbiographien im Verhältnis zu den mutmaßlichen Neueinstellungen (N=122).

39) Darunter alle vor 1891 Eingestellten, sofern sie zum Zeitpunkt der Charakterisierung noch im Dienst waren. Die Auswertung dieses frühen Personals in Kap.II.

40) Vorschlagslisten des Handels- an das Staatsministerium, die Charakteriesierung von Gewerberäten betreffend. Die Daten aus den Vorschlagslisten (A III Nr.27798/99) und den Personalakten (F I u. II, B 4, C IV usw.) bilden nach Umfang und Aussagewert zwei verschiedene Quellengruppen. Ich wende mich zuerst der einen, in 4.5.2 dann der anderen Gruppe zu, die auch "persönliche Verhältnisse" einschließt. Von den 147 auswertbaren Personen der Vorschlagslisten wurden 25 weggelassen, da sie auch im PA-Sample (und dort besser) belegt sind.

	1891	1892	1893	1894	1895	1896	1897	1898	1899
Zahl der mutmaßl. Neueinstellungen	33	33	37	30	?	?	?	?	?
Zahl der auswertbaren Personen	17	28	30	24	5	4	6	4	4
"Unbekannt"[41]	16	5	7	6	-	-	-	-	-

Von den 132 im Vierjahresplan 1891-94 Neueingestellten konnten 99 ausgewertet werden. Hinzu kommen 23 Beamte aus dem folgenden Jahrfünft. Die 1895-98 vorgeschlagenen Inspektoren hatten durchschnittlich nur 5 Dienstjahre bis zu dieser Beförderungsstufe absolviert, 1899-1904 verlängerte sich diese Wartezeit von 7 auf 11,2 Jahre. 1909/10 lag sie im Durchschnitt bei 16, 1912 sogar bei 18,5 Dienstjahren.

Tabelle 6: Das Ansteigen der Wartezeiten auf Beförderung (1895-1914)

Vorschlags-jahre	1895/-97	98	00	01	02	03	05	06	07	08	11	13	1914
Grösse des Samples	5	11	15	9	7	3	5	6	8	5	6	5	10
durchschn. Wartezeit(J)	5	5,5	8	9	9,3	10	12,5	id.	13	13,6	16,5	15,4	17,3

J = Jahre; id. = identisch mit Vorzahl.

Die längeren Wartezeiten betrafen ein seit 1894 jünger gewordenes Personal. Die 1891 Eingestellten waren bei ihrem Eintritt in den Aufsichtsdienst 35 Jahre alt. Zwei über 40jährige wurden 1893 bzw. 1900 charakterisiert, zwei 30jährige mußten bis 1902 bzw.1909 warten. Die 1892 Eingestellten waren im Durchschnitt 34 Jahre alt, der älteste 47. Die sechs über 40jährigen wurden zügig befördert, zwei 27jährige erst 1905 bzw.1912, nach 13 bzw. 20 Dienstjahren. Bei den 1893ern betrug das Durchschnittalter beim Eintritt sogar 36 Jahre. Bei den 1894ern sank es dann auf 32,7 Jahre; die drei unter 30jährigen warteten länger, der mit 24 Jahren jüngste wurde erst nach 20 Dienstjahren befördert. Die 23 in den folgenden fünf Jahren verglichen mit ihren Einstellungsjahrgängen vorzeitig Vorgeschlagenen kamen bereits im 31.Lebensjahr in den Aufsichtsdienst.

Bei den planmäßigen Einstellungen 1892-94 stellte man 67 der 79 Novizen entsprechend der Laufzeit des Haushaltsjahres im April ein. Davor und danach scheinen die Einstellungstermine breiter gestreut.

41) Darunter alle aus dem zweiten Kapitel bekannten Personen.

Tabelle 7: Verteilung der Angeworbenen auf Einstellungsmonate (N=117, 5 unbekannt)

	Zahl der Einstellungen verteilt auf die Monate:			
	Jan.-März	April	Mai-August	Sept.-Dezember
1891	1	2	11	1
1892	2	20	5	0
1893	2	25	1	2
1894	1	22	0	1
1895	0	3	1	1
1896	0	1	0	2
1897	0	1	1	3
1898	0	2	1	1
1899	1	3	0	0
N=117	7	79	20	11

Fast zwei Drittel der bis zum 1.Weltkrieg zur Beförderung vorgeschlagenen Inspektoren stammten aus den preußischen Ostprovinzen, die wegen der großen Ost-West-Binnenwanderung im Zuge der 2.Industrialisierungsphase nur noch 22 der rd. 40 Mio Preußen umfaßten.

Tabelle 8 : Verteilung der Angeworbenen auf ihre Herkunftsprovinzen (nur Ostprovinzen)[42]

	Schlesien	Brandenbg/Berlin	Ostpreußen	Westpr/ Danzig	Prov. Sachsen	Pommern	Thüringen	Posen
a)	5,2	6,1	2,0	1,7	3,0	1,7	-	2,1
b)	27	16	8	5	11	6	4	1

a) Bevölkerung in Mio. (1910)
b) Verteilung im Sample (N= 78)

Von den 34 aus den Westprovinzen Stammenden kamen 10 aus Hessen, je 8 aus dem Rheinland und Westfalen, 6 aus Hannover und 2 aus Schleswig-Holstein. Von den 9 'Ausländern' waren einer im Großherzogtum Mecklenburg-Schwerin, 2 in Moskau und je 2 in Baden, Bayern und Braunschweig geboren worden.

Am Wachstum der Stadt Berlin, die zwischen 1871 und 1919 von 0,8 auf über 2 Mio Einwohner wuchs, beteiligten sich auch die meisten Aufsichtsbeamten, denn

42) Nach M.Schlenke (Hg.), Preußen Ploetz. Eine historische Bilanz in Daten u. Deutungen, Freiburg u.a. 1983, S.235.

die Mehrzahl studierte an der Gewerbeakademie bzw. TH das Maschinenbaufach. Dabei fanden -bezogen auf das Sample- deutlich weniger Rheinländer und Westfalen in die Reichshauptstadt als Schlesier, Sachsen oder Brandenburger. Andererseits zogen jene Berlin den anderen THs Aachen, Hannover, Karlsruhe und München vor, während Hessen, Hannoveraner und Holsteiner auf die nähergelegene Hochschule Hannover wechselten.

118 der 122 Kurzbiographien geben Auskunft über Vorbildung und Praxisjahre der Inspektoren. Es dominieren die Maschinenbauingenieure und die promovierten Chemiker. Die übrigen sind Diplom-Hütteningenieure, Hochbauingenieure, Bergbeamte (ein Referendar und ein Assessor) sowie ein Ingenieur-Offizier.

Tabelle 9 : Die Vorbildung der zwischen 1891 und 1899 eingestellten Aufsichtsbeamten (N = 118).

Maschinenbauingenieure	68	
promovierte Chemiker	33	101
Hütteningenieure	7	
Technische Chemiker	4	
Hochbauingenieure	3	17
Bergbeamte	2	
Ingenieur-Offiziere	1	
N =	118	118

Von den 68 Maschinenbauingenieuren studierten 44 ausschließlich in Berlin, davon 11 noch zur Zeit der Gewerbe-Akademie. Von der TH Hannover kamen 12, aus Aachen nur einer. An ausländischen THs studierten 5, 2 in Karlsruhe, je 1 in München und Dresden. Nur 6 besuchten in ihrem Studium zwei Hochschulen; neben der TH Berlin war dies 3mal München, 2mal Karlsruhe und 1mal Hannover. Mit 50 von 68 Fällen ist die TH Berlin in diesem Sample also deutlich überrepräsentiert.

Die 14 Inspektoren ohne formellen Abschluß, deren Gleichstellung mit den Baumeistern und promovierten Chemikern der Handelsminister 1898 beantragte hatte, waren nur zum Teil Absolventen der Gewerbeakademie. Sie bemühten sich, das Bauführer- und meisterexamen nachzuholen.[43] Unter den 1904 Vorgeschlagenen hatte aber nur einer beide Bauexamen abgelegt. Die drei anderen hatten in Berlin, Hannover und Dresden studiert und Praxiserfahrung vorzuweisen; **Korzer** begann als Maschinenapplikant bei der Marine, wo er bis zum Maschinenmaat blieb, um

43) So vermutlich Rittershausen, Siebert, Schulze u.a.

danach in englischen Schiffsmaschinenfabriken zu arbeiten.[44] Die letzten Kandidaten ohne formellen Abschluß waren nicht 1905, sondern 1907 vorgeschlagen worden; **Wingendorf** hatte in Berlin auch Elektrotechnik gehört, **Eichmann** als Ingenieuroffizier die Artillerieschule absolviert.[45] Das Ministerium setzte wie bei den promovierten Chemikern das 32. Lebensjahr als Dienstalter an, so daß formal Unterqualifizierte mit dem 44. Lebensjahr vorgeschlagen werden konnten.

Die meisten *Maschinenbauer* des Samples hatten aber in den 1880er Jahren beide Examen erfolgreich abgelegt. Nur in wenigen Fällen folgte das 2. dem 1. Examen nach der vorgeschriebenen Frist von 4 Jahren, was mehr vom Arbeitsmarkt als von der 2.Prüfungshürde beeinflußt war. Die meisten *Bauführer* traten in den Dienst der staatlichen Eisenbahndirektionen, wo sie gegen Remuneration in Werkstatt oder Verwaltung arbeiteten und Kenntnisse für die Meisterprüfung erwarben. Als *Baumeister* konnten sie nur dann bei der Bahn bleiben, wenn eine etatmässige Stelle frei oder eigens für sie geschaffen wurde. Die Ingenieure unseres Samples fanden als Regierungsbaumeister bei Fabriken, Werften, Stadtwerken, Berufsgenossenschaften und Dampfkesselüberwachungsvereinen Anstellung, bevor sie in den oben angegebenen Durchschnittsaltern in den staatlichen Aufsichtsdienst wechselten. Für den Vorschlag auf Charakterisierung war das Datum der Ernennung zum Regierungsbaumeister maßgebend.

Neben Eisenbahnen, Werften und Fabriken boten Berufsgenossenschaften und Überwachungsvereine Arbeitsplätze für die Meister des Maschinenbaufachs. Beide waren von der Industrie getragene Körperschaften zur Unfallverhütung. Die Berufsgenossenschaften entstanden mit Bismarcks versicherungstechnischen Nachsorgegesetzen. Am 1.10.1900 gab es 53 Berufsgenossenschaften mit 233 hauptamtlichen Ingenieuren, deren Anstellung das Reichsversicherungsamt am 18.12.1886 erstmals empfohlen hatte.[46] Die Gewerbeaufsichtsbeamten **Reichel** und **Krumbhorn** halfen bei der Ausarbeitung von BG-Unfallverhütungsvorschriften.

Daneben gab es eine wachsende, sehr fluktuierende Zahl von DÜV-Ingenieuren, die eine monotone, gleichwohl anstrengende Arbeit hatten. Zwischen 1884 und

44) Siehe auch unten Tabelle 10.

45) Beide waren nach Alter (Jg. 60/61) und Einstellungsjahr (4/94) den anderen 6 vorgeschlagenen ebenbürtig; nur der Chemiker ohne Promotion und Staatsprüfung Georg Laurisch scheint abgewertet, da er schon im April 1892 eingestellt worden war.

46) Konrad Hartmann S.7 u.16. 1885/86 waren 62 BGs gegründet worden. 1887 hatten 21 BGs 57 hauptamtliche Ingenieure, darunter einige, die nach 1890 in den staatl. Aufsichtsdienst wechselten. SP 47 1938, Sp.1131 zählte zum 01.04.1937 517 hauptamtliche BG-Ingenieure, davon 69 in Ausbildung. Gleichzeitig soll es in Preußen 822 Gewerbeaufsichtsbeamte gegeben haben, darunter nur noch 26 Referendare.

1900 stieg der Anteil der 'Vereinskessel', die weder von den Kreisbauinspektoren (bis 1890) noch von den Gewerbeaufsichtsbeamten (1880-1900) überwacht wurden, von 21 auf 50 Prozent. Da der Reorganisationsplan für die Gewerbeaufsicht den Gewerbeinspektoren auch die Dampfkesselrevision übertrug, war die Anstellung von DÜV-Ingenieuren im Staatsdienst dann konsequent, wenn diese für weitere technische und sozialpolitische Fragen aufgeschlossen waren.[47]

Tabelle 10: Überblick über die Ausbildung und Karriere von 68 Maschinenbauingenieuren im Aufsichtsdienst (N=118, Mehrfachnennungen)

Nachw. Abitur	RBF/ RBM	Di - plome	Eisenbahn -verwaltg	Fabri -ken	Stadt- werke	DÜV-u. BG-Ing.	Zivil -ing	Werft
33	44	5	38	17	5	13	2	6

Verwendete Abkürzungen: Nachweislich, Regierungsbauführer und -baumeister (RBF/RBM), Dampfkesselüberwachungsverein und Berufsgenossenschaft (DÜV, BG).

Die sieben *Hütteningenieure* des Samples wurden 1862-68 geboren und 1892-97 mit durchschnittlich 29 Jahren eingestellt. Kawka, Wauer und Kaufmann hatten nur noch wenige Praxismonate, Kaufmann war zuletzt beim württembergischen Hüttenamt in Wasseralfingen beschäftigt. Nur Repberger, Krantz und Kawka besuchten Bergakademien (Clausthal, Freiburg und Berlin), Zollenkopf als einziger Universtitäten (Greifswald und Berlin). Die Ausbildung erfolgte bei den meisten also ebenfalls an der TH Berlin.

Bergreferendar Würfler und Bergassessor Kuchenbuch, die man trotz ihres Altersunterschiedes beide 1908 zur Charakterisierung vorschlug, besuchten in Berlin Bergakademie und Universität. Während **Würfler** als Referendar (1883) in Gruben, Bergwerken und bergmännischen Vereinen tätig war, blieb **Kuchenbuch** (1889 Referendar) als Assessor (1893) im Staatsdienst, was ihm 1908 die schnellere Nominierung eintrug.

Der Ingenieur-Offizier Ottmar **Steinhäuser** (Itzehoe 1861) kam bei der ersten Einstellungswelle (1891) an einem Nachzüglertermin (September) in den Aufsichtsdienst und wurde 1909 zur Charakterisierung vorgeschlagen. Nach Abschluß der Realschule 1.Ordnung in Mainz begann er im Oktober 1880 als Aspirant bei dem Hessischen Pionier-Bataillon und besuchte die Artillerie- und Ingenieurschule Ber-

47) Die Geschichte der Dampfkesselüberwachung schrieb Sonnenberg 1968, der die englischen und französischen Anfänge ausführlich berücksichtigte. In Frankreich und Preußen reagierten die Gesetzgeber 1828 bzw.1838 früher auf hohe Drücke und ihre Eisen und Menschen verbiegenden Kräfte als in GB, das längst 10'000 Kessel zählte (1822), als es in Preußen gerade etwa 300 gab (1831).

lin. Dem 1882 bestandenen Offiziersexamen folgte 1885 die Berufungsprüfung zum etatmäßigen Ingenieur-Offizier.

Die Gruppe der *Chemiker* des Samples umfaßt 37 Personen. Die vier Nichtpromovierten, der älteste Stumpfe (Jg.1852), der jüngste Laurisch (Jg.1861), traten zu den planmäßigen Terminen April 1892/93 ein und wurden zwischen 1898 (**Stumpfe**) und 1907 (**Laurisch**) im durchschnittlichen Alter von 46 Jahren zur Charakterisierung vorgeschlagen, ohne formale Prüfungen abgelegt zu haben. An Berliner Einrichtungen in chemischer Technologie und Hüttenkunde ausgebildet, arbeiteten drei ausschließlich in Zuckerfabriken. Paul **Olschewsky** (Jg.1895) war zuerst Assistent am anorganischen Labor der TH Berlin, wechselte in eine chemische Fabrik und war zuletzt am Kaiserlichen Patentamt beschäftigt.[48]

Erhielten die Maschinenbauer ihre Schulbildung wie schon die Zöglinge des Beuthschen Instituts an den (allerdings aufgewerteten) Gewerbeschulen, besuchten die promovierten Chemiker wie in den Samples des 2.Kapitels vornehmlich Gymnasien und Realgymnasien.

Tabelle 11: Schulische Vorbildung der promovierten Chemiker

Schule	Anzahl
Humanist.Gymnasium(Gym)	11
Realgymnasium(RG)	13
Oberralschule(ORS)	3
Realschule 1. Ordnung(RS1)	3
Höhere Gewerbeschule(GS)	3
N =	33

Auch in diesem größeren Sample bezogen die meisten mindestens zwei Universitäten, aber auch Bergakademien und THs. Die 33 Chemiker, der älteste Dr.Jungck (Jg.1849), der jüngste Dr.Bublitz (Jg.1870), promovierten im durchschnittlich 25. Lebensjahr, wobei die Hochschulen Berlin, Freiburg und München am stärksten frequentiert, Freiburg, Heidelberg oder Göttingen aber für die Promotion vorgezogen wurden.[49]

48) An dem auch Dr.Rieth tätig war, vgl.unten S.198. Zum Arbeitsplatz in Zuckerfabriken oben S.175, unten S.213. Gustav Stumpfe war u.a. in "Spandau" (s.unten Anm.50). Felix Remerts' Weg führte von Roßlar im Harz über das Gymnnasium in Sangershausen an die Universität Halle. Georg Laurisch ist vermutlich der Bruder von Ernst Laurisch, denn beide gingen in Görlitz zur Schule. Ernst kam 14 Monate nach der Baumeisterprüfung in den Aufsichtsdienst (6/88) und war seit Juli 1891 etatmäßig.

49) Dazu ergänzend das PA-Sample unten S.188ff.

Tabelle 12: Verteilung der Studien- und Promotionsorte (N = 30).

Studien- bzw. Promotionsorte	Zahl der Eingeschriebenen	Zahl der Promovierten	Promotionsneigung
TH/Uni. Berlin	18	8	44
Freiburg	12	8	66
München	7	1	14
Heidelberg	4	2	50
Göttingen	3	2	66
Breslau	3	1	33
S/L/J a)	2	1	50
Tü/E/Kr/Ro b)	1	1	(100)
GAK/BAK c)	3	-	-
Bn/Zü/Gi/Ha d)	1	0	0

a) Straßburg/Leipzig/Jena b) Tübingen/Erlangen/Karlsruhe/Rostock
c) Gewerbe- und Bergakademie Berlin d) Bonn, Zürich, Gießen, Halle.

Die im Alter von durchschnittlich 25 Jahren Promovierten kamen nach 10 Jahren 'Praxis' im Durchschnittsalter von 35 Jahren in den Aufsichtsdienst. Die 12 in den 1850er Jahren Geborenen hatten zwar etwas früher promoviert als die späteren, kamen aber erst nach 16-18 Praxisjahren im durchschnittlich 37. Lebensjahr zur Aufsicht. Die 1860er Jahrgänge traten dagegen bereits im durchschnittlich 33. Lebensjahr ein.

In der Praxis blieben einige Chemiker zunächst als Laborassistenten an einer Hochschule. **Dr.Serda** war wie Dr.Rieth und Dr.Sprenger länger als die sonst übliche Zeit in einer solchen Stellung und wechselte erst nach sieben Jahren in die Stelle eines Fabrikdirektors.[50] Nach dem Wechsel in die Industrie, den alle Chemiker des Samples früher oder später vollzogen, wurden sie Betriebschemiker oder -leiter in Porzellanmanufakturen, Hüttenwerken, Zuckerfabriken oder Geschützgießereien.[51] Vor dem Wechsel legten nur Schneider, Niebling und **Bublitz**, der erst als Aufsichtsbeamter Diplom und Promotion nachholte, zusätzliche Examen ab -in Pharmazie und als Hütteningenieure. **Marksthaler** war nach seiner Promotion (Freiburg 1886) zuerst Chemiker bei BASF Ludwigshafen, dann Betriebsleiter einer Kabelfabrik in Singen am Hohentwiel. Von dort wechselte er zur Kaiserlichen Gewerbeaufsicht für das Unterelsaß in Straßburg und wurde Assistent von Dr.Wolff. **Dr.** Max **Jungck** besuchte als gebürtiger Rheinländer das

50) Für die Herstellung von Zellulose und Pharmaka im Kanton Solothurn.

51) Die Chemiker arbeiteten im "Feuerwerkslaboratorium" der Geschützwerkstatt Spandau, s.unten S.198. Sie waren zum Teil schon festangestellt und etatmäßig.

Gymnasium Sigmaringen und deckte in Berlin an Bau- und Gewerbeakademie sowie an der Universität während 6 Semestern immerhin die Fächer Chemie, Technologie, Hütten- und Maschinenkunde, Naturwissenschaft, Nationalökonomie und gewerbliche Gesundheitspflege ab, um nach Erfahrungen als "Chemie- und Hütteningenieur" 1882 "ordentlicher Lehrer an der Kgl.Oberrealschule Gleiwitz" zu werden. Der Wechsel in den Staatsdienst gelang nur wenigen. Versuchsanstalten und Ämter boten einigen Anstellung.[52]

Tabelle 13: Berufserfahrungen der promovierten Chemiker (N = 33; Mehrfachnennungen).

Stellung/Arbeitsplatz	Betriebschemiker	Selbständig	Laborass.	Versuchsanstalt/Amt	Lehramt
Zahl der Nennungen	26/5[a)]	3	11	7	1

a) Davon in Zuckerfabriken

Das Sample der Vorschlagslisten enthält zahlreiche Hinweise auf den Militärdienst der angehenden Gewerberäte. Sie können unten durch das PA-Sample ergänzt werden. Während dort auch militärische und zivile Auszeichnungen einbezogen werden können, fehlt es hier an solchen Angaben, weil sie nur altgedienten Räten oder bewährten Soldaten verliehen wurden. **Kuschelbauer** und **Krumbhorn**, Jg.1854 bzw. '56, waren 1899 und 1900 zur Charakterisierung vorgeschlagen und erhielten bei ihrer (krankheitsbedingten) Frühpensionierung 1902 beide den Roten Adler Orden 4.Klasse. Der ältere **Köpcke**, Jg.1848, hatte noch wie Dr.Rieth am 70er Krieg teilgenommen und die Gedenkmünze für Combattanten erhalten, für nicht nachlassende Wehrkraft später auch eine Landwehrdienstauszeichung.[53]

Die Vorschlagslisten enthalten 110 Angaben zur militärischen Dienstpflicht der Beamten. 49 hatten nicht gedient, davon waren sieben in die beiden Ersatzreserven eingeteilt. Von den 61 Gedienten war die eine Hälfte bei der *Infantrie*, die andere bei den *technischen Truppen*. Dieses ausgeglichene Verhältnis entspricht nicht dem Grössenverhältnis der beiden Waffengattungen im Heer, ist aber, trivial genug, der Vorbildung der Beamten angemessen.[54]

52) Im PA-Sample (unten S.189ff) mit einem größeren Anteil.

53) Alle drei waren vor ihrem Eintritt DÜV-Ing. gewesen. Auch Klaus Köpcke ging 1900 vorzeitig in den Ruhestand. Bei Hermann Kuschelbauer wurde ein "Nervenleiden" festgestellt.

54) Zur "eklatanten Wehrungerechtigkeit" und den Ursachen Wehler 1987, Bd.2, S.384. Für die Wehrgerechtigkeit nach 1850 HdM IV,1, S.183,213-17,233-43, besonders aber HdM V, S.36-39,49-53 u.84. Zum Verhältnis der Waffengattungen HdM IV,1, S.216, besonders aber HdM V, S.3o2-59. Dort auch die Darstellung der Waffengattungen, S.59-86,230-71, und Literatur, S.344-46.

Tabelle 14: Militärverhältnisse der Aufsichtsbeamten (N=110, Vorschlagslisten).

Militärfrei	Infantrie	Artillerie	Pioniere	Sonstige
49[a]	29[b]	12[c]	15[d]	5[e]

a) Davon 7 in Ersatzreserven b) 6 als Granatenwerfer, Grenadiere; 4 als Schützen, Füsiliere c) 10 bei der Feld-, 2 bei der Fußartillerie d) Inkl. 2 Applikanten bei Werftdivision, 5 Rekruten bei Eisenbahnregimentern und 2 Berufssoldaten e) 4 ohne Spezifikation, 1 Husar/Dragoner.

Der Chemiker Dr.Ludwig **Spruck**, Jg.1858, diente 1875/76 in einem hessischen Husarenregiment und wurde 1881 Unteroffizier bei den Dragonern. Unter den Pionieren war Fritz **Garnn**, Jg.1857, Hilfsarbeiter bei der Garnisons-Bauinspektion Metz II gewesen. Die Berufssoldaten Paul **Eichmann** und Ottmar **Steinhäuser**, beide Jg.1861, hatten die Vereinigte Ingenieur- und Artillerieschule in Berlin besucht. Steinhäuser legte 1882 das Offiziersexamen, 1885 die Berufsprüfung für Ingenieur-Offiziere ab. Er schied 1891 als Hauptmann mit Pension aus, Eichmann nahm 1890 seinen Abschied, als Oberleutnant mit Pension.[55]

Die Mehrheit der gedienten Beamten des Samples kam über die Mannschaftsdienst -grade nicht hinaus. Nur bei dem Infantristen Felix **Remertz** lag das daran, daß er "nicht übungspflichtig" war. Die höheren Ränge sind von dem vorschlagenden Minister natürlich erwähnt worden, denn sie konnten seinen Antrag nur fördern. Höhere und aktive Militärs scheinen aber mindestens bei den streng an Anciennität und Freiwerden von Stellen ausgerichteten Vorschlägen des Ministers nicht bevorzugt worden zu sein.[56]

55) HdM IV,2, S.33-35 über Pensionen und Zivilversorgung. Seit dem Militärpensionsgesetz vom 27.6. 1871 lag die Pension nach 10 Dienstjahren bei 1/4 "und stieg mit jedem weiteren Dienstjahr um 1/80." Die Obergrenze lag bei 3/4. Sekundeleutnants verdienten 1946 M, Premierleutnants 2126 M/Jahr. Vom Hauptmann 2.Klasse bis zum General stieg das pensionsfähige Einkommen von 3590 auf 21'990 M. HdM IV,2, S.72-121 über "Erziehung und Bildung", S.100-106 Offiziersprüfung, S.109-111 Vereinigte Artillerie- und Ingenieurschule.

56) HdM V, S.84 zum Verhältnis Offiziere - Mannschaften seit 1890.

Jahr	Offiziere	Unteroffiziere	Mannschaften
1893	225'000	70'000	488'000
1913/14	290'000	106'000	616'000

HdM IV,1, S.232-43 über Heeresvergrößerungen, HdM V, S.87 über den (höfisch-zeremoniellen) Vorrang der Militärs vor den Beamten.

Tabelle 15: Militärische Ränge von Aufsichtsbeamten. (N=21, Mehrfachnennungen bei Ltn/Oltn.)[57]

MANNSCHAFTS- UND UNTEROFFIZIERSRÄNGE			OFFIZIERSRÄNGE		
Visewachtmeister	Visefeldwebel	- Uffz.	Leutnant	Oberleutnant	Hauptmann
1[a)]	4	4	5	6	6[b)]

a) H.Trurnit, Feldartillerie, Visewachtmeister der Landwehr, 1894 eingetreten, 1907 vorgeschlagen (1894/07) b) Reinhold Müller (1894/06), Dr.Klocke (1894/08), Würfler (1896/08), Steinhäuser (1891/09), Dr.Gadebusch(1894/10), Rammelsberg (1896/13).

4.5.2 Ergänzung der Profilskizze durch Personalakten.

Die oben ausgewerteten Vorschlagslisten an das preußischen Staatsministeriums enthalten nur Angaben über Vorbildung, Praxisjahre, Militärzeit und Karriere. Die persönlichen Bereiche von familiärer und sozialer Herkunft oder Konnubium sind nur in gut geführten und vollständigen Personalakten überliefert.[58] Während das relativ große Sample der Vorschlagsliste in Verbindung mit dem nahezu vollständig erhobenen Material der Frühzeit Bildung und Karriere erkennen läßt, fehlt es schon für die Übergangszeit 1870-1890 an lückenlosen Daten über die persönlichen Verhältnisse. Auch die aus verschiedenen Archiven zusammengetragenen rd 94 Personalakten der Zeit der Neuorganisation (1890-1914), die alle in westdeutschen Archiven auffindbaren Akten einschließen, sind in diesem Bereich noch unvollständig. Überschneidungen mit dem Sample der Vorschlagsliste (15 Doppelzählungen) sind für die Auswertung des persönlichen Bereichs ohne Bedeutung, werden sie bereinigt, so kann die Darstellung von Vorbildung und Karriere um weiter 79 Personen und um die Einstellungsjahre 1900-1914, die oben zu kurz kamen, bereichert werden.

57) Seit einer Kabinettsordre von 1899 Leutnannt und Oberleutnant statt Sekunde- und Premierleutnant. HdM V, S.91-96 über Unteroffiziere, S.100-103 Mannschaften, S.103-105 Reserve und Landwehr.

58) Eine vollständige Erhebung der ca.250 Merseburger Personalakten, die diesen Anspruch vermutlich erfüllen, in den Zeitraum vor 1914 fallen und eine genügend lange Laufzeit haben, war aus Zeitgründen nicht möglich; vgl. meine Ausführungen sur Rechtfertigung der 'Zufallsstichprobe' in Kapitel 0.4.

Tabelle 16: Die Verteilung auf Einstellungstermine (PA-Sample)

	1891	1892	1893	1894	1895 /96	- 1899	1901 /02	1904 /05	1906 /07	1909 /12	N=
Ingenieure	16	6	8	3	4	2	6	6	13	6	70
Chemiker	1	1	4	4	5	6	2	1	0	0	24
Summe:	17	7	12	7	9	8	8	7	13	6	94
T1-T2[a)]	43 - (13)					51 - (2)					79

a) Bereinigtes Sample 94 - 15 = 79 Personen.

Das Kontrollsample umfaßt also nochmals 94 Personen, davon 24 Chemiker und 70 Ingenieure, die zwischen 1891 und 1912 eingestellt wurden.

Gegenüber den auswertbaren Kurzbiographien der Vorschlagslisten ist die Einstellungspraxis seit 1895 (bisher 23 Fälle) besser beleuchtet (nunmehr 74 Fälle), die Zeit des Vierjahresplans sogar sehr gut erfaßt.[59] Dies gilt allerdings nur für die Auswertung von Vorbildung und Karriere, die sich somit auf 201 Personen stützt. Mit den ebenfalls herangezogenen Bewerbern, die nur kurz im Aufsichtsdienst waren, selber ablehnten oder abgelehnt wurden, sind es sogar **214 Personen**.

Tabelle 16a:
Die Verteilung der Sample-Teile auf Einstellungstermine: PA- und VL-Sample.[60]

	1891	1892	1893	1894	1895 /96	- 1899	1901 /02	1904 /05	1906 /07	1909 /12	N=
PA-Spl.	17	7	12	7	9	8	8	7	13	6	(94)
Bereinigung:	43 - (13)					51 - (2)					79
VL-Spl.	17	28	30	24	9	14[a)]	-	-	-	-	122
a) Umfaßt die Einstellungen 1897-99.								Personen:			201

Die Bewerber aus den Ingenieurfächern haben in dem PA-Sample, in dem die Einstellungen nach 1895 überwiegen, zunehmend mehr Abschlüsse an Gymnasien

59) Vgl. oben die Tabellen 4/5 und Anm.40. 187o-90 wurde voll erhoben, 1890-95 fehlen etwa 20, 1895-1914 etwa 50 Prozent. Die Datenbasis für die "persönlichen Verhältnisse" ist nach 1890 schmaler und liegt bei etwa 30 Prozent.

60) Von den 94 ausgewerteten Personalakten (PA) überschnitten sich im Einstellungszeitraum 1891 bis 1894 13 und danach 2 Akten/Personen mit dem Sample der Vorschlagslisten (VL).

und Realgymnasien (zusammen 50%) vorzuweisen als die Ingenieure der Vorschlagslisten, die zu 42 Prozent am Ende ihrer Schulzeit eine Gewerbeschule besuchten.

Tabelle 17: Die Verteilung der Ingenieure auf Schularten im Vergleich zweier Samples und Einstellungskohorten.

	RG	HG	ORS/RSI	PGS[a]	GS	Lyzeum /Sonst.	unbekannt	N=
PA-Sample	25	11	2 / 4	4	10	2	12	70
Anteile[b]	36	16	8	6	14	3	17	100
VS-Liste[c]	11	11	4 / 4	6	32	3	6	77
Anteile[b]	14	14	10	7	42	4	7	100

a) Provinzialgewerbeschule, Abk. wie Tabelle 11 b) Gerundet, in v.H.
c) Hütteningenieure, Bergbeamte und Ingenieur-Offiziere wurden ausgeklammert.

Bezogen auf Studium und Karriere erlaubt das datenreiche PA-Sample genauere Einblicke als die Vorschlagslisten. Das Elevenjahr wurde von den 1891-1894 Eingestellten in der Regel vor dem Studium absolviert. Die Mehrheit arbeitete in Eisenbahnwerkstätten als Schlosser und Monteur, im Fahrdienst als Heizer, nach der Prüfung als Lokführer. Danach studierten die meisten an den THs Berlin, Hannover und Aachen. Ausländische Hochschulen haben in diesem Sample nur eine geringe Bedeutung.

Tabelle 18: Verteilung der Studienorte im PA-Sample. (N= 70, Mehrfachnennungen)

TH B	(davon GAK)	TH H	TH AA	TH D	TH KR	unbekannt	Sonst.[a]
38	(9)	17	7	9	4	10	6

Abk.: Technische Hochschulen Berlin, Hannover, Aachen, Dresden und Karlsruhe. a) München (3), Stuttgart, Wien und Zürich je 1.

In den 80er Jahren strebten die meisten nach dem Bauführer- (RBF) das -meisterexamen (RBM) an. Dies war in den 90er Jahren nur noch ausnahmsweise der Fall. Das Bauführerexamen wurde durch das *Diplom*, das Meisterexamen durch das *Assessorexamen* ersetzt. Seit dem Erlaß von 1899 mußten Bewerber (bald: *Referendare*) in Verbindung mit der Prüfungsverordnung vom 7. September 1897 ein Gewerbeassessorexamen ablegen, für das seit 1904 in Berlin ein Prüfungsamt eingerichtet war.

Tabelle 19: Rückgang der Baumeisterprüfungen 1875-1910.[61] (N=70)

Examens-jahrgänge	Bau-führer-examen	Bau-meister-examen	- Dip-lom	- Assessor -examen	Ohne Prüfung bzw. unbekannt
1875-1890	22	18	2	-	?
1891-1900	4	5	4	-	?
1901-1910	5	0	23	31	?
Summen :	31	23	29	31	11

Die Ablösung des Baumeisterexamens durch die aufsichtsspezifische Assessorprüfung ersetzte die unspezifische Praxis der Bauführer und Diplomingenieure in Betrieben, Werften, freiberuflichen Stellungen bzw. bei Stadtwerken, Überwachungsvereinen und Eisenbahnen durch die gezielte Ausbildung in einem dreijährigen Vorbereitungsdienst. Die seit 1901 angenommenen Bewerber hatten meist nur das von der Diplomprüfungsordnung vorgeschriebene Praxisjahr vorzuweisen, das sie zunehmend monateweise in den Semesterferien erfüllten. Sie wechselten nach der Diplomprüfung in der Regel direkt in den Staatsdienst. Da sie 18 weitere Monate an Universitäten studieren mußten, blieben nur weitere 18 Monate, ihren theorielastigen Abstand zur industriellen Praxis zu verringern, der durch Stellung und Einstellung der späteren Assessoren und höheren preußischen Aufsichtsbeamten wieder wachsen konnte.

Beschränkte sich die Praxiserfahrung vieler Baumeister auf die von öffentlichen Händen getragenen Stadtwerke, Werften, Eisenbahn- und Artilleriewerkstätten, so konnten doch einige ihr theoretisches und technisches Wissen mit den Zwängen der industriellen Fertigung konfrontieren. Bernhard Tschorn u.a. regte dieses Aufeinandertreffen zu zahlreichen Artikeln in Fachzeitschriften an. Weil Theodor Lohmann seine kurze Studienzeit moniert hatte und er zudem "an der Ablegung der preußischen Staatsexamen verhindert wurde", räumte Tschorn unter Hinweis auf seine praxisorientierten Artikel Zweifel an seiner Kompetenz aus.[62] Auch

61) Zu diesen Prüfungen vgl.oben S.155.

62) Zu Tschorn HI,T3 (150S). Brief an Lohmann vom 14.12.1890. Tschorn bewarb sich am 28.5. Lohmann bat am 14.6. um Befähigungsbericht und vertrauliche Erkundigungen. Für den Berliner Polizeipräsident antwortete v.Stülpnagel am 30.7.: Der "Maschinentechniker" verdiene als DÜV-Ingenieur 3600 M, zahle 600 M Miete, habe einen guten Leumund und sei geeignet. Am 3.4.1905 schlug ihn Frick zur Charakterisierung vor, am 21.2.1914 wurde seine Beförderung zum Geh.RGR erörtert. Diese sollte bei "einem RGR, der aus der Bauverwaltung hervorgegangen ist, erst dann erfolgen, wenn bei der Regierung, der er angehört, sich kein nicht charakterisierter RR der allgemeinen Landesverwaltung befindet, der an Lebensalter oder bei einem Vergleich der Assessor- und Baumeister-

Julius **Frölich** mußte mangelhafte oder fehlende formale Qualifikationen durch Beweise seiner praktischen Befähigung ersetzen. Der "Sohn des verlebten Kaufmanns Karl Frölich zu Münster" hatte sich als Betriebs- und Zivilingenieur auch im Ausland behauptet und in England sein erstes Patent erworben. In Düsseldorf baute er in den 70er Jahren große und kleine Dampfkesselanlagen und befaßte sich als Zivilingenieur in den 80er Jahren wegen der "geschäftlichen Verhältnisse" mit technischen Gesteinsbohrungen, für die er sein 2.Patent erhielt. Nach seinem System seien "mehrere bedeutende Tunnelbauten der neuesten Zeit ausgeführt worden".[63]

Auch Daniel **Wäzoldt** zog als "Sohn des Wirklichen Geheimen Regierungsrates W. zu Berlin" die präsidiale Skepsis auf sich. Er sei "sog. Diplom-Ingenieur", habe aber keine Staatsprüfungen abgelegt. Das Studium brach er im 6.Semester ab, einer Schlosserlehre folgten Stellungen beim Bau von Lokomotiven und in der Kesselüberwachung. Seit der Gründung des Zentralverbandes der preußischen Dampfkesselüberwachungsvereine seien aber die guten Zeugnisse über Wätzoldts Arbeit bekannt und im Besitz des Ministeriums. Dem Lob über seine Aufsichtstätigkeit in 5 Landkreisen, 126 Landratsweilern und 24 Städten mit hochentwickelter Industrie -er "lebt nur für seinen Beruf, geht ganz darin auf"- folgte 1897 Tadel über die Teilnahme an einem Kursus über die Ausbildung von weiblichen Gewerbeaufsichtsbeamtinnen, den der Bund deutscher Frauenvereinigungen veranstaltet hatte. 1898 ließ sich der ledige Wätzold als Handelssachverständiger an die deutschen Konsulate in Chicago und New York beurlauben.[64]

---

prüfung ... älter ist als er." Bei Tschorn fehle aber das Baumeisterexamen, so daß "diese Regelung nicht ohne weiteres anwendbar" sei. Da aber "eine Reihe von Hinterleuten Tschorns" auch und zwar deshalb in Frage kämen, weil alle Juristen des Examensjahrganges 1890 schon zu Geh.RR befördert seien, "würde es eine Härte für ihn bedeuten, wenn er jetzt von der Charakterisierung ausgeschlossen werden sollte."

63) Zu Frölich HI,F2 (104S), lebte 1843-1906; 1862/63 zwei Semester am Gewerbeinstitut, 1863/64 in Zürich, 1864/65 Karlsruhe. Volontär in London bei einem Baukonstruktionsbüro. Seit Ende 1867 Ingenieur bei Bell-Brothers in Walker near Newcastle upon Tyne, "wo sich mir die Gelegenheit bot, ausgedehnte Studien und Versuche bei Feuerungsanlagen für Dampfkessel und metallurgische Prozesse zu machen." Patent für Gasfeuerungen. Seit 1869 "Ausbeutung des Patents" in Sheffield, Umbau von Schweiß- und Kupohlöfen nach seinem System. 1871-76 Betriebs-,1876-83 Zivilingenieur in Düsseldorf; erfand "Spezialmaschinen und Apparate", wieder Patente. Für den Bau von Eisenbahntunnels herangezogen, z.B. am Gotthard (Lebenslauf vom 15.3.1883). Seit 4/1884 DÜV-Ingenieur in Barmen. Für das Patentwesen siehe A.Heggen, Erfindungsschutz und Industrialisierung in Preußen 1793-1877, Berlin 1975; Treue 1975, S.117,169.

64) Zu Wätzoldt HI,W1(108S); Beurteilung vom 20.4.1897 (S.36). Er lebe mit seiner Schwester "in einem gut geordneten Hausstand, aber bescheidenen Vermögensverhältnissen"; "ernste Lebensauffassung"; verfolge alle literarischen Neuerscheinungen auf wissenschaftlichem, technischem und sozialpolitischem Gebiet; im Urlaub Studienreisen. Seit 1898 Handelsattaché (S.39); Freistellung bis 31.3.1905

An Paul **Unruh**, dem zehn Jahre nach seinem Eintritt 1894 mangelnder Fleiß vorgeworfen wurde, weil er und 16 andere Beamten weniger als 300 Revisionen im Jahr durchgeführt hatten, zeigten sich dem Urteil des Regierungspräsidenten zufolge die Nachteile des Fehlens formaler Qualifikationen. Unruh besitze "den Industriellen gegenüber nicht diejenige persönliche Autorität, wie sie die beiden anderen Inspektoren des Bezirks schon lange sich gesichert haben". Es sei das "eine Erscheinung, die man bei Beamten, die keine Staatsprüfungen abgelegt haben und lange in der Privatpraxis tätig waren, beobachtet. Sie bestreben sich zu sehr, das neu erworbene Beamtentum hervorzukehren und wollen die Autorität erzwingen".

Unruh wollte aus der Vereinigung von Gewerbe- und Bauakademie Kapital schlagen: "Die damit bedingte Berechtigung der im Maschinenbaufach Beflissenen, zur Staatskarriere zugelassen zu werden, erwarb ich mir am 17.9.1879 durch eine Nachprüfung auf der inzwischen neuorganisierten Königlichen Provinzialgewerbeschule zu Frankfurt/Oder das für die Staatskarriere erforderliche Reifezeugnis". Das neu aufgenommene Studium, das über das Bauführerexamen in den Staatsdienst führen sollte, mußte er aber "wegen der Pensionierung meines Vaters" aufgeben.[65]

Jakob **Reuter** stieg aus subalternen Stellungen als Mechaniker und Werkmeister 1893 in den höheren Aufsichtsdienst auf, obwohl die Vorakten der 80er Jahre für den höheren Dienst ungeeignetes Verhalten festhielten: unbefugte Mitnahme von Fremden bei Eisenbahnprobefahrten (1883); unpassende Bemerkungen gegenüber Vorgesetzten (1885) und Untergebene (1887) u.a.m.[66]

An Friedrich **Schnöpf**, sein Vater Musikdirektor, seine Mutter Tochter eines Historienmalers, sein Bruder 'Schriftleiter', lobte der Regierungspräsident Graf Hué de Grais das "trotz seiner unbedeutenden Erscheinung achtungsgebietende Auftreten"[67], das offenbar mehr als alle äußere Qualifikationen die Anstellung des

verlängert, "im Interesse der preussischen Gewerbeaufsicht" zurückgerufen (S.72). Pensionierung 1905, weil ihn das Auswärtige Amt behalten wollte. (S.84).

65) Zu Unruh HI,U1 (149S); Kritik an Revision vom 1.7.1904. Am 17.11. von Stromeyer als eifrig und pflichttreu beurteilt, aber "in seinem Wesen etwas empfindlich", fühlt sich "... durch sachlichen Widerspruch persönlich verletzt." Das Urteil des RP(Oppeln) von 1896 (S.45). Unruh verkehre "in den ersten Kreisen von Beuthen", zu den Großindustriellen sei der Kontakt weniger gut. "Bei den Arbeitern ist er gut bekannt ... Die Sprechstunden sind sehr besucht." (S.46) Studium, Tod des Vaters im Lebenslauf von 1893 (S.8). Habe als Betriebsingenieur 3000 M verdient, dazu aus Tantiemen 100-300 M.

66) Zu Reuter C IV, A 474; Personaldatenübersicht 1893 und 1897. Urteil Frölichs von 1893.

67) Zu Schnöpf B4, P 52650, Bd.1,1895. Schnöpf zog am 2.5.1900 für 652 M von Potsdam nach Münster um, am 1.4.1901 nach Duisburg, um Dr.Klocke zu ersetzen, seit 27.7.1902 etatmäßig. Der Vater von mind. 3 Kindern verlor nach dem Krieg, den er trotz "Herzzerrüttung"(1911) voll mitmachte, Staats-

Chemikers und Apothekenbesitzers **Dr.Crato** verhindert hatte. Neben einer unordentlich wirkenden Apotheke fielen äußere Anzeichen des Alterns ins Gewicht: "Er ist von Mittelgröße und scheint frei von körperlichen Gebrechen zu sein und darf wohl als normal bezeichnet werden. Er hat schon eine verhältnismäßig hohe Stirn und sein Kopfhaar (ist) merklich ergraut und gefärbt."[68]

Bei Ernst **Claussen**, dem jüngsten Sohn eines Justizrats und der Tochter eines Oberzollverwalters, erlahmte bei vorhandener formaler Qualifikation vorzeitig der Diensteifer. Wie bei Unruh mahnte das Ministerium eine niedere Zahl von Revisionen (249) an. Die Dienstführung basiere "zu sehr auf die Arbeit des Schreibens"; während größere Inspektionen mit einem Schreiber auskämen, beschäftige Claussen zwei. "Übertriebenes Selbstbewußtsein" äussere sich in "weitschweifigen juristischen Erörterungen im Verkehr mit Behörden", urteilte der Vorgesetzte Carl Grünewald.[69]

Dr. Leopold **Kirchners** Arbeit in Göttingen wurde dagegen geschätzt, obwohl er die Industriellen nicht schonte: "Wenn er in seinen Forderungen hie und da weiter ging, als es die wirtschaftliche Lage des Gewerbetreibenden angebracht erscheinen ließ, so vermag ich ihm hieraus umso weniger einen Vorwurf zu machen, als er stets von dem Bestreben erfüllt war, einwandfreie Zustände zu schaffen, und er vielfach grundsätzlichen Widerstände der Gewerbetreibenden begegnete". Dr. Kirchner fühlte sich dennoch in seinem Amt an der eigenen Entfaltung gehindert, vermißte Aufstiegsmöglichkeiten und trat aus, als er 1922 zum geschäftsführenden Vorsitzenden des Arbeitgeberverbandes der chemischen Industrie gewählt wurde.[70]

Während die Behörden beim Fehlen formaler Qualifikationen Skepsis äußerten, beim Vorhandensein derselben aber Inkompetenz und Schlendrian nicht ausgeschlossen waren, lebten sich nicht alle Eingestellten in das neue Arbeitsfeld ein.

---

papiere, Kriegsanleihen und Lebensversicherung (6000 M). Die erwerbstätigen Kinder hätten ihn unterstützen müssen. Eine belgische Einquartierung habe "drei Jahre lang fast die Hälfte der Wohnung besetzt." (Bde 4/5)

68) Zu Dr.Crato DI,M1 IG Nr.16, Schreiben vom 29.12.1897. Bei Hué de Grais (zu Bittmanns Zeiten "Hugo der Greis" genannt), dem hohen Beamten, galt dieser Maßstab nicht.

69) Zu Claussen HI,C3 (172S); RP Lüneburg vom 11.11899 (S.65). "Haben doch alle keine Ahnung" - Einstellung. Am 25.4.1910 meldete das RP Arnsberg, Clausen habe "Geld genommen."(S.119) Strafe durch "Versetzung an eine Inspektion geringerer Bedeutung."

70) Das Zitat ist ein Urteil Frommes in Hildesheim vom 14.11.1908 über die in Göttingen geleistete Arbeit; zu Dr.Kirchner im übrigen B4, P 52460, S.249. 1905 zum Inspektor (A10) ernannt (S.227), wurde Kirchner 1910 nach Düsseldorf-Land versetzt(267). Seit Juli 1912 für den nach Frankfurt/ Oder gewechselten Dr.Denker 2.gewerbetechnischer Hilfsarbeiter bei der Regierung, 1914 als GR nach Magdeburg versetzt, 1920 ORGR in Düsseldorf (A12). In 2o Jahren von A1o nach A12 war zu wenig. Siehe auch HI, K28.

Die in den Einstellungssamples seit 1880 immer weniger präsenten *Bergassessoren* genossen auch in den 90er Jahren ihrer früherer Stellung und äußerer Qualifikationen wegen das Vertrauen der Behörde. In einem werbenden Schreiben an die Bergabteilung erinnerte Lohmann am 22.12.1890 an die Assessoren Frief und Osthues. Auch nach der Reorganisation der Fabrikinspektion sei beabsichtigt, in Bezirken mit Hütten- und Gußeisen-Industrie einen Teil der Stellen mit Bergassessoren zu besetzen. "Sehr erwünscht würde es sein, wenn schon jetzt ein Bergassessor, der allerdings ein recht tüchtiger sein müßte und nicht mehr zu den jüngeren Assessoren gehören dürfte, ... zur Verfügung gestellt werden könnte." Man habe, antwortete die Bergabteilung am 10.3., die Oberbergämter angewiesen, besonders tüchtige Beamte zu benennen. Nach deren Bericht sei zwar eine große Anzahl geeignet, aber nur wenige und nur bedingungsweise bereit, überzutreten. "Das Motiv der Bereitwilligkeitserklärung scheint bei allen nur der Wunsch nach einer schnelleren Laufbahn zu sein, als sie der Bergverwaltungsdienst in der Regel bietet."[71]

Bergrat Sympher ließ sich ebenso wie ein Bergassessor Jäschke nach wenigen Wochen und den ersten Inspektionsreisen wieder zurückstellen. Reinhold Dehnke blieb 2,5 Jahre, Baumeister Erwin Schwarzer 6 Monate.[72] Baurat Häge, schon 1860 Kreisbaumeister, später Dampfkesselrevisor im einträglichen Nebenamt, wurde übernommen, nachdem er sich darüber beschwert hatte, ihm "so plötzlich und sofort eine Netto-Einnahme von 2500-3000 Mark zu beseitigen, ohne dafür Ersatz zu bieten" und vorschlug, ihm stufenweise 1891 bis 1893 zuerst 3/4, dann 1/2, schließlich 1/4 dieser Einnahmen zu lassen, denn er habe "ohne jedes eigene Vermögen 6 Kinder bis zur Selbständigkeit zu erziehen. Die jüngste Tochter, die wie die zweite examinierte Lehrerin ist, hat kürzlich ihre Ausbildungsstudien in England vollendet ..."[73]

---

71) HI,S11 (14S); Schreiben Lohmanns vom 22.12,1890. Antwort der Bergabteilung vom 1o.3.1891. Von den vorgeschlagenen Sympher (S11, Bergassessor 1883, Bergrat 1888), Jäschke (J2, Bergassessor 1886) und Polster (1885) stellte Sympher schon am 16. 5.1891 "aus Liebe zu meinem bisherigen Beruf" einen Rückstellungsantrag, der am 27.5. bewilligt wurde (S.9). Sympher erwartete zum 1.7. ein Aufrücken an die 1. Stelle seiner Besoldungsstufe (= 4880 M), über 1000 M mehr als bei der Fabrikinspektion.

72) Zu Dehnke HI,D4: Bergassessor mit 1.u.2. Staatsprüfung, geb. 1864 in der Provinz Posen. Vom 1.4.94 bis zum 1.7.97 im Dienst; zu Schwarzer HI,S36, (27 S.); 1863 in Görlitz geboren, 1875-85 an vier verschiedenen Gymnasien, Studium in Berlin. 1890/95 Bauführer- und -meisterexamen. Vor der Einstellung im April 1899 Betriebsingenieur.

73) Zu Haege HI,H1 (47S), Handschreiben des Baurats von 1891 (S.6). Mitglieder des Dampfkesselrevisionsvereins Siegen-Wittgenstein petitionierten erfolgreich für Haege (S.18). Er wurde am 24. 6.1891 kommissarisch eingestellt und zum 1.7.93 pensioniert.

Major a.D. **Joesten**, der sich am 5.6.1887 zum ersten Mal beworben hatte, nachdem er von "befreundeter Seite darauf aufmerksam gemacht worden (war), daß in nächster Zeit die Stellen der Fabrikinspektion vermehrt werden sollen", wurde von Berlin zunächst abgelehnt. Man lenkte aber nach zwei weiteren Eingaben dieses Leiters der Wahlbergbahn am 9.1.1892 ein. Trotz des vorgerückten Alters (Jg.1841) und vielleicht wegen der sozialen Einwaage des Militärs -der Vater Justizrat in Bonn, die Brüder ein Oberlandsgerichtsrat und ein promovierter Regierungsrat- wurde Joesten vorerst übernommen und ihm sogar "anheimgestellt", an dem vierwöchigen Instruktionskurs in der Bergakademie teilzunehmen. Hatte Gewerberat Kind über die technischen Kenntnisse eines Majors des Geniekorps noch positiv geurteilt, so fiel die praktische Bewertung durch Theobald und Storp ungünstiger aus. Dieser Major mußte als "nicht ausreichend vorgebildet" wieder ausscheiden.[74]

Das bereinigte PA-Sample enthält weitere 20 Chemiker, die das oben gezeichnete Bild in bezug auf Vorbildung, Studium und Praxiserfahrung ergänzen können. Von den 18 Promovierten wurden 14 in den 60er Jahren geboren und 9 1895 oder 1899 eingestellt.[75]

Tabelle 20:
Verteilung aller Chemiker auf Geburts- und Einstellungsjahre. (N=57)

a) GEBURTSJAHRE

30er	40er	50er	60er	70er	unbek.	N=
0	1	14	19	1	2	37 (VL)
1	0	2	15	2	0	20 (PS)
1	1	16	34	3	2	57 (total)

74) Zu Joesten H1,J3 (40S), vom 9.1.-1.4.1892 auf Probe eingestellt. Gegenüber den unteren Rängen der Hoheitsverwaltung hatten Militäranwärter nunmehr viel geringere Einstellungschancen, vgl.Halmen 1981, S.177ff. Die Doktoren der Chemie Hermann und Karl Wolff, nicht verwandt, traten von ihrem Einstellungswunsch zurück; der eine habe "drei Fabriken ersten Ranges" geleitet, H I,W 17,(16 S.); HI,W12,(12 S.). Der Ingenieur Josef Jagielski, Jg.1865, habe ebenfalls auf seine Einstellung verzichtet, HI,J11,(13 S.). Dr.Kurt Pelikan, Jg.1890, blieb nach dem Krieg nur wenige Tage, der Lohmann-Enkel Walter, Jg.1891, einige Monate, HI,P21,(1o S.); L24,(14S.). Dr.Fritz Schwarz, geb. 1871 in Hanau, 1894 Promotion, 1895 Assistent, hielt es 2 Monate, HI,S29. Dr.Leymann wurde 191o Vortragender Rat und Nachfolger Dr.Sprengers im Reichsamt d. Innern, HI,L4,(17 S.). Der Chemiker ohne Promotion Alexander Hemp, Jg.1855, blieb 1891 14 Monate, der Ingenieur Karl Elbelt, Jg.1871, genau ein Jahr, HI,H4,(25 S.); E4,(35 S.).

75) Das Sample schließt ein: A 2/3, B 14, C 2, D 5/6 u. 13, E 5, H 17, J 1o, K 28, R 2, S 26 (=FI, Nr. 189), U 2, V 2, W 8/9 (alle HI) C IV, A 111 sowie HI,M9 und B4, P 52650 (beide nicht promoviert).

b) EINSTELLUNGSJAHRE

	-1891	-1892	-1893	-1894	1895/97	1898/98	1901 u.05	N =
(VL)	1	7	9	10	5	5	0	37
(PS)	1	1	3	3	4	5	3	20
	2	8	12	13	9	10	3	57

PA-Sample = PS und Vorschlagsliste =VL.

Dr.Hölzer und Dr.Czimatis kamen schon 1891 in den Aufsichtsdienst, die jüngeren Doktoren Dewitz, Ernst und Maué erst 1901 bzw. 1905.[76] Bei der schulischen Vorbildung der 18 promovierten Chemiker dominieren wieder Realgymnasium (9) und humanistisches Gymnasium (5). Die meisten Chemiker bezogen wieder mindestens zwei Universitäten, Dr.Voltmer und Dr.Rieth auch Zürich und Paris. Freiburg war nurmehr in drei Fällen Studien-, aber in allen drei Fällen auch Promotionsort. Dr.Werner heiratete kurz nach seiner Promotion 1887 die Tochter eines Freiburger Rentiers, der ihr 10'000 Mark vererbte.

Der 1836 geborene **Dr.Rieth** war der älteste Chemiker in der preußischen Gewerbeaufsicht und wie Dr.Serda und Dr.Schreiber lange Jahre hindurch Privatassistent gewesen, zuerst bei Wöhler in Göttingen (1862-64), dann noch sieben Jahre in Bonn, wo er im 2.Jahr promovierte. Heidelberg und Göttingen sind als Studienorte je zweimal, als Promotionsorte nicht vertreten. Berlin hat die meisten Promovierten des Samples (6), Breslau so viele wie Freiburg (3). Die übrigen Promotionen verteilen sich auf Erlangen (2), Tübingen, Marburg, Halle und Rostock (je 1). Das Promotionsalter lag wieder bei 25 Jahren, mit Abweichungen nach oben: Dittrich und Rieth als 30jährige, und nach unten: Czimatis, Urban und Dewitz als 23jährige, Schröder noch ein Jahr jünger. Sieht man von dem 56jährigen Rieth und dem 4ojährigen Winkler ab, sinkt das durchschnittliche Eintrittsalter auf nahe 32 Jahre ab, mit entsprechender Verkürzung der Praxiszeit.

Die Chemiker dieses Sample scheinen stärker als die oben angesprochenen in den Staatsdienst einbezogen. Unter den auswertbaren 18 Fällen finden sich noch 9 reine Betriebschemiker, allerdings mit reduzierter Praxiszeit. Czimatis war 5 Jahre lang auf Bleiwalzwerken, Adam für 7, Winkler vielleicht sogar 1o Jahre auf Zinkhütten. In Zuckerfabriken eingearbeitet waren Heucke und Urban, der eine blieb 6, der andere 10 Jahre in diesem Metier. Dewitz war 6 Jahre in der Holzverkohlung, **Werner** besaß kurzzeitig eine Zinkvitriolfabrik. Er konnte seinen Betrieb gegenüber der kapitalkräftigeren Konkurrenz nicht behaupten und erhielt nach der

76) Dr.Hölser ist aus dem Sample der Vorschlagslisten herangezogen.

Aufgabe von der konkurrierenden Aktiengesellschaft 3 Jahre lang 1500 Mark Entschädigung bezahlt. Auch **Voltmer** war kurzzeitig Fabrikbesitzer. Davor hatte er Porzellan und "chemische Produkte" als Angestellter hergestellt. Welzel schloß wie Adam und Dittrich seine Studienzeit als Privatassistent an der Universität Breslau ab und spezialisierte sich danach auf die Herstellung von Portlandzement. Anton Maué schließlich blieb nach seiner Kieler Assistenzzeit drei Jahre bei Farbenwerken.

Die andere Hälfte des Samples hat die industrielle Praxis gemieden oder ihr zu entfliehen versucht. Der Bergassessor **Dr.**Wilhelm **Denker** fing im Sommersemester 1892 ein Studium der Ökonomie und Jurisprudenz an, ebenso plötzlich wie **Dr.**Rudolf **Ernst**, der sich aus einem privaten Dienstverhältnis in Livorno löste, um 1897 zuerst Elektrochemie zu studieren, 1899 dann aber Kesselheizer zu sein und die Prüfung für Maschinenanwärter abzulegen.[77] Beide Chemiker schienen ein neues Berufsziel und die Anforderungen der preußischen Gewerbeaufsicht zu erfüllen angestrebt zu haben.

Versuchsanstalten mit genossenschaftlicher Trägerschaft und landwirtschaftlicher Ausrichtung setzten die Chemiker Dr.Bender, Dr.Dittrich und Dr.Kirchner in Lohn und Brot -für eine kurze Spanne von 2-3 Jahren. Kirchner produzierte und färbte danach Leder, Dittrich wurde in Spandau Beamter. Dort war die staatliche Geschützgießerei bzw. das "königliche Feuerwerkslaboratorium" eigentlich eine Beamtenschmiede. Vor Dittrich waren 1890 und 1891 Winkler und Jungfer eingetreten, mit Dittrich kamen 1892 Schröder und Fischer. 1894 wurden zuerst Winkler, Jungfer und Fischer, 1895 dann Dittrich und Schröder in den Aufsichtsdienst abgezogen.

Der erste "Spandauer" der preußischen Gewerbeaufsicht war aber ihr ältester Chemiker, **Dr.**Rainer **Rieth**, der dort schon 1882 bis 1885 "Vorsteher der chemischen Sektion" geworden war. Der Präzedenzfall scheint vollkommen, denn Rieth hatte zum April 1885 zur Fabrikinspektion Schleswig gewechselt. Er wurde aber im Oktober des Postens enthoben aus Gründen, die er kaum verstand und nie verwand. Dem Beamtentum mußte er aber doch nicht entsagen, denn er arbeitete in den sieben Jahren bis zu seiner neuerlichen Einstellung für die Königliche Porzellan Manufaktur und das Kaiserliche Patentamt. Beides schützte ihn vor neuen Angriffen im Aufsichtsdienst nicht, die Arbeit beim Patentamt trug eher dazu bei. Rieth war wie Bittmann durch v.Stülpnagel in einem Schnellkurs von 6 Wochen in den Dienst eingeführt und an selbständiges Disponieren gewöhnt worden. Als er den Bogen der Eigenmächtigkeit überspannt hatte, trafen ihn außer-

---

77) Er war seit 1892 im Fach Chemie promoviert !

ordentliche Bürorevisionen. Rieth fand sich 1896 vom zentralen Potsdam ins abgelegene Nienburg an die Weser versetzt und bemerkte: "Kein Zweifel, daß mich eine Strafversetzung getroffen hat." Er machte sich sogleich wie Dr.Winkler und Georg Jäckel Sorgen um die "gediegene Ausbildung" seiner Kinder, die er durch die Versetzung in die Provinz gefährdet sah. Berufs- und Privatleben waren eng verzahnt und konnten durch solche Eingriffe aus dem Gleichgewicht geraten, nicht nur bei den Chemikern.[78]

4.6 Die Darstellung der persönlichen Verhältnisse.

Die Darstellung der persönlichen Verhältnisse kann von der Vorbildung absehen und sich auf 94 (97) Akten mit mehr oder weniger ausführlichen Angaben zu sozialer Herkunft, Konnubium und Zukunft der Kinder stützen.[79] In 19 Fällen lagen die mit dem Gesetz zur "Wiederherstellung" des Berufsbeamtentums vom 7.4.1933 vorgeschriebenen Ahnennachweise vor, die bis in die Großvätergeneration zurückreichen (=*Pilot-Sample*).

Die sozialwissenschaftliche Forschung zur "sozialen Mobilität" unterscheidet Inter- und Intragenerationenmobilität. Nützt man Ahnennachweise zur Untersuchung von

78) Das Sample ist klein, die Akten chronologisch geführt, so daß die Nachweispflicht außer bei Rieth eingeschränkt werden kann. In Rieths dicker Akte (332 S), S.2,35,218,214 u.289 Personalnachweise. Die Konflikte mit seinen Assistenten Garrn und Ließen ab S.49; S.59-74 antwortete Rieth ausführlich auf die 3.Rüge vom 5.9.93 (S.52-57 Abschriften der Rügen). S.62 Rieths Zweifel an den "persönlichen Eigenschaften" und der "Charakterbildung" Ließens; S.104-113 eine außerordentliche Bürorevision vom 7.12. 1904: Stülpnagel brachte Knecht Ruprecht in Gestalt seines Assistenten mit. Seitenlange, detaillierte Aufstellung aller Akten und ihrer Ordnung in einem Aufsichtsamt dieser Zeit. S.131 Brief Rieths vom 5.7. 1896, der die zitierte Vermutung enthält und auf die Bürorevision zurückkommt. S. 133-42 sein langes Schreiben vom 16.4.: man habe seinerzeit seine Büroführung Laurisch und Trilling gegenüber gelobt (Bleistiftglosse: "nicht mehr!"). Die Ausbildung der Kinder wird am 2o.3.19oo angesprochen (S.270), aber auch schon im Brief von 1896, als der Sohn noch Primaner am Kgl.Gymnasium Moabit war (S.139). Am 24.11.1905 äußerte sich das RP Stade "zufrieden mit Dr.Rieth" (S.281).

79) Außer den in Anm.74 und 75 genannten 33 Personen (39-6=33, weil Maué und Schöpf zweimal vorkommen und Klasmeier, Lefebvre, Weidling und Bergmann nach 1918 eingestellt wurden) sind das weitere 61 Personen, und zwar aus dem ZSTA Merseburg (HI, alternative Fundorte in Klammer) A 5/8, B 1/4-6/10/17 (B6= P 52652), C 3/4, D 2/4, E 2/3, F 2 (= P 52 621), H 3-5/10/14, J 5, K 1 (= C IV, A657) K17, L 6, M 1/8/13 (= P 52 682), 01 (= C IV, A 721) O4, P 3/4 (= C IV, AP 16), S 8 (= B4, Reg AA Nr.2154/55), S 9/ 12 (= F...)/ 75 (= P 52 684), T 3/6 (= DII, Pr.Pers 957), U 1, W 1/4/ 7 (= P 52 658). Andere Archive: P 52 658 /680, 86 350, 93 382, 101 293, NwPe 1637/38 (alle B4); A 448/686, AK 15, I 762/888 (alle C IV); D99 Nr.10 142 (DII); Hann 180 Hi Nr.359/ 364/ 561 (E V). Daten für Lüdemann und Thurmann in B2 Nr.12983 (Datenblatt vom 29.9.1897); E III acc XXIX Nr.178 (E III acc "L", Thurmann kassiert) und Nds. 120 Lü acc 100/84 Nr.183. Ohne Quellenwert: P 4o 647 (= HI,H21), P 59 740, acc 122/85 Braun (alle B4); A 456/ 875/ 951/ 1076/ 1109/ 1279/ AK 268 (alle C IV)

Intergenerationenmobilität, so wird das Ausbildungs- und Heiratsverhalten zum Gradmesser für sozialen Auf- und Abstieg. In einer zum Zeitpunkt t1 durch Einkommen, Sozialprestige, Selbstbestimmung und '*Macht*' als geschichtet angenommenen Gesellschaft versuchen Nachwuchskräfte, durch Schulbildung, Studium und Berufserfahrung, durch geistige und räumliche Beweglichkeit die berufliche und soziale Stellung ihrer Väter zu erhalten oder zu verbessern. Die preußischen Gewerberäte unserer Samples nahmen im Kaiserreich und in der Weimarer Republik als höhere Beamte eine herausgehobene soziale Stellung ein, auch wenn akademisch, d.h. vor allem juristisch gebildete Beamte am Vorabend des 1.Weltkrieges nicht mehr zu den Spitzenverdienern zählten. Ihr soziales Ansehen war durch diese Einbusse gleichwohl wenig gefährdet, da sie nicht nur Anspruch auf bevorzugte Krankenfürsorge und Altersversorgung, auf Umzugskosten, Wohngeldzuschüsse und Ortszulagen, ihre Angehörigen auf Witwen- und Waisenrenten, auf Ausbildungs- und mannigfaltige Notstandsbeihilfen hatten, sondern als Ledige sich bessere Wohngegenden (Düsseldorf-Oberkassel), als Verheiratete geräumige Wohnungen in unteren Stockwerken unweit von Zentrum, Bahnhof und Dienststelle, als Urlauber Seebäder, Mittelgebirge und Auslandsreisen, als Kurende Sanatorien und Heilbäder leisten konnten.[80]

4.6.1 Das Konnubium im *Pilot-Sample*.

Diese bevorzugte Stellung verdankten sie weniger ihrer Eigenschaft als (studierte) Techniker, sondern ihrer 1878 begonnenen und 1891 durchgesetzten Eingliederung in das von den Juristen beherrschte höhere Beamtentum. Eröffnete ihnen die wilhelminische Zeit den Aufstieg zum Mitglied einer Regierung (RGR), so gestattete erst die Weimarer Zeit ihre Ansiedlung auf der Ministerialebene. Da *prosopographische* Untersuchungen über Zivil-, Betriebs- und Vereinsingenieure noch fehlen, kann das Ausmaß der Privilegierung der beamteten Elitetechniker noch nicht abschließend beurteilt werden. Im Gegensatz zu den kürzlich untersuchten schwedischen Ingenieuren lösten sich die preußischen Gewerberäte nur in der Minderheit selbst aus einem agrarisch geprägten Elternhaus. Dagegen waren die schwedischen Ingenieure, "a group without real precedent in preindustrial times", zuerst im Technischen, dann im Sozialen Pioniere. Die preußisch-deutschen Ahnennachweise zeigen, daß die Lösung von der agrarischen, sozialen und geographischen Ortsbeständigkeit und Seßhaftigkeit im sozio-ökonomisch fortgeschritteneren, verwaltungsgeschichtlich mit Schweden schwer vergleichbaren Preußen

---

80) Zur Mobilität oben S.16, dazu besonders auch Kaelble 1982; Wunder 1986, S.103f, nennt drei "Besoldungsrunden" 1858-97. Kübler weist auf die relative Stagnation der Gehälter von Spitzenbeamten hin, S.131f,148f,269-76. Zu den Bäder- und Urlaubsreisen unten S.220f mit den Anm.104 u.105.

zum größeren Teil bis ins 18.Jahrhundert zurückreichte, sich in Städten vollzog und Bildung als Mittel, Konnubium als Ausdruck des Aufstiegs nutzte[81] (**siehe Tabellen-Anhang 11**).

Die 92 von 114 möglichen Angaben verteilen sich auf die Vorfahren der Gewerberäte und ihrer Frauen wie 47 : 45 (80,7%). Die häufigsten Berufe sind der (vage bleibende) Kaufmann (N = 17), die verschiedenen Beamten (13), die Lehrer, Handwerker und Bauern (je 9), Fabrikanten (8), Pfarrer (5) sowie Buchhändler, Künstler und freie Berufe (je 4). Weder die reinen Quanten noch ein qualitatives Zusammensehen sozialer Schichten reichen für die historische Analyse aus. Torstendahls Annahme, daß "the fathers kind of business seems to have had a slight guiding function for the technicians own choice of kind of business"[82], trifft auch für die preußischen Elitetechniker in hohem Maße zu -Nr. 3, 4, 8-12, 15, 17. Der immediate Übergang von einem bäuerlich-handwerklichen Ursprung in die soziale und professionelle Pionierrolle des Technikers ereignete sich in dem preußischen Sample nur in drei (von 20) Fällen durch den Gewerberat selbst - Nr. 4, 11 u. 12. Der soziale Aufstieg fand früher statt -Nr. 1, 4, 13 (?) - 15, 18 u. 19.

Das Gesagte gilt auch für die Ehefrauen und ihre Vorfahren. Als Töchter von aufgestiegenen -Nr. 3-7, 11, 17 u. 18- oder gleichrangigen Vätern (8 u.9) wahrten sie durch ihre Heirat den sozialen Stand. Nur die Nr. 10, erste Ehe, und Nr.16 scheinen gegenüber den Großvätern eingebüßt zu haben. Dagegen "sprang" die Nr. 11 (Frau d. GR) wie die Nr. 12 (GR) aus dem bäuerlichen -direkt in den Ratsrang.

Neben der offensichtlichen Bedeutsamkeit der bäuerlichen Vorfahren -bei 92 Angaben sind sie 10mal explizit, durch Fabrikanten, die Korbwaren und Schuhsohlen produzieren oder Weinhändler sind, durch Kaufleute, die mit Tuche und Leinen handeln, implizit angesprochen- ist "Technik" eher in der Form des städtischen Handwerks (Bäcker, Schneider, Brauer, Lederfabrikant, Schweiß- und Strommeister, Bader, Barbier, Bildhauer, Maler) vertreten als in den vorakademischen, akademischen oder beamteten Frühformen des 'Technikers' (Feldmesser, Markscheider, Apotheker, Chemiker, Arzt). Sammelte man, was willkürlich erscheint, verschiedene Beamtenkategorien, Künstler, Buchhändler und Lehrer unter einen weitgefaßten Begriff von *Bildungsbürgertum*, käme man letztlich doch zu ei-

81) Torstendahls Computerprogramm lief 1969-72 und wertete die biographischen und bildungsgeschichtlichen Daten von 3900 schwedischen Ingenieuren aus der Zeit 1850-1880 aus. "(They) were the social originators of an educational system which belonged to the European industrial society but did not belong to the preindustrial Sweden." (S.143). Das galt auch noch für die Abgänger von Beuths Gewerbeinstitut, nicht mehr für preußische Fabrikinspektoren.

82) Torstendahl S.289.

ner dominierenden Großgruppe -N = 41 oder 50 Prozent-, zur Selbstrekrutierung einer emphatischen Bildungsschicht, deren Kern das Berufsbeamtentum und dessen Normengeflecht bildet.

Auch das Konnubium erscheint schon im "*Pilot-Sample*" als Ausdruck von Statusgewinn oder Statuserhalt. Während bei den jüngeren Gewerberäten landsmannschaftliche Bindungen dabei zunehmend nachlassen, sind sie bei ihren Vorfahren und Schwiegereltern noch sehr wichtig, besonders die Nr. 1 (Berlin), Nr. 4 (Westfalen-Rheinland), Nr. 6 (Eisleben), Nr. 7 (Frankfurt-Höchst, Münster, Werne), Nr. 8 (Niederrhein), Nr. 10 mit Anm. 1 (Altthüringen), Nr. 12, Nr. 13-15 (Westfalen, Hannover, Saarland) und Nr. 17 (Gernrode und Rhein-Mosel-Gebiet).

Von 19 x 3 plus 2 = 59 Hochzeiten (max. 118 Berufsangaben) sind 43 mit 86 Angaben oder 72,8 Prozent überliefert. Zwar kommt es in einigen Fällen -besonders in den Nr. 1, 3 u. 4 (Gewerberat), 8 (Pfarrer-Arzt), 12, 14 (Bankdirektor-Korporal), 16 und 17 (Lederfabrikant-Chemiker)- zu Entsprechungen in den Väterberufen, sie fallen aber der Zahl nach hinter den landsmannschaftlichen Bindungen zurück. Außerdem darf gerätselt werden, ob die Entsprechungen in der sozialen (Bankdirektor-Korporal, Arzt-Pfarrer) oder fachlichen Kongruenz (Lederfabrikant-Chemiker, Musikdirektor-Historienmaler) oder im Mangel an Alternativen lag (Nr. 12 und natürlich bezogen auf die Gesamtbevölkerung unterrepräsentiert). Bei den diskordanten Väterberufen kann man wie in Nr. 2, 3 (Kaufmann-Professor), Nr. 6 (Pastor-Zollinspektor, Zollinspektor-Bader), Nr. 7, 10 usw. soziale Motive der einen oder anderen Seite annehmen, wenn man nicht den zugegeben schwer quantifizierbaren und bei den Cliometrikern noch nicht skalierten Faktor "Liebe" einrechnet. Die Geschichtsschreibung zum Thema mahnt zur Vorsicht. "Die Ehe spielt in jedem Gesellschaftsgefüge eine fundamentale Rolle", sagt Georges Duby und bewies es am sozialen Abgrenzungsverhalten der adeligen Krieger des Mittelalters, die eine "complete prohibition of marriages with persons of inferior status" als zentrale Norm des sozialen Lebens beachten mußten, mit abartigen Folgen für die Ledigen, die man auch in der Gesellschaft des 'fin du siècle' und bei preußischen Gewerberäten beobachten kann. Eduard Thompson entdeckte die Sanktionsmittel dörflicher Gemeinschaften in der britischen Gesellschaft des 18. Jahrhunderts, die demographische Folgen von Mesalliancen verhindern sollten und hierzulande meist nur der Volkskunde bekannt sind. Neben die sozialen traten in der Neuzeit rechtliche Heiratsbeschränkungen. "Offiziere, welche in wirklichen Kriegsdiensten stehen, können ohne königliche Erlaubnis nicht heiraten", schrieb das preuß. Allg. Landrecht noch 1794 vor. Auch die Gewerberäte mußten einen Heiratskonsens ihrer Behörde einholen, die im Notfall Beihilfen gewährte und im Todesfall Witwen- und Waisengeld zahlte, aber nicht jede Gattin alimentieren wollte. Das Gesetz über die Aufhebung der polizeilichen Beschränkung von Eheschließungen wurde in Preußen erst am 4.5.1868 erlassen und schloß Beamte noch ausdrücklich aus.[83]

Bei den Gewerberäten wirkten soziale und (beamten-) rechtliche Heiratsbeschränkungen ineinander. Deshalb kommt die herausgehobene Stellung dieser Beamten auch darin zum Ausdruck, daß in unserem Sample von 99 Räten nur 5 ledig blieben, obwohl die *Ledigenquote* -bezogen auf die Gesamtbevölkerung- im Kaiserreich (1871-1910) zwischen 60,6 und 58,7 Prozent lag, erst 1933 unter 50, 1970 unter 40 Prozent sank.[84] Die Ächtung von *Mesalliancen* hatte im gehobenen Beamtentum verschwiegenere und vielleicht wirksamere Zwangsmittel als bei britischen Dorfbewohnern des 18.Jahrhunderts. Die Normen wurden durch Erziehung und das häusliche Vorbild der Mütter im bürgerlichen Familenleben eingepflanzt. Die Gewerberäte heirateten als Assessoren oder Inspektoren -nur in wenigen Fällen als Referendare- junge Frauen, die im Durchschnitt 23 Jahre alt und ca.10 Jahre jünger als sie selber waren. Diese gebaren in den ersten beiden Ehejahren das erste Kind, das die häusliche Wartezeiten der Gattinnen von Reisebeamten mit "Sinn" füllte. Deren Verheiratung war durch schulische, akademische, berufliche, soziale, militärische und rechtliche Beanspruchungen hinausgezögert. Den frauenlosen Schulen und Hochschulen folgten maskuline Militär- und zivile Ausbildungszeiten, die zudem einen häufigen Ortswechsel einschlossen. Offenbar heiratete kein Gewerberat des Samples sog. Jugend-, Schul- oder Studienfreundinnen. Als Referendar und Assessor wurde er in die 'gute Gesellschaft' eingeführt, und vorgesetzte Räte und Präsidenten vergaßen in ihren Beurteilungen nicht, dem Ministerium zu berichten, daß und ob er in derselben verkehre. Diese wiederum mühte sich, Anläße zu schaffen, an denen aussichtsreiche Beamtenanwärter die bürgerlichen

83) Duby 1985 (1981), geht zurück auf Vorträge an der John-Hopkins-Universität: Ders. Mediaeval Marriage. Two Models from 12th Century France, Baltimore & London 1978; s.auch die Interviews in Duby/Ladreau 1982 (1979), bes.S.80. Bei den abartigen Folgen zum einen das bekannte Beispiel Stefan Zweig, Die Welt von Gestern. Erinnerungen eines Europäers, Frankfurt 1947, zum anderen unten S.329 u.333. Thompsons "Rough Music" erklärt, wie ein Dorf das demographische Gleichgewicht,und d.h. die Verteilung der Lebenschancen,überwachte, jetzt dt.in: Thompson 1980, S.130-68; s.auch das Interview in "Visions of History", Manchester 1977, S.3-27.

"Geschlossene Eheschranken bis 1869" usw. Koselleck 1975 (1967), S.105-115. Momigliano vertrat einen älteren Standpunkt: "spiritual interests of people are considered much less than their marriages", zit.nach Stone 1971, S.63. Damit meinte er eine prosopographische Arbeit von Syme, nicht deutsche Historiker. Zum Konnumbium von Beamten Henning 1984, S.65-70 u.121-26; für soziale Heiratskreise in verschiedenen Städten Inama-Sternberg 1898, S.69ff, und, mit einer Ableitung des Begriffs Konnubium aus dem römischen Recht, Langner 1950; ohne dieses historischeWurzelwerk Weber 1979, S.266-88. Bergleute "marry spouses from the area", fand Haines 1979, S.32; zu letzterem Thema bereits Manschke 1916, S.259-329.

84) Hohorst u.a., Sozialgeschichtliches Arbeitsbuch, München 1975, S.17 u.26.

Töchter kennen- und liebenlernten. In der Kaiserzeit blieben die jungen Männer meist lange genug in einer Stadt, die Richtige zu finden. In der Nachkriegszeit beschleunigte zuerst Personalnot, dann ein ehrgeiziges Ausbildungsprogramm und sozialpolitischer Druck den Ortswechsel, so daß die Regelung privater Dinge schwieriger wurde. Die ledig gebliebenen Assessoren, Inspektoren und Räte, die als sog. 'gute Partie' noch späte Heiraten eingehen konnten, wurden in der Regel doppelt so häufig versetzt wie ihre verheirateten Kollegen -im Durchschnitt zwölfmal bei etwa 35 Dienstjahren.[85]

Die Heirat mit Frauen aus der guten Gesellschaft schloß Töchter von vorgesetzten Gewerberäten und geschiedenen Frauen von Kollegen, wenn auch als Ausnahmen, mit ein.[86] Eine Verbindung mit Töchtern von Handwerkern oder Subalternbeamten kam selten zustande. Wollte der Beamte eine der Arbeiterinnen heiraten, die ihm in den Fabriken in großer Zahl und jugendlichem Alter begegneten, riskierte er seine Stellung: Als Sohn eines Breslauer Kaufmanns absolvierte Georg **Adam** (Jg. 1864) die Oberrealschule und Universität der Stadt und promovierte 1891 "über ein neues Alkaloid aus conium maculatum, seine Konstitutuion und Versuche seiner Synthese". Nach einigen Praxisjahren trat er 1899 in den Aufsichtsdienst ein und bereitete sich als Referendar in Solingen auf die Assessorprüfung vor, die er im Februar 1902 bestand. Im Mai 1903 setzten Nachforschungen des Regierungspräsidenten ein, da sich Dr.Adam mit einer Solinger Arbeiterin, "Tochter des Schleifers Carl H.", verheiratet habe. Die Gewerberäte des Bezirks und der Oberbürgermeister der Stadt wurden zur Berichterstattung aufgefordert, was sie ausführlich und "untergebenst" taten. Am 25.6.1903 meldete der Bürgermeister: "Frau Adam und auch eine ältere Schwester galten hier stets als ziemlich leichtsinnig und standen beide im Verdacht, geschlechtlichen Umgang mit Mannspersonen zu pflegen". Frau Adam habe am 12.6.1898 hier unehehlich geboren, der Vater sei Sohn eines hiesigen Geschäftsmanns. Eine ältere Schwester, "die mehrere Jahre auswärts gewohnt hat, soll auch unehelich geboren haben, doch ist hierüber amtlich hier nichts bekannt geworden." In seinem Schreiben an das Handelsministerium vom 3.7. berichtete der Regierungspräsident, Dr.Adam habe sich während eines dreimonatigen "Urlaubs zur Wiederherstellung seiner Gesundheit" am 15.6. in Breslau mit einer gewissen Adele H. verheiratet. "Die H. ... stammt aus Solingener Arbeiterkreisen und erfreut sich, ebenso wie mehrere ihrer Familienangehörigen, keinen guten Rufes". Der Schwager huldige "stark dem Genuß giftiger Getränke" und sei wegen groben Unfugs vorbestraft. Ebenso der Bruder, der ein grober Mensch und vom Schöffengericht Solingen 1891 wegen Obstdiebstahls zu drei Mo-

85) Z.B. Dr.Dittrich.

86) Z.B. Gustav Richter, s.unten S.216.

naten, 1894 vom Landgericht Elberfeld wegen gemeinschaftlich begangener Körperverletzung zu sechs Monaten Gefängnis verurteilt worden sei. Nur die Eltern hätten einen untadeligen Ruf. Der Vater sei ein "ordentlicher Mann", die Mutter, seit 40 Jahren Hebamme, habe von Seiner Majestät der Kaiserin eine Brosche erhalten. Dr.Adam habe demnach eine "nach ihrer ganzen Vergangenheit zumindest zweifelhafte Person" geheiratet. Dies lasse ihn "für die verantwortungsvolle und exponierte Stellung eines Gewerbeaufsichtsbeamten nicht als geeignet erscheinen, so daß ich seine Entfernung aus dem Dienst für nötig erachte." Der Assessor wurde zum 30.9.1903 entlassen.[87]

4.6.2 Konnubium im Personalakten-Sample.

Von den 94 Personen des PA-Samples sind durch das datenreiche "*Pilot-Sample*" 15 nach Herkunft und Konnubium bis in die Großvätergeneration hinein dargestellt. Darunter befanden sich nur zwei Chemiker. Die Mesalliance von Dr.Adam wird deutlicher, wenn Herkunft und Konnubium der anderen 17 Chemiker einbezogen werden.[88] Karl Müller war wie Friedrich Schnöpf ohne Promotion geblieben. Der Sohn eines Mindener Katastersekretärs, der selbst Gewerberat in Minden werden sollte, hatte lange vor seiner Einstellung die Tochter eines Steuerempfängers aus der Nachbarstadt geheiratet. Die soziale Herkunft und heimatliche Bindung dieses Paares findet sich bei den promovierten Chemikern nicht.[89] Sie waren die Söhne von höheren Beamten (Czimatis, Arnold, Schwarz), Gutsbesitzern (Winkler, Jungfer), Kaufleuten (Ernst, Wolff, Schröder, Dittrich, Adam), Fabrikbesitzern und Architekten (Denker, Dewitz). Sie heirateten auf einer Etappe ihres beruflichen Weges wie Dr.Werner eine "höhere Tochter" mit Vermögen und nahmen diese auf die nächste Station mit. **Dr.Rieth** heiratete im Alter von 37 Jahren die Tochter eines ebenfalls promovierten Sanitätsrates, mit der er zwei Kinder hatte. Der Sohn studierte in Berlin Schiffsmaschinenbau, die Tochter erhielt die erwähnte "gediegene Ausbildung". Sie sei aber beim Tod des Vaters 1912 ohne Beruf und ledig, das mütterliche Erbe gewähre ihr "einen Zinsgenuß von ca 1200 Mark im Jahr". **Dr.Winkler** heiratete als ältester Sohn eines schlesischen Gutsbesitzers die Tochter eines Apothekenbesitzers aus Münster, dem Ort seiner Einstellung als Assistent (1894). Er kam 1898 nach Eschwege, 1911 als Gewerberat nach Schweidnitz, wo er mit seiner Familie "zurückgezogen" lebte. Die beiden Töchter

87) Zu Dr.Adam HI, A2 (71 S.), S.45ff Schreiben des Regierungspräsidenten vom 03.07. mit 5 Anlagen: 1.Brief Adams vom 15.06., Brief des Oberbürgermeisters von Solingen vom 25.06. (S.49ff), zwei Schreiben Adams vom Juli (S.55ff, 60-67).

88) Das Sample in Anm.75.

89) Die Gründe bei Haines 1979 und Henning 1984.

waren in Eschwege geboren und in Schweidnitz (oder Breslau) erzogen worden. Die ältere Tochter absolvierte eine Soziale Frauenschule und arbeitete nach dem Krieg bei der Provinzialverwaltung in Breslau. Die jüngere half im Haushalt, da seine Frau "sich ohne Dienstmädchen behelfen" müsse. Das Ruhegehalt des Frühpensionierten und bald Verstorbenen errechnete sich aus 39/60 und betrug 5250 M. Die Behörde erklärte 5000 für auskömmlich. Die Kapitalzinsen seines Vermögens von 52'000 Mark, erklärte der Pensionierte, seien "nur 2000 M, nicht höher."[90]

Auch **Dr.Dewitz** hatte seine "Kräfte während des Krieges vollkommen verbraucht" und war wie Winkler herzkrank geworden. Dazu mag beigetragen haben, daß er wegen einer "Neigung, über alle Menschen und Verhältnisse abfällig zu urteilen", unbeliebt war. Dabei half wenig, daß seine "geistige Begabung oft anerkannt" worden war. Als er noch vor Winkler und im 47. Lebensjahr starb, mußte seine Witwe sich mit 181 Mark im Monat abfinden. Die Chemiker des Samples ereilte, das muß unten noch erörtert werden, häufig ein früher (Herz-) Tod. Die Personalakte von **Dr.Ernst** vermerkte im Januar 1922 das "plötzliche Ableben" des 55jährigen. Die Witwe kehrte in die 4-Zimmer-Wohnung ihres Vaters zurück, der aber von den Einnahmen seines Berliner Hauses nur bescheiden leben könne. Sie selbst sei "auf ihre Geschwister angewiesen" und erbitte staatliche Unterstützung.[91]

Dr. Georg **Schröder** hatte 1889 promoviert und war nach drei Jahren in der Geschützgießerei Spandau als Gewerbeassistent und -inspektor über Unna, Hagen und Magdeburg 1904 nach Fulda gekommen. Sein erste Frau starb dort 1905. 1909 gab er in Hanau seine Heiratsabsichten bekannt: "Meine Verlobung mit Fräulein E.S., Tochter des verstorbenen Medizinalrates Dr.med L.S. und seiner Frau, beehre ich mich anzuzeigen. Dr.Georg Schröder, Königlicher Gewerbeinspektor." **Dr.**Wilhelm **Denker** war als Sohn des Bürgermeisters von Clausthal zum Bergassessor geboren. Er heiratete nach zweijähriger Verlobungszeit 1904 die Tochter eines Fabrikbesitzers. Über die berufliche Zukunft der Kinder wird nichts ausgesagt. **Dr.**Karl **Heucke** hatte aus erster Ehe vier Kinder, von denen zwei noch vor dem frühen Tod der Mutter starben. 1901 erhielt er eine Woche Urlaub bewilligt, weil "dessen Söhnchen heute um 12 Uhr gestorben ist." Der 55jährige Gewerberat heiratete im vorletzten Kriegsjahr ein zweites Mal, eine dreißig Jahre jüngere

90) Zu Werners Konnubium in Freiburg oben S.212 (HI, W8, Bd. 1, unpag.). Brief Hartmanns vom 03.08.1893. Zur finanziellen Situation von Rieths Tochter Maria 1912 s. HI, R2, S.333. Zu Winklers Pension und Vermögen HI, W9, S.154 u.165.

91) Zum Kräfteverschleiß Winklers Brief vom 16.08.1921 (HI, W9, S.163); zu Dewitz' Neigung und Begabung HI, D13, Bericht des Polizeipräsidenten vom 30.11.1903; Briefe der Witwe vom 10.04.1918, 01.04.1919, Juni 1936 und September 1939; zu Ernsts Ableben und die Lage seiner Witwe HI, E5, Bd. 2, unpag.

Frau. Bei Carl **Arnold** schließlich sollte die Ehe den eigenen Stand sehr direkt bewahren und fördern helfen. 1899 eingestellt, hoffte er, von der neuen Prüfungsordnung noch verschont zu bleiben. Aber er gehörte zu den ersten Opfern der neuen Bestimmungen. Die mündliche Prüfung, erklärte er später, sei "gänzlich unerwartet" auf den 15.11.1902 gelegt worden und habe "5Tage vor meiner Hochzeit" stattgefunden. Bei der 2. Prüfung habe es "an nervlicher Sammlung wegen anderer Familienangelegenheiten" gefehlt. Aber auch das Eingreifen der Mutter, einer "Pensionärin", konnte den Sohn nicht vor der Entlassung bewahren.[92]

Die Personalakten der promovierten Akademiker enthalten zahlreichere und deutlichere Hinweise auf solche "persönlichen Verhältnisse" als die der studierten Techniker. Jene erscheinen auch schreibkundiger und eloquenter als diese, ihre Personalakten im Durchschnitt umfang- und inhaltsreicher. Die spärlichen Hinweise auf das Konnubium dieser Gruppe sind durch das "*Pilot-Sample*" zum Teil wettgemacht. Sie knüpfen an dem bei Karl Müller Gesagten an. Dort stifteten ausnahmsweise nicht allein soziale, sondern auch geographische Herkunft den Bund fürs Leben. Als Sohn eines hessischen Unterstaatsprokurators heiratete **Hassenpflug** vier Jahre vor seiner Anstellung die Tochter eines praktischen Arztes in Kassel, mit der er vier Kinder hatte. Das Konnubium scheint ebenfalls von der "Heimat" abgestützt. Alle bekannten Ehen der Techniker bleiben im gutbürgerlichen Rahmen, die geographischen Komponenten schwer meßbar. Das Bürgertum heiratete in den eigenen Reihen, Bildung und Besitz vertrugen sich, Grundbesitz und Kapitalvermögen waren integriert. Erich **Gräfe** heiratete 1906 die Tochter eines "Baumeisters Robert H. zu Beuthen." 1904 hatte er sein Assessorexamen bestanden und war nach Beuthen versetzt worden. 1907 nahm er sie mit nach Köln. Das bei den Chemikern Festgestellte gilt auch hier: Der Bund fürs Leben wurde auf einer Etappe des beruflichen Weges geschlossen. Dieser konnte in alle Ecken des Reiches führen, immer in Städte und deren Gesellschaften, jener mußte

92) Zu Dr.Schröder FI, Nr.189, Mai und Juli 1909; zu Dr.Denker HI, D6, Bd.1 (1895-1918), Personalübersicht 1897; B4, P 52636 (138S), Sonderurlaub am 04.12.1901, 2.Ehe am 24.03.1927; zu Dr.Arnold HI, A3 (60S), Bewerbung auf Grund einer Unterredung mit ORR Neuhaus (31.03.1899); "Unzureichende Vorkenntnisse, die Arnold für seinen Beruf mitgebracht hat" (28.09.1900, RP Magdeburg), Prüfung nicht bestanden (S.35), Erlaß vom 04.12.1903: Entlassung aus dem Staatsdienst zum 1.4. 1904 (S.41). 03.01.1904 Rechtfertigung Arnolds; 05.01. Brief der Mutter; "Ich bin der Meinung, daß meine Entlassung aus dem Staatsdienst nicht ohne weiteres, sondern wie bei jedem anderen Beamten nur im Wege des Dissiplinarverfahrens verfolgen kann" (Arnold am 02.03.1904; beruft sich auf §§ 83-84 des Gesetzes vom 21.07.1852, GS 465); "Ableistung der Staatsprüfung bis 02.04.1901 wurde vorausgesetzt" (Einstellungserlaß vom 24.04.1899, Antwort des Ministers); Gerichtsentscheidung über eine Klage auf Zahlung einer jährlichen Remuneration von 2700 M (S.60); s.auch unten S.234.

alle Anpassungen an die unterschiedlichen Klimazonen, sozialen wie physischen, aushalten.[93]

Wenn junge Akademiker heute "dasselbe Fach" oder wenigstens ein verwandtes "heiraten", so erleichterte damals die Zugehörigkeit zur selben Schicht die Reise durch das Leben. Auch in dem PA-Sample sind die Beamtensöhne unter den Aufsichtsbeamten zahlreich vertreten. Die Väter waren Wirklicher Geheimer Rat, Finanzrat oder Gerichtsassessor (Wätzoldt, Claussen, Koch); in der höheren oder mittleren Eisenbahnverwaltung (Reuter, Unruh, Pirsch); der Post-, Berg-, Finanz-, Zoll-, der städtischen oder fürstlichen Verwaltung (Hemp, Horn, Müller, Antweiler, Thurmann, Holthöfer, Raabe, Hassenpflug); sie waren Gutsbesitzer oder -pächter (Pufahl, Ermlich); Kaufleute, Fabrikanten (Tschorn, Brensing, Appelius, Cordes) und nur in einem Fall Handwerker (Steinbrück). Diese Söhne heirateten Töchter von Ärzten (Kattentidt, Hassenpflug), Apothekern (Cordes, Artzt) und Pastoren (Thurmann, im übrigen Tabelle 21), von Beamten, Kaufleuten und Fabrikanten (Claussen, Gräfe, Ölert, Kres, Gyzicki, Mangelsdorf). Das in dem "*Pilot-Sample*" auf datenreicherer Grundlage oben gezeichnete Bild wird durch das noch so bruchstückhafte Sample der Personalakten eindrucksvoll bestätigt und ergänzt.

Tabelle 21:
Herkunft und Konnubium der Gewerberäte und ihrer Frauen im Überblick.[a/h]

	PA-Sample M : F	Pilot-Sample M : F	Teil-summen M : F	Gesamt-summen
Höhere Beamte[(b)]	6 : 7	5 : 4	11:11	22
subalterne Beamte[(c)]	10: 0	2 : 2	12: 2	14
Freie Berufe[(d)]	1 : 5	0 : 4	1 : 9	10
Fabrikanten	5 : 2	2 : 1	7 : 3	10
Kaufleute[(e)]	8 : 1	4 : 2	12 : 3	15
Angestellte[(f)]	1 : 0	1 : 2	2 : 2	4
Handwerker	1 : 0	2 : 0	3 : 0	3
Gutsbesitzer[(g)]	5 : 1	1 : 1	6 : 2	8

a) M und F betreffen die soziale Herkunft der Räte (M) und ihrer Frauen (F).
b) Im einzelnen: Wirklicher Geheimer Rat, Oberjustizrat, Kgl. Eisenbahnrechnungsrat, Beamter in Oberzollverwaltung, Gerichtsassessor, Baumeister(M); Gymnasialdirektor (Geh.RR), Medizinalrat, Pastor, Oberamtmann, Gerichtsdirektor, Baumeister, Geheimer Sanitätsrat (=PA-Sample).// Musikdirektor, Oberamtsrichter, Gymnasialprofessor,

93) Zu Hassenpflug HI, H14 (161 S.), Hochzeit am 01.08.1891 mit Luisa B., geboren 1870. S.2, 153f Ausbildung, Militär- und Zivildienst Hs.; S.126f RAO 4.Klasse. E IV 364/1, Eintritt am 01.05.1901, 27.01.1903 Leutnant der Reserve, 22.10.1904 Assessorexamen "gut", 11.11.1904 Versetzung von Linden nach Beuthen, 18.04.1906 Hochzeit, 01.03.1907 Versetzung nach Köln, 01.05.1907 nach Saarbrücken.

Studiendirektor, 4 Pastoren, Gewerberat (=Pilot-Sample).

c) Einschließlich städtische und fürstliche Beamte, im einzelnen: Amtmann (Rittergut), Rechnungsrat (Katastersekretär u. Steuerempfänger), Zeithalter, Werkmeister (beide Eisenbahn), Stadtrentmeister, Domänenrentmeister, Bürgermeister, Standesbeamter, fürstlicher Beamter, hessischer Unterstaatsprokurator (alle PA-Sample).

d) Im einzelnen: Architekt, Zivilingenieur, 2 Apotheker, Arzt. (=PA-Sample)//Historienmaler, Rechtsanwalt, Arzt, Apotheker (=Pilot-Sample).

e) Einschließlich einem Bankdirektor.

f) Telegrafeningenieur, Redakteur, Buchhändler, Betriebschemiker.

g) Einschließlich einem Rentier; 4 Junker, 1 Pächter sowie Bauern.

h) Angaben über Geschwister und deren Angehörige: Hauptmann, staatlicher Forstmeister, Lehrerwitwe, Apotheker. Kres' Schulfreunde seien Fabrikanten, er dürfe deshalb nicht in der Heimat eingesetzt werden. Seine zweite Frau war die Cousine der ersten und Tochter des Oberjustizrats. Ermlichs Bruder übernahm den väterlichen Gutsbesitz und war Mitglied des Kreistages.

4.6.3 Konnubium im Überblick.

Im ganzen gesehen rekrutierten sich die zwischen 1891 und 1912 eingestellten Gewerberäte und ihre Angehörigen zu über einem Drittel aus dem Beamtentum, in dem der Anteil der höheren Beamten mit 3:2 überwog. Rechnet man die freiberuflichen Akademiker und diese Beamten zu den *Bildungsbürgern*, gehörten mehr als die Hälfte aller erfaßten Personen dieser Schicht an. In der anderen Hälfte waren Handwerker und Angestellte, die später den mittleren Dienst der Aufsicht mit Töchtern und Söhnen versorgen sollten (vgl. Kap.5), schwach vertreten. Die aufstrebende Schicht der Angestellten ist nur halb so stark wie die konservative junkerliche und junkerähnliche. Diese hatten aber nur einen Anteil von 11 Prozent am technischen Beamtentum der Aufsicht. Den Löwenanteil der zweiten Hälfte beanspruchten die Kerngruppen des sog. *Besitzbürgertums*, Kaufleute und Fabrikanten.

Aufstiege aus dem Kreis der subalternen Beamten waren in unserem Beispiel so häufig wie aus der Kaufmannsschicht (12) und erreichten den Statuserhalt der höheren Beamten (11). Statistisch gesehen heirateten die in das höhere Beamtentum hineingeborenen späteren Gewerberäte in ihren Kreisen, dagegen verschmähten die aus subalternen Beamtenfamilien aufgestiegenen Söhne die Töchter ihrer Herkunftskreise, die sie wohl ebenso aus den Augen verloren wie die Töchter von kleinen Angestellten, Handwerkern und Bauern. Diese waren auch für die Fabrikanten- und Kaufmannssöhne "unberührbar" oder wie die Arbeitertochter aus Solingen nur für ein Abenteuer gut. Im Gegensatz dazu umwarben die Söhne dieser Schichten die Töchter von freiberuflichen Akademikern. Für deren Söhne wiederum war das Ingenieurstudium kein erstrebenswertes Ziel, während umgekehrt die Söhne von Gewerberäten nichts lieber studierten als Medizin.

Neben dem engen Zusammenhang von sozialer Herkunft und Partnerwahl entschied die Aussicht auf eine sichere, d.h. lebenslange Anstellung über den Hochzeitstermin. Dr.Werners Tochter löste eine Verbindung, weil ihr Verlobter lungenkrank geworden war und sich keine Aussicht auf Karriere mehr bot. Maria Kress heiratete während des Krieges einen aussichtsreichen jungen Offizier von Adel, bevor dieser durch eine Verwundung für immer erwerbsunfähig wurde und seine Frau den Lebensunterhalt der Familie bestreiten mußte.[94] Als Dr.Adam wegen seiner Mesalliance zum 30.9.1903 aus dem Dienst entlassen wurde, erhielten die geprüften Assessoren nach 2-3 Jahren eine feste Anstellung und konnten nach bestandenem Examen heiraten.

Die Wartezeiten in den Phasen des sog. Assessorismus betrugen dagegen 10 und mehr Jahre, die Hochzeitstermine wurden hinausgeschoben. Der Leiter der badischen Gewerbeaufsicht, der in Preußen ausgebildete Dr.Bittmann, fragte seinen Arnsberger Kollegen Oppermann im Schreiben vom 7.7.1908, "über den heutigen Stand der dienstlichen Verhältnisse in Preußen einiges zu hören". Die Assessoren Dr.Junghans und Schmitz antworteten, daß Maschinenbauer beim Eintritt im Durchschnitt 24-26, die Chemiker dagegen über 30 Jahre alt seien. "Dem Vernehmen nach sollen aber jetzt überhaupt keine Anwärter über 30 Jahre alt aufgenommen werden"; das Alter beim Ablegen der Assessorenprüfung liege bei den einen zwischen dem 28. und 30., bei den anderen zwischen dem 35. und 37. Lebensjahr. Die Ernennung zum Inspektor erfolge im günstigsten Fall zwischen dem 32. und 34., nicht selten erst zwischen dem 34. und 40. Lebensjahr. Die Referendarzeit dauere vier Jahre, nämlich anderthalb Jahre praktische Ausbildung, anderthalb Studium und ein Jahr für das Examen. Von der Ernennung zum Assessor bis zum Aufrücken in eine Hilfsarbeiterstelle "dauert es jetzt etwa zwei bis drei Jahre, die militärische Dienstzeit nicht eingerechnet, vom Eintritt in den Gewerbeaufsichtsdienst an gerechnet bis zur Ernennung zum Gewerbeinspektor sieben bis acht Jahre."[95]

Das Absenken des Eintrittsalters führte neben dem Verlust an unspezifischer Praxis auch zum Verlust persönlicher Autonomie und zur völligen Abhängigkeit von der staatlichen Alimentierung. Brachten die frühen Inspektoren aus ihrer 10-20jährigen Berufspraxis nicht selten kleinere Vermögen aus Patenten, Tantiemen, Ersparnissen mit, Haus oder Grundbesitz und eine eigene Familie, so konnten die

94) Hilde Werner unten S.216; zu Maria Kress unten S.259f, dort auch ihr Konnubium.

95) C IIIb, 6-246 (1901-48); fünfseitiger Brief der Assessoren vom 25.07.1908.

späteren erst nach der Festanstellung auf eigenen Beinen stehen, gestützt auf die lebenslange Alimentierung. Sie mußten ihr technisches Können nicht wie Betriebs- und Zivilingenieure am Markt behaupten. Deshalb blieben sie ein Lebenlang in ihrer Stellung, auch wenn diese ihnen zu wenig oder zu viel abverlangte. Ausstiege aus dem Aufsichtsdienst führten nie ins freie Berufsleben, sondern immer in andere Bereiche von (meist staatlicher) Verwaltung.

Von den 94 auswertbaren Personen des PA-Samples sind 88 Hochzeitsdaten überliefert, die dafür sprechen, daß erst die Einführung der Assessorprüfung 1899-1904 die völlige Abhängigkeit brachte und die "Ursprünglichkeit und Abgeschlossenheit der Familie und des Hauses gegenüber dem Volke und dem Staate" (Riehl 1855) durch das Rechtinstitut des Berufsbeamtentums und seiner je spezifischen Rekrutierungsweisen weiter schädigte. Die vor 1899 als Assistenten mit (relativer) Sicherheit auf Festanstellung ohne Prüfung Eingestellten waren meistens schon verheiratet, die danach eingestellten Aspiranten (Referendare), an denen man das neue Ausbildungsprogramm durchexerzierte, heirateten erst nach, oft sehr lange nach der Assessorenprüfung.

Tabelle 22: Hochzeiten im Verhältnis zu den Einstellungsdaten.

	Hochzeitsdaten, die vor der Einstellung lagen			Hochzeitsdaten, die nach der Einstellung lagen					
Anzahl Jahre	- 1-4	5-9	>10	- 0-4	5-9	>10	CH v/n	L	U (a)
Sample bis 1899	13	13	6	9	1	1	6/2	3	6
N=43-9	32			11			(8)	9	
Sample ab 1899	2	0	0	10	11	10	3/6	3	6
N=33-9	2			31			(9)	9	

CH = Davon Chemiker vor (V) und nach (N) der Einstellung;
L/U = Ledige bzw unklare Fälle.

Wenn die Zahlen nicht trügen, hat die Einführung des Referendarsstatus und der Prüfung in Verbindung mit dem Absenken des Heiratsalters[96] die Regelung der privaten Verhältnisse nachhaltig behindert. Die Assessoren sind nicht nur professionalisiert, sie sind auch 'verstaatlicht' worden. Sie hatten die Hauptlast der Revisionen und Reisen in den lokalen Ämtern zu tragen und wurden je länger sich das Einrücken in etatmäßige Stellen verzögerte als junges, lediges und bewegliches Verwaltungsgut häufiger im ganzen preußischen Staatsgebiet zwischen Rhein und Memel hin und her versetzt. In den Kriegsjahren, in denen immerhin 7 von 27 Ehen geschlossen wurden, nahm die Beanspruchung der "uk"-Gestellten noch zu, während die Frontkämpfer, Verwundeten und Gefangenen ohnehin an der Regelung ihrer privaten Verhältnisse gehindert waren.

Das durchschnittliche Heiratsalter stieg demzufolge bei den seit 1899 Eingestellten von 31,1 (exkl. einem 50- und einem 22jährigen) auf 34,0 Jahre (exkl. einem 47- und einem 26jährigen), während im selben Zeitraum das Eintrittsalter dramatisch von 35,3 auf 27,9 Jahre sank.

Tabelle 23a: Häufigkeitsverteilung des Heiratsalters im Vergleich (N=76).

	<25	<30	31-39	>40	>45	>50	N=
vor 1899 Eingestellte	1	19	20	2	0	1	43
seit 1899 Eingestellte	0	8	20	3	3	0	33

Tabelle 23b: Häufigkeitsverteilung des Eintrittsalters im Vergleich (N=76).

	<25	<30	31-39	>40	>45	>50	N=
vor 1899 Eingestellte	0	6	30	3	3	1	43
seit 1899 Eingestellte	10	17	6	0	0	0	33

Die durchschnittliche Kinderzahl, die für 71 Ehen überliefert ist, sank von 2,6 auf 2,0 Kinder. Die Zahl der kinderlosen Ehen nahm zu, die Einkindehen und die Familien mit 3 Kindern gingen leicht zurück, die mit 4 und 6 Kindern sind ganz verschwunden.

Tabelle 24:
Häufigkeitsverteilung der Kinderzahlen pro Ehe im Vergleich (N = 70)

96) Vgl. den Brief der Assessoren sowie die Tabelle 23b.

Verteilung auf Eingestellte	Anzahl Kinder 0	1	2	3	4	5	6	7	Ehen/ Kinder	Durchschnitt
bis 1899	2	7	9	10	7	2	1	0	38/99	2,6
ab 1899	8	5	8	7	0	3	0	1	32/65	2,0

Die Familie mit 2 und 3 Kindern löste die mit 3 und 4 Kindern ab. Unter den 6 kinderreichen Familien sind die katholischen Eltern im Vergleich zum Gesamtsample überrepräsentiert. Die siebzehn auswertbaren Chemiker haben ebenfalls mehr Kinder als der Durchschnitt; vier kinderlose Paare eingerechnet haben sie 2,6 statt 2,4 Kinder.

Das Zahlenspiel gibt keine weiteren Aufschlüsse über die sozialen Folgelasten der Professionalisierung und Verbeamtung von Technikern beim übergang zur Leistungsverwaltung. Hier kann die ins einzelne gehende und idiographische Methode in Verbindung mit historischer Sozialwissenschaft wieder weiterhelfen. Reinhard Spree nennt Familienplanung eine "Rationalisierung der Privatsphäre", die im 20. Jahrhundert (statistisch gesehen) alle Berufsgruppen erfaßte, zuletzt Arbeiter- und Handwerkergruppen, die in der Mehrzahl 4-5 Kinder "realisierten". Selbständige Bauern und Landwirte sowie Arbeiter in den Baugewerben hätten bei den im späten 19.Jahrhundert geschlossenen Ehen die meisten (5-6), mittlere kaufmännische Angestellte die wenigsten Kinder (weniger als 3). "Damit unterboten sie die meisten Beamtengruppen deutlich, ebenso die Freien Berufe, die immer noch durchschnittlich mehr als drei Kinder pro Ehe besaßen".

In den nach 1904 geschlossenen Ehen nahm in allen Sozialgruppen der Anteil kinderloser Ehen zu, in den nach dem 1. Weltkrieg geschlossenen sogar sprunghaft. Dieser sprunghafte Anstieg der Kinderlosen ereignete sich bei den Einkindehen bereits bei den vor 1905 getrauten Paaren. Bei einem großen Teil der Beamten und bei allen Angestellten-Kategorien scheint schon vor dem 1. Weltkrieg "das Zwei-Kind-System zur Norm geworden zu sein, die in der Folgezeit (während der 20er und 30er Jahre) rasch durch das Ein-Kind-System ersetzt wurde."[97]

Über die Kindersterblichkeit sagen die Personalakten wenig aus, doch blieben im Einzelfall auch chemisch und hygienisch vorgebildete Väter machtlos. Die beiden Weltkriege dezimierten die Reihen der nachwachsenden Generation auch der Ge-

97) Spree 1981, S.79-92; die Zitate auf S.80f u.82.

werberatssöhne stärker. Hüttemann verlor die beiden Söhne, Dr.Maués sieben Söhne standen 1941 alle im Feld, mindestens zwei sind gefallen.[98]

4.6.4 Sorge für die nachwachsende Generation.

Der nachwachsenden Generation galt die besondere Sorge der Beamtenfamilien, sie ist ein Teil der "Rationalisierung des Privatlebens" geworden. Diese Einstellung ist auch für den ostpreußischen Junker Friedrich (v.) Dornis überliefert, dessen Tochter Meta im April 1911 als Assistentin in die Aufsicht eintrat -vielleicht ist sie jenseits der Sozialgeschichte eine anthropologische Konstante. Die Eltern von Meta Dornis hätten ihr ganzes Vermögen für die Erziehung der sieben Kinder aufgebraucht. Fast alle Nachrichten über den Werdegang der Söhne von Gewerberäten deuten auf den Besuch einer höheren Schule und auf ein Studium hin. Auch die Töchter gingen auf weiterführende Schulen und nahmen im Einzelfall ein Studium auf. Als **Dr.Rieth** nach Nienburg strafversetzt wurde, sorgte er sich um die Folgen für die Ausbildung seiner Kinder. Georg **Jäckels** Töchter, Jg.1894/95, standen vor dem Abschluß ihrer Schulzeit, als ihr Vater 1911 klagte, daß Dillenburg "keine ausreichenden Bildungsmöglichkeiten" für sie böten, und um Versetzung ins heimatliche Schlesien bat. Als ihm das verwehrt wurde, sei er "verdrossen" gewesen und habe die Töchter "auswärts unterrichtet." Eine Collius-Tochter und der jüngere Werner-Sohn besuchten ebenfalls auswärtige Schulen. Gleiches scheint für die Töchter von Jacobi, Dr.Winkler und **Cordes** zuzutreffen. Giesela C. ging auf die Musikhochschule Köln, ihre Schwester, die später einen Dr.H. heiratete, besuchte ein "Seminar" in Wiesbaden. Von den drei Töchtern des Johannes **Steinbrück** wurden zwei Volksschul- und Gewerbelehrerinnen, die dritte arbeitete nach der Handelsschule in Büros. Auch die Tochter von Lipschitz war Gewerbelehrerin. **Jacobi** führte 1929 einen Haushalt mit 7 Personen und einem Hausmädchen; eine Tochter war später auf der Hochschule für Kunsterziehung, die andere zuerst technische Zeichnerin, dann Jugendpflegerin. Die mitversorgte Nichte machte Abitur. In der antifaschistischen Familie von Ulrich **Artzt** studierten zwei Töchter für das Höhere Lehramt, ein Sohn wurde Mediziner. Die Tochter von Carl **Raabe**, selber Sohn eines Professors an der Königlichen Bergakademie in Kassel, heiratete einen promovierten Juristen und (späteren) "Finanzpräsident a.D.", der sich für die Rentenansprüche der Schwiegermutter starkmachen konnte. Von den sieben Söhnen Anton **Maués** sind zwei als Jurist und Mediziner identifizierbar. Die erwachsenen

---

98) Maué und Hüttemann verloren im 1.Weltkrieg 2 Söhne. Die Söhne von Alfred Müller, 1916 und 17 geboren, standen 1940 als Oberleutnante im Feld. Dr.Heucke starben zwei Kinder im Alter von 9 und 11 Jahren. Statistik und Interpretation zur Kinder- und Säuglingssterblichkeit in Deutschland bei Spree 1979, S.30-35,40,44,49-73.

Söhne **Grimms** bewohnten nach dem 2. Weltkrieg mit den Eltern zusammen "ein einzelnes, kaum heizbares Zimmer". Die aktuelle Not zwang den einen vorerst, sein Studium zu unterbrechen, der andere arbeitete aber bald als Assistenzarzt. Friedrich **Hüttemann** hatte offenbar ebenso wie Maué studierte Söhne im Krieg verloren. Die Söhne **Lühdorffs** waren nach dem plötzlichen Tod des Vaters beruflich versorgt. Hermann **Rieth** nahm vor dem Ersten-, die Kinder von **Kreis** nach dem Zweiten Weltkrieg ein Studium auf. Die beiden jüngsten der fünf Kinder Hassenpflugs waren 1929, beide über 2ojährig, noch "in der Ausbildung".[99]

Tabelle 25:
Nachrichten über Ausbildung und Beruf von Gewerberatssöhnen und -töchtern (N=46)

N = (Söhne)	-Bergassessor -Dr.phil (Stud.rat) -Kaufmann	-Jurist -Offizier -Redakteur	- Dr.med -	Stud.phil 1x -nat. 1x -ing.
23	je 1	je 2	5	9
N = (Töchter)	-Stud. phil	-Lehrer innen	-Weiterfüh. Schulen	Sonstige[a)]
28[b)]	3	5	10	3

a) Techn.Zeichnerin, später Jugendpflegerin; Erzieherin; Kindergärtnerin.
b) Inklusive das Konnubium von 7 Töchtern: Dr.jur., Zollinspektor, Fabrikant, Dr.med., Gewerberat, 2x "verheiratet".

Für über 80 Prozent der Söhne ist eine akademische Ausbildung nachweisbar. Lehramt und Medizin wurden gegenüber Chemie, Naturwissenschaften und Technik bevorzugt. Eine gute Verheiratung war bei 25 % der Töchter wichtiger als die

99) Zu Dornis unten S.262; zu Rieth oben Anm.78; HI J5, S.135 u.157 (Jäckel); D II Nr.10142, Bd.4, Ausbildung der Töchter; auch Cordes mit Pflegekind (Bd.5,1940), 20.07.1957 Todesanzeige (Konnubium der älteren Tochter). F I, Nr.70, Bd.6, Personalbogen von 1908 (Steinbrück); C IV, A686, Personalübersicht von 1921 (Bd.3); 1908 geboren, befand sie sich am 01.02.1930 "auf dem hiesigen Lehrerinnen-Seminar" (Lipschitz). E Vb, Nr.100, Bd.5 (06.11.1929), wohnte in Hildesheim, Pepperworth 10 in einer 5-Zimmer-Wohnung, Versetzung nach Düsseldorf zum 01.07.1919, mit Hilfe des Regierungspräsidenten Wohnung in Steinbergstr. 104, Vorbesitzer war ORR Dr.Freiherr von Heinser; Ausbildung der Töchter und der Nichten Bd.6,1942 (Jacobi). B 4, P 101293, Bd.4 (1941-43),(Artst); B 4, P 93382 lebte 1890-1935. Die Witwe heiratete einen Zahnarzt und machte 7 Jahre nach dem Tod des 2. Mannes Rentenansprüche aus erster Ehe geltend, die der Schwiegersohn einklagte. Die Verwaltung fand die Personalakten Raabes nicht! D 4, NwPe 1637, Brief an Regierungspräsident vom 03.02.1947 (Grimm); D 4, P 101307, Bd.3, Todesanzeige vom November 1947: "von unserem Sohn Eberhard fehlt noch jede Nachricht, unser Konrad fiel am Wolchow (Hüttemann); HI, L6 (98 S.), 1912 waren die Söhne 29 und 31 Jahre alt (Lühdorff); HI H14 (161 S.), S.159 (Hassenpflug).

Berufsausbildung. Von den übrigen besuchten fast alle weiterführende Schulen. Mit den 3 Studentinnen strebte ein weiteres Viertel ins Lehramt, in dem es, eine Versorgungsanstalt für Söhne und Töchter von höheren Beamten, schon im 19. Jahrhundert (zyklische) Überfüllungskrisen gab.

Der geradezu staats- und beamtenrechtlich abgesicherte Anspruch der höheren Beamtenschaft auf akademische und beamtete Versorgung ihres Nachwuchses kam schon in dem Ansinnen des Baurats Haege zum Ausdruck, der sich die Einnahmen aus der Dampfkesselrevision mit dem Hinweis auf die Ausbildung seiner Kinder zu sichern wußte. Dr.Werners Tochter Hilde, Jg.1897, "ging wegen eines Lungenleidens des Verlobten" die Ehe nicht ein und wolle den Schwesternberuf ergreifen, berichtete ein Referent anläßlich der Pensionierung des Gewerberats. Der jüngste Sohn, Jg.1907, sei ebenfalls noch unversorgt und wohne bei seinem älteren Bruder, einem Zahnarzt, in Gleiwitz und besuche dort das Gymnasium. Die ältere Tochter sei gut versorgt und mit dem Gewerberat Richter in Göttingen verheiratet. Am 24.3.1930 schrieb Hilde "*privatim*" an den Ministerialrat im Handelsministerium, daß es mit dem Schwesternberuf nichts geworden sei und sie ihr Domizil nach Berlin verlegt habe. Bevor sie dort für 15 Mark Taschengeld und freie Unterkunft "Wirtschafterin bei Schubert" wurde, kam noch einmal der Anspruch der Beamtentochter auf staatliche Versorgung zum Ausdruck: "Ich wollte mir die höfliche Frage erlauben, ob ich nicht wieder einmal ein Unterstützungsgesuch einreichen dürfte..."[100]

Waren die beiden Söhne Lühdorffs, der wie Trauthan auf einer Dienstreise starb ("Lungenschlag"), 29- und 31jährig beruflich versorgt, sind die beiden Kinder des 1913 plötzlich verstorbenen GR Heinrich **Collius** (Jg.1858), der in seinem neuen Wohnort Merseburg 1912 einen "angemessenen gesellschaftlichen Verkehr" pflegte, "zu ihrem späteren besseren Fortkommen" auf höheren Schulen. Die Tochter habe eben "auf einer Studienanstalt in Leipzig" das Abitur abgelegt, für den Sohn in Obersekunda betrage das Schulgeld 150 M. Da die Lebensversicherung des Mannes nur 3000 M., allein die Miete in Halle aber 1530 M betrage, befinde sich die Witwe in einer Notlage. Trotz heute noch schlechter Zugverbindungen zwischen Halle und Merseburg pendelte der Vater also in die Kleinstadt an die Saale, während die Tochter täglich mit allerdings besseren Fahrplanverbindungen in die Messestadt reiste.[101]

---

100) HI, V8, Bd.2, Brief vom 10.06.1926 über die Versorgung der Kinder. Hilde erhielt 100 M.

101) HI, C4, (132 S.) Regierungspräsident am 27.11.1912 (S.104f); Frau C. am 21.11.1913.

Der im Alter von 56 Jahren plötzlich verstorbenen GR Emil **Boukies** hinterließ zwei Söhne und zwei Töchter im Alter von 14 bis 19 Jahren. Die Witwe forderte Auslagen über 1870,20 M beim Regierungspräsident ein:

o	Krankheit und Beerdigung des Mannes	925,95 M
o	Honorar für Med.prof. und Pfarrer	50,00 M
o	"Trauerkleider und Hüte für mich und meine Tochter"	200,00 M
o	Schulgeld für 2 Töchter und 1 Sohn	101,50 M
o	Wohnungsmiete und Miete für das Büro, "welches von dem Nachfolger meines Mannes nicht übernommen worden ist"	375,00 M
o	Prämien für die Kapitalversicherung meiner Kinder	216,75 M
-		-------
-		1870,20 M
-		=========

Hinzu komme der bevorstehende Besuch eines Technikums durch den ältesten Sohn in Hildburghausen. Die älteste Tochter müsse vor der Hochzeit mit ihrem Verlobten, "der sein zweites Staatsexamen auch wieder mit 'recht gut' bestanden ... (und) zum 1.April d.J. eine Pfarre in Ostpreußen bekommen hat", noch eine Stelle als Erzieherin annehmen, um sich die Aussteuer zu verdienen. Gerade diese, wenn auch "einfache Aussteuer -Wäsche, Betten, Möbel, Kleider, usw.- ... ist es eben, (die) mir so unbeschreibliche Sorgen macht." Sohn Dietrich habe zudem das 6. Semester zurückgelegt und stehe vor dem Referendarsexamen. Kolleggelder, Bücher, Kleidung, Examensgebühren und -feiern allein überstiegen die Pension (1328,40 M), nicht zu reden von des Sohnes Herzenswunsch, "nach dem Referendarsexamen den Dr.jur. machen zu können". Die Witwe bitte den Regierungspräsidenten, ihr "in diesen noch ganz außerordentlich schweren Jahren mit pekuniärer Hilfe besonders beizustehen die Güte (zu haben)."[102]

Die bewilligte Unterstützung ist in diesem Fall nicht, in anderen vielfach überliefert. Bei beamtenrechtlich abgesicherten Anträgen ersetzte sie exakt Auslagen für medizinische Behandlung, ärztlich verschriebene Kuraufenthalte u.a. Für Notlagen aller Art wurden runde Pauschalsummen überwiesen, die im Ermessen des Verantwortlichen lagen, von der Annahme eines standesgemäßen und auskömmlichen Lebens ebenso ausgingen wie von der Ausstattung mit Sondermitteln. Für pensionierte Gewerberäte galten zu dieser Zeit 5000 M. für auskömmlich. Nach 40 Dienstjahren betrug die Pension den Höchstsatz von 80/100 des vollen Gehalts, das

102) HI, B5 (153 S.), Frau B. am 24.06.1907 (S.7-12).

bei einem Regierungs- und Gewerberat bis 7200 M betragen konnte. Die Witwenrenten waren nicht immer so niedrig wie bei Frau Boukies, deren Mann schon nach 15 Dienstjahren verstarb. Sie erreichten aber selbst bei Addition von Waisengeldern die auskömmliche Pension des verstorbenen Mannes in keinem Fall.[103]

4.6.5 Strapazen und Erholung.

Die Strapazen des Aufsichtsdienstes wurden durch das Anrecht auf freie ärztliche Versorgung, Kur- und Heilverfahren, nicht zuletzt durch Wohngeldzuschläge für standesgemäßes Wohnen und durch standesgemäßen Erholungsurlaub nur zum Teil wettgemacht. Die Zahl von 13 mutmaßlichen Streßtoten und die 8 Fälle mit einem "kurzen Lebensabend" bedeuten bei 51 auswertbaren Personen einen geschädigten Anteil von 40 Prozent. Auch wenn dieser Anteil wegen des eingeschränkten Samples zu hoch wäre, deuten zahlreiche Hinweise in den Akten auf Heilbehandlungen wegen Magengeschwür, "starker Herzzerrüttung", Herzmuskelschwäche, Hypertonie und Myodegenratio cordis (Richter, Lüschow, Schnöpf, Dr.Maué, Dr.Voltmer), auf die Gefährdung der Vitalfunktionen durch überbürdung und Überaktivität im Dienst. Ein Beamter wurde wegen "Nervenzerrüttung" und Problemtrinken (Lüssenkop) behandelt, drei noch nicht 60jährig als "für ihr Alter außerordentlich hinfällig" beschrieben (Möbius, Richter, Menzel). Der hohe letale Faktor wird durch den kurzen Lebensabend einiger Frühpensionäre ergänzt.

Tabelle 26:
Erreichen des Pensionsalters und Lebensabend der Gewerberäte (N = 51)

	früher Tod, vermutlich Streß-, Herz-sekundentod	Pensionierungen[a)] früh-seitig	recht-seitig	Lebensabend kurz	/ lang
bis 1899	7	6	13	5	4
Eingestellte					
∅ - Alter	58,1	58,1	65,5	69	69
seit 1899	6	8	11	3	8
Eingestellte					
∅ - Alter	52,5	61,3	68	68	84

"Streßtod": Apoplektischer und kardialer "Insult", "Lungenschlag" u.ä.
a) Einführung der Altersgrenze 1923; der hohe Durchschnitt in Spalte 4, Zeile 4,

103) Gesetz, betr. die Fürsorge für die Witwen und Waisen der unmittelbaren Staatsbeamten vom 20.5. 1882, GS 298, §10. Berechnung der Pension nach §8 des Pensionsgesetzes vom 27.03.1872, GS 268. Siehe auch Wunder 1987, S.105f, Kübler 1976, S.131f; Linck 1928, S.31-34,41f.

aufgrund der Weiterbeschäftigungen 1939-45.

Hilfstabelle zu 26: Häufigkeitsverteilung (N = 51)

Alter	40	50	60	70	80	90	N=
Streßtote	3	6	4	0	0	0	13
frühzeit. Pensionierung	1	4	9	0	0	0	14
rechtzeit. Pensionierung	0	0	20	4	0	0	24
kurzer Lebensabend	0	0	7	1	0	0	8
langer Lebensabend	0	0	0	4	7	1	12

Die Einführung der Altersgrenze 1923, gegen die sich die altgedienten Inspektoren Conrad Trauthan und Karl Müller noch auflehnten, soziale Maßnahmen und die Versetzung älterer Räte auf ruhigere Posten verbesserten die Überlebenschancen und gewährten einen längeren, fiskalisch kostspieligeren Lebensabend. Dazu trug auch das streßfreiere Zusammenleben in geräumigeren Wohnungen und der jährliche Vierwochenurlaub bei, den auch große Familien in deutschen Seebädern und Mittelgebirgen verbringen konnten.

Der Geheime RGR **Steinbrück** faßte sein Urlaubsgesuch mit schwarzer Tinte und schwungvoller Schrift am 27.6.1900 ab: "Euer Hochwohlgeboren bitte ich gehorsamst um einen Erholungsurlaub von zunächst vierzehntägiger Dauer, vom 6. bis 19. Juli zu einer Fahrt nach Helgoland und zur Ausführung einiger Ausflüge mit meinen Kindern während der Schulferien." Gewerberat A. hinterließ 1922 seine beiden Urlaubsadressen; er verbringe "die Zeit vom 17.-30. Juli in E. bei Herrn Direktor Dr.med... und vom 31.7.-5.8. bei Herrn Landgerichtspräsident..."

Bade- und Wanderferien standen gleichwertig neben Verwandtenbesuchen, die in die Heimat führten. Während die einen Jahr für Jahr landsmannschaftlichen Bindungen folgten, reisten andere scheinbar bindungslos umher, vor allem wenn sie "eigenes" oder "einiges" Vermögen besaßen. Den Westfalen **Kres** zog es an Rhein und Mosel, auch nach Tirol, in die Schweiz, nach Brüssel und an die Riviera di Ponente. Seine dienstliche Versetzung nach Torgau habe er "nicht verstanden". Der Regierungspräsident fand ihn auch 1904 "mit dem Stationsort doch nicht so ausgesöhnt". Dem Wunsch nach größeren Städten und dem Rheinland war man dann nach 10 Jahren doch nachgekommen. "Kres, dem es an Mitteln hierzu nicht fehlt, pflegt mit seiner Frau den Verkehr in den ersten Kreisen von R. und beide sind in denselben als fröhliche Gesellschafter gern gesehen."

Während unter anderem auch Hüttemann in guter Gesellschaft verkehrte (1904), war **Dr.Heucke** 1896 "noch wenig in gesellschaftliche Erscheinung getreten." Was bei dem Chemiker an der Kränklichkeit seiner Frau lag, konnte in der Nazi-Zeit eine andere Bedeutung annehmen. Bei den total eingestellten Volksgenossen weckte private Abgeschiedenheit zumal von höheren Beamten Argwohn. Man mußte als älterer Beamter wenigstens als "guter Kamerad" ausgewiesen sein, wenn man wie zum Beispiel Ulrich **Artzt**, bei dem es "eine Einstellung der ganzen Familie" war, und wie manch anderer Gewerberat des Samples nicht mitmachen und sich um den Eintritt in die Organisationen und Formationen drücken wollte.

Das im Hafen von Xanten liegengebliebene und von den Umzugszuschüssen nicht abgedeckt "Sportsboot" **Jacobis**, immerhin Vater von 5 Kindern und Arbeitgeber eines Hausmädchens, käme in dieser Zeit bei Juristen des Regierungspräsidiums wohl ebenso wenig vor wie in der zeitgenössischen deutschen Literatur. Man kann es als Ausdruck der tatendurstigen Modernität und Weltzugewandheit der jüngeren Inspektorengeneration (70er Jahrgänge) auffassen, die die fin-de-siècle-Stimmung überwunden hatten. Sie kommt auch in einigen überlieferten Paßphotos zum Vorschein -schlanke drahtige Herren, penibel und kurz frisiert und glatt rasiert, in Anzüge aus guter Tuche gekleidet, mit einem forschen Blick in die Ferne, den man auch aus Familienphotos der Zeit kennt, in denen die Ehefrauen auf den Boden, mindestens auf das Naheliegende blicken.[104]

Schnöpf war 1904-14 mit seiner fünfköpfigen Familie fast in jedem Jahr für vier Wochen auf Reisen -in die Schweiz, an der Nordsee, in der Eifel, in Bielstein und in Wenzigerode. **Menzel** 1903-05 auf Norderney, im Harz und in Oberhof. "Die

---

104) E Vb, Nr.100, Bd.3 (1918-20) das Boot blieb bei Jacobis Versetsung von Moers nach Münster surück. Am 01.04.1920 ist er wieder am Rhein. Zu der Lücke in der deutschen Literatur dieser Zeit siehe Kreutser 1970, Ross 1968, Kinder 1973 (literatur und geistesgeschichtlicher Hintergrund, der durch Sosial- und Beamtengeschichte su einer deutschen Mentalitätsgeschichte ausgebaut werden müßte); Gero von Wilpert, Sachwörterbuch der Literatur, Stuttgart 1979 (Stichwort "Sportroman"). Die Ikonographie bürgerlicher Familienphotos der Kaiserseit sum Beispiel bei Beuys 1980 und Weber-Kellermann 1983. Das Gegenstück bei Hobsbawm 1979. Im Handelsministerium wurden seit 1908 Porträtaufnahmen der Inspektoren gesammelt, D Id, Nr.58 (1928). Die Sammlung scheint verloren. In einigen Personalakten sind Porträts aufbewahrt, die Karl Bittmann gleichen. Dr.Urban dagegen ist mit rundem Gesicht, Mittelscheitel und über die Ohren hinausstehenden Bartspitsen und in Uniform abgebildet (HI,U2). Literatur über Badereisen bei Kuhnert 1984; s.auch Kübler 1976, S.274. Heuckes Urlaube führten nach Brüssel (1903, Kongreß für Hygiene), auf Nordsee-Inseln (1901/08/14) und in Solbäder (1909 und 12). 1916/17 war er im Hars bei "Gutsbesitser Hugo Heucke". Zu Kres C IV AK15: Schweis (1904/10), Bayern und Tirol (1905/06 /12), Riviera (1908), Brüssel (1910), das übrige 1915-18, als gäbe es keinen Krieg; su seiner gesellschaftlichen Stellung Regierungspräsident am 23.11.1906. F I, Nr.70, Urlaubsgesuch vom 27.06.1910. Dr.Dittrich war 1912 an der Nordsee und im Hars, 1915 sur Kur in Marienbad. Er starb am 0-7.07.1924 "während seines Ferienaufenthalts in Westerland-Sylt." Dr.Voltmer war 1907 in Tirol, 1912 in der sächsischen Schweis; Ölert 1905 im Hars, 1906 sur Weltausstellung in Mailand. Zur Weltausstellung in Paris konnten Hirsch, Hartmann, Oppermann, Stromeyer, und Mente dienstlich reisen, vgl. Handelsminister am 12.05.1900 in HI, H5, S.151.

Dürftigkeit meines Beamtengehalts" hinderte dagegen Lipschitz' vierköpfige Familie, an der für seine Dienstfähigkeit unerläßlichen "Ausspannung außerhalb Dortmund's" teilzunehmen. "Auch in diesem Jahre werde ich soweit sich das jetzt schon beurteilen läßt, eine Ausspannung in der obigen Form der Urlaubsverlebung außerhalb Dortmund's benötigen müssen. Aber auch meine Frau und meine Kinder bedürfen zur nötigen Förderung ihrer gesundheitlichen Verhältnisse unbedingt eines vorübergehenden Landaufenthaltes oder dergleichen in diesem Jahre."[105]

Auf manischen Wohnungsstreß ging in der zeitgenössischen Literatur nach Martin Walsers Interpretation Franz Kafkas "Die Verwandlung" zurück, der als promovierter Versicherungsangestellter sich ebenfalls um technischen Arbeitsschutz (in der nordböhmischen Industrie) bemühte. Er ist aber bei Gregor Samsa nicht auf unzureichende Wohnräume zurückzuführen.[106] Die Gewerberäte scheinen auch ohne Familie in der Regel geräumige 5-Zimmer-Wohnungen bezogen zu haben, in einigen Fällen -Hüttemann in Liegnitz, Menzel in Nienburg, Dr.Dittrich in Hildesheim und Collius in Halle/Merseburg- waren darin auch Büroräume untergebracht. Jacobi wohnte 1932 mit einem 8 Personen Haushalt in einer noch größeren Wohnung in Hildesheim, Pepperworthstr.10. Horn meldete 1901, daß "ich obgleich unverheiratet einen eigenen Hausstand führe, welchem eine Dame vorsteht, die mit nach hier übersiedelt ist. Meine Wohnung besteht aus 5 Wohn- und

---

105) C IV, A686 (Lipschitz), Handschreiben vom 14.02.1922. Der Rat erhielt 1925 eine goldene Gaumenplatte eingesetzt, seine hochgradig nervöse Frau 1926 eine 4-wöchige Kur verschrieben, die Tochter seit 1926 Ausbildungshilfe. B 4, P 52682 (Mensel), Bd.2 (1899-1919) - aus Privatvermögen sog der Rat 1500 M Zinsen im Jahr (1903), durch Nebentätigkeit (Fahrstuhlprüfungen) 435 M (1904). B 4, P 52650 (Schnöpf), seit Juli 1902 etatmäßig. Trots Erholungsreise im Februar und Märs 1911 "Zustand starker Herszerrüttung". Zu seiner wirtschaftlichen Lage nach dem Krieg oben Anm.65; 1926/27 wieder Reisen, Schwarswald und Schweis. Den Saarländer Westmeyer sog es 1900/ 01 nach Bad Nauheim und in die Vogesen, B 4, P 52658, Bd. 1. Der Bromberger Frits Prisch reiste nach seiner Einstellung 1893 sehr viel: Solbad (1895), Hohe Tatra (1896), Ungarn (1897), Tirol, Norwegen (1903 und 08, Eisengewinnung), Schweis (1907), Großbritannien (1908). Nach dem Krieg in Württemberg, im Siegerland und in Bad Kissingen, als Pensionär 1924 in Tarasp.

Hugo Möbius befand sich am 25.08.1937 "wegen nervöser Erschöpfung verbunden mit Obstipation" in Bad Wörrishofen. Ausführliche Kurrechnungen über 1000 und 550 M legten Unruh aus Bad Ems (Sommer 1915) und Lüschow aus Bad Wiessee (1924) vor (vgl. HI U1, S.115 "Lungenentsündung"; C IV I 762, Bd.2 "Nervenleiden"). Unruh brauchte für "Arst" und "Anwendung" nur ca.120 M, das übrige für die Reise (200 M), die Wohnung (180 M), 3 Mahlseiten am Tag (60/150/90 M), Kurtaxe, Nachmittagskaffees und "Unvorhergesehenes". Lüschow wohnte in Rottach für 3 M "einschließlich Morgenkaffee", im Badeort selbst habe er das dreifache rechnen müssen. Er habe "für die Verpflegung außerhalb des Hauses etwa 5 M täglich gebraucht." Die Therapie machte 2/3 der Kurspesen aus: In der ernüchterten Weimarer Zeit traten der gesellschaftliche Aufwand und das private Genußbedürfnis surück.

106) Klaus Wagenbach, Frans Kafka. Eine Biographie seiner Jugend 1882-1912, Bern 1958 S.144,314-37. Martin Walser, Selbstbewußtsein und Ironie, Frankfurt 1981, S.155-74.

Schlafzimmern mit Küche...". Seine Versetzung nach Magdeburg motivierte Dr. Schröder zur Aufgabe von zwei Inseraten in der Hagener Zeitung vom 24. und 27.4.: "Eine aus 5 Räumen bestehende Parterrewohnung (groß) nebst 2 Boden- und Kellerräumen ist wegen Versetzung des bisherigen Inhabers zum 1.Mai d.J. oder später zu vermieten."[107]

Die Räte des Samples waren auf zu viele Städte verstreut und die Akten enthielten zu wenige Adressen, um diese Beamten in die von W.H.Schröder u.a. begonnene Sozialtopographie der Städte einzubauen. Es seien nur einige Adressen genannt, die wahrscheinlich nur das praktische Streben nach Zentralität (Dienststelle, Bahnhof) ausdrücken: Roßstraße, Jülicherstraße und Geresheimerstraße für Düsseldorf (Ausnahmen: Oberkassel und Grafenberg, Geibelstraße), Ferdinandstraße und Heimholz für Hannover, Freiliggrathstraße und Körnerstraße in Münster, wo das Aufsichtsamt in der Grevenstraße lag.[108]

4.6.6 Militärdienst.

Auch das PA-Sample enthält zahlreiche Angaben über Militärdienst und Auszeichnungen der Gewerberäte. Der militärische Rang des Reserve-, Landwehr- und Landsturmoffiziers war für die dienstliche Beförderung der Räte ohne nachweisbare Bedeutung, sein Einfluß auf die Stellung in lokalen Gesellschaften, auf Versetzungen und Bevorzugungen kann angenommen, aber nicht bewiesen werden. Aus zwei Gründen waren die militärischen Verpflichtungen vieler Assessoren und Inspektoren für die entstehende Leistungsverwaltung eher hinderlich. Die militärischen Attribute waren seit der Reform in den 70er Jahren im Aufsichtsdienst eleminiert worden; außerdem dezimierten die immer 56tägigen Übungen vor militärischen Beförderungen, die z.B. Gräfe, Dittrich und Horn fast jährlich absolvierten, das ohnehin für zu klein befundene Aufsichtspersonal. Jäckel und Ermlich gingen wie Cordes aus einem Eisenbahnregiment hervor. Der eine brachte es zum Hauptmann der Reserve, der andere zum Major der Landwehr. Jäckel war ein Jahr nach dem Grundwehrdienst überzähliger Gefreiter, Unteroffizier und

107) HI H10 (238 S.) Brief vom 23.07.1901. Horn erhielt trotsdem nur die Hälfte der 820 M Umsugskosten erstattet wegen "Gesets betr. die Umsugskosten der Staatsbeamten vom 24.02.1877" (GS 15), S.5. F Ia, 189, Bd.2, 1900 - Die Wohnung in Hagen gehörte Prof. Dr. H., der sie für 600 M vermietete. Auch Ulrich Artst suchte 1913 "versetsungshalber" einen Nachmieter für seine Wohnung in Magdeburg, die Fernsprecher, Loggia, Veranda, Bade- und Mädchensimmer habe, alles "der Neuseit entsprechend eingerichtet." Artst hob in der Anseige die Nähe sur Goethestraße und sum Hauptbahnhof hervor.

108) Walberg 1980, S.102ff; Schwippe 1985; Erdmann 1986; H.J. Teuteberg, Wohnalltag in Deutschland 1850-1914, Münster 1985; Hannes Stehl (Hg.), Architektur und Gesellschaft, Salsburg 1980.

Vizefeldwebel. Denselben Rang nahmen nach ebenso kurzer Zeit Urban, Dewitz und Werner ein. Der ältere Rieth mußte dafür noch die Mobilmachungen 1859 (Vizewachtmeister bei den Husaren) und 1870 mitmachen (Gardegrenadier). Den Sekundeleutnant erreichte Rieth am Ende des 70er Krieges, die jüngeren Hartmann, Hassenpflug und Jäckel etwa acht Jahr nach dem Ableisten der einjährigen Dienstpflicht. Während letztere bald zum Premierleutnant avancierten, 1897 bzw. 1900, habe Dewitz nach seinem Übertritt in die Landwehr "zur Offiziersqualifikation ohne Erfolg geübt."

Tabelle 27:
Militärverhältnisse und Dienstränge der Aufsichtsbeamten (N=42, Mehrfachnennungen)

NACHWEISBARE WAFFENGATTUNGEN	- Infantrie[a]	15
	- technischeTruppen[b]	8
UNTEROFFIZIERSRÄNGE	-	20
DAVON VIZEFELDWEBEL	-	6
LEUTNANTSRÄNGE	- sekunde	6
	- premier	8
HÖHERE DIENSTGRADE	- Hauptmann	6
	- Major	2

Es wird keine weitere Unterscheidung nach Reserve, Landwehr und Landsturm getroffen;
a) Fußsoldaten, Grenadiere, Füsiliere usw. b) Pioniere, Artillerie, Eisenbahnregiment, Maschinengewehrabteilung.

Da sich die Auswertung auf 94 Personalakten stützt, kann nicht der Eindruck entstehen, daß alle Aufsichtsbeamten, die den einjährig-freiwilligen Militärdienst ableisteten, aus den Mannschaftsdienstgraden aufgestiegen seien. Trotzdem war dies im Zusammenhang mit der oft beschriebenen Militanz der Wilhelminischen Gesellschaft und wegen des Weltkrieges relativ häufig. Die Militärübungen und Beförderungen schienen sich in dem Jahrfünft vor dem 1.Weltkrieg zu häufen, ohne daß diese eher zufällige Beobachtung Fritz Fischers These vom 'Griff nach der Weltmacht' stützen muß. Die Mannschaftserhöhung von 1912/13 jedenfalls führte zur Aufstockung von Offiziersstellen.[109]

Eine volle Kriegsteilnahme ist immerhin für 17, eine wegen "uk"-Stellung unterbrochene Teilnahme für 7 Beamte des Samples bezeugt. Fast die Hälfte erhielt das Eiserne Kreuz am weiß-roten Band, das auch die militärfreien und "uk"-Gestellten

109) Von Bonin 1877/78, Bd.2,; HdM V, S.50-52,58,84,90f; s.auch oben Anm.51-54. Zur Militanz Wehler 1987, Bd.2, S.380; Gerhard Ritter 1954, Bd.1, S.128-31, Bd.2, S.226-35; John 1981, S.296ff; HdM IV 1, S.274-87.

an der 'Heimatfront' erhalten konnten, allerdings am weiß-schwarzen Band -feine, aber damals wichtige Unterschiede. Die offenkundigen Helden -Cordes, Blüher, Szezepanski, Lüssenkop und Hüttemann- erhielten zusätzlich den Ehrenkranz für Frontkämpfer, nur bei letzterem ist der Anlaß bekannt: Hüttemann geriet in englische Gefangenschaft und war bis zum Kriegsende, zuerst in South_ampton, dann in Amsterdam, interniert.[110]

Tabelle 28:

Auszeichnungen für Kriegsteilnehmer 1914/18.(N=29, Mehrfachnennungen)

- Volle Kriegsteilnahme nachgewiesen[a)]	19
- Teilweise Kriegsteilnahme[b)]	8
- EK II und I am weiß-roten Band	9
- Ehrenkranz für Frontkämpfer	5
- Sonstige Militärdienstauszeichnungen[c)]	10

a) Inkl. der Gefallenen Steinmann und Antweiler; Kattentidt, Schnöpf, Pirsch, Menzel, Hüttemann, Appelius, Cordes, Artst, Richter, Claussen, Szezepanski, Lüssenkop, Dr.Czimatis, Blüher, Dr.Dittrich (?), Ermlich (?), Jäckel (?).
b) Dr.Bender, Lipschitz, Möbius, Westmeyer, Vertschewall, Back, Dr.Schröder u. Dr.Hantelmann. c) 4 Verdienstkreuze und Dienstauszeichnungen sowie Hessische Tapferkeitsmedaille, K.u.K. Militärdienstkreuz 3.Klasse, Oldenburgisches Fried-rich-August-Kreuz, Schlesischer Adler II.Stufe (2x), Lippischer Leopoldsorden (zivil).

Die Gewerbeaufsicht übernahm in beiden Kriegen viele zusätzliche Aufgaben und war kriegswichtig (Kap.5). Gegen die deshalb in beiden Kriegen zahlreich ausgesprochenen "uk"-Stellungen legte die Heeresverwaltung Protest ein, ohne daß kenntlich würde, mit welchem Erfolg. Die meisten "uk"-Gestellten und Militärfreien erhielten für ihren Einsatz an der Heimatfront Standardauszeichnungen, in einigen Fällen das oben erwähnte EK am anderen Band, am häufigsten aber das Verdienstkreuz für Kriegshilfe. Am 9.5.1919 wurden Dr.Ernst, Heidsieck, Lampe, Rhode, Lipschitz und Hirsch damit dekoriert. Sie hätten sich "um die Erhaltung der Widerstandkraft des Deutschen Volkes dadurch besondere Verdienste erworben, daß sie die von den Militärbehörden erforderten technischen Gutachten über die Reklamationsgesuche von Gewerbeunternehmern, Angestellten und

110) Vgl. D II, Nr.10142, Bde 4/5, EK II (10.02.15); k.u.k. Militärdienstkreuz III.Klasse (09.02.17); EK I (25.09.18); Ehrenkranz Frontkämpfer (04.02.35); bei Blüher zählten die Parteigenossen 1936 u.a. das EK II und den Ehrenkranz, B4, P 52680, Bd.4; Lüssenkop machte parallel zur zivilen eine militärische Karriere. Sechs Monate nach seinem Eintritt als Referendar unterbrach er für den einjährigen Militärdienst (Fußartillerie). Noch vor seinem Ausscheiden wurde er überzähliger Gefreiter, dann Unteroffizier, im Mai 1912 schließlich Vizefeldwebel; 1914 stand er als Leutnant der Reserve im Feld, EK II und I folgten; 1921 Gewerberat, 1930-43 in Pension, dann reaktiviert, E Va, 521/1-4; Pionier Szezepanski mit EK II und I, Ehrenkranz und Tapferkeitsmedaille; Hüttemann 1908 Leutnant, 1914 gefangen, 1919 Oberleutnant und Hauptmann.

Arbeitern erstatteten, überdies für die Aufrechterhaltung der Leistungsfähigkeit der in der Heimat für Heeresbedarf und Lebensmittelversorgung tätigen Arbeiter durch Festsetzung von Sonderzulagen ... usw sorgten, daneben zahlreiche Sonderaufträge im kriegs- und volkswirtschaftlichen Interesse erledigten."[111] Zu den Standardauszeichnungen im Frieden gehörte der Rote Adlerorden 4.Klasse, der am jährlichen Krönungs- und Ordensfest (bei allem Respekt für die Gefühle der Zeit) als Dutzendware verteilt und als "Ordenschaft" plus Verleihjahr buchhalterisch geführt wurde. Das Treudienst-Ehrenzeichen in Gold und Silber erhielt der Beamte bei Dienstjubiläen. Der Kronenorden 3.Klasse, den drei ausgezeichnete Räte trugen, ist in der Kaiserzeit die höchste zivile Auszeichnung, die die Gewerberäte unseres Samples erhalten haben.[112]

Tabelle 29: Zivile- und Kriegsauszeichnungen im Kaiserreich und an der "Heimatfront" (N=41)

- Zahl der Militärfreien	20
- Verdienstkreuz Kriegshilfe	12
- EK II am weiß-schwarzen Band	7
- Roter Adlerorden 4.Klasse	25
- Landwehrdienstauszeichnung 3.Klasse	9
- Treudienst-Ehrenzeichen	7

4.7 Die Ausbildung der preussischen Aufsichtsbeamten.

Während Frankreich seit 1892 vom Aufsichtsbeamten als Techniker zum Teil abrückte, führte die Kritik an der Vorbildung der Beamten (Kap.4.4) trotz der zahlreichen neuen sozialpolitischen Aufgaben in Preußen nicht zu einer Kursänderung. Nur Chemiker und Maschinenbauer sollten in die Reihen des höheren "technischen" Beamtentums aufgenommen werden. Die Ansprüche von Medizinern, Volkswirten, Juristen und Arbeitern bzw. von deren Interessenvertretungen, das Fachpersonal aus ihren Reihen zu ergänzen, wurden vorerst und bis zum Ende des Kaiserreichs abgewehrt. Das preußische Aufsichtspersonal behielt deshalb eine andere fachliche und personelle Zusammensetzung als der badische oder hamburgische Aufsichtsdienst, er unterschied sich deshalb auch von den (alten oder neuen) Rekrutierungsgepflogenheiten in den USA, der Schweiz, Englands oder Frankreichs. Wenn v.Berlepsch die Anforderungen an die Vorbildung 1891 im Reichstag als "der Erwägung unterliegend" bezeichnete, so führten diese Überle-

111) HI E5, Bd.2 (05.09.1919).

112) Die zentrale Bedeutung der Ordensfeste zeigt z.B. ZSTA Merseburg Rep.221 (Geheimes Zivilkabinett), Repertorium, Bd.2. Theobald und Beckmann erhielten den Roten Adlerorden 3.Klasse.

gungen zu anderen Ergebnissen als in den meisten Nachbarländern, zu anderen auch als in einigen Ländern des Deutschen Reiches. Die preußische Verwaltung hielt die technische Vorbildung aus sachlichen und bürokratischen Gründen für unabdingbar und die sozialpolitischen, volkswirtschaftlichen und juristischen Kenntnisse für in der Praxis ohne weiteres erlernbar. Hatten nicht ältere Inspektoren wie zum Beispiel der Bergassessor Alfred Frief für Schlesien bewiesen, daß sie sich durch die Aufsichtsarbeit sehr genaue Kenntnisse von der sozialen und materiellen Lage der Fabrikarbeiter verschaffen konnten, Fachleute also in diesen Bereichen nicht nötig waren?[113] Von den in den Staatsdienst aufgenommenen und in das höhere Beamtentum mit allen Vorrechten aufgestiegenen Technikern konnte man, war die Ansicht, zusätzliche Anstrengungen erwarten, um während der Bewährungszeit als Assistent auch auf diesen Gebieten die nötigen Kenntnisse zu erwerben.

Damit hatten die Reformer die Praxis des Aufsichtsdienstes und die Arbeitskapazität der in kurzer Zeit und großer Zahl eingestellten Inspektoren in verschiedener Hinsicht über-, den Arbeitsaufwand in den einzelnen Ämtern aber unterschätzt. Das neue Personal sollte nach nur vierwöchigen Lehrgängen im Hörsaal der Bergakademie in die Praxis eintreten und dabei von einem erfahrenen Beamten angeleitet werden. Wenn es nur um die Anwendung vorhandenen Wissens gegangen wäre und die Neueingestellten jedes Jahr den erfahrensten, also den knapp 30 älteren Beamten unterstellt worden wären, hätte das Modell vielleicht Erfolg gehabt. Aber schon wegen der schnellen Vermehrung der Ämter mußten die Begabteren nach relativ kurzer Einarbeitungszeit kleinere Ämter übernehmen und dort nicht nur die Aufsicht über den technischen und sozialen Arbeitsschutz, sondern auch die zeitraubenden und anstrengenden Dampfkesselrevisionen übernehmen. Damals wie heute mußten die Beamten vor Ort deshalb eine Auswahl treffen, aber anders als heute gab es noch wenig Abstimmung, Kontrolle und Ergänzung zwischen Ämtern und Bezirken, wenn sich zu viele der Neuen nach jahrelanger Betriebspraxis oder Dampfkesselrevision auf den Teil der Aufsichtspflichten konzentrierten, den sie am schnellsten beherrschten. Dazu gehörte der soziale Arbeitsschutz am wenigsten. Unter den vielen Anstellungsvorgängen zwischen 1891 und 1895 hob nur eine Personalakte das sozialpolitisches Engagement des Anwärters "im Sinne Stöckers" hervor. Außerdem übersahen, worauf Lujo Brentano 1887 in einer Artikelserie der Berliner National-Zeitung hinwies, auch die älteren Beamten, die anleiten sollten, den sozialen Bereich meist nicht so umfassend wie Frief. Ihr juristisches Wissen war ungeprüft (und bleibt unprüfbar), ebenso ihre

113) Alfred Frief, Die wirtschaftliche Lage der Fabrikarbeiter in Schlesien usw., Breslau 1876.

volkswirtschaftlichen und hygienischen Kenntnisse, von denen allerdings einige in schriftlichen Arbeiten Zeugnis ablegten.

Da kein preußisch-deutsches Jahrzehnt zuvor so von öffentlich gemachten Wortmeldungen der Organisationen, Verbände und Einzelnen durchleuchtet war wie das letzte des vergangenen Jahrhunderts, konnten die Mängel nicht unerkannt und unbesprochen bleiben. In den nun zahlreichen sozialpolitischen Zeitschriften erschienen lange Artikel, die im Ministerium gelesen (oder sogar geschrieben), im Reichstag zitiert und in Denkschriften in Teilen abgeschrieben wurden, u.a. um Verbandsinteressen Munition für ihre Forderungen nach Berücksichtigung ihrer Klientel im Aufsichtsdienst zu geben. Nachdem die erste wissenschaftliche Arbeit über die Gewerbeaufsicht (Weyer 1888) sich noch mit den englischen Verhältnissen befaßt hatte, erschienen in den folgenden zwei Jahrzehnten zahlreiche wissenschaftliche Monographien, aus denen Stefan Poerschke 1911 die erste und heute noch respektable Zwischenbilanz zog.[114] Auf dem Forum des politischen Widerstreits, dem Landtag, verging nun kaum ein Jahr, in dem nicht -anläßlich von Haushaltsdebatten: *pecunia est enim nervus rerum gerendarum-* Vertreter der verschiedenen Richtungen unter Hinweis auf die neueste Literatur und nach meist sorgfältiger Lektüre der letzten Jahresberichte für die Interessen ihrer Klientel sprachen.[115] Die vier Assistentinnen, meinte etwa der Abgeordnete Goldschmidt in der Etatdebatte vom 16.2.1906 (24. Sitzung des preußischen Landtags) seien "wohl noch nicht in etatmäßige Stellen eingerückt", bei 487'738 Arbeiterinnen -"gegenüber dem Vorjahr ein Mehr von 58'000"- ohnehin zu wenige Kräfte. Schon der Schweizer Arzt Dr.Schuler habe eine "beachtenswerte Kritik über die Prüfungs- und Vorbildungsverordnung für die preußischen Fabrikinspektoren geschrieben", die in dem neuen Buch eines "hochverdienten Berliner Arztes und einer Autorität auf dem Gebiete der Berufskrankheiten" aufgegriffen worden sei. "Prof.Dr.Sommerfeld ... tritt in seinem Buche mit überzeugender Kraft für die Hinzuziehung von Ärzten und Hygienikern zur Fabrikinspektion ein".[116] Goldschmidts Bewertung von Sommerfelds neuem Buch, an dessen Würdigung heute wieder gearbeitet wird[117], ist nur vom Standpunkt der beteiligten Interessengruppen verständlich. Das Buch selbst überzeugt heute nur den , der die seitenlange, wortwörtliche Wiedergabe amtlicher Dokumente oder deren Paraphrase, die 90 Prozent der knapp

---

114) Die Literatur vor 1890 bei Quarck 1889, S.404-07; danach Poerschke 1913, S.225-28; Stammheimer, Bibliographie der Sozialpolitik, Jena 1912, S.378-85; s.auch oben S.4ff.

115) Vgl. die Zunahme bis 1890 oben S.126, Tab.5; s.auch Quarck 1889, S.400ff; Poerschke 1913, S.170, Anm.1.

116) Haus d.Abg.,22.Sitzung am 07.02.1902, Sp.1390, mit Verweis auf Drucksache Nr.56; zu Borkmann: Haus d.Abg., 18.Sitzung am 08.03.1909, Sp.3630ff (Drucksache Nr.130).

117) Müller/Milles (Hg.) 1985, S.478ff.

200 Seiten füllen, für eine Analyse hält. Noch in seinem Kern -30 Seiten über "die Eignung der Gewerbeaufsichtsbeamten zur gesundheitlichen Überwachung der Gewerbebetriebe" (S.73-106)- argumentierte der Arzt wenig, sondern sammelte akribisch Befunde und stellte die von seiner Autorität getragene Diagnose: Die Beamten müssen wegen der vielen Vorschriften überlastet sein, und sie können Krankheitssymptome -"Frauenleiden", "Unterleibsleiden" (S.106)- nur dilletantisch benennen und medizinisch gar nicht einordnen. Sommerfeld brachte wie Schuler die preußische Prüfungs- und Ausbildungsverordnung in voller Länge (S.86-91) und führte erst dort über den Schweizer Arzt hinaus , wo er anhand der Jahresberichte aus ärztlicher Sicht die Mängel der bisherigen Inspektion aufzeigte (S.94-106): "Fast nirgends begegnen wir (in den Jahresberichten,Verf.) einem selbständigen Urteile der Berichterstatter, und den Mangel an eigenen Beobachtungen und Erfahrungen suchen sie durch Befragen der Kassenärzte, der Kassenvorstände und selbst der Hebammen (Sperrdruck) zu ersetzen. Letztere als Gewährspersonen für die Beurteilung gewerbehygienischer Fragen anzurufen, hat einen etwas komischen Beigeschmack..."[118]

In der oben angesprochenen Artikelserie hatte Lujo Brentano für den sozialpolitisch interessierten Teil der akademischen Volkswirtschaft Kritik an der Ausbildung geübt: "Sodann war ihre Bildung lediglich die von Technikern; von wirtschaftlichen und sozialpolitischen Kenntnissen fand sich bei ihnen kaum eine Spur."[119] Die deutsche Bauzeitung antwortete, "daß der Volkswirt manchen Dingen des Fabrikbetriebes ein weit geringeres Verständnis entgegenbringt als der Techniker ... Er wird beispielsweise über die Bedeutung von Schutz-vorkehrungen an Triebwerken, über den Wert von Einrichtungen gesundheitlicher Natur, über die wirkliche Bedeutung einzelner Bestimmungen in Fabrikordnungen usw. ungleich weniger ein klares Bild sich verschaffen können als der Techniker, daher wahrscheinlich noch öfter als dieser dem Fabrikherren gegenüber der Getäuschte sein". Gleichwohl erkenne man die Ergänzungsbedürftigkeit des bloß technischen Wissens für den Aufsichtsdienst an. Aber weder Volkswirtschaftslehre noch Gesetzeskunde hätten an den preußischen THs eine "anerkannte Geltung". "Eine Vorlesung über Baurecht, die aus einer früheren (in dieser Hinsicht weniger engherzigen) Zeit überkommen ist, findet vor den Augen der Unterrichtsverwaltung keinerlei Gnade und würde von dieser vielleicht längst aus dem Lehrgebiete entfernt worden sein, wenn dabei nicht einige Rücksicht auf die Persönlichkeit des betreffenden Dozenten unabweislich geboten wäre."[120]

118) Theodor Sommerfeld, Der Gewerbearzt, Jena 1905, S.115.

119) Zit.nach Deutsche Bauzeitung Nr.51, 25.06.1887, S.306.

120) Ebendort S.306f; die Kontroverse wurde in der Weser-Zeitung vom 30.06.1887 aufgegriffen, ihr Artikel ebenso wie der der Bauzeitung in A2, Bd.4, S.196ff abgeheftet.

Nachdem auch jene akademische Volkswirtschaft, die in staatlicher Sozialpolitik eher eine Belastung der Wirtschaft sah, eine Mängelanalyse aufgestellt und ihren Anspruch auf Beteiligung an der Aufsicht formuliert hatte, blieb der Anspruch auf Repräsentation der beiden größten und am meisten betroffenen Gruppen zu klären übrig, der Arbeiter und Frauen, die am wenigsten für sich selbst sprachen und am meisten Fürsprache brauchten. In der "Neuen Zeit" sprachen die Funktionäre, in "Der Arbeiterfreund" die Verwaltungsbeamten für sie. Nachdem der Verein für Sozialpolitik eine praxisorientierte Schwester, den Verein für Soziale Reformen, bekommen hatte, bot deren 1891 gegründete Zeitschrift "*Soziale Praxis*" der Gewerbeaufsicht einen festen Platz, auch dann noch, als die 1913 gegründete "*Zeitschrift für Gewerbehygiene*" nach 1919 mehr und mehr zum Sprachrohr des dann etablierten Vereins für Gewerbeaufsichtsbeamte wurde. Alle genannten Zeitschriften widmeten der Arbeiter-, Frauen- und Ärztefrage eine bibliographisch nicht aufführbare Fülle von Artikeln und Stellungnahmen.

Für die Beteiligung von Arbeitern an der Aufsicht setzte sich im Rahmen der SPD-Programmatik die "*Neue Zeit*", im Rahmen des administrativ riskierbaren "*Der Arbeiterfreund*" ein. Der sozialpolitische Frühling des Neuen Kurses und v.Berlepschs Äußerungen zu dieser Frage signalisierten ein günstiges Klima. Auch nach Abschwächen der Reformimpulse ging der preußische Landtag 1898-1910 nach Poerschkes Zählung noch mehrfach auf die Frage ein (S.170). Während aber Baden und Bayern, beide 1896, und in ihrem Gefolge weitere deutsche Länder -Hessen 1907, Sachsen 1912- Arbeiter einstellten, kam es in Preußen bis zum Ende des Kaiserreichs nicht dazu. Aber auch in Baden stagnierte die Anstellung nach 1902 und wurde durch Bittmann 1909 mit Argumenten begründet, die er aus Berlin mitgebracht zu haben scheint. Im preußischen Landtag jedenfalls wurden die in etwa gleichlautenden Anträge von Dr.Hirsch (7.2.1902) und Borgmann (8.3.1909) abgewiesen.[121]

Die preußische Verwaltung zeigte in der Anstellungsfrage von Ärzten, Juristen, Volkswirtschaftlern, Arbeitern und Frauen eine bemerkenswerte Unabhängigkeit von Verbandsinteressen, ohne sich dem sachlich begründeten Teil der Mängelberichte zu verschließen. Fast gleichzeitig mit der Anstellung der ersten Arbeiter (Baden/Bayern 1896) und Frauen (Hessen/Bayern 1897) und parallel zum Stagnieren der sozialpolitischen Reform wartete Preußen mit der national und international lange Zeit einzigen Ausbildungsverordnung für diesen Verwaltungszweig auf.

121) Haus d.Abg., 22.Sitzung am 07.02.1902, Sp.1390 mit Verweis auf Drucksache Nr.56; ebendort 48.Sitzung am 08.03.1909, Sp.3630ff (Drucksache Nr.138); s.auch die Petition des Schriftsetzers Mühlberg vom 10.03. (Reichstag) und 15.11.1909 (Landtag), ebendort, Drucksache III 3643, abgeheftet in A1 adh.23, S.162f.

Sie sollte die Mängel der Praxis aufheben und die Vorschläge der Experten in einem archimedischen Punkt vereinen -dem dreijährigen Referendariat, in dem die dreisemestrige Vorbereitung auf das 2.Staatsexamen erfolgte. Als man die Beamten teilweise 1897 und vollständig 1900 von den Pflichten der Dampfkesselrevision entband -Baurat Haege war nun längst pensioniert- und durch immer neue Teilungen immer kleinere Bezirke und Ämter schuf, nahm man sie bezüglich nahezu aller sozialpolitischen und professionellen Forderungen der Zeit in die Pflicht -mit den in Kapitel **4.5** analysierten Folgen für ihr Privatleben, das zu regeln schwieriger, und ihre Lebenschancen, die größer wurden.

Die Einführung einer weiteren Prüfungshürde lag in einem Land nahe, das von Bürokraten neu geschaffen und gelenkt war und das den Glauben an ein durch Studium und Examina gefestigtes höheres Beamtentum nie verloren, vielmehr gegen alle Zeitströmungen in einem Systen von Vorrechten, Besoldungen und Versorgungsansprüchen verankert hatte. Den besonderen Ansprüchen entsprachen in der damaligen Beamtenethik besondere Pflichten. Pflichtbewußtsein war eine *conditio sine qua non* des höheren Beamtentums, die auch zusätzlichen Anstrengungen des Technikerkorps in der Gewerbeaufsicht rechtfertigte. Ethik und Vorrechte von Beamten gründeten in Preußen-Deutschland auf der eher unblutigen Auseinandersetzung von Adel und Bürgertum um die politische Macht, in der sich "*examinations as administrative devices*" (Montgomery 1965) durchgesetzt hatten. Seither lernte man in Deutschland nicht mehr um der Studieninhalte, sondern um der angestrebten, bevorrechtigten Positionen willen. Man opferte geistige Güter materiellen Zielen, ohne diese neuzeitliche Fortsetzung der mittelalterlichen *Simonie*, die ihrerseits noch wenig erforscht ist, etwa in der Professionalisierungsdebatte, wo sie hingehört, ausreichend analysiert zu haben.[122] Stellungslose Lehrer, Historiker u.a. erkämpfen sich heute gegen übermächtige Günstlinge des deutschen *Monopsonisten* "Staat" nur kleine Marktchancen oder erhalten von demselben halbe Bat-III-Stellen auf Zeit, zu zeigen, was sie für "die Wissenschaft", den Abgott, taugen. Mit Erasmus dürfen sie dann (ggf. in englischer Übertragung) sagen: "I must acquire the absurd title of 'doctor'. It will not make me a hair better".[123]

---

122) Vgl. Prahl 1974. Daß Professionen geistige Güter verwahren und vermarkten, ist Allgemeingut, nicht der Bezug zur Simonie, die ihrerseits erforscht werden müßte: Hans Meier-Welcker sprach nach seiner Tübinger Dissertation von 1952 vom "Fehlen der Geschichte einer Simonie" (ZKG 64, 1952/53, S. 61), die durch Alfons Kupper (Diss. Mainz 1955) und Friedrich de Boor (Diss. Halle 1964) nur um Einzelstudien zum 11. und 14. Jh. erweitert wurde. Das Beamtentum der deutschen Lehrer und Professoren wäre eine späte Etappe in dieser Geschichte. Eine frühere bei Mieck 1984. Dagegen lag die Versorgung seiner Schüler mit Pfründen "dem Antisimonisten Grundmann ... nicht am Herzen", vgl. Borst 1976, S.14. Eine brilliante Romanistenschule zahlte sich dagegen für führende Schüler aus, vgl. Odo Marquard, Krise der Erwartung, Stunde der Erfahrung, Konstanz 1982.

123) Zit.nach W.C.Eells, Degrees in Higher Education, New York, 1963, S.15.

Die Einführung eines zweiphasigen Ausbildungsganges lag in einer Verwaltung nahe, in der Juristen den Ton angaben. Das Referendariat sollte die Unterschiede in der Vorbildung zwischen Maschinenbauern und Chemikern, aber auch zwischen Chemikern untereinander,einebnen und die Aufnahme des umfangreichen nichttechnischen Wissens nicht mehr lokalen Zufälligkeiten oder persönlichen Einzelleistungen überlassen. Man schuf mit dem Assessorexamen, das nach 1889 verbindlich und seit 1904 durch ein Amt zentral abgenommen wurde, die formale Angleichung an den juristischen Ausbildungsgang. Die neue deutsche Bildungskonstruktion überstand die noch bevorstehenden Debatten um die "Befähigung zum höheren Verwaltungsdienst" unbeschadet.[124]

Nach einem "mindestens dreijährigen " Fachstudium (§2) wurden seit Anwendung der Verordnung von 1897 Chemiker,Berg-oder Maschinenbau-, Hütten- oder Maschineningenieure in den "mindestens eineinhalbjährigen" Vorbereitungsdienst übernommen (§3), aber nur, wenn sie als Hütteningenieure ein- und als Chemiker und Maschinenbauer zwei Jahre Praxis mitbrachten (§4). Für die Ausbildung der "Aspiranten" war der Regierungspräsident (§5), für die Einstellung der Handelsminister verantwortlich (§6), zuständig blieb der Gewerberat eines bestimmten Bezirks (§7).

> "Zum Zwecke seiner praktischen Ausbildung wird der Aspirant von dem Regierungspräsident für die Dauer von achtzehn Monaten einer Gewerbeinspektion überwiesen. Bei dieser hat er an allen Dienstgeschäften fleißig teilzunehmen und den Revisionen der gewerblichen Anlagen, sowie den Dampfkesselprüfungen so oft wie möglich beizuwohnen: Auch kann ihm im letzten Drittel der Vorbereitungszeit mit Genehmigung des RGR die selbständige Ausführung einzelner gewerblicher Revisionen übertragen werden."

Die Referendare arbeiteten ohne Besoldung. Dienstaufwandentschädigung könne gewährt werden (§8). Den praktischen Teil der Ausbildung beendeten sie mit einer "großen Probearbeit" (§13). Das Thema werde vom RGR gestellt und entstamme dem Geschäftsbereich des Amtes. "Als Probearbeit kann ein Jahresbericht oder ein anderer bedeutender Bericht gelten."

> "Nach erfolgreicher Beendigung des Vorbereitungsdienstes bei einer Gewerbeinspektion hat sich der Aspirant zur ferneren Vorbereitung auf die zweite (Haupt-) Prüfung während der Dauer von wenigstens drei Semestern an einer deutschen Universität dem Studium der Rechts- und Staatswissenschaften un-

124) Haus d.Abg., 78.Sitzung am 28.05.1902, Erste Beratung des Gesetzesentwurfs über die Befähigung für den höheren Verwaltungsdienst, Sp.5539-98. In den Drucksachen (Nr.204) sind das Befähigungsgesetz von 1879 (GS 160), die Regulative von 1882/83, 1887 /88 und 1891 und der neue Entwurf abgedruckt.

ter besonderer Berücksichtigung der Gewerbeverwaltung, Gewerbehygiene und der Wohlfahrtspflege zu widmen."

Den Aspiranten, die seit 1904 nicht mehr die freie Wahl des Studienortes hatten, sondern nach Berlin gehen mußten, standen maximal zwei Jahre Studienurlaub zu. Dann mußten sie die Zulassung zur zweiten Hauptprüfung beantragen (§15), "spätestens nach Ablauf von dreieinhalb Jahren seit der Annahme des Aspiranten" (§16), falls der einjährig-freiwillige Militärdienst nicht ein weiteres Jahr beanspruchte. Die Assessorprüfung bestand aus zwei Hausarbeiten, die jeweils binnen sechs Wochen bearbeitet werden mußten (§§18f). Die mündliche Prüfung erstreckte sich auf drei Gebiete und war mit "einem freien Vortrag aus Akten zu verbinden, die dem Aspiranten drei Tage vor dem Termin zugestellt werden" (§21).[125]

Aber konnte ein Ausbildungs- und Prüfungsverfahren nach dem Modell der Juristenausbildung die Mängel der Praxis beheben, wenn die gewerbliche Erfahrung in einem doppelten Sinn verlorenging ? Neben dem in Kapitel 4.5. angesprochenen Verlust an unspezifischer Betriebserfahrung hielt man die Aufsicht auch von subalternen Zugängen frei und gestattete nur, und das halbherzig, eine Handvoll Ausnahmen, die Arbeiter und Frauen in einer Person sein sollten. Sie sollten als "Assistentinnen" den Aufsichtsdienst erproben. Den doppelten Praxisverlust kompensierte eine nachgeholte und gelenkte achtzehnmonatige Mitarbeit im Aufsichtsdienst und eine weitere Akademisierung. Es sei durchaus falsch, verteidigte Bittmann im März 1909 im badischen Landtag noch einmal grundsätzlich diese Auslese, daß Beamte aus dem Gewerbegehilfenstand die nötige Sachkenntnis zu einer effektiven Revisionstätigkeit besäßen.

> "Gerade die Beamten mit umfangreichem theoretischem Wissen sind vor allem in der Lage, sich auf den verschiedenen Gebieten industrieller Tätigkeit in dem gebotenen Maße einzuarbeiten, während das Wissen des sogenannten Fachmannes aus dem Gehilfenstand versagen wird, sobald er sich auf Gebiete

125) Vorbildungs- und Prüfungsordnung für die Gewerbeaufsichtsbeamten vom 07.09.1897, IVMBL 1897, S.221-24, Sonderdruck (13 S.) in D I, Nr.478; §27 sieht bis sum 01.04.1901 eine Übergangslösung vor. Anweisung sur Vorbereitungs- und Prüfungsordnung für die Gewerbeaufsichtsbeamten vom 13.11. 1897, IVMBL 1898, S.32-35. Ministerialerlaß an die Studierenden des Maschinenbaufachs betr. die Befähigung für den Gewerbeaufsichtsdients vom 03.04.1903, HMBL 1903, S.127. Ministerialerlaß betr. Einführung der Titel "Gewerbereferendar" und "Gewerbeassessor" vom 20.01.1904, HMBL 1904, S.23. Das in §17 der Prüfungsordnung von 1897 vorgesehene sentrale Prüfungsamt in Berlin nahm erst 1904 seine Arbeit auf, vgl.Preußen. Staatshaushaltsetat pro 1910, Anlagen Bd.II, Nr.26, Beilage A, S.37, Kap.68, Tit.6e. Ministerialerlaß betr. die Ausbildung der Gewerbereferendare im Dampfkesselwesen vom 06.06. 1910; dass. betr. die Prüfungsordnung für Gewerbeaufsichtsbeamte vom 20.06. 1910; dass. betr. Vorbereitungsdienst der Gewerbereferendare vom 17.10.1910, alle in HMBL 1910, S.236,273,533. Zur Ausbildung der Referendare sind sahlreiche Quellen überliefert, u.a. B2, Nr.20026; C IIIb, 6-233; D I, Nr.24 u.478.

begibt, die ihm bis dahin fremd waren. Die Anstellung von Facharbeitern aus allen für die Gewerbearbeit in Frage kommenden Berufen ist aber ausgeschlossen."[126]

Für das geplante Prüfungsamt für Gewerbeaufsichtsbeamte in Berlin waren im Etat pro 1901 in Kap 68, Tit.6e, für 5 Mitglieder und einen Vorsitzenden eine Remuneration von 400 bzw. 800 M. ausgeworfen. Das Amt begann aber erst im 2. Halbjahr 1904 mit der Prüfung von 7 Referendaren, in den folgenden Jahren im Durchschnitt von 20.

Tabelle 30: Zahl der geprüften Referendare 1904-1909.[127]

Jahre	1904	1905	1906	1907	1908	1909	N=113
Anzahl	7	18	10	23	20	35	D= 2o

Jedes Mitglied habe jährlich 40 Arbeiten zu korrigieren, "eine Arbeit, die jedesmal mindestens einen Abend in Anspruch nimmt." Die Vorbereitung auf die mündlichen Prüfungstermine -ca.5 pro Jahr und Mitglied- kosteten weitere Abende, die Vorbereitung auf die Prüfungsvorträge nochmals 4 Abende pro Jahr. Wegen dieser Belastung von zusammen 56 Abenden im Jahr fänden sich 1909 -wohl im Zusammenhang mit den in Kap. 4.5. analysierten Folgen für das Familienleben- nicht genügend freiwillige Gewerberäte und man habe einen Professor der hiesigen Universität, einen "Chemiker von anerkanntem Ruf", zur kommissarischen Übernahme der Geschäfte eines Mitglieds bewegen müssen.[128]

Die mündlichen Prüfungssitzungen wurden, wie das bei allen staatlichen Examina noch heute üblich ist, im Ergebnis protokolliert. Bei der preußischen Gewerbeaufsicht sind sie von 1910 bis 1934 überliefert. Am 16.4.1910 prüfte der Ausschuß in der Zeit von 10.05-14.25 vier Kandidaten. Zuerst referierten Päch und Junghans je 10 Minuten über Genehmigungsverfahren, dann prüfte GORR Frick über "Maximalarbeitstag und Geschichte der Nationalökonomie (Merkantilisten, Physiokraten, Adam Smith, Sozialisten und Kommunisten)", vor der Mittagspause GRR Will über Eigenschaften und Fabrikation von Mineralfarben. Nach der Pause trugen Winterhager und Emmel je 10 Minuten über private Beschwerden in ihrem

126) Zit.nach Bocks 1978, S.62; Bittmann antwortete auf eine Anfrage des Innenministeriums wegen der Petition Mühlberg, s.oben Anm.121.

127) Wie Anm.125 (Kap.68,Tit.6e); Peters 1935, S.55, ordnete das Prüfungsamt von 1904 verfrüht einem "Ministerium für Wirtschaft und Arbeit" zu.

128) Wie Anm.125 (Kap.68,Tit.6e).

Amt vor. "Von 13.25-14.25 prüfte GRR Hartmann über Dampfkesselexplosionen, Kesselarmaturen und über Unfallschutz an Holzbearbeitungsmaschinen."[129]

Am 4.10.1930 zwischen 9.35 und 13.05 prüften die Ministerialräte Dr.Ulrichs (Vors.), Rühl, Wasmuth, Dr.Ing.Kremer und GRR Simon, also kein direkt in der Aufsicht stehender Beamter, die Referendare Ernst, Böttcher, Koch und Dr.Lenz. Die Prüfung hielt preußisch genau den Zeitplan ein. Die Referendare trugen nacheinander je zehn Minuten aus den Akten vor -zweimal über Beschwerden aus dem Publikum und ihre Berechtigung, über den Umgang mit feuchter Nitrozellulose und darüber, "ob eine Hebevorrichtung ... unter die Bestimmungen der Aufzugsordnung fällt".-; es folgten vier halbstündige Befragungen aus disparaten Wissensgebieten:

- über rechtliche Bestimmungen für Aufzugs- und Kessel- anlagen;
- über die Funktion roter Blutkörperchen, über Ziegeleien und Druckereien;
- über Zellstoff,Papier- und Zuckerherstellung und Färbereien;
- über die Gliederung des Ministeriums für Handel und Gewerbe, die gesetzlichen Grundlagen der Aufsicht, über Tarifverträge und das Schlichtungswesen.[130]

Da bei Prüfungen nicht nur Kandidaten, sondern auch Prüfer auf dem Prüfstand stehen und beide ihre Erfahrungen einbringen (diese meist mehr als jene), sollen und können die Prüfungsprotokolle, ergänzt um einige Titel von Probearbeiten, nur dies zeigen: gefragt war nicht der gewiefte Techniker und Spezialist, sondern der möglichst vielseitige Generalist nach dem Bilde der die Prüfung beherrschenden Juristen und Ministerialbeamten. Ob das in Berlin vorgespiegelte Bild des allseitigen Aufsichtsbeamten in Amt und Alltag umgesetzt wurde, und wenn, ob sie dann die Mängel der Praxis ausräumten, bleibt zweifelhaft. Jedenfalls konnten die Fachbeamten für die andernorts eingesetzten Ärzte, Arbeiter und Frauen keinen Ersatz leisten, doch hat man erst in der personalknappen Kriegs-, dann in der sozialpolitisch orientierten Weimarer Zeit Konsequenzen daraus gezogen (Kap. 5).

Ein erstes Opfer der neuen Bestimmungen hat die Geschichte der Gewerbeaufsicht in Preußen in dem Chemiker **Dr.Arnold** zu beklagen. Der Sohn eines Gerichtsdirektors, der ältere Bruder Hauptmann, der jüngere Oberleutnant, wurde 1899 wie die anderen Chemiker des PA-Samples nach einer persönlichen Vorstellung im Handelsministerium eingestellt. Nachdem er drei Jahre später beim ersten Anlauf

129) A I, adh.3a, S.21f.

130) Ebendort, S.280f.

gescheitert war, angeblich war der Prüfungstermin "gänzlich unerwartet auf den 15.November 1902 ... 5 Tage vor meiner Hochzeit" gelegt worden, befände er sich nach dem 2.Durchfallen 1903 mit 34 Lebensjahren und 5 Jahren ohne berufliche Praxis als Chemiker in einer aussichtslosen Lage, die er besonders deshalb schwer trage, weil er sich als Assistent und nicht als Aspirant eingestellt meinte, das sichere Berufsbeamtentum und die lebenslange Alimentierung vor Augen. Beim Einstellungsgespräch sei von einer zweiten Staatsprüfung nicht die Rede gewesen. Arnolds Mutter, eine Beamtenwitwe, wandte sich in einem Schreiben mit klassischen Formeln der deutschen Beamtendevotion an den "aller durchlauchigsten, großmächtigen Kaiser und König! Allergnädigster Kaiser, König und Herr...". Die Verwaltungsjuristen waren aber nicht bereit, "das drohende Geschick von einer alten Frau" abzuwenden, sondern versahen ihr Schreiben mit herzlosen Randbemerkungen: Der Aspirant müsse gemerkt haben, daß ein neues Ausbildungsprogramm appliziert wurde. Schon bei der ersten mündlichen Prüfung habe er Mängel in Gewerberecht und Maschinenbaukunde und trotz des Fachstudiums auch in chemischer Technologie gezeigt. Seine Unkenntnis sei so groß, "daß er den ganzen Stand des Gewerbeaufsichtsdienstes diskreditieren kann". Nach einer dritten Prüfung würde er erst mit 41 Jahren Assessor, mit 48 Inspektor werden können. Selbst von einer remunerativen Beschäftigung sei abzuraten, der Mann zu entlassen.

Dr.Arnold blieb von seinem unkündbaren Beamtenstatus überzeugt, immerhin waren ja zuvor alle Eingestellten ohne jede weitere Prüfungen in den bevorrechtigten Stand hineingewachsen. Das zur Entscheidung angerufene Kgl.Landgericht zu Insterburg entschied den Kasus für den Staat, ohne zu überzeugen: Nach dem Gesetz vom 24.5.1861, §5, "entziehe sich" die Frage, ob Dr.Arnold zurecht aus dem Staatsdienst entlassen wurde, "der richterlichen Kognition". Der Erlaß seiner Exzellenz vom 18.5.1904, der die Entlassung verfügte, bilde eine unanfechtbare Grundlage der richterlichen Entscheidung. Das Urteil habe "die Rechtskraft beschritten...."[131]

131) HI, A3 (wie oben S.204, Anm.87).

KAPITEL 5

Die Gewerbeaufsicht 1914-1945

Als Einheit von Sprache, Kultur und Volk rechtfertigte 'Nation' die kriegerische deutsche Staatsbildung, der die Nachbarländer Dänemark und Frankreich umstrittenes Staatsgebiet und Österreich Einfluß opferten. Ein halbes Jahrhundert später löste die ungeprüfte Nationfähigkeit der Donaumonarchie den ersten globalen Krieg aus, der sich Jahre zuvor angekündigt und den zu vermeiden sich Bismarck bis zuletzt angestrengt hatte. Doch war diesmal der Auslöser nicht die Ursache: Die national erstarkten, wirtschaftlich, sozial und administrativ verwandelten Industriestaaten stießen in fremden Gebieten aneinander, denen sie ihre Sprache und Kultur, vor allem aber ihre Industriewaren brachten, im Tausch gegen die Rohstoffe, ohne die es keine großindustrielle Produktion gab. Der nationale Impetus hatte sich, angetrieben von dynamischen 'Volks'wirtschaften, zum imperialen weiterentwickelt. Was eigentlich das grenzüberschreitende Einflußstreben nationaler Großindustrien war, erschien an der Oberfläche in verwandelter Form als Ringkampf zwischen europäischen 'Völkern' um das Überleben der besser Angepaßten, *survival of the fittest.* Deshalb waren nationale Unterschiede etwa der Hautfarbe, der Sprache oder der Phänotypen unterschiedlicher Verwaltungsstrukturen im öffentlichen Bewußtsein wichtiger als industrielle Produktionszahlen und Absatzchancen - die Geschichte rollt ab, ohne ein Bewußtsein ihrer selbst zu besitzen (J.P.Sartre). Trotzdem waren es wirtschaftliche Kräfte, die den Krieg letztlich verursachten, und es waren industrielle Ressourcen, die seinen Ausgang entschieden. Schon lange vor 'Ausbruch' des Krieges ließ das Deutsche Reich Großkampfschiffe bauen; die Hochkonjunktur auf den kaiserlichen Werften gab auch späteren Gewerbeaufsichtsbeamten als Regierungsbauführer Arbeit und anrechenbare Anstellung. 1912/13 erhöhte das Reich die 'Friedensstärke' seines Heeres auf 750'000 Soldaten; der Krieg wurde von hochgerüsteten Nationen geführt. Die unerwartete Dauer und sein globales Ausmaß führten in den meisten Ländern zu einer ziemlich weitreichenden Umstellung auf Kriegswirtschaft und zu politischen Reformen im Innern, die auf die Wirkung vereinter Kräfte im Äußeren abzielten. Beides verwandelte das in der Emanzipation seiner Gesellschaft rückständige Kaiserreich grundlegender, als es die meisten sozialen Reformen der Friedenszeit vermochten. Die schädlichen Folgen der verspäteten Parlamentarisierung der Verwaltungsspitzen bestimmte das politische Geschick der Weimarer

Republik ebenso wie die hohe Rechnung, die die Siegermächte dem Nachfolgerstaat ausstellten.[1]

Die staatliche Gewerbeaufsicht hatte es deshalb seit der Umstellung auf die Kriegswirtschaft (und bis zur Kapitulation des Hitlerstaates) nicht mehr mit 'normalen', d.h. in der Kaiserzeit üblich gewordenen wirtschaftlichen Verhältnissen zu tun. Bis auf wenige Jahre der Prosperität, die aus den bekannten Gründen eine Scheinblüte waren, herrschte in der deutschen Wirtschaft ein Ausnahmezustand. Dies konnte nicht ohne Einfluß auf die Arbeit der Gewerbeaufsicht bleiben. Es hat aber an der Personalstruktur dieser Aufsicht weit weniger geändert, als man besonders bei einer Mitbetrachtung der gesellschaftlichen Veränderungen, die den permanenten wirtschaftlichen Ausnahmezustand begleiteten, erwarten müßte. Obwohl die Aufgaben des sozialen Arbeitsschutzes gegenüber dem technischen mehr und mehr zunahmen, hielt besonders die preußische Gewerbeaufsicht - von einigen unten darzustellenden Zugeständnissen abgesehen- an dem in ihrer Verwaltungsgeschichte herausgebildeten Aufsichtsbeamten als Techniker fest. Das ist erklärungsbedürftig und bisher nicht ausreichend erklärt worden. Es wird verständlicher, wenn man den beamteten Chemikern und Ingenieuren eine ähnliche Autonomie und erfolgreiche Wahrung ihrer Gruppeninteressen nachweist, wie man sie bisher nur den freien Berufen nachsagte.[2]

5.1. Die Gewerbeaufsicht im Krieg 1914-1918

Das 20.Jahrhundert ist keines der Blitzkriege mehr. Die beteiligten Staaten neigen dazu, ihre letzten Kraftreserven zu mobilisieren, und ihre Verwaltungen reichen nun weit genug, diese auch an die Fronten zu schicken. Doch mußten sie im Laufe des 1.Weltkriegs diese Kompetenz erst erwerben. Im ersten Kriegsjahr zog die Heeresverwaltung Soldaten ohne Rücksicht auf ihre zivile Stellungen ein, die Wirtschaft erlahmte und Arbeitslosigkeit folgte. Das Referat für Zurückstellungen beim preußischen Kriegsministerium setzte bis Januar 1916 1,85 Mio Männer für den Kriegsdienst frei und führte nur etwa 60 Tausend an die Kriegswirtschaft zurück. Die Gewerbeaufsichtsbeamten beobachteten die Arbeitslage in den Betrieben, den Bedarf an Arbeitskräften und sorgten selbst für die Umverteilung von Arbeit. Die Einarbeitung und Überwachung der Neueingestellten besorgten sie

---

1) Rauh 1977; Sebastian Haffner, 1918/19. Eine Deutsche Revolution, Reinbek 1981, S.25-38. Wehler 1973, S.171-227; Wolfang J. Mommsen (Hg.), Der moderne Imperialismus, Stuttgart 1971; Volker Berghahn, Zu den Zielen des deutschen Flottenbaus unter Wilhelm II, HZ 210 1970, S.34-100; Burchardt 1968.

2) Zu wenig oder gar nicht berücksichtigt bei Raab/Meyer 1928, Vorbach 1931, Ammon 1933, Peters 1935, Bocks 1978, Gresser 1984.

zusammen mit der knapper werdenden Zahl von Werkmeistern. Als untere Verwaltungsbehörde hatten sie auch die Anträge auf Unabkömmlichkeit zu prüfen und auf die Einhaltung eines Minimums an technischem und sozialem Arbeitsschutz im Interesse der Wirtschaftskraft, weniger nun im Interesse des Einzelnen zu achten. Das Gesetz betreffend die Ausnahme von Beschäftigungsbeschränkungen gewerblicher Arbeiter vom 4.8.1914 (RGBL 333) übertrug ihnen diese kriegswichtige Prüfungsaufgabe, die in Widerspruch zu der Ausrichtung ihrer bisherigen Tätigkeit treten konnte.[3] Das Jahr der Materialschlachten zwang das Land endgültig zur weitgehenden Umstellung auf Kriegswirtschaft und deren verwaltungstechnische Koordination durch Hilfsdienstgesetz und Kriegsamt. Jugendliche und Frauen, meist ungelernt und einst oberstes Schutzgut der Aufsichtsbehörde, gelangten in großer Zahl in die Rüstungsbetriebe oder ersetzten in den Versorgungsbetrieben abwesende Frontkämpfer. Dieser Strukturwandel der Arbeit, der auch in der Nachkriegszeit folgenreich blieb, braucht hier nur angedeutet zu werden, um den Zuwachs an Verantwortung für die Beamten auch in diesem Bereich zu zeigen.[4] Die Zahl der in den Betrieben über 9 Arbeitnehmer beschäftigten Männer sank in den Kriegsjahren von 5,4 auf 3,8 Mio, während gleichzeitig die der Frauen von 1,4 auf 2,1 Mio anstieg, besonders deutlich in der Metallindustrie:

Tabelle 1: Beschäftigung von Frauen in der Metallindustrie 1914-1917[5]

Jahr	Zahl der Frauen	v.H. aller Beschäftigten
1914	12'968	6,6
1915	64'138	16,8
1916	288'362	26,7
1917	624'688	32,5

Während die Schutzrechte der Arbeitnehmer bis auf den bestandsnotwendigen Rest eingeschränkt werden konnten, stiegen die Arbeitszeiten im Rahmen der Zweischichtdienste und sanken die Löhne, für die es ohnehin das Lebensnotwendige nicht mehr zu kaufen gab. Auch bei der Zuteilung von Lebensmittelkarten und Schwerarbeiterzulagen hatten die Aufsichtsbeamten mitzuentscheiden. Da die

3) Syrup, Die Tätigkeit der Gewerbeaufsichtsbeamten nach Ausbruch des Krieges, ZG 2 1914, S.413-17; Voltmer, Was haben Arbeiterschutz und Gewerbeaufsicht zur Entwicklung der deutschen Volks- und Wehrkraft beigetragen?, ebendort, S.417ff; o.V., Die deutsche Gewerbeinspektion im Kriege, SP 25 1915/16, Nr.40, Sp.892f; Syrup, Die Gewerbeaufsicht im Kriege, ebendort 26 1916, Nr.11, Sp.210-14 und Nr.12, Sp.230-39.

4) Zum Strukturwandel der Arbeit Preller 1978 (1949), S.6-17 und 61-66; Feldman 1968 (1985); Kocka 1973; Gersdorff 1969, S.15-37.

5) Preller 1978 (1949), S.8.

Beamten der neuen Samples der Zahl nach zu gleichen Teilen an beiden 'Fronten' kämpften, mußte ihr Fehlen an der Heimatfront nach alledem mehr ins Gewicht fallen als ihr Dabeisein an der Ost- oder Westfront. Wenn es ihnen bisher "so sehr an Gelegenheit fehlt(e), in den größeren Organisationen mitzuarbeiten"[6], so rückten sie während der Kriegsjahre in den Mittelpunkt des staatlichen Selbstbehauptungskampfes. Für Dr.Syrup waren sie im März 1918 "zu einem unentbehrlichen Gliede der allgemeinen (!) Verwaltung" geworden, was in der (bereits in den Kriegsjahren diskutierten) Verwaltungsreform der Nachkriegszeit zum Ausdruck kommen müsse. So würde die Leitung der Abteilung für Handel und Gewerbe bei den Regierungen nicht mehr einem Juristen, sondern einem Aufsichtsbeamten "in gehobener Stellung zu übertragen sein." Die Erfahrungen des Krieges, "während dessen vielen Regierungs- und Gewerberäten wichtige Wirtschafts-, Militär- und sonstige Dezernate übertragen wurden", sprächen "für die Zweckmäßigkeit einer größeren Heranziehung dieser Beamten zu den Verwaltungsgeschäften."[7]

Im Bewußtsein dieses offenkundigen Wertzuwachses strebten die Aufsichtsbeamten in der Nachkriegszeit nach institutioneller Anerkennung ihrer Leistungen. Nicht nur sie vergaßen darüber, daß sie ebenso wie die Gewerkschaftsfunktionäre, die sich in der Republik zu Wort melden sollten, nur Mittelsmänner einer anderen, größeren Opfer- und Leistungsbereitschaft waren, für die es allerdings, nimmt man die Versuche einer sozialen Verfassung und einer sozialen Republik ernst, ebenfalls zahlreiche institutionelle Verbesserungen geben sollte - die der Männer in den Schützengräben und der Frauen in den Munitionsfabriken. Nur weil letztere in so großer Zahl aus der Haus- in die Fabrikarbeit wechselten und weil Aufsichtspersonal ohnehin knapp war, verlängerten die Behörden das seit 1900 stagnierende und in Preußen zunächst ungeliebte Experiment der weiblichen Aufsichts-kräfte. Ihre Zahl stieg in den Kriegsjahren um das Fünffache, nicht aber ihr Anspruch auf institutionelle Anerkennung ihres außerordentlichen Beitrages. Dieser blieb derselbe wie vor dem Krieg: Sie hatten keinen und sie erhielten vorerst keinen. Als weibliche Angestellte im Staatsdienst ohne einordnenbare Vorbildung blieben sie subaltern, waren sie bei Heirat, Personaleinsparung und auch sonst jederzeit kündbar. Ohne Anspruch auf besondere Alters- und Hinter-

6) O.V. über die Organisation des Arbeiterschutzes, SP 24 1914, Nr.50, Sp.1163.

7) Syrup, Der Ausbau der preußischen Gewerbeaufsichtsbehörde im Rahmen einer Umgestaltung der Handels- und Gewerbeverwaltung, ZG 6 1918, S.31-34,37-42,69-73. Die Erörterung war vorbereitet durch: Ders., 25 Jahre Gewerbeaufsichtsdienst, SP 26 1916/17, Nr.5, Sp.82-86, wo sich der promovierte Aufsichtsbeamte aus Gleiwitz bzw. Stettin für eine Reform der Aufsicht und gegen die Bildung einer Sonderverwaltung aussprach. Diese Linie vertraten später auch die Juristen, so Erdmann, Die Neugestaltung der Arbeitsaufsicht, SP 37 1928, Sp.793ff.

bliebenenversorgung teilten sie das Los der viel zahlreicheren weiblichen Post- und Bahnangestellten.[8]

5.2 Frauen in der Gewerbeaufsicht

In der Frauenfrage war das Mutterland der Fabrikinspektion noch einmal wegweisend (1893), allerdings gab es seit den 1880er Jahren Vorläufer in Frankreich und den USA, und die ersten deutschen Staaten folgten dem Beispiel nur wenig später.[9] Ein kurzer Blick auf die britischen Verhältnisse soll die Darstellung im ersten Kapitel abrunden und wieder durch den zwischenstaatlichen Vergleich nationale Besonderheiten konturieren. Die britische Gewerbeaufsicht hielt bis Januar 1906 an den "*open competitive civil service examinations*" (T.K.Djang) fest, an denen sich Personen verschiedener Vorbildung, Berufs- und Lebenserfahrung - 'all walks of life' - beteiligen konnten. Da die Prüfung neben den Rechen- und Schreibfähigkeiten auch technische, medizinische und juristische Kenntnisse verlangte, waren im Personalkörper der 1880er Jahre aber mehrheitlich Beamte, Akademiker und Militärs vertreten.[10] Das Personal vergrößerte sich auch im Zusammenhang mit der die Briten irritierenden Personalexpansion in Preußen kontinuierlich, allerdings hier moderater als dort:[11]

Tabelle 2: Die Personalentwicklung in der britischen Gewerbeaufsicht (1878-1938)

8) Vgl. das Schicksal der Witwe Klatt-Modrow und die Fälle der aus politischen Gründen entlassenen Frauen unten S.272 und S.290-93. Nach der Besoldungsreform von 1920 schuf die Prüfungsordnung von 1926 die formale Voraussetzung für die Verbeamtung auch der Frauen der Aufsicht. Im öffentlichen Dienst waren Frauen auf den "einfachen, mittleren Dienst (Sekretärinnen usw.)" verwiesen, bei der Reichspost stellten sie 1939 14,5% des Personals. Vgl. Wunder 1986; S.115, ebendort S.97 und 220 (Anm.20) Zahlen zu Post und Bahn und statistische Literatur; s.auch Lorenz 1898.

9) Paul Dehn, Die Zukunft der deutschen Fabrikinspektion, Annalen des Deutschen Reiches 1882, S.535; Elisabeth von Richthofen, Die weiblichen Fabrikinspektoren, Der Arbeiterfreund 14 1902, S.14f; Florence Kelley, Die weiblichen Fabrikinspektoren in den Vereinigten Staaten, AfSG 11 1897, S.128-42; Martin Jay, Die Fabrikinspektion in Frankreich, ebendort 3 1890, S.116-31; Else Lüders, Die Frauen in der Gewerbeaufsicht in Deutschland, SP 33 1924, Sp.145ff; Henseleit 1926, S.18-30; Peters 1935, S.57; Bocks 1978, S.76-82; Gresser 1984, S.135-38.

10) Vgl. die oben S.62f ausgewerteten Quellen. Der "Gentleman Inspector" sei für die britische Aufsicht "ebenso charakteristisch wie der juristisch und volkswirtschaftlich wissenschaftlich gebildete Techniker für die deutsche und der bürokratisch gefesselte Subalternbeamte für die französische", Henseleit 1926, S.114; 1907 soll es der Vorbildung nach 48 Ingenieure, 20 Betriebsleiter, 15 Lehrer, 13 frühere Sanitäts- und 15 andere Beamte, 7 Graduierte, 7 Chemiker, 2 Militärs, 1 Jurist und 35 "frühere Arbeiter" (Gewerkvereinssekretäre) in der britischen Aufsicht gegeben haben, ebendort S.128.

11) Nach Djang 1942, S.50 und 78; S.53 Zahl der Kriegsteilnehmer; S.80 das Personal im März 1939 (17 leitende, 146 Class I, 100 Class II Inspektoren), s.auch Bettenson OJ, S.10; demnach gab es 1948 379 und 1974 729 britische Inspektoren.

1878 ... 55	1900 ... 138	1920 ... 235
1891 ... 56	1902 ... 152	1922 ... 205
1892 ... 65	1906 ... 161	1929 ... 206
1893 ... 86	1908 ... 187	1930 ... 229
1895 ... 96	1911 ... 200	1935 ... 254
1896 ... 110	1914 ... 222	1937 ... 281
1899 ... 128	1919 ... 222	1938 ... 307

In Djangs Zahlen sind zwar alle Frauen, nicht aber die "inspectors clerks" enthalten. Sie eingeschlossen nennt er für 1918 262 "male staff". 1938 gab es 17 engineering-, 11 electrical- und 13 medical inspectors, 1904 nur je einen. Die Etatausgaben stiegen von £ 72,965 (19o4) auf £ 217,169 (1938). Die Zahl der Kriegsteilnehmer ist nach Djang von 45 (1916) auf 108 (1918) angestiegen. Peters schätzte für Deutschland 93 Kriegsteilnehmer bei ca 500 Beamten.

Die deutsche Entwicklung wurde auf der Insel weiter mit Anteilnahme verfolgt. 1912 entsandte man Sir Malcolm und Sir Arthur Whitelegge zum Studium der deutschen Arbeitsschutzmuseen. Im Januar 1906, also knapp zwei Jahre nachdem Preußen die Assessorprüfung eingeführt hatte, änderte auch das Home Office sein Rekrutierungsverfahren, ohne jedoch die preußische Präferenz für Techniker zu übernehmen: "Those needs (of the Factory Department, Verf.) are so diverse in their charakter that technical and scientific training, valuable as it is, is not, taken alone, found to be sufficient to make a good inspector."[12] Nach Alexander Redgraves Interpretation zielte auch das britische Modell auf den unparteiischen Generalisten im Aufsichtsdienst. Man sträubte sich mit ähnlichen Bedenken wie das preußische Handelsministerium (bis 1918) gegen die Einstellung von Arbeitern in den Aufsichtsdienst.[13] Erst Redgraves Nachfolger Sprague Oram rückte von diesem Standpunkt ab: "With proper supervision, a lower class of officers would be sufficient to fulfil the duties...".[14]

Innerhalb und unterhalb des alten und neuen Rekrutierungsmodells stellte die britische Gewerbeaufsicht seit 1893/94 Arbeiter und Frauen ein. Innenminister H.H.Asquith führte die ersten vier Inspektorinnen in ihr Amt ein - mit derselben Zahl begann sechs Jahre später das preußische Handelsministerium das bis zum

12) Zit.nach Djang 1942, S.52.

13) Ebendort S.54. Er sträubte sich 1879 auch gegen die Aufnahme von Frauen in den Aufsichtsdienst, vgl. Hopkinson 1983, S.17.

14) Ebendort S.55; "This lower class of officials was appointed by the Home Office in 1893, and was called Inspectors' Assistents. All of them were recruited from the working class and were employed mainly in the inspection of workshops"; zur Vorbildungsstruktur oben Anm.10 und oben S.54ff u.62f.

Krieg ungeliebte Experiment.[15] Die '*Lady Inspectors Branch*' bildete bis 1921 in der englischen Gewerbeaufsicht einen eigenen Zweig, strikt getrennt von der Ein- und Aufteilung der 'Männerarbeit'. Die Frauen waren wie das spätere engineering staff '*peripatetic*', also nicht wie die Männer des general staff den zuletzt 91 Bezirken fest zugeordnet. Sie wurden deshalb auch nicht wie die class IA, IB und II Beamten des general staff im Abstand von zwei bis drei Jahren in allen Bezirken versetzt.[16] Das muß sich 1921 geändert haben, denn zu diesem Zeitpunkt wurde die Arbeitsteilung und organisatorische Trennung zwischen den Geschlechtern aufgehoben.[17] Kurze Zeit später stieg Hilda **Martindale** (1901-38 im Dienst) zum ersten weiblichen *Deputy Chief Inspector* des Home Office auf.[18] In dieser Zeit, schrieb Frau Martindale retrospektiv, sei man als weiblicher Inspektor schon wegen der Paulus-Stelle noch mit Hut und Handschuhen ins Büro des Chefs gekommen. Als sie ihren ersten Fall vor Gericht ausfechten mußte, habe sie einen anonymen Heiratsantrag aus dem Publikum erhalten. "Round 1890" habe sie ihr Studium - *litterae humaniores* - mit einem 'first' und dem 'Greek Verse Prize' abgeschlossen und sei 1901 durch einen Vortrag über "Waisenhäuser auf dem Kontinent" aufgefallen und ohne das für Männer geltende 'stiffest of all exams' von Sir Whitelegge angenommen worden.[19] Von Adelaide **Anderson** (1894-1921 im Dienst), 'small and fragile in appearance', sei sie eingelernt worden. Diese als Tochter eines Reeders 1864 in Australien geborene Beamtin war u.a. in Dresden zur Schule gegangen und hatte 1888 in Cambridge graduiert ('moral sciences'). Nachdem sie längere Zeit auf privater Basis unterrichtet hatte, brachte sie als eine

---

15) Hasson 1983 nennt May Abraham, Mary Paterson und Adelaide Anderson; s.auch Bettenson OJ, S.6.

16) Wilson 1941, S.212-14; Djang 1942, S.82.

17) Dazu mit ausführlichen Zahlen zu Personalbestand und Aufgabenstruktur Henseleit 1926, S.124-28; für 1922 errechnete sie einen weiblichen Anteil von 17% bei etwa 200 Beamten; s.auch Wilson 1983. Der Zusammenschluß von 1921 auch bei Martindale 1948, S.8.

18) Sie war 1901 berufen worden, vgl. Martindale 1948, S.7; nach Bettenson OJ, S.7, gab es bei ihrem Eintritt 6 Frauen im britischen Aufsichtsdienst; zum weiblichen Personal der Aufsicht außer Henseleit 1926 und Wilson 1983 s.auch Anderson 1922; Rose Squire, Thirty Years in the Public Service, London 1927; Martindale 1944 und 1952; Lee Holcombe, Victorian Ladies at Work, London 1973; Sheila Levenhak, Women and Trade Unions, London 1977.

19) Martindale 1948, S.31 (exams), S.35 (unbedeckte Frauenhände weckten Begierde des Mannes); in "that era of Liberalism and Evangelicalism" hielten sich einige Vorgesetzte nicht an den paulinischen Rat, gleich ihm unverheiratet zu bleiben (1 Korinther 6,8): "Miss Abraham married the Parliamentary Secretary of the Home Office and resigned later...", Bettenson OJ, S.6. Zu den Examen auch Henseleit 1926, S.127f; Wilson 1941, S.214; Djang 1942, S.79-82. Dort auch über Beförderungen: "Promotion depends ... on merit as well as on seniority ... each inspector receives an annual increase in the salary..."(S.81). Pensionierung könne mit 60 beantragt werden und sei mit 65 vorgeschrieben. Die Pension betrage 1/80 des letzten Gehalts multipliziert mit der Anzahl der Dienstjahre. Das Verhältnis zum letzten Gehalt war also noch schlechter als in Preußen (max. 50 gegenüber max. 75 Prozent), das seinerseits gegenüber den deutschen Bundesstaaten abfiel, vgl. Linck 1928, S.17 u.ö.

der ersten vier, und seit 1897 als Erste der vier Inspektorinnen den Frauen der Aufsicht bei, Revisionen sachlich und frei von Gefühlen durchzuführen.[20] Hilda Martindale selbst wurde schließlich Ziehmutter einer weiteren erfolgreichen Beamtin des britischen Aufsichtsdienstes, die sie 1937 als Deputy Chief ablösen sollte: Isabel **Taylor** war 1883 als dritte Tochter eines Kapitäns der Königlichen Dampfschiffpost geboren worden. In Wirtschaftswissenschaften graduiert, als Bibliothekarin tätig und - eine Parallele zur Freundschaft der ersten badischen Inspektorin mit Max und Marianne Weber - mit Sidney Webb und seiner Frau befreundet, erreichte sie nach 25 Dienstjahren ebenfalls die für Frauen höchstmögliche Stellung des britischen Gewerbeaufsichtsdienstes.[21]

Wendet man den Blick von diesen Pionieren der weiblichen Gewerbeaufsicht, zugegeben einer Elite derselben, auf die deutschen Verhältnisse, so fällt wie schon bei Leonhard Horner im Vergleich zu den ersten preußischen Fabrikinspektoren die ungleich höhere Eloquenz und Schreibfreudigkeit jener Damen, die wie Horner den höheren gesellschaftlichen Kreisen angehörten, als Quellenproblem ins Gewicht.[22] Nur die akademischen Beamtinnen in Baden scheinen ihre Gedanken und Erfahrungen ebenfalls schriftlich festgehalten zu haben.[23]

Die Anstellung von Frauen im Gewerbeaufsichtsdienst war eine alte Forderung der Arbeiterinnenvereine (1884/85). Sie wurde auf den SPD-Parteitagen in Berlin, Köln und Frankfurt/M (1892-94) eingebracht. Für die von Sozialwissenschaftlern und Beamten geschriebene und gelesene Zeitschrift 'Soziale Praxis' war aber erst eine Petition des Allgemeinen Deutschen Frauenvereins "bei der Wertschätzung, welche die Bürokratie leider für schriftliche Arbeit hat, nicht zu unterschätzen", besonders weil der "bürgerliche Charakter des Vereins gewahrt" sei.[24] 1894, im Jahr der 8. Jahreskonferenz der 'International Association of Factory-Inspectors' (Philadelphia), von Florence Kelleys fulminanter Attacke auf die scheinheilige "Philantrophie der Großkapitalisten" und der ersten Konferenz aller preußischen Aufsichtsbeamten, veranlaßte jene Petition der bürgerlichen Frauenvereine die bemannten Landesparlamente zu gegensätzlichen Stellungnahmen. Der zweite ordentliche Landtag des Herzogtums Braunschweig, dessen einziger Fabrikin-

---

20) Martindale 1948, S.46-51.

21) Ebendort, S.52-60.

22) Vgl. die in Anm.18 angegebene Literatur. Anderson und Taylor hatten dieselben Fächer wie Horner studiert; Martindale war den humanistischen Grundlagen der Moralphilosophie noch näher. Zum Hintergrund Hont/Ignatieff 1983 und Jeremy 1988; s.auch oben S.53.

23) Baum 1950; geboren 1874 als Tochter eines Arztes und Enkelin eines Göttinger Professors für Chirurgie. In Zürich 1893 Abitur, 1899 Dr.phil (Chemie). Berufstätigkeit bei Agfa, Freundschaft mit Ricarda Huch. Von Richthofen 1901 und 1910 sowie unten Anm.33.

24) Poerschke 1913, S.166; SP 4 1894/95, Sp.193.

spektor nur 3400 Textilarbeiterinnen im Land gezählt hatte, reagierte "mit Heiterkeit". In Hessen, Württemberg, Bayern und Baden wurde der Antrag ernsthaft erwogen und weiterverfolgt. "Fräulein Elise Schumann in Mainz und Fräulein Elise Geist in Offenbach wurden mit der Wahrnehmung der Dienstverrichtungen als Assistentinnen ... betraut. Bekanntlich wird auch Bayern demnächst zwei weibliche Hülfsbeamte ... anstellen."[25] In Preußen ließ v.Berlepsch die britischen Verhältnisse 1896 durch eine Kommission studieren, die von einem gescheiterten Experiment berichtete.[26] Die Petitionskommission des Abgeordnetenhauses urteilte ebenfalls negativ: Daß Frauen ebenso geeignet seien wie männliche Beamte, müsse schon wegen des Fehlens technischer (!) Vorbildung bezweifelt werden. Wegen der Verhetzung des Arbeiterstandes durch die sozialdemokratische Agitation könne es auch einer Inspektorin nicht gelingen, ein besonderes Verhältnis zu den Arbeiterinnen aufzubauen. Ihre Stellung zu den (männlichen) Unternehmern würde "schon an sich ungünstiger sein." Ihre einseitige Zuständigkeit für Arbeiterinnen würde zudem die neutrale Stellung der preußischen Beamten zwischen Kapital und Arbeit gefährden.[27]

In Baden sollte dieses preußische Beamtenethos, das man oft vorschnell als "falsches Bewußtsein" abgetan hat, auch in der Frauenfrage noch Folgen haben. Dort hatte sich der erste Fabrikinspektor des Landes in sozialpolitischen und Arbeiterkreisen einen Namen gemacht. Der gleichzeitig mit Wörishoffer aufgestiegene Minister des Innern und Einserjurist Dr.Schenkel schützte den lange Zeit einzigen Beamten der zentralisierten badischen Inspektion gegen Angriffe von Unternehmern und Parteien. Der Minister verstand sich nicht als "neutraler Handelsminister", den er in Preußen am Werk sah, sondern als "der politische Minister des Landes ..., für den die Fabrikinspektion die Dekoration oder das Attribut bedeutet, nach dem er vor allem beurteilt wird." Nicht farblose Neutralität sei des Inspektors Amt, "sondern ausgesprochene Vertretung der

---

25) Ebendort Sp.193 (Wertschätzung der schriftlichen Arbeit), Sp.275 (Heiterkeit des Landtags am 1.2. 1895). Am 19.2.1895 entschied die hessische Kammer, der Regierung eine Anstellung zu empfehlen, Poerschke 1913, S.166 und SP 4 1894/95, Sp.627; zu den erst negativen, dann (1889) positiven Reaktionen in Bayern Gresser 1984, S.137f und Henseleit 1926, S.75f; in Baden wurde der Antrag am 25.1.1896 -es lag der Gegenantrag eines Schopfheimer Textilfabrikanten vor- und am 25.2. in der 2.Kammer beraten und von der Regierung abgelehnt. Auf den Antrag Dresbach vom 27.11.1897 folgte dann aber in der 2. Kammer eine positive Entscheidung, vgl. Bocks 1978, S.71-75. Zur Reaktion des gemeinsamen Landtags der Herzogtümer Koburg - Gotha SP 4 1894/95, Sp.684; die Einstellungen in Hessen meldete ebensie 8 1898, Sp.1266.

26) SP 5 1895/96, Sp.617f und 775f, in der ein Brief des "enigmatic liberal statesman" Charles Dilke zitiert wurde; dieser bezeichnete den preußischen Kommissionsbericht "strangely misinformed"; "May Abraham had been secretary to Lady Dilke", Bettenson OJ, S.6.

27) Sten.Ber.d.Reichstags 1896, S.917/18, zit.nach Poerschke 1913, S.166f

Arbeiterinteressen im Sinne der Tätigkeit eines Rechtsanwalts". Aus diesem Grund sollte der badische Fabrikinspektor nicht nur unanfechtbare Kompetenz in sein Amt einbringen, sondern auch als Koryphäe anerkannt sein, was er durch eine "schriftstellerische Tätigkeit" am besten erreiche. Die Zahl der Revisionen, die in Preußen das Leistungsmaß setzte, war dem politischen Minister deshalb nur in dem Maße wichtig, wie sie Muße für Fortbildung, Forschung und Publikationen ließ. Sie blieb auch unter Wörishoffers Nachfolger Bittmann vergleichsweise niedrig[28] :

Tabelle 3: Die süddeutschen Inspektionen 1906/08 im Vergleich[29]

	Baden	Hessen	Württemberg	Bayern
a) Zahl der Beamten	10	10	15	29
b) Zahl der Fabriken	9307	5403	9514	25'489
c) Zahl der Revisionen	3312	4929	9514	13'964
d) Gesamtkosten der Inspektion	78,9	76,2	96,4	202,0
e) Kosten auf 100 Arbeiter	31,03	70,80	41,62	38,08

a-c) Zahlen für das Jahr 1906. In Hessen gab es unter 100 T, in Baden und Württemberg etwas über 200 T und in Bayern fast 450 T Arbeiter (zu b).
d-e) Für das Jahr 1908 (Reichsmark). In 1000 (d).

Aber auch Bittmann, von 1902-17 im badischen Dienst, entsprach den badischen Vorstellungen, denn er war schon als Betriebschemiker und Fabrikdirektor durch zahlreiche Aufsätze in chemischen Fachzeitschriften hervorgetreten.[30] Trotzdem

28) Die Kurzbiographien von Bittmann und Wörishoffer bei Bocks 1978, S.567-70; die Langfassung der einen in drei Bänden durch Bittmann 1924/25 selbst; das Verhältnis zu Dr.Schenkel in Bd.2, S.19-37, hier S.28; Bocks 1978, S.148f und 230ff.

29) Nach Bittmann 1925, S.228 und 243.

30) Dazu vielfache Hinweise aus der Zeit vor 1892 bei Bittmann 1924 bis S.110; von deutschen, österreichischen und französischen Fachzeitschriften habe er "für wissenschaftlichtechnische Abhandlungen" Honorare erhalten; 3000 M brachte ein "Preis des Vereins deutscher Zuckerindustrie" ein (S.24). Zum Stand der chemischen Technologie in der Zuckerfabrikation dieser Zeit oben S.159f. 1891 "begann die Epoche, in der es nicht mehr genügte, kaufmännisch und technisch auf der Höhe zu sein (...) Die Handhabung des Arbeiterschutzes ... bedurfte so großer Sorgfalt wie die Aufnahme von Maschinendiagrammen." (S.109). Die badische SPD vereinfachte später diese bürgerliche Metamorphose des Technikers und Managers zum Staatsdiener: Bittmann habe "ein Unterkommen in der Staatskrippe gesucht", Bocks 1978, S.198. Bittmann 1925, S.16, zählt seine sozialpolitischen Aufsätze auf.

wollte sich der preußische Gewerberat, zu dem er während fast acht Jahren im Regierungsbezirk Trier geworden war, nicht mit der politischen Auffassung des Aufsichtsdienstes abfinden. Unter seiner Ägide entwickelte sich die Personalstruktur der badischen Aufsicht zum Fachbeamtentum, das auch schriftstellerisch mit den preußischen Elitebeamten konkurrieren wollte, obwohl diesen nach Bittmanns eigener Erfahrung für jene Art des Schreibens nur wenig Zeit blieb. Von den 19 eigentlichen Inspektoren Badens 1914 waren 14 promoviert und 2 habilitiert.[31]

Die enge Verbindung von politischer Ausrichtung und personeller Ausstattung beeinflußte auch die Rekrutierung weiblicher Kräfte. Sie sollten graduiert sein, auch wenn das nicht nur in Baden, dem darin aber führenden Land, erst seit oder erst lange nach 1900 gestattet war.[32] Aber schon vorher wählten Wörishoffer und der Soziologe Max Weber Else von Richthofen aus den drei inoffiziellen Studentinnen der Universität Heidelberg als geeignete Kandidatin aus und bauten sie regelrecht auf.[33] Das doppelte Problem der bürgerlichen und gleichzeitig bürokratischen Lösung der Frauenfrage wird an der Haltung des Heidelberger Soziologen deutlich. Die Standesbarriere zwischen promovierten Frauen aus gutbürgerlichen Häusern und Arbeiterinnen war das eine und vielleicht geringere. Es konnte in Seminaren diskutiert, es mußte in der Verwaltungspraxis überwunden werden. Die Trennung der Geschlechterrollen im Bürger- und Beamtentum war das andere und vermutlich schwerwiegendere. Max Weber hatte die Rationalität des Wirtschaftsbürgertums und die auf gleichen Grundlagen ruhende "Diktatur der Beamten" selbst erforscht und die Folgen für das bürgerliche Privatleben an Leib und Seele erfahren.[34] Wenn bürgerliche oder beamtete Männer die Frau als "Kamerad" - steht für Ratio und Wertfreiheit - von der Frau als "Erotikon - steht für Gefühl und "Rausch" - trennten, so war der einen weiblichen Seite der Zutritt zu den Kanzleien oder deren Vorschulen, den Universitäten, nicht zu verwehren, solange die andere Seite nicht die Sachlichkeit und Neutralität der Büros, die die

31) Dazu Bocks 1978, S.92ff; in den Fußnoten Angaben zur Vorbildung und Karriere aller badischen Inspektoren vor 1914.

32) Helene Lange, Die Frauenbewegung, 2.Aufl., Leipzig 1914; Lange/Bäumler 1902, S.372-80; Wunder 1986, S.97.

33) Briefwechsel v.Richthofens mit Marianne Weber 1898-1902, nach Bocks 1978, S.82ff ("Er hat mich ja für die letzten beiden Jahre 'dirigiert'", 16.09.1899; "bin nun gespannt, was Wörishoffer Deinem Mann antwortet", 18.09.1899; "Dein Mann hat mich da hinein gebracht", 30.08.1900); s.auch Martin Green, The Richthofen Sisters, London 1974 (dt.1980).

34) Die eine Seite u.v.a. bei Wolfgang J. Mommsen, Max Weber und die deutsche Politik 1890-1912, 2. überarbeitete und erweiterte Auflage, Tübingen 1974; die andere wird meist ausgeblendet, z.B. bei Golo Mann, Max Weber (1964), in: Ders., Zeiten und Figuren. Schriften aus vier Jahrzehnten, Frankfurt 1979, S.145-69; nicht bei Hans Norbert Fügen, Max Weber, Reinbek 1985.

Wertfreiheit der Wissenschaften war, gefährdete.[35] Als sich Elisabeth von Richthofen wohlgemerkt nach ihrer kurzen, aber erfolgreichen Tätigkeit als erste badische Fabrikinspektorin wie ihre Schwester von einem Sinnlichkeits-Apostel und dubiosen Ausleger der damals neuen und hochbrisanten Freudschen Lehre - Max Webers Wert-Urteil über jenen 'Apostel': "ein Konfusionsrat" - verführen ließ, stand ihr ehemaliger Doktorvater und nachmaliger Liebhaber ihr ebenso bei wie ihrer Nachfolgerin Marie Baum, die angeblich unter der "Geschlechtseitelkeit" der Bürokraten zu leiden hatte.[36] Aber Weber täuschte sich in beiden Fällen. Er fand die erotische Seite der Frau nicht bei der eigenen und verteidigte die sachliche Kompetenz der zweiten badischen Fabrikinspektorin ohne Einblick in die ebenfalls sachliche Ausrichtung der Bittmannschen Amtsführung, der im übrigen Webers Angriff nicht nachtrug und auch nach Marie Baums Ausscheiden weitere Akademikerinnen in den badischen Aufsichtsdient einarbeitete.[37]

Der Gleichstellung der Frau, die Max Weber 1907 für die staatliche Verwaltung forderte und die im britischen Aufsichtsdienst trotz der besseren historischen und gesellschaftlichen Voraussetzungen erst 1921 eingeführt wurde, stand in Preußen das Modell des 'Beamten als Techniker' und die Vorstellung von einer rechten, das heißt technisch kompetenten und männlichen Vertretung der Behörde "nach außen" entgegen. Nicht der Schutz von Frauen und Kindern als Teil des sozialen Arbeitsschutzes, sondern die technischen, medizinischen und juristischen Kenntnisse, die den kollektiven Aufstieg ins höhere Beamtentum gerechtfertigt hatten, verbürgten gleichzeitig die sachneutrale Vermittlung zwischen Kapital und Arbeit, die im Selbstverständnis der höheren Beamten dem Staat zukam. Also war gerade in der

---

35) Zur "erotischen Bewegung" um 1906 in Heidelberg ebendort S.92ff; das kameradschaftliche Verhältnis zur Ehefrau, S.77 u.119; s.auch Marianne Weber, Max Weber.Ein Lebensbild, Tübingen 1926 (3. Aufl.1984) sowie die Literaturbesprechung in KZSS 39 1987, S.161-64.

36) Ebendort S.96f,100f,118-23; dort sind "etwa 100 Briefe von Weber an Frau Jaffé" (= E.v.Richthofen) erwähnt. A. Fellmeth ("Die Tätigkeit der badischen Fabrikinspektion", Allgemeine Zeitung 137, 16. 06.1906, Beilage) hatte Marie Baum "eine ganz hervorragende Wirksamkeit" bescheinigt; am 24.01. 1907 reagierte Baum im Abendblatt der Frankfurter Zeitung, S.2, auf Äußerungen Frölichs, die 2 Tage zuvor im Morgenblatt dieser Zeitung erschienen waren. Max Weber stand ihr auf derselben Seite mit einem langen Artikel bei.

37) Dr.pil Elisabeth Munzinger trat 1907, Dr.jur Angelika Siquet 1909 ein. Webers Angriff traf Bittmann in einer Zeit der Selbstbehauptung und der Ministerkrise, allerdings hatte dieser längst das Vertrauen des Großherzogs und seiner Gattin gewonnen. Bittmann 1925, S.45, erwähnte nur das "Ausscheiden einer Beamtin" im Mai 1901, das zu "lebhaften Erörterungen in der deutschen Presse geführt" habe. Wenige Seiten später, S.51, zitierte er Max Weber unbefangen als Kritiker der Bürokratie, der er selber war: Er habe als Staatsdiener "stets das dem Beamten geziemende Opfer des Intellekts gebracht." In Potsdam störte ihn aber noch "der schleppende, durch allerlei Formumstände belastete und gehemmte Geschäftsgang der Regierung", ebendort 1924, S.130. Das Beamtentum setzt(e) Anpassungsfähigkeit ("Loyalität") voraus und belohnt(e) sie.

Gewerbeaufsicht kein Anlaß, sich 'weiblichem Denken' auszusetzen und eine neue Begegnung zwischen Adam und Eva, diesmal auf der hohen bürokratischen - und damit der Ebene der Macht zu riskieren. Die Initiative der bürgerlichen Frauenbewegung blieb deshalb für den preußischen Aufsichtsdienst bis zu seinem personellen Hineinwachsen in die Bundesrepublik (und darüber hinaus) folgenlos. Was bei Helene Lange 1889 mit privaten Gymnasialkursen zur Vorbereitung von Mädchen auf das Abitur begonnen hatte, setzte der Bund deutscher Frauenvereine zwar seit 1897, dem Jahr der preußischen Ausbildungsverordnung, mit Ausbildungskursen in Gewerbehygiene, Gewerbeordnung und Verwaltungsrecht für Gewerbeaufsicht-Beamtinnen fort.[38] Die Hoffnung auf eine Anstellung im höheren Dienst erfüllte sich jedoch nicht, obwohl der Frauenzuwachs im Krieg groß war und obwohl die Zwischenkriegszeit den sozialen und, wenn man so will, weiblichen Teil des Arbeitschutzes ausbaute. Marie Baums Kompromißvorschlag, daß die "Beamtin nicht unbedingt in gleichem Maße maschinenkundig zu sein braucht wie ihr männlicher Kollege", aber in der "Wohlfahrtspflege beschlagen sein" müsse, war schon ein Rückzugsmodell der ins Ministerium aufgestiegenen Else Lüders.[39] Er war aber 1921, als Marie Baum schrieb, schon lange Praxis: Sie verwies die Frauen der Gewerbeaufsicht auf den mittleren Dienst. "Die eifrige Befürwortung der weiblichen Gewerbeaufsicht allein hätte wohl sobald nicht zu praktischen Versuchen mit der Anstellung weiblicher Beamten geführt, wenn nicht im Laufe der Zeit die weitere Ausdehnung des Wirkungskreises der Gewerbeinspektion dieser Bewegung bedeutend Vorschub geleistet hätte." Die Einbeziehung der Konfektionswerkstätten (1907), des neuen Kinderschutzes (1903) und der Heimarbeit (1911) brachte eine erhebliche Vermehrung der Überwachungsaufgaben, "ohne daß es zu dieser Überwachung einer besonders hohen Qualifikation ... bedurfte".[40]

5.3 Die Frauen des mittleren Dienstes in Preussen bis 1920.

Nach Gertrud Henseleits Zählung, die auch der Tabelle 6 im 4.Kapitel entspricht, gab es am Vorabend des Ersten Weltkrieges 22 Assistentinnen in Preußen, davon allein 9 in Berlin.[41] Die anderen Frauen seien auf die Zentren der Konfektionsindustrie sowie "auf die schlesischen, westfälischen und rheinischen Textilin-

38) SP 8 1898, Nr.11 Sp.284, berichtete von einem "Kursus im vorigen Winter" mit 12 Teilnehmerinnen, "die sich aus gewerblichen und kaufmännischen Angestellten, Arbeiterinnen und Studierenden der Nationalökonomie rekrutierten." Ebendort Nr.48 Sp.1263f referierte den Lehrplan des 2.Kurses vom Juni/Juli 1898 und zählte "16 bis 2o Teilnehmerinnen".

39) Maria Baum, Die Ausbildung der in der Gewerbeaufsicht tätigen Frauen, SP 30 1921, Nr.33 Sp.842; Else Lüders, Die Frau in der Gewerbeaufsicht in Deutschland, ebendort Nr.33 1924, Nr.8 Sp.145-48.

40) Poerschke 1913, S.167.

41) Henseleit 1926, S.74; P27 1918, Sp.181, mit gleichen Zahlen.

dustriebezirke" aufgeteilt und "beschränkt" worden. "Nur Thorn macht eine nicht ganz erklärliche Ausnahme." "Von den ersten preußischen Beamtinnen war eine frühere Handarbeitslehrerin gewesen, eine andere Direktrice in einer Damenhutfabrik, eine dritte ehemalige selbständige Gewerbetreibende. Es wurde(n) in Preußen durchweg Höhere Töchterschulbildung und irgendwelche praktische Erfahrung verlangt." Eine Statistik über die Vor- und Ausbildung gebe es nicht. In den Einzelstaaten zeige sich aber ein buntes Kaleidoskop verschiedener, meist bürgerlicher 'Qualifikationen': Technische Lehrerin (Oldenburg); Volksschullehrerin, die Nachfolgerin Büroangestellte in der preußischen Aufsicht (Sachsen-Coburg-Gotha); Handarbeitslehrerin (Baden[42]); Frau eines Lehrers und Gründerin einer Volksküche, die Nachfolgerin aus der Krankenpflege (Sachsen-Weimar); Witwe eines Gewerbetreibenden, "von ihren späteren Kollegen hatte sich die eine als Leiterin von Wanderkochkursen ... betätigt" (Württemberg); 'eine verwitwete Frau' (Sachsen-Meinigen u. Rudolstadt); höhere Töchterschulbildung (Anhalt, Altenburg). Immerhin kämen die "Beamtinnen" in Bayern, Sachsen, Hessen und Reuß aus dem Arbeiterstand[43] (**siehe Tabellen-Anhang 12**).

Das Experiment der weiblichen Gewerbeaufsicht begann in Preußen am 1. und 7. April 1900, als Therese Schlösser (für Mönchengladbach) und Anna Reichert (für Berlin) vereidigt, allerdings erst im Jahr 1911 etatmäßig angestellt wurden.[44] Am 2.4.1902 und 19.8.1903 folgte die Vereidigung von Elisabeth Kummert und Agnes Conradt für die Berliner Bezirke Südost und Nord.[45] Conradt ersetzte Gertrud

---

42) Vermutlich Bianca Völckel, vgl. Bittmann 1925, S.15.

43) Ebendort 1926, S.84f.

44) SP 11 1901, Sp.1219; ebendort 12 1902, Sp.605, erwähnt einen Vortrag Reicherts vom 17.2. "vor Arbeiterinnen" und in Anwesenheit Hartmanns.

45) H II, B 45, Bd.2 unpag. Der Erlaß des Ministeriums (HMBL, S.584) bezog sich auf die Verordnung vom 6.5.1867 (GS 785) und zwei Beschlüsse des Staatsministeriums vom 12.10.1861 und 21.3.1882 (IVMBL, S.267 bzw.167) über die Vereidigung von mittelbaren und unmittelbaren Beamten. Da die Vereidigung Berneckers in Thorn noch ausstand, erinnerte der Minister am 10.12.1912 an diese Beschlüsse und legte die Namens- und Vereidgungsdaten der ersten 14 Frauen im Dienst der preußischen Gewerbeaufsicht als Liste bei (einschließlich Bernecker und Reygers, die "durch Handschlag verpflichtet" worden seien; die ausgeschiedene Bennigsen-Foerder fehlt in dieser von mir sog. "14er-Liste). Der Vereidigung von Seiffert, Dornis und Koopmann am 1.4. bzw. 8.4.1911 folgte eine Eileinstellung durch Frick vom 1o.11.1911, H II, D 21, unpag. Zur Formel des Diensteides H II, C6, S.26 : "Ich, N.N., schwöre zu Gott dem Allmächtigen und Allwissenden, daß Seiner Königlichen Majestät von Preußen, meinem Allergnädigsten Herren, ich untertänig, treu und gehorsam sein und alle mir vermöge meines Amtes obliegenden Pflichten nach meinem besten Wissen und Gewissen genau erfüllen, auch die Verfassung gewissenhaft beobachten will, so wahr mir Gott helfe, durch Jesum Christum zur Seligkeit, Amen."

v.Bennigsen-Foerder, die am 21.2.1901 vereidigt worden war, am 20.8.1903 aber um ihre Entlassung wegen Verheiratung nachgesucht hatte.[46]

Nach diesen Einstellungen stagnierte die Entwicklung in Preußen für ein paar Jahre. Das lag auch daran, daß die genaue Zahl der Assistentinnen nicht bekannt war, da sie "wohl noch nicht in etatsmäßige Stellen eingerückt" seien.[47] Gegenüber den drei hessischen Frauen, lobte und klagte in der Sitzung vom 1.3.1907 der Abgeordnete Dr.Piper (Zentrum), habe Preußen "nur vier Assistentinnen, deren Tätigkeit die Anerkennung der Beamten gefunden hat".[48] In der Sitzung vom 8.3.1909 wunderte sich für die SPD-Fraktion ihr Abgeordneter Hirsch, "aus dem Munde des Herrn Ministers zu hören, daß, solange er im Amte ist, alljährlich eine Assistentin angestellt worden ist." Nach dem letzten Bericht für 1907 "haben wir fünf ..., und zwar ist noch eine für Breslau hinzugekommen. Seit der Minister im Amte ist, hat sich also die Zahl der Assistentinnen um diese eine vermehrt. Es sollte mich freuen, wenn aus dem ... Bericht für 1908 sich ergäbe, daß die Zahl größer ist". Der "Geldpunkt" könne keine Rolle spielen: "Wir haben 163 Inspektionen; wenn Sie für jede eine Assistentin anstellen mit einem Gehalt von etwa 3000 Mark, so würde das nicht einmal eine halbe Million ausmachen."[49]

Weder das vorgeschlagene Gehalt noch die Kosten waren für die Verwaltung akzeptabel. Von den 78 studierten (männlichen) Hilfskräften der Inspektion waren nämlich "nur die 12 ältesten fest angestellt und beziehen ein Gehalt von 3300 M nebst Wohnungsgeldzuschuß, alle anderen erhalten eine Remuneration von jährlich 2700 bis 3300 M ohne Wohnungsgeld".[50]

Trotzdem stellte man noch vor der Verabschiedung des Hausarbeitsgesetzes zwischen 1908 und 1911 **sieben** weitere Assistentinnen ein. Eva Schumacher wurde am 1.6.1908 für Breslau vereidigt; zwischen 1908 und 1910 folgten Dauß, Hermann und Specht für Frankfurt/O. und zwei weitere Berliner Bezirke. Wiederum für Berlin wurden im April 1911 Maria Seiffert, Meta Dornis, Clara Koopmann und Gertrud Klatt-Modrow verpflichtet. In der Quelle Bernecker sind die Namen der ersten vierzehn preußischen Assistentinnen erwähnt. Von ihnen sind zehn Jahre später, 1921 (Quelle Conradt), noch neun im Dienst: Anna Reichert starb 1918 an

46) H II, B 21 unpag.; letztes Blatt mit Einstellungsgesuch; H II, C 6, Bericht des Präsidiums vom 16.04. 1903 zugunsten Conradts: Bennigsen-Förder werde voraussichtlich am 01.08.1903 ausscheiden, "da sie sich verlobt hat und in diesem Sommer heiraten will"(S.12).

47) Abg. Goldschmidt, FVP. Haus d.Abg., 24.Sitzung am 16.2.1906, Sp.1622.

48) Ebendort, 23. Sitzung am 1.3.1907, Sp.1667.

49) Ebendort, 48.Sitzung am 8.3.1909, Sp.3633f.

50) O.V., Die wirtschaftliche Lage der Gewerbeaufsichtsbeamten in Preußen, SP 18 1908/09, Sp.282. Die Kosten hätten zwei Drittel des Reformaufwandes 1891-94 erreicht.

Krebs, Meta Dornis heiratete im Februar 1914 und die einzige Witwe, deren Anstellung ohnehin auf Skepsis stieß, war in Ungnade gefallen: "Auf die Erhaltung der Frau Klatt für den Gewerbeaufsichtsdienst lege ich keinen Wert."[51]

Wenn die Angaben Henseleits und die Tabelle 4 in Kapitel 4 zuverlässig sind, wurden zwischen dem Hausarbeitsgesetz 1911 und dem Weltkrieg weitere 10 Assistentinnen eingestellt. Deren Identifikation ist schwieriger, weil die 47er Liste nach den Einstellungsterminen, die sie nicht ausdrücklich nennt, geordnet ist, aber alle vor 1921 ausgeschiedenen Frauen nicht aufführt. Wenn man die aus anderen Quellen gesicherten Namen von Reichert, Bennigsen-Foerder, Dornis, Klatt-Modrow und Elisabeth Plage (1.4.1914-31.10.1920) einbezieht, bilden die Plätze Nr. 10-18 der Liste sowie Frl. Plage den Zuwachs bis zum Ausbruch des Krieges.[52] Die übrigen 29 Namen der Liste beträfen dann bis auf die letzten 2-3 (Hossenfelder, Wirth und Gaedke) Einstellungen, die im Krieg vorgenommen wurden, ohne eine Vollerhebung aller Kriegseinstellungen zu leisten. Aus dem Personalaktensample sind weitere 13 Frauen bekannt, die im Krieg oder kurz danach eintraten, aber noch vor Erstellen der 47er Liste wieder ausschieden. Die dann 42 Namen dürften noch nicht alle Einstellungen dieser Zeit einbeziehen.[53]

Es ist nun bezeichnend, daß von den 42 Personen der beiden unterschiedlichen Quellen nur insgesamt zehn bis 1928 (und darüber hinaus) im Dienst blieben. Zusammen mit dem ausdauernden Teil des Vorkriegspersonals bildeten diese zwar einen Personalstamm, aber vermutlich weniger als 20 Prozent des in den 20er Jahren anwachsenden und wegen der neuen Laufbahnen vielleicht weniger fluktuierenden Personals. Wenn die Angaben in Tabelle 9 zutreffen, müßte es nach 1922 bzw. 1924 wieder zu zahlreichen Neueinstellungen gekommen sein. Diese Frauen sind durch die vorhandenen Quellen schlechter überliefert als ihre Vorgängerinnen. Zu den Personen des überlieferten Personalstamms kommen nur noch 12 weitere

---

51) Die Brücke von der 14er Liste von 1912 (Anm.45) ins Jahr 1921 schlägt eine 47er Liste, zu der das Handelsministerium beim ersten Ruhestand einer weiblichen Aufsichtskraft veranlaßt wurde. Es ging um die Anrechenbarkeit ziviler Praxisjahre, die bei akdemischen männlichen Beamten bis zu 8 Jahren angerechnet wurden. Wieder stritten Handels- und Finanzminister. Am 24.5.1921 sandte der eine dem anderen "die gewünschte Übersicht"(= die 47er Liste), "die in einigen Fällen nur runde Zeitanga-ben" enthalte, HII, C6, S.66; die Liste folgt auf S.67f. Das Nähere zu Reichert, Dornis und Klatt-Modrow siehe unten.

52) Das sind Bernecker, Reygers, Alexander, Gründig, Wirtschaft, Trapp, Matthes, Schalkau und Werner, mit allen anderen zusammen 23 Frauen vor Ausbruch des Weltkrieges; s.auch die Zahlenangaben bei Henseleit und in der Sozialen Praxis (Anm.41) , die Bennigsen-Förder nicht mitzählten.

53) Henseleit, Soziale Praxis und die amtlichen wie halbamtlichen Publikationen zählten Stellen, nicht Personen. SP 25 1915, Sp.894 und 975, meldete vage, es sei "in letzter Zeit eine große Anzahl von Assistentinnen der Gewerbeaufsicht -etwa 15 Damen- neu eingestellt worden." Der eigentliche Schub folgte aber 1916, s.unten S.261ff.

auswertbare hinzu, die in den 20er Jahren eingestellt wurden und deren Personalakten noch greifbar sind.

Tabelle 4: Übersicht über den Quellenbestand zur Einstellung von Assistentinnen, Gewerbepflegerinnen und -kontrolleurinnen in Preußen 1900-1940.

Quellenbestand u. -typ[a)]	Gesamtzahl der Personen	Verteilung der Personen auf Einstellungszeiträume		
	-	1900-14	1914-21	1922-40
1. 47er Liste				
Typ A	47	18	29	-
2. Merseburg				
Typ A/B	35	11	16	8
Minus Überschneidungen	11	-4	-7	-
3. andere Archive (A/B)	5	-	1	4
Bereinigte Samples	76	25	29	12
4. statistische Angaben[b)]	(22)	(2-22)	(-)	(-)
	(49)	(-)	(-)	(49-57)
	(59)	(-)	(59)	(59-50)

a) Typ A macht Angaben zu Vorbildung und Praxiserfahrung, Typ B schließt auch sozialbiographisches Material ein; b) Die Werte der Tabellen 5,8 u.9 (s.unten) stehen untereinander; deren Höchstwerte finden sich in der 1. Spalte.

Die Entlassungen in der Nachkriegszeit sind durch die Einsparungsgesetze der Weimarer Notjahre nicht allein zu erklären, weil der Personalbestand nicht drastisch reduziert wurde. Sie könnten durch ein neues Laufbahnmuster und die Zwänge des Dienstrechts ebenso gut begründet sein.[54] Schon bei der Pensionierung von Agnes Conradt war es 1921 zu Unstimmigkeiten zwischen den zuständigen Ministern gekommen. Sie stritten darüber, wie viele Praxisjahre auf das Dienstalter der Gewerbepflegerin anzurechnen seien. Der Finanzminister nannte "eine Vorbereitungszeit von 3 Jahren als ausreichend und herkömmlich". Der Handelsminister forderte zuerst 10 Jahre. "Damit der Dienst von den Gewerbepflegerinnen wirksam wahrgenommen werden kann, wird als Hauptbedingung für die Annahme eine mehrjährige praktische Tätigkeit in einer Fabrik gefordert, dem in Ausnahmefällen eine allgemeine Fürsorgetätigkeit, der Besuch eines sozialen Seminars oder einer sonstigen Beschäftigung gleich geachtet wird...". Es seien "vorzugsweise ältere

54) Die Einstellungen 1916 und 1917 waren auf zwei Jahre befristet.

Personen eingestellt worden", die bei ihrem Eintritt durchschnittlich "etwas über 34 Jahre" als gewesen wären. In der an den Finanzminister gesandten Liste seien nur deshalb mehr jüngere als ältere Pflegerinnen, "weil bei dem großen Bedarf während des Krieges geeignete Bewerberinnen fehlten und deshalb auch jüngere Personen mit einer praktischen Tätigkeit von geringer Dauer eingestellt werden mußten". Der Minister ging trotzdem auf acht Jahre herunter, wollte darauf aber beharren, weil schon bei der Pensionierung Kuschelbauers (1902), zuletzt bei der von Hartmann und Unruh (1921), "eine praktische Tätigkeit von acht Jahren als herkömmlich im Sinne des § 19, Abs.1, No.2 des ZivilRGesetzes anerkannt worden" und es billig sei, "wenigstens dasselbe für Frauen zu erlassen". Aber daraus wurde nichts. Die Minister für den Handel und die Finanzen trafen sich außerhalb des Dienstrechts in der von Kaufleuten empfohlenen Mitte. Sie gewährten fünf Jahre anrechnungsfähige Jahre, die 1000 Mark mehr oder weniger als die anfänglichen Forderungen, jedenfalls rund 6600 Mark Jahrespension für Agnes Conradt bedeuteten.[55]

Eine Auswertung der von seinem Stab eilig und im einzelnen ungenau zusammengestellten 47er Liste von 1921 ergäbe, daß der Handelsminister die hohe durchschnittliche Praxiszeit von fast 10 Jahren aus den Extrema ermittelte, die Häufigkeiten aber anders verteilt waren:

Tabelle 5: Häufigkeitsverteilung Praxisjahre (47er Liste)

Zeitraum	Verteilung der Praxis (in Jahren)						
	>20	20-15	15-10	10-5	<5	unklar	gesamt
1890-1914	3	1	1	5	8	-	18
1914-1920	5	-	3	10	10	1	29
gesamt	8	1	4	15	18	1	47

55) Zu Conradt BII, C 6; am 4.2.1921 bat Agnes Conradt um Versetsung in den Ruhestand sum 31.3. Sie habe die 7.Stufe der 5. Gehaltsgruppe erreicht, nach Absug von 10% für weibliche Beamten seien das 711o M Grundgehalt. Wenn nach §1o Abs.7 Beamtendiensteinkommensgesets eine private Dienstseit von 1o Jahren angerechnet würde, habe sie 7581 statt 5637 M Pension su erwarten. Der Finanzminister antwortete, daß nur die Vorbereitungsseit anrechnungsfähig sei (nach § 19 Abs.1 Ziffer 2 des Zivil-Ruhestands-Gesetses für Gewerbepflegerinnen), 22.4.1921. Statt 1o seien dafür nur 3 Jahre "ausreichend und herkömmlich", 9.6.1921 (S.69). Der Handelsminister entgegnete am 21.6. die sitierten Hinweise auf Annahmebedingungen, Durchschnittsalter und die Präsedensfälle bei männlichen Kollegen (S.70-72). Der seit langem bereitliegende Entwurf eines Erlasses spiegelt die Verhandlungen der Minister: Die ursprüngliche Eintragung "10 Jahre" wurde dreimal durchgestrichen und überschrieben: erst 3, dann 8, schließlich 5 Jahre (S.75).

Die Abweichungen waren also bereits in der Vorkriegszeit vorgekommen. Sie waren von Anfang an angelegt, weil die Meinungen über die zu stellenden Anforderungen immer auseinandergingen. Für Herford könne man, schrieb der dortige Inspektor Jakobi am 7.6.1912 an den Regierungspräsidenten von Minden, "das Bedürfnis nach einer weiblichen Hilfskraft nur betonen", damit das Hausarbeitsgesetz "segensreich für die Volksgesundheit wirken kann". Die Tätigkeit erfordere ein "überzeugendes, erziehendes Auftreten, gestützt auf praktischen Blick und Verständnis für die Bedürfnisse kleiner Leute." Da die westfälische Bevölkerung auf "in der Feldmark verstreuten Ansiedlungen" verteilt sei, müsse die Bewerberin 'rüstig' sein. "Daher würde ich es als besonderen Vorzug ansehen müssen, wenn die Dame radfahren könnte". Gleichwohl sei die Arbeit nur von untergeordneter Bedeutung, da "die Aufsichtstätigkeit in erster Linie garnicht auf dem technischen, sondern auf erziehlichem oder ethischem Gebiete" liege. "Es kommt darauf an, kleine Leute zu peinlicher Sauberkeit und zur Einschränkung der noch weit verbreiteten Kinderbeschäftigung zu bekehren, eine Aufgabe, der eine Assistentin sehr wohl gewachsen sein kann."[56]

Gehörten Radfahren und überzeugendes Auftreten aus provinzieller Herforder Sicht zu den Anforderungen des weiblichen Dienstes, so legte die Behörde vor allem auf die praktischen Erfahrungen wert: "Die Hauptbedingung für die Annahme ist, daß die Anwärterinnen sich durch eine längere Beschäftigung in einer Fabrik einen unmittelbaren Einblick in die Verhältnisse des gewerblichen Lebens verschafft und so aus eigener Anschauung die Bedingungen kennengelernt haben, unter denen die Arbeiterinnen sich ihren Lebensunterhalt erwerben, und daß ihnen aus dem Umgang mit diesen die Richtung des Denkens, Fühlens und Wollens der Arbeiterinnen und ihre Art und Weise, sich zu äußern, bekannt geworden sind. Wenn die Bewerberinnen an einem Kursus zur Ausbildung von Fabrikschwestern und -pflegerinnen ... teilgenommen haben, so dient das zur Empfehlung...".[57]

Aber in dem Vorkriegssample der 47er Liste waren Praxisjahre durch Schulbildung wettgemacht. Unter den 18 Vorkriegsassistentinnen der Liste hatten nur zwei keine Höhere Mädchenschule besucht: Während Martha Matthes nach der Volksschule 23 Jahre lang in einer Wäschefabrik gearbeitet haben soll, ging Therese Schlösser auf die Düsseldorfer Gewerbeschule für Mädchen und Frauen, legte die Prüfung für Industrielehrerinnen ab und leitete fast 20 Jahre lang gewerbliche Ausbildung von Mädchen. Umgekehrt gingen Trapp, Reygers und Agnes Conradt im direkten Anschluß an die Mädchenschule Geldverdienen, die eine in Fabriken, die beiden anderen "in der Konfektion". Agnes Conradt gibt dafür einen Grund an: "Da mich

56) Jacobi an Regierungspräsidium Minden, D I, Nr.16 (7.6.1912).

57) Handels- an Finanzminister vom 21.6.1921, HII, C 6, S.70.

die Verhältnisse zwangen, einen praktischen Beruf zu ergreifen". Ihr Vater war gestorben.[58]

Dieser Hinweis ist ein Vorgriff auf die Sozialbiographie der Mädchen und das übernächste Unterkapitel, in dem die Väter eine besonders wichtige Rolle spielen, weil von ihnen alles abhing. Denn vorerst bezog sich das 'höhere' dieser Töchter und ihrer Schulen mehr auf die Stellung der Väter als auf die wissenschaftliche Qualifikation, die sie auf den Schulen angeblich erwarben. Sie waren im Sozialen von den unteren Schichten getrennt, konnten aber durch elementare Ereignisse, an denen jene Zeit nicht arm war, ihre Vorrechte einbüssen. In dem Vorkriegssample gelang es immerhin 14 von 18 Mädchen, die Berufstätigkeit durch eine weiterführende Ausbildung vorzubereiten oder hinauszuschieben. Wegen der Zeitläufe lassen diese Ausbildungsgänge aber nicht immer auf die spätere Berufstätigkeit schließen. Im Vergleich mit dem Sample aus den Kriegsjahren wird außerdem deutlich, daß der Handelsminister im Gegensatz zu seinen Programmsätzen nicht den Verfall der langen Praxiserfahrung, sondern den der nachprüfbaren Schulbildung gemeint haben konnte:

Tabelle 6: Bildung und Berufsausbildung bis 1920 (47er Liste)

Zeitraum	Bildungswege (s.unten)							
	A	B	C	D	E	F	G	H
1890/14 n = 18	1	7	3	3	4	4	1	14
1914/20 n = 29	0	0	3	9	1	11	6	21
SUMMEN:	1	7	6	12	5	15	7	35
(v.H.)	2	(14)	(6)	(26)	(6)	(32)	(14)	(75)

A = 5 Semester Hochschule. B = Prüfung als Lehrerin für Industrie(1), Hauswirtschaft(1), Handel(3); 2 ohne nähere Bestimmung. C = Handelsschule. D = Frauenseminar/-schule (inkl. Fortbildungschule, Volkspflegeschule etc.; relativ unspezifische Curricula u.a. für Buchhaltung, Fürsorge, Krankenpflege oder Hauswirtschaft. E = Seminar für Fabrikschwestern in Gummersbach. F = Angelernt (ohne solche mit anderer Berufsausbildung). G = Handwerkliche Ausbildung inkl. Schneider- u. Zeichenakademie; Koch-, Web-, Schneider- und Holzschnitzschulen. H = Höhere Mädchenschulen.

Die Tabelle deutet an, daß die angesehene Bildung der Lehrerinnen, der einen Studentin und der Wohlfahrt in den Kriegsjahren durch Angelernte, handwerklich Ausgebildete und Absolventinnen von Fachschulen mit unspezifischen Curricula

58) Ebendort, S.15; HII, S40 unpag; zu Trapp und Reygers die 14er Liste in HII, B45 (s.Anm.45).

überlagert wurde, ohne daß sich an der relativ kurzen Praxiszeit (Tabelle 5) viel änderte.[59] Dieser Befund wird durch das Personalaktensample ergänzt, das für den Zeitraum weitere 16 Fälle einschließt:

Tabelle 5a: Häufigkeitsverteilung der Praxisjahre (PA-Sample)

Zeitraum	Verteilung der Praxis (in Jahren)						
	>20	20-15	15-10	10-5	<5	unklar	gesamt
1890-1914	0	3	0	0	2	0	5
1914-20	0	2	3	1	5	0	11
gesamt	0	5	3	1	7	0	16
+Tabelle 5	8	6	7	16	25	1	63

Tabelle 6a: Bildung und Berufsbildung bis 1920 (PA-Sample)

Zeitraum	"Bildungswege"					
	Lehrerin /Studium	Fach- schulen	Handw./ "Lehre"	Ange- lernte	HöMä*	n=
1890-1914	2	0	1	2	5	5
1914-1920	2	6	2	3	7	11
gesamt	4	6	3	5	12	16
+Tabelle 6	12	29	10	20	47	63

* Höhere Mädchenschulen

Das Ministerium wollte Bildung und Industriepraxis, aber diese Verbindung war in der Vorkriegszeit selten zu finden. Der Ausweg, Lehrerinnen, Krankenpflege und Sozialarbeit zuzulassen, kam der Mentalität des Bürgertums entgegen und er-

59) Zu den einzelnen Bildungsgängen Twellmann 1972, S.295-350 Zinnecker 1973, S.36-57; Horlebein 1976, Pohl 1979 und 1985; Bischoff 1984, Beavan/Faber 1987, S.76-86,145-51; Wehler 1987, Bd.2, S.498f; Pierenkemper 1987, bes. S.120ff und 196ff. Ältere Literatur: Lange/Bäumler 1902, bes. S.198-208, S.294-380; E.v.Bremen 1905, S.298ff (Prüfung der Lehrerinnen); Steffi M. Tarrasch, Die weiblichen Angestellten. Das Problem ihrer Organisation, Diss Berlin 1931; Rosa Kempf, Die dt.Frau nach der Volks- und Berufszählung von 1925, hg.v. Bund Dt.Frauenvereine, München 1931.
Meyers Konversationslexikon, 3.Aufl.1878, Bd.14, S.413, fand das "höhere Töchterschulwesen in erfreulichem inneren und äußeren Aufschwung; ebendort Bd.2, S.7ff, nannte das Victoria-Lyceum in Berlin "eine Art Frauenuniversität"; ebendort Supplementband 21, 1883/84: Ärztekommission empfahl Anstellung von Lehrerinnen; Breslau und Gandersheim eröffneten städtische "Lehrerinnenstifte" (S.926,929); Supplementband 2o, S.982 über Einkommen und Ausbildung der Lehrerinnen.

möglichte das Anwerben von höheren Töchtern für den Aufsichtsdienst. Im Unterschied zum Großherzogtum Baden waren in Preußen "in der Frauenemanzipations-Bewegung oder sozialpolitisch schriftstellerisch oder sonst öffentlich hervorgetretene Personen ... für den Zweck ungeeignet." Es sei dagegen erwünscht, wenn sie eine höhere Bildung als Volksschule hätten, um "klar und ohne Abschweifung schriftlich berichten" zu können.[60] Der Regierungspräsident in Düsseldorf meldete am 12.10.1899, daß seine Suche erfolglos verlaufen sei, weil geeignete Frauen aus der Konfektionsindustrie nicht selten bis zu 6000 M verdienten. Auf Veranlassung des GR Theobald habe er, berichtete später der Oberbürgermeister von Gladbach, unter den Meisterinnen, Saalvorsteherinnen usw. gesucht, aber keine geeignete Frau gefunden. Sie seien "durchaus aus den Arbeiterinnen hervorgegangen", besäßen zu wenig Schulbildung, ihr Gesichtskreis sei eingeschränkt. "Intelligent sind allerdings die sog. Directricen in den größeren Konfektionsgeschäften."[61]

Reichert und Conradt waren die ersten Direktricen, die in den preußischen Aufsichtsdienst übernommen wurden. Die eine war in einer Hutfabrik 30 Arbeiterinnen vorgesetzt und verdiente 160 M im Monat. Ihr Vater, ein Wachtmeister a.D., sei jetzt Haus- und Hotelbesitzer in Berlin, ihr Stiefbruder ein pensionierter Offizier und "Senator". Die andere sei durch den frühen Tod ihres Vaters gezwungen worden, "einen praktischen Beruf zu ergreifen" und im 18.Lebensjahr "die Vaterstadt zu verlassen." Ihr sei "seit einigen Jahren in einem unserer ersten Engros-Wäschegeschäften die Oberleitung der (16) Plätterinnen und Zuschneiderinnen übertragen (worden)". Ihr Gehalt gab der Referent des Polizeipräsidenten mit 2700, sie selbst mit 3500 M an.[62]

Auch Meta Dornis, Elisabeth Plage und Frl.Specht waren in der Vorkriegszeit Directricen, **Dornis** zuletzt in der Straußfedernfabrik der eigenen Schwester, Plage für ein Jahresgehalt von 3000 M in der Kinderkonfektion. Sie alle absolvierten im direkten Anschluß an die Höhere Töchterschule eine Lehrzeit und waren bis zu ihrer Übernahme in den Staatsdienst im erlernten Beruf tätig. Aber nur bei **Conradt**, die "groß und ebenmäßig geschaffen" sei, bemängelte die Verwaltung, daß sie "keine Vorbildung auf dem Gebiet der Sozialpolitik" habe. Drei Jahre nach

60) Brief Brefelds vom 6.7.1899 an den Berliner Polizeipräsidenten. Er folge einem Beschluß des Abg.-hauses und "den Vorgängen in anderen deutschen Bundesstaaten." Die Einstellung erfolge "versuchsweise", HII, S40 unpag. Der Wink des Ministers war verstanden worden, denn am 19.8. meldete das Polizeipräsidium über Anna Reichert: "An der Frauenbewegung hat sie sich nicht beteiligt ... (sie) ist schriftstellerisch nicht hervorgetreten" , HII, R 18 unpag.

61) HII, S 40 unpag. Therese Schlösser hatte am 8.9. mit Theobald gesprochen und sich am 16.9. schriftlich beworben.

62) HII, C 6, S.5f, Bericht des Polizeipräsidiums vom 27.6.1900.

ihrer ersten Bewerbung wurde sie - als Ersatz für Bennigsen-Foerder - trotzdem eingestellt, weil der verantwortliche Gewerberat Hartmann, der von 1899-1921 die Vorauswahl der Frauen organisierte, sie jedes Jahr aufs neue empfahl und zuletzt sowohl ihre "Kenntnis der Arbeits- und Lebensverhältnisse von Arbeiterinnen" als auch ihre "ausgiebige technische Erfahrung in der Wäschefabrikation" hervorhob. Sie selbst brachte in ihrem letzten Schreiben noch soziale Argumente bei: Wegen ihrer "überaus anstrengen Tätigkeit" fehle ihr zwar die Zeit für "einen geselligen Verkehr", sie sei aber seit 25 Jahren in den Familien eines königlichen Baurats und Professors und eines promovierten Gerichtsassessors gern gesehen und mit der Schwester eines Stadtrats seit langem befreundet.[63]

Solche Referenzen, die langjährige Praxis in leitender Stellung und die "wissenschaftliche Bildung" der Höheren Schule ebneten einen Weg in den Aufsichtsdienst. Ein anderer sparte an der gewerblichen Praxis und ersetzte oder ergänzte sie durch angesehene Fach- oder Lehrerausbildung. Die höhere Bildung war bekanntlich eine "bürgerliche Aufwandsnorm" (Zinnekker), die erst nach und nach auch als Berufsausbildung gemeint war. Lange Zeit blieb ein bürgerliches Frauenleben zwischen Klavierspiel, Blumen, Schneidern (Mode), Sprachstudium, Lesen (Theater) und Kindererziehung das einzig standesgemäße. Die Forschung streitet noch, ob zuerst die Lehrerinnenseminare - als Aufbauklassen der höheren, nicht selten privaten Töchterschulen - oder wegen ihrer Nähe zur Hausarbeit die Krankenpflege, die sich zur Sozialarbeit ausweitete, die Berufstätigkeit der bürgerlichen Frauen einleiteten.[64]

Die Aufsichtsverwaltung nahm aus Gründen der Bildung und des Standes auch Frauen an, die keine oder nur wenig Berufserfahrung hatten. Oft konnten diese soziales Kapital mit in die Waagschale werfen. Bertha **Koeppen** gehörte dazu. Schon ihr Geburtsort war außergewöhnlich. Während ihr Vater an der Universität Straßburg Römisches Recht lehrte, wurde sie an einem französischsprachigen

---

63) Ebendort S.4-14; erster Brief Conradts vom 6.6.1900 unter Berufung auf "Frl. Alice Salomon" (S.4); 27.6. Hartmann über den "sehr günstigen Eindruck" bei der persönlichen Vorstellung, die gute Erziehung und den guten Ruf (S.6); 9.7. gegenwärtig kein Bedarf; 4.6. und 10.6.1901 neuerliche Anfrage, Berufung auf Neuhaus, trotzdem Ablehnung ("anderweitig verfügt"), S.9; dasselbe am 1.5. (Berufung auf Reichstagsverhandlungen) und 13.5.1902 ("keine Aussicht"). Am 16.4.1903 langes Schreiben Hart manns zu ihren Gunsten mit dem Hinweis auf das Ausscheiden Bennigsen-Förders und auf Conradts "technische Erfahrung" (S.12). Davor 3. Bewerbung vom 28.12.1902 mit ausführlichem Lebenslauf und Referenzen (S.14); nochmals befürwortet Hartmann am 1o.5. (S.21); Einstellungserlaß vom 4.6. (S.22).

64) Für Zinnecker 1973 ging es der bürgerlichen Mädchenerziehung um "weibliche Wesenschau" (S.19); die Lehrerbildung erhielt danach die soziale Schlüsselstellung für bürgerliche Frauenarbeit (S.43) und war Aufwandsnorm (S.72). Bischoff 1984, S.5o-56,114-21, läßt wegen ihrer Nähe zur Hausarbeit auch die Krankenpflege als standesgemäßes Betätigungsfeld gelten.

Privatpensionat "mit Töchterschullehrplan" erzogen. Ihr erster Abschluß: Staatliche Erzieherin (1881). Aber noch vier Jahre blieb sie im Haushalt, vertiefte sich weiter in Sprachen und in Kunstgeschichte. Noch zu Lebzeiten des Vaters arbeitete sie dann in Kinderhorten, in der Armen- und Krankenpflege. Nach seinem Tod war sie als Gemeindeschwester, in einer Augenklinik und 1904-15 auf drei Fürsorgestellen tätig. Ihre erste Bewerbung vom 12.1.1914 unterstütze der Potsdamer Polizeipräsident, der bei Frick im Handelsministerium persönlich vorsprach. Am 29.8.1916 bedankte sich Koeppen bei Frick für die Einstellung, beantragte aber schon am 18.2.1917 ihre Entlassung: "Es ist mir zu meinem aufrichtigen Bedauern nicht gelungen, mich in die besonderen Aufgaben und Anforderungen des Außendienstes einzuleben, und ich habe den Wunsch, mich der bisher ausgeübten, eher charitativen Tätigkeit wieder zuzuwenden".[65] Auch Marie Elisabeth Kress (Jg. 1878), Gertrud von Bennigsen-Foerder (1872), Margarete Brinkmann (1887) und Hertha Bernecker (1889) waren Töchter von höheren oder mindestens leitenden Beamten: Bergwerksdirektor, der hauptsächlich an einer ritterschaftlichen Bank tätig war, Strafanstaltsdirektor, Regierungs- und Forstrat sowie ein promovierter Gymnasialoberlehrer. Drei der Töchter besuchten ("wissenschaftliche") Lehrerinnenseminare und legten Prüfungen für Hauswirtschaft, Sprachen und Volksschule ab. Nur Brinkmann scheint nach der Reife an einem Privatinstitut keinen anderen Abschluß angestrebt zu haben.

Marie Kress konnte ihre Sprachkenntnisse 1894-99 auf Internaten in St. Quintin, Moorhurst und Stratford erwerben, von einer anschließenden Berufstätigkeit sagt die Quelle nichts. Am 8.11.1912 wohnte sie bei Fräulein von Pilgrim, und es würde nicht wundern, wenn damit die Tochter eines preußischen Regierungsbeamten gemeint war.[66] Kress sei viel auf Reisen, berichtete Hartmann zu dieser Zeit. Weil ihr "die erforderlichen praktischen Kenntnisse" fehlten, könne er ihre Anstellung nicht empfehlen, "obwohl sie eine gebildete Dame (sei)". Am 5.2.1913 meldete die Bewerberin aber, sie sei jetzt "in einer Papierfabrik zur Ausbildung tätig", und Hartmann wurde fünf Tage später angewiesen, "die Tätigkeit des Frl.Kress im Auge zu behalten und mir (= Handelsminister v.Sydow) über sie nach etwa sechs Monaten zu berichten." Gleichzeitig wurde ein Schreiben aus Schloß Harbke abgeschickt, das sich für "die Tochter eines Offiziers" einsetzte. Am 15.3.1915 erhielt der leitende Gewerberat wieder ein Handschreiben der Bewerberin : "Ich wohne

---

65) Zu Koeppen HII, K 48, geboren 1865 in Würzburg; der Potsdamer Polizeipräsident v.Strack war nicht "zuständig", er war verwandt. Die Wartezeit bis 1916 nutzte sie mit Fürsorgetätigkeit. Gewerberat Laurisch fand, sie mache "einen mehr bescheidenen als selbstbewußten Eindruck", 26.6.1916.

66) Adolf v.Pilgrim (1821-1900), Landrat in Bochum (1853-68), Polizeipräsident in Königsberg (1875-82), Regierungspräsident in Minden (1882-94).

bei Bekannten, dem Leiter der hiesigen Zuckerraffinerie, durch dessen Vermittlung mir die Arbeit in der (Schokoladen-) Fabrik David gestattet wurde."[67]

In den genannten fünf Fällen bewertete die Verwaltungsspitze Konnexion, Sozialprestige und Bildung höher als die eigenen Vorgaben und das von den Gewerberäten angemahnte Fehlen praktischer Erfahrung. V.**Bennigsen-Foerder** meldete am 26.4.1900, sie "habe jetzt das Bedürfnis, mich selbständig zu machen." Die Mutter lebe von den Zinsen "ihres etwa 75'000 M. betragenden Vermögens", berichtete Hartmann. "Von den sechs Kindern findet nur die älteste Tochter ihren Erwerb als Lehrerin, während drei andere noch von der Mutter erhalten werden; ein Sohn ist Landwirt in Süd-Amerika, ein zweiter endlich besucht die Schule." Im August meldete sich die Bewerberin aus einer Weberei mit 600 Personen, je zur Hälfte Männern und Frauen, und berichtete in der Folge von den Fortschritten ihrer 'Ausbildung'. Wieder erhielt der Gewerberat Direktiven von oben: "Dem Herrn Referenten (Neuhaus/Hartmann?) mit dem Bemerken ergebenst vorgelegt, daß der Herr ... (unleserlich) Exzellenz den Wunsch geäußert haben, daß dem Frl. von B. Aussicht auf zukünftige Anstellung eröffnet werden müßte." Neuhaus erklärte sie danach am 15.10. gegenüber Lohmann für geeignet. Er habe ihr geraten, sich nicht in Süddeutschland (gemeint war vor allem Baden, Verf.) ausbilden zu lassen, "wenn sie den Wunsch habe, im preußischen Gewerbeaufsichtsdienst angestellt zu werden." Im übrigen (an Lohmann): "Weniger als 1500 M wird man ihr nicht wohl bieten können."[68]

Auf Hartmanns und vermutlich auch Lohmanns Ebene sorgten sich die Verantwortlichen um die Einhaltung der einmal gesetzten Maßstäbe. Der Praxisbezug war ausdrücklich verordnet worden, die 'Ausbildung' der hohen Töchter in Fabriken konnte nur eine Notlösung sein. "Diese Art der Ausbildung halte ich für zweckmäßig, aber auch für dringend geboten(...). Bei denen, die sich nur theoretisch für die so genannte soziale Berufstätigkeit vorbereitet haben, liegt die Neigung vor,

67) Zu Kress HII, K 46 unpag.; geboren 1878 in Prenslau. Hartmann am 28.1o. 1912 über ihre Reisen. Wegen ihrer Unkenntnis der Gewerbe seien mindestens swei Jahre Vorbereitung nötig; am 4.3.1914 Zeugnis über 1,5 Jahre Fabriktätigkeit; am 25.7.1916 Einberufung; am 9.4.1917 Entlassungsgesuch wegen Heirat (s.auch oben S.210).

68) Zu Bennigsen HII, B 21 unpag.; geboren 1872 im Kreis Birnbaum, Provins Posen; Hartmanns Bericht vom 29.5.1900; auf ihre Nachricht vom 12.8. ist der Wunsch der unbekannten Exsellens mit Bleistift angemerkt; am 17.10 Annahme signalisiert; am 13.12. positives Urteil Hartmanns für Reichert, die Bennigsen ausbilden soll. Vereidigung am 21.2., selbständige Revisionen seit 1.6.1901 -"störend im Verkehr macht sich bei ihr eine gewisse Blasiertheit bemerkbar, welche noch überwunden werden muß", urteilte Hartmann am 3.1.1902. Es fehle an sicherer Gesetseskenntnis, die Schulbildung sei "für eine gewandte Erledigung schriftlicher Aufgaben nicht völlig ausreichend." Trotsdem Festanstellung sum 1.3.19o2; am 2o.8.1903 Entlassungsgesuch.

die Schwierigkeiten des praktischen Aufsichtsdienst zu unterschätzen."[69] Das galt auch für die Witwe Gertrud Klatt, geb. Modrow (1869), die "einer in der Danziger Gegend allgemein bekannten Agrarierfamilie" entstamme. Der Vater königlicher Telegrafeninspektor, der verstorbene Ehemann Filialdirektor einer Lebensversicherungsgesellschaft, war sie nach ihrem Lehrerexamen (1888) Hausfrau und Mutter von 2 Kindern. Um die Ausbildung dieser Kinder, des 6jährigen Sohnes, der 17-jährigen Tochter, gehe es ihr, schrieb sie bei der ersten Bewerbung 1910, und Graf Hans Praschma, Mitglied des Reichstags und des Abgeordnetenhauses, kritzelte für sie auf seine gedruckte, schwarz umrandete Visitenkarte, offenbar in Eile, denn er vergaß einen Teil des Partizips und kürzte ab: "Kann nach der ihm gewordenen Auskunft das Gesuch der Frau G.K. um Anstellung als Ass. bei einer Gew.insp. nur wärmsten befürw.". Die Verwaltung brachte einen Einwand vor, den sie auch in den anderen Fällen ins Feld führte: "Fremd sind ihr indessen die Verhältnisse, unter denen eine Arbeiterin ihr Brot erwirbt und lebt." Nach ihrer "praktischen Lehrzeit" stand aber noch ihre Witwenschaft im Weg. Am 19.7.1913 wurde sie belehrt, daß das "Gesetz betr. der Fürsorge für Witwen und Waisen unmittelbarer Staatsbeamter vom 20.5.1882 bzw. 27.5.1907 nur die Hinterbliebenenfürsorge bei männlichen Beamten regelt." Am 26.7.1913, die Einstellung drohte, ließ man dann Anstand vermissen und erklärte, daß "für den Fall von Wiederverheiratung oder (!) Schwangerschaft das Dienstverhältnis seine Auflösung findet." Wenn man der Witwe - aus Überlieferung oder Beamtendünkel - keine "Moral" zutraute, standen die Vorzeichen für eine erfolgreiche Arbeit schlecht; 1916 stellte der Polizeipräsident fest, die Frische der Frau habe nachgelassen, und fällte das oben zitierte Urteil.[70]

Unter den 40 bis einschließlich 1916 eingestellten und greifbaren Assistentinnen der preußischen Gewerbeaufsicht finden sich also zwei Gruppen. Die Direktricen verfügten über meist langjährige betriebliche Erfahrung. Ihre Praxis beschränkte sich auf den Textilbereich und das Kaufmännische, die industrielle Produktion in Fabriken war ihnen fremd. Zu dieser Gruppe kamen bis 1916 noch Lüdicke, Kuhnke und Gürtler, danach noch Müller-Rische und Frenzel hinzu, zusammen 8

69) Hartmann am 2.8.1903, HII, K 46 unpag.

70) Zu Klatt-Modrow HII, K 44 unpag.; Bewerbung vom 26.6.1910, die Empfehlung als Anlage; Frick wies am 1.7. auf die "große Anzahl von Anwärterinnen mit ähnlichem Antrage" hin; Hartmann am 3.12. mit kritischen Einwänden, u.a. weil sie ein Zimmer ihrer Wohnung vermieten müsse. Seit Januar 1911 arbeitete sie "zur Ausbildung" in einer Schokoladenfabrik; zum 1.7. wurde sie übernommen, am 5.12. die erste Beurteilung. Am 19. und 26.7.1916 dann die beamtenrechtliche Belehrung, am 18. 11. die Entlassung. Zur Skepsis gegenüber Witwen nicht nur bei Obrigkeiten moderner Staaten, auch in englischen Dorfgemeinschaften des 18.Jhs., vgl Thompson 1980; S.130ff, und in frühchristlichen Gemeinden, denen der in der britischen Aufsicht erwähnte Apostel Paulus Briefe schrieb, z.B. 1 Thimotheus 5,3-16 (s.oben Anm.19).

von 40 oder 10 von 63 greifbaren Fällen. Die andere Gruppe umfaßte höhere Töchter, die nur eine kalkulierte Praxiserfahrung machten, um in den Aufsichtsdienst übernommen zu werden. Bei Martha **Matthes** hielt die 47er Liste "Beschäftigung in einer Wäschefabrik" fest.[71] In der Personalakte Dornis erfährt man nebenbei, daß Matthes in den Pariser und Londoner Filialen einer deutschen Firma einige Monate "Arbeiterin" war - also auch sie davor ohne Praxis und in "Ausbildung"?[72] Wenn der Singular "Beschäftigung in einem ... betrieb", den die Liste bis 1916 in 5 weiteren Fällen verwendet, dasselbe wie bei Matthes meint, absolvierten auch Schumacher, Hermann, Reygers, Alexander und Gründig nur ein Praktikum. Dafür sprechen neben der Schulbildung die in der 3.Spalte angegebene "Dauer der praktischen Tätigkeit", die bei etwa 18 Monaten lag.[73] Es wären dann schon 12 Fälle mit bloß kalkulierter Praxis. Unter den 40 Einstellungen bis 1916 wäre ihr Anteil bei über 25 Prozent, zusammen mit den Directricen die Hälfte. Findet sich dann unter den übrigen 20 Fällen bis 1916 eine organische Verknüpfung von Theorie und Praxis? Zum Beispiel bei Maria **Schnetzler**, einer Arbeiterin? Nach der Volksschule ging sie, die Tochter eines Mützenmachers und eines von acht Kindern, "bei einer Privatnäherin" in die Lehre und wechselte danach in ein Konfektionshaus mit 100 Näherinnen, "in dem sie seit 13 Jahren als erste Arbeiterin tätig ist". Da sie sich klar und sprachlich richtig ausdrücke, sei anzunehmen, "daß sie auch ihre Eindrücke und Beobachtungen in anderen Betrieben mündlich und schriftlich sachgemäß wiedergeben und verwerten kann." Das Mitglied des katholischen Arbeiterinnenvereins ihrer Heimatstadt besuchte die "Unterrichtskurse über staatsbürgerliche, wirtschaftliche und sociale Fragen ... sämtlich und führte in verschiedenen Kursen die Protokolle." Als Delegierte des Vereins nahm sie an einer nationalen Konferenz in Berlin teil und referierte zuhause darüber. In den Vorstand der AOK gewählt, gehörte sie dort auch der Ärztekommission an. Von der christlichen Arbeiterorganisation in Gladbach sei sie dem Kölner Regierungspräsident "als besonders befähigt vorgeschlagen worden." Mit ihr seien "mehrere Diakonieschwestern des Fürsorgeheims Gummersbach" sowie etliche Gewerbelehrerinnen in den Aufsichtsdienst übernommen worden.[74]

---

71) Platz 16 der Liste; die dort angegebene Praxis von mehr als 22 Jahren ist unwahrscheinlich.

72) Zu Dornis HII, D 21 unpag.; bei Dornis' Verlobung erwähnt am 18.12.1913; Hartmann habe am 5.7. 1911 und 7.9.1912 bereits über Matthes berichtet.

73) Plätze 4, 6, 11, 12 und 13 der 47er Liste.

74) B4, acc 47/85, 2 Bde; Bericht Simons vom 22.10.1916 mit Eindrücken aus dem Vorstellungsgespräch; 25.8. eigenhändiger Lebenslauf; in Bd.2 (ab 1935) Ahnennachweise; der Vater war eines von acht Kin -dern eines Ravensberger Bürgers und Flaschners. Dieser entstammte der Ehe eines Kordonist' mit der Tochter eines Böttchers und Faßbinders.

Damit waren alle Gruppen angesprochen, die dem Handelsministerium den Zwiespalt zwischen der Beamtenmentalität und den Anforderungen einer wirkungsvollen Leistungsverwaltung überbrücken halfen. Schon unter den angesprochenen "höheren Töchtern mit kalkulierter Praxis" hatten vier Lehrerinnenprüfungen abgelegt. Therese Schlösser muß jetzt dazugezählt werden, weil sie als "Industrielehrerin" 19 Jahre lang Lehrgänge zur gewerblichen Ausbildung von Mädchen leitete. Das war ihre "Praxiserfahrung". Die Tochter eines Dachziegelfabrikanten besaß 1880-90 eine Industrieschule für Frauen und Töchter, 1890-99 gab sie im Auftrag der Regierungen Münster und Arnsberg Handarbeitskurse für Volksschullehrerinnen in vier Städten -40 Klassen mit 600 Teilnehmerinnen seien es am Ende gewesen, betonte sie bei ihrer Bewerbung und legte Zeugnisse von Oberregierungsräten und Schulräten bei.[75]

Auch Maria Wirtschaft muß jetzt einbezogen werden, denn sie machte sich ebenfalls als Lehrerin selbständig. Sie stammte wie Gertrud Klatt-Modrow aus angesehener, allerdings nicht agrarischer Danziger Familie, der Vater Kaufmann, der Großvater Arzt in Neufahrwasser. Die Mutter war die Tochter eines Landrats. Nach der Lehrerprüfung eröffnete Maria Wirtschaft am Wohnort ihrer Eltern eine private Handelsschule, die sich von den "kaufmännischen Pressen" dieser Zeit schon durch die Qualifikation, d.h. auch die soziale Herkunft der Betreiberin unterschied. In den öffentlichen Handelsschule fanden sich ohnehin "überdurchschnittlich viele Mädchen mit gehobener Allgemeinbildung, höheren Alters, zum Teil sogar mit Berufserfahrung als Erzieher oder Lehrer."[76] Der Zulauf zu diesen Instituten, gerade den privaten, war nach der Jahrhundertwende sehr groß. Der Arbeitsmarkt für weibliche Angestellte, der zwischen 1882 und 1907 von 110 auf 640 Tausend Stellen anschwoll, betraf auch die Bürogehilfinnen, die in der Regel mehr brauchten, als etwa den Verkäuferinnen in der meist kurzen Lehrzeit vermittelt wurde. Deshalb rekrutierten sich jene Reihen "zunächst stark aus den höheren Bereichen der Gesellschaft". Aber auch sie öffneten sich nach 1900 den mittleren. Dem Bedarf an Steno- und Schreibmaschinenkursen trug Maria Wirtschaft an ihrem Institut Rechnung. Seit 1906 gab sie auch solche Kurse und betrieb selbst ein Büro für Schreibarbeiten. Als sie sich 1910 zum ersten Mal um die Staatsstelle bemühte, fehlte es zwar "an näheren Kenntnissen in den Arbeitsstätten der Industrie", aber die richtigen Referenzen konnte sie vorweisen: Ein Landesforstmeister a.D., ein Geh.ORR und Direktor der Reichsversicherungsanstalt Dr.A (Berlin),

75) Zu Schlösser HII, S40 unpag.; zu Industrie- und Volksschullehrerinnen Lange/Bäumler 1902, S.226ff und 320ff; E.v. Bremen 1905 sowie Pohl 1979.

76) Pierenkemper 1987, S.214; siehe auch Horlebein 1976.

nicht zuletzt der Präsident des kaiserlichen Kanalamtes Dr.B (Kiel) setzten sich für sie ein.[77]

Die dritte höhere Tochter mit einer selbständigen beruflichen Existenz, Tochter des Bürgermeisters von Kohlberg, war Elisabeth **Kummert**. Über ihre frühere Tätigkeit habe sich nur ermitteln lassen, daß sie als Näherin bei Gerson angefangen habe. Die "wissenschaftliche Ausbildung" habe sie an der Höheren Töchterschule und dem angeschlossenen Lehrerinnenseminar in Kohlberg erworben. Mit der Befähigung zum Unterricht an mittleren und höheren Töchterschulen sei sie achtzehnjährig abgegangen, dann vier Jahre lang Hauslehrerin und Lehrerin zur Aushilfe gewesen. Es fehle zwar ebenfalls an "Erfahrung im Fabrikwesen", aber als selbständige Schneiderin habe sie 1897-1900 für Damen auf Bestellung gearbeitet und dabei sechs Arbeiterinnen beschäftigt.[78]

Zwei Lehrerinnen sind in das Sample bis 1916 noch einzubeziehen. Schalkau ließ sich als Handelslehrerin prüfen und besuchte dann ein soziales Seminar, war aber anschließend fast sieben Jahre lang als "Buchhalterin, Privatsekretärin, Fabrikarbeiterin" (47er Liste) tätig. Auch Irene **Lettan** kannte mehr als nur eine "kalkulierte Praxis". Die Tochter eines kgl.Bahnmeisters 1. Klasse darf wohl zu den Gewerbelehrerinnen gezählt werden. Nach dem vollständigen Besuch einer Mädchenschule (1893-97), einer Schneiderlehre (1897-1900) und Berufstätigkeit (1900-1906) besuchte sie drei Jahre lang ein "privates kunstgewerbliches Studien- und Auftragsatelier", das ihr den Ruf an die städtische Handwerks- und Kunstgewerbeschule Derschau eintrug. Bei ihrer Einstellung in den preußischen Gewerbeaufsichtsdienst begründete der Handelsminister die neue Einstellungswelle wie folgt: "Anläßlich der großen Vermehrung der gewerblichen Arbeiterinnen während des Krieges beabsichtige ich, möglichst bald einige weibliche Hilfskräfte in den Gewerbeaufsichtsdienst einzustellen. Die Beschäftigung soll unter Vorbehalt des Widerrufs erfolgen. Ihre Dauer ist vorläufig auf zwei Jahre bemessen; ob sie verlängert wird, kann aus etatrechtlichen Gründen z.Zt. noch nicht bestimmt werden."[79]

---

77) Zu Wirtschaft HII, W 33 unpag. (1.4.1913-30.9.1930); 4.7.1911 Anstellungsgesuch mit Referenzen und Zeugnissen; 7.7. Bericht Jagows; 1.3.1913 Einstellungserlaß für Minden (auch für Gründig und Trapp, die nach Erfurt bzw. Düsseldorf kamen). Bis 1927 nur zwei kurze Nachrichten in der Akte, 1916 und 1923.

78) Personalakte nicht überliefert, alle Angaben in HII, R 18; Bericht Hartmanns vom 18.9.1899, da sie mit Reichert vorgeschlagen und nach dem 1.4.1902 von dieser ausgebildet wurde.

79) Die Angaben zu Schalkau in 47er Liste, Platz 17. Zu Lettan HII, L 22 teilpag.; geboren 1882 in Neiße; Vorstellungsgespräch bei Czimatis vom 22.7.1912 (S.11); "angenehme Umgangsformen"; die bevorstehende Vermehrung des Personals kündigte der Minister am 8.6.1916 an; am 19.6. "sofort" (zusammen mit Hossenfelder) einberufen. Am 4.1.1917 korrigierte Czimatis den ersten Eindruck und nannte sie "zu weich und zu schüchtern". Sie könne den Außendienst nicht bewältigen und wolle an die Kunstgewerbeschule als Lehrerin zurückkehren.

Nach 'richtigen' Arbeiterinnen suchen wir, von der einen Ausnahme abgesehen, weiterhin vergeblich. So kommen als letzte große Gruppe die oben erwähnten Diakonieschwestern aus Gummersbach, weiter gefaßt: die Fabrik-, Fürsorge- und Krankenschwestern in den Blick. Unter den erwähnten Töchtern mit kalkulierter Praxis hatten Schumacher, Bernecker und Alexander auch das Gummersbacher Institut besucht, also zwei vollwertige Berufsausbildungen abgeschlossen. Den Beruf einer Fürsorgeschwester hatten unter den bis 1916 Eingestellten auch Dauss, Seiffert, Rixmann, Werner, Glöckner, Stachowitz und Kreyher erlernt (und ausgeübt). Während die erstgenannten drei Töchter wie die oben erwähnten drei in Gummersbach gelernt hatten, ist bei den anderen von sozialen Frauenschulen bzw. -seminaren und einem "Volkspflegeseminar" die Rede. An entlegener Stelle wird berichtet, daß man dort auch Säuglingspflege unterrichtete. An ebenfalls entlegener Stelle wird erwähnt, daß Seiffert 1898 bis 1903 als Küchenschwester in verschiedenen Krankenanstalten gearbeitet haben soll. Die Gruppe der Fürsorge- und Krankenschwestern ist bei den Personalakten besonders schlecht überliefert. Hertha **Bernecker** ging nach ihrer Lehrerinnenprüfung (Sept.1908) nach Gummersbach, ihre Ausbildung führte in Küche, Hauswirtschaft und Nähsaal. Sie war dann zwei Jahre lang als Fabrikschwester tätig. Der gutachtende Gewerberat (Trilling) fand "Herzensgüte und ein(en) Zug echter Weiblichkeit" bemerkenswert.[80]

Von Ottilie **Werner** weiß die 47er Liste nicht viel zu sagen. In der Fürsorge soll sie fast 5 Jahre lang gearbeitet haben. Aus anderer Quelle erfährt man gerade noch ihren Vornamen und das Jahr ihrer Einstellung.[81] Olga **Kreyher** war nach dem Frauenseminar Sozialsekretärin und Gemeindeschwester.[82] Mehr weiß die Liste auch bei den anderen Schwestern nicht zu berichten. Nach 1916 wurden noch drei weitere Schwestern eingestellt, keine mehr aus Gummersbach. Von Henne (6 Jahre, 9 Monate Fürsorgeschwester) und Hossenfelder (Ausbildung in der Krankenpflege, Beschäftigung in einer Fabrik) ist wieder nur wenig bekannt. Bei Katharina **Töpert**

80) Paul Jacobsohn, Männliche und weibliche Krankenpflege, in: Die Krankenpflege 1 1901/02, S.948-55; Küster 1895; Lange/ Bäumler 19o2, S.294-304; Meyers Konversationslexikon, Supplementband 20, S. 560ff; Bischoff 1984. Zur Fürsorge sind einzelne Stadtgeschichten heranzuziehen, übergreifende Darstellungen bleiben aber noch zu allgemein, z.B. Reulecke 1985, S.118-3o; besser Ders. 1987; zu den Einrichtungen in Berlin und ihre Entwicklung Meyers Konversationslexikon, Bd.2, 3.Aufl.1878, 4. Aufl.1890, 5.Aufl.1897, 6.Aufl.1908; Annemarie Lange, Das Wilhelminische Berlin, Berlin (Ost) 1976; Diess., Berlin in der Weimarer Republik, Berlin (Ost) 1987; Losseff-Tillmanns 1975, S.343-49. Die im Text erwähnten entlegenen Stellen HII, M 36 (Säuglingspflege); HII, T 2O, Bd.2, 3o.1o.1922 (Küchenschwester). Das Trilling-Gutachten in HII, B 45, Bd.1 unpag.

81) Platz 18 der 47er Liste; D Ia Nr.16, Bd.2, Schreiben von Neuhaus an Werner vom 21.1.1914.

82) Platz 26 der Liste; 1878 in Gandersheim geboren, Höhere Mädchenschule in Braunschweig, private Handelsschule in Breslau, Frauenseminar in Hannover - Sekretärin, Arbeiterin, Fabrik- und Gemeindepflegerin, D Ia Nr.16 Bd.2 und D Id Nr.17.

ist aber (neben Bernecker) eine zweite Personalakte vorhanden. Die Tochter eines Baumeisters und Schwester des Gewerberats Oscar Töpert wurde 1865 in Görlitz geboren. Bei der ersten Bewerbung 1914 erklärte sie ihr "warmes Interesse für die im gewerblichen Betrieb beschäftigte Frau, weil mich mein Beruf viel mit ihr zusammengeführt hat (...). Mit dem 17.Lebensjahr wurde ich in allen häuslichen Dingen unterrichtet und verwertete meine erlernten Kenntnisse mit 20 Jahren in 'au pair' Stellungen." Mit 27 Jahren sei sie in das Viktoriahaus als Schwesternschülerin eingetreten. 1894 habe sie die Schwesternprüfung abgelegt und sei über 22 Jahre ununterbrochen berufstätig gewesen. "Ich verdiene mir seit meinem 21.Lebensjahr meinen Unterhalt selbst, habe seit 1886-1917 ein Gehalt von 20-50 Mark gehabt; bei freier Ration vom Jahre 1888-97 habe ich dauernd meine Mutter unterstützt. Seit 1897 hilft Gewerberat Töpert den greisen Eltern und einer kranken Schwester." Zwischen 1897 und 1919 habe sie deshalb 4000 M sparen können. Am 1.3.1911 habe sie am Nonnendom eine Fürsorgestelle eingerichtet, "an deren Spitze Frau von Siemens aus Nedlitz kam". Am 1.4.1912 sei sie dann die Leiterin des firmeneigenen Kinderheims geworden. Sie lernte "die Verhältnisse in den Arbeiterfamilien gründlich kennen" und durfte im Kinderheim erholungsbedürftige Arbeiterinnen aufnehmen. "Ich möchte", schrieb sie in ihrer ersten Bewerbung 1914 (nach dem Tod ihrer Eltern), "meine Tätigkeit ändern, um neben dem Beruf meine eigene Häuslichkeit haben zu können." Als ihr 1918 nach einer zweiten Anfrage "Aussicht auf Einstellung eröffnet" wurde, leitete sie gerade ein Arbeiterinnenheim in Kassel. Zwar fand sich 1918 kein Gewerberat, der sie ausbilden wollte, aber "Herr Gewerbeinspektor Schumacher hat sogar die Bitte geäußert, ihm möge eine unausgebildete Assistentin überwiesen werden." Nach §22 der Verordnung zur Minderung der Personalausgaben vom 8.2.1924 wurde Katharina Töpert allerdings wieder entlassen - mit einem Wartegeld von 648 M/Jahr und einem Pensionsanspruch für "6 Jahre 135 Tage ruhestandsfähiger Dienstzeit", d.h. 42/100 des letzten Gehalts. Am 21.4.1929 schrieb sie in Not, ihr Wartegeld betrage nun ganze 118 M im Monat. 1931 erhielt sie im Monat 104,50 Pension sowie 81,05 aus einer Angestelltenversicherung. Für den Einkauf in ein Damenstift bitte sie um eine Zuwendung.[83]

83) Zu Töpert HII, T 20, 2Bde unpag.; Bewerbung vom 19.4.1914; seit 1.3.1910 im Cäcilienhaus, Sozialarbeit. 9.7.1914 Referent äußert Bedenken wegen ihres Alters -"könnte dem Staat nur 15 Jahre dienen"; 12.8. "keine Stelle frei"; 2.1.1918 2.Bewerbung; 25.2. Aussicht auf Einstellung eröffnet. Im März sucht die Verwaltung eine Ausbildungsstelle für sie, Breslau (Czimatis), Liegnitz (Tschorn) und Stettin (Syrup) lehnen ab; 19.3. Einstellungserlaß; Bd.2 beginnt mit Versetzung an den Heimatort; Brief vom 2.12.1920 mit " ich verdiene mir..."; zu GR Töpert H I, T7.

Auch wenn gleichlautende Nachnamen nicht in jedem Fall Verwandtschaft anzeigen wie bei Oscar und Katharina Töpert, finden sich in dem Sample weitere Einzelfälle. Die 1893 geborene und bereits im Alter von 25 Jahren 1918 eingestellte Margarete **Petersen** war die Tochter des gleichnamigen Gewerberats, der seit 1888 zu den höheren Beamten der preußischen Gewerbeaufsicht gehörte. Er war vermutlich noch im Dienst (Jg.1857), als seine Tochter eintrat. Dagegen war Karl Hartmann, der die Anstellung von Frauen 20 Jahre hindurch betreute, gerade pensioniert worden, als seine Tochter Jutta (Jg.1894) 1922 angenommen wurde. Nach der Reifeprüfung 1911 besuchte Jutta **Hartmann** 1912-14 die Fachschule für Schneiderei im Lette-Haus Schöneberg und legte die Gesellenprüfung ab. Sie war dort mit Käthe **Heise** gefreundet, die zusammen mit ihrer Schwester Lucy 1916 bzw. 1917 ebenfalls in den Aufsichtsdienst übernommen wurde. Der leitende Gewerberat hatte bei ihrer Anstellung erklärt, Käthe sei ihm "als Mitschülerin meiner Tochter in dem Kursus für Schneiderei im Letteverein näher bekannt und hat in meinem Hause verkehrt." Für sie spreche auch, daß sie die beste Schülerin des Kurses gewesen sei. Die Heise-Schwestern gehörten nach Auskunft des Polizeipräsidenten "nach ihrem Auftreten den gebildeten Kreisen an." Ihr Vater war Gutsbesitzer und königlicher Domänenpächter in Pommern. Er wanderte 1908 nach Argentinien aus und wurde Farmer. Seine Töchter legten wie Jutta Hartmann die Gesellenprüfung ab und wechselten nach einigen Jahren in Schneidereien und Modehäusern im Krieg den Beruf. Lucy war 1915-17 Hilfsarbeiterin beim kaiserlichen Amt für Statistik. Jutta Hartmann ging zwei Monate nach Kriegsausbruch zum Roten Kreuz, legte im Dezember 1915 das Schwesternexamen ab und arbeitete 1916 in Polen und Frankreich in Frontnähe. Nach dem Krieg schrieb sie sich bei der städtischen Wohlfahrtsschule Charlottenburg ein und legte ein zweites staatlich anerkanntes Examen ab: Kreisfürsorgerin. Bereits sechs Monate nach ihrer Einstellung in den Aufsichtsdienst bat sie um einjährigen Urlaub. Ihr Bruder arbeite als Vertreter eines großen deutschen Unternehmens in Brasilien und biete ihr die Gelegenheit, auf seine Kosten die Verhältnisse kennen zu lernen und sich dort zu betätigen. Am 28.12.1923 schrieb dann ihr pensionierter Vater: "Meine Tochter ... hat sich ... in Rio de Janeiro mit dem deutschen Kaufmann R. verheiratet und behält dort ihren Wohnsitz."[84]

---

84) Zu Petersen DI, Nr. 57; geboren 1893, Höhere Töchter- und Handelsschule in Breslau und Berlin; Praxismonate bei Grubenverwaltung, Buch- und Wäscheherstellung; 1918-25 Schreibhilfe bei verschiedenen Aufsichtsämtern in Berlin, seit 1.8.1927 Oberkontrolleurin. Zu GR Petersen siehe oben Kap.2; zu Hartmann HII, H 53 unpag; geboren 1894 in Oppeln, mit dem Vater 1896 nach Hannover, 1899 nach Berlin. Dort 1911 Reife an der Höheren Mädchenschule in Steglitz; 1.10.1914 - 21.1.1919 Krankenschwester beim Roten Kreuz; 1.10.1920 städtische Wohlfahrtsschule in Charlottenburg, 27.3. 1922 Fürsorgerinnenexamen; 3.5. Einstellungserlaß für Minden, 1.7. Eintritt, 4.12. Bitte um Urlaub. Zu GR Hartmann H I, H3 -geboren 15.3.1855 in Ruda bei Warschau; Provinzialgewerbeschule in Kö-

Bis zum Einstellungsjahr 1920 sind weitere 28 Assistentinnen überliefert. Unter ihnen findet sich kaufmännische und gewerbliche Praxis in größerem Umfang als in den bisher besprochenen Fällen. Koopmann wurde 1911, Zender 1916 eingestellt. Beide besuchten Handelsschulen und arbeiteten in Fabriken, Büroarbeit vermutlich. Gürtler ging direkt von der Mädchenschule und für 15 Jahre in die Fabrik, Friebel zuerst in die Frauenschule, dann für 5 Jahre in eine Schokoladen- und eine Munitionsfabrik, erzwungene Praxis vermutlich. Fleissig wechselte von der Mittelschule auf eine Zeichenakademie und war dann 24 Jahre lang Zwischenmeisterin. Auch sie wurde 1916 eingestellt und gehört nicht mehr zu den sog. Höheren Töchtern.[85] 1916 wurden die ersten Frauen übernommen, die wie Lüdicke und Schnetzler[86] Volksschulbildung und einen anderen sozialen Hintergrund hatten. Sie meinte die Zeitschrift "Soziale Praxis", als sie 1919 schrieb: "Neuerdings sind in Preußen auch Arbeiterinnen zur Fabrikaufsicht herangezogen worden."[87] Bei Teichert ist die 47er Liste wie gewohnt wortkarg: "Vorarbeiterin usw, 29 Jahre."[88] Aber für Agnes Schmitz und Elisabeth Rudersdorf liegen wie für Maria Schnetzler Personalakten vor. Die drei Arbeiterinnen wurden in den preußischen Westprovinzen geboren und katholisch getauft, schon damit unterschieden sie sich wenn nicht himmel-, so doch meilenweit von den höheren Töchtern des Samples, die fast alle östlich der Elbe geboren worden waren. Agnes Schmitz, über deren Herkunft nichts ausgesagt wird, sei ihm "von bemerkenswerter katholischer Seite empfohlen worden, die ich darauf aufmerksam gemacht hatte, daß es an katholischen Arbeiterinnen für die Stelle von Gewerbeassistentinnen fehle", schrieb das Handelsministerium im August 1916, dem Monat der neuen Einstellungswelle, "vertraulich" und mit dem Vermerk "eilig" an den Aachener RGR Storp. In dessen Antwort vom September 1916 klangen die Berührungsängste an, die sich vor dem Krieg in Plädoyers gegen den Einsatz von Frauen im Aufsichtsdienst Luft verschafft hatten: "Ihre Stellung will sie stets nur wegen der schlechten Konjunktur gewechselt haben." Agnes Schmitz hatte angegeben, während 22 Jahren bei vier

nigsberg; Maschinenbau an TH Hannover u.Jura in Greifswald; 1880 Bauführer, 1885 Maschinenmeister, 1886 Baumeister; Assistent an TH, Eisenbahnverwaltung, Hilfsarbeiter an Kaiserlichen Werft Wilhelmshaven; 1.5.1891 Eintritt in Gewerbeaufsicht, 1.4.1894 etatmäßig; Übertritt in Handelsministerium, 1907 Geh.RR, "einer der tüchtigsten preuß.Gewerbeaufsichtsbeamten"; seit 1886 verheiratet, sechs Kinder; zu Heise HII, H 47 unpag.; geboren 1893 im Kreis Bütow in Pommern; mit Geschwistern von geprüfter Lehrerin privat erzogen, dann städtisches Lyzeum Konitz und Mädchengewerbeschule Königsberg; am 29.9.1913 Gesellenprüfung an der Schule des Lettevereins. Bericht Hartmanns vom 7.4.1917, Einstellungserlaß für Lucy und Käthe vom 19.4.; positives Urteil Hartmanns am 10.10, Entlassungswunsch Lucys vom 20.1.1920 wegen Heirat.

85) Plätze 9, 20-22 und 27 der 47er Liste.

86) Oben S.262.

87) Zit.nach Herkner 1922, S.352.

88) Platz 24 der Liste.

verschiedenen Firmen praktisch gearbeitet zu haben, wahrlich kein häufiger Stellenwechsel. Seit 1900 gehörte sie der "christlich-nationalen Arbeiterbewegung", seit 1910 dem Zentralverband des deutschen Textilarbeiterverbandes, Bezirk Aachen, als Schriftführerin an. Ihre Mitgliedschaft im Ausschuß der AOK bedeute indes nur, daß sie einmal jährlich mitstimmen dürfe. Storp vermutete Unkenntnis der Arbeiterschutzgesetze, Schmitz hielt dagegen, im gewerkschaftlichen Auftrag "das Verständnis der Arbeiterinnen für die deutschen Arbeitsschutz- und Versicherungsgesetze" geweckt zu haben. Im April 1917 beurteilte man die Eingestellte als "willig, sorgfältig und fleißig". Dann versiegte die Quelle für 10 Jahre. Es gab nichts mehr zu tadeln oder zu mutmaßen, die ehemalige Arbeiterin war integriert. Bei ihrer Pensionierung 1932 hatte sich die bei Maria Schnetzler ausgehandelte Pauschale von fünf anrechenfähigen Praxisjahren eingespielt. Nach einem Schädelbruch, dem epileptische Anfälle folgten, riet eine Ministerialrätin Trapp, die in den 20er Jahren das weibliche Personal der preußischen Gewerbeaufsicht betreute und vielleicht selbst aus diesem hervorgegangen war, zur Zwangspensionierung. Schmitz Ruhestand währte acht Jahre, dann meldete sie sich auf die Radiomeldung "Ruhestandsbeamte, zum Helfen ist niemand zu alt !" Sie überlebte den Wiedereinstieg nur wenige Monate und starb einen plötzlichen, unweiblichen Tod. Als Hinterbliebener im Sinne §93 Beamtengesetz meldete sich ein unehelicher Sohn Dr. Otto R., der in der zweibändigen Personalakte der Gewerbeoberinspektorin an keiner anderen Stelle erwähnt wird. Ihm gehörten das Sterbegeld (340 M), die Lebensversicherung (6000 M) und das von der Beamtin gebaute Haus.[89]

Bei Schmitz und Schnetzler wird ein soziales und bürokratisches Muster angedeutet, das in der Zwischenkriegszeit beherrschend und durchsichtig werden wird.[90] Elisabeth **Rudersdorf** fällt dagegen ab, weil die Tochter eines Schuhmachermeisters nicht in den Gewerkschaften arbeitete, die später die Einstellungen vorentschieden. Nach der Handelsschule fand sie "keine genügend bezahlte Stellung" und wurde Fabrikarbeiterin, am Anfang Textilien, am Ende Munitionen. Sie bildete sich in Abendkursen fort, und man vertraute ihr wenige Monate vor ihrem Wechsel in den Staatsdienst die Abrechnungsarbeiten im Meisterbüro an. Solche Vertrauensbeweise von Unternehmen (später von Gewerkschaften) ersetzten bald

---

89) Zu Schmitz HII, S.83, 2 Bde unpag.; geboren 24.04.1879 in Monschau, gestorben 23.12.1939; mit 10 Jahren nach Aachen gezogen, mit 14 Fabrikarbeit; Bewerbungsbrief vom 24.08.1916, darin die Angaben zu AOK und Gewerkschaft; Ministerium an Storp am 30.08., Storps Antwort am 19.09 auf 4 Seiten, ein "fast fehlerlos" geschriebenes Diktat als Anlage; sie stehe "geistig" weit über durchschnittlichen Arbeiterinnen. Bd.2 enthält eine Dienstaltersberechnung vom 05.10.1920, das Bestehen der Prüfung vom 14.12.1927, den Schädelbruch vom 29.08.1928, den Hinweis auf Epilepsie vom 10.03.1931 und Trapps Erwägung der Zwangspensionierung, die zum 01.04.1932 erfolgte. Die Ministerialrätin ist vermutlich identisch mit der einst für Düsseldorf eingestellten Assistentin (s.oben Anm.52/58).

90) Siehe unten S.272ff..

die Referenzen von hochgestellten Herren, die im Kaiserreich noch Türen öffneten. Nicht mehr die in die Gewerbe gefallenen oder kühl Praxiserfahrung kalkulierenden Töchter prägten dann das Bild, sondern jene in den Gewerben aufgewachsenen, an Gewerkschaften gebundenen, von diesen fortgebildeten Arbeiterinnen.[91]

Vor 1920 gehörten wohl nur Krämer und Gaedke ebenfalls zu diesem noch kleinen Kreis. Frenzel besuchte Mittel- und Handelsschule und gehört zur Gruppe der Direktricen. Die übrigen Frauen der 47er Liste kamen von höheren Mädchenschulen. Klapper und v.Görschen bildeten sich im Holzschnitzen bzw. -bildhauen aus und fielen danach in die Gewerbe, die eine als Zeichnerin, die andere trotz des Adelsprädikats als Arbeiterin. Wagner und Glauch besuchten Frauenschulen, Rantzau eine Web-, Thiel eine Handelsschule, bevor sie in verschiedenen Gewerben arbeiteten. Wirth gehört zur Gruppe der geprüften Gewerbelehrerinnen, arbeitete aber als "Leiterin einer städtischen Zentralküche". Giesler ging nach der höheren Schule übergangslos, der Krieg war ausgebrochen, in eine Fabrik.[92]

Blieben aus dem Personalakten-Sample die drei Schwestern bzw. Büroangestellten, um die Einstellung vor 1920 im Überblick darstellen zu können. Elisabeth **Piper** blieb bis zum Tod des Vaters, eines Erziehungsinspektors, im Haushalt. Im Alter von 23 Jahren begann ihr Berufsleben mit Büroarbeit bei Armenpflege und Fürsorge. Auch sie wurde Leiterin eines Fabrikkinderheims. Die kalkulierte Praxis bei Stollwerk (9 Monate) und der Munition (3 Monate) "unternahm sie mit dem Ziel, in den Gewerbeaufsichtsdienst zu kommen. "Als dies 1916 erreicht war, schied sie nach wenigen Monaten wegen Heirat wieder aus.[93]

---

91) Zu Rudersdorf HII, R 35, 2 Bde unpag.; geboren 1887 im Regierungsbezirk Koblenz; Bewerbungsschreiben vom 23.08.1916; 22.10. Gutachten aus Düsseldorf; 27.10. Einstellungserlaß für Rudersdorf und Wirtschaft "zur Aushilfe". Zum 01.08.1917 nach Aachen versetzt, 30.03.1920 Heiratswunsch.

92) In der Reihenfolge ihrer Nennung auf der 47er Liste- Plätze 43, 47, 42, 33, 35/36, 39/40, 46 u.37. Zu 33 und 46 sind Personalakten vorhanden. Hanna Klapper wurde 1893 in Hermsdorf/Kynast geboren, katholisch getauft, besuchte Höhere Mädchen-, Kloster- und Kunstgewerbeschule. Anstellungsgesuch aus Berlin am 14.03.1917. Das Gutachten nach Vorstellungsgespräch hob außer körperlicher Eignung hervor: "Sie ist katholisch." Vereidigung am 30.05., positive Beurteilung am 12.02.1917 und 19.11. 1918 ("Frl. K. führt ein zurückgezogenes Leben"). Entlassungswunsch vom 21.02.1922: "Ich bitte, mich vom 01.03.1922 vom Dienst zu entheben, weil ich mich verheiraten werde". Zu Elisabeth Wirth HII, K 52 unpag.; 1895 in der Eifel geboren und ebenfalls katholisch; bewarb sich am 24.09.1913 in Stilschrift. 1911 Reife, 1914 Lehrerexamen für Hauswirtschaft, 1915 für Gewerbeunterricht. 24.09.1919 Empfehlung eines Sekretärs des christlichen Metallarbeiterverbandes, der mit ihr verwandt war; 14. 11. Einstellung, 31.07.1921 Entlassung wegen Heirat.

93) Zu Piper HII, P19 unpag.; geboren 1886 in Berlin - Wittenau; private höhere Mädchenschule, soziale Frauenschule in Schöneberg. Nach der Armenpflege Recherchentin in der "Zentrale für private Fürsorge", Flottwellstraße 4; Bewerbung vom 08.11.1912; 03.01. keine Stelle frei; Einstellung zusammen mit Gürtler, Friebel, Brinkmann und Fleißig zur Zeit der Einstellungswelle 1916.

Als Tochter eines Lederhändlers bestand Martha **Jerusalem** nach dreijährigem Kurs 1891 gemäß Prüfungsordnung vom 24.4.1874 "das wissenschaftliche Turn- und Handarbeitsexamen". 1895-1900 war sie mit dem Sekretär und Kalkulator am Königlichen Amtsgericht, Masche, verheiratet. "Ich habe mich seit 1904 auf verschiedenen Gebieten der Wohlfahrtspflege praktisch betätigt." Sie war Lehrerin in Bulgarien, Fürsorgeerzieherin in Frankfurt/Main und Gemeindeschwester. "Außerdem habe ich auch in der Arbeit an Fabrikarbeiterinnen gestanden." 1911-15 besuchte sie Kurse für Krankenpflege in Halle und bestand die staatliche Prüfung für Krankenpflege.[94]

Martha **Kubenke**, Jg.1882 und Tochter eines Zollsekretärs, im Haushalt eines Pfarrhauses ausgebildet, arbeitete "in ersten Häusern als Stütze." Seit 1907 bearbeitete sie, nach einem Schnellkurs vermutlich, im Betriebsbüro der AEG technische Korrespondenz sowie Arbeiter- und Unfallangelegenheiten.[95] Klara **Heise** schließlich, Tochter eines Berliner Schneidermeisters und mit den oben genannten Heise-Schwestern nicht verwandt, hatte ihrerseits zwei Schwestern, die selbständig Wäsche herstellten und "ca. 25 Mädchen" beschäftigten. In einem halben Jahr lernte sie Verkäuferin und war dann in 30 Berufsjahren in fünf verschiedenen Branchen tätig, zuletzt bei einer "Tee-Kompanie" als Leiterin der Arbeitsstube. Das Urteil der Verwaltung im Juli 1916: Man sehe ihr die reiche Lebenserfahrung an und trotz der geringen Schulbildung sei sie mit der Feder gewandt. Schon im Oktober revidierte man das Urteil, denn "ihre Bildungsstufe scheint ihr das richtige Auffassen der gesetzlichen Bestimmungen des Arbeiterschutzes merklich zu erschweren". Sie sei rechthaberisch und verfechte ihre Meinung vorlaut. Beim Sprechen und Schreiben berlinere sie, würde Dativ und Akkusativ verwechseln, die Orthographie sei mangelhaft: " ... nicht antraff." Sprechfehler in Verhandlungen mit Gewerbetreibenden würden übel vermerkt und könnten

---

94) Zu Masche-Jerusalem HII, M 35 unpag.; geboren 1870 in Berlin, Vater starb 1879; erste Bewerbung am 24.01.1911 mit Zeugnissen und Beschäftigungsnachweis; 04.06. Gutachten Trillings positiv; derselbe Vorgang am 28.11.1915 und 04.01.; Frau M. versuche in Görlits als Privatkrankenpflegerin su leben, habe aber su wenig Beschäftigung gefunden. Sie ging nach Düsseldorf als Schwester des Vereins für Hauspflege (RP am 09.08.1916). 11.06. "s.Zt. alle Stellen besetst", große Zahl von Bewerberinnen; 11.08. für 6 Monate auftragsweise eingestellt; 26.02.1917 Ausbildungspläne konnten nicht eingehalten werden (Tschorn); 30.04. nimmt an "Einführungskurs für Fabrikpflegerinnen" teil; 23.11. Lob aus Liegnitser Aufsichtsdienst, sei aber schriftlich ungewandt; 12.03. 1919 "Umschwung in Privatleben"; 22.04. Seifert in Breslau ihre Nachfolgerin.

95) Zu Kubenke HII, K 49 unpag.; Bewerbungsschreiben vom 16.08.1916 aus Pankow, Einstellung sum 15.11.; Entlassungsbitte am 11.05. 1917 wegen "schweren Gemütsverstimmungen".

zu einer bedauerlichen Herabsetzung des Ansehens und des Einflußes der Gewerbeinspektion führen.[96]

Im ganzen gesehen (**siehe Tabellen-Anhang 13**) beherrschen die höheren Töchter das Einstellungssample bis 1920 zu 90 Prozent. Teilt man sie in fünf Gruppen ein, so sind die erste bis vierte etwa gleich stark besetzt. Nur die fünfte ist doppelt so stark besetzt als jede andere und umfaßt ein Drittel der höheren Töchter. Die relative Stärke dieser Gruppe ergibt sich aus den Einstellungen während des Krieges. In dieser Zeit wurden auch die ersten Arbeiterinnen angenommen. Die Präferenz für ausgebildete Lehrerinnen und Fürsorgeschwestern und die Bereitschaft, als Praktikum getarnte, kalkulierte Praxis zuzulassen, prägten die Einstellungen vor dem Krieg als Resultante aus Beamtenmentalität, Arbeitsmarktlage und dem um 1900 formulierten Anforderungsprofil. Die Einstellungswelle im Herbst 1916 berücksichtigte die angesprochenen Gruppen relativ weniger, und 1917 verzichtete man fast ganz auf sie. Es wurden dann nur eine Lehrerin, drei Fürsorgeschwestern und zwei Direktricen eingestellt. In dem Maße wie die vier Gruppen abnahmen, konzentrierte sich das Einstellungsinteresse der Behörde auf Kandidatinnen, die eine kaufmännische oder gewerbliche Ausbildung abgeschlossen hatten und eine mehrjährige Berufspraxis besaßen (5.Gruppe/Spalte). Das um 1900 formulierte Anforderungsprofil, das sich vom Ausland abheben wollte, obwohl man diesem nacheiferte, konnte erst nach einer Verzögerung von 15 Jahren verwirklicht werden. Die Verwaltung nützte den Strukturwandel der bürgerlichen Frauenarbeit für ihre Zwecke, der schon vor dem Krieg eingesetzt und sich während des Krieges beschleunigt hatte. Die halbherzige Einstellung von Arbeiterinnen erscheint dabei als Konzession an die katholischen Westprovinzen und wurde erst nach der staatlichen Umwälzung und dann zielstrebiger verfolgt.

5.4 Die Frauen des mittleren Dienstes nach 1920.

"Die Gesamtzahl der Gewerbeaufsichtsbeamten in Deutschland hatte - trotz der Verkleinerung der Reichsgebiete - bereits 1919 mit 574 Beamten den Stand von 1913 (569) knapp übertroffen."[97] 1930 soll sie 814, 1933 794 betragen haben. Die Zahl der preußischen Beamten sei 1920-33 von 320 (?) auf 478 angestiegen und habe wie vor dem 1.Weltkrieg etwa 60 Prozent aller deutschen Aufsichtsbeamten

96) Zu Heise HII, H 45 unpag.; geboren 1873 in Berlin; erste Bewerbung 1912, keine Stelle frei. 28.06. 1916 Gesuch von Heise und Koeppen; 17.07. Gutachten, 28.10. über Probleme bei der Ausbildung, 31.10. Entlassung, 15.12. Justizrat und Rechtsanwalt widerspricht, 26.01. ein zweites Mal.

97) Simons 1984, S.332.

betragen.[98] Die mittleren Beamten machten in einigen Bundesländern fast die Hälfte des Personals aus, in Sachsen lag ihr Anteil sogar etwas darüber:

Tabelle 7:
Entwicklung der Laufbahnstruktur im sächsischen Gewerbeaufsichtsdienst 1913-1930[99]

Jahre	Gesamtzahl	Höhere Beamte		Mittlere Beamte zusammen		männlich		weiblich	
	-	N	%	N	%	N	%	N	%
1913	55	44	80	11	20	5	9	6	11
1919	56	39	70	17	30	11	20	6	10
1922	68	39	57	29	43	19	28	10	15
1925	65	33	51	32	49	23	35	9	14
1927	72	34	47	38	53	25	35	13	18
1929	78	37	47	41	53	27	35	14	18
1930	84	37	44	47	56	30	36	17	20

Die Zahl dieser mittleren Beamten stieg in Deutschland 1920-33 von 120 auf 308. Nach dem Jahrbuch des ADGB gab es im Oktober 1922 unter den 700 Aufsichtsbeamten 125 aus Arbeiter- und Angestelltenkreisen. "1929 waren die mittleren Beamten fast zur Hälfte Arbeiter und Meister, die anderen hatten überwiegend eine technische Mittelschule besucht oder besaßen eine kaufmännische Vorbildung."[100] Dabei waren die meisten nicht Berufsbeamte im Sinne der neuen Verfassung[101], sondern auf Kündigung angestellte Hilfskräfte. Das preußische Handelsministerium reagierte 1919 nach einigem Zögern auf das Rundschreiben des neuen Reichsarbeitsministeriums, das die Gewerkschaftsforderung nach Einstellung von Hilfsbeamten aus der Arbeiterschaft unterstützte. "Die Zahl der zunächst notwendigen Arbeiter-Aufsichtsbeamten, die allerdings nicht beamtet werden sollten, wurde auf ca. dreißig geschätzt. Im Juli 1919 folgte der Landtagsbeschluß, nach den Vorschlägen der Gewerkschaften solche Hilfskräfte einzustellen."[102]

98) Nichtetatmäßige Hilfskräfte und Referendare sind in Simons Zahlen nicht enthalten.

99) SP 39 1930 Nr.26, Sp.619; dort wird auch aus der sächsischen Vorbildungsverordnung vom 12.10. 1921 zitiert.

100) Ludwig Preller, Arbeitnehmer in der Gewerbeaufsicht, Gewerkschaftszeitung 39 1929, S.340, Tab.2a, zit. nach Simons 1984, S.333f.

101) Artikel 128-131 WRV; zur Vorgeschichte Wunder 1986 S.111f; zur Einschätzung und Nachwirkung ebendort S.113ff; Ellwein /Zoll 1973, S.7-22; Ellwein 1980, S.37-40, 66-86, 204-24.

102) Simons 1984, S.222f.

Das galt auch für Frauen. Nach Gertrud Henseleit standen am 1.5.1918 47 Assistentinnen im preußischen Dienst, 1919 seien es 51, 1922 noch 44 gewesen, ihr Anteil am Gesamtpersonal habe 13 Prozent betragen. In Großbritannien sei er sogar auf 17 Prozent angestiegen. Die "notwendige Mithilfe der Frauen an Männerstelle bei der Herstellung von Heeresgut" oder die "Vermittlung weiblicher Arbeitskräfte für die Etappe"[103] wurden nun nicht mehr gebraucht. Stagnierte deshalb der Anteil der Frauen am mittleren Dienst in der Zwischenkriegszeit?

Tabelle 8 : Anteil der Frauen am mittleren Dienst 1920/33 a)[104]

Jahre	Männer	Frauen	Gesamt
	-	(davon in Preußen)	
1920	41	81	122
1933	201	107	308

a) Bezogen auf alle Länder des Reiches.

Der preußische Aufsichtsdienst beschäftigte etwa die Hälfte dieser Frauen. Unter Ihnen waren 1926 20 der zwischen 1902 und 1916 sowie 84 der nach 1917 eingestellten, die zum überwiegenden Teil im vorigen Kapitel nach Vorbildung und Berufserfahrung untersucht wurden.

Tabelle 9 : Die beamtenrechtliche Eingliederung von 44 Gewerbepflegerinnen und 45 Handels- und Gewerbekontrolleuren in Preußen für das Jahr 1926[105]

	Besoldungsgruppen	VII	VI	VI
F	Einteilung	planm. 5	planm. 15	apl. 24
R	(faktisch)			
A				
U	Eintrittszeiten	1902-11	1912-16	1916-26
E				
N	Lebensalter	48-62	39-62	38-55
M	Einteilung	planm. 16	planm. 29	apl. 0
Ä	(geplant)			
N				
N	Eintrittszeiten	1920-22	1922-24	-
E				
R	Keine Angaben zu Lebensaltern			

103) Henseleit 1926, S.96; S.74 u.126 (GB).

104) Bezogen auf alle Bundesländer; für die Zahlen siehe Jahresberichte der Gewerbeaufsichtsbeamten 1920, Bd.4, S.151 und 1931/32, S.90 sowie die unten, Anm.156, angegebene Literatur.

105) SP 36 1927 Nr.19, Sp.475.

Diese Frauen mußten ihre im Krieg (und davor) erworbenen Rechte in der Republik absichern und behaupten.[106] Die Gesellschaft für Soziale Reform, das Kartell der Auskunftstellen für Frauenberufe und der ständige Ausschuß zur Förderung der Arbeiterinteressen wandten sich wie die Vertretungen der Ärzte und der nicht -akademischen mittleren Gewerbebediensteten am 30.9.1921 in einer Denkschrift an das Reichsarbeitsministerium, den Reichstag und die Landtage, um den quantitativen Zuwachs der Frauenarbeit in den Behörden qualitativ abzusichern und einzubauen. Die weibliche Aufsicht stehe durch den Ausbau der sozialpolitischen Gesetzgebung, durch das "vermehrte Schutzbedürfnis der Frauen (Heimarbeit), jugendlicher Arbeiter und Kinder" neuerdings "vor vertieften Aufgaben." In diesen "fürsorgerischen und erziehlichen Maßnahmen" sei "die Frau das geeignete Inspektionsorgan." Ein Ausbau der weiblichen Aufsicht sei daher "dringend geboten", und zwar auf drei Gruppen verteilt, zwischen denen Aufstieg möglich sein sollte:

Tabelle 10 : Ein Vorschlag zum Ausbau der weiblichen Aufsicht 1921

Laufbahn	Vorbildung	Tätigkeitsbereich
Der weibliche Gewerberat Gr. 10-11	Diplomingenieur sowie soziale Schulung durch Frauenschule oder Studium der Nationalökonomie.	Wie der männl. GR, insbesondere selbständiges Berichts- und Vertretungsrecht
Die Gewerbeinspektorin Gr. 7-9	Soziale Frauenschule und mehrjährige Erfahrung als Arbeiterin, "auch als Fabrikpflegerin, u.U. auch in kaufmännischen Betrieben in leitender Stellung."	Wie die Gewerbepflegerin, deren Titel zu vermeiden sei. Selbständiges Vertretungs- und Berichtsrecht.
Die Hilfsrevisorin Gr. 5-6	Arbeiterin, Handwerkerin oder Angestellte. Vor der Einstellung habe "eine soziale Nachschulung zu erfolgen."	Nachprüfungen und Unterstützung der Gewerbeaufsichtsbeamten.

106) Auch und gerade gegen die Gewerkschaften, vgl. Losseff-Tillmanns 1975, S.304ff; gegenkritisch: Gertrud Hanna, Unsachliche Kampfesweisen weiblicher Gewerbeaufsichtsbeamten gegen die Gewerkschaften, in: Gewerkschafts-Zeitung 37 1927, S.318.

Auch der VDGAB habe bereits "in einer Denkschrift seine Forderungen über die Vor- und Ausbildung sowie Anstellung von Gewerbeaufsichtsbeamtinnen niedergelegt." Die Bewerberinnen sollten 25-35 Jahre alt, gesund und sowohl allgemein als auch "sozialwirtschaftlich" gebildet sein. Eine vierjährige praktische Arbeit müsse "mindestens ein Jahr als Arbeiterin" einschließen. Die Ausbildung erfolge gegen Entgelt in einem mindestens einjährigen Vorbereitungsdienst, "möglichst bei zwei Gewerbeaufsichtsämtern". Er würde durch Lehrkurse ergänzt und nach der "Prüfung durch eine Kommission" auf das Dienstalter anrechenbar. Nach dreijähriger erfolgreicher Tätigkeit habe die feste Anstellung, die Einreihung in das System der Besoldungen und Pensionsansprüche usw, die Verbeamtung also zu erfolgen.[107]

Diese Forderungen der Verbände wurden in Preußen nur zum Teil erfüllt. Nach Else Lüders seien 1924 "die weiblichen Kräfte ... vorläufig überwiegend in den mittleren und unteren Stufen tätig". In Anlehnung an den mittleren Dienst der sog. Wohlfahrtspflegerinnen habe man in Preußen den Titel "Gewerbepflegerinnen" geprägt. Eine Pflegerin sei als Regierungsrat in das Ministerium für Handel und Gewerbe berufen worden.[108]

Vor dem Krieg waren die Assistentinnen der Gewerbeaufsicht mit den Gewerbeschullehrerinnen in der Besoldung gleichgestellt. Während diese aber nach dem Krieg in die IX. Gehaltsgruppe aufgestiegen waren, wurden die Assistentinnen "immer tiefer herabgedrückt". Die Besoldungsordnung von 1920 wollte sie in Gruppe V einordnen, "mit dem leider noch üblichen Abzug von 10% gegenüber den Männergehältern." Ihr Einspruch brachte den Betroffenen die Titelkorrektur und die Eignung für VI "mit Aufrückmöglichkeit nach VII". Letzteres wurde aber vom Reichsschiedsgericht für Besoldungsfragen wieder rückgängig gemacht, "weil es an festen Normen für Vorbildung und Prüfung für die Gewerbepflegerinnen fehlte. Nur fünf Beamtinnen, die bereits in planmäßiger Stellung waren, wurden im Jahre 1923 zur Ablegung einer Prüfung zugelassen und durften in Preußen in Gruppe VII verbleiben." Seit der "Anordnung über die Annahme, Ausbildung und Prüfung von Gewerbeaufsichtsbeamten ohne technisch-wissenschaftliche Vorbildung" vom 16.10.1926 konnte die Einordnung in VI und VII vom Bestehen dieser Prüfung abhängig gemacht werden. Die Laufbahn des Gewerbekontrolleurs oder -oberkontrolleurs, wie die neuen Titel hießen, war auch den Pflegerinnen offen,

---

107) Tabelle und Zitate nach SP 30 1921 Nr.41, Sp.1062 und Jg. 33 1924 Nr.8, Sp.147f. Bei der Ausarbeitung der Denkschrift "waren die im VDGAB mitorganisierten Beamtinnen nicht beteiligt." Zu den eigentlichen Sorgen des Verbandes, denen seiner höheren Beamten, s.unten S.289ff.

108) Ebendort Sp.146; gemeint ist vermutlich Trapp; Lüders selbst stieg als Gewerbepflegerin zur Regierungsrätin im Reichsarbeitsministerium auf.

allerdings in Konkurrenz mit den 45 (ebenfalls noch ungeprüften, aber namensstiftenden) Handels- und Gewerbekontrolleuren, die, seit 1919 eingestellt, "noch nicht Beamte, sondern vorläufig auf Dienstvertrag angestellt" waren. Weil die Gewerkschaften die "besseren Plätze für ihre Kandidaten beanspruchten", sollten von den im Etat pro 1928 ausgewiesenen VII-Stellen 22 an die Männer vergeben werden, "während die bewährten Gewerbepflegerinnen mit den sehr viel längeren Dienstjahren sich mit sechs Stellen begnügen müssen."[109]

Die neue Personalpolitik führte in allen Bundesstaaten zu einer Veränderung der Personalstruktur. Für Sachsen mit seinem hohen Anteil an mittleren Beamten liegt eine Statistik über die Vorbildung der mittleren Aufsichtsbeamten im Jahr 1930 vor, die auch nur 17 weibliche Hilfskräfte einschließt:

Tabelle 11 : Vorbildung der mittleren Aufsichtsbeamten in Sachsen 1930[110]

MÄNNLICHE	-	WEIBLICHE	
Gewerkschaftsangestellte	4	Arbeiterinnen	6
Metall-/Maschinen-	-	(1 Gewerkschaftsange-	
industrie	4	stellte, sowie Textil-	
Textilindustrie	2	und Bekleidungsindustrie)	
"Meister"	3		
----------------------	-	Besondere Vorbildung	11
(Arbeiter und Meister	13)	(soziale Frauenschule 1,	
(techn. Mittelschule	10)	Wohlfahrt- u. Kranken-	
(kaufmänn. Vorbildung	7)	pflege 2, Büroange-	
	-	stellte 1, Chemikerinnen	
	-	4, sonstige praktische	
	-	Tätigkeiten 3)	
zusammen	30	zusammen	17

109) Die Darstellung folgte SP 36 1927, Sp.475. Die neuen Titel finden sich in der Ausbildungsverordnung, auf die unten noch eingegangen wird. Art.128, Absatz 2 WRV sah vor, daß "alle Ausnahmebestimmungen gegen weibliche Beamte" beseitigt werden. Schuster 1987, S.162f u.465f, spricht von "Gewerbekonstrukteuren" und "Fabrikinspekteuren"; die führende Zeitschrift heiße "Sozialtechnik", Marie Baum sei auf "feminisierte Gewerbezweige abgedrängt" worden usw.

110) SP 39 1930 Nr.26, Sp.621. Die Bevorzugung von Mittelschultechnikern und der Einsatz der mittleren Beamten in fast allen Gebieten der Aufsicht verringerte den Abstand zu den akademischen gebildeten Beamten in der Praxis immer mehr. Die Durchläßigkeit der Laufbahnen war aber am Ende des Jahrzehnts wieder zurückgenommen worden, ebendort, Sp.619f. Zu den Änderungen nach dem Krieg ausführlich Schlippe, Grundsätzliche Änderungen im Aufbau der sächsischen Gewerbeaufsicht, ZG 10 1922 (Februar), S.33ff.

Für Preußen gibt es offenbar nur die summarischen Tabellen, die das Personal in Laufbahnen einteilen.[111] Für die Einstellungszeit nach 1920 haben wir gegenüber den 64 Fällen aus dem vorigen Kapitel nur weitere 14 Personen, deren Personalakten wir auswerten können. Die höheren Töchter machen nur noch ein Drittel, die Arbeiterinnen zwei Drittel des kleinen Samples aus. Unter den höheren Töchtern finden wir keine Lehrerinnen und keine Fürsorgeschwestern mehr. Ausbildung und Erfahrung im industriellen-gewerblichen Bereich bestimmten das Sample eindeutig. Das verdeutlicht die Ausnahmestellung von Dr.Gertrud Henseleit, die in der badischen Aufsicht wohl besser aufgehoben gewesen wäre und die in der preußischen gequält und gebrochen wurde.

Tabelle 12 :
Berufserfahrung und Praxisnähe von 14 Kontrolleurinnen nach 1920

HÖHERE TÖCHTER		ARBEITERINNEN
Namen	Zuordnung[a)]	
Dr.Henseleit	-	Vogelsberg, Maaß, Schmidt
J. Hartmann	Gruppen 3 u. 5	Rybski, Funke, Welling,
Weinstein	Gruppe 5	Eck, Barheier, Welser
Woywod-Czech	Gruppe 5	
Röhrig	Gruppe 1	
	5	9

a) Die Gruppen 1-5 entsprechen den Spalten 1-5 in Tabellen-Anhang 13.

Nachdem sie das Breslauer Lyzeum absolviert hatte, arbeitete Edith **Röhrig** 1917-1920 in Haushalt und Gemeindefürsorge, 1920/21 in der Krefelder Seidenweberei. Nach der Laufbahnprüfung 1927 stieg sie schnell zur Oberkontrolleurin auf. Die Aufwertung bei den Nazis wurde begleitet von ihrem Eintritt in die Partei.[112]

Als Tochter eines Bankbeamten, die Mutter war Lehrerin in Berlin, besuchte Vera **Weinstein** nach dem Lyzeum die höhere Handelsschule. In der Inflationszeit verlor sie ihre Stelle als Buchhalterin und arbeitete als Stenotypistin. Bei ihrer Einstellung 1927 half eine handschriftliche Notiz auf einer Visitenkarte, wieder von einem Abgeordneten, aus einer anderen politischen Richtung diesmal. Die Anwärterin

111) S.oben S.175f, unten S.295 u.300f.

112) Zu Röhrig E IV Nr. 4937/1 (25.11.1948): geboren 1899, Augusta Lyzeum Breslau, seit 1923 Gewerbepflegerin.

verlobte sich zwei Jahre später mit dem Ingenieur einer Berufsgenossenschaft und schied aus.[113]

1919 aus der polnischen Heimat vertrieben, besuchte Hildegard **Woywod** in Westfalen und Berlin wie Röhrig und Weinstein Lyzeum und höhere Handelsschule. Nach einer Lehre arbeitete sie im Großhandel. Seit Juni 1939 in der Aufsicht Troppau angestellt, heiratete sie 1941 den Oberkontrolleur und Sohn eines Buchhalters Franz Czech.[114]

Dr.Gertrud **Henseleit** war die Tochter eines Zollassistenten und wurde 1899 in Gumbinnen/Ostpreußen geboren. Auf einem Realgymnasium machte sie Abitur und studierte dann Nationalökonomie, Rechts- und Staatswissenschaft. Sie arbeitete als Werkstudentin bei 11 Arbeitgebern, am längsten bei einer Berliner Großbank. Ihre Bewerbung vom Mai 1927 beginnt: "Ich bin die dem betreffenden Spezialressort wahrscheinlich nicht unbekannt gebliebene Verfasserin der Dissertation über ...". Nach der üblich gewordenen Annahmeprüfung wurde die Anwärterin "ohne wissenschaftlich-technische Vorbildung" nach wenigen Monaten von Aachen ins entlegene Reichenbach/Schlesien versetzt. Sie begehrte dagegen auf, weil ihr Berlin zur zweiten Heimat geworden war. Ihre Schwester sei ebenfalls Spezialbeamtin und man strebe einen gemeinsamen Haushalt an. Diese Gründe fand die Verwaltung "nicht stichhaltig". Während Henseleit wie alle Anwärter Tag für Tag und akkurat ihre Geschäftsverzeichnis - links die Büro-, rechts die Revisionstätigkeit - führte, schrieb sie einen wissenschaftlichen Aufsatz über den Zustand des Arbeitsschutzes in Gegenden wie "Eulengebirge" und Orten wie "Finsterwalde", der - einmal gedruckt, verbreitet und von der Presse aufgegriffen - fast die ganze Behörde, jedenfalls den höheren Teil in ihr, gegen sie aufbrachte. Der Berufsverband der höheren Gewerbeaufsichtsbeamten Preußens schrieb dem Minister wegen der "Angriffe auf die Gewerbeaufsicht." Der Minister antwortete, er mißbillige nach Form und Inhalt. Als Henseleit wenige Monate später die Stirn hatte, wegen des hügeligen Geländes und der entlegenen Revisionsobjekte wie ihre männlichen Kollegen um einen Vorschuß zur Anschaffung eines Motorrads einzukommen, entschied man stur nach Akten- und Rechtslage: Vorschüsse gebe es nur für planmäßige Beamte. Ob sie eine solche würde, stand in Zweifel.

Zermürbender war Henseleits Kampf mit den direkten Vorgesetzten, die wohl auch nicht freiwillig nach Aurich oder Reichenbach versetzt werden wollten.

---

113) Zu Weinstein HII, W 47 unpag.; geboren 1900 in Berlin-Wilmersdorf. Mittlere Reife am Viktoria-Lyseum, dort Fachausbildung. Bewerbungsschreiben von 1927 mit Zeugnissen und Kärtchen des MdL Hirsch (SPD).

114) Zu H.Czech C IIIb 6-207, Briefe vom 27.12.1945 und 10.6.1946. Geboren 1909 in Ostpreußen, 1919 Flucht, seit 1921 in Westfalen; Realschule und Oberlyseum, lernte Textilkaufmann.

Ripberger und Weskamp hätten ihn schon bei seinem Dienstantritt 1928 vor dem Dr.phil gewarnt, gab Göhler später zu Protokoll, dem die "Zusammenarbeit mit ihr ... zur Qual geworden (sei)". Sie sei "von ihrer Person sehr eingenommen" und verhalte sich auch gegenüber dem Büroangestellten Thiel, "der schon 30 Jahre im Dienst ist", "anmaßend". Am 13.4.1933 wurde Gertrud Henseleit (und auch Klara Rybski) durch ein Telegramm "mit sofortiger Wirkung bis auf weiteres beurlaubt." Allein die Mitgliedschaft in der SPD seit Dezember 1919, dem Anfang ihrer Studienzeit, reichte dafür aus. Aber ihr Vorgesetzter in Merseburg, GR Dr.Kurt Poszka, schien sichergehen zu wollen und gab zu den Akten, daß "die Henseleit nach Zeugenaussagen noch 8 Tage vor der Wahl am 5. März 1933 an einem Umzug der Eisernen Front in Merseburg beteiligt (war)..." Die sich so selbstbewußt bei der preußischen Behörde beworben hatte, zog über Berlin und München, die offenbar keinen Halt gaben, an ihren Ausgangspunkt zurück, den väterlichen Hof in Ostpreußen. Ihre Briefe wurden kleinlauter, sie ersuchte jetzt auch "ergebenst". "Was soll aus mir werden?", fing sie einen der letzten Briefe an und schloß: "Sie treiben mich ja in den Selbstmord."[115]

Das Schicksal der promovierten Anwärterin stand dem vieler Arbeiterinnen in der Aufsicht nicht nach. Auch Klara Rybski, Klara Eck, Elisabeth Funke, Elfriede Welzer, Martha Maaß und Frieda Schmidt waren von derselben Parteipolitik betroffen und wurden 1933 ohne Rücksicht auf Verdienste, Erfahrungen, Staatsprüfungen und private Verhältnisse hinausgeworfen. Dabei übernahmen neben Dr. Poszka noch andere Beamte die Rolle des Denunzianten.

Klara **Rybski** führte 1909 bis 1925 als Arbeiterin in 14 verschiedenen Betrieben sehr unterschiedliche Tätigkeiten aus. Danach bildete sie sich auf einer 'sozialen Frauenschule' zur Wirtschaftspflegerin (Wirtschafts- und Berufsfürsorge) aus und war vor dem Eintritt in die Gewerbeaufsicht - Annahmeprüfung am 17.12.1929 - Praktikantin bei Arbeits- und Wohlfahrtsämtern (soziale Gerichtshilfe, Gefangenenfürsorge). Im April 1933 fertigte sie eine zweiwöchige Hausarbeit zum Gast-

115) Zu Dr.Henseleit HII, H 61 unpag.; der düstere Schluß in dem Brief an Ministerialrat Ulrichs vom 28.9. 1933, "ergebenst" am 20.5.1934. "Merseburg, den 2.8.1933" mit Poszkas Angaben. Am Anfang der muntere Bewerbungsbrief aus Stralsund vom 9.5.1927; am 29.6. zur Aufnahmeprüfung zugelassen, am 3.9. Schulden aus Studium 3oo M., am 30.12. erste Beurteilung mit Kritik an ihren Schriftsätzen; am 25.7.1928 nach Reichenbach versetzt; am 7.12. wird ihr Beitrag in dem Buch des MdL Hamburger (Hg.), Sozialdemokratische Verwaltungsarbeit in Schlesien, Breslau 1928, erwähnt. Am 16.1.1929 protestierte der "Berufsverein der höheren Gewerbeaufsichtsbeamten" (=VDGAB) aus der Magazinstraße 3-5; am 22.1. reagierte das Ministerium mit der Versetzung ins Eulengebirge, von der sie am 28.2. informiert wurde. Seit 20.2. war sie für drei Monate beurlaubt. Zu Aurich als ungeliebtem Dienstort Friedrich-Wilhelm Schaer, Die Stadt Aurich und ihre Beamtenschaft im 19.Jahrhundert, Göttingen 1963.

stättengesetz und erörterte in zweistündigen Klausuren die Arbeitsschutzprobleme "einer Waschanstalt, für die ein Tarifvertrag nicht besteht", und schilderte Arbeitsvorgänge, Unfall- und Gesundheitsgefahren "eines lehrreichen Betriebes des Dienstbezirks". Im Mündlichen wurde sie mit zwei anderen (männlichen) Kandidaten von drei Gewerberäten und zwei Oberkontrolleuren - der Medizinalrat war verhindert - vor allem auf ihre Rechtskenntnis geprüft. Aber schon vor dieser erfolgreich abgelegten Laufbahnprüfung war sie denunziert und bald nach der Prüfung aus dem Dienst entfernt worden. Ein langwieriges Entschädigungsverfahren nach dem Krieg erkannte schließlich an, daß "die planmäßigen Beamten des mittleren Dienstes in der preußischen Gewerbeaufsichtsverwaltung (Gewerbekontrolleure) vom Jahre 1939 ab nach Maßgabe vorhandener Planstellen Zug um Zug zu Gewerbeinspektoren ernannt (wurden)". Dies sei "zum Ablauf des Jahres 1941" abgeschlossen gewesen. "Bei der Ernennung handelte es sich um einen Laufbahnwechsel vom mittleren zum gehobenen technischen Dienst der Gewerbeaufsicht. Eine zusätzliche Prüfung wurde nicht gefordert".[116]

Auch bei Klara Eck und Elisabeth **Funke**, beide Jg.1904, und Elfriede Welzer, Jg.1901, Töchter eines Webmeisters, eines Hausverwalters und eines Metallarbeiters, fiel das Ende der Ausbildungszeit mit der Entlassung aus politischen Gründen zusammen. Da hieß es z.B. kurz: "Der Gewerbeassessor Dr.Kuhlmann, Obmann der NSB-Fachschaft, allgemeine Verwaltung (Gruppe Gewerbeaufsicht), hält die Eck für gefährlich und empfiehlt Anwendung des §4." Bei Funke war es Dr.Becker, der zuerst die Proberelation "Kinderarbeit und Kinderschutz in Altona" wie ein gelernter Deutschlehrer nach Ausdruck (A), Rechtschreibung (R), Stil und Satzzeichen korrigierte und dann plötzlich Entlassung durchsetzen half. Auf Befragen erklärte er unter Diensteid: "Nach meiner Wahrnehmung ist die Gewerbekontrolleurin Funke auch jetzt noch Marxistin. Sie hat ihre alte Auffassung keiner Revision unterzogen, so daß ihr Verbleiben im Staatsdienst bedenklich erscheint."[117]

116) Zu Rybski DII, Nr.10 533; Personalnachweis vom 14.1.1930, 17 Arbeitsstellen zwischen 1909 und 1928. Annahmeprüfung in Minden; am 16.12 über ihre Sozialarbeit; Zeugnis des Bezirksamts Kreuzberg vom 20.1.1930; am 13.8.1932 2.Probearbeit "gut"; Anfang 1933 schlagen Bäumler und Cordes Themen für Hausarbeit vor; 8.4.1933 Prüfungsniederschrift mit den Aufgaben "der nach Ziffer 6 der Anordnung vom 16.10.1926 zu liefernden häuslichen Arbeit", den Themen der beiden Klausuren und dem Verlauf der mündlichen Prüfung. 16.3.1933 Handschreiben des Vorgesetzten, sie sei 1929 in SPD eingetreten, wieder ausgetreten, aber: "Meinerseits hat immer ein gewisses Mißtrauen ihr gegenüber bestanden"; 22.3. RP zweifelt in Brief an Minister, "ob sie eine brauchbare Gewerbeaufsichtsbeamtin ist"; seit 13.4. beurlaubt, am 21.9. gemäß § 4 BGB entlassen; Vorklärung der Rechtslage in 10 Briefen vom Oktober 1954 bis zum Januar 1956. Am 5.2.1959 Entschädigungstreit R. gegen Berlin noch offen.

117) Zu Eck HII, E 14; S.29ff Ahnennachweise; S.36 Mitgliedschaft in SPD (1931-33) und in Gewerkschaft (1926-33), das Zitat auf S.39. Entlassung am 21.02.1933, am 16.02.1934 fehlende Pension beklagt (S. 46). Zu Funke HII, F 30, Bewerbungsschreiben vom 12.03.1930, Arbeiterin seit 1919, Betriebsrats-

Einstellung und Entlassung waren also von politischen Mächten abhängig, nachdem sich vorher die Verwaltung gesträubt hatte, Arbeiterinnen anzunehmen. Elfriede **Welzer** - "meine Staatszugehörigkeit ist Preußen" - war vor dem Krieg Löterin und Montiererin, im Krieg Aushelferin bei der Reichsbahn, nach dem Krieg Haushaltsstütze und wieder Arbeiterin in der Telefonbranche und der Schwachstromindustrie. Während Funke als Näherin, Stepperin und Kleberin - Reifen und Regenmäntel - gearbeitet hatte und seit 1926 Betriebsratsvorsitzende, seit 1929 Hilfsarbeiterin beim Verband der Facharbeiter Deutschlands war, kam Welzer nur deshalb in die Aufsicht, weil sie "in mehreren Betrieben als Funktionärin tätig (war)" und Verhandlungen mit Unternehmern zu führen gelernt hatte. An der Berliner Gewerkschaftsschule nahm sie an VWL-Kursen, an der Heimvolkshochschule Gera an einer fünfmonatigen Ausbildung teil.

Dem finsteren Berliner Polizeirat Mesch entgingen keine Partei- oder Gewerkschaftsbindungen, auch wenn solche nicht von Herzen kamen. Während Frieda **Schmidt** eine Güterabwägung getroffen haben wollte und mit "Heil Hitler", ansonsten durchaus glaubwürdig betonte, ihr SPD-Beitritt 1921 "sollte damals den Lebenskampf erleichtern", war Elfriede Welzer eben wieder in eine solche Abwägung der Güter verstrickt: "Seit meinem Austritt aus der SPD Ende 1932 beschäftigte ich mich mit dem Gedankengut des Nationalsozialismus und bin aufrichtig (!) bemüht, mich in die neuen Ideen einzuarbeiten (!). Die Einfühlung (!) in dieselben ist mir durch die im letzten Jahr getroffenen Verbesserungen, zu Gunsten des Volksganzen, nicht schwer gefallen; insbesondere, da es mir vergönnt ist, in meiner Tätigkeit als GOK, an der Durchführung der neuen sozialen Bestrebungen mitzuarbeiten ...".[118]

Beiden Frauen war die Partei- und Gewerkschaftszugehörigkeit eine Frage des eigenen Überlebens, nicht von weitreichenden Programmen oder großen Idealen.

---

vorsitsende und Gewerkschaftssekretärin; wie Rybski und Eck am 21.09.1933 entlassen wegen SPD (1922-32) und Gewerkschaft (1921-32). Politische Urteile vom 29.06. und 06.09.1933. Dr.Becker will am 12.09. versetst werden, wenn sie in seinem Amt bleiben sollte. Bis sum 18.11.1933 waren 29 männliche und weibliche Kontrolleure aus dem Aufsichtsdienst entlassen worden, vgl. WAMBL 1933 Nr.27 Ausg.A, sit.nach HII, E 14, S.51; Peters 1935, S.69, Anm.97, sählte 28 entlassene Kollegen.

118) Zu Welser HII, W 52; Brief an den Poliseipräsidenten vom 30.08.1932 als direkte Antwort auf den Entlassungserlaß vom 28.08.. Mit den Verbesserungen meine sie "u.a. die Durchführung des neuen Bahnschutsgesetses von 08.06.1933". Entlassung wird am 21.09. bestätigt. Am 14.09. urteilte Polizeirat Mesch über sie: SPD seit 1923, Gewerkschaft seit 1920. Zu Schmidt HII, S 118; geboren 1897 in Liegnits; Tod des Vaters 1911, mit Heimarbeit 6 Geschwister durchgebracht; am 17.07.1928 von der Verwaltung als "gut gebautes, kräftiges Mädchen" beseichnet, eingestellt. Ersetste 1932 die in Ruhestand getretene Oberkontrolleurin Specht; Juni 1933 GR Christmann verteidigt sie; 21.08. Regierungspräsident spricht sich gegen sie aus, 21.09. Entlassung, 10.10. schriftliche Rechtfertigung ihres SPD-Beitritts.

Gewerkschaftshistoriker wissen heute besser Bescheid als früher über diese Antriebskräfte bei den "einfachen Mitgliedern" und den Abstand zu den Vertrauensleuten, mehr noch zu den Verbandsfunktionären.[119] Klaus Schönhoven spricht von der "Bürokratisierung und Hierarchisierung des institutionellen Binnenlebens der Gewerkschaften" und dem "feministischen (?) Defizit in den Verbänden und Vorständen". Nach den Mitgliederverlusten in den ersten beiden Kriegsjahren habe das Hilfsdienstgesetz "einen imponierenden Aufstieg der Gewerkschaften" eingeleitet, die Gegner sprächen vom "Gewerkschaftsstaat". Die "Instabilität der Mitgliedschaften" und die "alarmierend geringe Organisationstreue der Neumitglieder" ließen die Mitgliederzahlen nach dem Krieg hochschnellen, danach um die Hälfte abnehmen. Gewerkschaftliche Bildungsarbeit sowie der Ausbau des Organisationsnetzes und des Funktionärsapparates sollten gegensteuern. "In den Jahren zwischen Inflation und Depression lag eindeutig die Blütezeit des kulturellen und sozialen, gemeinwirtschaftlichen und bildungspolitischen Engagements der Gewerkschaften, als sie ein weitverzweigtes und vielfältiges System von Schulungseinrichtungen, Rechtsauskunftstellen und Bibliotheken aufbauten (...). Die gewandelte Stellung der Gewerkschaften in Staat und Gesellschaft machte es notwendig, daß sich ihre haupt- und ehrenamtlichen Funktionäre mehr Fachwissen aneigneten ..."[120]

Die ehemaligen Arbeiterinnen, die in den Aufsichtsdient übernommen wurden, waren Mitglieder und hatten mindestens Anteil an der Bildungsarbeit. Maria **Maaß**, Jg.1879 und Tochter eines Maurers, wirkte nach über 20 Berufsjahren als Funktionärin des Metallarbeiterverbandes. Mitglied der SPD war sie seit 1908. Deshalb entging sie der "Säuberung" 1933 nicht. Referentin im Reichswirtschaftsministerium sei sie 1919 sogar geworden, "als der Marxismus mit elementarer Gewalt eingebrochen war", hielt man in den Akten fest, um den Grad ihrer Gefährlichkeit zu verdeutlichen.[121]

---

119) D.H.Müller 1985, S.261. Schönhoven 1980, S.178, erklärt die Beitritte allgemein und unverbindlich: "Eine Reihe von persönlichen und beruflichen Motiven, die in ihrer individuellen(?) Vielfalt(?) und Vielschichtigkeit(?) nicht gesondert gewichtet werden können". Groh 1973, S.574, spricht deutlicher, wenn auch im Fachjargon, von "der ökonomischen Primärmotivation der breiten Mitglieder." Waren bei den Frauen nicht andere Motive ausschlaggebend ?

120) Schönhoven 1987, S.92,83,107,145-47. Das "feministische Defizit" meint wohl den weiblichen Anteil bzw. den Anteil der Frauen.

121) Zu Maaß HII, M 47; Bewerbungsschreiben vom 09.03.1923 mit Zeugnissen (S.3-13), 14.03. Einberufung, 19.09. Beurteilung; 13.10.1927 Prüfung "genügend" (S.22); Besoldungsgruppe A4c; 26.09.1933 Ahnennachweise (S.32); das Zitat im Brief der Behörde vom 24.08. (S.29): 1908-33 in SPD, seit 1893 in Gewerkschaft, 1916-23 aktiver Gewerkschaftsdienst. 06.09. GR Wenzel verteidigt sie (S.46); Entlassung zum 21.09., Ersparnisse "ca. 200 M" (S.48); Ruhegehalt 1936 101 M, für eine 1 1/2 Zimmerwohnung bezahle sie 37 M Miete (S.63).

Anna **Vogelsberg**, ebenfalls Jg.1879, arbeitete sich in der Textilbranche zur "Putzdirectrice" hoch und kam ohne erkennbare gewerkschaftliche Mitwirkung in den Aufsichtsdienst. Im Gegensatz zu den Anforderungen vor dem Krieg war sie trotz kleiner Statur (1,49 m) und geringem Gewicht (48 kg) eingestellt worden. 1931 fand sie der Amtsarzt schmächtig gebaut, dürftig genährt, unruhig, ängstlich und erregbar. Obwohl sie 1927 die Laufbahnprüfung - wie so viele mit "genügend" - bestanden hatte, seien ihre schriftlichen Berichte wertlos, Kenntnisse der gesetzlichen Bestimmungen nicht vorhanden. Bei den Reisekostenabrechnungen habe sie zu betrügen versucht. Mit einem Ruhegehalt von RM 120,20 wurde sie zum 1.1. 1932 pensioniert und kurz vor Pfingsten als "alleinstehende Dame tot aufgefunden".[122]

Pauline **Welling**, Jg.1900, war Lehrling und Weberin in verschiedenen Seidenwebereien. 1929 angenommen, wurde sie erst 1941 verbeamtet und arbeitete nach dem Krieg bis zu ihrer Pensionierung 1965 als Oberinspektorin und Amtmännin in der Besoldungsgruppe A11, Stufe 13, für ein Gehalt von 1359 Mark und einem Ortszuschlag von 200 Mark. Josefine **Barheier**, Jg.1893, im selben Jahr wie Welling eingestellt, war ebenfalls Weberin, später Presserin. Sie sei vom ADGB vorgeschlagen worden und schon nach wenigen Monaten wieder ausgeschieden. Die Gewerkschaft sollte neue Bewerberinnen vorschlagen. Magdelena **Matthes** und Frl. **Lindenberg** entsprächen den Bedingungen nicht. Letztere "konnte die vorgeschriebene zehnjährige Tätigkeit nicht nachweisen und hatte außerdem das vorgeschriebene Mindestalter von 25 Jahren noch nicht erreicht."[123]

Im ganzen gesehen beherrschen die ehemaligen Arbeiterinnen das Einstellungssample nach 1920 zu fast 75 Prozent. Ihre Partei- und Gewerkschaftszugehörigkeit ebnete ihnen den Weg in den mittleren Aufsichtsdienst und vertrieb sie ohne Rücksicht auf Laufbahnen und Leistungen wieder aus diesem, als die neuen Macht -haber solche Bindungen für staatsfeindlich erklärten. Für die höheren Töchter sank das Ansehen des Aufsichtsdienstes als Arbeitsfeld durch die schlechte Eingruppierung, die fehlenden Aufstiegsmöglichkeiten und den Einfluß der Gewerkschaften. Durch Pensionierung und Verheiratung ging ihr Anteil am Personal

122) Zu Vogelsberg HII, V 8; Bewerbung vom 1.10.1923; 10.10.1924 amtsärztliche Untersuchung; 29.4. bzw. 13.10 1927 Versetzung nach Frankfurt und Laufbahnprüfung; 16.9.1929 Oberkontrolleurin; 5.6. 1930 nach Minden; 19.7. Geldstrafe wegen falscher Kostenabrechnung aus wirtschaftlicher Notlage; 29.1. u.1.7.1931 amtsärztliche Atteste; 23.4.1931 Ministerialrätin Trapp wünscht ihr Ausscheiden und verspricht volle Übernahme der Heilkosten als staatliche Gegenleistung.

123) D I, Nr. 9918 unpag; Eintritt 1.8.1929, Ruhestand 1965. 1935-41 an drei verschiedenen Aufsichtsämtern; H II, B74;24.6.1929 Annahmeprüfung ("dürftige Familienverhältnisse, gute Zeugnisse"); 31.10. Entlassungsbitte ohne Angabe von Gründen; 26.11. Aufforderung an ADGB, andere Bewerberinnen zu nennen.

stark zurück. Von den fünf Neuanstellungen dieser Gruppe waren zwei durch den leiblichen bzw. den Doktorvater mit der Aufsicht verbunden, zwei heirateten Kollegen aus der Aufsicht. Auch Edith Röhrig scheint nicht ohne ergänzende Bindung ausgekommen zu sein und trat 1941 in die dann tonangebende Partei ein.

5.5. Die soziale Herkunft der Frauen des mittleren Dienstes.

Der Übergang vom Reich zur Republik brachte im mittleren Dienst der preußischen Gewerbeaufsicht einen sozialen Wandel, der die höheren Töchter verdrängte. Parallel dazu bildete sich die Gruppe der männlichen Kontrolleure heraus, die aus den Reihen der gewerkschaftlich tätigen Arbeiterschaft rekrutiert wurde. Die Personalakten geben in 37 Fällen über die soziale Herkunft der Frauen Auskunft und helfen, die höheren Töchter und die Arbeiterinnen näher zu beschreiben und die familiären und generativen Bindungen einzubeziehen.

Tabelle 13: Beruf und soziale Stellung der Väter (N=37)

	GRUPPEN	ANZAHL
A	Rentiers, Gutsbesitzer oder -verwalter, Domänenpächter.	3
B	Höhere Beamte: promovierter Gymnasialoberlehrer, ritterschaftlicher Bankangestellter und Bergwerksdirektor, Geh. Regierungs- und Forstrat, Universitätsprofessor (für Staatsrecht), Baumeister sowie 2 Gewerberäte.	7
C	Mittlere, niedere und städtische Beamtenschaft: Wachtmeister (später Hotelbesitzer), Bürgermeister, Telegrafeninspektor, Erziehungsinspektor, städtischer Hausvater, Gefängnisdirektor, Zollsekretär, Zollassistent, Bahnmeister 1. Klasse, Kameralamtsschreiber, Bankbeamter.	11
D	Kaufleute und Fabrikanten, u.a. Dachziegelfabrikant, Lederhändler, Mehlgroßhändler, Textilkaufmann, Mützenmacher.	7
E	Handwerksmeister: Weber, Maurer, Schuhmacher, Schneider(2).	5
F	Arbeiter (Schmitz, Schmidt, Welser) und Hausverwalter (Funke).	4

Die Herkunft aus der mittleren und städtischen Beamtenschaft überwiegt vor dem höheren Beamtentum und den Kaufleuten und Fabrikanten. Bezieht man weitere Angaben mit ein, zeigt sich in der beruflichen Stellung von Geschwistern, Verwandten und Vorfahren wieder ein schichtspezifisches Muster, das auch auf die Partnerwahl der Kontrolleurinnen zum Teil Einfluß hat. Greift man zunächst die höheren Töchter heraus (Gruppen A-D in Tabelle 13), finden sich zu den Gruppen C und D die meisten Angaben. In der folgenden Tabelle konzentrieren sich die verwandtschaftlichen Beziehungen der D-Zeile in der C-Spalte, während sich die übrigen Zeilen A, B und D ungleichmäßig auf die Spalten B und folgende verteilen. Für die neue Gruppe H, die das Konnubium von Schwestern und Cousinen anzeigt, sind nur Beziehungen zu A und D überliefert (**siehe Tabellen-Anhang 14**).

Das Konnubium der Beamtinnen scheint in allen sieben Fällen, die überliefert sind, schichtspezifisch, in dreien auch berufsspezifisch - sie heirateten Berufskollegen. Das Konnubium ihrer Schwestern führte in drei von vier Fällen über die eigene Schicht hinaus, aber nicht weit ab, es "heirateten" Kapital und Grundbesitz. Der Grundbesitzer und Rentier Friedrich (von) **Dornis** hatte 9 Kinder zu versorgen, darunter 7 Mädchen, und dabei das "Vermögen zur Erziehung der Kinder aufgebraucht". Metas ältester Bruder studierte Mathematik und betrieb nebenher ein "Atelier für Versicherungswirtschaft." Ihr zweiter Bruder besaß eine große Weinkellerei. Ihre älteste Schwester lebte als Witwe und Rentiere; zwei Schwestern hatten Fabrikanten geheiratet, eine davon führte als Witwe die Straußfedernfabrik, in der Meta lernte. "Zwei Schwestern sind Beamtinnen, die eine bei der Telephonie seit 18 Jahren, die andere im Statistischen Amt der Stadt Berlin seit 15 Jahren, und die jüngste Schwester ist mit einem Oberlehrer verheiratet.[124]

Agnes **Conradts** Cousine, vermutlich die Tochter des jüngeren Bruders der Mutter, dessen Beruf mit Kaufmann abgeben wird, heiratete in Umkehrung der Dornis' schen Verhältnisse einen Rittergutsbesitzer M. Richter aus dem Kreis Stargard, Ostpreußen, wo Agnes' Mutter 14 Jahre lang lebte - nach dem Tod des eigenen Mannes und bis zum Tod der gutsituierten Nichte. Auch wenn die vier Angaben "verheiratet" in Tabellen-Anhang 14 nicht einen solchen Grad der Versorgung bedeuten müssen, ist an einer standesgemäßen und schichtspezifischen Verbindung nicht mehr zu zweifeln.

Als der Strafanstaltsdirektor **Bennigsen-Foerder** 1886 und wie so viele Väter vorzeitig starb, hinterließ er mindestens sechs unversorgte Kinder, die noch sehr klein gewesen sein müssen, denn bei Gertruds Bewerbung 1899 sieht es kaum anders

124) HII, D21, Gesuch vom 06.09.1910.

aus: "Von den sechs Kindern findet nur die älteste Tochter (d.h. Gertrud, Verf.) ihren Erwerb als Lehrerin, während drei andere noch von der Mutter erhalten werden; ein Sohn ist Landwirt in Süd-Amerika, ein zweiter endlich besucht die Schule."

Berlin interessierte sich neben den Heise-Schwestern auch für die Geschwister Alice und Käthe Müller, Töchter eines Berliner städtischen "Hausvaters". 1918 wohnte Alice "mit noch drei Schwestern im Alter von 24 bis 31 Jahren bei ihrer Mutter, der Beamtenwitwe. Alle vier Mädchen haben gehobene, sichere Stellungen mit einem monatlichen Einkommen von 250 bis 300 Mark, eine ist Bürovorsteherin bei einer Rentenanstalt. Augenscheinlich handelt es sich um strebsame Menschen, die Pflichtgefühl besitzen und vorwärts kommen wollen."[125]

Während über die Geschwister der Kontrolleurinnen also zahlreiche, insgesamt 28 Angaben vorliegen, ist über die ältere Generation im Gegensatz zum Arbeiterinnensample (Anhang 15) nur wenig bekannt, denn die Ahnennachweise mußten erst bei den späteren Einstellungen oder Laufbahnüberprüfungen erbracht werden. Unter den Brüdern der Väter gibt es in den Gruppen C und D je einen Kaufmann sowie einen Realschullehrer, der zweite Onkel von Agnes Conradt. Maria Wirtschafts Mutter war die Tochter eines Landrats, ihr Großvater väterlicherseits ein Arzt im Danziger Vorort Neufahrwasser.[126] Für die Töchter von Arbeitern und Handwerkern, die nach 1920 in den Aufsichtsdienst kamen, konnte ich dagegen 7 Ahnennachweise auswerten. Auch sie zeigen deutlich, daß familiäre Bindungen und soziale Beschränkungen bzw. Chancen Hand in Hand gingen[127] **(siehe Tabellen-Anhang 15).**

In der Großvätergeneration bestimmten landschaftliche Bindung und Verwandtschaft bzw. die Kontaktfähigkeit der Berufe die Wahl des Partners. In der Vätergeneration galt das noch für 2, 3 und 5. Eck heiratet als Sohn eines Elberfelder Webers die zugewanderte Tochter eines Dessauer Zimmermanns.

---

125) HII, C6, Gesuch vom 28.12.1902 mit Lebenslauf (S.14f); HII, B21, Bericht vom 26.05.1900 (S.3); HII, M36, Bericht vom 19.02.1918.

126) HII, W33; geboren 1865; Bericht vom 07.07.1911.

127) Dieser Zusammenhang stand in Mittelpunkt eines Bielefelder Forschungsprojekts "im Überschneidungsbereich von 4 Dissertationen", das bisherige "Schichtungskonstruktionen" ungenau fand und die wichtige Rolle der familiären wie geographischen Bindung von Personen bei ihrer "sozialen Plazierung" hervorhob. Dabei ging es um "berufliche und konnubiale Mobilität" ebenso wie um die "geographische Distanz zwischen Elternwohnort und Heiratsort." Das Defizit des Projekts: "Die Rekonstruktion ganzer Familien und Lebenswege hätte die kargen Momentaufnahmen am Heiratsdatum sicher in aussagekräftigere Zusammenhänge gerückt". Kocka 1980 verwies ersatzweise auf eine unveröffentlichte "Übersicht über die Quellenbestände zur historischen Familienforschung in westfälischen Archiven", a.a.O., S.23,34,41-47,58-62,326-53.

Schmidt verließ die Dorfwelt seines Vaters und Schwiegervaters und zog in die nächste Großstadt. Bei Maria **Schnetzlers** Bewerbung 1916 war die Familie "seit über 30 Jahren in Krefeld ansässig." Der Vater entstammte einer rheinisch-westfälischen Verbindung unter verwandten Handwerksberufen und löste sich von den obsolet gewordenen Tätigkeiten, nicht von den landschaftlichen Bindungen. Maria, hieß es 1916, "lebt seit ihrer Geburt in Krefeld und wohnt dort nach dem vor etwa 9 Jahren erfolgten Tod ihres Vaters als einziges Kind mit ihrer Mutter zusammen."[128]

Martha Maaß' Großeltern sind der regionalen Herkunft nach, Elfriede Welzers der "beruflichen" und sozialen Stellung nach eine Einheit. Beide Söhne (und späteren Väter der Beamtinnen) gingen in die Hauptstadt des Landes, die über ihre Berufe entschied, bei Welzer näher an den Vorfahren als bei Maaß. Gertrud Henseleits Vater und ihre beiden Großväter bilden im Sozialen wie Geographischen eine Einheit, sie waren seßhaft und scholengebunden. Bei der labilen Abhängigkeit und unsteten Reisetätigkeit einer Akademikerin und "Spezialbeamtin" wurde dieser Hintergrund zum letzten Rückhalt, nachdem durch einen Umschwung in den politischen Wechsellagen alle Dämme und wohl auch alle vorher geknüpften Beziehungen gebrochen waren.[129]

Der Aufstieg in das mittlere Beamtentum und seine Privilegien war für die meisten Frauen des Samples zeitlich befristet. Außer Welzer und Maaß waren sie erst bei ihrer Übernahme in die Hauptstadt übersiedelt und hatten anderswo eine eigene Existenz vorher schon aufgebaut. Der Anteil der aus den westlichen Provinzen Zugewanderten scheint dabei deutlich höher als bei den Frauen, die vor 1920 in den Aufsichtsdienst eingetreten waren. Die Auslese war nun dezentralisiert und die Gewerkschaften der westlichen Landesteile entschieden zu gleichen Teilen mit.

Im ganzen gesehen war die preußische Einstellungspolitik nach 1920 für die meisten der ausgewählten Frauen eine Chance, sozial aufzusteigen und sich von alten Bindungen und Zwängen zu lösen. Die Arbeiterinnen mußten dafür aber neue und politische Bindungen eingehen, die ihnen später zum Verhängnis wurden. Aber auch während ihrer erfolgreichen Arbeit im Aufsichtsdienst war ihre Stellung nicht unangefochten, denn sie konkurrierten mit den beruflichen und sozialen Ansprüchen der männlichen Kollegen, die ebenfalls an die Gewerkschaften gebunden und von diesen vorgeschlagen und protegiert waren.

128) HII, E14, S.30ff; B4 acc 47/85, Lebenslauf vom 25.08.1916, Ahnennachweise 1933; HII, S118, 1933.
129) HII, M47, S.32ff; HII, W52, 1933; HII, H61, Brief vom 20.05.1934.

Diese Gruppe der Kontrolleure und Inspektoren des mittleren Dienstes blieb bisher aus der Darstellung ausgeklammert. Sie wird in den folgenden Teilkapiteln untersucht. Dazu kehren wir noch einmal an den Ausgangspunkt des mittleren Dienstes, das Ende des 1. Weltkrieges, zurück und holen bisher Ungesagtes nach. Dazu gehört in erster Linie die Standespolitik des VDGAB, der als Interessenverband der höheren Beamten auch mittlere als Mitglieder duldete, aber für deren beamtenrechtliche Einfriedung und Abgrenzung von den höheren sorgte (Kap. 5.6.). Dabei war die Prüfungsordnung von 1926 hilfreich. Da die Einrichtung von Laufbahnen und die Eingliederung von Beamten- und Besoldungsgruppen im preußischen Staatsdienst letztlich an Staatsprüfungen und formale Berechtigungen gebunden war, konnte der mittlere Dienst nach Erlaß einer Prüfungsordnung Gestalt annehmen. Daß dabei Ausbildungszeiten und Prüfungsverfahren ganz an den höheren Dienst angelehnt wurden, war nicht selbstverständlich. Es handelte ich um einen jahrelang sich hinziehenden Entscheidungsvorgang. Sein Ergebnis war letztlich auf die erfolgreiche Verbandsarbeit des VDGAB zurückzuführen, der die mittleren, eher von den Gewerkschaften als dem technischen Sachverstand getragenen Kräfte beamtenrechtlich einzufrieden und am Aufstieg in die eigenen Reihen zu hindern suchte (Kap. 5.7.). Diese mittleren Kräfte werden im folgenden Kapitel endlich untersucht, allerdings auf einer schmaleren Quellenbasis als die Frauen (Kap. 5.8). Zum Abschluß der Arbeit kehren wir an ihren Anfang, zu den höheren Beamten zurück und verfolgen die Veränderungen, die in Personalbestand und Rekrutierungsmuster nach 1920 eingetreten sind.

5.6 Die Neuordnung der Gewerbeaufsicht und der Verein Deutscher Gewerbeaufsichtsbeamten VDGAB.

Die Diskussion um die Neuordnung der Aufsichtsorganisation begann im 1.Weltkrieg, steigerte sich in der unmittelbaren Nachkriegszeit und kulminierte 1928 in der (enttäuschten) Erwartung eines die Arbeitsverwaltung vereinheitlichenden neuen Arbeitsgesetzes. Es blieb den Nationalsozialisten vorbehalten, sich über das Patt der Interessengruppen hinwegzusetzen und ihren Führer-Staat auch in der straff zentralisierten Arbeitsverwaltung zum Ausdruck zu bringen.

Der Bedeutungszuwachs der gewerblichen Arbeit in der Kriegszeit schuf 1917 ein selbständiges Reichswirtschaftsamt, das auch für Arbeitsschutz und Sozialversicherung zuständig war und seit dem 21.3.1919 als Reichsarbeitsministerium fortlebte. "Personell setzte sich das Arbeitsministerium im wesentlichen aus der Ministerialbürokratie des Kaiserreichs zusammen, wobei das relativ kleine Personal des

Reichswirtschaftsamts den Grundstock bildete".[130] Seine in der Mehrzahl juristische Verwaltungsspitze - die Ministerialräte Neitzel, Deutschbein, Limprich, Ulrichs, Rühl, Dr.Dr.Bauer, die promovierten Ingenieure Syrup, Hasse und Kremer sowie die Gewerberäte Schulte-Overberg und Schmidt - übernahmen je länger je mehr die Leitung einer im ganzen Reich zu vereinheitlichenden Arbeits- und Gewerbeaufsicht. Im 3.Reich hielten sie in Berlin regelmäßige Konferenzen mit den leitenden Gewerberäten Preußens und der Länder ab.[131]

Diese von der Rechtsentwicklung (Gewerbeordnung) aus gesehen konsequente Planung und Durchführung der sog. *Verreichlichung* konkurrierte mit dem Vereinheitlichungsmodell der Aufsichtsbeamten, die sich in einer Behörde der Fachbeamten - selbständiger Aufbau der Gewerbeämter bis zum Reichsgewerbeamt - bei Übernahme der BG- und DÜV-Aufgaben von dem "zu lange beibehaltenen Grund -satz, nur Verwaltungsbeamten leitende Stellungen zu reservieren", lösen wollten. Am 9.9.1915 stellte die 'Soziale Praxis' erstmals ein Gegenmodell der Aufsichtsbehörde als Sonderverwaltung vor.[132] Um diesem Modell Nachdruck zu verleihen, nicht zuletzt um preußische Besonderheiten und Privilegien der höheren Beamten als Techniker vor den drohenden Veränderungen zu schützen, schlossen sich Berliner und Potsdamer Beamte zu einem Verein zusammen, dem bis Dezember 1918 bereits 400, im Juli 1919 600 Mitglieder beigetreten waren.[133] Der Verein legte noch im Februar 1919 eine Denkschrift zur Neuorganisation vor, die der faktischen Prärogative der Juristen die "Absonderung von der allgemeinen Verwaltung" entgegensetzte.[134] Unter Führung der Techniker mit den beiden Staatsexamen sollten BG- und DÜV-Ingenieure sowie die Arbeiter, Angestellten und Frauen der Aufsichtsverwaltung ein- und untergeordnet werden. Die Beiträge der Gewerberäte Matthiolius, Czimatis, Neugebauer und Hartig in der *Sozialen Praxis* und viele Beiträge des *Zentralblatts für Gewerbehygiene* stellten die Steigerung der

130) Reichsarbeitsministerium, Deutsche Sozialpolitik, 1918-28, 2.Aufl. Berlin 1929, S.20f, zit.nach Simons 1984, S.196; zum Aufgabenbestand s.auch Preller 1947 (1978), S.290f.

131) A I, Nr. 1 adh 10 (1894-1934); B1, BR 1015/27; F, Rep.610, Nr.38-40.

132) O.V., über die Organisation des Arbeitsschutzes, SP 29 1915, Nr.50, Sp.1159-63.

133) Von einem Gewerbeaufsichtsbeamten. Neuregelung der Gewerbeaufsicht, SP 28 1919, Sp.743-47; o.V., Verein Deutscher Gewerbeaufsichtsbeamte, ZG 7 1919, S.71f. Gerade bei den höheren technischen Beamten sei "ein besonderer Drang nach Vereinigungen zu beobachten." Am 15.11.1918 hätten die Aufsichtsbeamten der Bezirke Berlin und Potsdam den Verein gegründet, dem sich in kurzer Zeit fast alle Beamten "Deutschlands und Deutsch-Österreichs anschlossen" (Sp.745). Die Zahl von 400 Mitgliedern nannte der vorläufige Geschäftsführer des VDGAB, Geh.Regierungsrat Fischer aus Potsdam am 09.12.1918, S.71 und Simons 1984, S.200, Anm.1; Vereinszeitschrift wurde das vom Frankfurter Insititut für Gewerbehygiene seit 1913 herausgegebene "Zentralblatt für Gewerbehygiene"(ZG).

134) VDGAB, Denkschrift zur Neuregelung der Gewerbeaufsicht in Deutschland. Dem Reichsarbeitsamt überreicht am 05.02.1919. Der Inhalt ausführlich referiert in SP 28 1919, Sp.754-47 und bei Simons 1984, S.200-07.

Wirksamkeit der Aufsicht durch die Fachbehörde heraus, sie dienten unausgesprochen aber auch, wie schon Rolf Simons feststellte, der Verteidigung von Standesinteressen, die von dem juristischen Modell der Verreichlichung vor allem dann bedroht waren, wenn die sächsischen Verhältnisse die neue Richtung bestimmen sollten.[135] Deshalb unterstützte der Verein zwar die Forderungen seiner nichtakademischen Mitglieder und Klientele auf Verbeamtung und Professionalisierung, aber nur soweit, wie die Einrichtung von Aufnahme- und Laufbahnprüfungen und eines Vorbereitungsdienstes sich am Vorbild der höheren Beamten orientierten und, von diesen kontrolliert, den Abstand zwischen mittlerem und höheren Dienst ein für allemal verankerten.[136]

Die Verwaltungsjuristen, die sich an den jährlichen Versammlungen des VDGAB eifrig beteiligten und am Zentralblatt mitarbeiteten, folgten diesen Vorstellungen, da sie zu einem "übersichtlichen Behördenorganismus" beitrugen. Sie tolerierten den Aufstieg einiger Gewerberäte in der Provinzial- und Landesverwaltung, um der Sonderverwaltung den Boden zu entziehen und bündelten die von ihnen zu verteidigenden Leitungsfunktionen im Reichsarbeitsministerium, in dem die Gewerberäte nur einen geringen Einfluß erhielten. Mußte sich Bittmann vor dem Krieg noch gegen die Beschränkung seines Dezernats auf rein technische Aufgaben zur Wehr setzen, leiteten die Regierungs- und Gewerberäte in der Zwischenkriegszeit ihre Dezernate weitgehend selbständig, in Zusammenarbeit, aber auch in deutlicher Abgrenzung zu den juristisch vorgebildeten Gewerbereferenten. Ihr Einfluß im preußischen Handelsministerium nahm personell und ideell zu, auch

135) Csimatis, Zum Ausbau der Gewerbeaufsicht; Matthiolius, Zum Ausbau der Gewerbeaufsicht (Replik); Dazu Stellungnahme Csimatis, SP 28 1919 Nr.20, Sp.325-27 und Nr.31, Sp.535-38; Csimatis, Erweiterung des Arbeitnehmerschutzes und Ausbau der Gewerbeaufsicht; Hartig, Das neue österreichische 'Bundesgesetz über die Geweberbeinspektion' und die Neuregelung der Arbeitsaufsicht im Deutschen Reiche; Neugebauer, Gewerbeaufsicht und ihre Mängel; ders., Vorschläge zur Organisation der Gewerbeaufsicht in kritischer Beleuchtung, SP 31 1922, Nr.35, Sp.937f; SP 35 1926, Nr.11/12, Sp.264ff, 292ff; SP 36 1927, Nr.32, Sp.795-7. Zu Sachsen, das die Trennung der Laufbahnen aufzuheben schien, Schlippe, Grundsätzliche Änderungen im Aufbau der sächsischen Gewerbeaufsicht, ZG 10 1922, S. 33ff sowie Vorbach 1931, S.96.

136) Denkschrift vom 09.02.1919, S.8f; Legler, Die Tätigkeit der technischen Hilfsbeamten und ihr Ausbau im Rahmen der Gewerbeaufsicht. Vortrag, gehalten auf der Hauptversammlung des VDGAB in Kassel am 28.08.1920, ZG 9 1921, S.171-77; Minßen, Die Aufgabe und die Stellung des VDGAB zu den Staatsregierungen, ebendort, S.250-55. Zur verbandsöffentlichen Diskussion über die Ausbildung für den höheren Aufsichtsdienst s.unten S.294ff. Zur Abgrenzung gegen Ärzte, Juristen, Volkswirte und Sozialwissenschaftler und zur Behauptung des durch die Verreichlichung bedrohten Vorrangs der technischen Vorbildung die Denkschrift vom 09.02.1919, S.13ff. Simons 1984, S.203, zitiert den entscheidenden Satz, der in SP 28 1919, Sp.746, übergangen wurde: "Die Handhabung der praktischen Gewerbeaufsicht kann nur Sache der Techniker sein ... "; s.auch die Aussprache auf der 5. und den Vortrag Simons auf der 9. Hauptversammlung, der sich gegen die Einstellung von Spezialisten und gegen die Verreichlichung aussprach.

wenn ein Minister wie Dr.Schreiber - wie einst Dr.Schenkel in Baden? - die sozialpolitischen Aufgaben seiner Behörde den Zeichen der Zeit gemäß wichtiger nahm als die rein technischen: "... all diese großzügigen und fortschrittlichen sozialpolitischen Einrichtungen (u.a. der technische Arbeitsschutz, Verf.) haben ein befriedigendes Verhältnis zwischen Arbeitgeber und Arbeitnehmer nicht zu schaffen vermocht. Der Erfolg mußte ausbleiben, weil alle Maßnahmen viel zu ausschließlich auf die materielle Lage der Arbeitnehmerschaft ausgerichtet waren und viel zu wenig auf einen Ersatz jener Persönlichkeitswerte, die durch die industrielle Entwicklung verlorengegangen waren." Der Anteil der Arbeiter "an der Erarbeitung und allmählichen Steigerung unseres Sozialprodukts ist so groß, daß ihr Wunsch, durch ihre Führer stärker als vor dem Krieg an der allgemeinen Gestaltung unserer wirtschaftlichen Entwicklung und insbesondere an der Regelung ihrer persönlichen Angelegenheiten, des Arbeitsschutzes und der Sicherung der Arbeitsverhältnisse, beteiligt zu sein, gesund und natürlich ist."[137]

Wenn ein preußischer Handelsminister so dachte und schrieb, muß die Beibehaltung des höheren Aufsichtsbeamten als Techniker und die Eingliederung der sozialpolitischen und fürsorgenden Fachkräfte in den mittleren Dienst erstaunen. Wieder rückt die Selbsbehauptung der studierten Techniker und die 'Berufskonstruktion' der mittleren Laufbahn die Fachkräfte der Verwaltung und ihre Verbandsinteressen in die Nähe der Professionalisierungsthese. Sie beeinflußten die Auswahlkriterien ihres Arbeitgebers und kontrollierten die Einstellungsbedingungen, die sie selber vorschrieben. Hier scheint der Unterschied zur Autonomie der freien Berufe nicht nur eingeebnet, sondern sogar übertroffen: Das Handelsministerium empfahl den Besuch der VDGAB-Jahresversammlungen, beurlaubte, übernahm Spesen und arbeitete mit seinen Vertretern Laufbahn und Anstellungsbedingungen des mittleren Dienstes aus.[138] Die Opfer dieser am höheren Dienst orientierten Ausbildungs- und Prüfungsordnung muß man unter den schwächsten Gliedern der Behörde suchen, den Frauen. Klara **Rybski** etwa wurde in der Vor- und Nachkriegszeit, erst recht im Krieg, auf Arbeitsstellen herumgestoßen, bis es ihr während der Weimarer Scheinblüte gelang, in einen Ausbildungsmarathon einzutreten. Ihren beachtlichen Leistungen auf dem 'zweiten Bildungsweg' und als

137) Walther Schreiber, Geleitwort, in: H.H.Borchard, 50 Jahre preußisches Ministerium für Handel und Gewerbe 1879-1929, Berlin 1929, S.4.

138) "Aus dienstlichen Gründen lege ich Wert darauf, daß sich an der am 8. und 9. August in Jena stattfindenden Hauptversammlung des Vereins Deutscher Gewerbeaufsichtsbeamten eine größere Anzahl von preußischen Gewerbeaufsichtsbeamten aus den verschiedenen Beamtengruppen beteiligt ... Für den Fall der Teilnahme bewillige ich den vorbezeichneten Gewerbeaufsichtsbeamten eine Reisekostenbeihilfe ...", Dr.Ulrichs am 04.07.1930 an den Regierungspräsident in Minden, D II, Nr.10 142, S.69.

Praktikantin der Wohlfahrt folgten die körperlichen und geistigen Strapazen des neuen Vorbereitungsdienstes der Gewerbeaufsicht, der sich von dem der Studierten und Promovierten kaum mehr unterschied, wohl aber die Befugnisse in der späteren praktischen Arbeit. Die Entlassung nach bestandenem Examen stand nicht in der Prüfungsordnung.

Die Standespolitik des VDGAB rettete das preußische Modell des um staats- und sozialwissenschaftliche Kenntnisse bereicherten Technikers über die Zeit und wirkte auf die Formulierung der mittleren Laufbahn ein. Damit wurde es durch Standespolitik vor der Auflösung bewahrt, die ihm, um es abschließend zusammenzufassen, aus mindestens vier Quellen drohte: **Erstens** legte die sozialpolitische Entwicklung den Akzent auf die medizinischen, fürsorglichen und vermittelnden Seiten der Inspektion. Der technische Arbeitsschutz sollte durch ein Genehmigungsverfahren schon bei der Herstellung von Arbeitsgeräten und dem Bau von Anlagen mit eingebaut und die technische Nachsorge eingeschränkt werden. **Zweitens** machte das juristische Modell der Vereinheitlichung der Arbeitsverwaltungen (Verreichlichung) die in anderen Bundesstaaten weitgehende Zulassung und Berechtigung nichtakademischer Kräfte deren Eingliederung auch für Preußen unumgänglich. **Drittens** tendierte die Verwissenschaftlichung der sozialpolitischen Aufgaben durch Nationalökonomie, Gewerbemedizin und Sozialwissenschaften zu einer Aufwertung der vormals als 'subaltern' betrachteten Hilfsarbeiten. **Viertens** führte die Selbstbehauptung der Juristen zum Scheitern des anderen Vereinheitlichungsmodells, dem der Sonderverwaltung. Der Kompromiß zwischen Verwaltungsjuristen und Gewerbetechnikern auf der Provinzial- und Landesebene begünstigte allerdings den Einfluß der Standesorganisation der Gewerberäte.

5.7 Die Prüfungsordnung von 1926 und die Entstehung des mittleren Gewerbeaufsichtsdienstes.

Bereits 1888 sei im Regierungsbezirk Düsseldorf bei GR Wolff ein Arbeiter probeweise angestellt worden. Parallel zur Einstellung von Frauen diskutierten die Regierungspräsidenten dann den personellen Mehrbedarf, den die neuen sozialpolitischen und Arbeitsschutzgesetze verursachen würden. Sie drückten in der Mehrheit ihre Skepsis gegenüber der Anstellung von Arbeitern aus, vor der einige ausdrücklich warnten. Der Regierungspräsident von Hannover, v.Brandenstein, ließ seinen Berichterstatter, GR Rosnowski, die Empfehlung aussprechen, "die erforderliche Vermehrung von Beamten nur durch Einstellung von akademisch vorgebildeten Personen zu vollziehen." Aufsichtsbeamte "von niederer Ausbildung" fehle "die absolute Unnahbarkeit und Unbestechlichkeit." Wenn durch niedere Beamte "gefehlt" würde, leide "das Ansehen der akademisch gebildeten Beamten und überhaupt das ganze System" Schaden. "Die Anstellung von Gewerbesekretären, denen neben dem Bürodienst auch die Revision oder Nachrevision gewerblicher Anlagen zu übertragen wäre, erscheint mir ... ohne erheblichen Wert, weil schon heute die Schreiber auf den Gewerbeinspektionen in der Regel vollauf zu tun haben, um die Büroarbeiten zu erledigen, und daher nicht mehr in nennenswertem Maße mit Außendienst beschäftigt werden können."[139] Gegenüber Minden empfahl Lohmann, beim Kreis der akademisch gebildeten Techniker zu bleiben "und auf die - anfänglich nicht grundsätzlich ausgeschlossenen,Verf.- Kreise der Werkmeister und Vorarbeiter einstweilen nicht zurückzugreifen." Allerdings sprächen langfristig einige Erwägungen für die Anstellung von "Gewerbeaufsichtsbeamten niederer Gattung."[140]

Doch die Furcht vor Arbeitern im Dienst der sich neutral verstehenden Behörde saß tief und erlaubte in Preußen bis 1918 neben dem Experiment mit Frauen kein zweites mit Arbeitern. Auch in den anderen Bundesstaaten scheinen sie nur der Personalnot und Arbeitsüberlastung der Behörden entsprungen, wie der technische Hilfsarbeiter der Dresdner Aufsicht **Legler** auf der 2.Jahresversammlung des VDGAB feststellte: "Die technischen Hilfsbeamten im Gewerbeaufsichtsdienst, soweit sie in den einzelnen Bundesstaaten bis Ende 1918 eingestellt wurden, sind gewissermaßen die Schmerzenskinder dieser staatlichen Einrichtungen; dem Drucke einer anderen Macht nachgebend, sind sie zu diesem Dienste herangezogen worden, zu einer direkten Festigung ihrer Stellung ist es jedoch bis heute noch nicht gekommen. Man weiß wohl von Ihnen, daß es die aus dem Arbeiterstande hervorgegangenen Hilfsbeamten sind (...), daß es vorwiegend Leute sind, die sich aus den kleinsten Anfängen mit Hilfe eigen verdienter Mittel herausarbeiten mußten ... und mit mancherlei Erfahrungen des Lebens nach rechtmäßiger Ausschreibung der Stellen zu diesem Dienste berufen wurden."[141]

Der eben gegründete Beamtenverein setzte sich in seiner Denkschrift auch für jene Kräfte und deren Anstellung in Preußen ein. Er fand bei den Juristen der Behörde bald Zustimmung. Bis zum Ende des Jahrzehnts waren etwa 90 nichtakademische Kräfte, etwa 24 Prozent des Personals, im preußischen Aufsichtsdienst angestellt, die Hälfte davon waren Frauen. Die Einordnung, Ausbildung und die Art und Weise ihres Einsatzes wurden auf den Jahresversammlungen des VDGAB und bei den jährlichen Konferenzen der Gewerberäte in Berlin immer wieder diskutiert, ohne daß die Betroffenen auf die Abmachungen zwischen Juristen und Technikern

139) E Ia, Nr.603, Schreiben vom 25.02.1901, S.302-304.

140) D Id, Nr.56, 8-seitiger Brief vom 25.Dezember 1900, den der Mindener Regierungspräsident am 19.01. 1901 an den Gewerberat in Bielefeld weiterleitete.

141) Legler (wie oben Anm.136), S.171.

großen Einfluß nehmen konnten. Die Verbeamtung und Professionalisierung des mittleren Dienstes diente ja auch der Abgrenzung zu den akademischen Beamten : "In erster Linie wäre es notwendig, den Dienststellen einen erfahrenen Bürobeamten zur Verfügung zu Stellen, der in der Lage ist, den Gewerbeaufsichtsbeamten von allen untergeordneten Büroarbeiten zu entlasten (...) und bei den vielen Dienstreisen des Gewerbeaufsichtsbeamten dem Publikum die gewünschten Auskünfte zu erteilen." Dazu seien als 'Vorbildung' "in erster Linie die vorerwähnten menschlichen Eigenschaften" wichtig, meinte Dr.Syrup.[142] Nach Legler waren aber schon viele Hilfskräfte Mittelschultechniker, die meist auch an THs hospitiert hätten und "das Maß der vorgeschriebenen Bildung bereits überschritten haben." Man solle sie deshalb nicht nur für die Revision kleiner und kleinster Betriebe heranziehen.[143]

Tabelle 14:
Die Personalstruktur der preußischen Aufsicht 1927-1931 (mit 'Fleißstatistik') [a)]

Jahr	1927	1928	1929	1930	1931
Etatmäßige Beamte	161	151	156	161	163
Assessoren	18	40	39	30	48
Assessoren im Examen	35	21	15	15	4
Kontrolleurinnen [bc)]	49	42	40	31	37
Kontrolleure [b)]	45	43	41	41	41
Gesamt[d)]	308	297	291	287	293

a) In der beiliegenden Fleißstatistik steigerten im angegebenen Zeitraum alle Beamtengruppen die Zahl der von ihnen im Durchschnitt durchgeführten Besichtigungen, die Räte von 488 auf 517, die Assessoren von 435 auf 511, die im Examen von 270 auf 408, die Kontrolleurinnen von 549 auf 604 und die Kontrolleure von 768 auf 866.[144] b) Von 1928 ab ohne die in Ausbildung befindlichen Beamten (Tabelle 9). c) Erklärt sich "durch Versetzungen in den Ruhestand und durch Abordnung zur Durchführung des Hausarbeiterschutzes"; rechnet offenbar Oberkontrolleure ein (vgl.Tabelle 15). d) Ohne Referendare.

Auf der 5.Jahresversammlung des VDGAB in Stuttgart kam es in der öffentlichen Mitgliederversammlung, an der "über 100 Mitglieder des Vereins" teilnahmen, zu einer längeren Aussprache, "die besonders die Einstellung der mittleren Gewerbe-

142) Syrup, Der Ausbau der preußischen Gewerbeaufsichtsbehörde im Rahmen einer Umgestaltung der Handels- und Gewerbeverwaltung, ZG 6 1918, S.31-34,37-41,69-73, hier S.72f.

143) Legler (wie oben Anm.136), S.175.

144) E III, Nr.83 unpag.(1932).

aufsichtsbeamten aus dem Arbeiter- und Angestelltenstande und die Stellung der Gewerbeärzte betraf". Dies wiederholte sich in späteren Versammlungen nicht mehr, die trotz stagnierender Mitgliederzahlen immer mehr Teilnehmer zählten. Das 9. Treffen 1928 in Hamburg war ganz von den Verreichlichungsabsichten des Arbeitsministerium beherrscht, durch die eine Konkurrenz der Fachspezialisten - Volkswirte, Sozialpolitiker und Arbeitsrechtler - in den neu zu schaffenden Großämtern drohte, in denen der Techniker sich "mit einer minderwertigen Stellung begnügen müßte". Die Arbeitsgemeinschaft der mittleren Aufsichtsbeamten erklärte auf dieser Tagung die Verreichlichung im Sinne der Denkschrift von 1919 zu einem "wesentlichen Schritt der Fortentwicklung", ihre Entschließung wurde von den 257 anwesenden Mitgliedern aber niedergestimmt.[145]

"Die am 23. und 24. Oktober 1922 in Berlin abgehaltene Besprechung der preußischen Regierungs- und Gewerberäte" erörterte als 1. Tagesordnungspunkt den "Erlaß einer Vorbildungs- und Prüfungsordnung für die Gewerbeaufsichtsbeamten ohne wissenschaftliche Vorbildung." Geheimrat Simon referierte den Entwicklungsstand: 1918 seien erstmals die Grundsätze für die Einstellung weiblicher Beamte formuliert worden (HMBL, S.149). Die neuerdings eingestellten männlichen Hilfsarbeiter seien frühere Arbeiter und Angestellte und von den Gewerkschaften vorgeschlagen. Die leitenden Gewerberäte hätten am 29.8.1920 bei ihrer Konferenz in Kassel einen "Ausschuß zur Ausarbeitung von Bestimmungen über die einheitliche Regelung der Ausbildung der mittleren Gewerbeaufsichtsbeamten gewählt". Dieser habe gefordert :

- Eine mindestens fünfjährige praktische Tätigkeit der Bewerber in Gewerbebetrieben oder Handelsgeschäften.
- Eine mindestens dreijährige Ausbildung im Gewerbeaufsichtsdienst.
- Das Bestehen einer Prüfung für den mittleren Aufsichtsdienst.

Die sächsische Verordnung über Vorbildung, Vorbereitungsdienst und Befähigungsnachweis vom 12.10.1921, die identische Bestimmungen für Studierte und Nichtstudierte enthalte, sei geprüft und einbezogen und ein "vorläufiger Entwurf zu einer Anordnung des Staatsministerium" verfaßt worden. Dieser erhöhte die Anforderungen weiter: Es kam eine 'Eintrittsprüfung' hinzu, die allgemeines, technisches, soziales und wirtschaftliches Wissen abfragen sollte. "Vor dem Eintritt in die allgemeinen Erörterungen teilte Herr Regierungs- und Gewerberat Schmitt noch die Forderungen mit, die er als Mitarbeiter der Denkschrift des VDGAB bezüglich der Vorbildung und Prüfung der mittleren Gewerbeaufsichtsbeamten aufgestellt hat. Danach sind für männliche und weibliche Beamte grundsätzlich glei-

145) SP 33 1924, Nr.40, Sp.842; SP 37 1928 Heft 38 Sp.915.

che Vorbildung und Ausbildung, Amtsbezeichnung, Besoldung und Beförderung zu verlangen. Die Persönlichkeit ist ebenso wie die Vorbildung des Bewerbers zu bewerten. Von allen Anwärtern ist zu fordern: 1) Vollendetes 25.Lebensjahr, 2) Körperliche Rüstigkeit, 3) Zuverlässigkeit, sicheres Auftreten und Gewandtheit im Verkehr mit Arbeitgebern und Arbeitnehmern, 4) Mittelschulbildung, von der jedoch abgesehen werden kann, 5) mindestens zweijährige Tätigkeit als Arbeitnehmer, 6) zweijährige Ausbildung bei einem Gewerbeaufsichtsamt, 8) Prüfung vor einem Prüfungsamt."

In der Diskussion wandten sich der Handelsminister und Ministerialdirektor v.Meyeren gegen die Forderung der Mittelschulabschlusses, "da der Hauptwert auf praktische Vorbildung und Berufserfahrung zu legen sei." Der Minister nannte zudem "die Forderung der Betätigung in gehobener Stellung ein Hemmnis." Die Anstellungsprüfung sollte nach dem Willen der Versammlung "vor einer Prüfungskommission, die sich aus einem Regierungs- und Gewerberat, einem Gewerberat und einem geprüften männlichen oder weiblichen mittleren Beamten zusammensetzt, stattfinden."[146] Es dauerte noch fünf Jahre, bis die Prüfungsordnung (10.6.1926) und die Ausführungsbestimmung (4.7.1927) erlassen wurden. Ausbildung und Prüfung der Kontrolleure waren damit zum großen Teil in die Hände des akademischen Personals gelegt und glichen in den Anforderungen immer mehr juristischen Prüfungen. In den sechsköpfigen Kommissionen war meist ein Medizinalrat, aber selten mehr als ein Vertreter des mittleren Dienstes anwesend. Die Anwärter wurden zur Ausbildung dem Vorstand eines Amtes überwiesen. Dieser korrigierte die nach jedem Ausbildungsjahr abzuliefernde "große Probearbeit", deren Thema er selbst aufgab. Vor der Prüfung stellte er ein Befähigungszeugnis aus. Fast 20 Jahre nachdem die ersten Hilfskräfte eingestellt worden waren, hatte der mittlere Dienst Gestalt angenommen -nach dem Vorbild der Assessorausbildung.[147] Die 1922 erörterten Annahmebedingungen wurden als *fait accompli* zwischen studierten Verwaltungsjuristen und Technikern in die Verordnung aufgenommen und ihre Kontrolle ganz den Technikern übertragen.

> "Zur Annahme als Anwärter für den mittleren Gewerbeaufsichtsdienst sind ein Lebensalter von mindestens 25 Jahren, der Nachweis einer ausreichenden allgemeinen Bildung, einer langen, in der Regel mindestens zehnjährigen praktischen Tätigkeit ... und der für den Beruf des Gewerbeaufsichtsbeamten not-

146) Niederschrift über die am 23.u.24.10.1922 in Berlin abgehaltenen Besprechung der preußischen Regierungs- und Gewerberäte, S.1-4, F, Rep.610, Nr.38 unpag.

147) Anordnung über die Annahme, Ausbildung und Prüfung von Gewerbeaufsichtsbeamten ohne technisch-wissenschaftliche Vorbildung vom 04.07.1927, HMBL, S.304-06; Punkt 6 ausführlich dargelegt in Ministerialerlaß, betr. Ausbildung und Prüfung von Gewerbeaufsichtsbeamten ohne technisch-wissenschaftliche Vorbildung, HMBL, S.268-71.

wendigen Vorkenntnisse auf technischem, wirtschaftlichem und sozialem Gebiet sowie das Bestehen einer Prüfung erforderlich."[148]

Der Vorbereitungsdienst dauerte schließlich mindestens drei Jahre, und die Anforderungen der Prüfung glichen sich immer mehr dem höheren Dienst an. "Gewerbekontrolleure oder Kontrolleurinnen, welche die Prüfung bestanden haben, können zu Oberkontrolleur(inn)en ernannt werden, soweit offene Stellen vorhanden sind".[149]

Im 3.Reich geriet die so verankerte Abgrenzung der Laufbahnen und Aufgaben wieder in Bewegung. Während die Räte und Assessoren immer mehr für wirtschaftliche Aufgaben eingespannt wurden - Standortfragen der Industrie, Förderung von Auslandsaufträgen, Sachbearbeitung von Wirtschaftsfragen bei den Regierungen, Zusammenarbeit mit den Wirtschaftsabteilungen der Reichsgaue (= Oberpräsidien), den Bezirkswirtschafts- und den Industrie- und Handelskammern, den Treuhändern der Arbeit oder den Generalbevollmächtigten für den Arbeitseinsatz -, hatten die mittleren Beamten die Hauptlast der Revisionsarbeit zu übernehmen. Die geplante Prüfung beider Beamtengruppen durch eine zentrale Kommission schien deshalb konsequent, ebenso die Übernahme von Kontrolleurinnen in die Inspektorenlaufbahn.[150]

Die Unterschiede zwischen dem weiblichen, dem technischen und dem Handels(= Angestellten)zweig wurden hervorgehoben und der mittlere Dienst während des 3. Reichs weiter ausdifferenziert. Für jede Sparte wurden schließlich besondere Vorbildungen erwartet: Soziale Frauenschule, höhere Handelsschule, technische Lehranstalt. "Die Vorschriften über die Prüfung entsprachen etwa denen bei den höheren Beamten".[151] 1936 herrschte besonders im technischen Zweig Personalmangel,

---

148) Anordnung, Pkt.2 (S.304f).

149) Ebendort, Pkt.7 (S.306).

150) Die Zusammenarbeiten standen auf den Tagesordnungen der Besprechungen der leitenden Aufsichtsbeamten am 26.03.1935, 20.11.1936 und 30.07.1942, F Ic Nr. 1 unpag.; s.auch Derdack, Das Zusammenarbeiten der Gewerbeaufsicht mit den neuen sozialpolitischen Organen, SP 43, 1934, Sp.505-09; Michels, Arbeitsschutz und Gewerbeaufsicht im Dritten Reich, Deutsches Arbeitsrecht 2 1934, Heft 3, S.82f.

151) Pkt.2d der Tagesordnung der Besprechung 1938, F Ic Nr.1, S.8 des Protokolls. Die Einstellung von Beamten mit abgeschlossener Fachschulbildung, Vermehrung der Büroangestellten, Bereitstellung von Kraftwagen und Erhöhung der Reisekosten entlaste die "wissenschaftlich vorgebildeten Beamten von zahlreicher Kleinarbeit", SP 47 1938, Sp.175. Der Ausbildungs- und Prüfungsordnung für den gehobenen technischen Dienst vom 30.07.1941 lag ein Merkblatt über Verdienst- und Aufstiegschancen bei, das den akuten Personalmangel beheben sollte, RABL Nr.23 Teil III No.259, auch in E III acc LXXX 84 (1941). Zur Anwendung kam die Verordnung nicht mehr, siehe z.B. Reg. Dü BR 1015/43, S.52. Das Reichsarbeitsblatt war seit 1928 4-bändig, im Band III (Arbeitsschutz) wurden seit 1933 Prüfungen, Beförderungen, Versetzungen und anderes aus dem ganzen Reich gemeldet. Seit

aber der Haushalt pro 1936 erlaubte die Anstellung von 50 neuen Anwärtern für den mittleren Dienst.[152] Deshalb wurden im Dezember 1939 an einem Tag 12 Kandidaten geprüft, allein fünf kamen aus dem Aufsichtsgroßamt Dortmund. Nach einer zweiwöchigen Hausarbeit über Luftreinhaltung wurden in der Klausur zwei 'Fälle' so ausführlich beschrieben, wie das noch heute bei der juristischen Staatsprüfung üblich ist. Im Mündlichen prüften zwei Gewerberäte (Sozialversicherungsrecht, Beamtenrecht und Verfassungsrecht), ein Medizinalrat (Gesundheitslehre), ein Inspektor (Unfallverhütungsmaßnahmen) und eine Kontrolleurin (Jugendschutz und Heimarbeit). Von den Dortmunder Kandidaten schnitt der am 1.4. 1937 eingetretene Kontrolleur W. am besten ab. Ihm waren 54 mündliche und 8 schriftliche Fragen vorgelegt worden. "Von den mündlichen wurden 46 fehlerlos, 6 Fragen zum Teil beantwortet; bei zwei Fragen konnte er keine Auskunft geben. Von den acht schriftlichen Aufgaben hat er 7 fehlerlos und eine zum Teil gelöst."[153]

5.8 Die Männer des mittleren Gewerbeaufsichtsdienstes

Das über die Frauen der Gewerbeaufsicht oben Gesagte gilt in noch stärkerem Maße für die Männer des mittleren Dienstes. Sie haben sich weder 'literarisch' noch in Fachzeitschriften geäußert, und die immer Raumnot beklagenden Staatsarchivare hoben ihre Personalakten meist nicht so lange auf wie die von Akademikern und höheren Beamten. Je mehr sich der Historiker dem sog. einfachen Mann und der großen Zahl nähert, um so spärlicher werden, es scheint paradox, selbst in der jüngeren Vergangenheit die Quellen und Aufzeichnungen. Sogar das Zentrale Staatsarchiv läßt uns, was vorerst ein Rätsel ist, bei den Männern des mittleren Dienst' im Stich. Wegen der hohen Fluktuation gab es 1890 bis 1933 über 100 weibliche Aufsichtskräfte, davon ist annähernd die Hälfte überliefert. Rechnet man bei den Männern, worauf die 10 vorhandenen Personalakten hindeuten, jedenfalls vor 1927 mit einer noch höheren Fluktuation, so sind jene nur zu einem

1939 dokumentieren die Bände eine hektische Betriebsamkeit bei Beförderungen und Versetzungen sowie eine Fließbandproduktion von geprüften Kontrolleuren. Frauen tauchen nicht mehr auf.

152) Ministerialrat Dr.Deutschbein am 24.06.1936 an die leitenden Aufsichtsbeamten in Preußen, betr. Einstellung von mittleren Beamten, E III acc LXXX, Nr.83 unpag.

153) B 4, NwPe acc 47/85 Steinmetz, S.64-65 (Düsseldorf, den 26.12.1939). Die Dortmunder Vorgeschichte in C IIIb 6-233. Gewerbeassessor Bönig meldete am 14.07.1939: "Bis zum heutigen Tage wurden insgesamt 9 Ausbildungskurse für die mittleren, in der Ausbildung befindlichen Gewerbeaufsichtsbeamten auf dem Gewerbeaufsichtsamt Dortmund von mir abgehalten." Zur Kontinuität nach 1945 zum Beispiel Reg.Dü BR 1015/43, S.61.

kleinen Teil überliefert.[154] Dabei muß berücksichtigt werden, daß die Zahl der mittleren Beamten nach 1933 erheblich anstieg und sich weiter ausdifferenzierte - neben den Kontrolleuren gab es nun Inspektoren. Der Anstieg bedeutete im übrigen eine Rückkehr zur maskulinen, also vor allem technisch ausgerichteten Gewerbeaufsicht: Zwischen 1934 und 1938 waren 99 Anwärter für den mittleren Dienst angenommen worden.[155] Unter ihnen waren nur noch 7 Frauen. Die Aufrückstellen zum Inspektor blieben den Männern vorbehalten. Wollte man dieses expansive männliche Personal systematisch untersuchen, stünde es um die Überlieferung noch schlechter als oben angenommen.

Tabelle 15: Die Personalvermehrung und Vermännlichung im mittleren Gewerbeaufsichtsdienst 1930-1940[156]

		1930	1934	1938	1940
Verhältnis F:M		56:62	57:63	49:144	51:160
Gesamtpersonen		118	120	193	211
Kontrolleure	weibl.	18	12	7	9
	männl.	18	16	92	49
Ober-	weibl.	38	45a)	42	42
kontrolleure	männl.	44	47a)	43	83

154) In westdeutschen Archiven sind vermutlich weitere Personalakten vorhanden, aber sie liegen verstreut und sind nur schwer aufzufinden. Eine systematische Erhebung war im Rahmen dieser Arbeit nicht möglich.

155) Von diesen ist nichts bekannt und wie es scheint nichts überliefert; s.auch die Anm.151 u.156.

156) Beilage zu Nr.9 des HMBL vom 14.5.1930, S.101ff; Beilage Nr.12 des MBLWA vom 12.7.1934; Beilagen zum RABL 1938 Nr.32 (Arbeitsschutz Nr.11) und 1940 (Arbeitsschutz Nr.12). Der Haushaltsplan pro 1922 zählte 38 Gewerbepflegerinnen als Anwärter auf A6 sowie 7 in A6 und 3 in A7 (=48). Zwei Jahre später waren 8 in A7, 22 in A6 und 26 Anwärter fürA6 (=56) vorgesehen. Preller zählte für November 1928 56 weibliche und 47 männliche Kräfte (=103). Hanna nahm für 1929 12o, Peters für 1932 131 mittlere Beamte in Preußen an. Im Haushalt pro 1934 waren allerdings nur 96 Stellen für (Ober-?) Kontrolleure ausgewiesen, vgl. im einzelnen Preußen. Haushaltsplan usw.1922, Anlagen Bd.II, Nr.15, S.18; ebendort 1924, S.11, ebendort 1934, S.36; G.Hanna, Verbesserung des Arbeitsschutzes in Preußen, L.Preller, Arbeitnehmer in der Gewerbeaufsicht, beide in Gewerkschaftszeitung 39 1929, S.282f u.338-42; Peters 1935, S.63; s.auch Abelsdorff 1929, S.572-74 und S.398-400.
Im Amt Düsseldorf gab es 1933 15 (Ober-) Kontrolleure (-innen), 18 Angestellte der Gruppen III-V, 20 Räte und 8 Assessoren, B1, Nr.33 498 (4.11.1933). Im Großamt Hagen (dem Lüdenscheid und Iserlohn einverleibt waren) gab es "nach dem Fortgang des Gewerberats T. 3 Gewerberäte, 1 Assessor, 2 Oberkontrolleure und 3 in der Ausbildung stehende Kontrolleure", C IIIb IGA 447 (23.6. 1937); die Zahl der Aufsichtsämter war von Ende 1934 bis Mitte 1937 von 138 auf 73 vermindert worden. Das größte Amt sei in Berlin mit 90 Beamten und Angestellten eingerichtet worden, "dem Umfang einer kleinen Regierung. 10 weitere Ämter sind mit 15 bis 20 Beamten und Angestellten besetzt." (SP 47 1928, Sp.175).

		1930	1934	1938	1940
Inspektoren	männl.	-	-	8b)	27
Ober-inspektoren	männl.	-	-	1b)	1
Unklare Fälle	-	-	4	1	
"Angestellte" F:M		-	-	-	1:3

a) Ein Gewerberat und eine -rätin.

b) Einschließlich drei Gewerberäten des mittleren Dienstes.

Die häufige Namengleichheit mit Gewerberäten und Oberkontrolleuren läßt den Schluß zu, daß nach 1934 zahlreiche Söhne des verbeamteten Personals eingestellt wurden. In dem folgenden Zufallssample, das keine systematische Auswertung zuläßt, ist aber nur Holthöfer nachweislich Sohn eines Gewerberats.[157] Walter **Lohmann** ist tatsächlich ein Enkel des 1905 als Unterstaatssekretär des preußischen Handelsministeriums verstorbenen und für die Entwicklung der Gewerbeaufsicht so wichtigen Theodor Lohmann. Walter Lohmanns Vater war von 1901-1907 Geh. Oberregierungsrat im Reichsamt des Innern. Der Sohn trat 1910 als Seekadett in die Kaiserliche Marine ein. Er habe auf den Schiffen viel über Maschinenkunde und Elektrotechnik gelernt. Seit Juni 1917 sei er als Flaggleutnant zu "dem neugebildeten Stabe des Pefehlshabers der Uboote" abkommandiert worden. Auf "U 46" habe er als Wachoffizier an "3 durchschnittlich 30 tägigen erfolgreichen Handelskriegsfahrten" teilgenommen. Der Lohmann-Enkel blieb nach dem Ersten Weltkrieg ebenso kurz in der untergeordneten Stellung wie nach dem Zweiten der Gewerberatssohn Holthöfer, der 1937 am städtischen Realgymnasium Hannover das Abitur ablegte und, vom Krieg unterbrochen, den Diplom-Ingenieur anstrebte[158] (**siehe Tabellen-Anhang 16**).

Die vor 1933 rekrutierten Kontrolleure kamen deutlich über vierzigjährig in den Dienst und mußten zum Teil erst den Vorbereitungsdienst absolvieren. Vermutlich wurden in der nationalsozialistischen Zeit eher jüngere Kräfte angeworben und eingestellt. Handwerkerberufe im weiteren Sinn überwiegen (9, d.h. über die Hälfte), wobei Maschinen- und Metallberufe (Schlosser, Dreher, Steiger zusammen 5) vor den Textil- (Schneider, Weber) und den klassischen Handwerksberufen (Tisch-

157) C IV, B 1011; zum Vater C IV A 448; auch die Tochter war bei der Aufsicht, C IV, II 295 (kassiert 1982).

158) H I, L24; "Lebenslauf des Oberleutnants zur See Walter Lohmannn", S.2f; s.auch S.196, Anm.74; Karl Bittmann halfen indirektere Beziehungen: Der Oberbürgermeister von Hildesheim hörte von seinem Vetter im preußischen Handelsministerium, es sei außerordentlich schwierig, "wissenschaftlich gebildete und gleichzeitig praktisch erfahrene Männer für die Aufsicht zu gewinnen..." Der Vetter hieß Lohmann, der Vorgeschlagene Bittmann, Bittmann 1924, S.109.

ler, Maler) liegen. Nach 1933 wurde die Maschinenkunde noch wichtiger genommen, die jungen Kräfte besuchten zum Teil ein Technikum. Bei den Väterberufen überwiegen Beamte und Angestellte, den Kaufmann eingerechnet stellen sie 6 von 10 Vätern.

Höftmann war bei seiner Meldung arbeitslos und wurde vermutlich nicht angenommen.[159] **Burghoff** war nach dem Krieg Hilfspolizist und Kassenbote. Er bewährte sich wie Horn und Maria Schnetzler auch in anderen lokalen Vertrauensstellungen, leitete die Ortsgruppe, war im Zentralvorstand der Textilarbeiter, Vorstandsmitglied der AOK, Beisitzer des Gewerbegerichts und in der Steuereinschätzungskommission.[160] Wilhelm **Horn**, Sohn eines Zigarrenmachers, war nach der Gesellen- (1894) und Meisterprüfung (1900) zuerst selbständig, dann Zuschneider in einer großen Textilfirma. 1922 in den Aufsichtsdienst eingetreten, war er 1924-27 in Gruppe VII, danach als Oberinspektor in A4c2. 1921 trat er der SPD bei (bis 1932), für die er 1926 in den Stadtrat gewählt wurde. Am 31.10.1933 bezeichnete ihn der Regierungspräsident als einen "marxistisch gesonnenen Stadtrat, der nicht in der Lage ist, seinen Aufsichtspflichten in dem ihm weltanschaulich völlig fernliegenden Geiste der deutschen Erhebung zu obliegen". Das Gewerkschaftsmitglied mußte zwischen 1933-36 von monatlich 220 M des städtischen Wohlfahrtsamtes leben, fand aber als 60jähriger noch Anstellung in der Konfektionsabteilung eines örtlichen Warenhauses.[161] Adolf **Kornemann** hatte etwa zwanzig Jahre lang als Dreher und Automateneinrichter gearbeitet, ehe er von 1921-27 als "tariflicher Angestellter" des Aufsichtsamtes Hagen tätig war und zum 1.4.1927 zum Oberkontrolleur befördert wurde.[162] Thomas, Paul und Liehske hatten Schlosser gelernt. **Liehske** arbeitete nach dem Krieg zuerst als Gehilfe und Monteur und, nachdem er eine Maschinenbauschule absolviert hatte, als Geschäftsführer einer Metallfabrik, zuletzt war er 1935-40 bei der Firma Junker in Dessau. **Thomas** und **Paul** waren in der Zwischenkriegszeit dagegen über fünf Jahre lang arbeitslos. Sie konnten schließlich als DÜV-Ingenieur (1928) und als Techniker eines Patentan-

159) Zu Höftmann D Ia, Nr.16, Bd.2, Bewerbung vom 5.8.1919.

160) Zu Burghoff D Id, Nr.57 (1922); verheiratet, drei Töchter, davon zwei Lehrlinge. Die Söhne wurden Schlosser und Kaufmann.

161) Zu Horn C IV, I 877; der im Kreis Minden geborene Aufsichtsbeamte heiratete die Tochter eines Bielefelder Bauunternehmers. Beide Töchter auf einem Lyzeum, die ältere besuchte auswärts eine Schule für Erzieherinnen. 1931 aus der Gewerkschaft, 1932 aus der SPD ausgetreten. Dazwischen Gallenoperation, aber der Ärger ging weiter; Entlassung zum 30.9.1933. Man bewilligte ihm Ruhegehalt für drei Jahre, und zwar 3/4 von 39/100. Es wurde zweimal für zwei Jahre verlängert und zum 1.4.1940 gestrichen. Der Beamte a.D. meldete sich 1936 beim Arbeitsamt und leitete dann die Konfektionsabteilung eines Warenhauses.

162) Zu Kornemann C IV, II 6788 (Versorgungsakte). Drei von vier Töchtern 1945 verheiratet, erster Enkel 1934 geboren. Der Sohn wurde nach dem Krieg Obersekretär bei einem Aufsichtsamt.

walts (1934) doch noch unterkommen.[163] Sander, Löfs und Czech absolvierten ein Höheres Technikum, wurden aber trotzdem zeitweise arbeitslos. **Sander** war 1927-33 bei Hanomag und Continental (Reifen). Seine Bewerbung bei der Gewerbeaufsicht erfolgte "auf Grund einer Zeitungsnotiz". **Löfs** schlug sich nach 1929 zehn Jahre lang als Ingenieur-Vertreter durch, u.a. mit Werbung für und Reparaturen von Nähmaschinen. Franz **Czech** war 1924-33 auf technischen Büros tätig gewesen. 1933-38 mußte er ins Ausland ausweichen, wo er als technischer Übersetzer (London, Paris) und Leiter eines Nährmittelwerkes (Prag) arbeitete. **Fuchs** legte an der Tischlerfachschule Detmold 1931 die Meisterprüfung ab und leitete bis 1937 einen Betrieb mit 40 Angestellten.[164] **Pinkerneil** war nach einigen Jahren Realgymnasium an einer Bergschule und acht Jahre als Steiger tätig. Nach dem Ausscheiden aus gesundheitlichen Gründen (1934) war er Betriebsingenieur und städtischer Betriebsleiter. 1947 verwendete sich ein Abgeordneter für ihn, weil er "in der CDU führend tätig" gewesen sei.[165]

Im ZSTA Merseburg sind die Personalakten von weiteren zehn Beamten des mittleren Dienstes überliefert. Im Gegensatz zu dem Sample in Anhang 16 liegt die Einstellungszeit zwischen 1921 und 1924, nur Karl Woldt wurde später übernommen. Acht verließen den Aufsichtsdienst nach kurzer Zeit wieder, drei wurden entlassen, fünf kündigten selber. Sechs kamen auf Empfehlung von Gewerkschaften, in deren Dienst sie standen. Dabei wurden auch Personen vorgeschlagen, deren Personalakten nicht überliefert sind. Am 7.10.1923 schlug die "Zentrale Arbeitsgemeinschaft"[166] Alfred **Peikert** vor. Eine Woche später erklärte der ADGB ihn "für außerordentlich befähigt" und ergänzte: "Für die Benennung von aus Arbeiterkreisen stammenden Hilfsbeamten war noch ein 12. Vorschlag einzureichen."

---

163) Zu Thomas C IV, 6-207; Schreiben vom 13.2.1948. Januar 1941 Eintritt, Februar 1943 Inspektorenprüfung; zu Paul B4 acc 122/85. Eintritt 1930, heiratete 1933 Büroangestellte, Trauzeugen ein Kaufmann und ein Apotheker; zu Liehske E III acc LXXX Nr.84; Ende 1938 ein- und 1940 "uk-"gestellt, 1942 Laufbahnprüfung.

164) Zu Sander ebendort Nr.84; 1926 Gesellenprüfung, Eintritt 1937, 1940 Oberkontrolleur, 1941 Inspektor; zu Löfs B4 acc 17/85 ; 1939 eingetreten; zu Czech C IV, 6-207; Schreiben vom 27.12.1945, s.auch oben Anm.116; zu Fuchs E III acc LXXX, Nr.84, gleiche Karrieredaten wie Sander.

165) Zu Pinkerneil C IV, 6-207; Brief vom 6.4.1947; 1898 geboren, 1915 kriegsfreiwillig. In Hildesheim waren 1938 9 Beamte im gehobenen und 3 im mittleren Dienst. Der 1901 geborene W. ging auf ein Technikum und hatte elf Jahre Betriebspraxis, als er 1934 eintrat; 1938 Laufbahnprüfung, 1939 Inspektor. Der 1904 geborene K. -verheiratet, drei Kinder- absolvierte als Schlossergeselle(1921) ein Technikum(1927), trat 1935 ein. 1938 Prüfung, 1939/41 Inspektor bzw. Oberinspektor. Der 1907 geborene O. -verheiratet, 2 Kinder- besuchte nach der Mittleren Reife eine Fachschule, trat 1937 ein und war seit 1940 Inspektor und Beamter auf Lebenszeit.

166) Zentrale Arbeitsgemeinschaft der industriellen und gewerblichen Arbeitgeber und Arbeitnehmer in Deutschland, eine Frucht des Stinnes-Legien-Abkommens, am 4.12.1918 gegründet, Hentschel 1983, S.67f, Preller 1974(1947), S.52ff.

Der Geschäftsführer des Dt. Metallarbeiterverbandes sei dafür vorgesehen. Das Vorschlagsrecht der Gewerkschaften war also 1923 eingespielter Brauch, er führte zur Versorgung gewerkschaftlicher Funktionäre und betraf einen expandierenden staatlichen Stellenmarkt (**siehe Tabellen-Anhang 17**).

Karl **Nolte** war als Mitglied der Christlichen Gewerkschaft Stadtverordneter in Breslau und Vorsitzender des Verbandes schlesischer Krankenkassen. Mit ihm wurde ein Josef Pfeiffer vorgeschlagen. "Herr Pfeiffer kommt aus der Metallindustrie. Er legt Wert darauf, in Duisburg beschäftigt zu werden. Beide Herren erwarten jedoch, daß die Gehaltsfrage eine befriedigende Regelung erfährt." Nolte erhielt zuerst Bezüge nach Gruppe 4 des Gesetzes vom 4.6.1920, §§ 11-16 (Teiltarifverträge); zum 1.4.1927 wurde er in Gruppe 7 des neuen Angestelltentarifs eingruppiert. Im September 1928 wählte man ihn zum Vorsitzenden des Arbeitsamtes Schweidnitz, und 1929 erhielt er die Stelle eines Oberregierungsrats in der Reichsanstalt für Arbeitsvermittlung und Arbeitslosenversicherung.[167]

Die Eingliederung in den mittleren Dienst und die Gehaltsfrage waren bei den Entlassungswünschen offenbar ausschlaggebend. Alfred Peikert hielt als Arbeitersekretär in Berlin Vorträge über Arbeitsrecht und korrespondierte mit den Bezirksvorständen seiner Gewerkschaft. Vor seiner Übernahme war er aushilfsweise im Oberpräsidium tätig. Er sollte in Gruppe 6 eingestuft werden und bat um 7, denn er sei 20 Jahre lang Gewerkschaftsangestellter gewesen. Aber in Breslau erklärte der leitende Gewerberat, für den neuen Hilfsbeamten seien weder Schreibtisch noch Stuhl vorhanden, schon der 1.Hilfsbeamte müsse sich mit einem Teil des Ablagetisches begnügen.[168]

Auch Reiferscheid, Pahlke, Pornschlegel und Schäfer hielt es unter solchen Bedingungen nicht lange im mittleren Dienst der preußischen Gewerbeaufsicht. Wilhelm **Reiferscheid** konnte seine 9 Kinder mit Gruppe 6 wohl nicht ernähren. Und er hatte Grund, gut zu ihnen zu sein, denn sein eigener Vater hatte Frau und 6 Kinder verlassen, und der älteste Sohn Wilhelm kam in ein Waisenhaus. "Eine freudlose Kindheit nannte ich mein eigen, weil mein Vater wohl ein tüchtiger Handwerker, aber auch leider ein Trinker war." Kurt **Pahlke** war nach dem Krieg bei einem Postscheckamt angestellt und kannte wie Nolte den mittleren Dienst. Mit ihm wurden Max Galle und Otto Förder vorgeschlagen, und **Galle** soll "in Beglei-

167) Zu Nolte HII, N 17 unpag; geboren 1886 im Kreis Marburg, seit 1911 verheiratet, Vater von 4 Kindern; Schreiben des Generalverbandes der christlichen Gewerkschaften Deutschlands an Simon vom 9.3.1921; 18.3. Einberufung; zum 1.4.1927 A7 statt Gruppe 7; 28.3.1929 Entlassungsgesuch.

168) Zu Peikert HII, P 31 unpag; geb. 1872 in Schlesien, verheiratet seit 1899, Vater von drei Kindern; 15.10.1923 Empfehlung des ADGB; 31.10.1923 Bitte um Gruppe 7; 9.12. Gewerberat aus Breslau; 15.4.1924 Entlassungsgesuch.

tung des Vorsitzenden des Zentralverbandes der Maschinisten und Heizer" zum Einstellungsgespräch erschienen sein. "Ernstes Streben ist ihm offenbar eigen", urteilte danach der gesprächsführende Beamte. Bei Pahlke bemängelte man bald "Schriftsätze mit grammatikalischen und orthographischen Fehlern", er berlinere und verwechsele Dativ und Akkusativ, schlimmer seien seine "Nervenschwäche" und sein "aufgeregtes Wesen". "Gewerbetechnische Kenntnisse besitzt er nicht, von der Zusammensetzung der Luft weiß er nichts, das Ausmessen eines Raumes mußte ihm erst auf dem Gewerbeaufsichtsamt beigebracht werden." Als Pahlke beurlaubt wurde, bat er um seine Entlassung, "da ich nicht die Absicht habe, dem Staat als Kranker zur Last zu fallen..."[169]

Roman **Pornschlegel** war nach dem Krieg wie Nolte und Pahlke Hilfsbeamter im mittleren Dienst geworden, zuletzt beim Versorgungsamt der Stadt Frankfurt. Er bat wenige Monate nach seiner Übernahme um seine Entlassung, ohne Gründe dafür anzugeben. Georg **Schäfer** schließlich war als Sachbearbeiter für Arbeiter- und Unfallsachen und Leiter einer Betriebskrankenkasse fachlich ausgewiesen. Er kündigte nach zwei Jahren, weil er in der Wirtschaft eine besser bezahlte Stelle gefunden hatte.[170]

Albert **Thörner** hielt es wie Nolte nicht lange im Aufsichtsdienst. Der Werkmeister und Sohn eines Werkmeisters war "aufs wärmste empfohlen" worden. Er bemühte sich zwei Jahre nach seiner Einstellung um die höhere Besoldungsgruppe, die ihm nach Ablegen der neuen Laufbahnprüfung gewährt wurde. Seit dem Gesetz vom 17.12.1927 galt er als Anwärter für die Stufe A4c. Im Juni 1929 zum Oberkontrolleur ernannt, erhielt er im Mai 1931 1000 M Vorschuß für den Kauf eines PKW. Im April 1933 erklärte er ehrenwörtlich, "daß ich nichts tun und alles unterlassen werde, was dem nationalen Staat zum Schaden gereichen könnte".[171]

---

169) Zu Reiferscheid HII, R 39 unpag; geboren 1867 in Köln; 1890-1908 Geburt der 9 Kinder; Lebenslauf vom 25.5.1922; H II, P 28 unpag; geboren 1895 in Berlin, seit 1919 verheiratet; Polizeipräsidium am 11.2.1922 über die "als Hilfsarbeiter in Aussicht genommenen" Galle, Förder und Pahlke. Urteil über Pahlke vom 24.11.1922; GR Wenzel am 2.5.1923; Entlassungsgesuch vom 22.11.1923.

170) Zu Pornschlegel HII, P29 unpag; geboren 1880 in Frankfurt; seit 1910 verheiratet; am 24.10.1922 von der Zentralen Arbeitsgemeinschaft vorgeschlagen; Entlassungsgesuch vom 30.9.1930; zu Schäfer HII, S105; geboren 1880 im Kreis Dortmund; seit 1908 verheiratet, Vater von zwei Kindern: Bewerbungsschreiben vom 24.8.1923 aus Halle , Einberufung am 6.9. für Merseburg; Entlassungsgesuch vom 27.11.1925 aus Halle.

171) Zu Thörner HII, T 23 unpag; geboren 1877 in Chemnitz; seit 1902 verheiratet, Vater von zwei Töchtern; 12.10.1923 Empfehlung des Werkmeisterverbandes, für den er eine Rechtsauskunftstelle leitete; 24.3.1924 dienstliche Beurteilung nach Annahme; 11.10.1926 Gesuch um Gruppe 7, da er als Werkmeister mehr verdient habe; 1.4.1927 außerplanmäßige Beamtenstelle, Anwärter auf A6, seit 1.10. für A4c;21.1.1928 Laufbahnprüfung, 2o.6.1929 Oberkontrolleur; 27.5.1931 1000 M Vorschuß für die Anschaffung eines Pkw, der 1500 M kostet, sowie 150 M für den Führerschein; 1924-32 Mitgliedschaft in

Rath, Marquardt und Woldt blieben aus anderen als den oben angeführten Gründen nur kurze Zeit im Dienst. Der Vorstand des ADGB nannte im August 1922 Josef **Rath** als Kandidaten für das Aufsichtsamt Hannover. Doch Rath wollte an den Heimatort versetzt werden, weil seine Umzugskosten nicht bezuschußt würden. Unterstützung lag nahe, denn MdL Brust schrieb an Handelsminister Siering, eine solche Weisung sei "äußerst dürftig" und "in Geist und Ton vorkriegszeitlich und bürokratisch." Der Minister antwortete, die Spitzenverbände sollten "die richtigen Leute mit den richtigen Wohnorten" vorschlagen. Aber Raths Ausscheiden hatte andere Gründe. Eine Woche vor seiner Entlassung erwähnt die Quelle "eine Reihe von Verfehlungen".[172]

Bruno **Marquardt** hatte den Besuch einer staatlichen Maschinenbauschule vorgegeben, was der Nachprüfung nicht standhielt. GR Kappe besorgte ihm eine andere Stelle.[173] Karl **Woldt** besuchte den Unterricht der städtischen Baugewerksschule und im Sommersemester 1933 Abendkurse der Höheren Technischen Lehranstalt, um seine Einstellungschancen zu verbessern Diese standen für einen Bäcker und Konditor, der außerdem zwischen 1925 und 1931 zehnmal den Arbeitgeber gewechselt hatte und von keiner Gewerkschaft protegiert wurde, offenbar nicht gut. Aber die neue Macht trat für ihn ein und kompensierte das professionelle Manko. Er sei im März 1933 Parteimitglied geworden, ein "ruhiger und anständiger Kamerad." "Wir würden es gern sehen, wenn Pg.Woldt in der mittleren Gewerbeaufsichtslaufbahn beschäftigt wird." Er sei SA-Mann und bei der Hilfspolizei gewesen. Das half fürs erste über zahlreiche Rechenfehler hinweg, die Woldt beim mathematischen Teil der Annahmeprüfung, bei der es um die Grundrechenarten und einfache Textaufgaben ging, unterliefen. Im Aufsatz beschrieb er sachlich "die Herstellung einer Nußtorte", im Diktat schrieb er nicht fehlerfrei über die Arbeitsbedingungen des Konditors. Auch wenn die Annahmebedingungen wohl nicht nur in seinem Fall herabgesetzt bzw. durch die politische Gesinnungsprüfung ergänzt

SPD und Reichsbanner "Schwarz-Rot-Gold". Erklärung vom 11.9.1933 bewahrt vor Entlassung; am 16.6.1934 nach einer Operation gestorben. Mit Thörner wurden auch Bläse und Heinrich Dreesing vorgeschlagen und eingestellt. Dreesing war Vorstandsmitglied einer Ortsgruppe des Zentralverbandes christlicher Tabakarbeiter. Er sei "solide und sparsam" und besitze ein Haus mit einem Morgen Gartenland.

172) Zu Rath HII, R 40 unpag; geboren 1886 in Essen, seit 1923 verheiratet; 5.10.1922 Einverständnis von Dr.Voltmer; 15.1.1923 Bitte um Versetzung; 20.2. Urteil durch Dr.v.Langsdorff. MdL Brust an Siering am 15.3., dessen Antwort vom 28.4.; Rath habe die Frauenbeihilfe erschlichen sowie "Geld oder geldwerte Vorteile" von den Gewerbetreibenden beschafft oder zu beschaffen versucht (25.4.1924); Entlassung zum 2.5.1924. Zur Stellung August Brusts in der katholischen Arbeiterbewegung Eric Dorn Brose 1985, S.80ff u.ö.; s.auch Wilfried Loth, Katholiken im Kaiserreich, Düsseldorf 1984.

173) Zu Marquard HII, M 45 unpag; geboren 1886 in der Provinz Posen, seit 1920 verheiratet. Einstellung am 15.11.1922, Nachprüfung am 1.3.1923.

wurden, gab es bei "moralischen Verfehlungen" keine Zugeständnisse an die neue Ethik. Als Woldt "noch als Verlobter mit einer anderen intimen Verkehr" pflegte, verwies GR Uthemann auf das "öffentliche Ärgernis" und "Gerede der Leute". Da Woldt die vermögendere, zudem schwangere Bauerntochter, deren neuerdings einflußreicher Vater für den Schwiegersohn im Beamtenverhältnis Front machte, seiner Verlobten vorzog und noch im April heiratete, wurde er im Mai 1935 entlassen. Aber ein Parteigericht sprach ihn im September 1936 frei, und das NSDAP-Hauptamt für Beamte forderte in mehreren Eingaben seine Wiedereinstellung. Das Ministerium verschloß sich zwei Jahre lang den Einflußnahmen hoher Parteifunktionäre. Es war dann das Reichsarbeitsministerium, das eine Wiedereinstellung in Aussicht stellte. Aber Woldt genügte der neuerlichen und vielleicht schwereren Annahmeprüfung wieder nicht. Diesmal nutzte das Ministerium das Prüfungsergebnis zur Ausflucht. Die mangelnde Qualifikation, nicht die moralische Verfehlung verböten eine Annahme. Ministerialdirektor Staatsrat Börger, den das Hauptamt als "lieber Parteigenosse" anschrieb und vereinnahmen wollte, beharrte in einem abschließenden Privatschreiben an die Partei vom April 1939, der Bewerber "genüge den Anforderungen nicht."[174]

Neben diesen Einblicken in die Einstellungspraxis ergänzt das 10er Sample die Angaben über die soziale Herkunft und das Konnubium in Anhang 16, allerdings wie dort sehr lückenhaft. Thörner und Peikert hatten die gleiche berufliche Stellung wie ihre Väter, Tischler und Werkmeister. Nolte, Pahlke, Pornschlegel, Marquardt und Woldt waren die Söhne eines Landwirts, Kaufmanns, Kassenboten, Lokführers und Schuhmachermeisters. Nur bei Woldt ist ein Seitenblick auf den Beruf und das Konnubium des Großvaters möglich. Gegenüber Anhang 16 treten bei den Vätern die höheren und anderen Beamten zurück. Sie waren Arbeiter, Handwerker und Angestellte. Die Söhne traten nicht alle über 40jährig in die Aufsicht ein, drei waren Mitte, zwei unter 30. Alle heirateten, die Angestellten eher mit 30, die Arbeiter eher mit 25 Jahren. Das Konnubium der Söhne ist wieder bis

174) Zu Woldt HII, W 56; geboren 1906 in Stettin; Sohn eines Schuhmachermeisters, die Großväter waren Eisenbahnbeamter und Schneidermeister; Bewerbungsschreiben mit Zeugnissen vom 13.4.1933 unter Bezugnahme auf ein Gespräch mit Ulrichs im Ministerium; Brief der NSDAP-Ortsgruppe Görlitzer Bahnhof vom 18.9. und 16.11. 1933. Annahme zum 1.2.1934. Bericht des Gewerberats in Neisse vom 12.1.1935 (S.55) über die Verfehlungen nach Handschreiben und Besuch der Verlobten auf dem Aufsichtsamt vom 30.12. bzw. 8.1.1935. 24.4.1935 Heirat Woldts (S.69); Entlassung zum 1.5.; am 8.7. fordert Schwiegervater Wiedereinstellung (S.65); 22.7. Rechtfertigungsschreiben Woldts (ebenso 22.8. und 24.12.1936, 15.2.1938, 11.3.und 14.8.1939); Schreiben von Parteiorganen vom 3.6. und 23.9.1936 (S.77-79), 9.4. 1938 (S.93), 22.2. und 14.4.1939 (S.117 und 122); abgelehnt am 21.12 1936 (S.86), 16. 6. und 19.7. 1938 (S.96ff); Wiedereinstellung in Aussicht gestellt am 8.9.1938 (S.99); am 19.9. zweite Annahmeprüfung (S.103-08); am 5.11. Streit wegen zu schwerer Prüfungsaufgaben (S.110); 29.4.1939 Privatschreiben des Ministers an die Partei (S.123).

auf das Heiratsalter der Bräute[175] nur in einem Fall, und nur weil dieser die Normen verletzte, belegt. Auch die Kinderzahl, zumal die "realisierte", ist wie in Tabelle 13 nur zufällig überliefert. Reiferscheid bleibt einmalig. An Burghoff und Kornemann reichte der katholische Schneider Nolte heran. Er hatte vier Kinder, der Tischler Peikert immerhin drei. Für Schäfer und Thörner blieb es wie für Höftmann und Horn bei zwei Kindern, Pornschlegel und Woldt hatten beim Schluß der Akten je eines. Wenn man aus den wenigen Angaben eine Tendenz herauslesen möchte, dann die der Kleinfamilie, die sich mit der Angestelltenmentalität verträgt.[176] Nicht daß der Aufsichtsdienst eine solche Einstellung vermittelt hätte, dazu kamen die Männer zu spät hinein und blieben zum Teil nicht lange genug darin. Aber wenn sie nicht schon vorher Angestellte waren, so näherten sie sich der rationellen Lebensführung dieser Schicht durch Aufstieg im Beruf oder die Arbeit bei den Gewerkschaften. Beruflich waren sie wie ihre Väter Arbeiter, Handwerker und Angestellte. Die Rekrutierung der Absolventen von Technika und eines Diplom- Ingenieurs (Tabelle 13) gehört einer späteren Etappe an, in der die Laufbahnen durchlässiger wurden.

Bleibt eine Anmerkung zum Militärdienst nachzutragen. Vermutlich diente nicht nur Reiferscheid, dieser von November 1887 bis November 1889 bei der Fußartillerie in Metz, die vollen drei Jahre ab.[177] Pornschlegel war 1902-04 Füsilier, Marquardt 1908-10 bei der Infantrie. Im Krieg waren sie es eher als die Studierten aus den höheren Laufbahnen, die als "Kanonenfutter" und "Frontschweine" vor die Hunde gingen. Aber das Sample zählt ja nur Durchgekommene. Pahlke, Pornschlegel und Marquardt machten den ganzen Krieg mit, Thörner stieg 1915 ein. Während die einen, Pahlke und Schäfer, heil das Feld räumten, verließen es andere, z.B. Pornschlegel, dekoriert und befördert (Unteroffizier) oder, Marquardt und Thörner, "mehrfach verwundet", aber "ausgezeichnet" (EK II, Verwundetenabzeichen), mit Spätfolgen vielleicht, die bei Thörners Herzoperation 1934 zum Exitus führten.

5.9 Der höhere Dienst in der Zwischenkriegszeit

Arbeitern, Handwerkern, Angestellten und Frauen blieb der Zutritt zum höheren Dienst in der preußischen Gewerbeaufsicht lange Zeit versperrt, obwohl die Revisionstätigkeit der Laufbahngruppen sich immer mehr annäherten, auf sozialpolitische Bereiche sich ausdehnten und die Ausbildungs- und Prüfungsanforderungen

175) Im Durchschnitt 23,5 Jahre.

176) S.oben S.124 u.213ff.

177) Zum Militärdienst oben S.186ff u.222ff.

auch des mittleren Dienstes beidem Rechnung trugen. Die Einrichtung und Abgrenzung des mittleren Dienstes muß deshalb als gelungene Standesverteidigung der höheren Beamten und ihres Vereins bewertet werden, denen die Absonderung von der allgemeinen Verwaltung zwar nicht gelang, die dafür aber innerhalb dieser Verwaltung die Sonderstellung des Aufsichtsbeamten als Techniker behaupteten und sogar ausbauten.[178] Das Rekrutierungsmuster der Vorkriegszeit wurde unbeschadet übernommen. Die Ausbildungs- und Prüfungsordnung war bis 1932 gültig und erfuhr auch dann nur wenige Änderungen. Die Personalnot in den unmittelbaren Nachkriegsjahren hob allerdings die in der Prüfungsordnung vorgesehene strenge Trennung zwischen theoretischer und praktischer Ausbildung, die je drei Halbjahre beanspruchen sollte, zugunsten der Praxis auf. 1919 schrieb Neuhaus an alle Regierungen, daß der Nachwuchs "Gegenstand ernster Sorge" sei. Gegenwärtig seien nur 21 Referendare im Dienst, "während ihre Zahl 60 betragen sollte. Die Aussicht für neu eintretende Gewerbereferendare ist daher z.Zt. besonders günstig." Die Gewerberäte sollten sich Mühe geben, "brauchbare junge Leute zum Eintritt in diesen Zweig des Staatsdienstes zu veranlassen."[179] Seit 1922 meldeten sich bei der Regierung Aachen wieder solche Bewerber, nach Ablauf der Einstellungssperre vom 13.9.1924 folgte eine Bewerberflut. Ministerialrat Simon berichtete, "in letzter Zeit gehen fast tägliche Gesuche um Annahme ... ein", der Bedarf sei aber vorerst gedeckt. Während die Bewerbungen in den folgenden Jahren trotzdem anhielten, meldete das Handelsministerium 1931, der Bedarf an Referendaren sei durch die bereits vorgemerkten Anwärter auf Jahre hinaus gedeckt.[180]

Auf diese Personalentwicklung muß man die 1929 eingeleitete Ausbildungskorrektur zurückführen. Die Ausbildung entsprach bis 1929 nicht mehr buchstabengetreu der Verordnung von 1897. Dies referierte Ministerialrat Ulrichs am 8.11.1929 im preußischen Handelsministerium. Die Schulbildung der Anwärter sei nicht immer vollwertig gewesen, und die fachliche Ausbildung habe nicht überall mit der

178) Der Anteil der höheren Beamten lag noch 1931 bei 73 %, vgl. Ammon 1933, S.57. Den unmittelbaren Anlaß zur Gründung des Vereins Deutscher Gewerbeaufsichtsbeamter gaben "Vorgänge im Berliner Polizeipräsidium" im November 1918, bei welchen die höheren Beamten, da sie nicht organisiert waren, von dem Polizeipräsidenten Eichhorn, entsprechend den Grundsätzen seiner Partei,überhaupt nicht berücksichtigt wurden,Minßen, Aufruf vom 19.7.1919, Bibliothek der Bundesanstalt für Arbeitsschutz und Unfallforschung, zit.nach Simon 1984, S.204, Anm.1. Als Lobby der mittleren Aufsichtsbeamten forderten dagegen gewerkschaftliche Spitzenverbände in Eingaben an die Landtage eine Vermehrung des nicht-akademischen Personals (aus den eigenen Reihen) und erreichte z.B. 1928, daß in Preußen 30 neue Stellen geschaffen wurden, davon 18 für den mittleren Dienst, Jahrbuch des ADGB 1927, S.117f und 1930, S.147, zit.nach Simons 1984, S.322f, Anm.5.

179) D Ia, Nr.16, Brief vom 1.11.1919.

180) Zur Bewerberflut im Regierungsbezirk Aachen B2, Nr.20 026, 1922-32; Bericht Simons vom 7.10.1925; 2.4.1931 Bedarf gedeckt (s.dazu auch D Ia, Nr.24, unter diesem Datum).

erwünschten Gründlichkeit durchgeführt werden können. Den Kriegsteilnehmern sei die Ausbildungszeit allgemein verkürzt worden, und die Gewerbereferendare hätten wegen des Mangels an Arbeitskräften und der gestiegenen Anforderungen in der Nachkriegszeit allzufrüh und ohne genügende Vorbereitung zu selbständiger Arbeit herangezogen werden müssen. Nun sei die Zeit gekommen, um die Ausbildung wieder in geregelte Bahnen zu bringen. Ulrichs Vorschläge - Reintroduktion der Probearbeiten, der Anleitung durch Gewerberäte, des Studienurlaubs usw -, alle restaurativen Charakters, ergänzte Blüher um den Vorschlag, Studienbetreuer für das dreisemestrige Studium zu ernennen. Die Gewerberäte Blüher, Schmitt, Wenzel und Denker bildeten einen Ausschuß, der die Richtlinien für die künftige Ausbildungsarbeit aufstellen sollte.[181]

Damit war eine Debatte auf der höheren Ebene aufgenommen und entschieden worden, die kurz nach dem Krieg von jüngeren Beamten im Zentralblatt geführt worden, wie die Ausführungen Ulrichs zeigen aber ohne Einfluß geblieben war. Sie war einem Beschluß der Erfurter Abgeordnetenversammlung des VDGAB vom Juni 1919 gefolgt, der einstimmig wünschte, "daß ein gleichmäßiger Ausbildungsgang und eine zweite Staatsprüfung allgemein für die Gewerbeaufsicht eingeführt werden möge." In der Begründung hatten sich fachliche und Standes-Interessen vermischt - bessere Schulung des begrifflichen Denkens, als es ein naturwissenschaftliches Studium vermittele, war neben der Stellung des Beamten "im behördlichen Organismus" genannt worden.[182] Der Hamburger Aufsichtsbeamte Dr.Rasch fragte danach als erster (Nov.1919), "in welcher Weise ... zweckmäßig der süddeutsche Ausbildungsweg mit dem norddeutschen vereinigt" werden könne. Bei den jüngeren Beamten gäbe es in Preußen "jetzt oft einen Mangel an Betriebserfahrung, dafür aber eine zunehmende Neigung zur Behandlung juristischer Fragen der Verwaltung und der gewerblichen Rechtspflege." Das "Fahrwasser des reinen Verwaltungsbeamten", schrieb der Beamte von der Alster, müsse gemieden, "die Entschlußfreudigkeit und anschauliche Denkweise des Technikers" bewahrt werden. An die Stelle des zweiten Studiums solle die auf drei Jahre verlängerte praktische Mitarbeit bei den Aufsichtsämtern treten.[183]

181) Niederschrift über die am 8.und 9. November 1929 in Berlin abgehaltene Besprechung der Preußischen Oberregierungs- und gewerberäte, 1.Tag, Tagesordnungspunkt a, F Ia, Nr.39, S.26f.

182) Zit.nach Rasch, Die Ausbildung für den höheren Gewerbeaufsichtsdienst, ZG 7 1919, S.189. Auf den Erfurter Vertretertagen vom 6.-8.6.1919 war die Gründung des Vereins abgeschlossen worden, Simons 1984, S.200. Die Soziale Praxis kommentierte: "Es ist zu hoffen, daß die neue Vereinigung nicht nur die Standesfragen der Beteiligten vertreten wird ...", Jg.28 1929, Sp.508. Zur Personalstruktur der Hamburger Aufsicht in dieser Zeit eben Rasch, Die hamburgische Gewerbeaufsicht, ihre Entwicklung und ihre Aufgaben, Hamburg 1924, S.69-77.

183) Rasch 1919 (vorige Anm.), S.188f.

Der preußischen Antwort durch die Inspektoren Jacobi und Heidecker räumte das Zentralblatt drei Artikel in Serie ein. Das zweite Studium könne wegfallen, schrieb der Inspektor aus Münster, wenn die Ausbildung zum Verwaltungsingenieur an den Hochschulen gesichert und verankert sei. Nur dann sei die Streichung "eine willkommene Abkürzung der Ausbildungszeit." Von einer langen und unspezifischen Betriebspraxis rate er ab. Wenn man unbedingt "ein Jahr der Ausbildung opfern wolle", könne man ja als "Schlosser, Dreher, Former, Stellmacher usw. praktisch arbeiten", um die Sicht des Arbeiters besser zu verstehen. Im übrigen biete ein achtsemestriges Technikerstudium alles, was im Aufsichtsdienst gebraucht werde.

Der Inspektor aus Merzig an der Saar ergänzte Jacobis Beitrag: Die berufliche Grundlage der Aufsicht müsse das technische Studium des Verwaltungsingenieurs bleiben, nur durch dieses könnten "die vielseitigen Aufgaben des Arbeiterschutzes, die in ihrer Mehrzahl technischer Natur sind, restlos gelöst werden. Gerade die technische Vorbildung des Gewerbeaufsichtsbeamten befähigt ihn vor anderen Verwaltungsbeamten fast ausschließlich, die staatliche Arbeiterschutzgesetzgebung sachgemäß durchzuführen und auch darüber hinausgehend auf anderen Gebieten der gewerblichen Verwaltung mitzuwirken, die technisches Verständnis und Erfahrung im praktischen Betrieb erfordern. Auf die technische Fortbildung der Beamten ist daher von jeher mit Recht besonderes Gewicht gelegt worden."[184]

Das klang nun schon wie eine offizielle Verlautbarung aus dem Handelsministerium, und die Vereinszeitschrift erlaubte es auch nur noch einem 'Auswärtigen', dem Nachfolger Bittmanns in der badischen Aufsicht, seinen abweichenden Standpunkt vorzustellen, allerdings nicht unwidersprochen. Im direkten Anschluß an die Ausführungen des Dr.Ing Friedrich Ritzmann, Direktor der renommierten badischen Aufsicht, Oberregierungsrat im badischen Innenministerium und alsbald Leiter des Dienstzweigs für Unfallverhütung und Arbeitsaufsicht beim Internationalen Arbeitsamt in Genf, durfte ein gewisser "Gewerbeassessor Dipl.Ing Grott" das letzte Wort in der Vereinszeitschrift sprechen, bevor "die Aussprache zu diesem Thema" angeblich aus Platzgründen abgeschlossen wurde. Ritzmann machte sich wie Rasch für die vermehrte Praxiserfahrung stark und äußerte sich skeptisch, "daß die Erfüllung der Forderung (nach 'anpassungsfähiger Arbeitskraft' und 'möglichst vollständiger Vorbildung', Verf.) von einem besonderen Studium für 'Verwaltungsingenieure' erwartet wird." Dem in der preußischen Vorgeschichte entwickelten Dogma vom zweifach geprüften und praktisch vergleichsweise wenig erprobten Beamten setzte Ritzmann das nichtpreußische und weniger bürokratische

184) Jacobi, Zur Ausbildung für den höheren Gewerbeaufsichtsdienst, ZG 8 1920, S.25f; Heidecker, Zur Frage der Ausbildung höherer Gewerbeaufsichtsbeamten, ebendort S.52-55,57-59, hier S.53.

Wunschbild eines Beamten entgegen, der "mit einer eigenen, standfesten Welt- und Lebenserfahrung den Weg zwischen den Parteiinteressen ... unbeirrt gehen könne". Grott durfte dann abschließend fordern, "daß in Preußen die Bestimmungen über die Sonderausbildung der Gewerbereferendare in den Rechts- und Staatswissenschaften nicht fallen gelassen oder abgeschwächt, sondern - und nichts anderes will m.E. auch Herr Jacobi - den bisherigen Erfahrungen gemäß umgestaltet und vertieft werden."[185]

Die Debatte blieb folgenlos, weniger wegen des abrupten Endes in dem Verbandsorgan, eher wegen der personellen Situation in der preußischen Gewerbeaufsicht und wegen des bereits angesprochenen, permanenten Ausnahmezustandes in der Wirtschaft. Das eine war überwunden, das andere scheinbar überstanden, als der 1929 gebildete Ausschuß den Wert der zweiphasigen Ausbildung für bewiesen erklärte und nur die Abweichungen in der Praxis korrigieren bzw. neue Entwicklungen in dieser Praxis integrieren wollte. Bereits bei ihrem nächsten Treffen im Handelsministerium am 14.11.1930 konnten die leitenden Gewerberäte eine Denkschrift diskutieren, die aus den Beratungen des vierköpfigen Ausschusses und der mehrmonatigen redaktionellen Arbeit der Ministerialräte Wasmuth, Ulrichs und des Gewerberats Dr.Karl-Ernst Schmidt hervorgegangen war. Am Aufsichtsbeamten als Techniker sei festzuhalten, die Anforderungen für Chemiker und Ingenieure anzugleichen. Die Ausbildung bleibe zweiphasig, die erste Phase schließe mit zwei kürzeren Probearbeiten ab. Die wissenschaftliche Ausbildung finde "hinfort grundsätzlich in Berlin statt. (...) Es ist vorgesehen, daß die Referendare im 4. Ausbildungsjahr zum Teil noch im praktischen Dienst beschäftigt werden (Verzahnungssemester), während die letzten Halbjahre ganz dem Studium zu widmen sind. (...) Zur Förderung der Ausbildung werden die Referendare im 5. und 6. Ausbildungsjahre einem Ausbildungsleiter unterstellt, nach dessen Anleitung sie ihre Studien auszuführen haben. Neben dem Studium an wissenschaftlichen Instituten finden besondere Vorträge im Handelsministerium statt, denen alle Referendare im 5. und 6. Ausbildungshalbjahre beiwohnen ...". Diese beträfen u.a. bürgerliches Recht, Straf- und Arbeitsrecht, die auf der Universität "wegen ihres allzu breiten Umfanges ... ungeeignet sind." Auch würde eine Arbeitsgemeinschaft im Ministerium gebildet, "um den Referendaren zu helfen, ihre Befangenheit abzutun, und um sie zum freien Sprechen zu erziehen."[186]

185) Ritsmann, Zur Ausbildung für den höheren Gewerbeaufsichtsdienst, ebendort S.63. Die Wortmeldung Grotts in direktem Anschluß, S.63f, danach die "Anmerkung der Schriftleitung".

186) Niederschrift über die am 14.November 1930 in Berlin abgehaltene Besprechung ..., Tagesordnungspunkt 1, F Ia, Nr.39, S.44, S.2-4 des Protokolls.

Die neue Ausbildungsverordnung wurde am 14.3.1932 erlassen und nicht nur in den Ausführungsbestimmungen vom selben Tag, sondern auch von ihrem Koproduzenten Dr.Schmidt im Amtsblatt des Reichsarbeitsministeriums ausführlich kommentiert. Das Institut, schrieb Schmidt für die Reichsöffentlichkeit, befinde sich "in der Entwicklung zu einer Einrichtung allgemein sozialpolitischer Art..., der die Ausbildung der Berufsanwärter noch mehr anzupassen sein würde." Trotzdem müßten die Bewerber nach preußischer Auffassung "mit der mechanischen und chemischen Technologie und deren wissenschaftlichen Grundlagen vertraut sein. Sie müssen insbesondere die neuzeitlichen Produktionsprozesse der verschiedenen Industrien in ihren technischen Einzelheiten und Zusammenhängen verstehen und beurteilen können." Schmidt besprach einen fast klassischen Fall von Berufskonstruktion: Die Ausbildung solle "die jungen Techniker der verschiedenen Studienrichtungen zu einem einheitlichen Berufsstande heranbilden." Wegen des Andranges von Akademikern müsse "die Verwaltung auf die Übernahme nur solcher Anwärter bedacht sein, deren Fachrichtung den Bedürfnissen des Gewerbeaufsichtsdienstes besonders entsprechen." Das sei zum Beispiel bei einem Volkswirtschaftler nicht der Fall. Aber auch die früher zugelassenen Fächer Bergbau und Nahrungsmittelchemie seien nicht mehr zeitgemäß. "Die Ausbildung der Bergreferendare (und der Diplom-Bergingenieure) hat eine ausgeprägte Fachrichtung; die besonderen bergbaulichen Kenntnisse sind aber für die Gewerbeaufsicht von nur geringerer Bedeutung."[187] An ihre Stelle tritt die Elektrotechnik (§ 1).

Die Zweiphasigkeit wird verordnet (§§ 2-12). Praktische Mitarbeit ist nicht mehr auf das letzte Drittel der Ausbildung beschränkt (§ 6), sie wird auch geprüft (§ 9). In der zweiten Phase kommt es "zu einer strafferen Handhabung der wissenschaftlichen Ausbildung" durch Konzentration aller Kräfte in Berlin, denn vorher wurde "die Führung mit der Behörde ... für einen nicht unbeträchtlichen Zeitraum unterbrochen." Die Zeit von drei Semestern sei so kurz bemessen, "daß sie nur bei gründlicher Ausnutzung, sehr überlegter Zeiteinteilung und sorgfältiger Auswahl des zu erarbeitenden Wissensstoffes ausreicht."[188]

Im umgangssprachlichen Sinn von 'Professionalität' hat die Verordnung dazu beigetragen, daß die zukunftsträchtigen und heute zum Beispiel das Land Nordrhein-Westfalen dominierenden Industrien - Maschinenbau, chemische Technologie und Elektrotechnik - in der preußischen Gewerbeaufsicht von studierten Fachbeamten

187) Karl Ernst Schmidt, Die Ausbildungs- und Prüfungsordnung für die preußischen höheren Gewerbeaufsichtsbeamten, RABL 12 (NF) 1932 III, S.69-74, hier S.70f.

188) Ausbildungs- und Prüfungsordnung für die höheren Gewerbeaufsichtsbeamten vom 14.3.1932; Anweisung zur Ausbildungs- und Prüfungsordnung vom selben Tag, HMBL 1932, S.55-65; Sonderdruck (9 S) in B 2, Nr.20 026 (1932). Die kommentierenden Zitate bei Schmidt (vorige Anm.), S.73.

bearbeitet wurden. Die Professionalisierungsthese warnt uns aber auch im Bereich des Beamtentums und gerade des höheren davor, diese potentielle Professionalität als sachgerecht und von der Sache her allein begründet zu sehen. Denn **erstens** war Arbeitsschutz schon an seiner Wiege nicht technischer Arbeitsschutz. Er war es in der Weimarer Republik weniger als im Kaiserreich. Beides wurde von den Ausbildungsverordnungen 1897 und 1932 in hanebüchener Weise ignoriert, es wurde in der Verordnung von 1926 an eine untere Instanz delegiert. Es ist also **zweitens** nicht nur sachlogisch, daß alle nicht-technischen Aufgaben entweder bei den Räten konzentriert oder, weil angeblich minderwertig, bei den Kontrolleuren subsummiert wurden. Es ist schließlich **drittens** nur in Ansätzen aus der Sache zu rechtfertigen, daß studierte Techniker die Ausbildung und Prüfung auch der sozialpolitischen Bereiche und damit aller Kontrolleure beherrschten und diesem einen akademischen, juristischen und technokratischen Anstrich verliehen. Dies um so weniger, als die zielsicher studierenden Karrierebeamten nicht mehr das sozialpolitische Eigenengagement mitbrachten - aus Ferne zu der Fabrikarbeit oft nicht mitbringen konnten - wie die Fabrikinspektoren der ersten und zweiten Generation. Es wäre den '*professionals in organisation*', die in der Leistungsverwaltung mehr und mehr an Einfluß gewannen, also auch in unserem Beispiel gelungen, in einem *fait accompli* mit den immer noch allgewaltigen Verwaltungsjuristen ihre Standesinteressen in den Behördenapparat einzubauen und dort witterungsfest und auf unabsehbare Zeit abzusichern. Beim Übergang zur Leistungsverwaltung ist es auf diesem Weg zahlreichen professionellen Gruppen gelungen, der Selbstbehauptung auf unsicheren Märkten zu entraten und sich in eine auf gegenseitige Achtung und 'sachlogische' Privilegierung gegründete *Kohabitation* mit dem Staat einzuleben.[189]

Im 3.Reich wurden die so rekrutierten und beamtenrechtlich abgesicherten Gewerberäte ohne weiteres auch als volkswirtschaftliche Experten eingesetzt. Die am 26.3.1935 im Reichsamt für Wirtschaft und Arbeit abgehaltene "dienstliche Besprechung über Wirtschaftsfragen" wurde von Vertretern der zusammengelegten Behörden des Reichs- und Preußischen Wirtschaftsministeriums und des Reichs- und Preußischen Arbeitsministeriums geleitet und von 60 höheren Aufsichtsbeamten besucht, unter ihnen Vertreter aus nichtpreußischen Reichsländern. Die sechs wesentlichen Tagesordnungspunkte behandelten die neuen Aufgaben der Räte bei der Zusammenarbeit mit Wirtschaft und staatlicher Wirtschaftsverwaltung.[190] Die

189) Zum Hintergrund oben S.17ff sowie im speziellen Kornhauser, Professions in Organizations, in: Vollmer/Mills (ed), Professionalization, New Jersey 1966, S.191-96.

190) F Ic (26.03.1935), unter Leitung der Ministerialräte Ulrichs, Rühl, Kremer und des ORR Deutschbein. Das Protokoll umfaßt 25 Seiten; s.auch die Aufzählung in Anm.191 u.198. Die neuen Aufgaben kündigten sich früh an, vgl. z.B. den Ministerialerlaß betr. Mitwirkung der Gewerbeaufsichtsbeamten im

Besprechung der leitenden Gewerberäte vom 24.September desselben Jahres vertiefte vor 60 Beamten aus allen Reichsländern dieses Programm, das in den Dienstbesprechungen der folgenden Jahre weiter ausgebaut wurde.[191] Seit 1938 stand auch wieder die Reform der Ausbildungs- und Prüfungsordnung auf der Tagesordnung. Da "die Anforderungen an die Anwärter für diese Laufbahn den Reichsgrundsätzen entsprechend erhöht werden", seien Stellen des gehobenen mittleren Dienstes in der Gewerbeaufsicht geschaffen worden. "Es wird daher auch eine dieser Laufbahn entsprechende Änderung in der Beschäftigung und den Leistungen der Beamten eintreten müssen." Der mittlere Beamte solle "je nach seiner Eignung möglichst weitgehend eingesetzt werden; selbst zu schwierigen Fragen können geeignete Beamte herangezogen werden. Es ist zu erwägen, ihnen in besonderen Fällen ähnlich wie in anderen Verwaltungen eine weitgehende Selbständigkeit zu geben (Unterschriftsrecht, Sachgebiete)". Die Frage der Amtsbezeichnung für den einfachen und gehobenen Dienst sei zu erwägen. "Während früher von den Bewerbern des mittleren Gewerbeaufsichtsdienst nur (!) eine zehnjährige Tätigkeit verlangt wurde, wird jetzt neben einer solchen von fünf Jahren eine mittlere technische Schulbildung gefordert und zwar der Besuch einer höheren technischen Staatslehranstalt oder einer gleichwertigen Fachschule."[192] Der Vorbereitungsdienst werde auf drei Jahre festgesetzt, die Anstellungsprüfung reichseinheitlich "vor einem Prüfungsamt für mittlere Gewerbeaufsichtsbeamten abgelegt." Ausbildung und Prüfung - Probearbeiten, Probebesichtigung, Hausarbeit, Klausuren und Mündliches - wurden also dem höheren Dienst noch weitgehender angeglichen. Allerdings verzögerte der Kriegsausbruch den Erlaß der neuen Verordnung und ihre Neufassung und "mußte noch während des Krieges wieder aufgenommen werden". Die am 30.7.1941 erlassene Verordnung wurde schließlich am 15.8. im Reichsarbeitsblatt veröffentlicht.

In einem "Merkblatt über die Laufbahn des gehobenen Gewerbeaufsichtsdienstes" informierte die Aufsichtsverwaltung über die "im Aufbau begriffene" Laufbahn. Es gehe um "eine soziale Notwendigkeit - Arbeitsschutz genannt -", um die "Gesundheit und Arbeitsfähigkeit des schaffenden deutschen Volksgenossen sicherzu-

---

Luftschutz vom 23.12.1933, Sonderdruck in E III acc LXXX Nr.83 unter diesem Datum. Die (wenig aufregenden) Umstellungen an der Peripherie z.B.im Protokoll der Dienstbesprechung in Papenburg vom 27.03.1933, auf der sich 7 höhere und 1 mittlere Beamte der Bezirke Osnabrück und Aurich trafen, F Ia, Nr.39, S.50ff.

191) Unter Vorsitz des Staatssekretärs Dr.Krohn; anwesend waren 1 Staatssekretär, 12 Ministerialräte, 24 (Ober-, Landes-, Regierungs-) Gewerberäte, 12 (Ober- Landes-, Regierungs-) Gewerbeärzte, 6 (Ober-) Regierungsräte, 2 Assessoren, 3 Vertreter der Deutschen Arbeitsfront (Abteilungsleiter, Diplom- Versicherungssachverständiger, Referentin für Frauenfragen), 2 des Gesundheitsamtes (Physiker, wissenschaftlicher Assistent) sowie ein Baurat, F Ic (24.09.1935), S.23f des Protokolls.

192) F Ic (1938), S.5-9 des Protokolls (TOP 2d).

stellen und die Leistungsfähigkeit der Wirtschaft aufrecht zu erhalten." Die Beamtenlaufbahn sichere "auf Lebenszeit eine Berufsausübung" und sei nicht "von der augenblicklichen Beschäftigungslage der Wirtschaft abhängig." Junge Ingenieure, "die neben der Beschäftigung mit rein technischen Dingen (!) auch noch Lust und Liebe zu Verwaltungsaufgaben haben ..., finden in der Gewerbeaufsichtsverwaltung ein vielseitiges Beschäftigungsfeld und die Möglichkeit, am Aufbau des künftigen deutschen Sozialstaates mitzuwirken..." Dafür erhalte bereits der Anwärter 200/220 M (Ledige 150/170) monatlichen Unterhaltszuschuß, um nach der Ausbildung sofort als außerplanmäßiger Beamter, nach Freiwerden einer Stelle alsbald als Inspektor beschäftigt zu werden. Außerplanmäßig erhalte der Verheiratete 290 M (Ledige 205-255), als planmäßiger Inspektor zwischen 3436 und 6152 RM jährlich. Dazu kämen Kindergeldzuschläge und Reisegelder. Der Oberinspektor könne schließlich mit 3636 bis 6652 RM rechnen.[193]

Auch die Arbeiten an einer neuen Verordnung für den höheren Dienst dienten neben der Vereinheitlichung der Personalrekrutierung auf Reichsebene der Personalwerbung. In den Ländern ohne zweite Dienstprüfung würden die Bewerber sofort als wissenschaftliche Hilfsarbeiter eingestellt und als Angestellte bezahlt, "während die Gewerbereferendare nur Unterhaltszuschüsse erhalten, die in Bayern bei 75 RM im Monat liegen, in Preußen bis zu 160 RM monatlich und in Sachsen bis zu 230 RM im Monat betragen." Neben weiteren Unterschieden - Ausbildung bei Dampfkesselüberwachungsvereinen, Arbeitsämtern, Treuhändern der Arbeit und der Deutschen Arbeitsfront in Sachsen; die Wartezeiten der Assessoren auf Festanstellung in Sachsen (1 Jahr), Bayern (2 Jahre) und Preußen (4 Jahre) - kristallisierten sich wie schon 1920 bei der Kontroverse im Vereinsblatt des VDGAB die Besonderheiten der preußischen Gewerbeaufsicht als Konfliktstoff heraus. Der Sachbearbeiter im Reichs- und Preußischen Arbeitsministerium betonte, "daß seines Erachtens an den Rechtsstudien festgehalten werden müsse, da die Gewerbeaufsicht schon bisher keine rein technische Behörde sei und für die Zukunft noch ein Ausbau der nicht auf technischem Gebiet liegenden Aufgaben ... beabsichtigt sei." Dagegen meinten die Vertreter Badens und Bayerns, daß das Rechtsstudium in die Zeit vor Einstellung des Bewerbers als Gewerbereferendar gehöre. Der Vertreter Badens trat außerdem für eine Kürzung der Ausbildungszeit auf Grund der von den Anwärtern zu verlangenden praktischen Tätigkeit nach dem Studium ein."[194]

1938 wurden die strittigen Fragen vorerst im Sinne Preußens entschieden. Zu den geforderten Dimplomabschlüssen kam zwar noch die "Bestallung als Arzt" hinzu, aber die Befähigung selbst sollte reichseinheitlich "durch die Ablegung zweier

193) Siehe oben Anm.151.

194) F Ic (1937), S.2-4 des Protokolls (TOP 1).

Staatsprüfungen nachgewiesen (werden)", die zweite vor einem Reichsprüfungsamt mit hauptamtlichen Prüfern. In dem nun 30monatigen Vorbereitungsdienst "wird der Referendar für die letzten beiden Ausbildungs-Halbjahre zur wissenschaftlichen Ausbildung an den Sitz des Prüfungsamtes ... überwiesen."[195]

Diese auf Preußen zugeschnittene Bestimmungen wurden 1941 im Interesse der Personalwerbung wieder gelockert. Die Verordnung vom 30.7./15.8. halte die Bestimmungen "elastisch ..., um bei der Auswahl und Ausbildung (gemeint ist Vorbildung, Verf.) der Bewerber nicht eng gebunden zu sein und Rücksicht auf die durch den Krieg geschaffenen Verhältnisse nehmen zu können. So ist zum Beispiel für den höheren Dienst nicht mehr die Diplomprüfung in einer bestimmten Fachrichtung, sondern nur die Diplomprüfung an einer technischen Universität vorgeschrieben. Die Ausbildungsdauer ist auf 24 Monate beschränkt, wovon 18 Monate auf die praktische Ausbildung und 6 Monate auf das Studium entfallen." Im preußischen Staatshaushalt würden 40 Prozent der Aufrückstellen des höheren Dienstes für die Gewerbeaufsicht reserviert und verteilten sich wie folgt:

Tabelle 16:
Besoldungsverbesserung im gehobenen und höheren Dienst der preußischen Aufsicht 1941[196]

Besoldungs-gruppen	Zahl der vorgesehenen Stellen	Summen	
1 A1 b	1	höherer	40% der
2 A2 b	57	Dienst:	Beförderungs-
3 A2 c1	51	109a)	stellen im
	-	-	höheren Dienst
4 A4 b2	15	gehobener	
5 A4 c4	111	Dienst:	
	-	127b)	

a) Nur die leitenden Beamten gezählt. A2b-Beamte leiteten mindestens 4 höhere Beamte, A2c1-Beamte mindestens deren 2. b) Im gehobenen Dienst sollte das Verhältnis der Oberinspektorstellen zu den Inspektorstellen wie 1:7 sein.

Die herabgesetzten Anforderungen trafen auf eine immer weiter vom normalen Aufsichtsdienst und vom technischen Arbeitsschutz abrückende Aufsichtspraxis. In der Besprechung vom 30.7.1942 analysierte nur noch einer von neun Tagesordnungspunkten Unfallgefahren. Oberregierungsrat Emele beschwor die Versamm-

195) Wie oben Anm.191, S.7.

196) Niederschrift über die Sitzung der leitenden Gewerbeaufsichtsbeamten am 19.08.1941 in Berlin, F Ia, Nr.40 und F Ic, S.1-4 des Protokolls (TOP 1); S.2 das Zitat, S.4 die Aufstellung.

lung, daß "die Tätigkeit der Gewerbeaufsichtsämter auf dem Gebiete der Unfallverhütung nicht ganz vernachläßigt werden dürfe, da Gefahr bestehe, daß die Gewerbeaufsicht in dieser Tätigkeit von den Berufsgenossenschaften ausgeschaltet werde. Er regt eine Vermehrung der Unfalluntersuchungen und verstärkte Beobachtung unfallgefährdeter Betriebe an." Aber noch dieses Votum dachte nicht von der Sache her, sondern von der Konkurrenz mit den privaten Vereinigungen. Im übrigen beschäftigte sich die Versammlung mit den Aufgaben der Aufsicht in der Lohnpolitik, bei Arbeitseinsatz, Lagerbetreuung, der Zuteilung von Schwerarbeiter- und Langarbeiterzulagen und dem "Leistungsrückgang, hohen Krankenstand und allgemeiner Erschöpfung der Gefolgschaftsmitglieder großer Werke".[197] Bei der Besprechung vom 27.5.1944 nahmen zahlreiche Räte teil, die im Hauptamt als Reichsstatthalter, Chefs der Zivilverwaltung, Bürgermeister und beim Landratsamt beschäftigt waren.[198]

5.10 Die neuen Beamten im höheren Dienst 1919-1940.

Das abschließende Beamtensample umfaßt 33 Personalakten von höheren Beamten.[199] Sie wurden zwischen 1886 und 1905 mit Schwerpunkt um die Jahrhundertwende geboren (Tabelle 17a) und traten zwischen 1919 und 1940 in den preußischen Aufsichtsdienst ein, mit Schwerpunkten im Jahr 1923 und zwischen 1927 und 1930 (Tabelle 17b). Das durchschnittliche Eintrittsalter von 27,5 Jahren liegt

---

197) Ebendort, Niederschrift über die Besprechung vom 30.07.1942 in Berlin, S.2 des Protokolls (Emele), S.8 (Leistungsrückgang).

198) F Ia, Nr.40 (1944) unter Leitung des Ministerialrats Neitzel kamen 50 Beamte zusammen, darunter die "Reichsstatthalter" aus Wien, Graz, Posen und Saarbrücken. Der leitende Gewerberat in Saarbrücken war Statthalter in der Westmark, der in Dessau für "Braunschweig und Anhalt" etc., vgl. Einladung des Reichsarbeitsministeriums vom 27.05.1944 zu einer "Besprechung über verstärkten Kriegseinsatz der Gewerbeaufsichtsämter", B1, BR 1015/27, S.266.

199) Aus Zeitgründen liegt der Schwerpunkt auf Personalakten aus westdeutschen Archiven. Die Zahl der promovierten Chemiker scheint rückläufig, die der promovierten Ingenieure ansteigend. In unserem Sample sind es 3 bzw. 5 Beamte. Da im Merseburger Findbuch nicht die Fachrichtungen der promovierten Beamten angegeben sind, muß die Feststellung genügen, daß dort noch mehrere andere Doktoren aus der Zwischenkriegszeit ausgewertet werden könnten. Allerdings haben sehr viele Akten aus diesen Jahren nur eine kurze Laufzeit und vermutlich wenig Inhalt. Die folgende Darstellung hat den Schutz der angesprochenen Personen und ihren Angehörigen zu beachten und kann nur summarische Quellenhinweise geben. Sie stützt sich im wesentlichen auf: P 86 491, 99 025, 100 500, 101 199, 101 291, 121 726 (alle B4); NwPe 1317, 1322 (= P27 562 u. 56 239), 1325, 1332 (= P 100 496), 1334/35, 1341, 1344, 1358, 1360, 1366, 1371, 1374, 1408 (alle B4); acc 122 /85, acc 17/85, acc 47/85 (alle B4, je 1 Beamter); A 454, AL 97, AW 43 (alle C4); Nr. 10 108, 10 119, 10 412, 10 540 (alle D2); A11, S86, W37 (alle HI); sowie einen Beamten aus D Id, Nr. 57. B4, P93 982 und C IV, AK15 und 35 sind bereits im 4. Kapitel ausgewertet worden. B4, P 98 954 und 100 501 sowie C IV, A 1193 sind ohne Quellenwert.

deutlich unter dem durchschnittlichen Heiratsalter von 33,8 Jahren. Bei 23 auswertbaren Angaben heirateten nur drei Beamte vor dem Eintritt in den Aufsichtsdienst und nur vier Beamte etwa drei Jahre danach, also etwa zur Zeit der Assessorprüfung. Immerhin sieben Beamte heirateten erst sieben und mehr Jahre nach dem Eintritt, und vier Beamte blieben ledig (Tabelle 17c). Bei 21 Angaben zum Nachwuchs der Beamtenfamilien überwiegen die ein- und zwei-Kind-Ehen gegenüber den Drei- und Vierkindehen im Verhältnis 2:1 (Tabelle 17d).

Tabelle 17: Geburt, Hochzeit und Tod von 33 Gewerberäten.

a) Streuung der Geburtsjahre (N=33)

1886/89	1891-97	1898/99	1900	1901-03	1904/05
2	8	9	6	6	2

b) Streuung der Eintrittsjahre (N=33)

1919-22	1923	1924-26	1927	1928-30	1931/32	1938/40
5	4	5	6	8	3	2

c) Abstand des Hochzeits- vom Eintrittsdatum (N=26)

Ledige	vor dem Eintritt verheiratet	danach	davon nach ... Jahren					
			2	3	5/6	7	8	>10
4	4	18	3	4	4	2	2	3

d) Familiengrößen / Kinderzahlen (N=25)

1 Kind	2	3	4	1-2 Kinder : 3-4 Kinder	Ledige
7	7	4	3	14 : 7	4

Bei 24 Angaben über die Pensionierung git es 9 Angaben über das erreichte Lebensalter, davon sieben wegen Todes vor Erreichen der Altergrenze. Zu dieser wiederum hohen Zahl der frühzeitig Verstorbenen kommen zwei aus gesundheitlichen Gründen Frühpensionierte, so daß nur zwei Drittel des Samples, das ohnehin eine Auslese der Überlebenden bzw. der nach dem Krieg Wiedereingestellten darstellt, die Altergrenze von 65 Jahren erreichten. Myocardschäden waren wiederum die Hauptursache für das frühe Ausscheiden durch Krankheit oder Tod.

Die Familienpolitik der Nationalsozialisten hatte bei dieser Beamtengruppe offenbar wenig Erfolg. Aber mindestens einer reagierte auf den Erlaß des Reichs- und Preußischen Handelsministers vom 23.2.1938 mit prompter Heirat. Entsprechend diesem Erlaß sei er "heute (31.3., Verf.) auf die Bedeutung der Ehe sowie des Kinderreichtums für den Bestand und das Schicksal des deutschen Volkes besonders aufmerksam gemacht (worden)".

Anders als bei den Kaiserreichs-Samples überwiegen in diesem Weimar-Sample die im Westen, vor allem in Westfalen und am Rhein geborenen späteren Gewerberäte.[200] Von den 28 überlieferten Geburtsorten lagen nur 8 in den Ostgebieten. Deshalb ist die TH Berlin als Studienort in diesem Sample weniger bedeutend als die THs im Westen.

Tabelle 18: Verteilung der Studienorte im Weimar-Sample (N=33, Mehrfachnennungen)

	Anzahl
- TH Hannover	7
- TH Aachen	6
- TH Berlin	6
- TH Breslau/Dresden (je 3)	6
- THs Darmstadt, Karlsruhe, München, Danzig, und Riga	5
- Universitäten (2 Halle, je 1 Köln und Berlin)	4
- Unbekannt	3
- Ohne Studium	1

Von der Regel des Studiums an einem Ort wichen 8 von 30 ab. Davon wechselten 4 einmal die TH, 3 studierten vor dem technischen Fach mehrere Semester Jura (1 auch VWL) und nur 1 wechselte die TH dreimal und hatte ein unstetes wie unglückliches Einzelgängerleben, das 1955 ins Zuchthaus führte. So weit ersichtlich überwiegt das Maschinenbaufach eindeutig, das vermutlich 22 spätere Aufsichtsbeamte des Samples studierten. Bergbau, Chemie und Elektrotechnik wurden je dreimal gewählt. **Holzapfel** (Jg.1892) legte zwei Jahre nach dem Abitur 1913 die Schiffsoffiziersprüfung ab und war von 1911-20 im Dienst der Kaiserlichen Mari-

200) 89% der Akten stammen wie gesagt aus westdeutschen Archiven. Wenn die Beamten (besonders nach 1939) im ganzen Reich versetzt wurden, spricht diese Verteilung für die Rückkehr und Wiederaufnahme gerade der im Westen geborenen Beamten nach dem Krieg, als es "eine große Zahl stellungsloser" und ein "starkes Überangebot ausgebildeter Gewerbeaufsichtsbeamte" gab. Es seien vor allem "sehr viele Bewerber aus dem östlichen Deutschland, die stellenlos sind", C3b, 6-207 (26.10.1946). Sollten diese nicht die gleichen Einstellungschancen gehabt haben wie die im Westen geborenen Räte? Ein im Westen geborener und in den Osten versetzter Gewerberat wurde z.B. nach der eidesstattlichen Erklärung eines promovierten Oberlandesgerichtsrats wiedereingestellt: "Wir hatten, damals beide unverheiratet, den Mittagstisch gemeinsam und schlossen uns, beide aus Westdeutschland stammend und in Pommern noch neu, enger zusammen ... " (11.08.1946).

ne. Zwei Schiffsmaschinenbauer und ein Bergingenieur waren im 1.Weltkrieg ebenfalls Seeoffiziere. Wie Holzapfel schlugen auch Dr.Agde und Hermann Segen zunächst eine militärische Laufbahn ein. Als dritter Sohn eines Hospitalinspektors in Halle besuchte Georg Agde (Jg.1889) die städtische Oberrealschule und die heimatliche Universität, wo er neben den Naturwissenschaften auch Nationalökonomie belegt hatte. Bei Kriegsausbruch wurde er Militärchemiker an der Wasserstoffgasanstalt im Kriegsluftschiffhafen Mannheim, danach war er in einer staatlichen Pulverfabrik beschäftigt. Durch die Bestimmungen des Versailler Vertrages überzählig, verwendete sich die Zentralausgleichsstelle des Reichsinnenministeriums auch für ihn. Nach der Auflösung der Heereswerke schrieb sie auf Stellenanzeigen (u.a. der Zeitschrift des VDI), nach Möglichkeit entbehrliche Reichsbeamte zu berücksichtigen; es handele sich um Biologen, Mikroskopierer, technische und Agrikultur-Chemiker sowie einen Maschinenbau-Ingenieur.[201]

Hermann Segen kam als letzter des Samples und schon im nächsten Krieg im Alter von 54 Jahren in den Aufsichtsdienst. Der Lehrersohn hatte 1914 am Polytechnikum Riga eine Staatsprüfung abgelegt, die ihm 1942 an der TH Berlin zum Diplom umgeschrieben wurde. Während des Ersten Weltkrieges als Betriebsingenieur einer russisch-französischen Gummifabrik tätig, war er nach dem Krieg zwanzig Jahre lang Ingenieur-Offizier bei der lettländischen Armee ('Wehrmacht') in Riga. Im Januar 1940 eingestellt, war er im Juli 1942 bereits zum Gewerberat befördert worden.[202]

Aus der Gruppe der 22 Maschinenbauer des Samples ragen vier promovierte Ingenieure hervor, zu denen sich ein Doktor aus dem Bergfach und ein Dr.Ing aus der Nahrungsmittelchemie gesellen. Die fünf Techniker legten ihre Promotion als Assessoren 5 bis 10 Jahre nach ihrem Diplom ab, und es darf offen bleiben, ob sie mehr die Promotion ihres Wissens oder mehr die ihrer Stellung im Auge hatten. Der Nahrungsmittelchemiker bestand zuerst das Verbandsexamen (1922) und promovierte kurz darauf (1924). Danach arbeitete er 5 Jahre in der Industrie, was für die Kollegen des Samples nicht mehr selbstverständlich war. Die industrielle Praxis reduzierte sich immer mehr auf das vorgeschrieben Elevenjahr, das man in den Semesterferien stückweise ableistet. Das gesamte Sample bringt es auf kaum mehr Praxisjahre als dieser eine Beamte. Daß die Schulbildung der späteren Beamten

201) Zu Dr.Agde HI, A 11, S.5; geboren 1889 in Halle; 1914 kriegsfreiwillig (Unteroffizier); Brief des preußischen Kriegsamts, Generaldirektion der Heereswerke vom 06.03.1920.

202) Zu Segen D II, Nr.10 540; geboren 1886 in Riga; Karriere und Versorgungsansprüche 1950 (nach seinem Tod) dargestellt. Ein Nachruf in Tageszeitungen hielt der Arbeitsminister für zu teuer (25. 09.). Zur Bewilligung des Witwengeldes vermerkte der leitende Gewerberat: "Endlich. 6 Monate!" (01.03.1951).

nun einheitlich auf Oberrealschulen, Real- und (zum kleineren Teil) humanistischen Gymnasien erworben wurde, muß diesmal nicht ins Gewicht fallen, denn sie fiel meist in die Kriegs- oder in die unmittelbaren Nachkriegsjahre und war, was Ministerialrat Ulrichs 1929 beklagte, lückenhaft. Das Studium erreichte anfangs wohl auch nicht die früheren Standards, und die Ausbildung der Referendare entsprach wie oben erwähnt erst nach 1929 wieder den seit 1904 verbindlichen Vorschriften. Herrschte in der Wirtschaft ein permanenter Ausnahmezustand, so in der Gewerbeaufsicht nicht minder.

Da Lefèbvres, Weidlings und Bergmanns Ahnennachweise im Kapitel 4 herangezogen wurden, bleiben für dieses Sample nur weitere 7 Angaben zu Väterberufen übrig, die ganz den höheren Beamten- und den Akademikerberufen zugehören: Drei Ärzte, davon zwei als Kreismedizinalräte verbeamtet, zwei Lehrer, davon einer Studiendirektor, ein Hospitalinspektor und ein Geheimer- und Oberregierungsrat im preußischen Handelsministerium (Jurist). Weitere soziale Angaben sind spärlich: Für den unglücklichen B. setzte sich ein Bruder, Dr.jur B., ein. Bergmann heiratete eine Säuglingsschwester und Schmidt eine Kaufmannstochter ohne Beruf. Heinrich Weidling, die Verführte schimpfte ihn "Weichling", zeugte mit der Tochter eines Postinspektors, die Sprechstundenhilfe und deren Schwester Medizinstudentin war, ein uneheliches Kind. Als Weidling an sein Heiratsversprechen erinnert wurde, tauchte wie bei dem unglücklichen B. ein Bruder als Dr.jur auf, der erläuterte: "Herr H.W. kann nicht heiraten, wenn er nicht weiß, wovon er die Familie ernähren soll." Da die Erklärung wenige Monate vor der wiederholten Assessorprüfung abgegeben wurde, kommen andere Gründe ins Spiel, zumal der Assessor, der "geistig wenig aufnahmefähig" und dessen Leistungen "nicht an die eines brauchbaren mittleren Gewerbeaufsichtsbeamten heranreichen", vier Jahre später ein Fräulein von S. heiratete. Anders als bei Dr.Arnold (s.oben) aber vergleichbar mit dem Konditor Karl Woldt ist es in diesem Beispiel der Beamte auf Probe selbst, der die Geliebte der Vielmännerei zeiht. Das "Ansinnen" eines Freundes des Bruders, 'zufällig' ein Apotheker, die Schwangerschaft zu unterbrechen, habe er "in meiner sozialen Stellung selbstverständlich (!) ... mit Entschiedenheit (!) auf das energischste (!) abgelehnt", wobei die Fülle übertreibender Superlative der Beamtensprache eine andere Sprache spricht: Es sei "selbstverständlich (!), daß ich meine Pflichten (!) als Vater des unehelichen Kindes in vollem Umfange(!) und weit (!) über das gesetzliche Maß hinaus erfüllt habe." Dieses Maß zu finden half ein Amtsgericht mit; wegen der sozialen Stellung der Frau sei der von ihr geforderte Unterhaltsbeitrag von monatlichen 40 RM - das städtische Jugendamt hatte 42 RM für notwendig gehalten - zu hoch. Der Assessor 'bewilligte' den Verstossenen schließlich 30 RM und fand das unbeschreiblich großzügig.

Die berufliche Zukunft der ehelichen und glücklicheren Kinder von Gewerberäten ist in einigen Fällen wenigstens im Ansatz erkennbar. Unter 8 Angaben dominieren die Studenten der Medizin (4 Söhne). Ein weiterer Sohn studierte Lehramtsfächer, eine Tochter Pharmazie - noch während des Studiums heiratete sie einen Apotheker. Neben diesen 6 künftigen *professionals* oder Beamten ging eine Tochter auf die soziale Frauenschule, und ein Sohn absolvierte eine Lehre im Bauhandwerk. Einer abschließenden Bewertung hat man sich bei dieser geringen Zahl von Angaben zu enthalten. Wenn aber zum Statuserhalt von höheren Beamten und seines Nachwuchses - die Akademikerschwemme in unserem Land der Beamten[203] muß Ursachen haben - ein Studium gehörte, so scheint für die Technikersöhne der auch handwerklich orientierte Beruf des Arztes wie schon in dem größeren Sample des 4. Kapitels besonders anziehend gewesen zu sein. Söhne von Gewerberäten wurden eben - "the fathers kind of business had a slight guiding function" (Thorstendahl) - keine Theologen, Philosophen oder Juristen.

Die militärische Stellung der Räte soll wieder zum Schluß angesprochen werden. Das Militärische blieb dieser Generation wahrlich nicht erspart, obwohl sie nicht mehr an den zahlreichen 56tägigen Übungen teilnehmen konnten, denen sich viele jungen Kräfte der kaiserlichen Aufsicht gern unterzogen, um die angesehenen soldatischen Stellungen in Reserve und Landwehr einzunehmen und Uniformträger zu sein. Auch war die Dienstpflicht bis 1935 ausgesetzt, die Armee auf 100'000 Mann begrenzt. Die Chancen, militärfrei zu bleiben, hätten besser sein müssen als bei den älteren Beamten des 4. Kapitels. Aber von den 21 bekannten Kriegsteilnehmern des neuen Samples nahmen trotz des Jahrgangs 18 schon am Ersten Weltkrieg teil, dem Alter entsprechend einige nur für wenige Monate. Die meisten dienten bei der Artillerie und füllten mit den 4 Seeoffizieren die technischen Waffengattungen auf. Für immerhin 6 verlängerte sich der Krieg durch Gefangenschaft. Das soldatische Engagement war schon wegen des Alters nicht sehr groß. Nur zwei meldeten sich 1914 freiwillig, einer davon machte nach dem Krieg als Freikorps weiter und wollte vielleicht nicht aufhören. Studium und die ersten Sprossen auf der Karriereleiter verbesserten in der Zwischenkriegszeit ihre Chancen sehr, im 2. Weltkrieg unabkömmlich zu sein und dem letalen Fronteinsatz auszuweichen. Nur noch 6 von 21 mußten überhaupt ins Feld, keiner davon die volle Strecke von fast sechs, auch an der Heimatfront sehr harten Kriegsjahren. Vier waren im ersten Kriegsjahr eingezogen und danach 'uk' gestellt, zwei wurden im vorletzten Jahr

203) Christian Graf von Krockow, Der Staat der Beamten oder Die Bundesrepublik in preußischer Perspektive, Vorgänge 20 1981, Heft 1, S.66-72, hier S.69.

eingezogen und waren vorher unabkömmlich gestellt. Dr.Brauer wurde noch 1944 nach Köln versetzt, um seine 'uk'-Stellung zu sichern.[204]

Trotz dieser Freistellungen gab es in den Kriegsjahren ständige Personalnot und häufige Versetzungen. A[205] wurde, obwohl er verheiratet war, in seiner Amtszeit zwölfmal versetzt, zwischen 1940 und '45 allein sechsmal.[206] Da die Ämter seit 1936 zu Großämtern zusammengelegt worden waren, nahm die Arbeitsbelastung bei Personalmangel stark zu, auch wenn die in den 30er Jahren angeschafften Kraftwagen, für die jährlich etwa 10'000 km abgerechnet wurden, den Aktionsradius der Beamten merklich vergrößerten. Die Versetzungen hatten zur Folge, daß viele Beamte unseres eigentlich 'westlichen' Samples am Kriegsende in den Ostgebieten wohnten und arbeiteten und dort dann zusammen mit den einheimischen Deutschen den Repressionen der Sieger ausgeliefert waren. **B**, der "als Sohn eines Amtsrats im Sinne einer selbstlosen Pflichterfüllung erzogen wurde", war bereits 1937 von Osnabrück ans Aufsichtsamt 'Neisse' versetzt worden, von dort nach Schweidnitz, zuletzt nach Troppau. Als Deutscher sei er dort festgehalten und zu Zwangsarbeit beim Brückenbau gepreßt worden. **C**, ebenfalls bei Umbau und 'Säuberung' der Aufsicht Mitte der 30er Jahre vom Westen in den Osten versetzt, gelang 1945 die Flucht von Tilsit nach Husum. Der ledige **D** kam 1940 von Düsseldorf nach Liegnitz. Ihm sei es nicht gelungen, erklärte er nach dem Krieg, die Neisse in Görlitz zu überschreiten. Seit März 1946 war er in Bautzen interniert, im März 1950 nach Waldheim/Schlesien transportiert und vom Landgericht Chemnitz wegen "Unterstützung des NS-Gewaltregimes durch seine Amtstätigkeit als Regierungs- und Gewerberat" zu 20 Jahren Zuchthaus verurteilt worden. Vor dem Gnadenerlaß des Staatspräsidenten der DDR verbrachte er als 'Waldheimverurteilter' vier Jahre im Zuchthaus Brandenburg/Havel. Der Spätheimkehrer war zu 70 Prozent kriegsbeschädigt und durch Eiweißmangel eine menschliche Ruine mit Augen-, Zahn- und Lungenschäden, Aritaminase, Rheuma, Herniae und Morbus Kron. Fünf frühere Mitglieder der Regierung Liegnitz seien der Internierungshaft zum Opfer gefallen.

Aus den eigenen Reihen kamen aber auch Opfer der Naziherrschaft. Es konnte nach dem Krieg, als sehr viele ausgebildete Aufsichtskräfte aus den Ostgebieten

204) Geboren 1900 an dem Ort, an den er 1944 versetzt wurde. 1924 Dipl.-, 1930 Dr.-Ing.; im selben Jahr verheiratet, 4 Kinder. 1926 Referendar, 1928 Assessor, 1932 Rat, 1937 erster Gewerberat, 1940 ORGR. 1950 wurde ihm vom Bau eines Eigenheims abgeraten und die Neigung gerügt, "sich alle möglichen Einnahmen zu verschaffen".

205) Im folgenden werden alle Namen und Orte alphabetisch durchgezählt.

206) (Geboren 1896 in Stade), seit 1939 verheiratet. Diplom 1923, Referendar 1924, Assessor 1927, Rat 1931, ORGR 1940. 1914-18 im Krieg (Leutnant d.R.), seit 1939 "uk-"gestellt. Zahlreiche Veröffentlichungen in Fachzeitschriften. Wiedereinstellung am 12.12.1946 mit Karriere-Rückblick.

stellungslos in den Westen kamen, andererseits viele wegen ihrer Stellung mindestens in die Kategorie 5 der Entnazifizierungsausschüsse eingestuft worden waren, nicht ausbleiben, daß nach Abschwächung der Urteile auf den Ämtern Unruhe entstand, wenn ehemalige Peiniger und Gepeinigte auf den Dienststellen zusammentrafen. Die Gewerberäte E, F und G seien schon 1933 mit dem Parteizeichen an der Brust, dieselbe geschwellt, einherstolziert und hätten alles daran gesetzt ("Kesseltreiben"), den Beamten H aus der Stadt I zu vertreiben (Schlichtungsverfahren). Diese mit dem Siegel der Anonymität, die leider unverbindlich bleibt, zu streifenden Vorgänge belasteten die personalknappe Übergangszeit der westdeutschen Gewerbeaufsicht sehr. Ein reintroduzierter Gewerberat habe als Amtsleiter gesagt, er werde diesen Staat schädigen, wo er nur könne, man sehe sich nur an, wer jetzt der Landrat und wer Regierungspräsident sei[207] (Strafversetzungsverfahren). Ein Chemiker ohne Portefeuille ließ, nachdem er lange der einen Partei gefolgt war, alle Beziehungen zu einer anderen spielen, um gegen alle Widerstände als Parteibuchbeamter zum Amtsleiter aufzurücken (Einstellungsverfahren). Ein von Erziehung und Schicksal isolierter Beamter schließlich, ohne die Gabe der zwischenmenschlichen Kontaktfähigkeit, sandte als Amtsleiter obszöne Briefe an ihm unbekannte Frauen des ganzen Landes (Ausschluß- und Strafverfahren).

Die Regeneration der Gewerbeaufsicht ließ diese Nachzügler einer fatalen Geschichte hinter sich und leitete den Wirtschaftsboom in die technisch sicheren, vielleicht auch in die sozial verträglichen Bahnen. Die menschlichen Schwächen sind der Vorgeschichte wegen vor der Geschichte exkulpiert, die parteipolitischen Einflüsse dagegen beschämen heute noch mehr.[208] Die erfolgreiche Besitzstandswahrung der Vielen sollte nicht noch vor der Geschichte über die Opfer der vorerst Wenigen triumphieren. Das Personal der Gewerbeaufsicht verjüngte sich nach dem Krieg nur langsam, obwohl 1947 eine Pensionswelle rollte. Im Gründungsjahr der Republik wurden viele Stellungslose und in den Entnazifizierungsausschüssen schlecht Weggekommene wieder eingestellt. "The return of J (1941 aus der Sonderverwaltung in den Aufsichtsdienst, Verf.) was due to his own wish. He was intrusted with being the head of Gewerbeaufsichtsamt K, what generally has been regarded as a favour, because then J was one of a group of younger officials of trade control only few of whom were intrusted with leading a board...". Aber auch jene, die schon 1933 der Partei beitraten und zum Teil mehr in ihr als im Staatsamt glänzten, hatten in der Republik wieder Anstellungschancen. L sei schon 1933

207) Ihn störte, daß sie keine Akademiker waren.

208) Weil leistungswilliger Nachwuchs von gut abgesicherten Beamten bzw. (an deren Stelle) von einer Beamtenelite, die die Ausleseverfahren leiten, in unterklassige Existenzen oder die Arbeit vor den Computern abgedrängt wird.

eingetreten, weil "mir in M eine Verfügung des damaligen Personalreferenten der Gewerbeaufsicht im Preußischen Ministerium für Handel und Gewerbe, Ministerialrat Dr.Ulrichs, zugestellt (worden war), in der der Eintritt in die NSDAP oder in die SA oder SS verlangt wurde." Alle ihm bekannten Beamten hätten Folge geleistet - "ich meldete mich daher im Mai oder Juni 1933 zur Aufnahme in die NSDAP."[209]

Während sich die höhere Verwaltung erfolgreich der Vermengung von Partei- und Staatsämtern widersetzte und Martin Bormann im Stab des Stellvertreters des Führers (R. Heß) "1939 nicht einmal die obligatorische Mitgliedschaft der höheren Beamten in der Partei durchsetzen (konnte)"[210], wichen viele Räte dem Konformitätsdruck durch Akkumulation unbedeutender Vereinsämter, die 'Mitmachen' signalisieren sollte, aus, und nicht wenigen gelang es, sich dem Parteieintritt ganz zu entziehen. Zu den Opfern, die zurückgestuft, versetzt oder zur 'Wiederherstellung des Berufsbeamtentums' bzw. wegen §3 des Reichsbürgergesetztes vom 30.12.1035 entlassen wurden, gehörte N, katholisch und jüdischer Abstammung, der sich seit 1936 als Hilfsarbeiter und Schumacher durchschlug, sich 1940-48 als Hausdiener, Kopist, Betonrechner, Zeichner und Projektist ledig bleibend von Hungerlöhnen in brasilianischen Großstädten ernährte und die Zeit bis zu seiner Wiedereinstellung 1950, die er nur um ein Jahr überlebte, im holländischen Exil verbrachte.

209) Brief vom 22.04.1946. Die Verfügung ist von zahlreichen Beamten der preußischen Aufsicht umgangen worden.

210) Wunder 1986, S.141.

6. Zusammenfassung

Das Personal der Fabrikinspektion ist bisher weder in Großbritannien noch in der Bundesrepublik eingehend untersucht worden. Dagegen scheinen alle Aspekte des Werdens und Wirkens der staatlichen Behörde bestens erforscht, denn sie beeinflußte den Verlauf der Industrialisierung nicht nur in Preußen und entwickelte dabei eine große sozialpolitische Bedeutung.

Daher sind die Gesetze und Verordnungen sowie die sie durchsetzenden politischen und parlamentarischen Kräfte viel besser bekannt als die ausführenden Beamten, die im Vereinigten Königreich seit 1833 und im Königreich Preußen seit 1854 an der Arbeit waren.

Diese Präferenz der Forschung für die normative und die organisatorische Seite einer Behörde geht auf deutsche Juristen, Max Weber und die Annahme zurück, daß Beamte als Personen irrelevant und als Gruppe nur Befehlsempfänger und "ausführende Organe" (Exekutive) sind, die Befehlshaber und Normengeber für die Forschung deshalb wichtiger seien.

Eine solche Annahme stützt zwar das demokratisch-parlamentarische Modell der Delegation und Kontrolle von Herrschaft, sie findet aber heute immer weniger Anhänger, denn unterschiedliche Gesellschaftsformen experimentieren damit, die tatsächliche Herrschaft ihrer Beamten und Funktionäre zu kontrollieren und einzudämmen.

Bezogen auf die Personalrekrutierung von Fabrikinspektoren ergeben sich aus dem Perspektivwechsel eine Reihe von anderen, auch kritischen Fragen, die davon ausgehen, daß die tatsächliche Handhabung der Fabrikinspektion und der sie regelnden Vorschriften letztlich eine Fülle von persönlichen Einschätzungen und Entscheidungen beinhalteten und noch heute beinhalten.

Die Fragen betreffen die soziale und geographische Herkunft der Beamten, ihr Konnubium, die fachliche Ausbildung, das formale Rekrutierungsverfahren, die hierarchische Eingliederung und die Karriere, das Selbst- und das Gruppenverständnis, den etwaigen Einfluß auf Dienstherren und nicht zuletzt die Frage nach der Angemessenheit der Rekrutierung für die zu bewältigenden Aufgaben. Auch die Individualität und Persönlichkeit der Beamten sollte angesprochen werden, wenn die Personakten als Hauptquellen der Arbeit dafür Hinweise enthielten.

Die Fragen folgten somit der hergebrachten Methode der Prosopographie und ergänzten diese durch Gedanken, die von dem berufssoziologischen Konzept der

Professionalisierung abgeleitet wurden. Prosopographie und Professionalisierung der Fabrikinspektoren werden chronologisch von etwa 1800 an in ihrer Entwicklung verfolgt. Im Mittelpunkt steht die Personalrekrutierung in Preußen bis 1945. Der im ersten und fünften Kapitel durchgeführte preussisch-britische Vergleich diente dazu, die preußischen Konturen schärfer zu sehen und trug auch der Tatsache Rechnung, daß Preußen als erstes Land auf dem Kontinent dem britischen Beispiel folgte.

Die Ergebnisse der Untersuchung sind für sich genommen relativ eindeutig. Sie müssen aber durch weitere Beamtenstudien ergänzt und in die gängigen Annahmen über Beamtentum und die Herrschaft durch Beamte eingebaut werden. In beiden Ländern ist die Personalrekrutierung im Bereich der Fabrikinspektion lange Zeit von älteren Verwaltungstraditionen geprägt worden. Der größeren öffentlichen Bedeutung folgend, die sich aus der fortgeschritteneren industriellen Entwicklung ergab, betraute man in Großbritannien zunächst sozialpolitisch interessierte Männer aus den besseren Kreisen mit der neuen Verwaltungsaufgabe, deren Wirkungskreis man von Anfang auf das gesamte Königreich auszudehnen wußte. Später entstand wie in Preußen ein weniger exklusives Verwaltungspersonal, das aber anders als in Preußen nicht aus einem fachlich vorgebildeten Bewerberkreis allein rekrutiert wurde.

Preußen folgte dem britischen Beispiel nach 1853 im zeitlichen Abstand von 20 Jahren und für weitere 20 Jahre nur unter Einbeziehung der drei industriereichsten Westprovinzen. Die Handvoll Beamte stammte zunächst aus dem subalternen Militär- und Polizeidienst und hatte (wie in Großbritannien) lange nichts anderes zu kontrollieren und einzudämmen als die gewerbliche Arbeit von Kindern unter 16 Jahren in den Fabriken. Die Inspektoren hatten in der hergebrachten Beamtenhierarchie eine vielleicht ebenso intermediäre Stellung wie die britischen Beamten innerhalb des Home Office, sie waren aber schon viel früher als jene in die bürokratischen Regelkreise (u.a. der Regierungspräsidien) eingebunden worden.

Die Aufwertung ihrer nur weisungsgebundenen und quasi-subalternen Stellung betrieb das preussische Handelsministerium trotz Bismacks Gesinnungswandel in dieser Sache konsequent seit der deutsch-österreichischen Konferenz vom Herbst 1872. Die Wendung vom Polizisten zum Techniker ging der gesetzlichen Aufgabenerweiterung zeitlich voraus und machte deutlich, wie das preussische Handelsministerium ohne entsprechende legislative Abdeckung auf neue (exekutive und in Teilen auch judikative) Anforderungen flexibel zu reagieren wußte. Die Wendung vom Polizisten zum Techniker bedeutete zugleich die Wende vom Angestellten zum Beamten bzw. zum höheren Dienst der Akademiker. Dieser

Wechsel, durch die Initiativen der Verwaltung seit 1872 eingeleitet, wurde durch die Prüfungsordnung von 1897 festgeschrieben, die Studium, Praktikum und zwei Staatsexamen vorsah. Bezeichnenderweise wurde in das Praktikum, das keine Industrieerfahrung mehr war, ein dreisemestriges Jurastudium eingebaut, d.h. die Gewerbeaufsicht wurde zu einem technisch-juristischen Dienst ausgebaut. Diese preußische Ausrichtung wurde trotz mancher süddeutscher Revisionsversuche und im wachsenden Widerspruch zu den Aufgabenschwerpunkten der Gewerbeaufsicht in der Weimarer Republik und im 3. Reich beibehalten.

An der bürokratischen Höherbewertung der studierten Techniker und ihrer Eingliederung ins höheren Beamtentum hielt man in den 1880er Jahren gegen alle Widerstände fest. Sie setzte sich anfang der 90er Jahre geradezu triumphal durch und etablierte einen technisch vorgebildeten und orientierten Beamtenkörper, der die sozialpolitischen Aufgaben -zumal den einst behördenstiftenden Kinderschutz- als weniger dringlich einstufte und diesen konsequenterweise an eine neue Gruppe untergebener Beamten abtrat, nicht ohne die Rekrutierung dieser zweiten Laufbahn innerhalb der Gewerbeaufsicht nach Form und Inhalt sehr eng (und auch sehr streng) an die des höheren Dienstes anzulehnen, wie es die Ausbildungs- und Prüfungsordnung von 1926 eindrucksvoll zum Ausdruck bringt. Die Entstehungsgeschichte dieser Verordnung zeigt u.E. deutlich, daß die seit 1918 verfolgte Personalpolitik auf die Bewahrung der seit 1891/97 erreichten Stellung des höheren Dienstes ausgerichtet war.

Demnach war die Professionalisierung der preußischen Gewerbeaufsicht -sowohl des höheren wie des mittleren Dienstes- von den gleichzeitigen Vorgängen der Bürokratisierung nicht nur begleitet, sondern wesentlich mitbestimmt. Dadurch entfernte sich die preußische Interpretation der Gewerbeaufsicht, die der doppelten Dynamik von Bürokratisierung und Akademisierung unterlag, sehr weit von dem britischen Modell, das keine Berufsbeamten kannte.

Zu den Opfern der preußischen Rekrutierungsregeln gehörten Sozialdemokratinnen wie Dr. Gertrud Henseleit und Klara Rybski, die sich Mitte der zwanziger Jahre in zum Teil entlegenen Gebieten dem ihnen gegenüber besonders streng gehandhabten Vorbereitungsdienst und davor zum Teil einem "Ausbildungsmarathon" unterzogen, nur um kurze Zeit nach dem bestandenen Examen von den Nazis aus politischen Gründen ohne jeden Anspruch auf Versorgung wieder aus dem Aufsichtsdienst entfernt zu werden. Das Scheitern von Dr.Arnold, der das neue Examen nicht schaffte, und von Dr.Adam, der wegen unstandesgemäßer Heirat entlassen wurde, weist ebenso wie das Beharren der Verwaltung auf die Nichteinstellung des unfähigen Bewerbers Woldt, obwohl dieser einflußreiche Nazifreunde hatte, auf Existenzbedingungen im preußischen Aufsichtsdienst hin.

Seit Anfang der 1870er Jahre drängte das preußische Handelsministerium die verbliebenen subalternen Kräfte der Aufsicht (Steinkopf, Bielinski und Nitschke) auf untergeordnete Tätigkeiten ab und rekrutierte zunächst Fachkräfte aus den (vertrauten) Bereichen Militär und Bergbau und den (neuen) Bereichen Maschinenbau und Chemie. Während in diesen ersten 'professionellen' Grupppen noch ein Vorrang der praktischen technischen Erfahrung zu beobachten ist, überwiegen bei den späteren 'Einstellungskohorten' theoretische, durch akademische Abschlüsse und Zeugnisse abgegoltene Kenntnisbeweise, so daß die seit Mitte der 1890er Jahren eingestellten Anwärter zunehmend direkt vom Studium in das Beamtentum überwechseln konnten.

Der Erfahrungsverlust im Bereich der Industriepraxis bei den nun zu zwei Dritteln aus dem Maschinenbaufach und zu einem Drittel aus der Chemie übernommenen Bewerbern wurde *de jure* seit 1897, *de facto* seit 1902 durch einen vierjährigen Vorbereitungsdienst nach dem Vorbild anderer akademischen Beamtengruppen, namentlich der Juristen, und durch ein zweites Examen mit dem Nachteil kompensiert, daß der Anwärter die Industrie nur noch mit den Augen des späteren Inspektors, dessen Sozialprestige damals höher wog als heute, zu sehen lernte.

Dem Erfahrungsverlust im Bereich der Industriepraxis korrespondierte ein sinkendes Eintritts-, aber auch ein steigendes Heiratsalter, denn die Assessoren, Inspektoren oder Räte heirateten auf einer Station ihres beruflichen Weges innerhalb der örtlichen Gesellschaft, mit der sie Umgang haben, zu der sie aber auch Abstand halten sollten. Die maskulinen Ausbildungsstätten und die häufigen und nicht eben die nächstgelegene Stadt betreffenden Ortswechsel, vielleicht auch zunehmender Leistungsdruck schoben das Heiraten hinaus. Trotzdem war und blieb der Verehelichungsgrad der Inspektoren und Räte bezogen auf die Gesamtbevölkerung extrem hoch.

Bei den zwischen 1890 und 1914 eingestellten Beamten stieg die Wartezeit auf Laufbahnbeförderung zum Gewerberat von 5 auf 17,3 Jahre kontinuierlich an. Zwei Drittel der Eingestellten stammten aus den preußischen Ostprovinzen und hatten die beiden Berliner Universitäten besucht. Fast die Hälfte der Maschinenbauer war im Praktikum oder später als Bauführer in der Eisenbahnverwaltung beschäftigt. Die Chemiker traten wie Karl Bittmann aus leitenden Stellungen über, zum kleineren Teil kamen sie aus der Spandauer Geschützwerkstatt, die offenbar auch eine 'Beamtenschmiede' war.

Ihrer sozialen Herkunft nach stammten die promovierten Chemiker, die zum Teil auch die angesehenere Bildung besaßen, weniger von den sog. kleinen Leuten ab wie mancher Maschinenbauer, dessen Eintritt ins preußische Berufsbeamtentum eine familiengeschichtliche Zäsur bedeutete, von der noch die Enkel profitierten. Aufs ganze gesehen rekrutierte sich das Teilsample aber zu über einem Drittel aus dem Beamtentum, in dem der Anteil des höheren mit 2 : 3 überwog. Rechnet man die freiberuflichen Akademiker dazu, entstammten über die Hälfte der Räte dem Bildungsbürgertum, die sich somit als akademische Techniker deutlich von jenen schwedischen Ingenieuren und Industriepionieren abheben, die Torstendahl in seinen umfangreichen Sample darstellte.

Der Versorgungsanspruch der Beamten bezog neben Alter, Krankheit, Unfall und Tod die eigenen Frauen und die Zukunft der Kinder mit ein. Dr. Rieth wehrte sich gegen eine Versetzung in die Provinz, weil sie der guten Asubildung seiner Töchter schaden würde. Der Staat beteiligte sich, damals noch eine Besonderheit, an diesen weiterführenden Ausbildungswegen der Beamtensprößlinge, die in unserem Sample, jedenfalls die Söhne, zu 80 Prozent eine akademische Ausbildung anstreben und zum Abschluß bringen konnten.

Dem Leistungsdruck von Reisebeamten waren schon einige der frühen Polizisten in der Aufsicht nur mühsam gewachsen. Die überlieferten Todesdaten der studierten Gewerberäte weisen im vierten Kapitel darauf hin, daß 40 Prozent einen vorzeitigen, wahrscheinlich einen Streßtod starben, obwohl die Räte mit ihren Familien einschließlich Dienstmädchen zusammen ausgedehnte Badeferien machten, auf hohe Berge kletterten oder auf Staatskosten lange Kuren in angesehenen Badeorten unternehmen konnten. Die Versetzung von älteren Beamten auf ruhigere Posten, die Einführung einer Altergrenze 1923, die Anschaffung von Fahrzeugen und die Übernahme der Hauptreisetätigkeit durch die Beamten des mittleren und des gehobenen Dienstes setzte bei den nach 1899 eingestellten Gewerberäten das Berufsrisiko herab.

Der Verlust an industrieller Praxiserfahrung wurde erst im Laufe des 1. Weltkrieges wieder kompensiert, paradoxerweise zuerst durch die vermehrte Mitarbeit von Frauen; nach dem Krieg auch durch die Rekrutierung von Arbeitern und Gewerkschaftsfunktionären. Beide Gruppen wurden seit Mitte der 20er Jahre im mittleren Gewerbeaufsichtsdienst zusammengefaßt, dessen eine Schwerpunkt die von den höheren Beamten gering geschätzte, in der Weimarer Republik aber aufgewertete sozialpolitische Komponente des Aufsichtsdienstes umfaßte.

Seit 1900 experimentierte man auch in Preußen mit der Mitarbeit von Frauen. Die ideale Kombination von gewerblicher Erfahrung und guter Schulbildung, d.h. die

Herkunft aus den gutbürgerlichen Kreisen bei gleichzeitiger, möglichst industrienaher Arbeitserfahrung war vor dem 1. Weltkrieg auf dem preußischen Arbeitsmarkt offenbar noch schwer zu finden, so daß die preußische Aufsichtsverwaltung höhere Töchter ermutigte, durch eine, wie ich sie nennen würde, "kalkulierte Praxiserfahrung" - etwa ein Praktikum im Unternehmen eines befreundeten Fabrikanten - die Rekrutierung möglich zu machen. Auf diese Weise kamen höhere Töchter mit und ohne beruflicher Erfahrung als Lehrerinnen, Fürsorgeschwestern oder Direktricen in den preußischen Aufsichtsdienst. Einige von ihnen wie etwa Gertrud v.Bennigsen-Foerder, Marie Kress oder Bertha Koeppen waren ihrer sozialen Herkunft nach den badischen Doktorinnen Marie Baum und Else von Richthofen, aber auch den führenden Köpfen der weiblichen Aufsicht in Großbritannien (May Abraham, Hilda Martindale, Adelaide Andersen, Isabel Taylor) durchaus ebenbürtig. Das spezifisch Preußische oder Deutsche bestand aber darin, daß die englischen Damen durchaus in bürokratische Kommandostellen aufrückten, während die preußischen (und auch badischen) 'Mädchen' blieben, deren Vornamen man verniedlichte und die als "Assistentinnen" nur Angestellte waren. Der höhere Dienst war und blieb ihnen verwert, auch wenn es in Preußen in den 20er Jahren eine Ministerialrätin gegeben hat, die aus dem mittleren Aufsichtsdienst aufgestiegen war. Auch die über das Thema Gewerbeaufsicht promovierte Ostpreußin Henseleit war nur für den Vorbereitungsdienst der mittleren Laufbahn zugelassen und nach Veröffentlichung einer Kritik Drangsalen ausgesetzt, die fast bis zum Selbstmord führten. Die Einstellungspolitik der Nazis schließlich, die den gehobenen Dienst (Zugang über Technikum) einführten, wollten die Frauen ganz aus der Aufsicht verdrängen und trugen zur "Vermännlichung des mittleren Dienstes" bei.

Die Assistentinnen der Kaiserzeit mußten sich gut benehmen, schriftlich und mündlich verständlich ausdrücken und in den Fabriken sicher und damenhaft auftreten können. Ein Beamter wollte, daß sie radfahren könnten, andere vergaßen nach einem Vorstellungsgespräch nicht, körperliche Vorzüge einer Bewerberin zu erwähnen. Der Berliner Gewerberat Hartmann leitete und koordinierte die Einstellungen vor dem 1. Weltkrieg. Er berücksichtigte auch ein Mädchen, das ihm aus der Schulklasse seiner Tochter, die selbst zur Aufsicht kam, bekannt war, und er hielt passende Kandidatinnen ohne gewerbliche Erfahrungen an, sich Praxiskenntnisse zu verschaffen.

Konnexionen waren für die Einstellung wichtig. Die handschriftliche Empfehlung auf der Visitenkarte eines Grafen ersetzte nach dem Krieg die Empfehlung auf der Karte eines (sozialdemokratischen) Landtagsabgeordneten bzw. das institutionalisierte Vorschlagsrecht der Gewerkschaften. Als die Nazis kamen, wirkten sich solche, einst hilfreiche, Beziehungen fatal aus. Nach der Ausbildungsverordnung von 1926 kam es dann mehr auf die Bewährung im Vorbereitungsdienst an.

Der Krieg von 1914 brachte eine soziale Öffnung nach unten, eine Öffnung für Bewerberinnen aus der industriellen Praxis. Beherrschten die höheren Töchter die Einstellungssample noch bis 1920 zu fast 90 Prozent, so überwogen danach die 'echten' Arbeiterinen mit zwei Dritteln. Bevor die zweite Laufbahn innerhalb des preußischen Gewerbeaufsichtsdienstes 1926 durch eine Prüfungsordnung, einen Vorbreitungsdienst und ein Examen reglementiert worden war, schien die personelle Fluktuation bei den Männern noch stärker gewesen zu sein als bei den Frauen, die bei Heirat aus dem Dienst ausscheiden mußten. Die von ihren Gewerkschaften protegierten männlichen Funktionäre waren zum Teil nicht mit der Bezahlung oder dem Zwang zur Unterordnung zufrieden, zum Teil war es die Aufsichtsverwaltung selbst, die den Angestellten wegen Unvermögen oder, was offenbar nicht selten vorkam, wegen krimineller Vergehen kündigte.

Insgesamt gesehen drängt sich der Eindruck auf, daß weder die Präferenz für akademische Techniker und Höhere Töchter noch die laufbahnrechtliche Einteilungen in Höhere und Mittlere, Männer und Frauen, Studierte und Unstudierte, Techniker und Laien sich zwangsläufig aus den umfangreichen (und interdisziplinären) Tätigkeitsfeldern ergeben hatten. Das eine (die Einteilung) wie das andere (die Felder) ist historisch gewachsen und nicht am Schreibtisch von Asynchronem befreit worden. Traditionen und historisch gewachsene Machtpositionen haben überdauert, auch als sie schon anachronistisch geworden waren. Ein neues, immer umfangreicheres Aufgabengebiet war mit neuen Kräften und alten bürokratischen Schemata zugleich zu bewältigen versucht worden. In Absprache mit den mächtigen Juristen, die ihre Form des Vorbereitungsdienstes und der Prüfungen durchsetzten, ist es dabei den studierten Technikern bis heute gelungen, ihr Vorrecht auf den höheren Dienst in der Gewerbaufsicht zu verteidigen und als sachgerecht darzustellen.

Die bürokratischen Schemata und die Stereotypen einer kollektiven Biographie konnten in der vorliegenden Arbeit durch das Eingehen auf Personalakten und den Einzelfall (jedenfalls aus der Sicht des Historikers) bereichert werden. Wer nur an Abstraktionen und Modellbauten interessiert ist, und das sind bekanntlich nicht wenige, mag dieses Anliegen der Arbeit mißverstehen und bloß eine unnütze Ansammlung von weniger als Empirie, von Individualisierung und Personalisierung nämlich, darin sehen. In der Darstellung des konkreten Menschen und einer Gruppe ist die Arbeit allerdings an ihre Grenze gestoßen, wie sie durch Personalakten wohl vorgegeben ist, auch wenn diese zum Teil sieben Bände umfaßten. Weder die persönlichen noch die amtlichen Lebensbezüge, von den geistigen

Überzeugungen zu schweigen, sind so ausgeführt, daß man als Biograph zufrieden sein könnte. Weil aber angedeutet werden konnte, was in manchen Personalakten an historischer Konkretion steckt, kann man bloß gespannt sein, was ähnlich ausgerichtete Arbeiten über andere Kollektive noch herausfinden werden.

7. Tabellen-Anhang

Anhang 1: Die Anstellung der 16 neuen Inspektoren im Überblick[a)]

NAME (siehe Anm.)	GEBURTSDATUM- UND -ORT	- DIENSTORT	TAG DER ANSTELLUNG	REISEKOSTEN PRO 1876
BIELINKSI (110)	1840 in Posen	Aachen	28.03.71	3457,--
NITSCHKE (101)	1836 in Schlesien	Limburg	09.05.72	3352,--
v.STÜLPNAGEL (83)	24.02.22 Erfurt	Berlin	01.01.74	1782,--
FRIEF (83)	25.05.36 Breslau	Breslau	01.05.74	2193,--
DR. SÜSSENGUTH (117)	07.02.39 Liegnitz	Magdeburg	25.09.74	4406,--
DR. KIND (116)	12.05.30 b.Kassel	Kassel	25.08.75	1750,--
DR. DRONKE (-)	1835 bei Kassel	Kassel	09.09.75	1750.--
HERTEL (123)	07.09.44 Görlitz	Stettin	06.10.75	6015,--
REICHEL (92)	20.09.47 Wormditt	Aachen	06.10.75	2609,--
DR. SCHREIBER (116)	1833 Wiesbaden	Wiesbaden	21.01.76	2400,--
OSTHUES (92)	27.07.35 Münster	Dortmund	04.03.76	3264,--
DR. WOLFF (92)	1842 Ziegenhain	Düsseldorf	07.06.76	3624,--
SACK (120)	09.03.41 Vlotho	Königsberg	01.07.76	4908,--
DR.v.RÜDIGER (113)	02.10.26 Postdam	Potsdam u. FfO	07.07.76	2940,--
DR.BERNOUILLI (117)	16.09.35 Berlin	Oppeln	21.12.76	3243,--*
ECKER (114)	26.07.45 LK Aachen	Hannover	02.12.76	(2700,-)**

LK = Landkreis ; b. = bei ; * = vom Ministerium geschätzt ; ** = die Ausgaben des ausgeschiedenen Bode von Juli bis Sept. 1876 wurden auf das Jahr umgerechnet a) nach A I2, Bd.1, S.232f. Auf Grund der vorausgabten 35'867 Mark pro 1876 errechnete der Sachbearbeiter einen Bedarf von 48'656 Mark für 1877. Zum Gehalt der Inspektoren siehe Tabelle 2. FfO = Frankurt/Oder.

Anhang 2: Die etatmässige Aufwertung der neuen Fabrikinspektoren im Vergleich zweier Etatansätze

NAME	ETAT PRO 1878/79					-	ETAT PRO 1879/80			
	Titel 3 -	Titel 4a	Titel 5 -		Titel 10 BA	mit a)	Titel 3 -	Titel 4a	Titel 10 BA	mit a)
Stülpnagel	4500	900	-		450	-	4800	900	450	-
Frief	3000	-	-		-	3000	3000	-	-	3000
Osthues	-	-	2200	(450)	3000	2400	-		300	3000
Süssenguth	3300	600	-		450	3600	4200	660	300	2700
Rüdiger	-	-	4350	(450)	-	2700	4200	660	300	3300
Wolff	3300	540	-		450	3000	4200	660	300	3000
Sack	-	-	3900	(300)	-	4000	3300	660	300	4000
Hertel	-	-	4350	(450)	-	4000	3900	660	300	4000
Reichel	-	-	4350	(450)	-	2400	3300	660	300	3000
Bernouilli	-	-	3300	(300)	-	2400	3600	480	300	2700
Ecker	-	-	3300	(300)	-	3000	3000	660	300	3600
Bielinski	3600	432	-		-	2700	3600	432	-	2400

Nitschke	3300	300	-		-	3000	3300	300	-	2700
Schreiber	-	-	1500	(-)	-	1500)	je 1800 für Titel 5 und 10			
Kind	-	-	1500	(-)	-	1500)	(Reisekosten)			
Summen	21000	2832	25800	(-2700)	1350	36500	46800	6732	3150	37400

BA mit a) bedeutet: Bürokostenaversum mit Reisekostenpauschale.

Anhang 3:

Das Gruppenprofil der 18 Inspektoren pro 1879/80. I. Vorbildung, Praxisjahre, Beamtenkarriere.

Namen	Abitur a)	Studium b)	Studien-jahre	Praxis/1. Karriere c)	Praxis-jahre	GAD d)	Ein- u. Aus-trittsalter		Pension e)
Dr.	1854	BAK	4	1859-79 PW	20	16/2	43	59	-/59
Neubert	PTD	Freiburg							
	-	1855/58							
Dr. Ber-	1855	Berlin	3	1856 Exp; 1862 Ref.	15	/1	41	?	?
nouilli	HG	1857/60	-	1862-77 PW					
A. Frief	1856	Breslau	3	5/64 Ref; 7/67 Ass.	10	19/-	8	57	-/57
	HG	BAK B.	-	1870-74 Eichinsp.					
Osthues	1856	-	-	12/64 Ref;	12	18/2	40	58	-/58
	HG	-	-	1870-76 Eichinsp.					
Theobald	1857	Berlin/	2	12/64 Ref;	14	24/1	42	68	-/68
	RS1	Gießen	-	1865-78 PW					
Dr. Wolff	?	Marburg/	3	1 J. Assistent	7	14/-	34	(56)	-/(56)
	-	Breslau	1	1869-75 PW					
Dr. Kind	?	Marburg	4	3 J. Assistent;	16	22/-	45	(67)	67+P.
	-	1855-59	-	1 J. PW; 1863/75 SD					
Dr.	-	2 J. GAK	2	2 J. Assistent;Apo-	18	5/-	43	(48)	-/(48)
Schreiber	-	-	-	theke, Fabriken					
Dr.	1859	GWI	4	3 J. Assistent;	16	?	35	?	?
Süssenguth	RAK	1858-63	-	1866-76 PW					
K.Müller	1854	Berlin/GAK	5	1860-1879 PW	20	?/3	42	?	?
	PGS	PT Hann.							
R.Sack	1860	Göttingen/	1,5	1866-76 EB-Verw.	10	?/-	35	?	?
	PGS	Gießen							
	-	GWI 62-65							
Raether	1866	GAK	3	1871-79 PW	8	26/-	32	58	-/58
	PGS	1867-70							
Hägermann	1866	GAK	3	1871-79 PW	8	?/1	33	?	?
	PGS	1867-70							
K. Ecker	1866	GAK	3	1870-77 EB-Verw.	7	28/?	31	59	-/59
	RG	1867-70							

Stülpnagel	-	Autodidakt	-	1840-73 sub. SD	34	?/-	51	?	?
Rüdiger	1844	Berlin	3	1850-64 Militär	20	26/-	49	(75)	75+P.
	HG	KAK B.	3	1867-78 PW					
Hertel	1862	-	-	2 J. Lehre;	15	10/?	31	41	-/41
	PGS	-	-	10 J. Marine;					
	-	-	-	3 J. DKR.					
Reichel	1867	PT AA	4	1855-69 Militär	11	?/-	28	?	?
	HG	71-75							

a) Polytechnikum Dresden (PTD); Realschule 1. Ordnung (RS1); Realgymnasium (RG); humanistisches Gymnasium (HG); Provinzialgewerbeschule (PGS); Ritterakademie (RAK). b) Bergakademie (BAK); Gewerbeinstitut bzw. -akademie (GWI/GAK); Kriegsakademie (KAK); Universitäten (nur Ortsname genannt). c) Privatwirtschaft (PW); Espektant, Referendar, Assessor (Exp, Ref, Ass); Staatsdienst (SD); subaltern (sub); Eisenbahn (EB); Dampfkesselrevision (DKR). d) Aufsichtsdienst: Dienstjahre/Zahl der Versetzungen. e) Pensionsjahre/erreichtes Lebens- (oder Pensionsjahr).

Anhang 4:
Das Gruppenprofil der 18 Inspektoren pro 1879/80. II. Familie, Herkunft und Konnubium

		A	B	C	D	E	F	G
-A-								
S	Dr.Neubert	28	43	59	1+2 = 3	?	?	Jurist;
S								"versorgt"
E	Dr.Bernouilli	?	41	?	?	Geh.Kanz-	Reg.-As-	?
S						leirat	sessor	
S	A. Frief	34	38	57	1+2 = 3	?	?	?
O								
R	Osthues	30	40	58	1+2 = 3	Arbeiter[a)]	?	?
E								
N	Theobald	39	42	68	3+0 = 3	Pfarrer	Rendant?	
CH	Dr.Wolff	?	34	(56)	?	?	?	?
E								
M	Dr.Kind	?	45	(67)	1+0 = 1?	?	?	?
I								
K	Dr.Schreiber	?	43	(48)	?	?	?	?
E								
R	Dr.Süssenguth	?	35	?	?	?	?	?
I	K. Müller	32	33	?	1+1 = 2	Finanzmini-	?	Jurist
N						ster/Berlin		
G								
E	R. Sack	30	35	?	1+3 = 4	?	?	"versorgt"
N								
I	Raether	30	32	58	0+1 = 1	?	?	Seminar-
E								oberlehrer
U	Hägermann	?	33	?	?	?	?	?
R								
E	K. Ecker	31	31	59	2+0 = 2	Gruben-	?	?

						direktor		
M	v.Stülpnagel	?	51	(72)	?	?	?	?
I								
L	Dr.v.Rüdiger	?	49	(75)	2+1 = 3	?	General	Rittmeister
I								Leutnant
T								
Ä	Hertel	?	31	41	?	?	?	?
R								
S	Reichel	?	28	?	?	?	?	?

A = Hochzeitsalter, B = Eintrittsalter, C = Austritts- oder erreichtes Lebensalter, D = Kinder (Knaben und Mädchen), E = Stand der Eltern, F = Stand der Schwiegereltern, G = Konnubium der Kinder a) Osthues' Vater wird als Gold- und Silberarbeiter in Münster bezeichnet.

Anhang 5: Personalzuwachs der preußischen Fabrikinspektion 1876 - 1890 im Überblick

Jahr	Zahl der Fabrikinspektoren	Zugänge	Abgänge
1876	16	(vgl. Anhang 1)	
1877	15	-	Dr. Drohnke
1879	20	Theobald	
	-	Müller	
	-	Raether	
	-	Neubert	
	-	Hägermann	
1880	19	-	Nitschke
1881-84	20	Laur	Schreiber
		-	Trilling
1885	20	Schmidt	Hertel
1886	21	Dr. Sprenger	
1887	24	Goebel	
	-	Beckmann	
	-	Grünewald	
1888	28	Petersen	
	-	Laurisch	
	-	Lühl	
	-	Rube	
1889	31	Dr. Kraas	Dr. Wolff
	-	Platz	
	-	Vesper	
	-	Mente	

Anhang 6:
Das Gruppenprofil der 15 Inspektoren pro 1889/90.
I. Anstellung, Vorbildung, Praxis.

Anhang 6: **Das Gruppenprofil der 15 Inspektoren pro 1889/90. I. Anstellung, Vorbildung, Praxis.**

	NAMEN	A	B	TITEL	ABITUR	STUDIUM (?)	C	1.Karriere	D
	Dr.Schmidt	01.11.85	54	Dr.phil.	1852 HG	Marburg/Berlin/	3	Hüttenwerke, hess.	25
C	-	-	-	-	-	Göttingen/Bonn (Dr.)	-	Fabrikinspektor (79)	
H	Dr.Sprenger	25.09.86	34	Dr.phil.	1872 RS1	Uni.Berlin, Berg-	4	Assistent	11
E	-	-	-	-	-	akademie Berlin			
M	Dr.Kraaz	20.03.89	31	Dr.phil.	1878 HG	Straßburg/Heidelberg/	4	chem. Industrie, Ges.	7
I	-	-	-	-	-	Berlin (1882)	-	amt, Uni.Göttingen	
K	Beckmann	02.05.87	31	-	-	Leipzig, Straßburg,	5	Zuckerfabrik,	5
E	-	-	-	-	-	Marburg (1875-80)	-	Rübensamenzucht	
R	Rube	01.06.88	39	-	1866	PT KR 1866-68,	4	chemische Industrie	13
	-	-	-	-	-	PT AA, Berlin			
M'	Laur	?	?	RBR	?	?	?	?	
B	Trilling	01.09.81	29	RBF	(1879)	1874-80 GAK u. TH	6	EB-Verwaltung	6
A	-	-	-	-	-	nachg.	2/81 RBF		
U	Goebel	01.02.87	34	RBM	PGS	GAK 1871-74,	5	EB-Verwaltung	6
I	-	-	-	-	-	11.82 RBF, 12.86 RBM			
N	Grünewald	01.05.87	33	Dipl.Ing.	1874 ORS	GAK 1874-77 (Dipl.)	5	EB-Verwaltung	5
G	-	-	-	RBM	-	3.80 RBF, 3.85 RBM			
E	Petersen	01.06.88	30	RBM	1877 HG	1.83 RBF, 3.87 RBM	4	EB-Verwaltung	3
N	Lühl	01.06.88	30	RBM	RS1	6.83 RBF, 6.87 RBM	4	EB-Verwaltung	2
I	Laurisch	01.06.88	30	RBM	PGS	6.83 RBF, 4.87 RBM	4	EB-Verwaltung	2
E	Mente	1889	37	RBM	?	12.83 MF, 12.86 RBF,	4	nach Vorschrift	
U	-	-	-	-	-	6.87 RBM	-	(EB-Verwaltung)	
R	Platz	1889	?	?	?	?	?	?	?
E	Vesper	1889	?	?	?	?	?	?	?

A = Einstellungsdatum, B = Eintrittsalter, C = Studienjahre, D = Praxisjahre, RBR = Regierungsbaurat, RBF = Regierungsbauführer, RBM = Regierungsbaumeister, MF = Maschinenführer, MBI = Maschinen- bauingenieure, CH = Chemiker; nachg. = nachgeholt

Anhang 7:
Das Gruppenprofil der 15 Inspektoren pro 1889/90. II. Dienstzeit, Familie, Herkunft, Konnubium.

	NAMEN -	ALTER 1 - 3[a]	DIENST-ZEIT	KINDER-ZAHL	STAND 1	STAND 2	STAND 3
C	Dr.Schmidt	54 / ?? / (65)	11/2	1/2=3	?	?	?
H	Dr.Sprenger	34 / ?? / (58)	24/-	?	?	?	?
E	Dr. Kraaz	31 / 30 / (65)	32/2	-	-Konsitorial-	?	-
M	-	-	-	-	rat(Bruder)		
I	Beckmann	31 / -- / (61)	26/6	-	-Fabrikant ;	-	-
K	-	-	-	-	Rentier		
E	Rube	39 / 59 / (65)	26/?	-	-promovierter	Kauf-	-
R	-	-	-	-	Kreisphysikus	mann	
M'	Laur	? ? ?	?	?	?	?	?
B'	Trilling	29 / 39 / (66)	35/3	-/2=2	-Handwerker	?	?
I	Goebel	34 / 28 / 55	21/?	2/2=4	-Bahnmeister	-Rentier (1)	Musiker
N	-	(38)	-	-	-	Arzt (2)	
G	Grünewald	33 / 28 / (65)	32/?	4/2=6	?	?	?
E	-	(40)					
N	Petersen	30 / ?? / (59)	28/2	-/2=2	?	?	?
I	Lühl	30 / ?? / ??	?	1/1=2	?	?	?
E	Laurisch	30 / ?? / ??	?	?	?	?	?
U	Mente	37 / ?? / ??	?	1	?	?	?
R	Platz	? ? ?	?	?	?	?	?
E	Vesper	? ? ?	?	?	?	?	?

Anhang 8: Polytechnika im deutschsprachigen Raum (nach Schoedler)

Schule (Gründungsjahr)	A	B	C	D	E	F
1. PRAG (1806)	25.76	30	15J.	14	1600	RS / 3
2. WIEN (1815)	116.80	--	16J.	20	1913	2 / 2
3. KARLSRUHE (1825)	52.00	24/66	15J.	36	382	3 / 5
4. MÜNCHEN (1827)	18.00	?	15J.	15	344	3 / 1
5. KASSEL (1830)	12.25	28-49	15J.	13	107	3 / -
6. STUTTGART (1832)	28.17	30	15J.	20	170	4 / 2
7. AUGSBURG (1833)	10.01	--	15J.	9	103	3 / -
8. BRAUNSCHWEIG (1835)	37.84	63	16J.	15	120	RS /- GYM/-
9. DARMSTADT (1835)	16.50	24	15J.	13	186	2 / 4
10. DRESDEN (1844)	14.00	28-56	14J.	18	138	4 / 2

A = Kosten 1847 (in 1000 fl.), B = Schulgeld (fl.), C = Aufnahmealter, D = Zahl der Lehrer, E = Zahl der Schüler, F = Zahl der Vorbereitungs- und Fachklassen; fl. = Gulden; RS/GYM = die Vorbereitungsklassen entsprechen Realschul- bsw. Gymnaisialklassen (die Zahl der Fachklassen

folgen nach dem Querstrich; Kassel, Augsburg und Braunschweig sind noch ohne solche Klassen).
Quelle: Schoedler 1847.
-Der Unterricht war nur an drei Schulen kostenlos. Die badische Schule hatte die meisten Klassen und verlangte in den oberen sechs Klassen das höchste Schulgeld. In Dresden war das Schulgeld gestaffelt. Die Vorbereitungsklassen waren mit jedem Aufrücken 7fl. teuerer, die Fachklassen kosteten pauschal 56fl.
-Bei den Lehrkräften waren neben den "Professoren" und "Lehrern" noch Hilfslehrer, "Adjunkten" und "Techniker" einbezogen.
-In Karlsruhe sind 15, in Augsburg 52, in Stuttgart 70 und in München 170 Hospitanten mitgezählt.
-In Prag und Wien dienten eine Realschule, in Braunschweig die Realschule oder das Gymnasium als Vorbereitungsklassen; die anderen Schulen hatten 2-4 eigene Klassen, zur Vorbereitung der Fachkurse. In sechs Fällen werden die Fachklassen näher bestimmt: Stuttgart unterschied zu jener Zeit Bau- und Handelsklasse, Dresden einen mathematisch- technischen und einen chemisch-technischen Kurs; in München umfaßte das 4.Vorbereitungsjahr eine "reine Bau- und Ingenieurklasse". Darmstadt und Karlsruhe verfügten über besonders ausdifferenzierte Fachklassen. Beide unterschieden eine Bau- und eine Ingenieurklasse; in Abwandlung Dresdens besaß Darmstadt zusätzlich eine mechanische und eine chemisch-technische Klasse. In Karlsruhe kamen die Forstschule, die Höhere Gewerbeschule sowie die Handels- und Postschule hinzu.

Anhang 9:
Die Einführungstermine der staatlichen Sozialversicherungen und der Anteil der erfaßten Erwerbsbevölkerung in Westeuropa 1890-1940.

	Einführungsjahr der Versicherung (t*)				Anteil der Erwerbstätigen an an diesen Versicherungen (%)				
	t1	t2	t3	t4	1890	1900	1910	1920	1930
Dt. Reich	(1881)	1883	1889	1927	25	41	46	46	61
1884									
Dänemark	(1898)	(1892)	(1891)	1907	-	11	26	44	68
	1916	1933	1921/22						
Schweden	(1901)	(1891)	1913	(1934)	-	3	12	46	48
	1916	1953							
Großbri-	(1897)	1911	(1908)	1911	-	10	18	43	73
tannien	-	1946	1925						
Irland	(1897)	1911	(1908)	1911	-	-	-	-	30
	1966	-	1960						
Italien	1898	(1886)	(1898)	1919	2	3	5	27	31
	-	1928	1919						
Schweiz	(1881)	(1911)	1946	(1924)	3	4	5	19	31
	1911	-	-	1976					
Österreich	1887	1888	1927	1920	5	9	13	28	46
Frankreich	(1898)	(1898)	(1895)	(1905)	-	7	13	13	30
	1946	1930	1910	1967					
Niederlande	1901	1929	1913	(1916)	-	-	7	25	41
	-	-	-	1949					

	t1	t2	t3	t4	1890	1900	1910	1920	1930
Belgien	(1903)	(1894)	(1900)	(1920)	-	4	18	25	33
	1971	1944	1924	1944					
Norwegen	1894	1909	1936	(1906)	-	3	5	23	22
	-	-	-	1938					
Finland	1895	1963	1937	(1917)	-	2	2	4	8

* t1 - t4: Unfall-, Krankheits-, Renten- und Arbeitslosenversicherung.
Die in Klammern angeführten Jahreszahlen betreffen freiwillige, subventionierte Versicherungen.

Anhang 10 : Kostenplan der Organisationsreform 1891-1894/95

TITEL	BESOLDUNGEN	JAHRESBETRÄGE
1.	26 RGR mit 4200 bis 6000 Mark, im Durchschnitt 5100,--	132'600,--
2.	97 Inspektoren mit 3600 bis 4800 Mark, im Durchschnitt 4200,--	407'400,--
3.	Wohngeldzuschüsse für 26 RGR im Durchschnitt 660,-- = 17'160,-- - Dass. für 97 Inspektoren im Durchschnitt 480,-- = 46'560,--	63'720,--
	ANDERE PERSÖNLICHE AUSGABEN	
4.	Zur Remunerierung von 40 Assistenten zu je 3000,--. Dass. für Instruktionsreisen, Vertretungen etc. Dienstzulagen für 17 RGR, Ortszulage für Berliner Inspektoren.	150'000,--
	SÄCHLICHE AUSGABEN	
5.	Bureau und Dienstaufwand, Reisekosten und Diäten für 26 RGR und 97 Inspektoren je 3000,--, für 40 Assessoren je 1500,--, außerdem 11'000,--	440'000,--
6.	Versetzungs- und Umzugskosten	10'000,--
7.	Unterstützung für ausgeschiedene Beamte, deren Witwen und Waisen	5'000,--
	SUMME DER GESAMTKOSTEN ABZÜGLICH DER EINNAHMEN AUS GEBÜHREN DER DAMPFKESSELREVISON (450'000,--)	758'720,--

Anhang 11: Soziale Herkunft und Konnubium (SHK) der Vorfahren von 19 Gewerberäten

GEWERBERAT (mit Einstellungs-jahr	SHK[a] der Vorfahren des Gewerberats	SHK[a] der Vorfahren der Ehefrau(en) des Gewerberates
1. SCHNÖPF[b] (1894)	-Musikdirektor[a] / Berlin -Schneidermeister/ Berlin -Schulvorsteher / Berlin	-Historienmaler / Berlin ? ?
2. SCHÜRHOLZ (1902)	? ? ? -	-Oberamtsrichter/Braunschweig ? -Schauspieldirektor[c] / Wittenberg
3. H.VOGEL (1904)	- Kaufmann / Frankfurt - Kaufmann / Köln - Kaufmann u.Landwirt / Kreuznach	-Gymnasialprofessor/Potsdam - Kaufmann / Königsberg - Kaufmann / ?
4. HÜTTEMANN (1904)	-Schweißmeister/Wiedenbrück - Bader / Herford - Bauer / Langenberg (Wf.)	-Kaufmann/Mönchen-Gladbach - Bauer / Korbecke -Beamter[d] / Koblenz
5. A.MÜLLER (1904)	-Strommeister[e] / ? ? ?	-Fabrikant u. Kaufmann in Liechtenstein -Kaufmann / ebendort[f]
6. A.JACOBI (1904,2.Frau)	- Pastor / bei Hannover ? ?	-Zollinspektor / Eisleben -Dekorationsmaler/Eisleben - Bäcker / Eisleben[g]
7. Dr.A.MAUE[h] (1905)	- Kaufmann / Höchst - Oberlehrer / Frankfurt - Postbeamter / ebendort -	- Rechtsanwalt / Münster - Kaufmann / Münster - Guts-u.Brauereibesitzer in Werne a.d.Lippe[h]
8. WINTERHAGER (1906)	- Pfarrer / Bonn - Lehrer / Monsingen - Kaufmann / Barmen -	- Arzt / Barmen - Notar / Kleve -Oberförster u.Rentmeister bei Geldern
9. DEUBNER (1906)	- Buchhändler / Berlin - Buchhändler / Riga - Beamter / Riga	- Apotheker / Bonn - Amtsrichter/ Ahlsen - Fabrikbesitzer/Benrath

10. H.MÖBIUS[k)]	- Pfarrer / Rudolstadt	-Feldmesser u.a./Hameln
(1906)	- Beamter / Frankenhausen[l)]	-Ziegeleibesitzer/Wittenberge[11)]
	-	
	- Rentmeister / Rudolstadt[k)]	Maler / Havelberg[12)]
	-	- Pfarrer / Kiel
	2.EHE	- Lehrer / bei Schleswig
	-	- Kaufmann / Kiel
11. G.RICHTER	- Kaufmann / ? [m)]	- Gewerberat / Hirschberg
(1906)	- Kaufmann / ?	- Bauer / Kösenitz
	- Lehrer / ?	- Fabrikant /Freiburg/Br.
12. Dr.HANTELMANN	- Häuerling[n)]/ ?	- Gutsbesitzer/b.Hannover
(1906)	- Halbspänner/ ?	- Großkötner / ebendort
	- Ackermann / ?	- Halbspänner / ebendort
13. VERTSCHEWALL	- Markscheider/ Dortmund	
(1907)	- Fabrikant / ebendort	-unverheiratet-
	- Postbeamter / Paderborn	
14. LÜSSENKOPP	- Bankdirektor/ Hannover	?
(1910)	- Lehrer / ebendort	?
	- Korporal / ebendort	?
15. H.KREIS	-Grubenbeamter/ Völklingen	?
(1910)	- Bergmann / ebendort	?
	- Buchhalter / Saarbrücken	?
16. KLASMEIER	?	- Kaufmann / Warendorf
(1920)	?	- Gymn.lehrer / ebendort
	?	- Buchhändler / Jever
17. LEFEBVRE	- Fabrikant / Malmedy[o)]	- Chemiker / Gernrode[p)]
(1922)	- Fabrikant / ebendort	- Barbier / ebendort
	- Weinhändler / Rüdesheim	- Kaufmann / ebendort
18. WEIDLING	-Studiendirektor/ Breslau	- Redakteur / Königsberg
(1930)	- Kaufmann / Magdeburg	- "Faktor" / ebendort[q)]
	- Bildhauer / Gera-Reuß	- Kutscher / ?
19. BERGMANN	- Fabrikant / Berlin	?
(1932)	- Schlachter / Berlin	?
	- Buchhändler / Landsberg/W.	?

LEGENDE: In beiden Spalten stehen jeweils drei Berufsbezeichnungen und der Sterbeort untereinander, und zwar nacheinander des Großvaters, des Vaters, des Vaters der Mutter. Im 1.Beispiel heiratete der zum kgl.Musikdirektor und "Professor" aufgestiegene Sohn eines Berliner Schneidermeisters die Tochter eines Berliner Schulvorstehers.

a) SHK = soziale Herkunft und Konnubium; wf. = westfälisch. b) Trauzeuge der Frau Gewerberat ihr 31-jähriger Bruder, Gymn.lehrer Dr.phil. c) dessen Frau starb 1868 "an Auszehrung mit Hinterlassung des Ehemanns und 4 majoren und 3 minoren Kindern." Der Vater des Gewerberats heiratete eines der "majorenen". d) Unklarer Beamtenstatus. e) Aus Eberswalde/Oder; Finowkanal, Oderbruch und Schiffshebewerke deuten auf ein Handwerk der Binnenschifffahrt. f) Großvater wanderte nach Lyon aus und handelte mit Tüchern und Seide. Lichtenstein in Sachsen im westlichen Erzgebirgischen Becken. g) Zentrum des Mansfelder Kupfererzbergbaues, an Ausläufern des Südostharzes. h) War als Assessor 1908-1911 in Münster, heiratete 1911. Werne liegt 5okm südlich. k) Kleinstädte in den heutigen Bezirken Halle, Magdeburg und Schwerin. l) Großvater und Urgroßvater im fürstlich-schwarzenbergischen Dienst. l1/2) eheliche Verbindung der Kinder eines Gastwirts und eines Schlachtermeisters (l1); eines Bürgers und Malers und eines Walkers. m) Ein "Großbürger" und eine Bauersfrau Taufpaten des späteren Gewerberats (1880); Frau eines Schreinermeisters und "der zurzeitige Pfarrverweser vom Menzenschwand" Taufpaten bei der späteren Frau des Gewerberates. n) Landschaftliche Bindung schlesisch-lausitzisch-böhmisch. o) Kaufmann und Amtsrichter als Trauzeugen des Vaters des Gewerberats. p) Architekt und Handelsmann als Trauzeugen des Schwiegervaters des späteren Gewerberats. q) Unklar.

Anhang 12: Übersicht über den Stand der weiblichen Gewerbeinspektion im Jahre 1905

LAND	A	B	NAMEN[a]	GEHALT	EMPFOHLENE VORBILDUNG[b]
1.KÖNIGREICH PREUSSEN	1899/ 1900	Ange- stellte	Reichert,Conradt, Schlösser,Kummert	1800- 2400	Gewerbe- oder Fabrikpraxis
2.KÖNIGREICH BAYERN	1898	seit 1900 etatmäßig	Bernatz, Siebert, Gundlfinger	1860- 2400	betriebliche Erfahrung
3.KÖNIGREICH SACHSEN	1904	Ange- stellte[c]	Dose,Rothe,Jäger, Zeissler,Merbach	1800	bestimmte Vorbildung nicht erforderlich
4.KÖNIGREICH WÜRTTEMBERG	1899	etatmäßig (=beamtet)	Frl. Weller, Frau Grünau	1800- 2400	akademische Vorbildg. nicht erforderlich
5.GROSSHERZOG-TUM BADEN	etatmäßig 1900	(=beamtet)	Frl.Dr.Marie Baum	2900	akademische Vorbildung erforderlich
6.GROSSHERZOG-TUM HESSEN	etatmäßig 1898	(=beamtet)	Frl. Geist Frl. d'Angelo	2000- 2250	Instituts- bildung
7.SACHSEN-CO-BURG-GOTHA	1902	im Neben- amt	Frau Nohr	?	(frühere Elementar- schullehrerin)
8.SACHSEN-ALTENBURG	1902	seit 1902 etatmäßig	- Frl. Brieger	1500- 1650	Höhere Mädchenschule, Gesetzeskenntnis, betriebliche Erfahrung.

9.SACHSEN- ANHALT	1903	"Gehilfin" (c)	Frl. Voigt	500 u. Spesen	gleiche Anforderungen wie in S.-Altenburg.
10.HANSESTADT HAMBURG	1903	Ange- stellte	Frl. Elben	1800	wissenschaftl.Vorbil- dung ohne Abschluß.
11. BREMEN- OLDENBURG	1903 /04	etatmäßig (=angestellt)	Frl.Seelhoff	?	praktische u.theoret. Beschäftigung mit der Verwaltungsaufgabe.

x) Quelle: Lange/Bäumler 1906, Bd.5, S.80f; die verkürzt wiedergegebene Tabelle nennt a.a.O die Adressen der Aufsichtspersonen, den Umfang der Aufsichtsbezirke und das zuständige Ministerium. a) Außerhalb Preußens waren auch verheiratete Frauen im Dienst: Gundlfinger, Merbach, Grünau, d'Angelo und Nohr. b) Für Coburg-Gotha wird nur die Vorbildung der Stelleninhaberin angegeben. c) Mit vierteljährlicher Kündigungsfrist. A= Eintrittsjahr, B = Stellung in der Behörde.

Anhang 13 folgt am Ende des Tabellen-Anhangs.

Anhang 14: Beruf und soziale Stellung von Verwandten und Vorfahren der Höheren Töchter (N=41).

	A	B	C	D[a)]	H[b)]
A		-Major (Ko)	-Gewerbe- inspektor(Ko) -2 Beam- tinnen (Ge)	-2x Kaufmann(Ge) -1x Versicherungs -kaufmann -1x Weinhändler	-Witwe/Ren- tiere -2 Fabrikanten -1x Oberlehrer
B		-Gewerbe- rat (Ge)	-Lehrerin (Ge)	-Kaufmann (Ko)	--
C	Land- wirt (Ge)	-Offizier(Ge) -Filialdi- rektor (Ko) -Arzt (Gr)	-Spezial- beamtin (Ge) -Diplom- Ingenieur(Ko)	-Kaufmann (0) -kaufmännische Angestellte -2x "ghs"[(c)]	--
D		-Landrat (Sv)	-Gewerbeober- kontrolleur (Ko) -Kalkulator(Ko) -Reallehrer (0) -Buchhalter(Sv) -2x Kaufmann(Ge) -1x Lehrerin(Ge)	-2x Kaufmann(Ge) - -1x Kaufmann (0) - -	-Ritterguts- besitzer -4x "ver- heiratet"
·	1	m 6	13	12	9

a) A - D meinen dieselben Gruppen wie in Tabelle 13. Während aber die Zeilen hier die Väter jener Tabelle betreffen, ordnen ihnen die Spalten die Stellungen der Großväter (Gr), Schwiegerväter (Sv), Onkel (0), Geschwister (Ge) und Ehepartnern ihrer Töchter zu. b) Das Konnubiunm der Schwestern oder Cousinen der Kontrolleurinnen nennt entweder den Beruf bzw. die Stellung der geheirateten Männer oder nur den Umstand "verheiratet. c) bedeutet: "alle Mädchen haben gehobene sichere Stellungen" (zit.nach HII, M36).

Anhang 15: Beruf und soziale Stellung von Verwandten und Vorfahren der ehemaligen Arbeiterinnen im Aufsichtsdient.(x)

A	B	C	D	E
1.MAASS (BERLIN 1879)	- Maurer -	- Postillon -	Schneider-meister -	Gartz/Oder,Kreis Luckau in der Niederlausitz
2.SCHNETZLER(a) (KREFELD 1887)	Mützen-macher -	Bürger und Flaschner -	Böttcher/ Faßbinder -	Rheinland-West-falen(Köln,Dor-sten,Ravensberg)
3.SCHMIDT (LIEGNITZ 1897)	Arbei-ter(b) -	Kleingärt-ner und Häusler	Arbei-ter	Dörfer in Nieder-schlesien
4.WELZER (BERLIN 1901)	Metall-arbeiter -	Tag-arbeiter -	Tage-löhner -	Guhrau in Nieder-schlesien und Neu-stettin,Hinterpommern
5.ECK (ELBERFELD 1904)	Weber-meister	- Weber	Zimmer-mann	Elberfeld und Des-sau in Anhalt
6.FUNKE (HANNOVER 1904)	Hausver-walter	Maurer-polier	Eisenbahn-schaffner	??
7.DR.HENSELEIT (RB GUMBINNEN 1899)	wie C/D	Landwirt/ Hofbesitzer	Landwirt/ Hofbesitzer	Ostpreußen

A = Namen mit Geburtsort und -jahr; B = Beruf des Vaters; C = Beruf des Großvaters väterlicherseits; D = Dasselbe mütterlicherseits; E = Landschaftliche Bindung der Vorfahren.

x) Nach 1920, einschließlich Dr.Henseleit. Nicht erfaßt sind die Arbeiter- und Handwerkertöchter Schmitz, Rudersdorf und Lüdicke. a) Als Urgroßväter n..nen die Quellen einen Kordonist und einen Säckler, also wie Flaschner und Böttcher, Tagearbeiter und -löhner, Landwirt und ggf. auch Weber und Zimmermann (vgl.4,7,5) verwandte und kontaktfähige Berufe, Tätigkeiten und Handwerke.b) Heiratete 1893 eine Köchin, Tochter eines Arbeiters (4.Spalte). Trauzeugen waren der 64jährige Comtoirdiener August Walter und der 54-jährige Kaufmann Wilhelm Schmidt. c) Heiratete eine Näherin; Trauzeugen waren ein 27- und ein 29-jähriger Arbeiter, "die sich durch Militärpass legitimieren."

Anhang 16: Überblick über 15 Beamten des mittleren Dienst 1919-1948

Name	Geboren	Eintritt	Vorbildung	Beruf des Vaters
Höftmann	1869	(1919)	Malergehilfe	?
Lohmann	1891	1919	Offizier	Geh. ORR
Burghoff	1872	1922	Seidenbandweber	Tuchwebermeister
W. Horn	1877	1922	Schneidermeister	?
Peters	1882	1926	Kaufmann	?
Kornemann	1822	1921	Dreher	?
Thomas	?	1930	Schlosser	?
Sander	1905	1937	Technikum	Kaufmann
Fuchs	1906	1937	Tischler	Marineoberingenieur
Paul	1904	1938	Schlosser	Reichsbahnoberschaffner
Löfs	?	1939	Technikum	?
Czech	1906	1939	Technikum	Buchhalter
Liehske	1902	1941	Schlosser	EB-Werkstattvorsteher
Pinkerneil	1898	1947	Steiger	Zechenbetriebsführer
Holthöfer	1919	1949	Dipl. Ing.	Gewerberat

Anhang 17: Herkunft, Dienstzeit, Beruf und gewerkschaftliche Bindung von Angestellten des mittleren Dienstes (10er Sample).

A	B	C	D
1.KARL NOLTE (BEI MARBURG 1884)	April 1921 - März 1929 (zum ORR befördert)	Schneider	13 Jahre lang Sekretär der christl. Gewerkschaft.
2.KURT PAHLKE (BERLIN 1895)	Juli 1922 - Nov. 1923 (Bitte um Entlassung)	Buchhalter	ADGB (besuchte Betriebsräteschule)
3.REIFERSCHEID (KÖLN 1867)	August 1922 - 1924 (unbekannt)	Schlosser	ca. 9 Jahre lang u.a. Sektionsleiter des ZV der Maschinisten und Heizer.
4. JOSEF RATH (ESSEN 1886)	Oktober 1922 - Mai 1924 (wurde entlassen)	Buchbinder	ADGB, ca.3 Jahre Ge- Gewerkschaftssekretär.
5. MARQUARDT (POSEN 1886)	Nov. 1922 - März 1923 (wurde entlassen)	Werkzeug- schlosser	eigene Bewerbung
6.PORNSCHLEGEL (FRANKFURT 1880)	Nov. 1922 - Okt. 1923 (Bitte um Entlassung)	kaufmännischer Angestellter	Zentrale Arbeitsgemeinschaft
7. SCHÄFER (BEI DORTMUND 1880)	Sept. 1923 - Nov.1925 (Bitte um Entlassung)	Verwaltungs- angestellter	eigene Bewerbung

8. PEIKERT (?? ca.1880)	Nov.1923 - April 1924 (Bitte um Entlassung)	- Tischler	Sekretär des dt. Holzarbeiterverbandes (8J), Arbeitersekretär (Berlin, 13J.)
9. THÖRNER (CHEMNITZ 1877)	Nov. 1923 - Juni 1934 (verstorben) -	Buchbinder. Werkmeister -	Leiter der Rechtsauskunftsstelle beim Dt. Werkmeisterverband.
10. KARL WOLDT (STETTIN 1906)	Febr.1922 - April 1935 (wurde entlassen)	Bäcker und Konditor	eigene Bewerbung

A = Name mit Geburtsort und -jahr; B = Dienstzeit (Hinweis auf Ursache des Austritts); C = Vorbildung und/oder erlernter Beruf; D = Gewerkschaftliche Bindung oder Empfehlung; ZV = Zentralverband; J = Jahre.

Anhang 13: Berufserfahrung und Praxisnähe von 64 Assistentinnen.

	HÖHERE TÖCHTER mit					ARBEITERINNEN
	Kalkulierter Praxis (davon..)	a) Lehrerinnen (L) b) selbständige Lehrerinnen (SL)	einer Ausbildung als Fürsorgeschwester -	langjähriger Betriebspraxis (Direktricen)	kaufmännischer oder gewerblicher Ausbildung und Praxis	mit Volkschulbildung und langjähriger Praxis
EINSTELLUNGEN VOR 1914	Brinkmann	Schlösser (SL)	(Schumacher)	Reichert	Schalkau (L)	
	Bennigsen-Foerder	Kummert (SL)	(Bernecker)	Conradt	Koopmann	
	Klatt-Modrow	Bernecker (L)	(Alexander)	Dornis	Trapp (?)	
	Schumacher	Hermann (L)	Dauss	Plage		
	Reygers	Alexander (L)	Seiffert	Specht		
	Matthes (?)	Gründig	Rixmann			
	-	Wirtschaft (SL)	Werner			
	6	7	5	5	3	0
EINSTELLUNGEN BIS EINSCHL. 1916	Kress	Masche-Jerusalem	Glöcker	Lüdicke	Lettan	Reichert
	Koeppen	-	Stachowitz	Kuhnke	Petersen	Schmitz
	(Petersen)	-	Kreyher	Gürtler (?)	Fleissig	Rudersdorf
	(Zender)	-	(Masche-Jerusalem)	-	Zender	Schnetzler
	Piper	-	-	-	Glöckner	(Lüdicke)
	-	-	-	-	(Stachowitz)	
	-	-	-	-	Friebel	
	3	1	3	3	6	4
EINSTELLUNGEN BIS 1920	(Giesler)	Wirth (L)	Henne	Frenzel	Lucy Heise	Krämer
	-	-	Hossenfelder	Müller-Rische	Käthe Heise	Gaedke
	-	-	Töpert	-	Klapper	
	-	-	-	-	von Görschen	
	-	-	-	-	Wagner	
	-	-	-	-	Giesler	
	-	-	-	-	Glauch	
	-	-	-	-	Thiel	
	-	-	-	-	Rantzau	
	-	-	-	-	Klara Heise	
	0	1	3	2	10	2

8. VERZEICHNIS DER BENUTZTEN AKTEN

Überlange Aktentitel werden zum Teil nur paraphrasiert wiedergegeben.

A. Zentrales Staatsarchiv, Dienstelle Merseburg (ZSTA).

I. Handelsministerium (Rep.120).

1. Rep. 120 BB VII 1, adhibendae 1-30.

-adh. 2, Vorschriften für den inneren Dienst,3Bde.,1892-1932.
-adh.2a, Dienstanweisungen für die Gewerbeaufsichtsbeamten, 1892-1934.
-adh.3a, Die Anstellung von weiblichen GAB, 1927-1934.
-adh.10, Konferenzen der RGR, 4 Bde., 1894-1934.
-adh.14, Berichterstattung über die persönlichen und dienstlichen Verhältnisse der GAB, 1891-1932.
-adh.17, Dienstliche Obliegenheiten und Befugnisse der GAB, Bd.1, 1881-1913.
-adh.23, Verstärkung des GAD durch Hilfskräfte ohne akademische Ausbildung, Bde.1-7, 1900-1934.
-adh.27, Die Gewerbeärzte, 2 Bde., 1920-1937, sowie 2 Beihefte.

2. Rep. 120 BB VII 4, Nr.1, Bde.1-13 (1853-1934), Akten betr. die nach Maßgabe des § 139b der Gewerbeordnung anzustellenden Aufsichtsbeamte/ Gewerberäte.

Bd. 1 (1853-1877), Bd.2 (1877-1878), Bd.3 (1879-1883), Bd.4 (1883-1888).

3. Rep. 120 BB VII 4, Nr.2-20, Die Versehung der Geschäfte eines Gewerberates für ... (Name des Bezirks oder der Provinz).

Nr. 2, Für Berlin, Charlottenburg, die Kreise Teltow und Nieder-Barnim (GR v.Stülpnagel), 1872-78 (Bd.1), 1879-91 (Bd.2).
Nr. 3, Die RB Breslau u. Liegnitz (GR Frief), 1873-91.
Nr. 4, Den RB Magdeburg (GR Süssenguth), 1873-1891.
Nr. 5, Den RB Düsseldorf (GR Dr.Wolff, später Theobald), 1853-76 (Bd.1), 1876-91 (Bd.2).
Nr. 6, Den RB Frankfurt/O und Potsdam (GR v.Rüdiger), 1874-91.
Nr. 7, Den RB Arnsberg (FI Nitschke, später Osthues), 1853-75 (Bd.1), 1875-80 (Bd.2), 1882-91 (Bd.3).
Nr. 8, Die Provinz Pommern (Hertel), 1875-1933 (Bd.1), 1888-1896 (Bd.2).
Nr. 9, Die Provinz Ost-/Westpreußen (GR Sack), 1874-91.
Nr. 10, Die RB Aachen und Trier (GR Reichel), 1875-85 (Bd.1), 1885-1908 (Bd.2).

Nr.13a, Die Fabrik-Inspektoren für den RB Aachen, 1853-71.
Nr. 11, Den RB Oppeln (GR Bernouilli, später Trilling), 1876-91.
Nr. 12, Die Provinz Hannover (GR Ecker, später Müller), 1875-91.
Nr. 14, Den RB Schleswig, 1879-91.
Nr. 15, Die RB Merseburg und Erfurt (GR Neubert, später Hägermann), 1879-1891.
Nr. 16, Die RB Köln und Koblenz (GR Theobald, später Neubert), 1879-1891.
Nr. 17, Den RB Posen (Hägermann, später Schmidt), 1878-91.
Nr. 18, Die RB Minden und Münster (Ing. Raether), 1879-1891.
Nr. 19, Den RB Sigmaringen, 1920-31.
Nr. 20, Die Provinz Hessen-Nassau (GR Kind, später Schreiber), 1875-81 (Bd.1), 1881-91 (Bd.2).
Nr. 22, Der Assistent des Gewerberats in Arnsberg, 1879-96.

4. Rep. 120 BB VII 4a, Jahresberichte der Gewerberäte.

Nr. 1, Die Berichte der Fabrikinspektionen fremder Staaten, 4 Bde., 1869-1925.
Nr. 5, Regierungsbezirk Düsseldorf, 4 Bde, 1855-99.
Nr. 7, Regierungsbezirk Arnsberg, 1.Bd., 1856-83.

5. Rep. 120 BB VII 4b Personalakten der Gewerbeaufsichtsbeamten.

Siehe dazu unten die Übersicht über die 356 vorhandenen Akten unter Gliederungspunkt H.

II. Kultusministerium (Rep.76 Vb Sekt.1-7 Technische Hochschulen)

1. Sekt.1 Tit. I,1 Die Polytechnischen Schulen, gen., Bd.1, 1867-1898.
2. Sekt.1 Tit. V,1 Bd.1 Diplomprüfungen, 1872f.
3. Sekt.1 Tit. V,2 Bd.1 Ausbildung und Prüfung der im Staatsdienst anzustel lenden Bau- und Maschineningeieure, 1868-1876.
4. Sekt.1 Tit. V,10 Bd.1 Ausbildung und Prüfung der Feldmesser und Mark scheider, 1871f.
5. Sekt.1 Tit. V,14 Prüfung der Bautechniker, 1865-83.
6. Sekt.4 Tit.VI,15 Bd.1 Bildung der Kandidaten für das Baufach zu Baureferendarien und deren Anstellung, 1831-47.
7. Sekt.2 Tit. 23, Nr.15 Gewerbeinstitut, später -akademie (=Rep.76 Vc).

III. Geheimes Zivilkabinett im Staatsministerium (Rep 2.2.1, früher Rep 89)

Nr. 27 794 Anlagen von Dampfmaschinen, 1830-1914.
Nr. 27 795 Aufsicht über die Beschäftigung jugendlicher Arbeiter und über die im Interesse der Gesundheit der Arbeiter erforderlichen Einrichtungen in den gewerblichen Anlagen, sowie die GAB im allg.,

	1839-1917.
Nr. 27 798/99	Akten betr. die GAB, 1879-1914 (Bd.1), 1914 (Bd.2).
Nr. 27 800	Acta betr. die GAB in Elsaß-Lothringen, 1889-1915.

IV. Finanzministerium (Rep.151 IC = Einzelressorts)

IC Nr. 9162	Staatshaushaltsetat des HM, Bd.30, 1878-80.
IC Nr. 9200-202	Personal- und Besoldungsetats, Bde.5-7, 1879-98.
IC Nr. 9207	Jahresübersichten der Einnahmen und Ausgaben sowie der Etat überschreitungen bei der HM Verwaltung, Bd.2, 1864-1922.
IC Nr. 9230	Reorganisation der oberen Verwaltung des Bauwesens, 1849-1895.
IC Nr. 9231	Gehaltserhöhungen für die Beamten im Ressort des Handels ministeriums, 1873-1901 (Bd.2).

B. Hauptstaatsarchiv Düsseldorf (Kalkum/Maurstraße)

1. Bestand der Regierung Düsseldorf (Reg.Dü Nr../Reg.Dü Präs Nr..)

Präs. Nr. 269	Persönliche und dienstliche Verhältnisse der höheren Regierungs beamten, 1851-88.
Präs. Nr. 296	Persönliche und dienstliche Verhältnisse der im Gewerbeinspek tionsdienste beschäftigten Beamten, Bd.1, 1892-1918.
Präs. Nr.8597	Geschäftsverteilung bei der Regierung, 1816-48.

Nr. 2 155	Einführung des Gesetzes vom 16. Mai 1853 (Beschäftigung ju gendlicher Arbeiter in Fabriken, Allgemeines), 1853-55.
Nr. 13 261	Anstellung des Fabrikinspektors, 1853-65.
Nr. 13 262	Dasselbe 1875-1890.
Nr. 13 263	Dasselbe 1891-1914.
Nr. 24 574	Repertorium der Registratur für Handel, Gewerbe und Eisen bahnen, Fach 4.1.-4.3., (Fabrikinspektion 1853-66).
Nr. 24 652-54	Beschäftigung jugendlicher Arbeiter und Arbeiterinnen in Fabriken, Allgemeines, 3 Bde, 1878-1905.
Nr. 24 750	Hausindustrie, Hausarbeitsgesetz.
Nr. 33 486	Anstellung des Gewerbeinspektors, 1892-1914.
Nr. 33 487	Jahresberichte des Aufsichtsamtes Duisburg, 1933/34.
Nr. 33 504	Anstellung der Gewerberäte und deren Mitarbeiter, 1897-1914.
Nr. 33 483/84	Militärbefreiungen im 1. Weltkrieg.
Nr. 33 498	Anstellung von Gewerbeaufsichtsbeamten, 1931-38.

Nr. 41 215-17 Pensionswesen und Wartegelder, 3 Bde., 1819-1911.
Nr. 41 223 Die den Hinterbliebenen verstorbener Beamten und Pensionäre zustehenden Gnaden-Gehälter, 1816-92.

2. Bestand der Regierung Aachen (Reg.AA Nr.. /Reg.AA Präs.Nr..)

Präs. Nr.1346 Besetzung der Stelle eines FI 1857-67, (Bd.1).
Nr. 13 56 TH Aachen; Diplom und Dr. Ing.- Prüfungen, 1871-1923.
Nr. 14 12 Der Gewerbeinspektor des Regierungsbezirks.
Nr. 14 28 Der Assistent für den GR, 1885-92.
Nr. 14 82 Spezialtechniker für die Dampfkesselüberwachung, 1882-85.
Nr. 7 906 Einrichtung von Gewerberäten, 1849-88.
Nr. 7 927-32 Anstellung eines FI, 6 Bde., 1854-92.
Nr. 12 975-81 Gewerbeinspektion, allg., 7 Bde., 1892-1911.
Nr. 12 982-83 Persönliche und dienstliche Verhältnisse d. GAB, 1892-1937.
Nr. 12 985-86 Gewerbeinspektion Aachen allg., 1892-1933.
Nr. 13 007 Angelegenheiten des GR, 1909-37.
Nr. 18 647 Allg. Instruktionen für die Gewerbeinspektion, 1854-79.
Nr. 20 026 Ausbildung der Gewerbereferendare, 1907-1936.

3. Regierung Köln I, II.

Nr. 20 64-66 Die Beamten der Handels- Gewerbeverwaltung, generalia, 3 Bde., 1900-21.
Nr. 22 16 Inspektion der Fabriken durch den Rat der Gewerbesachverständi gen in Köln, 1835-56.
Nr. 22 17-18 Der Gewerbeaufsichtsdienst und die -inspektion, gen., 2 Bde., 1881-96, 1896-1900.
Nr. 22 19 Konferenzen der GAB, gen., 1901-1904.
Nr. 22 20 Persönlich Angelegenheiten der GAB, Bd.3, 1917-24. (Bde. 1 u.2 im Bestand nicht vorhanden).
Nr. 22 21-22 Gewerbeaufsichtsdienst, Verschiedenes, Bde. 2/3, 1913-17, 1918-24. (Bd.1 im Bestand nicht vorhanden).

4. Personalakten (Reg Dü P Nr./ NwPe Nr./ acc....).

Reg Dü Präs 218 Kgl. GR Otto Theobald, geb.1837, 1879-1905.
Reg Dü Präs 1695/1695a Kgl. GR Dr.Bernouilli, geb.1835, 1879-91.
Reg AA 2154/55 Heinrich Storp, geb.1845, 1882-1934.

P 27 562 Dr.Theodor Bauer, geb.1903, 1928-1964 (sowie P 56 239 und NwPe 1323).

P 40 647	Assessor Hintze, geb. , 1899-1915 (3 Bde).
P 47 679	Heinrich Kreis, geb.1885, 1910-1945 (3 Bde).
P 52 368	Dr.Ludwig Czimatis, geb.1861, 1891-1927 (6 Bde).
P 52 460	Dr.Leopold Kirchner, geb.1868, 1899-1922 (7 Bde).
P 52 621	Julius Fröhlich, geb.1843, 1891-1906.
P 52 636	Dr.Karl Heucke, geb.1864, 1895-1919.
P 52 650	Friedrich Schnöpf, geb.1862, 1894-1928 (6 Bde).
P 52 652	Richard Bredo, geb.1843, 1891-1912.
P 52 654	Dr.Wilhelm Bender, geb.1862, 1899-1925 (3 Bde).
P 52 655	Walter Vogel, geb.1876, 1904-39 (7 Bde).
P 52 658	Friedrich Westmeyer, geb.1860, 1893-1925 (2 Bde).
P 52 680	Emil Blüher, geb.1875, 1929-59 (5 Bde).
P 52 682	Otto Menzel, geb.1861, 1895-1927 (3 Bde).
P 52 684	Friedrich Steinmann, geb.1886, 1912-14.
P 59 740	Heinrich Bick, geb.
P 86 350	Clemens Pasch, geb.1881, 1906-
P 86 491	Rolf Bergmann, geb.19o5, 1932- (4 Bde).
P 93 382	Karl Raabe, geb.1890, 1919-35.
P 98 954	Eugen Heiderrich, geb.1896.
P 99 o25	Fritz Hope, geb.1894, 1927-62 (8 Bde).
P 100 500	Richard Gente, geb.1901, 1930-66.
P 100 501	Withold Hoheisel, geb.1901.
P 101 199	August Dechene, geb.1897, 1926-62 (8 Bde).
P 101 291	Maximilian Wahle, geb.1898, 1927-63 (3 Bde).
P 101 293	Ulrich Artzt, geb.1880, 1905-47 (4 Bde).
P 101 307	Friedrich Hüttemann, geb.1876, 1904-41 (4 Bde).
P 121 726	Wilhelm Hartung, geb.1904, 1931- (8 Bde).
P 122 621	Oskar Vertschewall, geb.1880, 1907- (5 Bde).

(NwPe Nr...)

1317	Hans Addicks, geb.1898, 1923-63.
1325	Dr.Ing.Fritz Brauer, geb.1900, 1925-65.
1332	Dr.Julius Danehl, geb.1890, 1925-59 (P 100 496).
1334	Dr.Rudolf Dietz, geb.1901, 1931-66.
1335	Gerhard Doerry, geb.1899, 1928-64.
1341	Dr.Heinrich Gebhardt, geb.1900, 1929-65.
1344	Hermann Gronemann, geb.1896, 1924-61.
1358	Walter Janke, geb.1891, 1919-45.
1360	Johannes John, geb. 1895, 1923-53.

1366	Wilhelm König, geb.1902, 1927- .
1371	Bernhard Krebs, geb.1898, 1928- .
1374	Dr.Hans Kuhlmann, geb.1900, 1927-65.
1408	Dr.Johannes Theißen, geb.1900, 1928- .
1631	Joachim Baumgarten, geb.
1634	Knop, gen. Buschmann, geb.
1633	Fritz Budde, geb.
1637	Wolfgang Grimm, geb.1877, 1906-42.
1638	Robert Hockelmann, geb.1879, 1906-47.

acc 122/85	-Julius Braun, geb.1869, -1934.
	-Wilhelm Thomas, geb.1900, -1962.
	-Alfred Heider, geb.1907,
acc 47/85	-Friedrich Schmidt, geb.1900,
	-Andreas Schulte, geb.1905,
	-Maria Schnetzler, geb.1887,
	-Josef Steinmetz, geb.1901,
acc 17/85	-Karl Holzapfel, geb.1892,
	-Ludwig Löfs, geb.1899,
	-Andreas Jung, geb.1903.

Die PP 40 643-45 (Adam, Butzmühlen, Brosius), sowie die PP 40 649-54 (Steph, Schoeler, Dr.Tripke, Tesnow, Täschner u. Zechlin) wurden kassiert, obwohl sie in Findbuch G 211.191, S.21f noch aufgeführt sind. Dr.Wilhelm Denker, geb.1868, (P 75 45) wurde ebenfalls kassiert. Unter P 52 651 liegt nicht GR Julius Frölich, sondern ein Dolmetscher M.Frank.

Die unter die Sperrfristen -Runderlaß des Kultusministers vom 9.11.1984 -IV B 3 -40-7- 2740/48 - fallenden Akten sollen gemäß den Benutzgenehmigungen vom 17.9.1985 bzw. 12.3.1986 -IV B 3 -42-64- 1947/85 - nur in anonymisierter Form zu der Darstellung herangezogen werden.

C. Staatsarchiv Münster (Reg. Mü/ AB, Oberpräs. MÜ)

I. Oberpräsidium Münster (B 120 ...)

Nr. 81	Jahresberichte des Konsortiums der Provinzialschul- und der Gewerbeangelegenheiten, 1818-51.
Nr. 1248	Geschäftsverteilung der Regierungen Münster und Arnsberg, 1818-98.
Nr. 1260	Geschäftsverteilung des Oberpräsidiums, 1873-1907.

Nr. 2760	Bde 1-5, Fabrikinspektoren und Gewerberäte 1893-1900 (Bd.3), 1901-05 (Bd.4), 1906-11 (Bd.5).
Nr. 7089	UK-Stellungen im 2.Weltkrieg.
Nr. 7109/10	Personalia der höheren Beamten der Regierung.

II. Regierung Münster (B 201,3 ...)

Nr. 4512	Veränderungen beim Reg.kollegium, 1854-68, 1888-95.
Nr. 4516	Konduitenlisten der Mitglieder und Referendarien der kgl. Regierung, 1818-30.
Nr. 4532	Jahresnachweis technischer Beamter, 1859-1911.
Nr. 4539	Anordnung (Beschäftigung und Anleitung) der Referendarien, 1814-78, Bd.1.
Nr. 4793	Verzeichnis eingestampfter Akten, 1916.
Nr. 4809	Die Dienstjubiläen der Beamten, 1840-97.

IIIa. Regierung Arnsberg Präs. (B 400 ...)

I Pr 13	Teilnahme von höheren Verwaltungsbeamten an volkswirtschaft licher Fortbildung, 1905-07.
I Pr 77	Persönliche Verhältnisse d. Beamten, 1882-1995 (Bd.3).
I Pr 159	Dasselbe, 1895-1920 (Bd.4).
I Pr 131	Vorschriften über die Ausbildung und Prüfung für den Staatsdienst im Bau- und Maschinenebaufache, 1886-92.

IIIb. Regierung Arnsberg (B 403,1-2 ...)

I GA 202	Jahresberichte der GAB 1872-80.
I GA 453-59	Dienstl. u. persönl. Verhältnisse d. GAB (55/56 gesperrt).
I GA 461-68	Über die Einteilung und den Betrieb d.GAÄ, 1891-1940.
I GA 474-83	GAÄ Dortmund, Bochum, Hagen, Siegen u. Soest.
I GA 485/508	GAÄ Gelsenkirchen und Witten.
I GA 487-91	GAÄ Iserlohn, Schwelm, Lüdenscheid.
I GA 507	GAA Hörde.

6 - 233	Vorbildungs- und Prüfungsordnung für die GAB, spez.1906-40.
6 - 239	Personalia der GAB, 1898-1947.
6 - 240	Angestellte bei den Gewerbeaufsichtsämtern.
6 - 246	Organisation der Gewerbeaufsicht, 1901-48.
6 - 247	Personalia des RGR, 1892-1943.
6 - 431	Personalangelegenheiten, gen., 1901-33.

IV. Personalakten (Reg. Mü/AB, OP MÜ)

AB A 111	Dr.Anton Maué, geb.1877, 1905-45 (3 Bde).
AB A 448	Ludwig Holthöfer, geb.1887, 1909- (1Datenblatt,DB).
AB A 454	Dr.Ing.Erich Brennecke, geb.1903, 1930- (1DB).
AB A 456	Hugo Hausmann, geb.1885, 1909-21, (1DB).
AB A 474	Jakob Reuter, geb.1852, 1894- (3Bde).
AB A 657	Heinrich Kattentidt, geb.1861, 1893-1927 (3Bde).
AB A 686	Walter Lipschitz, geb.1876, 1902-32 (3Bde).
AB A 720	Bernhard Osthues, geb.1835, - (4Bde).
AB A 721	Wilhelm Oppermann, geb.1856, 1891-1911 (2Bde).
AB A 829	Johannes Winterhager, geb.1880, 1906-45 (7Bde).
AB A 875	Brieske
AB A 951	GR Eckey
AB A 1076	Eduard Kozer (1907 nach Hannover).
AB A 1109	Ernst Laurisch (1902 nach Düren).
AB A 1193	Dr.Kurt Poszka (1932 nach Merseburg).
AB A 1279	RGR Schuler (1898 nach Breslau).
AB A 1348	Referendar Dr.Valentin (1898 nach Danzig).
AB A 1361	Dr.Otto Welzel (1913 nach Hildesheim).
MÜ A K 15	Josef Dres, geb.1858,1892-1928 (4Bde).
MÜ A K 35	Christian Klasmaier, geb.1894, 1920- (4Bde).
MÜ A K 268	Gustav Krabbe, geb.
MÜ A L 97	Emil Lefebvre, geb.1898, 1922- (4Bde).
MÜ A P 16	Fritz Pirsch, geb.1858, 1893- (4Bde).
MÜ A W 43	Heinrich Weidling, geb.1900, 1930- (3Bde).
AB B 1009	Max Simroth, geb.1883 (kassiert 1983).
AB B 1011	Reinhard Holthöfer, geb.1919, 1949.
AB I 762	Sigismund Lüschow, geb.1880, 1905-28 (4Bde).
AB I 877	Wilhelm Horn, geb.1877, 1922-33 (3Bde).
AB I 888	Wilfried Szezepanski, geb.1879, 1907-47.
AB II 295	Isolde Holthöfer, geb.1914, (kassiert 1982).
AB II 6788	Adolf Kornemann, geb.1882.

D. Staatsarchiv Detmold (Regierung Minden)

I. Regierung Minden (M1/D3) und Ministerium Lippe (L75).

(M1 IG ...)

Nr. 1	Inspektion der Fabriken, 1876-1925.
Nr. 2	Die Gewerbeinspektion, spez., 1892-1932.

Nr. 3	Die Gewerbeinspektion in Minden, 1892-1933.
Nr. 7	Der innere Dienst der Gewerbeinspektion, 1894-1933.
Nr. 8	Das Etats-, Kassen- u. Rechnungswesen des GAD, 1894-1933.
Nr. 10	Konferenzen der GAB, Bd.1, 1894-1924.
Nr. 14	Die GAB,gen.,Bd.1, 1892-1923.
Nr. 15/16	Die GAB, spez., 2 Bde, 1892-1905.
Nr. 17	Personalia der GAB, Dienstbetrieb, Bd.1, 1890-1913.
Nr. 19	Die Gehälter, Diäten u. Reisekosten, Bd.1, 1892-1917.
Nr. 22	Pensionen und Unterstützungen der GAB und deren Hinterbliebenen, Bd.1, 1898-1934.
Nr. 24	Die Ausbildung der Gewerbereferendare, 1925-34.
Nr. 84	Die Berufsgenossenschaften, spezialia (Arbeitsschutz), 1887-1925.
Nr.106	Übersicht über die in Gewerblichen Anlagen vorgekommenen Unfälle 1874-1885.
Nr.478	Die GAB, Bd.2, 1892-1934 (Ausbildungs- und Prüfungsordnung).

(M1 IU ...)

Nr. 10/11	Dienstbtrieb GAD, 2 Bde, 1898-1939.
Nr. 12	Etats der Handels- u. Gewerbeverwaltung, 1850-1910.
Nr. 21	Gehälter und Umzugskosten, 1916-42.
Nr. 415/16	Provinzialgewerbeschulen, 1850-78.

(M1 PR ...)

Nr. 2	Organisation der Regierungsbehörde, 1815-59.
Nr. 69/70	Versorgung der Militärpersonen im Zivildienst, 1838-97 (Bd.2), 1879-99 (Bd.3).
Nr. 192	Anstellung eines GR für den Reg.bez., 1879-98.
Nr. 350	Medizinal- Personal- Angelegenheiten, 1826-97.
Nr. 372	Zucht-, Straf- u. Arbeitshäuser, 1825-89.
Nr. 763	Persönliche u. dienstliche Verhältnisse der GAB, 1892-1929.

(D 3 ...)

Nr. 2	Dienstanweisungen für den GAD, 1893-1912.
Nr. 17	Personalia der GAB, gen., (Minden), 1897-1931.
Nr. 56-61	Geschäftsakten des GAD, 5 Bde, 1892-1960.

II. Personalakten (Regierung Minden)

(D 99 ...)

Nr. 1374 Erich Deubner, geb.1879, 1906-46.
Nr. 1347 Ernst Schürholz, geb.1878, 1902-46.
Nr. 9714 Hugo Möbius, geb.1881, 1906-46.
Nr. 9918 Pauline Welling, geb.1900, 1929-65.
Nr. 10108 Klaas Akkermann, geb.1900, 1925-65.
Nr. 10119 Hans Banik, geb. 1896, 1927-61.
Nr. 10142 Wilhelm Cordes, geb.1879, 1905-45.
Nr. 10412 Karl Modersohn, geb.1898, 1927-63.
Nr. 10533 Klara Rybski, geb.1895, 1929-59.
Nr. 10540 Hermann Segen, geb.1886, 1940-50.

(M 1 PR Pers ...)

Nr. 639/40 Karl Müller, geb.1854, 1893-1920.
Nr. 736 Hellmuth Raether, geb.1847, 1879-1905.
Nr. 957 Conrad Trauthan, geb.1919, 1892-1928.

(D 1 PR Pers ...)

Nr. 162 Ursula Duras, geb.1919, 1947-58.
Nr. 750 Johannes Schmitz, geb.1897.

E. Hauptstaatsarchiv Hannover (HSTA Hannover)

I. Oberpräsidium Hannover (Hann 122 VIII/IX Nr ...)

(VIII, Nr ...)

603 Die Gewerbeaufsichtsbeamten, 1877-1904 (Bd.1).
604 Dass., 1894-1907.
605 Der FI in der Provinz Hannover, 1876-94, (gen.).
606 Der Assistent des FI (GR) der Provinz Hannover, 1890-94.
607 Die Anstellung eines FI für die Provinz Hannover, 1874-76.
17d Persönl.und dienstl. Verhältnisse der höheren Regierungsbeamten der kgl.Landdrosteien, Bd.1, 1868-86.
305e Die Unterbeamten bei Präsidium und Reg., 1868-1937.
362a Der Geschäftsgang bei den Regierungen, 1885-1935.

(IX, Nr ...)

63 Ausbildung der Beamten in amtlicher Statistik, 1868-1902.

65	Technologische Kurse für Juristen, 1900-37.
66/67	Staatswissenschaftliche Fortbildungskurse, 1903-34.
68	Kurse über Bau- und Wohnungshygiene sowie Städtebau für die höheren technischen Beamten und die Mitglieder der Regierung, 1904-19.
107	Die Dienstwohnungen der Beamten, 1868-1931.
120	Wohngeldzuschüsse, 1873-1909.
152	Pensionierung der unmittelbaren Staatsbeamten, (Bd.2).

II. Regierung Hannover (Hann (1) 80 Hann (II) ...)

98	Beamte des höheren technischen Dienstes.
175	Die Trennung der Unterschriften bei gemeinschaftlicher Berichterstattung der Ämter pp und der technischen Beamten ... (1846).
L 1330	Die Konferenzen der Gewerbeaufsichtsbeamten, 1884-92.
B, acc 54/68 Nr.99	Das Gewerbeaufsichtsamt Hannover, 1933-38.
G, acc 96/68 Nr.40/45	Aussonderung v. Personalakten, 1940/45.

III. Regierung Lüneburg (Hann 180 Lü ...)

(III ...)

acc XV Nr. 20	Die Diensteinkommen der GAB, 1920-22.
Nr.105	Die Vereidigung der DÜV-Ingenieure.
acc XXIX Nr.178/79	Die Regierungsmitglieder und höheren technischen Beamten.
acc "L"	Personalaktenlisten mit Urteilen über Archivwürdigkeit (GR E.Thurmann, 1910-45, kassiert; ebenso GOK Peters, 1926-50).
acc LXXX Nr.83/84	Die GAB, 1921-51.
Nr. 282	Abgabe der Personalakten von versetzten GAB, 1919-39.
Nds 120 Lü acc 100/84 Nr.183 :	Personalangelegenheiten der GAB, 1947-52

IV. Regierung Hildesheim (Hann 180 Hi, Nr ...)

60	Geschäftsverteilung, 1866-85.
71	Dasselbe, 1886-1929.
4937/1	Personalia (gen.), 1931-64.
4999	Konferenzen d.GAB. Anstellung und Prüfung der GAB 1927-64 (5Bde.).
5002	Die Anstellung eines Fabrikinspektors für die Prov.Hannover, 1874-1900.
5003	Die Gewerbeinspektion, 1891-94.

5004	Die Gewerbeaufsichtsämter Hildesheim, Goslar und Nienburg/Weser.
acc47/63	Der Bürobedarf der Gewerbeaufsichtsbeamten, 1924-27.

V. Personalakten (Reg.Hann. und Hi sowie OP)

a) Hann 180 Hi Nr ...

294/1-3	Dr.Ernst Dittrich, geb.1860, 1893-1924.
359/1-2	Albert von Gizycki, geb.1868, 1895-1918.
364/1	Erich Gräfe, geb.1874, 1901-1907.
385/1-5	Dr.Herrmann Hantelmann, geb. 1880, 1906-45.
405/1	Georg Hennemann, geb.1895, 1923-47 (gesperrt).
426/1-7	Wilhelm Hoffmann, geb.1896, 1921-51 (gesperrt).
521/1-4	Richard Lüssenkop, geb. 1886, 1910-49.
561/1-4	Johannes Oelert, geb.1873, 1902-
589/1-3	Gustav Richter, geb.1880, 1906-46.
734/1-4	Dr.Otto Welzel, geb.1864, 1896-1929.
747/1-3	Wilhelm Winter, geb.1898, 1945-66 (gesperrt).

b) Oberpräsidium und Reg. Hannover (Hann 122a bzw. 80)

Hann 122a VIII Nr. 69	Karl Ecker.
Hann 80 Hann II/J Nr.57	Dr.Ludwig Voltmer, geb.1865, 1899-1930 (3 Bde.).
acc 109/81 M Nr. 100,	Jacobi, geb.1879, 1904-45 (6Bde.).
M Nr. 157,	Alfred Müller, geb.1878, 1903-39 (5Bde.).

F. Staatsarchiv Osnabrück

Rep. 610 Nr. 38-40	Konferenzen der GAB der Regierungs-bezirke Osnabrück und Aurich, 1894-1951.
I.Rep. 430 Dez 101 Nr. 8	Gewerbeaufsicht.

acc 7/43	Nr.101	Gewerbeaufsicht
	Nr.159	Verdienstkreuze der Gewerbeverwaltung 1917-20.
	Nr. 70	Hermann Steinbrück, geb.1856, 1893-1918 (6Bde.).
	Nr.189	Dr.Georg Schröder, geb.1867, 1895-1932 (4Bde.).
	Nr.471	Clemens Pasch, 1937

Rep 430 Dez 307 acc 15b/65 Nr.1 Gewerbeaufsicht

Fast der ganze Bestand der Gewerbeaufsicht wurde kassiert (Rep 430 Dez 307 acc 13/43 Nr.7-16 alt, 1892-1935, sowie Zug Nr.15b/65, Nr.1-23, 26-32,36), darunter die Personalakten der Gewerberäte Dr.Isenbeck, Horn, Dittmar und Back. In den auf losen Blättern und teils handschriftlichen Bestandsverzeichnissen, in denen verschiedene komplexe Signatursysteme koexistieren, finden sich Hinweise dieser Art: "Diese Akzession (15/65) wurde durchkassiert im Juli 1977 ohne Benutzung dieses Verzeichnisses. Die Akzession hat einen Umfang von 8 lfd.m. Die Masse ist unverzeichnet. Die hier unverzeichneten Akten stecken zwischen den nichtverzeichneten. Das Verzeichnis ist unbrauchbar. Die Akten sind unzugänglich. 15.11.1977.".

G. Staatsarchiv Aurich und Schleswig, sowie Geheimes Staatsarchiv Berlin-Dahlem.

Die Staatsarchive Aurich, Schleswig und das ehemalige Archivlager Göttingen für die Regierungsbezirke Gumbinnen und Allenstein (jetzt in Berlin-Dahlem) enthalten nach den Auskünften vom 20./21.8.1986 keine weiteren Personalakten von Gewerbeaufsichtsbeamten.

H. Personalakten von Fabrikinspektoren im ZSTA Merseburg (Rep. 120 BB VII 4b Nr...)

A 2 Dr.Georg Adam,1899-1903
A 3 Dr.Carl Arnold,1899-1905
A 5 Hermann Appelius,1904-41,2Bde
A 8 Heinrich Antweiler,1907-15
A11 Dr.Adge,1920/21
B 1 Oskar Becker,1891-1924,2Bde
B 2 Max Beckmann,1885-1918
B 3 Gustav Bielinski,1870-1924
B 4 Gustav Boehmer,1890-1934
B 5 Emil Boukies,1891-1925
B 6 Richard Bredo,1891-1928
B 7 Max Brosius,1891-93
B10 Peter Back,1892-1925,2Bde
B12 Dr.Karl Bittmann,1892-1903
B14 Dr.Adolf Bender,1895-1939, 2Bde
B15 Dr.Robert Burgass,1896-1919
B16 Jacob Beierling,1893-1930,2Bde
B17 Karl Brensing,1898-1924,2Bde
B18 Dr.Johannes Braun,1904-16
B27 Houwald Bommert,1903-
B29 Hans Becker,1904-15
B30 Karl Brehme,1905-26
B31 Dr.Ing.Hermann Barten,1905-09
B32 Fritz Blaudzun,1906-14
B34 Dr.Ing.Ernst Barten,1906-14
B36 Paul Butzmühlen,1900-20
B41 Godfried Bueren,1909/10
B44 Karl Boeck,1911/12
B46 Hermann Burkert,1913/14
B48 Walter v. Bonin,1918-25
B51 Dr.Ing.Kurt Boenicke,1922/24
B55 Ludwig Brunner,1922-26
B70 Ernst Bruch,1926-32
C 2 Dr.Ludwig Czimatis,1891-1918
C 3 Ernst Claussen,1891-1910
C 4 Heinrich Collins,1894-1919
C55 Hermann Classe,1894-1928,2Bde
C 9 Georg Caspary,1914-29
D 2 Max Dorn,1891-1922
D 4 Reinhold Dehnke,1894-1897
D 5 Dr.Ernst Dittrich,1895-1924, 2Bde

D 6 Dr.Wilhelm Denker,1895-1933, 2Bde
D 7 Karl Debusmann,1893-1907
D 9 Dr.Dubke,1898-1913
D12 Dr.Emil Donath,1900-1903
D13 Dr.Emil Dewitz,1900-39
D14 Walter Drescher,1901-05
D18 Erich Deubner,1906-18
D19 Ernst Dorow,1906-11
D23 Paul Didier,1913-23,2Bde
D24 Hermann Düll,1919/20
D27 Oskar Daasch,1929/30
E 1 Karl Ecker,1891-1905
E 2 Paul Ermlich,1891-1941,2Bde
E 3 Paul Eichmann,1893-1926
E 4 Karl Elbelt,1901/02
E 5 Dr.Rudolf Ernst,1900-23,2Bde
E 7 Paul Engel,1904-30,2Bde
E 8 Georg Emmel,1905-19,2Bde
E10 Herrmann Eibel,1926-34
F 1 Alfred Frief,1861-96
F 2 Julius Fröhlich,1891-96
F 4 Dr.Friese,1892-95
F 6 Max Fischer,1892-1925,2Bde
F 7 Dr.Richard Fischer,1920-28
F 9 Dr.v.Finckh,1907/08
F13 Paul Friedrich,1906-09
F16 Hans Fricke,1914-19
F27 Andreas Figge,1929-39
G 1 Johannes Goebel,1891-1916
G 2 Carl Grünewald,1887-1922,2Bde
G 3 Fritz Garnn,1891-1920
G 4 Garrels,1891-1912
G13 Friedrich Gerloff,1904-07
G14 Max Gilbert,1905-17
G19 Wilhelm Gerling,1907-10
G29 Franz Göttler,1932
G34 Heinz Goldmann,1920-24
G43 Hans Gronarz,

H 1 Baurat Haege,1891-93
H 3 Karl Hartmann,1882-1932,2Bde
H 4 Alexander Hemp,1890-92
H 5 Hirsch,1886-1918
H 6 Dr.Albert Hölzer,1902/04
H 7 Dr.Heyroth,1897-99
H10 Wilhelm Horn,1890-1912
H13 Max Haeusler,1892-1915
H14 Wolfg.Hassenpflug,1893-1929, 2Bde
H16 Wilhelm Heidsieck,1895-1929, 2Bde
H17 Dr.Karl Heucke,1895-1930,2Bde
H18 August Helwig,1897-1935,2Bde
H20 Dr.Heffter,1899-1904
H21 Reinhold Hintze,1899-1915
H22 Dr.Wilhelm Hippmeier,1900-05
H24 Dr.Julius Hesse,1902/03
H27 Dr.Ing.Paul Hesse,1904-29,2Bde
H32 Friedrich Hutmacher,1905-20
H38 Waldemar Hellmich,1908-12
J 2 Jaeschke,1891
J 3 Major a.D. Joesten,1887-92
J 4 Dr.Max Jungck,1891-1911
J 5 Georg Jäckel,1892-1930
J 8 Dr.August Isenbeck,1892-1925
J 9 Dr.Jacobsen,1894-1904
J10 Dr.Paul Jungfer,1893-1934,2Bde
J11 Josef Jagielski,1895
J12 Karl Jacobs,1900-05
J24 Balthasar Jacobs,1932-34
K 1 Heinrich Kattentidt,1891-1928, 2Bde
K 2 Wilhelm Kiel,1891-1931
K 3 Dr.August Kind,1891-97
K 4 Johann Klewer,1891-1923,2Bde
K 6 Dr.Richard Kraaz,1889-1922
K 8 Hermann Kuschelbauer,1890-1908

K 9 Ernst Krumbhorn,1891-1922
K10 Kubaneck,1891-1914
K12 Dr.v.d.Kall,1892-1901
K14 Knoll,1892-1919
K16 Alfred Kawka,1892-1928
K17 Wolfgang Koch,1892-94
K18 Heinrich Klocke,1892-1929
K20 Friedrich Krantz,1893-1912
K21 Kotte,1894-98
K23 Dr.Otto Klein,1895-
K28 Dr.Leopold Kirchner,1898-1922, 2Bde
K29 Dr.Fritz Kuhlmann,1899-1921, 2Bde
K32 Wilhelm Koch,1902/03
K37 Max Kreysig,1895-1906
K38 Heinrich Koch,1905-11
K45 Gustav Kloos,1913-19
L 2 Emil Lühl,1888-1927,2Bde
L 4 Dr.Leymann,1910
L 5 Dr.Bruno Loewenstein,1892-1923
L 6 Lühdorff,1893-1912
L 7 Lesser,1893-1923,2Bde
L 8 Heinrich Lampe,1893-1927,2Bde
L 9 Hugo Liebig,1892-1924
L10 August Lüdemann,1895-1917
L11 Dr.August v.Langsdorff,1896-1928
L12 Felix Liebrecht,1898-1931
L15 Paul Lampe,1902-32,2Bde
L16 Eduard Lenßen,1905-38
L19 Otto Limprich,1929/30
L21 Karl Lachmann,1911-27
L24 Walter Lohmann,1919
L30 Fritz Leeser,1923/24
M 3 Ernst Menzel,1891-1930
M 1 Mangelsdorff,1890-1915
M 5 Carl Müller,1879-1927
M 6 Dr.Mansfeld,1891-1928,2Bde
M 7 Otto Meissner,1891-1941
M 8 Carl Matthiolius,1892-1919
M 9 Karl Müller,1892-1922
M11 Reinhold Müller,1893-1931, 2Bde
M12 Karl R.Müller,1894-1930
M13 Otto Menzel,1895-1928,2Bde
M14 Minßen,1899-1906
M18 Ernst Mangels,1903-15
M19 Alex Meyenbörg,1903-18
M22 Hans Meyer,1903-08
M25 Wilhelm Michels,1904-12
M28 Richard Müller,1907-15
M29 Franz Mayer,1907-10
M31 Karl Maaß,1908-13
M33 Wilhelm Meinecke,1930
M38 Dr.Herbert Muschner,1919-21
M49 Johann Meier,
N 1 Eduard Neubert,1891-95
N 2 Paul Neumann,1891-1929
N 3 Georg Niemeyer,1915-28
N 4 Fritz Niemann,1891-1921,2Bde
N 5 Dr.Richard Niebling,1892-1922
N 6 Heinrich Neufeldt,1892-1928, 2Bde
N 7 Nellessen,1893-97
N10 Dr.Werner Neumeister,1908-22, 2Bde
N11 Karl Nugel,1907-13
N13 Dr.Heinrich Niggemeyer,1916-20, 2Bde
N26 August Nitschke,1869-1914
O 1 Wilhelm Oppermann,1891-1912
O 2 Osterkamp,1891-94
O 3 Berhard Osthues,1891-1926
O 4 Paul Olschewsky,1892-1925, 2Bde
O 9 Willy Otto,1925-39
P 1 Hugo Petersen,1888-1923,2Bde

P 2 Platz,1893
P 3 Ernst Pufahl,1891-1921
P 4 Fritz Pirsch,1891-1928
P 5 Emil Plotke,1891-1928
P 6 Pohl,1896-1942
P 7 Pritzke,
P10 Christian Priemer,1905-07
P13 Gustav Pessara,1907-33
P15 Dr.Stephan Poerschke,1913-18
P16 Fritz Platow,1907-14
P17 Arthur Perk,1913-17
P21 Dr.Kurt Pelikan,1919
P22 Karl Palmgren,1919-21
R 1 Hellmuth Raether,1891-1905
R 2 Dr.Rainer Rieth,1891-1912
R 3 Waldemar Rube,1888-1925
R 4 Dr.Wilhelm v.Rüdiger,1891-1901
R 5 Bruno Roehr,1891-1927
R 7 Hermann Rittershausen,1891-1919
R 9 Max Rinneberg,1887-1912,2Bde
R10 Felix Remertz,1892-1918
R11 Jakob Reuter,1892-1908
R12 Dr.Otto Ruhnau,1893-1928,2Bde
R13 Dr.Hermann Rasch,1893-1923
R15 Rammelsberg,1896-1915
R21 Dr.Karl Rehe,1904-1916
R22 Fritz Reuter,1905-18
R31 Karl Rauch,1911-14
R36 Dr.Ing.Alexander Roder burg,1916-19
S 1 Rudolf Sack,1891-1902
S 2 Albert Scheibel,1891-1935
S 3 Dr.Karl Schmidt,1891-1934
S 4 Moritz Schüler,1891-1915
S 5 Schwager,
S 7 Max Sprenger,
S 8 Heinrich Storp,1891-1932
S 9 Hermann Stromeyer,1891-1924
S10 Adalbert v.Stülpnagel,1891-94
S11 Sympher,1890/91
S12 Ottmar Steinhäuser,1891-1933, 2Bde
S13 Gustav Stumpfe,1891-1941
S14 Julius Schulz,1891-1917
S15 Maximilian Schammel,1892-1931, 2Bde
S16 Hermann Steinbrück,1892-1921
S17 Adolf Siebert,1891-1934
S18 Dr.Ludwig Spruck,1891-1918
S19 Schoeler,1892-94
S20 Dr.Max Schneider,1891-1935
S21 Otto Scultetus,1893-1929
S22 Stobbe,1893-96
S23 Karl Schmidt,1894-1923,2Bde
S24 Otto Schneider,1894-97
S26 Dr.Georg Schroeder,1895-1932, 2Bde
S27 Gotthard Stöckel,1895-1928, 2Bde
S28 Dr.Steger,1899
S29 Dr.Fritz Schwarz,1896/97
S30 Dr.Serda,1897-1905
S31 Walter Scholz,1898-
S32 Hugo Sickel,1898/99
S34 Adolf Strauven,1898-1928,2Bde
S36 Erwin Schwarzer,1899
S37 Dr.Theodor Saggau,1898-1922
S38 Schönermark,1899-1902
S39 Friedrich Schulte,1899-1902
S43 Stenzel,1901-04
S53 Wilhelm Sieg,1905-21
S58 Kurt Stiller,1910-34
S60 Dr.Karl Schwandtke,1906-13
S68 Wilhelm Schulte,1908-27
S72 Max Schlipköter,1909/10
S75 Friedrich Steinmann,1912-14
S76 Ferdinand Stein,1913-19

S78 Wilhelm Steph,1914-19
S79 Theodor Schlitzberger,1914-17
S86 Dr.Ludwig Schröder,1914-36, 2Bde
S87 Eduard Sauerbrei,1926-29
S101 Hans Stehmann,1923-42
T 1 Otto Theobald,1891-1925
T 2 Heinrich Trilling,1891-1925
T 3 Tschorn,1890-1920,2Bde
T 4 Gustav Tornier,1891-1921,2Bde
T 5 Paul Tobias,1891-1917
T 6 Conrad Trauthahn,1892-1928
T 7 Oskar Toepert,1891-1924
T 8 Teuscher,1891-93
T10 Tesnow,1894/95
T12 Felix Tripke,1900-03
T14 Dr.Reinhold Tittler,19o6-21, 2Bde
T15 Albert Täschner,1909-19
T21 August Tolle,1919
T32 Friedrich Triebel,1929-35
U 1 Paul Unruh,1873-1923
U 2 Dr.Karl Urban,1899-1929
V 2 Dr.Ludwig Voltmer,1899-1932
V 6 Ernst Vogelsang,1909/10
W 1 Daniel Waetzoldt,1890-1918
W 2 Hugo Wedel,1891-1921,2Bde
W 3 Wilhelm Wedel,1891-1926
W 4 Cassius Wilhelmi,1891-1940
W 5 Erich Wallenius,1891-1926
W 6 Paul Willner,1891-1932
W 7 Friedrich Westmeyer,1892-1933, 2Bde
W 8 Dr.Wilhelm Werner,1893-1930, 2Bde
W 9 Dr.Hermann Winkler,1893-1938
W11 Albert Wingendorf,1893-1942, 2Bde
W12 Dr.Robert Wollner,1893-1932
W13 Dr.Otto Welzel,1897-1933
W14 Friedrich Würfler,1896-1936
W15 Dr.Hermann Wolff,1896/97
W16 Dr.Westphal,1895-1904
W17 Dr.Karl Wolff,1896/97
W21 R.Wiedemann,1902-05
W22 Karl Walther,1901-03
W25 Karl Wolf,1919-26
W26 Johannes Weber,1905-17
W27 Otto Wittgen,1905-18
W28 Eberhard Walter,1906-26
W31 Ernst Wachtmann,1908-14
W37 Dr.Herbert Witt,1920-27
Z 1 Max Zollenkopf,1891-1930
Z 2 Zechlin,1892-94
Z 4 Heinrich Zieß,1899/1900
Z 5 Otto Zöllner,1908-10
Z 7 Egon Zäumer,1906-18
Z 8 Edmund Zirmer,1907-20
Z13 Gustav Zimmermann,1923/24

Subalternbeamte

B21 Gertrud v.Bennigsen-Foerder,1900-03,
B45 Hertha Bernecker,1910-24, 2Bde,
B47 Margarete Brinkmann,1913-18,
B74 Josefine Barheier,1929- ?,
C 6 Agnes Conradt,1900-28,
C21 Meta Dornis,1910-13,
E14 Klara Eck,1929-40,
F30 Elisabeth Funke,1930-33,
H45 Klara Heise,1912-17,
H47 Lucy Heise,1917-20,
H53 Jutta Hartmann,1919-24,
H61 Gertrud Henseleit,1927-34,
K44 Gertrud Klatt(Modrow),1910-33,
K46 Marie Elis.Kreß,1912-28,

K48 Berta Koeppen,1914-17,
K49 Marta Kubenke,1916/17,
K52 Hanna Klapper,1917-22,
L22 Irene Lettau,1912-17,
L23 Agnes Lüdicke,1916-35,
M35 Marta Masche(Jerusalem), 1911-18,
M36 Alice Müller(Rische),1918-23,
M37 Käthe Müller,1918/19,
M45 Bruno Marquardt,1921-23,
M47 Maria Maaß,1923-37,
N17 Karl Nolte,1921-30,
P18 Elisabeth Plage,1910-20,
P19 Elisabeth Piper,1912-17,
P28 Kurt Pahlke,1922-24,
P29 Roman Pornschlegel,1922/23,
P31 Alfred Peikert,1923/24
R18 Anna Reichert,1899-1918,
R35 Elis.Rudersdorf,1916-?,2Bde
R39 Wilhelm Reiferscheid,1922-24,
R40 Josef Rath,1923-27,
S40 Theresa Schlösser,1899-1922
S83 Agnes Schmitz,1916-40,2Bde,
S105 Georg Schäfer,1923-25
S118 Frieda Schmidt,1928-33,
T20 Katharina Töpert,1914-38,
T23 Albert Thöner,1923-35,
V 8 Anna Vogelsberg,1923-32,
W33 Maria Wirtschaft,1911-32,
W38 Elisabeth Wirth,1919-21,
W47 Vera Weinstein,1927-30,
W52 Elisabeth Welzer,1930-37,
W56 Karl Waldt,1933-39.

9. Literaturverzeichnis

W.Abelsdorff, Der Ausbau des Beamtenstabes der deutschen Gewerbeaufsicht in den letzten Jahrzehnten usw, in: Jahrbücher für Nationalökonomie und Statistik, NF 75 1929, S.571-81 u. NF 76, S.396-404.

Victor Adler, Die Fabrikinspektion insbesondere in England und in der Schweiz, in: Jahrbücher für Nationalökonomie und Statistik, NF 8 1884, S.193ff.

Lotte Adolphs, Industrielle Kinderarbeit im 19. Jahrhundert unter Berücksichtigung des Duisburger Raumes, Duisburg 1972.

Jens Alber, Vom Armenhaus zum Wohlfahrtsstaat. Analysen zur Entwicklung der Sozialversicherungen in Europa, Frankfurt 1982.

B.W.E.Alford, Government Expenditure and Growth of the Printing Industry in the 19th Century, Economic History Review 17 1964/65, S.96ff.

Peter Alter, Wissenschaft, Staat, Mäzene: Die Anfänge der modernen Wissenschaftspolitik in Großbritannien 1850-1922, Stuttgart 1982.

Richard Ammon, Die Probleme der praktischen Durchführung und wirksamen Gestalt der staatlichen Gewerbeaufsicht, Diss. Berlin 1933.

Erich Angermann, Die Verbindung des "polizeistaatlichen" Wohlfahrtsideals mit dem Rechtsstaatsgedanken im dt. Frühliberalismus. Eine Studie über die Verwaltungslehre Robert v.Mohls, Hist. Jahrbuch d. Görres-Gesellschaft 74 1955, S.463-72.

Günther K. Anton, Geschichte der preußischen Fabrikgesetzgebung bis zu ihrer Aufnahme durch die Reichsgewerbeordnung, hg.u. eingeleitet von H.Bülter, Berlin (Ost) 1953 (1.Ausgabe Leipzig 1891, Staats- und Socialwissenschaftliche Forschungen, Bd.11, Heft 2).

W.H.G.Armytage, A social history of Engineering, London 1961.

H.Hale Balott, Parliamentary Printing 1660-1837, Institute of Historical Research Bulletin 9 1933/34, S.87ff.

Marie Baum, Rückblick auf mein Leben, Heidelberg 1950.

Gerhard Bauschinger, Das Verhältnis von städtischer Selbstverwaltung und königlicher Polizei in München, Diss. München 1968.

Beavan/Faber, "Wir werden unser teil fordern.." Interessenvertretung und Organisationsformen der bürgerlichen und proletarischen Frauenbewegung im Dt. Kaiserreich, Köln 1987.

H. van den Bergh, Polizei und Volk, in: W.Abegg, Die Polizei in Einzeldarstellungen, Berlin 1926.

Hans v.Berlepsch u.a., Soziale Arbeit im neuen Deutschland. Festschrift zum 70. Geburtstag von Franz Hitze, Mönchen-Gladbach 1921.

Hans-Jörg v.Berlepsch, "Neuer Kurs" im Kaiserreich? Die Arbeiterpolitik des Freiherrn von Berlepsch 1890 bis 1896, Düsseldorf 1987.

Helga Berndt, Die höheren Beamten des Ministeriums für Handel und Gewerbe in Preußen 1871-1932, JbW 1981 II, S.105-200;

Diess., Bindungen höherer Beamten im Verwaltungsbreich des preuß. Ministeriums für Handel und Gewerbe an die privatkapitalistische Wirtschaft 1871-1932; ebendort 1984 IV, S.31-75.

Anne S. Bettenson, A Brief History of HM Factory Inspectorate, oO oJ, MS 11p.

Barbara Beuys, Familienleben in Deutschland. Neue Bilder aus der dt. Vergangenheit, Reinbek 1980.

Claudia Bischoff, Frauen in der Krankenpflege. Zur Entwicklung von Frauenrolle und Frauenberufstätigkeit im 19. und 20. Jahrhundert, Frankfurt und New York 1984.

Bismarck, Gedanken und Erinnerungen, München 1962.

Karl Bittmann, Werken und Wirken. Erinnerungen aus Industrie und Staatsdienst (3Bde), Bd.1: In der Industrie und im preuß. Staatsdienst (1876-1902), Karlsruhe 1924; Bd.2: Im badischen Staatsdienst (1902-14 u.1917), Karlsruhe 1925.

Ders., Die badische Fabrikinspektion im ersten Vierteljahrhundert ihrer Tätigkeit 1879-1903, Karlsruhe 1905.

Dirk Blasius, Kriminalität und Alltag, Göttingen 1978.

Wilhelm Bleek, Von der Kameralausbildung zum Juristenprivileg. Studium, Prüfung und Ausbildung der höheren Beamten des allgemeinen Verwaltungsdienstes in Deutschland im 18. und 19. Jahrhundert, Berlin 1972.

Alfred Bleicher, Die Wirkungen der Arbeiterschutzgesetzgebung im Königreich Sachsen, Diss. Heidelberg 1908.

D.H.Blelloch, A history survey of factory inspection in Great Britain, in: International Labour Review 38 1938, S.614-59.

Wolfgang Bocks, Die badische Fabrikinspektion. Arbeiterschutz, Arbeitsverhältnisse und Arbeiterbewegung in Baden 1879 bis 1914, Freiburg und München 1978.

Franz Boese, Geschichte des Vereins für Socialpolitik 1872-1932, Berlin/Neuwied 1932.

Almut Bohnsack, Spinnen und Weben. Entwicklung von Technik und Arbeit im Textilgewerbe, Hamburg 1981.

Udo v.Bonin, Geschichte des Ingenieurskorps und der Pioniere in Preußen, 2Bde, Berlin 1877/78.

Paul Borchers, Vergleichende Untersuchung über das Gewerbeinspektorat in Deutschland und im Auslande, Diss. Halle 1904.

Karl Erich Born, Staat und Sozialpolitik seit Bismarcks Sturz. Ein Beitrag zur Geschichte der innenpolitischen Entwicklung des Deutschen Reiches 1890-1914, Wiesbaden 1957.

Arno Borst, Lebensformen im Mittelalter, Frankfurt u.a.1979 (1.Aufl.1973).

Ders., Herbert Grundmann 1902-1970, in: Grundmann, Ausgewählte Aufsätze, 2.Aufl., Stuttgart 1976.

Ders., Reden über die Staufer, Frankfurt-Berlin 1978.

Ders., Findung und Spaltung der öffentlichen Persönlichkeit (6.-13.Jh.), in: Marquard/Stierle (Hg.), Identität. Poetik und Hermeneutik VIII, München 1979, S.620-41.

Heinrich Braun, Die Rundschreiben des schweizerischen Bundesrats betr. den internationalen Arbeitsschutz, AfSG 2 1889, S.497-505.

Hans Joachim Braun, Professionalisierungsprozeß, sozioökonomische Interessen und "Standesfragen". Zur Sozialgeschichte des Ingenieurs 1850-1914, Berlin 1980.

Monika Breger, Die Haltung der Industrieunternehmer zur staatlichen Sozialpolitik 1878-1891, Diss. Berlin 1981, Frankfurt 1982.

Brenner/Knorr-Cretina (eds), Research-Methods in Sociology, London 1986.

G.Brinkmann, Die Diskriminierung von Nicht-Juristen im allgemeinen höheren Verwaltungsdienst der Bundesrepublik Deutschland, ZGS 129 1973, S.150-67.

British Parliamentary Papers. Irish University Press 1000-Volume-Series 1801-1899, Shannon 1972, Industrial Revolution a) Children's Employment (BBP Children) Bd.1 (1816/17), Bd.2 (1831/32), Bd.3 (1833), Bd.4 (1833/34), Bd.5 (1835); b) Factories Bd.1 (184o/41), Bde 4/5 (1876), Bd.6 (1835-41), Bd.20 (1884-87).

Eric Dorn Brose, Christian Labor and the Politics of Frustration in Imperial Germany, Washington D.C. 1985.

Martin Broszat, Liberaler Staat, Industrie u.Arbeiterschaft in Baden 1880-1910: Aus den Berichten der Großherzoglich-Badischen Fabrikinspektion 1880-1910, in: Ebbighausen/Tiemann (Hg), Das Ende der Arbeiterbewegung in Deutschland ?, Opladen 1984.

Ludwig Brügel, Geschichte der österreichischen Sozialdemokratie, Bd.2, Wien 1922.

Peter Bucher, Kinderarbeit im 19.Jahrhundert. Die Anwendung der Regulative vom 9.März 1839 im Regierungsbezirk Koblenz, in: JbWL 9 1983, S.221-67.

Lydia Buck-Heilig, Die Gewerbeaufsicht. Entstehung und Entwicklung aufgezeigt am Beispiel des Regierungsbezirkes Detmold, Diss. Konstanz 1988.

O.Büsch/W.Neugebauer (Hg.), Moderne preußische Geschichte 1648-1947. Eine Anthologie, 3Bde, Berlin 1981.

Lothar Burchardt, Friedenswirtschaft und Kriegsvorsorge. Deutschlands wirtschaftliche Rüstungsbestrebungen vor 1914, Boppard 1968.

John G. Burke, Kesselexplosionen und bundesstaatliche Gewalt in den USA, in: Hausen/Rürup (Hg), Moderne Technikgeschichte, Köln 1975, S.314-336.

Emmanuel Chadeau, Les Inspecteurs des Finances au XIXe siècle (1850-1914), Paris 1986.

Norman Chester, The English Administrative System, Oxford 1981.

Manfred Classen, Die staatliche Sozialpolitik von 1839-1918, Diss. Köln 1962.

E.W.Cohen, The Growth of the British Civil Service 1780-1939, London 1941.

Werner Conze/Jürgen Kocka (Hg.), Bildungsbürgertum im 19.Jh. Teil I. Bildungssystem und Professionalisierung in internationalen Vergleichen, Stuttgart 1985.

Gustav Croon, Der Rheinische Provinziallandtag bis zum Jahre 1874, Düsseldorf 1918.

Helmuth Croon, Die gesellschaftlichen Auswirkungen des Gemeindewahlrechts in den Gemeinden und Kreisen des Rheinlands und Westfalens, Opladen 1960.

M.P.Crosland (ed.), The Emergence of Science in Western Europe, New York u.a. 1975.

FranÇois Crouzet, Die Kapitalbildung in Großbritannien während der industriellen Revolution, in: R.Braun u.a. (Hg.), Industrielle Revolution, Köln 1972, S.165ff.

J.P.Cullity, The Growth of the Governmental Employment in Germany 1882-1950, ZGS 123 1967, S.201-17.

Franz Decker, Die betriebliche Sozialordnung der Dürener Industrie im 19. Jahrhundert, Diss. Köln 1965.

G.J.Derose, The Prussian Government and Social Management, 1848-1858, Diss. Madison (Wisconsin) 1975.

T.K.Djang, Factory Inspection in Great Britain, o.O. 1942.

Georges Duby, Mediaeval Marriage. Two Models from 12th Century France, Baltimore & London 1978.

Ders., Ritter, Frau und Krieger. Die Ehe im feudalen Frankreich, Frankfurt/M. 1985 (Hachette 1981).

Ders./Ladreau, Geschichte und Geschichtswissenschaft, Frankfurt 1982 (frz.1979).

Ellwein/Zoll, Berufsbeamtentum. Anspruch und Wirklichkeit, Gütersloh 1973.

Thomas Ellwein, Politikwissenschaft 1979, in: Ders., Politikfeld-Analysen. Wiss. Kongreß der DVPW, Opladen 1980.

Ders., Gewerkschaften und öffentlicher Dienst. Zur Entwicklung der Beamtenpolitik des DGB, Opladen 1980.

Ders., Die deutsche Universität. Vom Mittelalter bis zur Gegenwart. Königstein/Ts. 1985.

Karl Emsbach, Die soziale Betriebsverfassung der rheinischen Baumwollindustrie im 19. Jahrhundert, Bonn 1982.

Ernst Engelberg, Bismarck, Berlin (Ost) 1986.

H.W.Erdbrügger, Kinder im Fabriksystem. Erster Schritt auf dem Weg zu ihrer Befreiung, Festgabe für Hans Herzfeld, Berlin 1958, S.431-40.

Claudia Erdmann, Aachen im Jahre 1812. Wirtschafts- und sozialräumliche Differenzierung einer fabrikindustriellen Stadt, Stuttgart 1986 (=Erdkundliches Wissen, Heft 78).

W.V.Farrar, Science and the German University System 1790-1850, in Crosland (Hg.) 1975, S.179-92.

Feldenkirchen, Kinderarbeit im 19.Jahrhundert. Ihre wirtschaftlichen und sozialen Auswirkungen, ZfU 26 1981, S.141.

Gerald D. Feldman, Army, Industry and Labor in Germany 1914-1918, Princeton 1968 (dt.1985).

Hans Fenske, Preuß. Beamtenpolitik vor 1918, in: Der Staat 12 1973, S.339-56.

Ders., Beamtenpolitik in der Weimarer Republik, in: Verwaltungsarchiv 64 1973, S.117-35.

Ders., Bürokratie in Deutschland vom späten Kaiserreich bis zur Gegenwart, Berlin 1985.

Wolfram Fischer, Der Staat und die Anfänge der Industrialisierung in Baden 1800-1850, Bd.1, Berlin 1962.

Ders. (Hg.), Wirtschafts- und Sozialgeschichtliche Probleme der frühen Industrialisierung, Berlin 1968.

Ders./Lundgreen, Recruitment and Training of Administrative and Technical Personnel, in: Charles Tilly (ed), The Formation of National States in Western Europe, Princeton 1975, S.456-561.

Ders., Rekrutierung und Ausbildung von Personal für den modernen Staat: Beamte, Offiziere und Techniker in England, Frankreich und Preußen in der frühen Neuzeit, Stuttgart 1977.

Theodor Fontane, Preußen -ein Militär- oder Polizeistaat ?, in: Ders., Aufsätze und Aufzeichnungen, hg.v. J.Kolbe, Frankfurt u.a. 1979, S.32ff.

Kuno Frankenstein, Die deutsche Fabrikinspektion im Jahre 1890, in: Annalen des Deutschen Reichs für Gesetzgebung, Verwaltung und Statistik 25 1892, S.349ff.

Ders., Die Thätigkeit der preußischen Ortspolizeibehörden als Organe der Gewerbeaufsicht, in: AfSG 4 1891, S.600ff.

Ders., Der Arbeiterschutz. Seine Theorie und Praxis, Leipzig 1912.

Walter Franz, Hofprediger Adolf Stöcker und die christlich-soziale Bewegung, Hamburg 1935.

Friderici, Kinderarbeit in kurhessischen Fabriken und Bergbaubetrieben 1841-1866, in: Hessisches Jahrbuch für Landesgeschichte 12 1962.

Richard Fritz, Die Entwicklung der Gewerbeaufsicht in Bayern, Diss. Erlangen 1931.

Ernst Führich, Die Einordnung des Arbeitsschutzrechts in das öffentliche und private Recht, Diss. Würzburg 1979.

Albrecht Funk, Polizei und Rechtsstaat: Die Entwicklung des staatlichen Gewaltmonopols in Preußen 1848-1918, Frankfurt und New York 1986.

Lothar Gall, Bismarck. Der weiße Revolutionär, Frankfurt u.a. 1980.

J.P.Genet, Die kollektive Biographie von Mikropopulationen. Faktorenanalyse als Untersuchungsmethode, in: H.Best (Hg.), Historisch-sozialwissenschaftliche Forschung, Bd.4, Stuttgart 1977, S.69-100.

Alexander Gerschenkron, The Modernization of Entrepreneurship, in: M.Weiner (ed.), Modernization: The Dynamics of Growth, New York 1966, S.246-57.

Ursula von Gersdorff, Frauen im Kriegsdienst 1914-1955, Stuttgart 1969.

J.Gessinger, Sprache und Bürgertum. Sozialgeschichte sprachlicher Verhaltensformen in Deutschland des 18.Jh., Stuttgart 1980.

Andreas Gestrich, Traditionelle Jugendkultur und Industrialisierung, Göttingen 1986.

C.W.R.Gispen, Technical Education and Social Status. The Emergence of the Mechanical Engineering Occupation in Germany 1820-1890, Diss. Ann Arbor 1981.

Albin Gladen, Geschichte der Sozialpolitik in Deutschland. Eine Analyse ihrer Bedingungen, Formen, Zielsetzungen und Auswirkungen, Wiesbaden 1974.

W.Gleim, Das Recht der Eisenbahnen in Preußen, Bd.1, Berlin 1893.

Göttsch, Zur Kinderarbeit in schleswigschen Glashütten, in: Kieler Blätter für Volkskunde 13 1981, S.101-19.

Jacques Le Goff, Zeit der Kirche und Zeit der Händler, in: Marc Bloch u.a., Schrift und Materie der Geschichte, Frankfurt 1977, S.393-415

Helmut Granzau, Die Verstaatlichung der Polizeiverwaltung in Preußen und die Verteilung der ortspolizeilichen Geschäfte, Diss. Jena 1932.

Albert Gresser, Die Entstehung der bayerischen Gewerbeaufsicht. "Arbeiterschutz" und "Arbeiterverhältnisse" bis 1914, Diss. Regensburg 1984.

Andreas Grießinger, Das symbolische Kapital der Ehre, Frankfurt u.a. 1981.

Dieter Groh, Negative Integration und revolutionärer Attentismus. Die deutsche Sozialdemokratie am Vorabend des Ersten Weltkrieges, Frankfurt u.a.1973.

Eberhard Grünert, Die preußische Bau- und Finanzdirektion in Berlin. Enstehung und Entwicklung 1822-1914, Köln u. Berlin 1983.

Günter Grünthal, Parlamentarismus in Preußen 1848/49-1857/58. Preußischer Konstitutionalismus - Parlament und Regierung in der Reaktionsära, Düsseldorf 1982.

Erich Gruner, Die Arbeiter in der Schweiz im 19.Jahrhundert. Soziale Lage, Organisation, Verhältnis zu Arbeitgeber und Staat, Bern 1968.

Aaron J.Gurjewitsch, Das Weltbild des mittelalterlichen Menschen, München 1980 (russ.1972, dt.1978).

Ders., Mittelalterliche Volkskultur, Dresden 1986 (russ. 1981).

Jürgen Habermas, Strukturwandel der Öffentlichkeit. Untersuchungen zu einer Kategorie der bürgerlichen Gesellschaft, Neuwied und Berlin 1976 (1.Aufl.1962).

Michael Haines, Fertility and Occupation, New York 1979.

Handbuch zur deutschen Militärgeschichte, 5Bde, München 1978; 2.Bd. (=HdM IV,1): Messerschmidt/Petter, Militärgeschichte im 19Jh.; 3.Bd. (=HdM IV,2): Schmidt-Richberg, Von der Entlassung Bismarcks bis zum Ende des Ersten Weltkrieges.

Georg Hartrodt/Ludwig Preller, Die Organe der Sozialpolitik im Deutschen Reich. Ein Sozialbehördenlexikon, Berlin 1928.

Fred Hasson, 150th Anniversary of HM Factory Inspectorate. Historical Report, MS 1983 (teilpag.).

Hans Hattenhauer (Hg.), Allgemeines Landrecht für die Preuß.Staaten von 1794, Frankfurt 1970

Ders., Geschichte des Beamtentums, Köln 1980.

F.Heckmann, Arbeitszeit und Sonntagsruhe (Sonntagsarbeitsschutz als Beitrag kirchlicher Sozialpolitik im 19.Jh.), Diss. Erlangen 1985.

Hansjoachim Henning, Die nicht akademisch gebildete Beamtenschaft Hannovers 1860-1914. Verhalten einer sozialen Gruppe, in: Die Verwaltung 1969, S.295ff.

Ders., Das westdeutsche Bürgertum in der Epoche der Hochindustrialisierung 1860-1914, Bd.1: Das Bildungsbürgertum, Wiesbaden 1972.

Ders., Die deutsche Beamtenschaft im 19. Jahrhundert, Wiesbaden 1984.

Ursula R.Henriques, An early factory inspector: James Stuart of Dunearn, in: Scottish Historical Review 50 1971, S.18-46.

Gertrud Henseleit, Das weibliche Arbeitsinspektorat in Deutschland und in England, Berlin 1926.

Volker Hentschel, Deutsche Wirtschafts- und Sozialpolitik 1815-1945, Düsseldorf 1980.

Ders., Geschichte der deutschen Sozialpolitik (1880-1980). Soziale Sicherung und kollektives Arbeitsrecht, Frankfurt 1983.

Heinrich Herkner, Der Entwurf eines Gesetzes betr. die Abänderung der Gewerbeordnung, AfSG 3 1890, S.567ff.

Ders., Die Arbeiterfrage, 1.Bd.: Arbeiterfrage und Sozialreform, 8. umgearbeitete Aufl., Berlin-Leipzig 1922.

G.Hermes, Ein preußischer Beamtenhaushalt 1859-90, ZGS 76 1921, S.43ff, 92ff, 268ff, 478ff.

Arno Herzig, Kinderarbeit in Deutschland in Manufaktur- und Protofabrik, AfS 23 1981, S.311-75.

Christine van den Heuvel, Beamtenschaft und Territorialstaat. Behördenentwicklung und Sozialstruktur der Beamtenschaft im Hochstift Osnabrück 1550-1800, Osnabrück 1984.

Peter Heyde, Internationale Sozialpolitik, Heidelberg 1960.

HM Inspectors of Factories 1833-1983. Essays to Commemorate 150 Years of Health and Safety Inspection, London 1983.

Eric Hobsbawm, Industrie und Empire. Britische Wirtschaftsgeschichte seit 1750, 2 Bde, 15.Aufl., Frankfurt 1984 (engl.1968, dt.1969)

Ders., Man and Woman in Socialist Iconography, in: History Workshop 6 1979, S.121-138.

Friedrich Holtzmann, Die gewerbehygienischen Aufgaben und die Mitwirkung der Ärzte im Gewerbeaufsichtsdienst, ZG 9 1921, S.190ff.

Ders., 25 Jahre ärztliche Gewerbeaufsicht in Deutschland, ZG 18 1931, S.57ff.

I.Hont/M.Ignatieff (ed), Wealth and Virtue. The Shaping of Political Economy in the Scottish Enlightenment, Cambridge 1983.

B.C.D.Hopkinson, Factory Insepction in 1909, in: HM Inspectors of Factories 1983.

Manfred Horlebein, Die berufsbegleitenden kaufmännischen Schulen in Deutschland 1800-1945, Frankfurt und Bern 1976.

Gerd Hortleder, Das Gesellschaftsbild des Ingenieurs. Zum politischen Verhalten der Technischen Intelligenz in Deutschland, Frankfurt 1970.

Ders., Ingenieure in der Industriegesellschaft. Zur Soziologie der Techniker und der naturwissenschaftlich-technischen Intelligenz im Öffentlichen Dienst und in der Industrie, Frankfurt 1973.

W.H.Hoskins, The Making of the English Landscape, Harmondsworth 1970 (1.ed. 1955).

Walther Hubatsch, Die preußischen Regierungspräsidenten 1815-1918, in: W.Pöls (Hg.), Staat u.Gesellschaft im politischen Wandel. Beiträge zur Geschichte der modernen Welt (Festschrift W.Bußmann), Stuttgart 1980

Hübener, Die Gewerbeinspektion im Königreich Sachsen, Dresden 1903.

Volker Hunecke, Die Findelkinder von Mailand, Stuttgart 1987.

Vaclav Husa, Die Arbeitswelt in der bildenden Kunst des 11-17.Jahrhunderts, o.O. 1971.

Th.v.Inama-Sternberg, Das soziale Connubium in den österreichischen Städten, in: Statistische Monatshefte NF 3 1898, S.69ff.

Herbert Jellen, Die Gewerbeaufsicht in Preußen, ihre Entwicklung, Organisation und Zuständigkeit, Diss. Greifswald 1916.

D.J.Jeremy, Business and Religion in Britain, London 1988.

Jörg Jeschke, Gewerberecht und Handwerkswirtschaft des Königreichs Hannover im Übergang 1815-66, Diss. Freiburg 1975, Göttingen 1977.

Hartmut John, Das Reserveoffizierskorps im Deutschen Kaiserreich 1890-1914, Frankfurt u.a. 1981.

H.C.Johnson, Frederick the Great and his Officials, New Haven 1975.

J.Jung, Die Zweispurigkeit des öffentlichen Dienstes. Eine Untersuchung über die Veränderungen der Personalstruktur im öffentlichen Dienst, Berlin 1971.

Hartmut Kaelble, Soziale Mobilität und Chancengleichheit im 19. und 20. Jahrhundert: Deutschland im internationalen Vergleich, Göttingen 1983.

Heinz Kaspers, Zur älteren Geschichte der deutschen Amtsdrucksachen, in: Kölner Schule. Festschrift Rudolf Juchhoff, Köln 1965, S.45-54.

Berndt Keller, Arbeitsbeziehungen im öffentlichen Sektor. Tarifpolitik der Gewerkschaften und Interessenpolitik der Beamtenverbände, Frankfurt 1983.

Joachim Kermann, Vorschriften zur Einschränkung der industriellen Kinderarbeit in Bayern und ihre Handhabung in der Pfalz. Ein Beitrag zur Entwicklung der bayerischen Arbeitsschutzgesetzgebung im 19.Jahrhundert, JbWL 2 1976, S.311ff.

Hermann Kinder, Poesie als Synthese. Ausbreitung eines deutschen Realismus-Verständnisses in der Mitte des 19. Jahrhunderts, Frankfurt 1973.

Kirchner/Radtke, Bankier für Preußen. Christian Rother und die Königlich-Preußische Seehandlung, Berlin 1987.

Heinrich Klebe, Die Gewerbeaufsicht in Bayern, Diss. München 1930.

Friedrich Klemm, Geschichte der Technik. Der Mensch und seine Erfindungen im Bereich des Abendlandes, Reinbek 1983 (1.Aufl. 1961).

Norbert Klinkenberg, Sozialer Katholizismus in Mönchen-Gladbach, Mönchen-Gladbach 1981.

Jürgen Kocka, Klassengesellschaft im Krieg. Deutsche Sozialgeschichte 1914-18, Göttingen 1973.

Ders., Unternehmer in der deutschen Industrialisierung, Göttingen 1975.

Ders. u.a., Familie und soziale Plazierung. Studien zum Verhältnis von Familie, sozialer Mobilität und Heiratsverhalten an westfälischen Beispielen im 18. und 19. Jahrhundert, Opladen 1980.

Wolfgang Köllmann, Die Anfänge der staatlichen Sozialpolitik in Preußen bis 1869, VSWG 53 1966, S.28-52, sowie in: E.W.Böckenförde (Hg.), Moderne deutsche Verfassungsgeschichte, Gütersloh 1972.

Horst Kohl (Hg.), Fürst Bismarck. Regesten zu einer wissenschaftlichen Biographie des ersten deutschen Reichskanzlers, 2. Bd (1871-90), Leipzig 1892, Neudr. Osnabrück 1977.

Reinhard Koselleck, Staat und Gesllschaft in Preußen, in: W.Conze (Hg.), Staat und Gesellschaft im deutschen Vormärz, Stuttgart 1962.

Ders., Preußen zwischen Reform und Revolution. Allgemeines Landrecht, Verwaltung und soziale Bewegung von 1791 bis 1848, 2.berichtigte Aufl., Stuttgart 1975 (1.Aufl. 1967)

Ders., Archivalien-Quellen-Geschichten, in: 150 Jahre Staatsarchive in Düsseldorf und Münster, 1982, S.35.

Wolfgang Krabbe, Munizipialsozialismus und Interventionsstaat. Die Ausbreitung der städtischen Leistungsverwaltung im Kaiserreich, GWU 30 1979, S.265ff.

Leo Kreutzer, Das geniale Rennpferd. Über Sport und Literatur, Akzente 17 1970, S.559-74.

Jürgen Kuczynski, Die Geschichte der Lage der Arbeiter unter dem Kapitalismus, Bd.8: Hardenbergs Umfrage über die Lage der Kinder in den Fabriken und andere Dokumente aus der Frühgeschichte der Lage der Arbeiter, Berlin (Ost) 1960.

Ders./Ruth Hoppe, Geschichte der Kinderarbeit in Deutschland 1750-1939, 2 Bde, Berlin (Ost) 1958.

Horst Kübler, Besoldung und Lebenshaltung der unmittelbaren preußischen Staatsbeamten im 19. Jahrhundert, Nürnberg 1976.

Thomas Kühne, Das Handbuch der Mitglieder des Preußischen Abgeordnetenhauses 1867-1918, HSF No.44 1987, S.127-40.

Georg Küster, Die Krankenpflege in Vergangenheit und Gegenwart. Rektoratsrede, Marburg 1895.

Carsten Küther, Gauner und Räuber in Deutschland. Das organisierte Bandenwesen im 18. und frühen 19. Jahrhundert, Göttingen 1976.

Ders., Menschen auf der Straße. Vagierende Unterschichten in Bayern, Franken und Schwaben in der zweiten Hälfte des 18. Jahrhunderts, Göttingen 1983.

Ders, Räuber, Volk und Obrigkeit. Zur Wirkungsweise und Funktion staatlicher Strafverfolgung im 18. Jahrhundert, in: H.Reif (Hg.), Räuber, Volk und Obrigkeit. Studien zur Geschichte der Kriminalität in Deutschland seit dem 18. Jahrhundert, Frankfurt 1984, S.17-43.

Ella Kuhl, Der erste preußische Kultusminister Karl v.Altenstein und seine Leistungen auf dem Gebiet der Sozialpädagogik, Diss. Köln 1924.

Reinhold P. Kuhnert, Urbanität auf dem Lande. Badereisen nach Pyrmont im 18. Jahrhundert, Göttingen 1984.

Emmanuel LeRoy Ladurie, Montaillou. Ein Dorf vor dem Inquisitor 1294-1324, Frankfurt u.a. 198o (frz.1975).

David S. Landes, Der entfesselte Prometheus. Technologischer Wandel und industrielle Entwicklung in Westeuropa von 1750 bis zur Gegenwart, München 1983 (engl.1968, dt.1973).

R.v.Landmann, Die Gewerbeordnung für das Deutsche Reich unter Berücksichtigung der Gesetzesmaterialien, der Praxis und der Literatur, Bd.2, 3.erw.Aufl., München 1897.

Helene Lange/Gertrud Bäumler(Hg), Handbuch der Frauenbewegung, Bd.4, Berlin 1902 und Bd.5, Berlin 19o5.

Ingeborg Langner, Soziale Heiratskreise in Geschichte und Gegenwart, Diss. Kiel 1950.

W.R.Lee, Robert Baker: The First Doctor in the Factory Department, in: British Journal of Medicine 21 1964 Nr.2, S.85-93 und Nr.3, S.167-79.

Karl Linck, Die Beamtenpolitik des Deutschen Reiches und ihr Einfluß auf den Reichshaushalt 1871-1927, Bensheim 1928.

Karl Löwith, Max Weber und Karl Marx, in: Ders., Gesammelte Abhandlungen, Stuttgart 1960.

Theodor Lohmann, Die Fabrikgesetzgebung der Staaten des europäischen Kontinents, Berlin 1878.

A.Lohren, Entwurf eines Fabrik- und Werkstätten-Gesetzes zum Schutz der Frauen- und Kinder-Arbeit, hergeleitet vom Standpunkte der ausländischen Konkurrenz, Potsdam 1877.

H.Lorenz, Berufswahl als Postgehilfin, Telegraphengehilfin, Fernsprechgehilfin und Fahrkartenausgeberin, Berlin 1898.

Erich Lorenz, Die Entwicklung des deutschen Zeitschriftenwesens. Eine statistische Untersuchung, Berlin 1937.

Giesela Losseff-Tillmanns, Frauenemanzipation und Gewerkschaft 1800-1975, Diss. Bochum 1975.

Karl-Heinz Ludwig/Wolfgang König (Hg.), Technik, Ingenieure und Gesellschaft. Geschichte des Vereins Deutscher Ingenieure 1846-1981, Düsseldorf 1981.

Ders., Die Fabrikarbeit von Kindern im 19. Jahrhundert, VSWG 52 1965, S.63-85.

Reinhard Lüdicke, Die preußischen Kultusminister und ihre Beamten im ersten Jahrhundert des Ministeriums 1817-1917, Stuttgart-Berlin 1918.

Alf Lüdtke, "Ein Polizeistaat und seine Polizisten", Journal für Geschichte (1981), Heft 4, S.23-27.

Peter Lundgreen, Techniker in Preußen während der Frühen Industrialisierung. Ausbildung und Berufsfeld einer entstehenden sozialen Gruppe, Berlin 1975.

Birgit Luxem, Die Kinder- und Jugendarbeit im 19. Jahrhundert im Regierungsbezirk Düsseldorf, Diss. Düsseldorf 1984.

K.H.Manegold, Technology Academized: Education and Training of the Engineer in the 19th Century, Dordrecht 1978.

R.Manschke, Beruf und Kinderzahl, in: Schmollers Jahrbuch für Gesetzgebung, Verwaltung und Volkswirtschaft usw. 4o 1916, S.259-329.

F.Marcinowski (Hg.), Die Deutsche Gewerbeordnung für die Praxis in der Preussischen Monarchie mit Kommentar und einem Anhang, 6.vervollständigte Auflage, Berlin 1898.

Bernice Martin, The Development of the Factory Office up to 1878: Administrative Evolution and the Establishment of a Regulatory Style in the Early Factory Inspectorate, MS London oJ.

Ders., Leonhard Horner. A Portrait of an Inspector of Factories, in: International Review of Social History 14 1969, S.412-43.

Hilda Martindale, Some Victorian Portraits and Others, London 1948.

Diess., From one Generation to Another, London 1944.

Diess., Woman Servants of the State, London 1952.

Hans-Ernst Maute, Die Februarerlasse Kaiser Wilhelm II. und ihre gesetzliche Ausführung unter besonderer Berücksichtigung der Berliner internationalen Schutzkonferenz von 1890, Diss. Bielefeld 1984.

Theodor Mayer-Maly, Vom Kinderschutz zum Arbeitsrecht, in: H.W. Thümmel (Hg.), Arbeiten zur Rechtsgeschichte. Festschrift für G.K.Schmelzeisen, Stuttgart 1980, S.227-35.

Renate Mayntz, Max Webers Idealtypus der Bürokratie und die Organisationssoziologie, KZSS 17 1965, S.493-502.

Diess./Luhmann, Personal im öffentlichen Dienst, in: Studienkommission für die Reform des öffentlichen Dienstrechts, Bd.7, Baden-Baden 1973.

H.P.Mensing, Erscheinungsformen schwedischer Sozialpolitik im ausgehenden 19. Jahrhundert , Diss. Kiel 1979.

Manfred Messerschmidt, Militärgeschichte im 19. Jahrhundert 1814-1890. Die politische Geschichte der preußisch-deutschen Armee, München 1975.

Walter Meyer, Die hessische Gewerbeaufsicht seit 1890, Diss. Gießen 1929.

Ilya Mieck (Hg.), Ämterhandel im Spätmittelalter und im 16. Jahrhundert, Berlin 1984.

Dietrich Milles/Rainer Müller, Berufsarbeit und Krankheit. Gewerbehygienische, historische, juristische und sozialepidemologische Studien zu einem verdrängten sozialen Problem zwischen Arbeitnehmerschutz und Sozialversicherung, Frankfurt 1985.

Wilhelm Möller, Das preußische Beamten-und Besoldungswesen von 1870 bis 1928, Diss. Frankfurt 1929.

Hans Mommsen, Beamtentum im Dritten Reich, Stuttgart 1966.

Wolfgang J. Mommsen, Max Weber, in: H.U.Wehler (Hg.), Deutsche Historiker, Bd.3, Göttingen 1972.

Josef Mooser, Bäuerliche Gesellschaft im Zeitalter der Revolution 1789-1848. Zur Sozialgeschichte des politischen Verhaltens ländlicher Unterschichten im östlichen Westfalen, Diss. Bielefeld 1978.

Otto Most, Zur Wirtschafts- und Sozialstatistik höherer Beamten in Preußen, Leipzig 1916.

Christian La Motte, Die deutsche Fabrikinspektion. Ihre Leistungen, ihre Mängel, ihre Reform, Diss. Freiburg 1891.

Dirk H. Müller, Gewerkschaftliche Versammlungsdemokratie und Arbeiterdelegierte vor 1918. Ein Beitrag zur Geschichte des Lokalismus, des Syndikalismus und der entstehenden Rätebewegung (Einzelveröffentlichung d. Hist. Kommission Bd.49), Berlin 1985.

Friedrich J. Naumanns (Basel), "Unsere Kenntniss von den socialen Zuständen um uns", in: Jahrbücher für Nationalökonomie und Statistik 18 1872, S.278-341.

C.F.Nebenius, Über technische Lehranstalten in ihrem Zusammenhange mit dem gesamten Unterrichtswesen und mit besonderer Rücksicht auf die Polytechnische Schule in Karlsruhe, Karlsruhe 1833.

Erich Neitzel, Die Gewerbeaufsicht und die Polizei, die für Polizeibehörden wichtigen Aufgaben auf dem Gebiete des Arbeitnehmer- und Nachbarschutzes, Diss. Berlin 1929.

Nottebohm, Chronik der Königlichen Gewerbeakademie in Berlin, Berlin 1871.

H.Ost, Lehrbuch der Chemischen Technologie, 4.umgearbeitete Auflage, Hannover 1900.

Dieter Osteroth, Soda, Teer und Schwefelsäure. Der Weg zur Großchemie, Hamburg 1985.

Wolfhart Pannenberg, Person und Subjekt. Zur Überwindung des Subjektivismus im Menschenbild und im Gottesverständnis, in: Neue Zeitschrift für systematische Theologie 18 1976, S.133-48.

Friedrich Paulsen, Geschichte des gelehrten Unterrichts auf den deutschen Schulen und Universitäten vom Ausgang des Mittelalters bis zur Gegenwart. Mit besonderer Rücksicht auf den klassischen Unterricht, 2Bde, Nachdr. Berlin 1965 (1.Aufl.Leipzig 1885; 3.erw.Aufl., hg.v. Rudolf Lehmann, Berlin u.Leipzig 1921).

John E. Pemberton, British Official Publications, Oxford 1971.

Angelika Pensky, Schutz der Arbeiter vor Gefahren für Leben und Gesundheit. Ein Beitrag zur Geschichte des Gesundheitsschutzes für Arbeiter in Deutschland, Diss. Bremen 1987.

Johann Josef Peters, Abriß der Geschichte der Gewerbe-Inspektion in Deutschland, ihre sozialpolitische Bedeutung und ihre Rechtsgrundlagen, Diss. Berlin 1935.

Toni Pierenkemper, Allokationsbedingungen im Arbeitsmarkt. Das Beispiel des Arbeitsmarktes für Angestelltenberufe im Kaiserreich 1880-1913, Opladen 1982.

Ders./R.Tilly, Historische Arbeitsmarktforschung. Entstehung, Entwicklung und Probleme der Vermarktung von Arbeitskraft, Göttingen 1982.

Ders., Arbeitsmarkt und Angestellte im Deutschen Kaiserreich 1880-1913. Interessen und Strategien als Elemente der Integration eines Segmentierten Arbeitsmarktes, Stuttgart 1987.

Anders Piltz, The World of Medieval Learning, Oxford 1981.

Henri Pirenne, Geschichte Europas von der Völkerwanderung bis zur Reformation, Frankfurt 1982 (frz.1936, dt.1956).

Robert Platz, Die Unfallverhütungsvorschriften, Bd.1: Vorschriften für Betriebsunternehmer, Berlin 1889.

Elisabeth Plessen, Die Wirksamkeit des Vereins für Sozialpolitik, Berlin 1975.

Emil Plotke, Die Gewerbe-Inspektion in Deutschland. Ihre Entwicklung, Organisation und Aufgaben, Berlin 1899.

Stephan Poerschke, Die Entwicklung der Gewerbeaufsicht in Deutschland, 2. erw. Aufl., Jena 1913 (1. Aufl. 1911).

Ders., Die Neugestaltung der Gewerbeaufsicht. Ein Beitrag zur Verwaltungsreform, in: Zs.f. Verwaltungsrecht u. Verwaltungsgerichtsbarkeit 33 1928, S.285-339.

Hans Pohl (Hg.), Berufliche Aus- und Weiterbildung in der deutschen Wirtschaft seit dem 19. Jahrhundert Wiesbaden 1979 (=Beihefte der Zs.f. Unternehmensgeschichte Bd.15).

Ders., Die Frau in der deutschen Wirtschaft, Stuttgart 1985 (=Beihefte der Zs.f. Unternehmensgeschichte Bd.35).

Poschinger, Fürst Bismarck als Volkswirt, Bd.1, Berlin 1889.

Ders. (Hg.), Aktenstücke zur Wirtschaftspolitik Bismarcks, Bd.1, Berlin 1890.

Hans Werner Prahl, Gesellschaftliche Funktionen von akademischen Abschlußprüfungen und Graden. Sozialhistorische und ideologiekritische Untersuchungen zur akademischen Initiationskultur, Diss. Kiel 1974.

Ders., Sozialgeschichte des Hochschulwesens, München 1978.

Ludwig Preller, Mittlere Gewerbeaufsichtsbeamte im Freistaat Sachsen. Ein Beitrag zur Entwicklung der Gewerbeaufsicht, SP 39 1930, Sp.618ff.

Ders., Sozialpolitik in der Weimarer Republik, Düsseldorf 1978 (1.Aufl.1949).

Fritz Prinzenhorn, Eigenart und Bedeutung der Parlaments- u. Behördenbibliotheken. Festschrift Rudolf Juchhoff, Köln 1959, S.292ff.

Pütsch, Über die Sicherung der Arbeiter gegen Gefahren für Leben und Gesundheit, Berlin 1883.

Ludwig Puppke, Sozialpolitik und soziale Anschauungen frühindustrieller Unternehmer in Rheinland-Westfalen, Köln 1966.

H.Puschnus, Karl Ludwig v. Hinckeldey, ein umstrittener preußischer Polizeipräsident, in: Die Öffentliche Verwaltung 1981, Heft 15, S.568-73.

Siegfried Quandt (Hg.), Kinderarbeit und Kinderschutz in Deutschland 1783-1976. Quellen und Anmerkungen, Paderborn 1978.

Max Quarck, Zur äußeren Geschichte der Fabrikinspektion in Deutschland, in: Berichte des Freien Deutschen Hochstiftes zu Frankfurt am Main, NF 5 1889, S.404ff.

Ders., Die Reorganisation der Gewerbe-Inspektion in Preußen, AfSG 4 1891, S. 207ff.

Ders., Die Gewerbeinspektion in Deutschland, England, Frankreich und Österreich, der Schweiz etc. Kritische Darstellung ihrer Geschichte und ihres gegenwärtigen Zustandes, Nürnberg 1896.

Jean H. Quataert, A Source Analysis in German Women's History: Factory Inspectors' Reports and the Shaping of Working-Class Lives, 1878-1914, in: Central European History 16 1983 (June), S.99-121.

Friedrich Raab/Walther Meyer, Die Organisation der staatlichen Gewerbeaufsicht. Vergleichende Darstellung des gegenwärtigen Standes in den größeren Ländern, unter bes. Berücksichtigung der Wirtschaftlichkeit der einzelnen Organisationsformen und Vorschläge zur wirtschaftlicheren Gestaltung der Organisationsform und Kompetenzabgrenzung, in: Reich und Länder. Zeitschrift für die Entwicklung der Verfassung und Verwaltung in Deutschland 2 1928, Sonderheft 1.

Hermann Rasch, Die gewerbehygienischen Aufgaben und die Mitwirkung der Ärzte in der Gewerbeaufsicht, in: ZG 9 1921, S.168ff u.185ff.

Ders., Die hamburgische Gewerbeaufsicht: Ihre Entwicklung und ihre Aufgaben, Hamburg 1924.

Rassem/Stage (Hg.), Statistik und Staatsbeschreibung in der Neuzeit, vornehmlich im 16.-18. Jahrhundert, Paderborn 1978.

Ursula Ratz, Sozialreform und Arbeiterschaft. Die Gründung der Gesellschaft für Sozialpolitik 1897-1904, Berlin 1980.

Manfred Rauh, Die Parlamentarisierung des Deutschen Reiches, Düsseldorf 1977.

Hans Rheinfelder, Das Wort "Persona". Geschichte seiner Bedeutung unter bes. Berücksichtigung des französischen und italienischen Mittelalters, Halle 1928.

Reinhold Reith, Zünftisches Handwerk, technologische Innovation und protoindustrielle Konkurrenz. Die Einführung der Bandmühle und der Niedergang des Augsburger Bortenmacherhandwerks vor der Industrialisierung, in: Rainer A. Müller (Hg.), Aufbruch ins Industriezeitalter, Bd.2, München 1985.

Ders., Arbeits- und Lebensweise im städtischen Handwerk. Zur Sozialgeschichte der Augsburger Handwerkergesellen im 18.Jh. (1700-1806), Diss. Konstanz 1988.

H.J.Rejewski, Die Pflicht zur politischen Treue im preußischen Beamtenrecht (1850-1918), Berlin 1973.

Jürgen Reulecke, Geschichte der Urbanisierung in Deutschland, Frankfurt 1985.

Ders., Der Wohlfahrtsstaat in der Provinz, in: W.Abelshauser, Die Weimarer Republik als Wohlfahrtsstaat. Zum Verhältnis von Wirtschafts- und Sozialpolitik in der Industriegesellschaft, Stuttgart 1987, S.80-90.

Erich Reuß, Die Gewerbeaufsicht in Preußen unter vergleichender Heranziehung des Auslandes, Diss. Tübingen 1922.

Elisabeth von Richthofen, Über die historischen Wandlungen in der Stellung der autoritären Parteien zur Arbeiterschutzgesetzgebung und die Motive dieser Wandlungen, Diss. Heidelberg 1901.

Diess., Die Frau in der Gewerbeinspektion, in: Schriften des Ständigen Ausschusses zur Förderung der Arbeiterinneninteressen 3 191o, S.48-69 .

Friedrich Ritzmann, Internationale Sozialpolitik - Ihre geschichtliche Entwicklung und ihr gegenwärtiger Stand, Mannheim u.a.1925.

J.C.G.Röhl, Higher Civil Servants in Germany 1890-1900, JCH 2 1967, S.101-21.

Helmut Roscher, Die Anfänge des modernen Arbeitsrechts. Ein Beitrag zur Geschichte des Jugendarbeitsschutzes unter bes. Berücksichtigung der Entwicklung in Preußen, Frankfurt u.a. 1985.

H.Rosenbaum, Beruf und Herkunft der Abgeordneten zu den deutschen und preußischen Parlamenten 1847 bis 1919, Frankfurt 1923.

Angelika Rosenfeld, Die Entstehung des Berufsbeamtentums im Stadtstaat Hamburg, Frankfurt 1984.

Werner Ross, Vom Schwimmen in Seen und Flüssen. Lebensgefühl und Literatur zwischen Rousseau und Brecht, in: Arcadia 3 1968, S.262-91.

Hans Rothfels, Theodor Lohmann und die Kampfjahre der staatlichen Sozialpolitik (1871-1905) (=Forschungen und Darstellungen aus dem Reichsarchiv, Heft 6), Berlin 1927.

Ders., Prinzipienfragen der Bismarckschen Sozialpolitik, Königsberg 1929.

Reinhard Rürup (Hg.), Wissenschaft und Gesellschaft. Beiträge zur Geschichte der Technischen Universität Berlin 1879-1979, 2Bde, Berlin 1979.

Ders., Deutschland im 19. Jahrhundert 1815-1871, Göttingen 1984.

Hugo Schäffer, Die Württembergische Gewerbeinspektion, Stuttgart 1906.

Horst Schieckel, Deutsche Sozialpolitik, München 1955.

Christiane Schiersmann, Zur Sozialgeschichte der preußischen Provinzial-Gewerbeschulen im 19. Jahrhundert, Weinheim u.a. 1979.

Hans Schimank, Der Ingenieur. Entwicklungsweg eines Berufes bis zum Ende des 19. Jahrhunderts, Köln-Deutz 1961.

Karl Ernst Schmidt, Die neue Ausbildungs- und Prüfungsordnung für die preußischen höheren Gewerbeaufsichtsbeamten, in: Reichsarbeitsblatt, N.F.12 1932 III, S.69ff.

Franz Schnabel, Deutsche Geschichte des 19. Jahrhunderts. Bd.3: Erfahrungswissenschaften und Technik, 3. Aufl., Freiburg 1954.

Klaus Schönhoven, Expansion und Konzentration. Studien zur Entwicklung der freien Gewerkschaften im Wilhelminischen Deutschland 1890/1914, Stuttgart 1980.

Ders., Die deutschen Gewerkschaften, Frankfurt 1987.

Lars Ulrich Scholl, Ingenieure in der Frühindustrialisierung. Staatliche und private Techniker im Königreich Hannover und an der Ruhr (1815-1873), Göttingen 1978.

W.H.Schröder, Kollektive Biographie in der historischen Sozialforschung, in: Berichte über die 34.Versammlung dt.Historiker in Münster (6.-10.10.1982), Stuttgart 1984, S.59-62.

Ders. (Hg), Lebenslauf und Gesellschaft. Zum Einsatz von Kollektiven Biographien in der historischen Sozialforschung, Stuttgart 1985.

Ders., Sozialdemokratische Reichstagsabgeordnete und Reichstagskandidaten 1898-1918. Ein biographisch-statistisches Handbuch, Düsseldorf 1986.

Elfriede Schüttpelz, Staat und Kinderfürsorge in Preußen in der ersten Hälfte des 19. Jahrhunderts, Berlin 1936.

Wally Schulze, Industriearbeit und Erziehungsfragen in Preußen zu Beginn des 19. Jahrhunderts, in: Soziale Welt 9 1958, S.299-309.

Helmuth Schuster, Industrie und Sozialwissenschaften. Eine Praxisgeschichte der Arbeits- u.Industrieforschung in Deutschland, Opladen 1987.

Angelika Schwall-Düren, Kinder- und Jugendfürsorge im Großherzogtum Baden in der Industrialisierung 1850-1914, Freiburg 1980.

Georg Schwidetzky, Deutsche Amtsdrucksachenkunde. Ein Handbuch, in: Zentralblatt für Bibliothekswesen, Beiheft 59 1927, S.1-100.

H.J.Schwippe, Sozialräumliche Differenzierung in Berlin und Hamburg, in: H.Matzerath (Hg.), Geschichte und Theorie der Politik, Berlin 1985.

Volker Sellin, Die Anfänge staatlicher Sozialreform im liberalen Italien, Stuttgart 1971.

Constans Seyfahrt/Walter M. Sprondel (Hg.), Seminar: Religion und gesellschaftliche Entwicklung. Studien zur Protestantismus-Kapitalismus-These Max Webers, Frankfurt 1973.

Eberhard Sieber, Zur Geschichte der Industrialisierung in Kirchheim/Teck, Landesgeschichte im Unterricht IV (=Lehren und Lernen 24), Februar 1982.

Rolf Simons, Staatliche Gewerbeaufsicht und gewerbliche Berufsgenossenschaften. Entstehung und Entwicklung des dualen Aufsichtssystems im Arbeitsschutz in Deutschland von den Anfängen bis zum Ende der Weimarer Republik, Frankfurt 1984.

K.M.Smith/C.V.Tabb, Recollections of Some Former Inspectors of Factories, o.O. 1982.

Theodor Sommerfeld, Der Gewerbearzt, Jena 1905.

Rolf Sonnemann, Geschichte der Technischen Universität Dresden 1828-1978, Berlin 1978.

G.S.Sonnenberg, Hundert Jahre Sicherheit. Beiträge zur technischen und administrativen Entwicklung des Dampfkesselwesens in Deutschland 1810 bis 1910 (=Technikgeschichte in Einzeldarstellungen Nr.6), Düsseldorf 1968.

R.W.Southern, Geistes-und Sozialgeschichte des Mittelalters. Das Abendland im 11.u.12. Jahrhundert, 2.Aufl. Stuttgart u.a.1980 (engl.1952, dt.1960).

Reinhard Spree, Soziale Ungleichheit vor Krankheit und Tod. Zur Sozialgeschichte des Gesundheitsbereichs im Deutschen Kaiserreich, Göttingen 1981.

H.E.Stärker, Der Einfluß der Industrie auf die deutsche Arbeiterschutz- und Arbeiterversicherungs-Gesetzgebung, Diss. Chemnitz 1910.

R.D.Storch, The Policeman as Domestic Missionary. Urban Discipline and Popular Culture in Northern England 1850-1880, in: Journal of Social History 9 1975, S. 481-59.

Gallus Strobel, Zum Fabrikarbeitsvertrag im 19. Jahrhundert. Vertragsfreiheit und Kinderschutz, Diss. Freiburg, Rheinfelden (Schäuble) 1986.

Michael Stürmer (Hg.), Herbst des Alten Handwerks. Meister, Gesellen und Obrigkeit im 18. Jahrhundert, München 1986 (1.Aufl.1979).

Elisabeth Süersen, Die Frau im Gewerbeaufsichtsdienst der deutschen Einzelstaaten, Diss. Greifswald 1918.

Teleky, Wandlungen der Gewerbeaufsicht und der Arbeiterschutzgesetze, SP 36 1927, Sp.470ff u.501ff.

Florian Tennstedt, Sozialgeschichte der Sozialpolitik in Deutschland, Göttingen 1981.

Maurice Walton Thomas, The Early Factory Legislation. A Study in Legislative and Administrative Evolution, Leigh-on-Sea 1948.

P.D.G.Thomas, The Beginning of the Parliamentary Reporting in Newspapers 1768-74, in: The English Historical Review 74 1959, S.623-36.

E.P.Thompson, The Making of the English Working Class, 7.Aufl. Harmondsworth 1977 (1.Aufl.1963; dt.1987).

Ders., Plebejische Kultur und Moralische Ökonomie. Aufsätze zur englischen Sozialgeschichte des 18.und 19.Jahrhunderts, Frankfurt-Berlin 1980, S.130-68.

Guy Thuillier, La vie quotidienne dans les ministères au XIXe siècle, Paris 1976.

Alphons Thun, Beiträge zur Geschichte der Gesetzgebung und Verwaltung zu Gunsten der Fabrikarbeiter in Preußen, in: Zeitschrift des Königlich Preußischen Statistischen Bureaus 17 1877, S.59ff.

Ders., Die Industrie am Niederrhein und ihre Arbeiter, 1.Teil: Die linksrheinische Textilindustrie (=Staats- und socialwissenschaftliche Forschungen, Bd.2, H.2), Leipzig 1879.

Hartmut Titze u.a., Der Lehrerzyklus. Zur Wiederkehr von Überfüllung und Mangel im höheren Lehramt in Preußen, in: Zeitschrift für Pädagogik 31 1985 Nr.1, S.97-126.

Niels-Uwe Tödter, Die deutschen parlamentarischen Klassenwahlrechte im 19. und 20. Jahrhundert, Diss. Hamburg 1967.

R.Torstendahl, Dispersion of Engineers in a Transitional Society. Swedish Technicians 1860-1940, Uppsala 1975.

Wilhelm Treue, Wirtschaft, Gesellschaft und Technik in Deutschland vom 16. bis zum 18. Jahrhundert (=Gebhardt Bd.12), München 1974.

Ders., Gesellschaft, Wirtschaft und Technik Deutschlands im 19. Jahrhundert (=Gebhardt Bd.17), München 1975

Ders., Zur Gesellschafts- und Berufsgeschichte der deutschen Ingenieure, o.O. 1978.

Margrit Twellmann, Die dt. Frauenbewegung. Ihre Anfänge und erste Entwicklung. 2.Bd.: Quellen 1843-89, Meisenheim/Glan 1972.

Heinrich Volkmann, Die Arbeiterfrage im preußischen Abgeordnetenhaus 1848-1869, Berlin 1968.

Anton Peter Vorbach, Die Gewerbeaufsicht in Deutschland und ihre Reform, Diss. Tübingen 1931.

Hartwig Walberg, Die Topographie lippischer Städte aus verfassungs- und sozialtopographischer Sicht, Diss. Münster 1980.

Bernd Walter, Die Beamtenschaft in Münster zwischen ständischer und bürgerlicher Gesellschaft, Münster 1987.

Bernd Weber, Soziale Kontaktbereiche unter dem Einfluß der Industrialisierung auf der Basis von Heiraten im Raume Siegen (1850-1970), in: W.H.Schröder, Moderne Stadtgeschichte, Stuttgart 1979, S.266-88.

Max Weber, Gesammelte Aufsätze zur Wissenschaftslehre, 4.Aufl., Tübingen 1968.

Ders., Wirtschaft und Gesellschaft. Grundriß der verstehenden Soziologie, hg. v. J.-Winckelmann, Köln 1964, insbesondere Kap.3, Abs.2 und Kap.9, Abschn.8, §3.

Ders., Die drei reinen Typen der legitimen Herrschaft, in: Ders., Soziologie, Universalgeschichtliche Analysen, Politik, Stuttgart 1973.

Wolfgang Weber, Biographisches Lexikon zur Geschichtswissenschaft in Deutschland, Österreich und der Schweiz, 2.Aufl., Frankfurt u.a. 1987.

Wolfhard Weber, Technik und Sicherheit in der Industriegesellschaft 1850-1930, Wuppertal 1986.

Ingeborg Weber-Kellermann, Familienleben im 19. Jahrhundert, München 1983.

Dietrich Wegmann, Die leitenden Verwaltungsbeamten der Provinz Westfalen 1815 - 1918, Münster 1969.

Hans-Ulrich Wehler, Geschichte als Historische Sozialwissenschaft, Frankfurt 1973.

Ders., Das Deutsche Kaiserreich 1871-1918, Göttingen 1973.

Ders., Bibliographie zur modernen deutschen Wirtschaftsgeschichte (18.-20.Jh.), Göttingen 1976.

Ders., Deutsche Gesellschaftsgeschichte, 2 Bde, München 1987.

J.Weidenholzer, Der sorgende Staat. Zur Entwicklung der Sozialpolitik von Joseph II bis erdinand Hannusch, Wien 1985.

R.B.Weigle, Die Staatsrechtslehrer an der Universität Heidelberg, Lebensbilder und Forschungsbeiträge, Frankfurt u.a.1986

Rudolf v.Weizenbeck, Geschichte der bayerischen Fabrik- und Gewerbeinspektion, Diss. Erlangen 1909.

Wenzel, Arbeiterschutz und Zentrum mit Berücksichtigung der übrigen Parteien, Berlin 1893.

Ders., Gewerbeaufsichtsbeamte, in: Friedrich Syrup, Handbuch des Arbeiterschutzes und der Betriebssicherheit, 1.Bd., Berlin 1927, S.11 ff.

Uwe Wesel, Juristische Weltkunde. Eine Einführung in das Recht, Frankfurt 1984.

Raban v.Westfalen, Akademisches Privileg und demokratischer Staat. Ein Beitrag zur Geschichte und bildungspolitischen Problematik des Laufbahnwesens in Deutschland, Stuttgart 1979.

Otto W. Weyer, Die englische Fabrikinspektion, Diss Tübingen 1888.

Lynn White jr, Die mittelalterliche Technik und der Wandel der Gesellschaft, München 1968.

Duncan Wilson, Factory Inspection: A Thirty-Five Years Report, in: Journal of the Royal Statistical Society 104 1941, Nr.3, S.212-14.

Janet M. Wilson, Women in the Factory Inspectorate 1893-1945, in: HM Inspectors of Factories 1983, S.18-21.

Harald Winkel, Umschwung in der Wirtschaftswissenschaft im 19. Jahrhundert, in: Coing/Wilhelm (Hg.), Wissenschaft und Kodifiation des Privatrechts im 19. Jahrhundert, Frankfurt 1979.

Peter-Christian Witt, Der preußische Landrat als Steuerbeamter. Bemerkungen zur politischen und sozialen Funktion des dt.Beamtentums, Festschrift Fritz Fischer, Düsseldorf 1973, S.205-19.

Ders., Konservativismus als "Überparteilichkeit". Die Beamten der Reichskanzlei zwischen Kaiserreich und Weimarer Republik, Festschrift Fritz Fischer, Düsseldorf 1983, S.231-80.

Robert Woodall, Before Hansard, in: History Today 23 1973 Heft3, S.194-202.

Bernd Wunder, Privilegierung und Disziplinierung. Die Entstehung des Berufsbeamtentums in Bayern und Württemberg (1780-1825), München-Wien 1978.

Ders., Pfarrwitwenkassen und Beamtenwitwen-Anstalten vom 16.-19.Jh. Die Entstehung der staatlichen Hinterbliebenenversorgung in Deutschland, in: Zeitschrift für Historische Forschung 12 1985, S.429-98.

Ders., Geschichte der Bürokratie in Deutschland, Frankfurt 1986.

Ders., Die badische Beamtenschaft während der Revolution von 1848, ZGO 135 1987, S.273-90.

Ch.Wlazlo, Landsmannschaftliche und soziale Herkunft preußischer Militärärzte in der 2.Hälfte des 19. Jahrhunderts, Diss. München 1986.

Johannes Ziekursch, Beiträge zur Charakteristik der preußischen Verwaltungsbeamten in Schlesien, Breslau 1907, Nachdr. Aalen 1981.

Jürgen Zinnecker, Sozialgeschichte der Mädchenbildung, Weinheim 1973.

Hans-Günter Zmarzlik, Das Kaiserreich in neuer Sicht?, HZ 222 1976.

GPSR Compliance

The European Union's (EU) General Product Safety Regulation (GPSR) is a set of rules that requires consumer products to be safe and our obligations to ensure this.

If you have any concerns about our products, you can contact us on ProductSafety@springernature.com

In case Publisher is established outside the EU, the EU authorized representative is:

Springer Nature Customer Service Center GmbH
Europaplatz 3
69115 Heidelberg, Germany

Batch number: 10809468

Printed by Printforce, the Netherlands